Entscheidungen der Verfassungsgerichte der Länder
Berlin, Brandenburg, Bremen, Hamburg, Hessen, Mecklenburg-Vorpommern,
Saarland, Sachsen, Sachsen-Anhalt, Thüringen

Entscheidungen der Verfassungsgerichte der Länder

Berlin, Brandenburg, Bremen, Hamburg, Hessen, Mecklenburg-Vorpommern, Saarland, Sachsen, Sachsen-Anhalt, Thüringen

Herausgegeben
von den Mitgliedern der Gerichte

1998

Walter de Gruyter · Berlin · New York

Entscheidungen der Verfassungsgerichte der Länder

Berlin, Brandenburg, Bremen, Hamburg, Hessen, Mecklenburg-Vorpommern, Saarland, Sachsen, Sachsen-Anhalt, Thüringen

LVerfGE

4. Band
1. 1. bis 30. 6. 1996

1998

Walter de Gruyter · Berlin · New York

Zitierweise

Für die Zitierung dieser Sammlung wird die Abkürzung LVerfGE empfohlen, z. B. LVerfGE 1,70 (= Band 1 Seite 70)

∞ Gedruckt auf säurefreiem Papier, das die US-ANSI-Norm über Haltbarkeit erfüllt.

Die Deutsche Bibliothek – CIP-Einheitsaufnahme

Entscheidungen der Verfassungsgerichte der Länder
= LVerfGE / hrsg. von den Mitgliedern der Gerichte. - Berlin ; New York : de Gruyter

Bd. 4. Berlin, Brandenburg, Bremen, Hamburg, Hessen, Mecklenburg-Vorpommern, Saarland, Sachsen, Sachsen-Anhalt, Thüringen: 1. 1. bis 30. 6. 1996. - 1998
ISBN 3-11-016064-1

© Copyright 1998 by Walter de Gruyter GmbH & Co., D-10785 Berlin.
Dieses Werk einschließlich aller seiner Teile ist urheberrechtlich geschützt. Jede Verwertung außerhalb der engen Grenzen des Urheberrechtsgesetzes ist ohne Zustimmung des Verlages unzulässig und strafbar. Das gilt insbesondere für Vervielfältigungen, Übersetzungen, Mikroverfilmungen und die Einspeicherung und Verarbeitung in elektronischen Systemen.
Printed in Germany
Satz: Satz-Rechenzentrum Berlin. Druck: H. Heenemann GmbH & Co, Berlin.
Buchbinderische Verarbeitung: Lüderitz & Bauer GmbH, Berlin.

Inhalt

Entscheidungen des Verfassungsgerichtshofs des Landes Berlin Seite

Nr. 1	2. 2. 96 91, 91 A/95	Wahl eines Vizepräsidenten des Abgeordnetenhauses von Berlin; verfassungsrechtlich verbürgte Mitwirkungs- und Beteiligungsrechte der Abgeordneten und Fraktionen; Vorschlagsrecht der Fraktionen; Recht auf Kandidatur der Abgeordneten; verfassungsrechtliche Grenze für die Einschränkbarkeit dieser Rechte	3
Nr. 2	22. 2. 96 17/95	Organstreitverfahren; Durchführung eines Hungerstreiks in Fraktionsräumen des Abgeordnetenhauses; Hausverbot	12
Nr. 3	22. 2. 96 74/95	Maßgeblichkeit der Verfassung von Berlin vom 29. November 1995 für nach dem Inkrafttreten ergangene Akte der öffentlichen Gewalt; Strafklageverbrauch; Rückwirkungsverbot; Gleichbehandlungsgrundsatz	20
Nr. 4	8. 3. 96 14, 14 A/96	Organstreitverfahren, Öffentlichkeitsarbeit des Senats von Berlin; zur materiellen Rechtskraft einer verfassungsrechtlichen Entscheidung; fehlende Antragsbefugnis	26
Nr. 5	2. 4. 96 17 A/96	Werbung des Senats von Berlin für die Fusion mit dem Land Brandenburg; Verfassungsgebot der grundsätzlich staatsfreien Meinungs- und Willensbildung; Verpflichtung zur Sachlichkeit	30
Nr. 6	2. 4. 96 18/96	Verfassungsbeschwerde gegen Gesetz zum Staatsvertrag zur Regelung der Volksabstimmungen in den Ländern Berlin und Brandenburg; zum Recht auf Freiheit der Abstimmung	34
Nr. 7	19. 4. 96 30, 30 A/96	Verfassungsbeschwerde gegen verwaltungsgerichtliche Eilentscheidung; Bauarbeiten am Potsdamer Platz	40

Nr. 8	25. 4. 96 21/95	Anforderungen an die Zulässigkeit einer Verfassungsbeschwerde; Maßnahme der „Berliner öffentlichen Gewalt"; Verletzung eines „Berliner Rechts"; Rüge einer Verletzung des rechtlichen Gehörs unter Hinweis auf Art. 103 Abs. 1 GG	46
Nr. 9	25. 4. 96 69, 69 A/95	Überprüfung einer zivilgerichtlichen Entscheidung am Maßstab des Grundrechts auf rechtliches Gehör und des Willkürverbots	54
Nr. 10	22. 5. 96 34/96	Recht auf Wohnraum und auf soziale Sicherung als Staatsziele	62
Nr. 11	17. 6. 96 4/96	Zulässigkeit einer Verfassungsbeschwerde bei der Rüge einer Verletzung des rechtlichen Gehörs; Berücksichtigung nicht ordnungsgemäß eingeführter Erkenntnisquellen durch das OVG in Ausländersache	65
Nr. 12	17. 6. 96 40 A/96	Antrag auf Anberaumung eines Termins zur Hauptsache durch das Fachgericht; lange Verfahrensdauer; Recht auf wirkungsvollen Rechtsschutz	76
Nr. 13	17. 6. 96 54 A/96	Antrag einer Universität auf Aussetzung von Vorschriften des Haushaltsstrukturgesetzes über die Einrichtung Gemeinsamer Kommissionen und die Aufhebung eines Studienganges; vorläufiger Rechtsschutz; Interessenabwägung	79

Entscheidungen des Verfassungsgerichts des Landes Brandenburg

Nr. 1	25. 1. 96 VfGBbg 13/95	Zulässigkeitsanforderungen bei der Richtervorlage; Inkompatibilität auf Kreistagsebene und Landesverfassung	85
Nr. 2	7. 3. 96 VfGBbg 3/96 EA	Folgenabwägung bei der einstweiligen Anordnung auch bei verfassungsrechtlicher Verpflichtung zur „unverzüglichen" Vorlage von Unterlagen an einen Abgeordneten	109
Nr. 3	21. 3. 96 VfGBbg 18/95	Normenkontrollentscheidung zur Fusion der Länder Brandenburg und Berlin	114

Inhalt VII

Nr. 4	21. 3. 96 VfGBbg 2/96, 2/96 EA	Zur Wiedereinsetzung in den vorigen Stand bei nicht rechtzeitiger Erhebung einer Verfassungsbeschwerde	150
Nr. 5	21. 3. 96 VfGBbg 17/95	Zu den Wahlrechtsregelungen des Neugliederungs-Vertrages betreffend die Länderfusion ..	153
Nr. 6	28. 4. 96 VfGBbg 11/96	Beteiligtenfähigkeit und Antragsbefugnis einer politischen Partei in einem Organstreitverfahren im Vorfeld einer Volksabstimmung	159
Nr. 7	23. 5. 96 VfGBbg 23/96	Auslagenerstattung im Organstreitverfahren ...	167
Nr. 8	23. 5. 96 VfGBbg 9/95	Subsidiarität der Verfassungsbeschwerde bei Ablehnung eines Beweissicherungsverfahrens, wenn Klärung im Klagewege möglich bleibt ...	170
Nr. 9	23. 5. 96 VfGBbg 11/95	Zur Frage des rechtlichen Gehörs und des Willkürverbots bei einer das Ausgangsurteil umkehrenden zweitinstanzlichen Entscheidung	175
Nr. 10	20. 6. 96 VfGBbg 3/96	Anspruch des Abgeordneten aus Art. 56 Abs. 3 LV (hier: auf Vorlage von Unterlagen); Verhältnis zum Brandenburgischen Datenschutzgesetz und zum Grundrecht auf Datenschutz aus Art. 11 LV	179
Nr. 11	20. 6. 96 VfGBbg 14/96 EA	Zur Frage einer einstweiligen Anordnung bei vorläufiger Suspendierung eines Abgeordneten von der Fraktionsarbeit	190
Nr. 12	18. 6. 96 VfGBbg 20/95	Subsidiarität der Verfassungsbeschwerde gegen eine Entscheidung im einstweiligen Rechtsschutzverfahren, wenn Klärung im fachgerichtlichen Hauptsacheverfahren möglich bleibt	201

Entscheidungen des Staatsgerichtshofs der Freien Hansestadt Bremen

Nr. 1	22. 1. 96 St 1/94	Petitionsinformationsrechte des Petitionsausschusses der Bremischen Bürgerschaft in Angelegenheiten einer bürgerlich-rechtlichen Stiftung, die unter maßgeblichem Einfluß der öffentlichen Hand steht	211

VIII   Inhalt

Entscheidungen des Staatsgerichtshofs des Landes Hessen

Nr. 1   13. 3. 96   Entscheidung in einem konkreten Normenkon-
        P. St. 1174   trollverfahren wegen der Vereinbarkeit des Heil-
                       berufsgesetzes mit der Verfassung des Landes
                       Hessen; hier: Anforderungen an die Darlegung
                       der Entscheidungserheblichkeit der Vorlage-
                       frage 231

Nr. 2   12. 6. 96   Entscheidung über eine Grundrechtsklage gegen
        P. St. 1213   die Verwerfung eines Wiedereinsetzungsgesuchs,
                       das auf die Behauptung gestützt war, die Ladung
                       zur Hauptverhandlung nicht erhalten zu haben   240

Entscheidungen des Landesverfassungsgerichts Mecklenburg-Vorpommern

Nr. 1   18. 4. 96   Verfassungsbeschwerde gegen ein Gesetz; In-
        LVerfG 4/95   krafttreten des Landesverfassungsgerichtsgeset-
                       zes; Beginn der Jahresfrist; keine Wiedereinset-
                       zung bei Kommunalverfassungsbeschwerde ...   249

Nr. 2   23. 5. 96   Organstreit einer politischen Partei; Öffentlich-
        LVerfG 1/95   keitsarbeit der Landesregierung während eines
                       Wahlkampfes 268

Entscheidungen des Verfassungsgerichtshofs des Freistaates Sachsen

Nr. 1   26. 1. 96   Besetzung der Parlamentarischen Kontrollkom-
        Vf. 15-I-95   mission; formale Chancengleichheit der Fraktio-
                       nen; Beurteilungsprärogative der Fraktionen;
                       Notwendigkeit verfahrensmäßiger Vorkehrun-
                       gen zum Ausschluß sachwidriger Ablehnungs-
                       gründe 287

Nr. 2   14. 5. 96   Verfassungsrechtliche Prüfung des Sächsischen
        Vf. 44-II-94   Polizeigesetzes; Auslegung der sächsischen
                       Grundrechte im Lichte der EMRK; informatio-
                       nelle Selbstbestimmung; Unverletzlichkeit der
                       Wohnung; Rechtsschutzgarantie; Normenbe-
                       stimmtheit; Verhältnismäßigkeit; Grundrechts-
                       schutz durch Verfahren 303

Inhalt IX

Entscheidungen des Landesverfassungsgerichts Sachsen-Anhalt

Nr. 1	22. 2. 96 LVG 2/95	Zulässigkeit der Verfassungsbeschwerde, untergesetzliche Rechtsvorschriften	401
Nr. 2	22. 2. 96 LVG 8/95	Organstreitverfahren, Öffentlichkeitsarbeit einer Landesregierung und parteipolitisches Neutralitätsgebot	408

Entscheidungen des Thüringer Verfassungsgerichtshofs

Nr. 1	12. 1. 96 VerfGH 2/95, 4-9/95, 12/95	Ausschluß eines Verfassungsrichters von der Ausübung des Richteramtes wegen Mitwirkung am Gesetzgebungsverfahren	413
Nr. 2	23. 5. 96 VerfGH 12/95	Festlegung des Kreissitzes für einen neugebildeten Landkreis	426

Sachregister 439

Gesetzesregister 451

Abkürzungsverzeichnis

aaO	am angegebenen Ort
ABl./Amtsbl.	Amtsblatt
AbgG	Abgeordnetengesetz Mecklenburg-Vorpommern
AG VwGO LSA	Ausführungsgesetz zur Verwaltungsgerichtsordnung Sachsen-Anhalt
AH-Drs.	Abgeordnetenhaus-Drucksachen
AK	Alternativ-Kommentar
AKB	Allgemeine Bedingungen für die Kraftfahrtversicherung
AmtsO	Amtsordnung
ÄndG	Änderungsgesetz
AO	Abgabenordnung
AöR	Archiv des öffentlichen Rechts
Art.	Artikel
AS	Amtliche Sammlung der Entscheidungen der Oberverwaltungsgerichte von Rheinland-Pfalz und dem Saarland
AsylbLG	Asylbewerberleistungsgesetz
AU	Amtlicher Umdruck
AuslG	Ausländergesetz
BayGO	Bayerische Gemeindeordnung
BayPAG	Bayerisches Polizeiaufgabengesetz
BayVBl.	Bayerische Verwaltungsblätter
BayVerfGH/BayVfGH	Bayerischer Verfassungsgerichtshof
BayVGH	Bayerischer Verwaltungsgerichtshof
BB	Bremische Bürgerschaft
BBG	Bundesbeamtengesetz
BbgDSG	Brandenburgisches Datenschutzgesetz
BbgIngkamG	Brandenburgisches Ingenieurkammergesetz
BbgKWahlG	Brandenburgisches Kommunalwahlgesetz
BbgNatschG	Brandenburgisches Naturschutzgesetz
BbgVerf	Verfassung des Landes Brandenburg
BbgWBG	Brandenburgisches Weiterbildungsgesetz
BDSG	Bundesdatenschutzgesetz
BerlASOG	Berliner Allgemeines Gesetz zum Schutz der öffentlichen Sicherheit und Ordnung
BerlHG	Berliner Hochschulgesetz
BerlVerfGH	Verfassungsgerichtshof des Landes Berlin
BetrVG	Betriebsverfassungsgesetz
BezVerwG/BezVG	Bezirksverwaltungsgesetz

BezWG	Gesetz über die Wahl zu den Bezirksversammlungen
BFH	Bundesfinanzhof
BFHE	Sammlung der Entscheidungen des Bundesfinanzhofs
BGB	Bürgerliches Gesetzbuch
BGBl.	Bundesgesetzblatt
BhVO	Verordnung über die Gewährung von Beihilfen in Krankheits-, Pflege-, Geburts- und Todesfällen (des Saarlandes)
BNatSchG	Bundesnaturschutzgesetz
BPersVG	Bundespersonalvertretungsgesetz
BPflVO	Bundespflegesatzverordnung
BRAGO	Bundesgebührenordnung für Rechtsanwälte
BRAO	Bundesrechtsanwaltsordnung
BremAbgG	Bremisches Abgeordnetengesetz
Brem.GBl.	Bremisches Gesetzblatt
BremLV	Landesverfassung der Freien Hansestadt Bremen
BremPolG	Bremisches Polizeigesetz
BremStGHE	Entscheidungen des Staatsgerichtshofs Bremen
BremStGHG	Gesetz über den Staatsgerichtshof Bremen
BremStiftG	Bremisches Stiftungsgesetz
BremWG	Bremisches Wahlgesetz
BRRG	Beamtenrechtsrahmengesetz
BSchG	Brandschutzgesetz
BschHLG	Brandschutz- und Hilfeleistungsgesetz
BSG	Bundessozialgericht
BSHG	Bundessozialhilfegesetz
BT-Drs.	Drucksachen des Deutschen Bundestages
Buchholz	Sammel- und Nachschlagewerk der Rechtsprechung des BVerwG, herausgegeben von K. Buchholz
BüWG	Gesetz über die Wahl zur hamburgischen Bürgerschaft
BVerfG	Bundesverfassungsgericht
BVerfGE	Entscheidungen des Bundesverfassungsgerichts
BVerfGG	Gesetz über das Bundesverfassungsgericht
BVerfSchG	Bundesverfassungsschutzgesetz
BVerwG	Bundesverwaltungsgericht
BVerwGE	Entscheidungen des Bundesverwaltungsgerichts
BVV	Bezirksverordnetenversammlung
BWaldG	Bundeswaldgesetz
BW-GO	Gemeindeordnung für Baden-Württemberg
BW PolG	Polizeigesetz für Baden-Württemberg
BZRG	Bundeszentralregistergesetz
CDU	Christlich Demokratische Union Deutschlands
DB	Der Betrieb
DDR	Deutsche Demokratische Republik
DDR-GBl.	Gesetzblatt der DDR
DemGO	Demokratische Gemeindeordnung

Abkürzungsverzeichnis   XIII

DemOrgG-LSA	Gesetz über die weitere Demokratisierung des Aufbaus und der Arbeitsweise der staatlichen Organe Sachsen-Anhalt 1952
dess.	desselben
DGO	Deutsche Gemeindeordnung
DJT	Deutscher Juristentag
DÖV	Die Öffentliche Verwaltung
DRiG	Deutsches Richtergesetz
Drs.	Drucksache(n)
DVBl.	Deutsches Verwaltungsblatt
EA	Einstweilige Anordnung
ebd.	ebenda
EGGVG	Einführungsgesetz zum Gerichtsverfassungsgesetz
ElbElstG	Elbe-Elster-Gesetz
EMRK	Europäische Menschenrechtskonvention
ESVGH	Entscheidungssammlung des Hessischen Verwaltungsgerichtshofs und des Verwaltungsgerichtshofs Baden-Württemberg
EuGRZ	Europäische Grundrechte-Zeitschrift
e. V.	eingetragener Verein
EWGV	Vertrag zur Gründung der Europäischen Wirtschaftsgemeinschaft
EWiR	Entscheidungen zum Wirtschaftsrecht
FamRZ	Zeitschrift für das gesamte Familienrecht
FraktG	Fraktionsgesetz; Gesetz über die Rechtsstellung der Fraktionen des Abgeordnetenhauses von Berlin
FraktG-LSA	Fraktionsgesetz Sachsen-Anhalt
GBl. DDR	Gesetzblatt der DDR
GBO	Grundbuchordnung
GE	Das Grundeigentum
GemVerfG-33	Gemeindeverfassungsgesetz 1933
GerOrgG-ProvSAn	Gerichtsorganisationsgesetz in der Provinz Sachsen-Anhalt
GerZustV	Gerichtszuständigkeits-Verordnung
GewG	Gewerbegesetz
GewO	Gewerbeordnung
GG	Grundgesetz für die Bundesrepublik Deutschland
GK-AuslR	Gemeinschaftskommentar zum Ausländerrecht
GKG	Gerichtskostengesetz
GKG-LSA	Gesetz über die kommunale Gemeinschaftsarbeit Sachsen-Anhalt
GKöD	Gesamtkommentar zum öffentlichen Dienstrecht
GO	Geschäftsordnung
GOAvB	Geschäftsordnung des Abgeordnetenhauses von Berlin
GOBVerfG	Geschäftsordnung des Bundesverfassungsgerichts
GO-LSA	Gemeindeordnung Sachsen-Anhalt

Abkürzungsverzeichnis

GO-NW	Gemeindeordnung Nordrhein-Westfalen
GVABl.	Gesetz-, Verordnungs- und Amtsblatt
GVBl.	Gesetz- und Verordnungsblatt
Hdb	Handbuch
HdbStR	Handbuch des Staatsrechts
HeilberufsG	Heilberufsgesetz
HEP	Hochschulerneuerungsprogramm
HSOG	Hessisches Gesetz über die öffentliche Sicherheit und Ordnung
HessStAnz	Staatsanzeiger für das Land Hessen
Hess.VGH	Hessischer Verwaltungsgerichtshof
HmbBG	Hamburgisches Beamtengesetz
HmbDSG	Hamburgisches Datenschutzgesetz
HmbJVBl	Hamburgisches Justizverwaltungsblatt
HmbSOG	Hamburgisches Gesetz über die Sicherheit und Ordnung
HmbVwfG	Hamburgisches Verwaltungsverfahrensgesetz
HmbWO	Wahlordnung für die Wahlen zur hamburgischen Bürgerschaft und zu den Bezirksversammlungen
HRG	Hochschulrahmengesetz
Hrsg.	Herausgeber
Hs.	Halbsatz
HStrG	Haushaltsstrukturgesetz
HV	Verfassung des Landes Hessen
HVerf	Hamburger Verfassung
HVerfG	Hamburgisches Verfassungsgericht
HVerfGG	Hamburgisches Verfassungsgerichtsgesetz
InfAuslR	Informationsbrief Ausländerrecht
JA	Juristische Arbeitsblätter
JöR	Jahrbuch des öffentlichen Rechts der Gegenwart
JR	Juristische Rundschau
JurBüro	Das Juristische Büro
JuS	Juristische Schulung
JZ	Juristenzeitung
KaG	Kammergesetz
KG	Kammergericht
KGNGBbg	Kreis- und Gerichtsneugliederungsgesetz Brandenburg
1. KGRÄndG	1. Kreisgebietsreformänderungsgesetz
KJHG	Kinder- und Jugendhilfegesetz
KK	Karlsruher Kommentar zur StPO
KNGBbg	Kreisneugliederungsgesetz Brandenburg
KommVerf	Kommunalverfassung DDR
KostO	Kostenordnung
KostRÄndG	Kostenrechtsänderungsgesetz
KrsGebRefG-LSA	Gesetz zur Kreisgebietsreform
KTS	Konkurs-, Treuhand- und Schiedsgerichtswesen

LAbfG	Landesabfallgesetz Berlin
LAbgG	Gesetz über die Rechtsverhältnisse der Mitglieder des Abgeordnetenhauses von Berlin
LärmVO	Lärmverordnung
LdEinfG	Ländereinführungsgesetz DDR
LHO	Landeshaushaltsordnung
LHO/BremLHO	Landeshaushaltsordnung (Bremen)
LKO-LSA	Landkreisordnung Sachsen-Anhalt
LKV	Landes- und Kommunalverwaltung
LM	Nachschlagewerk des Bundesgerichtshofes, herausgegeben von Lindenmaier, Möhring und anderen
LS	Leitsatz
LSA-GABl.	Gesetz- und Amtsblatt Sachsen-Anhalt
LSA-GVBl.	Gesetz- und Verordnungsblatt Sachsen-Anhalt
LT	Landtag
LT-Drs.	Landtagsdrucksache
LV	Landesverfassung
LVerfG	Landesverfassungsgericht
LVerfGG	Landesverfassungsgerichtgesetz
LVerfGG-LSA	Landesverfassungsgerichtsgesetz Sachsen-Anhalt
LVerf-LSA	Verfassung des Landes Sachsen-Anhalt
LVfG-LSA	Landesverfassungsgericht Sachsen-Anhalt
LWahlG	Landeswahlgesetz
LWahlO	Landeswahlordnung
LWaldG	Waldgesetz des Landes Brandenburg
LWG	Landtagswahlgesetz
MDR	Monatsschrift für Deutsches Recht
MinBl.	Ministerialblatt
MRK	Konvention zum Schutze der Menschenrechte und Grundfreiheiten
MüKo	Münchener Kommentar zum Bürgerlichen Gesetzbuch
mwN	mit weiteren Nachweisen
NdsGefAG	Niedersächsisches Gefahrenabwehrgesetz
NdsGVBl.	Niedersächsisches Gesetz- und Verordnungsblatt
NdsStGH	Niedersächsischer Staatsgerichtshof
NdsStGHE	Entscheidungen des Nds. Staatsgerichtshofes
NdsVerf	Niedersächsische Verfassung
n. F.	Neue Folge (Sammlung von Entscheidungen des Bayerischen Verwaltungsgerichtshofs mit Entscheidungen des Bayerischen Verfassungsgerichtshofs)
NGO	Niedersächsische Gemeindeordnung
NJ	Neue Justiz
NJW	Neue Juristische Wochenschrift
NRW, NW	Nordrhein-Westfalen

… Abkürzungsverzeichnis

NStZ	Neue Zeitschrift für Strafrecht
NV	Neugliederungs-Vertrag
NVG	Neugliederungsvertragsgesetz
NVR	Nationaler Verteidigungsrat
NVwZ	Neue Zeitschrift für Verwaltungsrecht
NVwZ-RR	Neue Zeitschrift für Verwaltungsrecht – Rechtsprechungsreport
NW-GO	Gemeindeordnung Nordrhein-Westfalen
NZS	Neue Zeitschrift für Sozialrecht
OLG	Oberlandesgericht
OLG-NL	OLG-Rechtsprechung Neue Länder
OLGZ	Entscheidungen der Oberlandesgerichte in Zivilsachen einschließlich der freiwilligen Gerichtsbarkeit
OVG	Oberverwaltungsgericht
OVGE	Entscheidungen des Oberverwaltungsgerichts für das Land Nordrhein-Westfalen in Münster sowie für die Länder Niedersachsen und Schleswig-Holstein in Lüneburg (1. 1950 ff.)
OWiG	Gesetz über Ordnungswidrigkeiten
PartG	Gesetz über die politischen Parteien (Parteiengesetz)
PDS	Partei des Demokratischen Sozialismus
PDS–LL	Partei des Demokratischen Sozialismus – Linke Liste
PDV	Polizeiliche Dienstvorschrift
PersR	Der Personalrat
PersVG	Personalvertretungsgesetz Mecklenburg-Vorpommern
PetG	Gesetz über die Behandlung von Petitionen durch die Bremische Bürgerschaft
Plen.-Prot.	Plenarprotokoll
PreußVerf	Verfassung des Freistaates Preußen
Pr-GS	Preußische Gesetzessammlung
Prot.	Protokoll
ProvSAn-GABl.	Gesetz- und Verordnungsblatt Sachsen-Anhalt
PrVG	Gesetz über die Anerkennung der politisch, rassisch oder religiös Verfolgten des Nationalsozialismus vom 20. 3. 1950
RAO	Reichsabgabenordnung
RDG	Rettungsdienstgesetz
Rdn.	Randnummer
RefEntw	Referentenentwurf
RegBkPlG	Gesetz zur Einführung der Regionalplanung und der Braunkohlen- und Sanierungsplanung
RegVorl	Regierungsvorlage
RettGBbg	Brandenburgisches Rettungsdienstgesetz
revDGO	revidierte Deutsche Gemeindeordnung
revStO	revidierte Städte-Ordnung für die preußische Monarchie
RGBl.	Reichsgesetzblatt

Abkürzungsverzeichnis XVII

RiL	Richtlinie
ROG	Raumordnungsgesetz
ROLVG-LSA	Vorschaltgesetz zur Raumordnung und Landesplanung Sachsen-Anhalt
RPfleger	Der Deutsche Rechtspfleger
RV-Fo	Rahmenvereinbarung Forschungsförderung
RWahlG	Reichswahlgesetz
Rz.	Randzahl
SPolG	Saarländisches Polizeigesetz
SaBremR	Sammlung des Bremischen Rechts
SächsBGB	Bürgerliches Gesetzbuch für das Königreich Sachsen
SächsDSG	Sächsisches Datenschutzgesetz
SächsDolmG	Sächsisches Dolmetschergesetz
SächsFrTrSchulG	Gesetz über Schulen in freier Trägerschaft
SächsPolG	Sächsisches Polizeigesetz
SächsPresseG	Sächsisches Pressegesetz
SächsVBl.	Sächsische Verwaltungsblätter
SächsVerf	Verfassung des Freistaates Sachsen
SächsVerfGH	Verfassungsgerichtshof des Freistaates Sachsen
SächsVerfGHG	Sächsisches Verfassungsgerichtshofsgesetz
SächsVSG	Sächsisches Verfassungsschutzgesetz
SASOG	Gesetz über die öffentliche Sicherheit und Ordnung des Landes Sachsen-Anhalt
SBG	Saarländisches Beamtengesetz
SchlHA	Schleswig-Holsteinische
SchwbG	Schwerbehindertengesetz
SeuffA	Seufferts Archiv für Entscheidungen der obersten Gerichte in den deutschen Staaten
SGb	Die Sozialgerichtsbarkeit
SGB	Sozialgesetzbuch
SGB I	Sozialgesetzbuch, Erstes Buch
SGG	Sozialgerichtsgesetz
SH-GO	Gemeindeordnung Schleswig-Holstein
SH-GVOBl.	Gesetz und Verordnungsblatt Schleswig-Holstein
SHLVwG	Allgemeines Verwaltungsgesetz für das Land Schleswig-Holstein
SozR	Sozialrecht, Rechtsprechung und Schrifttum, herausgegeben von Richtern des BSG
SPD	Sozialdemokratische Partei Deutschlands
SpkAV	Sparkassenanpassungsverordnung
SRG	Schulreformgesetz
StAnz.	Staatsanzeiger
StenBer	Stenografische Berichte
StGB	Strafgesetzbuch
StGH	Staatsgerichtshof

Abkürzungsverzeichnis

StGHG	Gesetz über den Staatsgerichtshof
StPO	Strafprozeßordnung
StrG	Straßengesetz
StRehaG	Strafrechtliches Rehabilitationsgesetz
st. Rspr.	ständige Rechtsprechung
StUG	Stasi-Unterlagen-Gesetz
StV	Strafverteidiger
SVerf	Verfassung des Saarlandes
ThürBG	Thüringer Beamtengesetz
ThürGOLT	Geschäftsordnung des Thüringer Landtags
ThürLWG	Thüringer Wahlgesetz für den Landtag
ThürKO	Thüringer Gemeinde- und Landkreisordnung (Thüringer Kommunalordnung)
ThürNGG	Thüringer Neugliederungsgesetz
ThürVerf	Verfassung des Freistaats Thüringen
ThürVerfGH	Thüringer Verfassungsgerichtshof
ThürVerfGHG	Thüringer Verfassungsgerichtshofsgesetz
UA	Urteilsausfertigung
UWG	Gesetz gegen den unlauteren Wettbewerb
VA	Verfassungsausschuß
VAGBbg	Volksabstimmungsgesetz Brandenburg
VE-Gesetz	Gesetz über das Verfahren beim Volksentscheid vom 1. April 1969 (Bremen)
VerfBW	Verfassung des Landes Baden-Württemberg
VerfGBbg	Verfassungsgericht des Landes Brandenburg
VerfGGBbg	Verfassungsgerichtsgesetz Brandenburg
VerfGH NRW	Verfassungsgerichtshof Nordrhein-Westfalen
VerfGH Rh.-Pf.	Verfassungsgerichtshof Rheinland-Pfalz
VerfGHG	Gesetz über den Verfassungsgerichtshof
VerfGH/VfGH	Verfassungsgerichtshof
VerfGrdsG	Verfassungsgrundsätzegesetz
Verf-ProvSAn	Verfassung der Provinz Sachsen-Anhalt
VfGBbg	Verfassungsgericht Brandenburg
VG	Verwaltungsgericht
VGH	Verwaltungsgerichtshof
VGHG	Gesetz über den Verfassungsgerichtshof (des Saarlandes)
vgl.	vergleiche
VvB	Verfassung von Berlin
VvB 1950	Verfassung von Berlin vom 1. September 1950
VVDStRL	Veröffentlichungen der Vereinigung der Deutschen Staatsrechtslehrer
VVG	Versicherungsvertragsgesetz
Vw GemVO LSA	Verordnung über die Zuordnung von Gemeinden zu Verwaltungsgemeinschaften

VwGO	Verwaltungsgerichtsordnung
VwVfG	Verwaltungsverfahrensgesetz
VwVfGBbg	Verwaltungsverfahrensgesetz Brandenburg
VwVfG-LSA	Verwaltungsverfahrensgesetz Sachsen-Anhalt
WahlDG	Wahldurchführungsgesetz
WarnRsp	Rechtsprechung des Reichsgerichts, soweit sie nicht in der amtlichen Sammlung der Entscheidung des RG abgedruckt ist, hrsg. v. Warneyer
WIP	Wissenschaftler-Integrationsprogramm
WKKG	Wahlkampfkostenerstattungsgesetz
WoBindG	Wohnungsbindungsgesetz
WPO	Wirtschaftsprüferordnung
WV	Weimarer Verfassung
ZfP	Zeitschrift für Politik
ZG	Zeitschrift für Gesetzgebung
ZGB	Zivilgesetzbuch der DDR
ZPO	Zivilprozeßordnung
ZRP	Zeitschrift für Rechtspolitik
ZSEG	Gesetz über die Entschädigung von Zeugen und Sachverständigen

Entscheidungen
des Verfassungsgerichtshofs
des Landes Berlin

Die amtierenden Richter des Verfassungsgerichtshofs des Landes Berlin

Prof. Dr. Klaus Finkelnburg, Präsident

Dr. Ehrhart Körting, Vizepräsident

Veronika Arendt-Rojahn

Renate Citron-Piorkowski

Hans Dittrich

Prof. Dr. Hans-Joachim Driehaus

Klaus Eschen

Prof. Dr. Philip Kunig

Edeltraut Töpfer

Nr. 1

1. Art. 38 Abs. 4, 45 Satz 1 VvB begründen zugunsten der Mitglieder und Art. 40 Abs. 2 Satz 1 VvB begründet zugunsten der Fraktionen des Abgeordnetenhauses von Berlin das Recht, für die vom Parlament vorzunehmenden Wahlen Vorschläge zu machen.

2. Dem Recht eines Abgeordneten, Vorschläge für die vom Parlament vorzunehmenden Wahlen zu unterbreiten, korrespondiert das Recht, für diese Wahlen vorgeschlagen zu werden, d. h. zu kandidieren.

3. Die vorbezeichneten, verfassungsrechtlich verbürgten Rechte der Mitglieder und der Fraktionen des Abgeordnetenhauses von Berlin dürfen – durch Gesetz oder Geschäftsordnung – ausschließlich bei Vorliegen der Voraussetzungen des Art. 45 Satz 2 VvB eingeschränkt werden.

Verfassung von Berlin Art. 38 Abs. 4, 40 Abs. 2, 45 Satz 2

Beschluß vom 2. Februar 1996 – VerfGH 91, 91 A/95 –
In dem Verfahren des Organstreits
1. der Fraktion Bündnis 90/Die Grünen im Abgeordnetenhaus von Berlin,
2. der Abgeordneten R. K.
gegen das Abgeordnetenhaus von Berlin, vertreten durch seinen Präsidenten.

Entscheidungsformel:

Es wird festgestellt, daß der Antragsgegner durch seinen Beschluß vom 30. November 1995, mit dem er die Antragstellerin zu 2) von der Kandidatur zur Wahl eines Vizepräsidenten des Abgeordnetenhauses von Berlin ausgeschlossen hat, das durch Art. 38 Abs. 4, 45 Abs. 1 VvB begründete Recht der Antragstellerin zu 2) auf diese Kandidatur sowie das durch Art. 40 Abs. 2 Satz 1 VvB begründete Vorschlagsrecht der Antragstellerin zu 1) für die Wahl eines Vizepräsidenten des Abgeordnetenhauses verletzt hat.
Das Verfahren ist gerichtskostenfrei.
Das Land Berlin hat den Antragstellerinnen die notwendigen Auslagen zu erstatten.

Gründe:

I.

In der ersten Sitzung der 13. Wahlperiode des Abgeordnetenhauses von Berlin am 30. November 1995 standen u. a. auf der Tagesordnung
- lfd. Nr. 3: Wahl der Präsidentin/des Präsidenten
- lfd. Nr. 4: Wahl der weiteren Mitglieder des Präsidiums.

Nach der Wahl des Präsidenten des Abgeordnetenhauses sollten unter der lfd. Nr. 4 ausweislich des Sitzungsprotokolls (S. 12) 3 Stellvertreter des Präsidenten und 11 Beisitzer gewählt werden. Für die Wahl der Stellvertreter des Präsidenten wurden vorgeschlagen
- von der Fraktion der SPD die Abgeordnete M. B.
- von der Fraktion der CDU der Abgeordnete R. F.
- von der Fraktion der PDS die Abgeordnete Dr. G. L.

Außerdem hatte die Antragstellerin zu 1) mit einem an den Präsidenten des Abgeordnetenhauses gerichteten Schreiben die Antragstellerin zu 2) für die Wahl zum Vizepräsidenten vorgeschlagen. Der Präsident des Abgeordnetenhauses teilte dieses in der Sitzung am 30. November 1995 zu Beginn des Tagesordnungspunktes lfd. Nr. 4 mit und erklärte dabei wörtlich:

„Diesem Vorschlag kann ich nicht entsprechen, da der Fraktion Bündnis 90/Die Grünen nach dem d'Hondtschen Höchstzahlverfahren – und hier verweise ich auf die Diskussion der letzten Tage und auf die entsprechenden juristischen Ausführungen – ein Vorschlagsrecht nicht zusteht."

Nach einer kurzen Aussprache über diese Erklärung beantragte der Abgeordnete W. (Bündnis 90/Die Grünen), die Kandidatur der Antragstellerin zu 2) zuzulassen, und bat, hierüber abstimmen zu lassen. Daraufhin wurde der Antrag vom Abgeordnetenhaus mit Mehrheit abgelehnt.

Im Anschluß daran wurden in getrennten Wahlgängen die Abgeordnete M. B. und der Abgeordnete R. F. zu Stellvertretern des Präsidenten gewählt. Im darauf folgenden Wahlgang wurde über den Vorschlag der Fraktion der PDS, Frau Dr. G. L. zum Vizepräsidenten des Abgeordnetenhauses zu wählen, abgestimmt. Der Verschlag fand in insgesamt 3 Wahlgängen keine Mehrheit. Die Wahl des „dritten Vizepräsidenten" – so das Protokoll – wurde nunmehr vertagt und auf die nächste ordentliche Sitzung verschoben. Anschließend wählte das Abgeordnetenhaus in einem „offenen Verfahren" entsprechend den Vorschlägen der Fraktionen von CDU, SPD, PDS und Bündnis 90/Die Grünen einstimmig die 11 Beisitzer für das Präsidium.

Die Antragstellerinnen sehen in dem durch den Antragsgegner bewirkten Ausschluß der Antragstellerin zu 2) von der Kandidatur für das Amt des Vizepräsidenten eine Verletzung ihrer Rechte aus Art. 38 Abs. 1, 3 und 4, 40 Abs. 2, 41 Abs. 2 und 45 VvB. Sie machen insbesondere geltend, ein Vergleich des Art. 41 Abs. 2 VvB mit Art. 44 Abs. 2 VvB verdeutliche, daß die Wahlen des Präsidenten und der Vizepräsidenten des Abgeordnetenhauses nicht nach dem Höchstzahlverfahren von d'Hondt vorzunehmen seien. Aus § 12 Abs. 1 der Geschäftsordnung des Abgeordnetenhauses ergebe sich zwar, daß sich die Sitze des Präsidiums auf die Fraktionen nach dem d'Hondtschen Höchstzahlverfahren verteilen; hieraus könne jedoch keine Reihenfolge der Vorschläge für die Wahlen namentlich der Vizepräsidenten abgeleitet werden. Die Antragstellerinnen beantragen im Verfahren des Organstreits,

1. festzustellen, daß der Ausschluß der Antragstellerin zu 2) von der Kandidatur für das Amt des Vizepräsidenten diese in ihren Rechten als Abgeordnete nach der Verfassung von Berlin verletzt,
2. weiterhin festzustellen, daß durch die Nichtzulassung der Kandidatur eines Mitglieds der Antragstellerin zu 1) diese Fraktion in ihren Rechten nach der Verfassung von Berlin verletzt wird.

Der Antragsgegner beantragt, die Anträge zurückzuweisen.

Er ist der Auffassung, die in § 12 Abs. 1 Satz 2 GO vorgeschriebene Verteilung der Sitze nach dem d'Hondtschen Höchstzahlverfahren gelte nicht nur für die Ermittlung der auf die einzelnen Fraktionen entfallenden Zahl der 15 Sitze im Präsidium – Präsident, drei Vizepräsidenten, elf Beisitzer –, sondern, wie von § 8 Abs. 1 GO bestätigt werde, auch für die Reihenfolge der Wahl des Präsidenten und der Vizepräsidenten. Dies sei geradezu der Hauptzweck der Berechnungsmethode nach d'Hondt; sie bestimme damit zugleich darüber, welche Fraktion jeweils für welches Amt vorschlagsberechtigt sei. Für den hier streitigen Wahlgang sei die Fraktion der PDS vorschlagsberechtigt gewesen, der – unstreitig – der 4. Rang bei dem Höchstzahlverfahren zugestanden habe.

Der Verfassungsgerichtshof hat gemäß § 24 Abs. 1 VerfGHG einstimmig auf die Durchführung einer mündlichen Verhandlung verzichtet.

II.

Die gemäß Art. 84 Abs. 2 Nr. 1 der Verfassung von Berlin vom 23. November 1995 (GVBl. S. 779) – VvB – i. V. m. § 14 Nr. 1 und 37 VerfGHG statthaften und zulässigen Anträge der Antragstellerinnen sind begründet. Der vom Antragsgegner durch seinen Beschluß vom 30. November 1995 bewirkte Ausschluß der Antragstellerin zu 2) von der Kandidatur für das Amt des Vizepräsidenten des Abgeordnetenhauses von Berlin verletzt – erstens – die Antragstellerin zu 2) in ihrem durch Art. 38 Abs. 4, 45 Satz 1 VvB verbürgten Recht zur Kandidatur bei vom Abgeordnetenhaus vorzunehmenden Wahlen und – zweitens – die Antragstellerin zu 1) in ihrem durch Art. 40 Abs. 2 Satz 1 VvB begründeten Recht zur Unterbreitung von Vorschlägen für derartige Wahlen.

1. Die Verfassung von Berlin verhält sich in Art. 38 Abs. 4 zum einzelnen Abgeordneten; sie, die Abgeordneten, „sind Vertreter aller Berliner. Sie sind an Aufträge und Weisungen nicht gebunden und nur ihrem Gewissen unterworfen". Mit dieser Regelung gewährleistet die Verfassung von Berlin den Status des Abgeordneten; schon kraft dieses verfassungsrechtlich gewährleisteten Status verfügt der Abgeordnete über eine Reihe von Einzelrechten, wie u. a. Mitwirkungsrechte, Informationsrechte, Antrags- und Rederecht usw. Der Sache nach knüpft Art. 45 Satz 1 VvB an diese durch Art. 38 Abs. 4 VvB verbürgten Rechte an und betont, „das Recht des Abgeordneten, sich im Abgeordnetenhaus und in Ausschüssen durch Rede, Anfragen und Anträge an der Willensbildung und Entscheidungsfindung zu beteiligen, darf nicht ausgeschlossen werden". Willensbildungs- und Entscheidungsfindungsprozesse verlaufen regelmäßig mehrstufig. Sie finden ihren Abschluß in Abstimmungen und Wahlen; diese wiederum setzen mit Blick auf Abstimmungen Anträge und mit Blick auf Wahlen Wahlvorschläge voraus. Die verfassungsrechtlich verbürgte Beteiligung am Willensbildungsprozeß umfaßt deshalb entsprechende Antrags- und Vorschlagsrechte; dabei korrespondiert dem Recht eines Abgeordneten, einen Wahlvorschlag unterbreiten zu dürfen, das Recht, für die betreffende Wahl vorgeschlagen zu werden.

Vor diesem Hintergrund ergibt sich, daß die Verfassung von Berlin dem einzelnen Abgeordneten grundsätzlich das Recht verbürgt, bei vom Parlament vorzunehmenden Wahlen Vorschläge zu machen und vorgeschlagen zu werden, d. h. zu kandidieren. Für die Wahl des Vizepräsidenten des Abgeordnetenhauses gilt nichts anderes: Auszugehen ist davon, daß die demokratische Repräsentation egalitär ist. Die Ausübung des parlamentarischen Mandats folgt dem formalisierten Grundsatz der Gleichbehandlung. Alle Mitglieder des Parlaments sind einander formal gleichgestellt. Die Gleichheit des Mandats und die Gleichbehandlung bei der Mandatsausübung sind Rechte des einzelnen Abgeordneten (Art. 38 Abs. 4 VvB) und zugleich Ausdruck dessen, daß alle Abgeordneten gemeinsam „die Volksvertretung" (Art. 38 Abs. 1 VvB) bilden. Aus entsprechenden Überlegungen zum Bundes(verfassungs)recht wird die Rechtslage für die Wahl der Vizepräsidenten des Deutschen Bundestags – soweit ersichtlich – einhellig ebenso beurteilt (vgl. etwa *Partsch*, Die Wahl des Parlamentspräsidenten, in: AöR, 86. Band, 1961, S. 25, 27 f., *Klein* in: Isensee/Kirchhof, Handbuch des Staatsrechts, Band 2, S. 367, 385, *Schreiner* in: Schneider/Zeh, Parlamentsrecht und Parlamentspraxis, S. 593, 601, sowie *Bücker*, ebenda, S. 795, s. auch S. 803 f.).

Das eigene und gleiche Recht des Abgeordneten u. a. auf Teilhabe am Willensbildungsprozeß muß auch das Parlament selbst beachten (vgl. dazu im einzelnen *Badura* in: Schneider/Zeh, Parlamentsrecht und Parlamentspraxis, S. 489, 495 mwN). Differenzierungen und Beschränkungen dieses Rechts dürfen – soweit nicht spezielle Verfassungsvorschriften bestehen (vgl. u. a. Art. 40 Abs. 1, 42 Abs. 2 und 44 Abs. 2 VvB) – Gesetz oder Geschäftsordnung nur zur Sicherung der Arbeitsfähigkeit des Parlaments vornehmen (vgl. in diesem Zusammenhang Schlußbericht der Enquete-Kommission „Verfassungs- und Parlamentsreform" vom 18. Mai 1994, Abgeordnetenhaus-Drucksache 12/4376, S. 10). Dies konkretisiert Art. 45 Satz 2 VvB, wenn er eine Beschränkung von verfassungsrechtlich verbürgten Mitwirkungs- und Beteiligungsrechten des einzelnen Abgeordneten „nur insoweit" erlaubt, „wie es für die gemeinschaftliche Ausübung der Mitgliedschaft im Parlament notwendig ist". Ausschließlich bei Vorliegen dieser Voraussetzung ist Raum für eine wie auch immer geartete Einschränkung solcher Rechte durch das Parlament, sei es durch Gesetz, sei es durch Geschäftsordnung.

Angesichts dessen könnte das verfassungsrechtlich verbürgte Recht eines einzelnen Abgeordneten, einen Vorschlag für die Wahl des Vizepräsidenten des Abgeordnetenhauses zu machen und dem korrespondierend für dieses Amt zu kandidieren, durch Gesetz oder Geschäftsordnung nur ausgeschlossen werden, wenn dies für die gemeinschaftliche Ausübung der Mitgliedschaft im Abgeordnetenhaus notwendig wäre. Es ist weder vorgetragen noch sonst ersichtlich, daß diese Voraussetzung hier erfüllt sein könnte. Das gilt namentlich auch deshalb, weil der Vizepräsident – ebenso wie der Präsident – seine ihm obliegenden Funktionen jeweils als einzelner Amtsträger wahrnimmt und schon von daher die Annahme fernliegt, die in Rede stehende Einschränkung der Kandidatur könne „für die gemeinschaftliche Ausübung der Mitgliedschaft" im Abgeordnetenhaus von nennenswertem Gewicht sein. Der damit vorgegebenen verfassungsrechtlichen Rechtslage entsprechend verzichtet die Geschäftsordnung des Abgeordnetenhauses von Berlin denn auch darauf, für die Wahl des Präsidenten oder des Vizepräsidenten irgend eine Einschränkung der Rechte des einzelnen Abgeordneten vorzunehmen. Vielmehr verhält sich diese Geschäftsordnung in § 12 Abs. 1 lediglich zur Zusammensetzung des 15 Abgeordnete umfassenden Präsidiums und bestimmt, die Sitze im Präsidium sind „auf die Fraktionen nach dem d'Hondtschen Höchstzahlverfahren" zu verteilen. Ob die damit im Ergebnis einhergehende Einschränkung der Rechte eines einzelnen Abgeordneten mit der Verfassung von Berlin vereinbar ist, ist nicht Gegenstand dieses Verfahrens und bedarf deshalb keiner Entscheidung.

2. Die Verfassung von Berlin gewährleistet nicht nur dem einzelnen Abgeordneten, sondern in Art. 40 Abs. 2 auch den Fraktionen ein eigenes Recht zur Mitwirkung an der parlamentarischen Willensbildung im Abgeordnetenhaus; sie, die Fraktionen, wirken nach dieser Bestimmung „mit eigenen Rechten ... als selbständige und unabhängige Gliederungen der Volksvertretung an

deren Arbeit" mit. Den Fraktionen steht mithin – ebenso wie den einzelnen Abgeordneten – ein verfassungsrechtlich verbürgtes Recht zu, bei vom Parlament vorzunehmenden Wahlen einschließlich der Wahl des Vizepräsidenten einen Vorschlag zu machen. Zwar äußert sich die Verfassung von Berlin nicht ausdrücklich zu der Frage, unter welchen Voraussetzungen verfassungsrechtlich gewährleistete Mitwirkungs- und Beteiligungsrechte von Fraktionen beschränkt werden dürfen. Indes bestehen insoweit keine Bedenken, Art. 45 Satz 2 VvB mit der Folge entsprechend anzuwenden, daß eine Einschränkung des hier in Rede stehenden Wahlvorschlagsrechts verfassungsrechtlich nur gerechtfertigt wäre, wenn dies „für die gemeinschaftliche Ausübung der Mitgliedschaft im Parlament notwendig" wäre. Ebensowenig wie mit Blick auf den einzelnen Abgeordneten kann davon mit Blick auf eine Fraktion die Rede sein.

Mit diesem Beschluß erübrigt sich eine Entscheidung über den von den Antragstellerinnen gestellten Antrag auf Erlaß einer einstweiligen Anordnung.

Die Entscheidung über die Kosten beruht auf den §§ 33 f. VerfGHG.

Dieser Beschluß ist unanfechtbar.

Sondervotum der Richter Dittrich und Dr. Körting

Wir halten eine Entscheidung des Abgeordnetenhauses, die Wahl der Vizepräsidenten aufgrund von Vorschlägen der Fraktionen nach dem Stärkeverhältnis der Fraktionen im Abgeordnetenhaus vorzunehmen, für im Rahmen der Autonomie des Abgeordnetenhauses in Geschäftsordnungsfragen liegend. Eine Berücksichtigung des Stärkeverhältnisses der Fraktionen bei der Wahl der Vizepräsidenten ist ebenso wie bei der Wahl der Beisitzer des Präsidiums und auch bei der Verteilung der Sitze im Ältestenrat des Abgeordnetenhauses mit der Verfassung vereinbar.

Einer Fraktion und mithin auch der Antragstellerin zu 1) steht kraft verfassungsrechtlicher Verbürgung (Art. 40 Abs. 2 Satz 1 VvB) ebenso wie dem einzelnen Abgeordneten (Art. 38 Abs. 4, Art. 45 VvB) das Recht zu, sich an der parlamentarischen Willensbildung zu beteiligen.

Dieses ist bezogen auf Art. 2 Satz 2 VvB. Zur Willensbildung, die mittelbar für die Gesamtheit der Deutschen in Berlin durch die Volksvertretung ausgeübt wird, gehören die Gesetzgebung, die Wahl der Regierung und sonstige dem Abgeordnetenhaus mit Wirkung nach außen obliegende Entscheidungen. Die innere Verwaltungsorganisation des Abgeordnetenhauses, Fragen der Leitung seiner Sitzungen und die nach der Geschäftsordnung dem Präsidium übertragenen Fragen der inneren Organisation, beispielsweise der Entwurf eines Haushaltsplanes und die Verteilung der Räumlichkeiten des Abgeordnetenhauses, gehören demgegenüber nicht zur Willensbildung im Sinne der

Art. 2 Satz 2, Art. 40 Abs. 2 Satz 1 und Art. 45 Satz 1 VvB. Ungeachtet der politischen Bedeutung, die auch der Entscheidung derartiger Fragen zukommt, geht es nicht um Fragen der Willensbildung, die das Abgeordnetenhaus als repräsentative Vertretung für das Volk trifft, sondern lediglich um Fragen der Selbstorganisation, bei denen eine inhaltliche Vorformung der Willensbildung nicht geschieht (vgl. zum Bundesrecht das Urteil des Bundesverfassungsgerichts vom 13. Juni 1989 – BVerfGE 80, 188, 227 zu den Aufgaben des Ältestenrates des Bundestages, die in Berlin nach der Geschäftsordnung teilweise vom Präsidium wahrgenommen werden).

Geht es bei den innerorganisatorischen Fragen des Abgeordnetenhauses nicht um inhaltliche Vorformungen der Willensbildung im Sinne der Art. 2 Satz 2, Art. 40 Abs. 2 Satz 1 und Art. 45 Satz 1 VvB, dann können geschäftsordnungsmäßige Regelungen des Abgeordnetenhauses wie die Regelung des § 12 Abs. 1 seiner Geschäftsordnung und wie der Beschluß vom 30. November 1995, die jeweils die Fragen der Zusammensetzung des Präsidiums betreffen, diese Rechte der Antragstellerinnen nicht verletzen.

Den Antragstellerinnen stehen allerdings nicht nur in der Verfassung verbürgte Rechte auf Mitwirkung bei der politischen Willensbildung zu, sondern auch Rechte aus ihrer Mitgliedschaft in der Korporation des Abgeordnetenhauses. Für die Mitgliedschaftsrechte der Abgeordneten gilt grundsätzlich die Gleichberechtigung. Als Mitglied des Abgeordnetenhauses ist jeder Abgeordnete berechtigt, auch bei den internen Entscheidungen des Abgeordnetenhauses, zu denen die Fragen der inneren Organisation gehören, mitzuwirken. Hier gilt jedoch der Grundsatz, daß das Parlament bei der Entscheidung darüber, welcher Regeln es zu seiner Selbstorganisation bedarf, einen weiten Gestaltungsspielraum hat (vgl. zum Bundesverfassungsrecht das Urteil des Bundesverfassungsgerichts vom 13. Juni 1989 – BVerfGE 80, 188, 189). Die Mehrheit übersieht, daß die gleichberechtigte Teilhabe des Abgeordneten an Fragen der Selbstorganisation des Abgeordnetenhauses im Rahmen der Geschäftsordnungsautonomie beschränkt werden kann. Art. 41 Abs. 1 VvB gibt dem Abgeordnetenhaus die verfassungsmäßige Kompetenz, sich selbst eine Geschäftsordnung zu geben. Da die Rechte der Abgeordneten auch in bezug auf die Selbstorganisation des Parlaments nur als Mitgliedschaftsrechte bestehen und verwirklicht werden können, mithin einander zugeordnet sind und aufeinander abgestimmt werden müssen, wirken sich die Regelungen der Geschäftsordnung notwendigerweise immer auch als Beschränkungen der Rechte des einzelnen Abgeordneten aus. Die verfassungsrechtlichen Grenzen und Bindungen dieser Regelungsmacht müssen nach dem jeweiligen Gegenstand bestimmt werden (vgl. dazu für das Bundesrecht die Urteile des Bundesverfassungsgerichts vom 13. Juni 1989 – BVerfGE 80, 188, 220 = NJW 1990, 373 und vom 16. Juli 1991 – BVerfGE 84, 304, 322 = NJW 1991, 2474).

Nach diesen Grundsätzen kann es nicht als Verstoß gegen Zweck und Grenzen der Geschäftsordnungsautonomie des Parlaments angesehen werden, wenn in § 12 Abs. 1 Satz 2 GO bestimmt ist, daß – unbeschadet der verfassungsrechtlichen Vorgabe eines Präsidiumssitzes für jede Fraktion (Art. 41 Abs. 2 Satz 2 VvB) – sich die Sitze im Präsidium nach dem Höchstzahlverfahren auf die Fraktionen verteilen.

In gleicher Weise ist eine Geschäftsordnungsregelung zulässig, die die hervorgehobenen Präsidiumspositionen des Präsidenten und seiner Stellvertreter als gesonderte Gruppe vorweg nach dem Höchstzahlverfahren zuteilen würde. Es entspricht seit langem einer verbreiteten parlamentarischen Tradition, auch diese Repräsentationsämter des Parlaments nach Möglichkeit spiegelbildlich nach dem Verhältnis der politischen Gruppierungen der Abgeordneten zu besetzen.

So sieht die Geschäftsordnung des Deutschen Bundestages in § 2 jetzt vor, daß jede Fraktion durch mindestens einen Vizepräsidenten oder eine Vizepräsidentin im Präsidium vertreten ist (Änderung vom 16. Dezember 1994 – BGBl. I 1995, S. 11). Die nach Art. 40 Abs. 1 Satz 1 GG vom Bundestag zu wählenden Schriftführer werden gemäß § 3 Satz 3 und § 11 der Geschäftsordnung des Bundestages nach dem Stärkeverhältnis der Fraktionen vorgeschlagen und gewählt.

Nach der Geschäftsordnung für den Bayerischen Landtag in der Fassung der Bekanntmachung vom 1. August 1985 (GVBl. S. 705 – mit späteren Änderungen –) wird das Präsidium nach dem Höchstzahlverfahren auf Vorschlag der Fraktionen gewählt (§ 9 Abs. 1).

Nach der Geschäftsordnung der Bremischen Bürgerschaft in der Fassung des Beschlusses vom 6. November 1991 mit Änderungen vom 6. November und vom 11. Dezember 1991 (BremGbl.1992, S. 121) sind bei der Zusammensetzung des Vorstandes der Bürgerschaft in der Regel die Fraktionen nach ihrer Stärke zu berücksichtigen (§ 8 Abs. 2 Satz 1).

Nach der Geschäftsordnung des Hessischen Landtages vom 31. Januar 1973 (GVBl. 1, S. 63 – mit späteren Änderungen –) sollen der Präsident und die Vizepräsidenten in der Reihenfolge der Fraktionen bestellt werden (§ 6 Abs. 4).

Nach der Geschäftsordnung für den Niedersächsischen Landtag der 13. Wahlperiode vom 7. Dezember 1994 (GVBl. 1995, S. 9) schlägt die stärkste Fraktion ein Mitglied des Landtages für die Wahl zur Präsidentin oder zum Präsidenten vor. Nach dem Höchstzahlverfahren schlagen die Fraktionen je ein Mitglied für die Wahl zur Vizepräsidentin oder zum Vizepräsidenten vor (§ 5 Abs. 2).

Nach der Geschäftsordnung des Landtages Nordrhein-Westfalen vom 31. Mai 1990 werden die Schriftführer im Präsidium nach dem prozentualen Stärkeverhältnis der Fraktionen gewählt (§ 8 Abs. 3 mit § 18 Abs. 1). Nach der Geschäftsordnung des Landtages Rheinland-Pfalz in der Fassung vom 16. November 1987 (abgedruckt bei: Recht und Organisation der Parlamente, Ordnungsziffer 097101) werden die Schriftführer, wenn kein gemeinsamer Vorschlag vorgelegt wird, nach den Grundsätzen der Verhältniswahl gewählt (§ 3 Satz 2).

Nach der Geschäftsordnung des Sächsischen Landtages vom 23. Oktober 1990 (abgedruckt bei: Recht und Organisation der Parlamente, Ordnungsziffer: 098101) schlägt die stärkste Fraktion einen Abgeordneten für die Wahl zum Präsidenten vor. Für die Wahl der Vizepräsidenten richtet sich das Vorschlagsrecht nach dem Stärkeverhältnis der Fraktionen (§ 4 Abs. 3 Sätze 2 und 3).

Nach der Geschäftsordnung des Landtages von Sachsen-Anhalt vom 6. Dezember 1990 – mit späteren Änderungen – (abgedruckt bei: Recht und Organisation der Parlamente, Ordnungsziffer: 098401) schlägt die stärkste Fraktion ein Mitglied des Landtages für die Wahl zum Präsidenten vor. Bei der Wahl der Vizepräsidenten entscheidet das Stärkeverhältnis der Fraktionen (§ 4 Abs. 2).

Nach der Geschäftsordnung des Thüringer Landtages vom 7. Juli 1994 (abgedruckt bei: Recht und Organisation der Parlamente, Ordnungsziffer: 099101) erfolgen die Wahlen des Präsidenten und der Vizepräsidenten auf Vorschlag der Fraktionen unter Beachtung ihrer Stärkeverhältnisse (§ 2 Abs. 2 Satz 1).

Die in § 12 Abs. 1 Satz 2 GO in Berlin festgelegte Zusammensetzung des Präsidiums nach dem Stärkeverhältnis der Fraktionen und die im Beschluß des Abgeordnetenhauses vom 30. November 1995 festgelegte Beschränkung des Vorschlagrechts für die Vizepräsidenten nach dem Stärkeverhältnis der Fraktionen entspricht also deutscher Parlamentstradition und der Praxis in vielen deutschen Parlamenten. Die in Berlin am 30. November 1995 zum Ausdruck gekommene Handhabung ist zwar nicht zwingend, wird aber durch die Verfassung aufgrund der Parlamentsautonomie auch nicht ausgeschlossen. Von Verfassungs wegen ist es nicht zu beanstanden, wenn das Abgeordnetenhaus in seiner Autonomie bei der Besetzung von Repräsentationsfunktionen wie den Ämtern der Vizepräsidenten und der Beisitzer dem Schutz parlamentarischer Minderheiten und dem in der Verfassung ausdrücklich vorgesehenen Recht der Opposition auf politische Chancengleichheit (Art. 38 Abs. 3 Satz 2 VvB) besondere Bedeutung zumißt und das mit der Geschäftsordnung ausformt. Die gleichberechtigte Teilhabe jedes Abgeordneten ist hierdurch nicht beeinträchtigt, weil sie bereits im Vorfeld durch die Mitwirkung bei der Geschäftsordnungsentscheidung, ob das Wahlverfahren für derartige Verwaltungspositionen innerhalb des Parlaments nach dem Höchstzahlverfahren durchgeführt werden soll, ausreichend gewährleistet ist. Daß nach einer diesbezüglichen Geschäftsordnungsentscheidung dann in der anschließenden Stufe der Wahl die Vorschlags- und Kandidierungsmöglichkeiten eingeschränkt sind, ist die notwendige, im Lichte der Verfassung legitime Folge des geschäftsordnungsrechtlich vorgezeichneten Schutzes demokratischer Minderheitsgruppen bzw. der Opposition und stellt eine zulässige Ausformung der Mitgliedschaftsrechte dar.

Nr. 2

1. Die Durchführung (bzw. Fortsetzung) eines Hungerstreiks in den einer Fraktion des Abgeordnetenhauses von Berlin für ihre parlamentarische Arbeit zur Verfügung gestellten Räumen durch Dritte, d. h. dieser Fraktion weder als Mitglieder noch als Mitarbeiter angehörende Personen, stellt einen Mißbrauch der Räume dar.

2. Der Präsident des Abgeordnetenhauses ist in einem solchen Fall kraft des ihm durch die Verfassung zugewiesenen Hausrechts berechtigt, den den Hungerstreik durchführenden Personen ein Hausverbot zu erteilen und sie in dessen Vollzug aus dem Abgeordnetenhaus einschließlich der Fraktionsräume zu verweisen.

Verfassung von Berlin 1950 Art. 27, 25 Abs. 3, 37

Gesetz über den Verfassungsgerichtshof § 37 Abs. 1

Urteil vom 22. Februar 1996 – VerfGH 17/95 –

In dem Organstreitverfahren der Fraktion der PDS im Abgeordnetenhaus von Berlin gegen die Präsidentin des Abgeordnetenhauses von Berlin.

Entscheidungsformel:

Die Anträge werden zurückgewiesen.
Das Verfahren ist gerichtskostenfrei.
Auslagen werden nicht erstattet.

Gründe:

I.

Die Antragstellerin, eine Fraktion des Abgeordnetenhauses von Berlin in der Wahlperiode von 1990 bis 1995, wendet sich gegen die Anordnung und die Durchsetzung eines Hausverbotes, das die seinerzeitige Präsidentin des Abgeordnetenhauses von Berlin gegen Funktionäre der PDS sowie gegen die im Antrag der Antragstellerin namentlich aufgezählten Politiker der PDS am 1. Dezember 1994 ausgesprochen hat.

Dem Hausverbot im Abgeordnetenhaus von Berlin war im November 1994 ein vom Finanzamt Mitte von Berlin erlassener Steuerbescheid gegen die PDS in Höhe von 67 Mio. DM vorausgegangen. Aus Protest gegen diesen Steuerbescheid begannen u. a. die mit dem späteren Hausverbot belegten Mitglieder der PDS am 30. November 1994 einen Hungerstreik in den Diensträumen der Unabhängigen Parteikommission in der Mauerstraße in Berlin. Nachdem sie diese Räumlichkeiten verlassen mußten, begaben sie sich am Abend des 30. November 1994 um 23.45 Uhr in die Fraktionsräume der Antragstellerin im Abgeordnetenhaus von Berlin. Der Pressedienst der PDS gab am 1. Dezember 1994 eine Pressemitteilung heraus, nach der die betreffenden PDS-Politiker den Hungerstreik im Berliner Abgeordnetenhaus fortsetzten. Ebenfalls unter dem 1. Dezember teilte die Antragstellerin in einer Presseerklärung mit, in der Nacht vom 30. November zum 1. Dezember 1994 habe die PDS-Fraktion im Berliner Abgeordnetenhaus mit Vertreterinnen und Vertretern der Gruppe der PDS im Bundestag, der PDS-Fraktion des Brandenburger Landtages und des Bundesvorstandes der PDS über die aktuelle parteipolitische Situation beraten. Als Ergebnis der Gespräche habe sich eine Reihe von PDS-Politikern entschlossen, ihren Hungerstreik im Abgeordnetenhaus fortzusetzen. Die Antragstellerin sichere ihnen hierfür jegliche Unterstützung zu.

Mit Schreiben vom 1. Dezember 1994 forderte die Antragsgegnerin die Antragstellerin unter Hinweis auf das Ansehen und die Arbeitsfähigkeit des Parlaments auf, unverzüglich für die Beendigung „dieser mißbräuchlichen" Nutzung zu sorgen. Die Antragsgegnerin begründete ihre Forderung damit, das Zurverfügungstellen der Räume des Parlaments für eine Aktion u. a. von Mitgliedern des Bundesvorstandes der PDS stehe in keinem Zusammenhang mit parlamentarischen Belangen. Die Antragstellerin erwiderte mit Schreiben vom 1. Dezember 1994, sie könne dieser Argumentation nicht folgen. Es handele sich bei der gegenwärtigen Aktion um die Wahrnehmung von Rechten einer demokratisch legitimierten Partei. Insofern gehe es unmittelbar um parlamentarische Belange. In einem weiteren Schreiben vom 1. Dezember 1994 verlangte die Antragsgegnerin nochmals, die Aktion zu beenden. Sie verwies darauf, daß die Auseinandersetzung der PDS mit den Finanzbehörden unzulässigerweise auf das Berliner Parlament bezogen werde. Zwischen dem Begehren der PDS und den Aufgaben und Rechten des Abgeordnetenhauses von Berlin bestehe keinerlei Zusammenhang. Mit einem am selben Tage um 22.40 Uhr eingegangenen Schreiben wies die Antragstellerin gegenüber der Antragsgegnerin das Begehren auf Beendigung der Aktion zurück. Sie führte aus, es sei ihr Recht, in den Fraktionsräumlichkeiten die Gespräche mit Mitgliedern des Bundestages, des Landtages von Brandenburg und des Bundesvorstandes ihrer Partei fortzusetzen. Daraufhin ordnete die Antragsgegnerin die Entfernung der Hungerstreikenden, nämlich der PDS-Politiker B., G., B., B., S., V. und H. aus den Räumen des Abgeordnetenhauses an und erteilte ihnen Hausverbot bis einschließlich 5. Dezember 1994. In der Nacht vom 1. zum 2. Dezember 1994 gegen 0.00 Uhr begab sich im Auftrag der Antragsgegnerin der Direktor beim Abgeordnetenhaus in Begleitung von Polizeibeamten in die Fraktionsräume und setzte die Räumung durch.

Nachdem am Vormittag des 2. Dezember 1994 eine Sitzung des Ältestenrates mit dem einzigen Tagesordnungspunkt „Aktuelle Situation nach der Räumung der durch Hungerstreikende besetzten Zimmer der PDS" stattgefunden hatte, teilte die Antragstellerin der Verwaltung des Abgeordnetenhauses mit, sie wolle am selben Tage um 16.00 Uhr eine Sitzung der Fraktion im Raum 353 durchführen, zu der die Herren B., G., S. und V. eingeladen worden seien. Die Antragsgegnerin erwiderte darauf – ebenfalls noch am 2. Dezember 1994 –, sie halte das befristete Hausverbot gegenüber den Eingeladenen aufrecht. Sie verwies darauf, daß in der Sitzung des Ältestenrates „nicht die geringste Andeutung im Hinblick auf eine Sitzung um 16.00 Uhr gemacht" worden sei. Sie betrachte es „als geradezu hinterlistig", daß die Antragstellerin nunmehr erneut Personen zu sich bitte, von denen sie genau wisse, daß sie unter einem befristeten Hausverbot stehen.

Am 1. Februar 1995 hat die Antragstellerin ein Organstreitverfahren gegen die Präsidentin des Abgeordnetenhauses von Berlin anhängig gemacht, mit dem sie eine Verletzung ihrer Rechte aus Art. 27 der Verfassung von Berlin rügt. Sie meint, das durch die Antragsgegnerin ausgesprochene Hausverbot und die Ausübung der Polizeigewalt im Zusammenhang mit der Entfernung der in Rede stehenden PDS-Politiker aus den Räumlichkeiten ihrer Fraktion im Abgeordnetenhaus von Berlin hätten sie in ihren Rechten aus Art. 27 und Art. 25 Abs. 3 der Verfassung von Berlin sowie § 8 Abs. 1, 5 Fraktionsgesetz verletzt. Bei der Bestimmung der Grenzen des Hausrechts der Antragsgegnerin und ihrer Polizeigewalt sei § 14 Abs. 1 Satz 3 der Geschäftsordnung des Abgeordnetenhauses zu berücksichtigen, der bestimme, daß ohne Genehmigung der Präsidentin in den Räumen des Abgeordnetenhauses keine Durchsuchung oder Beschlagnahme stattfinden dürfe. In dieser Bestimmung komme zum Ausdruck, daß die Räumlichkeiten besonderen Schutz genössen, der sich ausdrücklich zunächst gegen außerhalb des Abgeordnetenhauses befindliche Dritte richte, jedoch auch von der Antragsgegnerin selbst zu beachten sei. Indem ein von ihr bestimmter Vertreter mit Polizeigewalt in die Räumlichkeiten eingedrungen sei, ohne dies vorher anzukündigen, habe die Antragsgegnerin den Verhältnismäßigkeitsgrundsatz verletzt und das ihr zustehende Ermessen nicht ordnungsgemäß ausgeübt. Sie, die Antragstellerin, habe durch die in den ihr zugewiesenen Räumen durchgeführte Veranstaltung weder die Würde des Abgeordnetenhauses verletzt noch Arbeitsabläufe gestört noch die ihr zur Verfügung stehenden Mittel sachfremd verwandt. Sie sei befugt gewesen, die vom Hausverbot betroffenen Personen auch über einen längeren Zeitraum in ihren Räumlichkeiten zu beherbergen. Zur gängigen parlamentarischen Praxis gehöre es, Dritte in den Fraktionsräumlichkeiten zu empfangen und mit ihnen zu diskutieren, insbesondere dann, wenn diese der Partei angehörten, für die die Fraktion im Abgeordnetenhaus sitze.

Die Nutzung der ihr zugewiesenen Räume habe im Zusammenhang mit ihren Aufgaben als Fraktion gestanden. Der Erlaß des umstrittenen Steuerbescheides habe es für sie notwendig gemacht, mit den vom Hausverbot Betroffenen parlamentarische Handlungsmöglichkeiten zu erörtern. Auch die hygienischen Voraussetzungen für eine Sitzung, die länger als 25 Stunden dauere, seien in den Räumlichkeiten des Abgeordnetenhauses gegeben. Allgemeine Sicherheitsbelange hätten der Nutzung nicht entgegengestanden. Die vom Hausverbot betroffenen Personen hätten sich ausschließlich in ihren, der Antragstellerin, relativ abgeschlossenen Räumen aufgehalten. Es sei beabsichtigt gewesen, am Freitag, dem 2. Dezember 1994, um 16.00 Uhr eine Sitzung zum Thema „Fusion der Länder Berlin-Brandenburg" durchzuführen, zu der u. a. die Mitglieder der Fraktion der PDS im Brandenburgischen Landtag, die Herren Vietze und Schumann, geladen gewesen seien. Für Montag, den 5. Dezember 1994, habe sie zu einer weiteren Zusammenkunft geladen gehabt, um über weitere Anträge im Zusammenhang mit dem erlassenen Steuerbescheid zu beraten und zu diskutieren. Zu der Veranstaltung am 2. Dezember 1994 sei den vom Hausverbot betroffenen Personen der Zugang verwehrt worden, die Veranstaltung am 5. Dezember 1994 sei daraufhin von ihr abgesagt worden. Sie, die Antragstellerin, sei berechtigt gewesen, das Anliegen der PDS im Rahmen ihrer parlamentarischen Arbeit aufzugreifen und mit entsprechenden Schritten umzusetzen. Darin sei sie durch das Hausverbot behindert worden.

Die Antragstellerin beantragt,
1. festzustellen, daß das von der Antragsgegnerin gegenüber folgenden Gästen der Antragstellerin, G., PDS-Bundestagsgruppen-Vorsitzender, B., Bundesschatzmeister der PDS, B., Vorstandsmitglied der PDS, S., MdL Brandenburg, V., MdL Brandenburg, H., Bundespressesprecher der PDS, B.,

Vorsitzender der PDS, am 1. Dezember 1994 ausgesprochene und bis einschließlich 5. Dezember 1994 befristete Hausverbot der Antragstellerin in ihren Rechten aus Art. 27 Abs. 2 der Verfassung von Berlin verletzt hat.

2. festzustellen, daß die Verweisung der im Antrag zu 1) genannten Personen durch die Antragsgegnerin aus den der Antragstellerin zugewiesenen Räumlichkeiten im Abgeordnetenhaus von Berlin die Antragstellerin in ihren Rechten aus Art. 27 Abs. 2 der Verfassung von Berlin verletzt hat,

und weiterhin

3. festzustellen, daß die Ablehnung des Antrags auf Aufhebung des ausgesprochenen Hausverbots für die Sitzungen der Antragstellerin vom 2. und 5. Dezember 1994 die Antragstellerin in ihren Rechten aus Art. 27 Abs. 2 der Verfassung von Berlin verletzt hat.

Die Antragsgegnerin beantragt, die Anträge zurückzuweisen.

Die Antragsgegnerin ist der Ansicht, sie sei berechtigt und wohl auch verpflichtet gewesen, die im Abgeordnetenhaus, nämlich in den Fraktionsräumen der Antragstellerin, stattfindende Hungerstreikaktion der PDS zu beenden. Es habe sich in der Tat um eine „Hungerstreikaktion der PDS" gehandelt, nicht dagegen, wie die Antragstellerin glauben machen wolle, um „Beratungsgespräche" oder eine „Diskussions- und Informationsveranstaltung" mit unterschiedlichen „Eßgewohnheiten" der Beteiligten. Es sei um eine mediengerechte Darstellung von Finanzinteressen der PDS gegangen und somit um eine mißbräuchliche Nutzung der Fraktionsräume. Die Grenze der zulässigen Nutzung von Fraktionsräumen sei dann erreicht und überschritten, wenn ein Zusammenhang der tatsächlichen Nutzung mit einer Wahrnehmung parlamentarischer Aufgaben der Fraktion nicht mehr erkennbar sei. Die Hungerstreikveranstaltung der PDS sei unter keinem Gesichtspunkt vereinbar mit den gesetzlichen Aufgaben der Antragstellerin als Fraktion, zu deren Zweckerfüllung ihr die Fraktionsräume überlassen worden seien. Der Hungerstreik habe dem Partei- und Finanzinteresse der PDS dienen sollen, die sich von der Aktion eine öffentlichkeitswirksame Unterstützung in ihrem Rechtsstreit mit den Finanzbehörden versprochen habe. Auch wenn selbstverständlich die Antragstellerin mit der PDS in einem engen politischen Kontakt stehe, dürften die wirtschaftlichen Anliegen der Partei einerseits und die Aufgaben der Antragstellerin als Fraktion andererseits nicht miteinander vermengt werden. Außerdem seien Sicherheitsbelange zu beachten gewesen, da die PDS für den 1. Dezember 1994 zu einem Besuch der Hungerstreikenden im Berliner Abgeordnetenhaus aufgerufen habe. Die Sicherheitsbelange seien deshalb von besonderem Gewicht gewesen, weil entsprechend einem Beschluß des Präsidiums am 3. Dezember 1994 in den Räumen des Abgeordnetenhauses Veranstaltungen und Ausstellungen der Gauck-Behörde vorgesehen gewesen seien, für die die Vorbereitungen am 2. Dezember 1994 hätten beginnen sollen.

II.

Die Anträge zu 1), 2) und 3) sind teilweise unzulässig und im übrigen unbegründet.

1. Der Antrag zu 1) ist unzulässig, soweit sich die Antragstellerin gegen das gegenüber sieben namentlich genannten Personen gerichtete Hausverbot wendet. Die Antragstellerin kann insoweit nicht geltend machen, wie es § 37 Abs. 1 VerfGHG verlangt, durch dieses nicht ihr, sondern Dritten gegenüber ergangene Hausverbot in eigenen Rechten verletzt oder unmittelbar gefährdet zu sein. Antragsteller und Antragsgegner müssen sich, um einen Antrag im Organstreitverfahren nach § 37 Abs. 1 VerfGHG zulässig einbringen zu können, hinsichtlich des Streitgegenstandes in einem „verfassungsrechtlichen Rechtsverhältnis" befinden, aus dem sich Rechte und Pflichten ergeben, die zwischen ihnen streitig sind (vgl. zum Bundesrecht BVerfGE 20, 18, 23; 27, 152, 157; 84, 290, 297 f.; *Clemens*, in: Umbach/Clemens, BVerfGG, Komm. 1992, §§ 63, 64 Rdn. 132). Hierfür ist es nicht ausreichend, daß die Beteiligten Verfassungsorgane sind. Es muß sich vielmehr bei der zum Gegenstand eines Antrages gemachten Maßnahme oder Unterlassung um eine solche handeln, die Rechte und Pflichten aus einem verfassungsrechtlichen Verhältnis berührt. Diese Voraussetzung ist im vorliegenden Fall nicht erfüllt, soweit das Hausverbot den betroffenen Personen das Betreten des Abgeordnetenhauses untersagt.

Dagegen ist der Antrag zu 1) zulässig, soweit die Antragstellerin geltend macht, sie als Fraktion habe ein verfassungsrechtlich verbürgtes Recht darauf, daß jedermann zu ihren Räumen ungehindert Zugang habe. Dazu trägt die Antragstellerin schlüssig vor, in ihrem Recht auf Mitwirkung an der parlamentarischen Willensbildung verletzt zu sein, wozu auch der Meinungsaustausch mit der Öffentlichkeit und damit mit den Bürgern gehört (Art. 27 Abs. 2 VvB in der für die Entscheidung maßgeblichen Fassung und § 2 Abs. 3 des Fraktionsgesetzes vom 8. Dezember 1993 – GVBl. S. 591). Insoweit ist die Entscheidung mit 6 zu 3 Stimmen ergangen.

2. Der Antrag zu 2) ist aus den gleichen Gründen unzulässig, soweit er sich gegen den Vollzug des Hausverbotes gegenüber den von ihm betroffenen Personen richtet.

Er ist dagegen zulässig, soweit er sich darauf bezieht, daß die von dem Vollzug des Hausverbots betroffenen Personen aus den Fraktionsräumen verwiesen worden sind. Es kann nämlich nicht von vornherein ausgeschlossen werden, daß eine Verletzung des verfassungsrechtlichen Status der Antragstellerin in Betracht kommt. Insoweit ist die Entscheidung mit 6 zu 3 Stimmen ergangen.

3. Der Antrag zu 3) ist ebenfalls unzulässig, soweit mit ihm auf Rechte der von dem Hausverbot betroffenen Personen abgestellt wird. Dagegen ist er zulässig, soweit die Antragstellerin meint, durch die im Schreiben vom 2. Dezember 1994 ausgesprochene Weigerung der Antragsgegnerin, das Hausverbot zeitweise aufzuheben, in ihrer Fraktionsarbeit beeinträchtigt worden zu sein. Zwar ist der Antrag zu 3) insoweit ausdrücklich erst in der mündlichen Verhandlung vom 21. November 1995, also nach Ablauf der 6-Monats-Frist des § 37 Abs. 3 VerfGHG gestellt worden. Das Begehren der Antragstellerin ergibt sich jedoch schon aus der für die Auslegung des Antrages heranzuziehenden Antragsbegründung, in der sie vorbringt, durch die Aufrechterhaltung des Hausverbots für die für den 2. Dezember und 5. Dezember 1994 geplanten Sitzungen in ihren Rechten verletzt worden zu sein. Insoweit ist die Entscheidung mit 6 zu 3 Stimmen ergangen.

4. Soweit die Anträge zulässig sind, sind sie unbegründet.

a) Die Ausübung des Hausrechts durch die Antragsgegnerin auch für die der Antragstellerin zugewiesenen Räume und die zwangsweise Durchsetzung des Hausverbots in diesen Räumen ist wegen offensichtlichen Mißbrauchs der Fraktionsräume durch die Antragstellerin mit der Verfassung von Berlin vereinbar und verletzt durch die Verfassung von Berlin der Antragstellerin übertragene Rechte und Pflichten nicht.

Gemäß Art. 37, 2. Halbsatz VvB übt der Präsident das Hausrecht und die Polizeigewalt im Abgeordnetenhaus aus. Diese Bestimmung ist erkennbar und teilweise wörtlich Art. 28 Satz 1 der Verfassung des Deutschen Reiches vom 11. August 1919 (RGBl. S. 1383) nachgebildet worden, nach der das Hausrecht und die Polizeigewalt im Reichstagsgebäude vom Präsidenten ausgeübt wurde. In der Zeit der Geltung der Reichsverfassung vom 11. August 1919 verstand man unter dem „Reichstagsgebäude", das dem Hausrecht des Präsidenten unterstand, nicht etwa nur den „Sitzungssaal", sondern die Vielzahl von Arbeitszimmern „bis hoch am Glasdach des Gebäudes, in den zahlreichen Büros, in den Dutzenden von bescheideneren Sitzungssälen, in denen man zu wichtiger Kleinarbeit zusammentritt" (Reichstagspräsident Paul Löbe, zitiert bei: *Hawel*, Die Verfassung des Deutschen Reichs vom 11. August 1919, Köln, 1929, S. 27).

Unter „Abgeordnetenhaus" im Sinne des Art. 37, 2. Halbsatz, VvB ist deshalb das Gebäude des Abgeordnetenhauses mit allen den Funktionen des Parlaments dienenden Räumlichkeiten zu verstehen (vgl. *Härth* in Pfennig/Neumann, Verfassung von Berlin, 2. Aufl., Rdn. 5 zu Art. 37; ebenso für das Bundesverfassungsrecht: von *Mangoldt/Klein/Achterberg/ Schulte*, Das Bonner Grundgesetz, 3. Aufl., Rdn. 62 zu Art. 40 GG; *Maunz/Dürig*, Grundgesetz Rdn. 27 zu Art. 40; *Versteyl* in: von Münch/Kunig, Grundgesetzkommentar, Band 2, 3. Aufl. Rdn. 25 zu Art. 40; vgl. u. a. auch zur insoweit wortgleichen bayerischen Verfassung *Nawiasky/Leusser/Schweiger/Zacher*, Die Verfassung des Freistaates Bayern, 2. Aufl., Rdn. 3 zu Art. 21). Hierzu gehören auch die Räume im Gebäude des Abgeordnetenhauses, die den Fraktionen zur Nutzung überlassen werden. Auch auf sie erstrecken sich das Hausrecht und die Polizeigewalt der Präsidentin des Abgeordnetenhauses.

Das gilt allerdings nicht uneingeschränkt.

Von ihrer Funktion her, nämlich der von anderen Staatsorganen unbeeinflußten und nicht zu beeinträchtigenden Arbeit der Fraktionen zu dienen, ergibt sich, daß den Fraktionen an den ihnen zur Arbeit im Abgeordnetenhaus zugewiesenen Räumlichkeiten ein eigenes, das Hausrecht des Präsidenten begrenzendes Nutzungsrecht zusteht. Es handelt sich um ein aus der Funktion der Fraktionen herleitbares Nutzungsrecht eigener Art, das sich in seinen Befugnissen und Grenzen einerseits aus der Stellung der Fraktionen, andererseits aus der übergeordneten Funktion des Parlamentsbetriebs ergibt. Die Fraktionen haben aus ihrem Nutzungsrecht Abwehrrechte gegen jede Kontrolle und jede Störung ihrer parlamentarischen Arbeit. Zum Schutzbereich gehört der unbehinderte Zugang für jedermann zu den Fraktionsräumen einer Fraktion. Einer Fraktion steht es frei zu entscheiden, wen sie in ihren Fraktionsräumen zu politischen Gesprächen empfängt. Der Präsident ist im Hinblick auf ein eigenes Nutzungsrecht der Fraktionen an den ihnen zur Nutzung zugewiesenen Räumlichkeiten nicht befugt, die Nutzung der Räumlichkeiten im einzelnen zu überprüfen. Das übergeordnete Hausrecht gibt dem Präsidenten aber die Möglichkeit, bei Mißbräuchen einzuschreiten, insbesondere wenn sich diese auf den Parlamentsbetrieb insgesamt auswirken können.

Ein solcher Fall lag hier vor. Zwar gehören die Gespräche von Fraktionsmitgliedern der Antragstellerin mit Vertretern der Partei oder Abgeordneten der PDS aus dem Bundestag oder dem Landtag des Landes Brandenburg, selbst zu außergewöhnlicher Zeit, in ihren Fraktionsräumen zu den selbstverständlichen Rechten der Antragstellerin. Dies gilt auch für Gespräche, die in erster Linie nicht die Fraktion als solche betreffen, sondern die Partei, für die eine Fraktion im Abgeordnetenhaus gebildet ist. Jede Fraktion wird und darf politische Interessen ihrer Partei wahrnehmen und hierfür auch ihre Räumlichkeiten nutzen.

Die Durchführung eines Hungerstreiks, der sich nicht etwa auf die Arbeit der Antragstellerin als Fraktion, sondern auf das Erzielen einer günstigeren steuerrechtlichen Entscheidung gegenüber der Bundespartei PDS bezog, hat jedoch keinen Bezug mehr zu den so verstandenen parlamentarischen Aufgaben der Antragstellerin. Es handelte sich um eine spektakuläre Maßnahme von Dritten, die weder Fraktionsmitglieder der Antragstellerin noch deren Mitarbeiter waren. Die Überlassung der Räumlichkeiten der Antragstellerin an

Dritte zur Durchführung eines Hungerstreiks stellt deshalb einen Mißbrauch dar, so daß die Antragsgegnerin zur Ausübung ihres Hausrechts auch gegen den Willen der Antragstellerin und auch für deren Räumlichkeiten befugt war und dieses Hausrecht unter Androhung zwangsweiser Vollziehung durchsetzen konnte.

b) Auch die Aufrechterhaltung des Hausverbots durch das Schreiben der Antragsgegnerin vom 2. Dezember 1994 im Hinblick auf eine für den 2. Dezember 1994 geplante Sitzung der Fraktion der Antragstellerin verletzt Rechte der Antragstellerin im Sinne des § 37 Abs. 1 VerfGHG nicht.

Die Planung der Sitzung am 2. Dezember 1994 ist nach den Erklärungen der Antragstellerin in der mündlichen Verhandlung erst nach der Ältestenratssitzung vom 2. Dezember 1994, in der die zum Hausverbot führenden Vorgänge ausführlich behandelt wurden, konkretisiert worden. Da die Antragstellerin in der Sitzung des Ältestenrates, die am 2. Dezember 1994 ab 11.00 Uhr stattfand, ihre Absicht, eine Sitzung am gleichen Tage durchzuführen, mit keinem Wort erwähnt hatte, durfte die Antragsgegnerin davon ausgehen, daß die geplante Sitzung nur vorgeschoben war, um den vom Hausverbot Betroffenen unter Umgehung des Hausverbots den Zugang zum Abgeordnetenhaus zu ermöglichen. Die Antragsgegnerin war daher nicht verpflichtet, das Hausverbot für die Dauer der geplanten Sitzung aufzuheben.

Hinsichtlich der von der Antragstellerin vorgetragenen Sitzung vom 5. Dezember 1994 scheidet eine Rechtsverletzung schon deshalb aus, weil – wie die mündliche Verhandlung ergeben hat – für diese Sitzung ein Antrag auf Aufhebung des Hausverbotes überhaupt nicht gestellt wurde.

Die Kostenentscheidung folgt aus §§ 33, 34 VerfGHG.

Diese Entscheidung ist unanfechtbar.

Nr. 3

Die am 29. November 1995 in Kraft getretene (neue) Verfassung von Berlin vom 23. November 1995 (GVBl. S. 779) ist in einem Verfassungsbeschwerdeverfahren Grundlage für die Beurteilung einzig solcher Akte der öffentlichen Gewalt, die nach ihrem Inkrafttreten ergangen sind.

Verfassung von Berlin 1950 Art. 6 Abs. 1, 66
Verfassung von Berlin vom 23. November 1995

Beschluß vom 22. Februar 1996 – VerfGH 74/95 –
In dem Verfahren über die Verfassungsbeschwerde des Herrn D. gegen
1. den Beschluß des Kammergerichts vom 30. August 1995
– 3 AR 119/95 – 4 Ws 169/95 –
2. den Beschluß des Landgerichts Berlin vom 10. Februar 1995
– 517 Qs 13/95 –
3. den Haftbefehl des Amtsgerichts Tiergarten in Berlin vom 20. April 1994
– 349 Gs 1922/94 –

Entscheidungsformel:
Die Verfassungsbeschwerde wird zurückgewiesen.
Das Verfahren ist gerichtskostenfrei.
Auslagen werden nicht erstattet.

Gründe:

I.

Dem Beschwerdeführer wird von der Staatsanwaltschaft II bei dem Landgericht Berlin Beihilfe zur Freiheitsberaubung in Tateinheit mit Körperverletzung zur Last gelegt; er soll im Juni 1961 als Vorgesetzter des Herrn H. B. bei der Gewerkschaft IG-Metall diesen in Frankfurt am Main veranlaßt haben, an einem Kongreß der Gewerkschaft HBV in Berlin (West) teilzunehmen, damit er – wie geschehen – am 16. Juni 1961 durch Mitarbeiter des Ministeriums für Staatssicherheit der DDR über die damals offene Grenze nach (Ost) Berlin entführt werden konnte. Er ist am 10. Mai 1962 durch das Oberste Gericht der DDR wegen schwerer Spionage unter anderem zu 13 Jahren Zuchthaus verurteilt worden. Der Beschwerdeführer befand sich aufgrund des Haftbefehls des Amtsgerichts Tiergarten in Berlin vom 20. April 1994 (349 Gs 1922/94) vom 14. Oktober 1994 bis zur Aufhebung des Haftbefehls durch das Amtsgericht am 11. November 1994 in Untersuchungshaft. Auf die Beschwerde der Staatsanwaltschaft hat das Landgericht Berlin mit Beschluß vom 10. Februar 1995 (517 Qs 13/95) den Haftbefehl und den Haftverschonungsbeschluß des Amtsgerichts vom 8. November 1994 (352 Gs 3804/94) wieder in Kraft gesetzt. Mit Beschluß vom 22. März 1995 (392 Gs 759/95) hat das Amtsgericht die Auflagen nach § 116 StPO u. a. dahingehend abgeändert, daß der Beschwerdeführer einen Wohnsitz in München nehmen muß, Deutschland nicht ohne vorherige Zustimmung der Strafverfolgungsbehörde verlassen darf und eine Sicherheitsleistung (in Form einer Bankbürgschaft) in Höhe von 70 000 DM zu erbringen hat. Die gegen den Fortbestand des Haftbefehls gerichtete weitere Beschwerde hat das Kammergericht durch Beschluß vom 30. August 1995 (3 AR 119/95 – 4 Ws 169/95) mit der Maßgabe verworfen, daß der Haftbefehl des Amtsgerichts Tiergarten in Berlin vom 20. April 1994 hinsichtlich des Tatvorwurfs der Körperverletzung aufgehoben wird.

Gegen die Beschlüsse des Kammergerichts vom 30. August 1995 und des Landgerichts Berlin vom 10. Februar 1995 sowie den Haftbefehl des Amtsgerichts Tiergarten in Berlin vom 20. April 1994 insoweit, als er noch Bestand hat, richtet sich die Verfassungsbeschwerde des Beschwerdeführers. Er rügt eine Verletzung der Art. 6, 62 und 66 der Verfassung von Berlin (alt) bzw. der Art. 10, 15 Abs. 2 und 3 der Verfassung von Berlin (neu) und macht geltend:

Seine Verfolgung durch die Staatsanwaltschaft II bei dem Landgericht Berlin verstoße gegen das Rückwirkungsverbot der Berliner Verfassung. Nach den §§ 239 Abs. 2, 67 RStGB/DDR habe die Verjährungsfrist zur Tatzeit zehn Jahre, nach den §§ 131 Abs. 1, 82 Abs. 1 Nr. 2 StGB/DDR vom 12. Januar 1968 sowie in späteren Fassungen sogar nur fünf Jahre betragen, so daß die Tat nach den Verjährungsbestimmungen des StGB/DDR verjährt sei. Gleiches gelte nach dem Recht der Bundesrepublik; die Verjährungsfrist der nach dem Beschluß des Kammergerichts allein noch verfolgbaren Beihilfe zur Freiheitsberaubung betrage fünf bzw. zehn Jahre im Falle des § 239 Abs. 2 StGB. Beide Fristen seien verstrichen. Die vom Kammergericht geteilte Rechtsauffassung des Landgerichts, daß die Verjährung des in der DDR gegebenen Strafanspruchs bis zum 2. Oktober 1990 gehemmt gewesen sei, beruhe auf einer verfassungswidrigen Auslegung des Verjährungsgesetzes vom 26. März 1993. Selbst wenn unterstellt werde, das Verjährungsgesetz bzw. der in ihm deklarierte Gedanke wäre verfassungsmäßig, gebiete eine verfassungskonforme Auslegung dieses Gesetzes, es lediglich auf Personen zu beziehen, die sich so lange auf dem Territorium der DDR aufgehalten hätten, als die Tat nicht verjährt gewesen sei. Das treffe auf ihn – den Beschwerdeführer – nicht zu.

Überdies verstoße es gegen den Gleichheitsgrundsatz, zu seinen Lasten einen Strafanspruch der DDR wieder aufleben und auf die Strafverfolgungsbehörden der Bundesrepublik bzw. des Landes Berlin übergehen zu lassen, während derjenige, dessen (vermeintliche) Straftat während der laufenden Verjährungsfristen des Strafgesetzbuchs der Bundesrepublik unentdeckt geblieben sei, ohne daß er – und zwar durch ein und dieselbe Tat – zugleich einen Strafanspruch der DDR ausgelöst habe, nun vor Strafverfolgung geschützt sei.

Schließlich verletzten die angegriffenen Entscheidungen den Grundsatz „ne bis in idem". Zwar sei dieser Grundsatz, der in Art. 15 Abs. 3 der neuen Verfassung enthalten sei, in der früheren Verfassung von Berlin nicht ausdrücklich verankert gewesen. Doch habe sich dieser Grundsatz schon bisher aus Art. 62 der (alten) Verfassung von Berlin ergeben; denn zum Geist dieser Berliner Verfassung habe selbstverständlich auch das Rechtsstaatsprinzip gehört, zu dessen elementaren Prinzipien der Grundsatz zähle, daß niemand wegen derselben Tat aufgrund allgemeiner Strafgesetze mehrmals bestraft werden dürfe. Gegen ihn – den Beschwerdeführer – sei Ende der siebziger Jahre ein durch Beschluß des Oberlandesgerichts Frankfurt/Main vom 28. Dezember 1990 eingestelltes Ermittlungsverfahren durch die Bundesanwaltschaft geführt worden, dessen Gegenstand der Verdacht geheimdienstlicher Agententätigkeit vom März 1957 bis September 1975 für das Ministerium für Staatssicherheit der DDR gewesen sei. Seine nunmehr betriebene erneute Verfolgung wegen eines Delikts, das in natürlicher Handlungseinheit zu der ihm seinerzeit zur Last gelegten Tat stehe, verstoße gegen den Grundsatz „ne bis in idem" und sei daher verfassungswidrig. Die Auffassung des Kammergerichts im Beschluß vom 30. August 1995, mit der Einstellung nach § 206 Abs. 1 StPO sei keine Sachentscheidung über den Strafanspruch der DDR verbunden gewesen, überzeuge nicht.

II.

Die fristgemäß eingelegte Verfassungsbeschwerde hat keinen Erfolg.

Auszugehen ist davon, daß für die Beurteilung des vorliegenden Falles noch auf die Bestimmungen der Verfassung von Berlin vom 1. September 1950 (VOBl. I S. 433), zuletzt geändert durch Gesetz vom 8. Juni 1995 (GVBl. S. 339) – VvB –, abzustellen ist. Zwar ist am 29. November 1995 die (neue) Verfassung von Berlin vom 23. November 1995 (GVBl. S. 779) in Kraft getreten. Doch kann sie in einem Verfassungsbeschwerdeverfahren Grundlage für die Beurteilung einzig solcher Akte der öffentlichen Gewalt sein, die nach ihrem Inkrafttreten ergangen sind.

Einzuräumen ist dem Beschwerdeführer, daß seine Verfassungsbeschwerde nicht schon deshalb scheitert, weil die mit seiner Sache befaßten Gerichte ihre Entscheidungen auf Bundesrecht gestützt haben. Denn nach der ständigen Rechtsprechung des Verfassungsgerichtshofs (vgl. im einzelnen Beschluß vom 2. Dezember 1993 – VerfGH 89/93* –) steht der Zulässigkeit einer Verfassungsbeschwerde nicht schlechthin entgegen, daß ihr Gegenstand Gerichtsentscheidungen sind, die auf der Anwendung von Bundesrecht beruhen. Der Verfassungsgerichtshof ist nämlich grundsätzlich berechtigt, Entscheidungen Berliner Gerichte am Maßstab solcher in der Verfassung von Berlin verbürgten Individualrechte zu messen, die bundesverfassungsrechtlich gewährleisteten Grundrechten entsprechen. Diese Voraussetzung ist jedenfalls mit Blick auf die durch Art. 66 und 6 Abs. 1 VvB verbürgten Rechte erfüllt. Das durch Art. 66 VvB geschützte Individualrecht stimmt inhaltlich mit dem Grundrecht

---

* LVerfGE 1, 169, 179 ff.

des Art. 103 Abs. 2 GG überein, nach dem eine Tat nur bestraft werden kann, wenn die Strafbarkeit gesetzlich bestimmt war, bevor die Tat begangen wurde (vgl. ebenso *Pfennig* in: Pfennig/Neumann, Verfassung von Berlin, 2. Aufl., Art. 66 Rdn. 1). Und durch Art. 6 Abs. 1 VvB wird die umfassende Gleichheitsgarantie für alle Menschen in demselben Umfang wie durch Art. 3 Abs. 1 GG verbürgt (vgl. etwa Beschluß vom 19. Oktober 1995 – VerfGH 64/95* –).

Entgegen der Ansicht des Beschwerdeführers ist seine Verfassungsbeschwerde jedoch unbegründet. Die angegriffenen Gerichtsentscheidungen verletzen weder das durch Art. 66 VvB (wie durch Art. 103 Abs. 2 GG) begründete Rückwirkungsverbot noch den durch Art. 6 Abs. 1 VvB (wie Art. 3 Abs. 1 GG) gewährleisteten Gleichbehandlungsgrundsatz. Überdies verletzen sie auch nicht das durch Art. 103 Abs. 3 GG in den Rang eines Verfassungssatzes erhobene Verbot, eine verbrauchte Strafklage zu wiederholen, so daß offenbleiben kann, ob die Verfassung von Berlin in der hier noch anzuwendenden Fassung ebenfalls ein solches Verbot begründet.

Anknüpfend an die Rechtsprechung des Bundesgerichtshofs (Urteil vom 19. April 1994 – 5 StR 204/93 – BGHSt. 40, 113 ff.), nach der die mit wesentlichen Grundsätzen einer freiheitlichen rechtsstaatlichen Ordnung unvereinbare Staatspraxis der DDR, bestimmte – hier: vom Ministerium für Staatssicherheit in Auftrag gegebene und durchgeführte – Straftaten nicht zu verfolgen, die Wirkung eines gesetzlichen Verfolgungshindernisses hat, hat namentlich das Kammergericht angenommen, für die Berechnung der Verjährungsfrist bleibe die Zeit vor dem Beitritt der DDR zur Bundesrepublik bis zum 2. Oktober 1990 außer Betracht, so daß der seinerzeit entstandene Strafanspruch der DDR bei der Vereinigung Deutschlands noch nicht verjährt gewesen sei. Der Beschwerdeführer meint, durch diese Annahme sowie das ihr zugrundeliegende Verjährungsgesetz vom 26. März 1993 (BGBl. I S. 392) werde Art. 6 VvB verletzt. Abgesehen davon, daß das Verjährungsgesetz als Bundesgesetz nicht an Art. 66 VvB gemessen werden kann, geht die Auffassung des Beschwerdeführers fehl. Dieses Grundrecht bewahrt zwar den Bürger sowohl davor, daß ein bisher nicht strafbares Verhalten rückwirkend für strafbar erklärt wird, als auch davor, daß der Unrechtsgehalt einer von ihm begangenen Zuwiderhandlung gegen ein Strafgesetz bei seiner Verurteilung höher bewertet wird als zur Zeit der Tat; Art. 66 VvB schützt also sowohl vor einer rückwirkenden Strafbegründung als auch vor einer rückwirkenden Strafverschärfung (ebenso zum Bundesrecht u. a. BVerfG, Beschluß vom 29. November 1989 – 2 BvR 1491, 1492/87 – BVerfGE 81, 132, 135). Jedoch bestimmen Verjährungsvorschriften und alle damit zusammenhängenden Einzelregelungen lediglich, wie lange eine für strafbar erklärte Tat verfolgt werden kann, und las-

---

* LVerfGE 3, 104, 106.

sen deshalb die Strafbarkeit einer Tat unberührt. Sie unterliegen deshalb nach der Rechtsprechung des Bundesverfassungsgerichts (vgl. u. a. Beschluß vom 26. Februar 1969 – 2 BvL 15, 23/68 – BVerfGE 25, 269, 286 f.), der sich der Verfassungsgerichtshof für das Berliner Verfassungsrecht anschließt, nicht dem Rückwirkungsverbot des Art. 103 Abs. 2 GG.

Ebenfalls nicht gefolgt werden kann der Auffassung des Beschwerdeführers, es verstoße gegen den Gleichbehandlungsgrundsatz des Art. 6 Abs. 1 VvB, wenn ein – wie hier – im Jahre 1961 zu seinen Lasten entstandener Strafanspruch der DDR im Zeitpunkt der Einigung Deutschlands unverjährt auf die Strafverfolgungsbehörden der Bundesrepublik bzw. des Landes Berlin übergehe, dagegen derjenige, dessen Straftat während der laufenden Verjährungsfrist des Strafgesetzbuchs der Bundesrepublik unentdeckt geblieben sei, ohne daß er zugleich einen Strafanspruch der DDR ausgelöst habe, nun vor einer Strafverfolgung geschützt sei. Auf der Grundlage der insoweit nicht vom Beschwerdeführer angegriffenen Rechtsansicht des Kammergerichts rechtfertigen die bisherigen Ermittlungen die Annahme, daß sich der Beschwerdeführer sowohl nach dem Strafrecht der DDR als auch nach dem der Bundesrepublik strafbar gemacht hat; doch war mit Blick auf § 239 Abs. 2 StGB die Verjährungsfrist von zehn Jahren (§ 78 Abs. 3 Nr. 3 StGB) im Zeitpunkt der Aufnahme der Ermittlungen gegen den Beschuldigten bereits abgelaufen. Angesichts dessen ist die Rechtsposition des Beschwerdeführers nicht mit der eines Täters zu vergleichen, der „nur" gegen die Gesetze der Bundesrepublik verstoßen hat. Das Kammergericht hat darauf hingewiesen, die Rechtsposition des Beschwerdeführers entspreche allenfalls der eines ehemaligen DDR-Bürgers, dessen Straftat lediglich nach dem DDR-Recht, nicht aber nach dem Recht der Bundesrepublik strafbar sei. Vor diesem Hintergrund kann keine Rede davon sein, für die unterschiedliche Behandlung des Beschwerdeführers im Vergleich zu dem von ihm angegebenen Personenkreis fehle es mit der Folge an einem dies rechtfertigenden Grund, daß sie als willkürlich und deshalb gleichheitswidrig zu qualifizieren ist.

Es kann schließlich offenbleiben, ob die hier für die Beurteilung maßgebende Verfassung von Berlin den Grundsatz „ne bis in idem" verbürgt. Zwar sind Anhaltspunkte, die für eine solche Ansicht streiten könnten, nicht ohne weiteres ersichtlich; doch kommt es auf die Beantwortung dieser Frage für die Entscheidung im vorliegenden Fall nicht ausschlaggebend an. Selbst wenn zugunsten des Beschwerdeführers unterstellt wird, schon die bisher geltende Fassung der Verfassung von Berlin begründe ein Verbot, eine verbrauchte Strafklage zu wiederholen, führte das nicht zu einem Erfolg der Verfassungsbeschwerde. Denn auf der Grundlage der ihrerseits verfassungsrechtlich nicht zu beanstandenden Meinung des Kammergerichts liegt ein Verstoß gegen dieses Verbot hier nicht vor. Das Kammergericht hat nämlich in Auslegung und Anwendung einfachen Rechts im Rahmen der hier allein zu beurteilenden Annahme des „dringenden Tatverdachts" erkannt, mit der rechtskräftigen Einstellung des Verfahrens 4 StE 2/77 durch den Beschluß des Oberlandesgerichts Frankfurt am Main vom 28. Dezember 1990 sei kein Strafklageverbrauch eingetreten, weil mit dieser Einstellung nach § 206 a Abs. 1 StPO keine Sachentscheidung über den Strafanspruch der DDR verbunden gewesen sei. Es kann dahinstehen, ob diese Auffassung auf der Ebene des einfachen Rechts mehr oder – wie der Beschwerdeführer meint – weniger zu überzeugen vermag. Denn der Verfassungsgerichtshof ist keine zusätzliche gerichtliche Instanz, sondern gegenüber Entscheidungen der Fachgerichte in seinem Prüfungsmaßstab auf die Feststellung von Verfassungsverstößen beschränkt. Daß die Annahme des Kammergerichts, durch den Beschluß des Oberlandesgerichts Frankfurt am Main vom 28. Dezember 1990 sei kein für das hier zu beurteilende Verfahren beachtlicher Strafklageverbrauch eingetreten, verfassungsrechtlich bedenklich sein könnte, ist weder vom Beschwerdeführer geltend gemacht worden noch sonst ersichtlich.

Die Entscheidung über die Kosten beruht auf §§ 33 f. VerfGHG.
Dieser Beschluß ist unanfechtbar.

Nr. 4

Zur Öffentlichkeitsarbeit des Senats von Berlin im Zusammenhang mit der geplanten Vereinigung der Bundesländer Berlin und Brandenburg.

Gesetz über den Verfassungsgerichtshof § 37 Abs. 1

Beschluß vom 8. März 1996 – VerfGH 14, 14A/96 –

In dem Organstreitverfahren des Bürgerbundes gegen den Senat von Berlin, vertreten durch den Regierenden Bürgermeister

Entscheidungsformel:

Die Anträge werden zurückgewiesen.
Das Verfahren ist gerichtskostenfrei.
Auslagen werden nicht erstattet.

Gründe:

I.

Der Antragsteller ist eine politische Partei, die eine Fusion der Bundesländer Berlin und Brandenburg ablehnt. Bereits im Jahre 1995 ist der Antragsteller gegen die Öffentlichkeitsarbeit des Senats von Berlin im Zusammenhang mit der geplanten Ländervereinigung im Wege des Organstreits und des vorläufigen Rechtsschutzes vorgegangen. Der Verfassungsgerichtshof hat die Organklage durch Beschluß vom 21. September 1995 (VerfGH 12/95*) als unzulässig zurückgewiesen.

Mit der am 16. Februar 1996 beim Verfassungsgerichtshof eingegangenen Organklage wendet sich der Antragsteller erneut gegen die aus seiner Sicht nicht neutrale Haltung des Antragsgegners in den letzten drei Monaten vor der für den 5. Mai 1996 vorgesehenen Volksabstimmung über die Neugliederung. Er rügt eine Verletzung des Grundsatzes der Chancengleichheit, der auch im Vorfeld einer Volksabstimmung zum Tragen komme. Das vorliegende Verfahren stelle keine Wiederholung der Anträge aus dem Verfahren VerfGH 12/95 dar. Während sich jene Anträge gegen bestimmte Maßnahmen im langfristigen Vorfeld der Volksabstimmung gerichtet hätten, gehe es hier darum, daß der Antragsgegner inzwischen öffentlich bekenne, keine neutrale Position einzunehmen, sondern in der heißen Phase des Abstimmungskampfes „bewußt parteiisch" eine Kampagne zugunsten der Befürwortung der Fusion zu führen.

Der Antragsteller beantragt festzustellen,

der Senat von Berlin verstößt dadurch gegen Art. 20 Abs. 1 und Abs. 2 S. 2 GG und den Grundsatz der Chancengleichheit bei Wahlen (Art. 21 Abs. 1, Art. 38 Abs. 1 GG) i. V. m. Art. 1 Abs. 3 VvB, daß er

1. sich in den letzten drei Monaten vor der Volksabstimmung am 5. Mai 1996 gemäß Art. 3 Abs. 1 des Staatsvertrages zwischen den Ländern Berlin und Brandenburg über die Bildung eines gemeinsamen Bundeslandes (Neugliederungsvertragsgesetz GVBl. 1995, S. 490) nicht neutral im Abstimmungswahlkampf verhält,

2. im Abstimmungswahlkampf zur Volksabstimmung am 5. Mai 1996 gemäß Art. 3 Abs. 1 des Staatsvertrages zwischen den Ländern Berlin und Brandenburg über die Bildung eines gemeinsamen Bundeslandes (Neugliederungsvertragsgesetz GVBl. 1995, S. 490) vorsätzlich und willentlich den Willensbildungsprozeß vom ihm hin zu den Abstimmungsberechtigten betreibt anstatt von den Abstimmungsberechtigten über die Parteien hin zu den Staatsorganen betreiben läßt,

* LVerfGE 3, 75.

3. bei seiner Öffentlichkeitsarbeit
   – nicht das Informationsmaterial des Antragstellers im Rahmen des Haushaltstitels für den Abstimmungswahlkampf vervielfältigt, auslegt und verteilt
   – im Rahmen von Veranstaltungen keine Vertreter des Antragstellers hinzuzieht.

Hilfsweise beantragt der Antragsteller festzustellen,
der Antragsgegner verstößt gegen das von der Verfassung gebotene Sachlichkeitsgebot, indem er Werbeanzeigen mit folgendem Text schaltet:
„Ein Land spart Geld"
„Ein Land Berlin-Brandenburg spart Steuern, denn wir müssen nicht mehr zwei Regierungen, zwei Parlamente und zwei Verwaltungen bezahlen. Ein gemeinsames Land rechnet sich. Ein Land spart unser Geld."

Der Antragsgegner ist dem Begehren des Antragstellers entgegengetreten; er hält die gestellten Anträge für unzulässig und bittet um ihre Zurückweisung.

II.

Die Entscheidung konnte ohne mündliche Verhandlung ergehen, da der Verfassungsgerichtshof einstimmig auf sie verzichtet hat (§ 24 Abs. 1 VerfGHG).

Die Anträge sind unzulässig.

Zweifel an der Zulässigkeit insbesondere des Antrags zu 1) ergeben sich bereits mit Rücksicht auf den Beschluß vom 21. September 1995, in dem der Verfassungsgerichtshof entschieden hat, der Antragsteller sei hinsichtlich werbender Eingriffe des Antragsgegners in den Meinungsbildungsprozeß vor der Volksabstimmung im Organstreitverfahren nicht antragsbefugt. Denn eine rechtskräftige Entscheidung bildet – wie der Antragsgegner im einzelnen dargelegt hat – ein Prozeßhindernis für ein neues Verfahren zwischen den gleichen Beteiligten über denselben Streitgegenstand. Da auch Prozeßurteile der materiellen Rechtskraft fähig sind, nämlich insofern, als über die zur Unzulässigkeit führende Prozeßfrage entschieden worden ist, könnte der Antrag zu 1) unzulässig sein, weil er inhaltlich von dem im Verfahren VerfGH 12/95 anhängig gewesenen Antrag zu 2) miterfaßt war. Doch mag dies auf sich beruhen. Denn jedenfalls ist der Antragsteller bezüglich der Anträge zu 1) und 2) wiederum nicht antragsbefugt.

Der Antragsteller kann nicht im Sinne des § 37 Abs. 1 VerfGHG geltend machen, durch ein nicht neutrales Verhalten des Antragsgegners im Vorfeld der Volksabstimmung in durch die Verfassung von Berlin verbürgten Rechten verletzt zu sein. Der Grundsatz der Chancengleichheit der Parteien im politischen Wettbewerb, der als Ausfluß des Art. 21 Abs. 1 GG auch Bestandteil der Landesverfassung ist, wird durch das Eintreten des Antragsgegners für die

Ländervereinigung von vornherein nicht berührt. Auf die Gewährleistung der Chancengleichheit kann sich eine politische Partei nur berufen, soweit sie in direkter Konkurrenz mit anderen politischen Parteien steht. Bei der Vorbereitung der Volksabstimmung ist das indessen – anders als beispielsweise im Wahlkampf oder im Zusammenhang mit dem Bemühen um Spenden – nicht der Fall. Zu einer im Hinblick auf die Chancengleichheit bedeutsamen Konkurrenzsituation kommt es entgegen der Ansicht des Antragstellers auch nicht dadurch, daß einzelne Parteien sich positiv zu der zur Abstimmung gestellten Sachfrage äußern, während andere Parteien einen gegenteiligen Standpunkt einnehmen. Die Situation vor einer Volksabstimmung ist gerade dadurch gekennzeichnet, daß die verschiedensten gesellschaftlichen Gruppen bemüht sind, die Öffentlichkeit von den Vorteilen und Nachteilen der einen oder der anderen Lösung zu überzeugen. Das Eintreten von Staatsorganen für eine bestimmte sachliche Lösung kann daher grundsätzlich nicht als Maßnahme mit Bezug auf die Wettbewerbssituation zwischen einzelnen Parteien angesehen werden. Wie der Verfassungsgerichtshof bereits im Beschluß vom 21. September 1995 ausgeführt hat, wäre eine andere Betrachtung nur dann gerechtfertigt, wenn bei der Öffentlichkeitsarbeit eine Partei gezielt herausgegriffen, insbesondere in der Öffentlichkeit diffamiert würde. Dafür, daß eine solche Konstellation hier gegeben sein könnte, liegen nach wie vor keine Anhaltspunkte vor. Die Befürchtung des Antragstellers, eine Partei werde mit dem „Stigma einer unfähigen, schlecht durchdachten Politik" versehen, indem die von ihr eingenommene Position in „unsachlicher Weise fertiggemacht" werde, entbehrt schon nach seinem eigenen Vorbringen jeglicher tatsächlicher Grundlage. Zum einen ist nicht dargetan, daß der Antragsgegner bei der Auseinandersetzung mit den Gegenpositionen die Grenzen der Sachlichkeit überschritten hat. Zum anderen ist zu berücksichtigen, daß der Antragsteller keineswegs die einzige Gruppe ist, die sich als Gegnerin der Fusion versteht. Insofern hat die die Ländervereinigung propagierende Haltung des Antragsgegners keine direkte Auswirkung gerade auf die Rechtsstellung des Antragstellers als politische Partei. Verfassungsmäßige Rechte des Antragstellers werden mithin durch die Öffentlichkeitsarbeit von vornherein nicht berührt.

Auch der Antrag zu 3) ist mangels Antragsbefugnis unzulässig. Daß der Antragsgegner das Informationsmaterial des Antragstellers im Rahmen des Haushaltstitels für den Abstimmungswahlkampf nicht vervielfältigt, auslegt oder verteilt und im Rahmen von Veranstaltungen dessen Vertreter nicht heranzieht, könnte im Hinblick auf die Chancengleichheit allenfalls dann verfassungsrechtlich relevant sein, wenn andere politische Parteien insoweit bevorzugt würden. Dafür ist indessen nichts vorgetragen. Abgesehen davon läßt sich dem Vorbringen des Antragstellers nicht entnehmen, daß er mit seinem in Rede stehenden Anliegen an den Antragsgegner herangetreten ist und der Antragsgegner dieses Begehren abschlägig beschieden hat. Vor diesem Hintergrund könnte es zudem an einem Rechtsschutzbedürfnis für den Antrag zu 3) fehlen.

Mit Blick auf den Hilfsantrag mangelt es dem Antragsteller aus den zuvor behandelten Gründen ebenfalls an der für die Zulässigkeit einer Organklage erforderlichen Antragsbefugnis; auch er kann deshalb keinen Erfolg haben.

Mit der Entscheidung über die Hauptsache erledigt sich zugleich der Antrag auf Erlaß einer einstweiligen Anordnung.

Die Entscheidung über die Kosten beruht auf den §§ 33 f. VerfGHG.

Dieser Beschluß ist unanfechtbar.

Nr. 5

1. Nach der Verfassung von Berlin ist der Senat berechtigt, für die Fusion des Landes mit dem Land Brandenburg zu werben.

2. Das Verfassungsgebot der grundsätzlich staatsfreien Meinungs- und Willensbildung des Volkes verpflichtet den Senat von Berlin bei der Öffentlichkeitsarbeit im Zusammenhang mit der angestrebten Ländervereinigung zur Sachlichkeit, nicht aber zur Neutralität.

3. Eine das Gebot der Sachlichkeit wahrende Öffentlichkeitsarbeit des Senats von Berlin für die Bildung eines gemeinsamen Bundeslandes Berlin-Brandenburg verletzt Rechte einzelner Bürger nicht.

Verfassung von Berlin Art. 97 Abs. 1, 101 Abs. 1

Grundgesetz Art. 118 a

Gesetz zu dem Staatsvertrag der Länder Berlin und Brandenburg über die Bildung eines gemeinsamen Bundeslandes (Neugliederungs-Vertrag) und zu dem Staatsvertrag zur Regelung der Volksabstimmungen in den Ländern Berlin und Brandenburg über den Neugliederungs-Vertrag vom 18. Juli 1995 (GVBl. S. 490)

Beschluß vom 2. April 1996 – VerfGH 17A/96 –

In dem Verfahren auf Erlaß einer einstweiligen Anordnung
1. des Herrn A. F.,
2. des Herrn A.,
3. der Aktion „Nein zur Fusion – Berlin bleibt frei", nichtrechtsfähiger Verein, klagend unter seinen Mitgliedern

Beteiligter:
der Senat von Berlin,
vertreten durch den Regierenden Bürgermeister.

Entscheidungsformel:

Die Anträge auf Erlaß einer einstweiligen Anordnung werden zurückgewiesen.
Das Verfahren ist gerichtskostenfrei.
Auslagen werden nicht erstattet.

Gründe:

I.

Die Antragsteller wenden sich mit dem am 23. Februar 1996 eingegangenen Antrag auf Erlaß einer einstweiligen Anordnung gegen Maßnahmen des Senats von Berlin im Vorfeld der für den 5. Mai 1996 vorgesehenen Volksabstimmung über die Fusion des Landes Berlin mit dem Lande Brandenburg. Der Antragsteller zu 3) ist ein nichtrechtsfähiger Verein, dessen Zweck nach der Satzung auf die „öffentliche Information und Aufklärung zum Thema der geplanten Fusion" gerichtet ist. Die Antragsteller beanstanden, daß die Landesregierung im Rahmen einer „Werbekampagne" eine „positive Grundstimmung" für die Volksabstimmung und die Vereinigung erzeugen wolle. Sie sind der Ansicht, der Senat von Berlin informiere nicht neutral, sondern greife massiv mit Steuergeldern in den Meinungskampf ein, indem er in Berliner Tageszeitungen entsprechende Anzeigen veröffentliche, Faltblätter herausgebe und Plakate kleben lasse.

Die Antragsteller sehen in diesem Verhalten eine Verletzung der Art. 38 Abs. 3, 39 Abs. 1 VvB, Art. 3 Neugliederungsvertrag. Die Willensbildung habe sich grundsätzlich nicht von den Staatsorganen zu dem wahl- und abstimmungsberechtigten Souverän hin, sondern von diesem hin zu den Staatsorganen zu entwickeln. Ebenso wie bei Wahlen dürfe die Landesregierung bei einer Volksabstimmung nicht „als Partei" in den Meinungskampf eingreifen. Zwar habe der Beteiligte ein legitimes Interesse daran, in angemessener Weise seine Auffassung über die Vor- und Nachteile der einen oder anderen Lösung zu äußern und dementsprechend seine Politik darzustellen. Diesen Aktivitäten sei aber durch das Verfassungsgebot der grundsätzlich staatsfreien Meinungs- und Willensbildung des Volkes bei Abstimmungen Grenzen gezogen.

Die Antragsteller beantragen,
dem Senat von Berlin im Wege einstweiliger Anordnung zu verbieten, bis zur Volksabstimmung am 5. Mai 1996 im Rahmen von Öffentlichkeitsarbeit –

offen oder versteckt – Werbung für die Fusion des Landes Berlin mit dem Lande Brandenburg zu betreiben und dafür öffentliche Mittel einzusetzen. Der Beteiligte hält den Antrag für unzulässig. Jedenfalls sei er offensichtlich unbegründet, da es der Landesregierung nicht verwehrt sei, bei der Entscheidung über eine Sachfrage ihre Position unter Beachtung des Sachlichkeitsgebotes deutlich zu machen.

II.

Die Anträge auf Erlaß einer einstweiligen Anordnung haben keinen Erfolg.

Nach § 31 Abs. 1 VerfGHG kann der Verfassungsgerichtshof im Streitfall einen Zustand durch einstweilige Anordnung vorläufig regeln, wenn dies zur Abwehr schwerer Nachteile, zur Verhinderung drohender Gewalt oder aus einem anderen wichtigen Grund zum gemeinen Wohl dringend geboten ist. Wegen der meist weittragenden Folgen, die eine einstweilige Anordnung in einem verfassungsgerichtlichen Verfahren auslöst, ist bei der Prüfung der Voraussetzungen des § 31 Abs. 1 VerfGHG ein strenger Maßstab anzulegen. Dabei müssen die Gründe, welche für oder gegen die Verfassungswidrigkeit der angegriffenen Maßnahme sprechen, grundsätzlich außer Betracht bleiben, es sei denn, das – hier noch nicht anhängig gemachte – Hauptsacheverfahren erweist sich als von vornherein aussichtslos. Letzteres ist hier der Fall. Die Antragsteller werden in den allein in Betracht kommenden Verfassungsbeschwerdeverfahren keinen Erfolg haben. Dies folgt für den Antragsteller zu 3) bereits aus der fehlenden Beschwerdebefugnis: Die Aktion „Nein zur Fusion – Berlin bleibt frei" kann als nichtrechtsfähiger Verein nicht geltend machen, durch die Öffentlichkeitsarbeit des Senats von Berlin in einem in der Verfassung von Berlin (auch) zu ihren Gunsten enthaltenen Recht verletzt zu sein (§ 49 Abs. 1 VerfGHG).

Eine Verfassungsbeschwerde der Antragsteller zu 1) und 2) wäre offensichtlich unbegründet. Die Werbung des Senats von Berlin für die Fusion des Landes mit dem Land Brandenburg steht mit der Verfassung von Berlin in Einklang.

Nach Art. 97 Abs. 1 der Verfassung von Berlin vom 23. November 1995 (GVBl. S. 779) kann das Land Berlin ein gemeinsames Land mit dem Land Brandenburg bilden. Eine gleichlautende Bestimmung enthielt bereits Art. 85 a der Verfassung von Berlin vom 1. September 1950 in der durch das 29. Gesetz zur Änderung der Verfassung von Berlin vom 8. Juni 1995 geltenden Fassung (GVBl. 1995, S. 329). Die abstimmungsberechtigte Bevölkerung Berlins hat mit 75,1 Prozent der abgegebenen gültigen Stimmen am 22. Oktober 1995 für die überarbeitete Verfassung gestimmt (vgl. Bekanntmachung vom 9. November 1995, GVBl. S. 719) und damit die Voraussetzung für das Inkrafttreten der Verfassung einschließlich des Art. 97 Abs. 1 VvB geschaffen (Art. 101 Abs. 1 VvB). Die durch Volksabstimmung gebilligte Landesverfassung sieht danach die Möglichkeit eines gemeinsamen Landes Berlin-Brandenburg ausdrücklich vor. Die bundesverfassungsrechtliche Ermächtigung zur Vereinigung der Länder folgt aus Art. 118 a GG. Nach dieser Vorschrift kann die Neugliederung in dem die Länder Berlin und Brandenburg umfassenden Gebiet abweichend von den Vorschriften des Art. 29 GG unter Beteiligung ihrer Wahlberechtigten durch Vereinbarung beider Länder erfolgen. Damit räumt Art. 118 a GG in Verbindung mit den einschlägigen Bestimmungen der Landesverfassungen den Landesregierungen das Initiativrecht ein. In Ausübung dieses Initiativrechts haben die Landesregierungen von Berlin und Brandenburg einen Staatsvertrag über die Bildung eines gemeinsamen Bundeslandes (Neugliederungsvertrag) und zur Regelung der Volksabstimmungen über den Neugliederungsvertrag geschlossen. Das Abgeordnetenhaus von Berlin hat den Staatsverträgen durch Gesetz vom 18. Juli 1995 (GVBl. S. 490) zugestimmt. Nachdem sich der Senat von Berlin auf der Grundlage der bundesverfassungsrechtlichen Ermächtigung, in Einklang mit der vom Volk angenommenen Landesverfassung und mit Billigung der Volksvertretung dazu entschlossen hat, die Vereinigung mit dem Land Brandenburg herbeizuführen, ist er berechtigt, gegenüber der Bevölkerung die Gründe für dieses politische Ziel darzulegen und durch Öffentlichkeitsarbeit auf die Zustimmung der Wahlberechtigten zur Fusion hinzuwirken. Das Verfassungsgebot der grundsätzlich staatsfreien Meinungs- und Willensbildung des Volkes verpflichtet ihn hierbei zur Sachlichkeit, nicht aber zur Neutralität. Die für Wahlkämpfe entwickelten Beschränkungen der Öffentlichkeitsarbeit (vgl. BVerfGE 44, 125 ff.) lassen sich auf den Fall der Volksabstimmung über die Fusion nicht übertragen. In bezug auf Wahlen ergibt sich die Pflicht zur Neutralität der Staatsorgane daraus, daß Wahlen die für die Ausübung der Staatsgewalt erforderliche demokratische Legitimation vermitteln. Bei der Volksabstimmung über den Neugliederungsvertrag geht es hingegen nicht um die „Übertragung von Herrschaft", sondern um eine Sachfrage (vgl. Beschluß vom 21. September 1995 – VerfGH 12/95 – NJ 1996, S. 140, 141*; vgl. auch BVerfGE 13, 54, 83; BayVerfGH NVwZ-RR 1994, S. 529 ff.). Die Situation vor der Volksabstimmung ist dadurch gekennzeichnet, daß die verschiedensten gesellschaftlichen Gruppen bemüht sind, die Öffentlichkeit von den Vorteilen und Nachteilen der einen oder der anderen Lösung zu überzeugen. In diesen Meinungsbildungsprozeß darf auch der Senat von Berlin als durch das Grundgesetz ausdrücklich legitimierter Initiator einer Vereinigung der beiden Bundesländer

* LVerfGE 3, 75, 81.

eingreifen. Durch eine das Gebot der Sachlichkeit wahrende Beteiligung der Regierung am Meinungsbildungsprozeß wird sowohl dem legitimen staatlichen Interesse an einer bestimmten Entscheidung Rechnung getragen als auch die Bevölkerung in die Lage versetzt, sich ein eigenständiges Urteil über die Frage der Fusion zu bilden. Das Eintreten für die Fusion verletzt weder die Rechte politischer Parteien auf Chancengleichheit (vgl. dazu Beschluß vom 8. März 1996 – VerfGH 14/96 und 14 A/96* – sowie vom 21. September 1995 – VerfGH 12/95 –) noch subjektive Rechte einzelner Bürger. Der Status der Antragsteller zu 1) und 2) als Abstimmungsberechtigte wird durch sachliche Werbung des Senats von Berlin für eine der zur Entscheidung gestellten Alternativen und durch den Einsatz von Haushaltsmitteln für die Vermittlung von Informationen an die Abstimmungsberechtigten nicht berührt. Ein Eingriff in das durch die Verfassung von Berlin garantierte Recht auf Abstimmungsfreiheit (vgl. hierzu Beschluß vom 2. April 1996 – VerfGH 18/96** –) kann in den die Fusion propagierenden Verlautbarungen nicht gesehen werden.

Daß der Senat von Berlin das Gebot der Sachlichkeit überschritten hat oder in Zukunft überschreiten wird, ist nicht ersichtlich. Weder die von den Antragstellern genannten schlagwortartigen Aussagen in den Anzeigen noch das beanstandete Faltblatt „Eins für alle – Volksabstimmung zur Länderfusion am 5. Mai 1996" noch sonstiges dem Verfassungsgerichtshof zugänglich gemachtes Material läßt Unsachlichkeit erkennen. Die Antragsteller verkennen mit ihrem Vorbringen, daß „Sachlichkeit" nicht im Sinne von „Neutralität" zu verstehen ist.

Die Kostenentscheidung beruht auf den §§ 33, 34 VerfGHG.
Die Entscheidung ist unanfechtbar.

Nr. 6

1. Das Recht auf Freiheit der Abstimmung (Freiheit der Wahl) ist in dem Recht enthalten, sich an einer Volksabstimmung oder Wahl zu beteiligen (Art. 2 VvB).

2. Das Recht auf freie Abstimmung gewährleistet, daß der Abstimmende sich an der Abstimmung ohne Zwang oder sonstige unzulässige Beeinträchtigung beteiligen kann. Es verlangt darüber hinaus, daß der Ab-

---

* In diesem Band S. 26.
** In diesem Band S. 34.

stimmende die Möglichkeit haben muß, sich mit den Abstimmungsvorschlägen rechtzeitig vertraut zu machen.

3. Aus dem Recht auf freie Abstimmung folgt kein Recht, den Gegenstand der Abstimmung zu bestimmen.

4. Das Recht auf freie Abstimmung über Zustimmung oder Ablehnung zum Vertrag der Länder Berlin und Brandenburg über die Bildung eines gemeinsamen Bundeslandes kann nicht durch eine Zusatzabstimmungsfrage zum Zeitpunkt der Bildung des gemeinsamen Landes verletzt werden, wenn auf die Unabhängigkeit der beiden Fragen voneinander auf dem Stimmzettel selbst hingewiesen wird.

Verfassung von Berlin 1950
Art. 2 Abs. 2, 26

Gesetz zu dem Staatsvertrag der Länder Berlin und Brandenburg über die Bildung eines gemeinsamen Bundeslandes (Neugliederungs-Vertrag) und zu dem Staatsvertrag zur Regelung der Volksabstimmungen in den Ländern Berlin und Brandenburg über den Neugliederungs-Vertrag vom 18. Juli 1995 (GVBl. S. 490) in Verbindung mit Art. 3 Abs. 2 und Art. 3 Abs. 1 des Staatsvertrages der Länder Berlin und Brandenburg über die Bildung eines gemeinsamen Bundeslandes (Neugliederungs-Vertrag) und Art. 4 Abs. 1 und Abs. 3 des Staatsvertrages zur Regelung der Volksabstimmungen in den Ländern Berlin und Brandenburg über den Neugliederungs-Vertrag

Beschluß vom 2. April 1996 – VerfGH 18/96 –

In dem Verfahren über die Verfassungsbeschwerden
1. des Herrn Dr. K.,
2. der Frau C. S.,
3. des Herrn W. N. L.

Entscheidungsformel:

Die Verfahren VerfGH 18 und 18 A/96, 19/96 und 20/96 werden unter dem erstgenannten Aktenzeichen zur gemeinsamen Entscheidung verbunden.
Die Verfassungsbeschwerden werden zurückgewiesen.
Das Verfahren ist gerichtskostenfrei.
Auslagen werden nicht erstattet.

Gründe:

I.

Mit ihren am 26. Februar 1996 bzw. am 28. Februar eingegangenen Verfassungsbeschwerden wenden sich die Beschwerdeführer gegen einzelne Regelungen des Staatsvertrages der Länder Berlin und Brandenburg über die Bildung eines gemeinsamen Bundeslandes vom 27. April 1995 (Neugliederungs-Vertrag) und des Staatsvertrages zur Regelung der Volksabstimmung in den Ländern Berlin und Brandenburg über den Neugliederungs-Vertrag (Volksabstimmungs-Vertrag) ebenfalls vom 27. April 1995.

Mit Gesetz vom 18. Juli 1995 (GVBl. S. 490) hat das Abgeordnetenhaus von Berlin und mit Gesetz vom 27. Juni 1995 (Brandenburgisches Gesetz- und Verordnungsblatt Teil I S. 150) hat der Landtag Brandenburg den beiden Staatsverträgen zugestimmt. Der Neugliederungs-Vertrag bedarf überdies zu seiner Ratifizierung in jedem der beiden Länder der Zustimmung in einer Volksabstimmung.

Mit Blick auf diese Zustimmung in einer Volksabstimmung heißt es in Art. 3 des Neugliederungs-Vertrages:

„(1) Dieser Vertrag ... Die Zustimmung bedarf in jedem der beiden Länder der Mehrheit der abgegebenen Stimmen; die Mehrheit muß mindestens jeweils ein Viertel der Abstimmungsberechtigten umfassen. Die Volksabstimmungen finden in beiden Ländern am 5. Mai 1996 statt.

(2) Mit den Volksabstimmungen ist die Frage zu verbinden, ob das gemeinsame Land im Jahre 1999 oder im Jahre 2002 gebildet werden soll. Wird die Frage in beiden Ländern unterschiedlich beantwortet, so wird das gemeinsame Land mit dem Tag der Wahl des ersten gemeinsamen Landtages im Jahre 2002 gebildet.

(3) Das Nähere bestimmt ein Staatsvertrag zur Regelung der Volksabstimmungen in den Ländern Berlin und Brandenburg über den Neugliederungs-Vertrag."

Dementsprechend ist in Art. 4 Abs. 1 und Abs. 3 des Volksabstimmungs-Vertrages vereinbart:

„(1) Die Abstimmungsfrage lautet:
,Stimmen Sie dem Vertrag der Länder Berlin und Brandenburg über die Bildung eines gemeinsamen Bundeslandes zu?
　　　　　Ja　　　　　Nein'

(3) Mit der Abstimmungsfrage wird auf demselben Stimmzettel folgende Zusatzfrage verbunden:
,Soll das gemeinsame Land gebildet werden
　　im Jahre 1999　　oder　　im Jahre 2002?'"

Die Beschwerdeführer machen geltend, zum einen durch Art. 3 Abs. 2 Neugliederungs-Vertrag und durch Art. 4 Abs. 1 und Abs. 3 des Volksabstimmungs-Vertrages in ihrem Wahlgrundrecht aus „Art. 2 Satz 2, Art. 3 Abs. 1

Satz 1 mit Art. 39 VvB, Art. 38, Art. 29 GG" (Beschwerdeschrift S. 3) verletzt zu sein. Die Verbindung der Frage über Annahme oder Ablehnung des Neugliederungs-Vertrages mit der Zusatzfrage über den Zeitpunkt der Bildung des gemeinsamen Landes erwecke den Eindruck, daß die „Länderfusion" unabhängig von der Annahme des Neugliederungs-Vertrages 1999 oder 2002 erfolge. Damit werde dem Abstimmungsberechtigten suggeriert, daß er bei Ablehnung des Fusionsvertrages auf seiten der Minderheit stehe und Verlierer sei, was eine psychologische Barriere für eine Ablehnung des Vertrages darstelle und damit gegen das Prinzip der Abstimmungsfreiheit verstoße.

Im Zeitpunkt der Abstimmung sei noch offen, wann das gemeinsame Land gebildet, wie die Aufgabenverteilung zwischen einem gemeinsamen Land und der Stadt Berlin aussehen und wie die Stadt Berlin in die Gemeindeordnung eines gemeinsamen Landes einbezogen werde. Durch das Offenbleiben dieser Fragen werde die Abstimmungsfreiheit der Beschwerdeführer ebenfalls verletzt. Denn dem Abstimmungsberechtigten seien die Konsequenzen, die sich aus seiner Abstimmung ergeben würden, nicht klar erkennbar. Es liege daher eine Scheinabstimmung vor. Im übrigen seien die Beschwerdeführer in ihrem Abstimmungsgrundrecht deshalb verletzt, weil entgegen Art. 29 Abs. 3 GG nicht zuerst gefragt werde, ob die betroffenen Länder wie bisher bestehen bleiben sollen.

Mit ihrem am 26. Februar 1996 beim Verfassungsgerichtshof eingegangenem Antrag begehren die Beschwerdeführer überdies den Erlaß einer einstweiligen Anordnung des Inhalts, die für den 5. Mai 1996 festgesetzte Volksabstimmung bis zur Entscheidung über ihre Verfassungsbeschwerden auszusetzen. Hilfsweise beantragen sie, den Abstimmungszetteln einen Erläuterungstext beizulegen und diesen in den Abstimmungslokalen zusätzlich auszuhängen.

Der Verfassungsgerichtshof hat dem Abgeordnetenhaus und dem Senat gemäß § 53 Abs. 3 i.V.m. § 44 VerfGHG Gelegenheit zur Äußerung gegeben.

II.

Die Verfassungsbeschwerden sind unzulässig. Damit erledigt sich zugleich der Antrag auf Erlaß einer einstweiligen Anordnung.

1. Der Zulässigkeit steht allerdings nicht entgegen, daß die von den Beschwerdeführern gerügten Rechtsverletzungen auch im Rahmen der Abstimmungsprüfung gerügt werden könnten (Art. 17 und 18 des Volksabstimmungs-Vertrages). Dies folgt aus der Erwägung, daß ebenso wie bei der Wahlprüfung bei der Abstimmungsprüfung der Gegenstand der rechtlichen Beurteilung nicht die Verletzung subjektiver Rechte, sondern die Gültigkeit des

festgestellten Abstimmungsergebnisses ist (vgl. zum Bundesrecht BVerfGE 1, 208, 238).

2. Die Verfassungsbeschwerden sind unzulässig, soweit die Beschwerdeführer geltend machen, in ihrer Abstimmungsfreiheit deshalb verletzt zu sein, weil der Zeitpunkt der Bildung eines gemeinsamen Landes offen sei, über die Aufgabenverteilung zwischen dem gemeinsamen Land und der Stadt Berlin noch nicht entschieden sei und überdies die Einbeziehung der Stadt Berlin in die Gemeindeordnung des gemeinsamen Landes erst nach den Volksabstimmungen geregelt werde.

Zutreffend gehen die Beschwerdeführer davon aus, daß die Abstimmungsfreiheit ebenso wie das Recht auf freie Wahl als ein durch die Verfassung von Berlin verbürgtes subjektives Recht des Einzelnen zu qualifizieren ist. Dies ergibt sich zwar nicht schon aus dem Wortlaut des Art. 26 der im Zeitpunkt des Inkrafttretens des (Zustimmungs-)Gesetzes vom 18. Juli 1995 einschlägigen, am 29. Juli 1995 geltenden Verfassung von Berlin vom 1. September 1950 (VOBl. I S. 433) zuletzt geändert durch Gesetz vom 8. Juni 1995 (GVBl. S. 339) – VvB –. Das Recht auf Freiheit der Wahl folgt indes in einem demokratischen Staat bereits aus dem Begriff der „Wahl" (vgl. in diesem Zusammenhang BVerfGE 47, 253, 283). Dieses Recht ist als ungeschriebenes demokratisches Verfassungsrecht auch auf sonstige politische Abstimmungen anzuwenden (vgl. ebenso zum Bundesrecht BVerfGE 49, 15, 19). Das Recht, sich an einer Wahl oder Volksabstimmung zu beteiligen (Art. 22 Abs. 2 VvB), schließt mithin das Recht auf Freiheit der Wahl und der Abstimmung ein.

Die Verfassungsbeschwerden sind in dem hier in Rede stehenden Umfang gleichwohl unzulässig. Das Recht auf freie Abstimmung kann weder durch die Offenheit des Zeitpunkts der Bildung eines gemeinsamen Landes noch durch die im Zeitpunkt der Volksabstimmungen nicht abschließend bestimmte Aufgabenverteilung zwischen dem gemeinsamen Land und der Stadt Berlin oder die erst später im einzelnen zu regelnde Einbeziehung der Stadt Berlin in die Gemeindeordnung des gemeinsamen Landes berührt sein. Das Recht auf freie Abstimmung gewährleistet, daß der Einzelne sich an der Abstimmung ohne Zwang oder sonstige unzulässige Beeinträchtigung beteiligen kann (vgl. dazu BVerfGE 66, 369, 380 mit weiteren Nachweisen). Es verlangt darüber hinaus, daß der Abstimmende die Möglichkeit haben muß, sich mit den Abstimmungsvorschlägen rechtzeitig vertraut zu machen (siehe u. a. BVerfGE 79, 161, 166). Da Gegenstand der auf den 5. Mai 1996 festgelegten Volksabstimmung in erster Linie die Zustimmung zum Neugliederungs-Vertrag ist (Art. 4 Abs. 1 des Volksabstimmungs-Vertrages) und dieser Gegenstand der Bevölkerung durch Zusendung von Informationsmaterial zusammen mit der Abstimmungsbenachrichtigung bekanntgemacht ist bzw. wird, kann entgegen dem

Vorbringen der Beschwerdeführer keine Rede davon sein, daß es sich bei der bevorstehenden Abstimmung um eine „Scheinabstimmung" handelt. Der Neugliederungs-Vertrag enthält eine Vielzahl von Regelungen über die künftige Landesverfassung, Landtags- und Kommunalwahlen, Landesverwaltung, Landesentwicklung, Finanzen, Personal, Rechtsvereinheitlichung, bis hin zum Namen, zur Landeshauptstadt, zu den Landesfarben und dem Landeswappen. Damit ist der Gegenstand der Abstimmung hinreichend bestimmt, auch wenn einzelne Fragen einer künftigen Regelung vorbehalten bleiben.

Ebensowenig kann die Abstimmungsfreiheit dadurch verletzt sein, daß die Abstimmung für oder gegen ein gemeinsames Bundesland von den Abstimmenden nicht mit einem bestimmten Zeitpunkt verknüpft werden kann („Ja" oder „Nein", wenn die Fusion im Jahre 1999 erfolgt, bzw. „Ja" oder „Nein", wenn die Fusion im Jahre 2002 erfolgt). Denn aus der Abstimmungsfreiheit folgt kein subjektives Verfassungsrecht, den Gegenstand der Abstimmung zu bestimmen.

3. Die Verfassungsbeschwerden sind ferner unzulässig, soweit die Beschwerdeführer eine Verletzung ihres Rechts auf Beteiligung an der Volksabstimmung darin sehen, daß abweichend von Art. 29 Abs. 3 GG nicht zuerst gefragt wird, ob die betroffenen Länder wie bisher bestehen bleiben sollen. Es kann dahinstehen, ob die Angabe der Reihenfolge über die Abstimmungsfragen in Art. 29 Abs. 3 GG überhaupt ein subjektives Recht begründet, dessen Verletzung mit einer Verfassungsbeschwerde geltend gemacht werden könnte. Jedenfalls handelt es sich nicht um ein von der Verfassung von Berlin gewährleistetes und mit der Landesverfassungsbeschwerde rügefähiges Recht. Angesichts dessen bedarf es keiner Entscheidung, ob die Anwendbarkeit des Art. 29 GG bei der hier in Frage stehenden Abstimmung nicht ohnehin durch die Sonderregelung des Art. 118 a GG ausgeschlossen ist (vgl. in diesem Zusammenhang Urteil des Verfassungsgerichts des Landes Brandenburg vom 21. März 1996 VfGBbg 18/95*).

4. Die Verfassungsbeschwerden sind schließlich auch insoweit unzulässig, als die Beschwerdeführer vorbringen, in ihrer Abstimmungsfreiheit deshalb verletzt zu sein, weil durch die Verbindung der Frage über Annahme oder Ablehnung des Neugliederungs-Vertrags mit der Zusatzfrage über den Zeitpunkt der Bildung des gemeinsamen Landes auf einem Stimmzettel der Eindruck erweckt werde, die Länderfusion als solche sei schon gleichsam „beschlossene Sache", offen sei nur noch der Zeitpunkt (1999 oder 2002), so daß dem Abstimmungsberechtigten suggeriert werde, bei Ablehnung des Fusions-

---

* In diesem Band S. 115.

vertrages stehe er auf Seiten der Minderheit und (Abstimmungs-) Verlierer, was eine psychologische Barriere für eine Ablehnung des Vertrags darstelle. Insoweit scheitert die Zulässigkeit der Verfassungsbeschwerde daran, daß es an der Möglichkeit mangelt, die Verknüpfung der beiden Fragen könne geeignet sein, die Beschwerdeführer in ihrem verfassungsrechtlich verbürgten Recht auf Abstimmungsfreiheit zu beeinträchtigen.

In Art. 4 Abs. 5 des Volksabstimmungs-Vertrages ist ausdrücklich bestimmt, daß die Abstimmungsfrage und die Gesetzesfrage unabhängig voneinander beantwortet werden können. Zwar ist es richtig, daß der Wortlaut dieser Bestimmung bisher nicht allen Abstimmungsberechtigten bekannt sein dürfte und deshalb jedenfalls augenblicklich nicht ausgeschlossen werden kann, daß es insoweit zu Mißverständnissen über das Verhältnis der beiden Fragen zueinander kommen kann. Jedoch hat die Senatskanzlei in ihrer Stellungnahme vom 6. Mai 1996 hervorgehoben, auf die Unabhängigkeit der beiden Fragen voneinander werde auch auf dem Stimmzettel selbst noch einmal mit dem Text des Art. 4 Abs. 5 des Volksabstimmungs-Vertrages hingewiesen. Dieser Ankündigung entsprechend ist der Stimmzettel inzwischen – wie durch Anzeigen in der Tagespresse und durch eine an die Abstimmungsberechtigten versandte Informationsbroschüre des Landesabstimmungsleiters gerichtsbekannt ist – gestaltet. Damit wird in hinreichender Weise Vorsorge dafür getroffen, daß die Abstimmungsfreiheit jedenfalls nicht aus den von den Beschwerdeführern vorgebrachten Gründen beeinträchtigt werden kann. Die von den Antragstellern mit Schriftsatz vom 1. April 1996 erhobene Rüge, durch das individuell unterschiedliche Erkennen oder Nichterkennen des Verhältnisses von Frage und Zusatzfrage werde das Recht auf Gleichheit bei der Abstimmung verletzt, läßt angesichts der angekündigten Erläuterungen auf dem Stimmzettel die Möglichkeit einer Verletzung von Rechten der Beschwerdeführer nicht erkennen und ist deshalb gleichfalls unzulässig.

Die Kostenentscheidung beruht auf §§ 33, 34 VerfGHG.

Diese Entscheidung ist unanfechtbar.

Nr. 7

Überprüfung einer Entscheidung im vorläufigen Rechtsschutzverfahren zu den Bauarbeiten am Potsdamer Platz.

Verfassung von Berlin Art. 8 Abs. 1

Verordnung zur Bekämpfung des Lärms § 8 Abs. 1

Beschluß vom 19. April 1996 – VerfGH 30, 30A/96 –

In dem Verfahren über die Verfassungsbeschwerde
1. des Herrn B. Z.,
2. der Frau L. Z.
gegen den Beschluß des Oberverwaltungsgerichts Berlin vom 27. März 1996
– OVG 2 S 5.96 –

Beteiligte gemäß § 53 Abs. 2 VerfGHG
(Beigeladene des Ausgangsverfahrens):

H. AG und C. AG.

Entscheidungsformel:

Die Verfassungsbeschwerde wird zurückgewiesen.
Damit ist der Antrag auf Erlaß einer einstweiligen Anordnung erledigt.
Das Verfahren ist gerichtskostenfrei.
Auslagen werden nicht erstattet.

Gründe:

I.

Die Beschwerdeführer erheben Verfassungsbeschwerde gegen einen Beschluß des Oberverwaltungsgerichts Berlin, durch den im Verfahren vorläufigen Rechtsschutzes ihr Antrag auf Wiederherstellung der aufschiebenden Wirkung ihrer verwaltungsgerichtlichen Klage zurückgewiesen worden ist.

Sie leben mit ihren Kindern in einer Mietwohnung im Hause Köthener Straße 40 in Berlin-Kreuzberg, das an die Großbaustelle am Potsdamer Platz angrenzt, und wenden sich gegen die behördliche Bewilligung von Ausnahmen von dem gesetzlichen Verbot störenden Baulärms während der Nacht- und Ruhezeiten.

Die Beigeladenen des Ausgangsverfahrens haben als bauausführende Arbeitsgemeinschaft im Baufeld B des Daimler-Benz-Bauvorhabens Potsdamer Platz eine in 19 Abschnitten zu je 1 200 qm im Wege der Unterwasser-Ausführung vorgesehene Betonsohle zu erstellen. Sie beantragten unter dem 22. November sowie 8. und 22. Dezember 1995 bei der Senatsverwaltung für Stadtentwicklung und Umweltschutz, für das entsprechende Baulos 4 die Ausnahmezulassung für Arbeiten in Nacht- und Ruhezeiten bis zum 30. September 1996 zu verlängern. Nach Anhörung u. a. der Beschwerdeführer hierzu sowie unter Berücksichtigung ergänzender Eingaben der Beigeladenen vom 5. Januar, 22. und 26. Februar sowie 1. März 1996 erteilte die Senatsverwaltung für

Stadtentwicklung, Umweltschutz und Technologie mit Bescheid vom 4. März 1996 den Beigeladenen eine Ausnahmezulassung gemäß § 8 LärmVO für die Ausführung von Unterwasserbetonagen im Baufeld B der debis-Baustellen am Potsdamer Platz in dem Zeitraum vom 7. März bis 30. April 1996 mit der Maßgabe, daß die unter II des Bescheids in 20 Punkten aufgeführten einschränkenden Nebenbestimmungen zu beachten seien.

Nachdem die Beschwerdeführer am 6. März 1996 beim Verwaltungsgericht Berlin – VG 10 A 126/96 – eine gegen diese Ausnahmegenehmigung gerichtete Klage eingereicht hatten, beantragten die Beigeladenen unter dem 6. März 1996 bei der Behörde, die Ausnahmezulassung für sofort vollziehbar zu erklären. Nach Anhörung der Beschwerdeführer ordnete die Senatsverwaltung für Stadtentwicklung, Umweltschutz und Technologie unter dem 11. März 1996 die sofortige Vollziehung gemäß § 80 Abs. 2 Nr. 4 VwGO an.

Auf den gegen diese Anordnung gerichteten Antrag der Beschwerdeführer stellte das Verwaltungsgericht durch Beschluß vom 15. März 1996 – VG 10 A 138.96 – die aufschiebende Wirkung der Klage wieder her. Das Oberverwaltungsgericht Berlin gab mit Beschluß vom 27. März 1996 – OVG 2 S 5.96 – der hiergegen gerichteten Beschwerde der Beigeladenen statt und wies den Antrag auf Wiederherstellung der aufschiebenden Wirkung der Klage zurück.

Mit ihrer Verfassungsbeschwerde wenden sich die Beschwerdeführer gegen diese Entscheidung. Sie beantragen ferner, im Wege einstweiliger Anordnung die Vollziehung des angegriffenen Beschlusses des Oberverwaltungsgerichts bzw. der Ausnahmezulassung der Senatsverwaltung bis zur Entscheidung über die Verfassungsbeschwerde auszusetzen. Sie machen zur Begründung geltend, sie und ihre Kinder seien in ihrem Grundrecht auf körperliche Unversehrtheit (Art. 8 Abs. 1 Satz 1 VvB) verletzt.

Dieses umfasse auch den geistig-seelischen Bereich, das psychische Wohlbefinden. Selbst bei Zugrundelegung der Auffassung des Oberverwaltungsgerichts Berlin, daß der mit der Klage angegriffene Ausnahmebescheid vom 4. März 1996 bei summarischer Prüfung rechtmäßig sei, hätten die lediglich wirtschaftlichen Interessen der Baufirmen hintangestellt werden müssen und beruhe die vorgenommene Abwägung auf einer grundsätzlich unrichtigen Anschauung von der Bedeutung und dem Schutzbereich des zugunsten der Beschwerdeführer verbürgten Grundrechts. Die Entscheidung des Oberverwaltungsgerichts Berlin und der zugrundeliegende Bescheid der Behörde verletzten aber auch deswegen das Grundrecht der Beschwerdeführer auf körperliche Unversehrtheit, weil der Sachverhalt unzureichend ermittelt worden sei.

Zu Unrecht werde angenommen, daß die beantragte Ausnahmezulassung zur Bebauung des Potsdamer Platzes erforderlich sei. Auf die entsprechenden Angaben der Beigeladenen und auf die Bestätigung durch einen Parteigutachter hätten sie sich nicht verlassen dürfen. Es liege im eigenen Risikobereich der finanzkräftigen Großkonzerne, wenn sie aufgrund der niedrigeren Baukosten oder zur besseren Grundstücksnutzung eine Art der Bauausführung wählten, die sich nur durch Eingriff in grundrechtlich geschützte Rechtsgüter Dritter verwirklichen lasse.

Die Senatsverwaltung für Justiz sowie die Beigeladenen des Ausgangsverfahrens haben Gelegenheit zur Stellungnahme erhalten.

Der Präsident des Verfassungsgerichtshofs Prof. Dr. Finkelnburg und der Vizepräsident Dr. Körting sind gemäß § 16 Abs. 1 Nr. 1 VerfGHG in dieser Sache von der Ausübung des Richteramtes ausgeschlossen.

II.

Die Verfassungsbeschwerden sind zulässig. Ihrer Zulässigkeit steht nicht entgegen, daß die im Verfahren vorläufigen Rechtsschutzes umstrittene behördliche Anordnung gemäß § 80 a Abs. 2 VwGO sowie die angegriffene gerichtliche Entscheidung nach § 80 Abs. 5 Satz 1 VwGO auf der Anwendung von Bundesrecht beruhen. Der Verfassungsgerichtshof ist grundsätzlich berechtigt, Akte der öffentlichen Gewalt des Landes Berlin am Maßstab von in der Verfassung von Berlin verbürgten Individualrechten zu messen, die nicht im Widerspruch zum Bundesrecht stehen. Solche Individualrechte, soweit sie inhaltlich mit den Grundrechten des Grundgesetzes übereinstimmen, sind auch dann von der rechtsprechenden Gewalt des Landes Berlin zu beachten, wenn diese Bundesrecht anwendet (vgl. den Beschluß vom 2. Dezember 1993 – VerfGH 89/93 – NJW 1994, 436 m. Nachw.*). Das in Rede stehende Grundrecht auf körperliche Unversehrtheit ist gleichlautend in Art. 2 Abs. 2 Satz 1 GG und in Art. 8 Abs. 1 Satz 1 VvB verbürgt. Damit hat die öffentliche Gewalt des Landes Berlin auch bei Auslegung von Bundesrecht zugleich die Wirkungen dieses Landesgrundrechts mit zu beachten und ist der Verfassungsgerichtshof insoweit im Verfahren der Verfassungsbeschwerde zur Prüfung berufen.

Die Verfassungsbeschwerde genügt auch den in § 49 Abs. 1 und § 50 VerfGHG niedergelegten Begründungserfordernissen, namentlich ist auch die Möglichkeit einer Verletzung des in der Verfassung von Berlin verbürgten Grundrechts auf körperliche Unversehrtheit (Art. 8 Abs. 1 Satz 1 VvB) hinreichend dargelegt.

Zwar schützt dieses Recht in seinem klassischen Gehalt nur vor gezielten staatlichen Eingriffen.

Nach der Rechtsprechung des Bundesverfassungsgerichts, der der Verfassungsgerichtshof für Art. 8 Abs. 1 Satz 1 VvB folgt, erschöpft sich das Grund-

---

* LVerfGE 1, 169.

recht jedoch nicht in einem subjektiven Abwehrrecht gegenüber solchen Eingriffen. Aus ihm ist vielmehr auch eine Schutzpflicht des Staates und seiner Organe für das geschützte Rechtsgut abzuleiten, deren Vernachlässigung von dem Betroffenen mit der Verfassungsbeschwerde geltend gemacht werden kann (BVerfGE 77, 170, 214; 77, 381, 402 f.). Die Vorschriften der Verordnung zur Bekämpfung des Lärms (LärmVO) in der Fassung vom 6. Juli 1994 (GVBl. S. 231) tragen dieser staatlichen Schutzpflicht Rechnung, und die von den Beschwerdeführern hier behauptete fehlerhafte Auslegung der Ausnahmebestimmung des § 8 Abs. 1 LärmVO würde eine Vernachlässigung der Schutzpflicht bedeuten.

Ferner ist der Rechtsweg i. S. des § 49 Abs. 2 Satz 2 VerfGHG gegen die hier gerügte Anordnung der sofortigen Vollziehung des Bescheides und die Ablehnung vorläufigen Rechtsschutzes durch das Oberverwaltungsgericht erschöpft. Diese Entscheidungen enthalten für die Beschwerdeführer eine selbständige Beschwer, die sich nicht mit derjenigen deckt, die Gegenstand des Hauptsacheverfahrens ist. Wenn – wie hier – die Verletzung von Grundrechten namentlich durch Entscheidungen im vorläufigen Rechtsschutzverfahren gerügt wird, verlangt § 49 Abs. 2 Satz 1 VerfGHG im Ergebnis nur, daß der Rechtsweg des Eilverfahrens erschöpft ist (Beschluß vom 12. Juli 1994 – VerfGH 94/93 – NJ 1995, S. 29*). Die von den Beschwerdeführern behauptete Grundrechtsverletzung kann durch das verwaltungsgerichtliche Hauptsacheverfahren, bei dem es sich nur noch um eine Fortsetzungsfeststellungsklage handeln kann, nicht rechtzeitig ausgeräumt werden. Bei dieser Sachlage ist den Beschwerdeführern eine Verweisung auf die Durchführung des verwaltungsgerichtlichen Hauptsacheverfahrens nicht zuzumuten.

Die Verfassungsbeschwerde ist jedoch nicht begründet. Die angegriffene Entscheidung des Oberverwaltungsgerichts Berlin läßt keinen verfassungsrechtlich relevanten Fehler zum Nachteil der Beschwerdeführer bei der Tatsachenfeststellung oder der Abwägung erkennen.

Der Verfassungsgerichtshof kann die mit der Verfassungsbeschwerde angegriffenen gerichtlichen Entscheidungen nicht wie ein Rechtsmittelgericht uneingeschränkt überprüfen. Die Gestaltung des Verfahrens, die Feststellung und Würdigung des Tatbestands, die Auslegung des einfachen Rechts und seine Anwendung auf den einzelnen Fall sind grundsätzlich Sache der dafür allgemein zuständigen Fachgerichte. Auch eine nach einfachem Recht objektiv fehlerhafte Entscheidung ist der verfassungsgerichtlichen Überprüfung nur zugänglich, soweit Auslegungsfehler sichtbar werden, die auf einer grundsätzlich unrichtigen Anschauung von der Bedeutung eines Grundrechts, insbeson-

---

* LVerfGE 2, 19, 25 f.

dere vom Umfang seines Schutzbereiches beruhen (vgl. die Beschlüsse VerfGH 53/92* und VerfGH 3/93, jeweils vom 17. Februar 1993). In diesem Rahmen ist es allerdings nicht ausgeschlossen, daß die grundrechtlichen Verbürgungen auch zu Mindesterfordernissen bei der Aufklärung und Feststellung des Sachverhalts führen und daß insoweit eine Rüge im Verfassungsbeschwerdeverfahren erfolgreich sein kann (vgl. den Beschluß vom 2. Dezember 1993 – VerfGH 89/93** –).

Gemessen an diesen Maßstäben hält die Entscheidung des Oberverwaltungsgerichts einer verfassungsgerichtlichen Prüfung stand. Die vom Oberverwaltungsgericht dargelegte Überzeugung, daß die von den Beigeladenen erwirkte behördliche Ausnahmezulassung nach § 8 Abs. 1 LärmVO in dem anhängigen Anfechtungsverfahren mit erheblich überwiegender Wahrscheinlichkeit Bestand haben werde, ist ohne Verkennung des Schutzbereichs des Grundrechts auf körperliche Unversehrtheit gewonnen worden.

Dies gilt zunächst hinsichtlich der vom Oberverwaltungsgericht vorgenommenen Sachverhaltsaufklärung. Soweit sich das Oberverwaltungsgericht bei der Beurteilung der Frage, ob es einen möglichen und zumutbaren anderen Weg zur Erstellung der geplanten Bebauung gebe, der die beanstandeten Geräuschimmissionen vermeiden würde, die fachtechnischen Darlegungen der Beigeladenen zu eigen gemacht und sich auf die gutachterliche Stellungnahme der Amtlichen Materialprüfanstalt für das Bauwesen beim Institut für Baustoffe, Massivbau und Brandschutz der Technischen Universität Braunschweig vom 1. März 1996 gestützt hat, ist dagegen aus der Sicht des Landesverfassungsrechts nichts zu erinnern. Die Beschwerdeführer haben sich nämlich im fachgerichtlichen Verfahren zu diesen Darlegungen und insbesondere zu dem Gutachten nicht in einer Weise eingelassen, daß diese Überzeugungsbildung und die Unterlassung weiterer gerichtlicher Aufklärung als Verfassungsverstoß erscheinen könnten. Auch in der Begründung der Verfassungsbeschwerde wird maßgeblich nicht auf tatsächlich gangbare Alternativen für die Erreichung des konkreten Bauzieles abgestellt, sondern nur generell beanstandet, daß der Grundstückseigentümer bzw. Bauherr sich nicht mit einer den Ausnahmeantrag nach § 8 LärmVO erübrigenden, eventuell das Grundstück in geringerem Maße wirtschaftlich ausnutzenden Planung begnügt habe. Damit wird jedoch kein verfassungsrechtlich relevanter Fehler aufgezeigt.

Angesichts des eingangs dargelegten, nur eingeschränkten verfassungsrechtlichen Prüfungsmaßstabs kommt es auch nicht darauf an, daß das Oberverwaltungsgericht nicht der Frage nachgegangen ist, ob den von ihm angenommenen erheblichen Belastungen der Anwohner durch weitere Nebenbe-

---

* LVerfGE 1, 65, 68.
** LVerfGE 1, 169, 189.

stimmungen gemäß § 8 Abs. 3 LärmVO wie etwa der Auflage, für besonders lärmintensive Bauphasen den Betroffenen das Angebot anderweitiger adäquater Unterbringung zu machen, hätte Rechnung getragen werden können und ob sich die Ausnahmezulassung deshalb als ermessensfehlerhaft darstellt. Denn eine Verkennung des Schutzbereichs des Grundrechts auf körperliche Unversehrtheit ist auch insoweit nicht anzunehmen.

Auch die Abwägung der widerstreitenden Interessen für eine Vorrangentscheidung nach § 8 Abs. 1 LärmVO sowie die zusätzliche Würdigung, daß im Rahmen des vorläufigen Verfahrens nach § 80 Abs. 5 VwGO trotz des mit Zeitablauf hier drohenden endgültigen Rechtsverlustes die Belange der Beschwerdeführer zurücktreten müssen, lassen ebenfalls keinen Verfassungsverstoß erkennen. Entgegen der Auffassung der Beschwerdeführer kann nicht von Verfassungs wegen der Grundsatz statuiert werden, daß bei einer Kollision zwischen Lärmschutzinteressen einerseits und Berufs- und Eigentümerinteressen andererseits jedenfalls für das Verfahren vorläufigen Rechtsschutzes generell nur zugunsten der ersteren entschieden werden dürfe. Die Ausführung der angegriffenen Entscheidung ergeben keinen Anhalt dafür, daß sich das Oberverwaltungsgericht der insoweit auch im einfachen Recht manifestierten und bei der Abwägung zu beachtenden grundrechtlichen Belange nicht bewußt war. Es hat insbesondere darauf abgestellt, daß die für die Beschwerdeführer geschaffenen Belastungen und Risiken gerade durch die zahlreichen Einschränkungen und Auflagen des Ausnahmebescheids vom 4. März 1996 so weit gemildert seien, daß den Beschwerdeführern die sofortige Hinnahme zumutbar sei.

Mit der Zurückweisung der Verfassungsbeschwerden ist der Antrag auf Erlaß einer einstweiligen Anordnung gegenstandslos.

Die Entscheidung über die Kosten beruht auf den §§ 33, 34 VerfGHG. Dieser Beschluß ist unanfechtbar.

Nr. 8

1. § 49 Abs. 1 VerfGHG verlangt als Voraussetzung für die Zulässigkeit der Verfassungsbeschwerde vom Beschwerdeführer die Angabe desjenigen, dem die ihn verletzende Maßnahme zuzurechnen ist („Berliner öffentliche Gewalt"), und verlangt überdies die Angabe, daß der Beschwerdeführer diese Maßnahme auf der Grundlage eines in der Berliner Verfassung enthaltenen Rechts („Berliner Rechts") beurteilt wissen möchte. Fehlt es an einer ausdrücklichen Angabe in der einen oder anderen Rich-

tung, ist durch Auslegung zu ermitteln, ob dem Vorbringen des Beschwerdeführers entsprechende Angaben zu entnehmen sind.

2. Im Rahmen dieser Auslegung ist berücksichtigungsfähig lediglich das Vorbringen, das innerhalb der nach § 51 VerfGHG einschlägigen Frist beim Verfassungsgerichtshof eingegangen ist.

Gesetz über den Verfassungsgerichtshof §§ 49 Abs. 1, 51

Beschluß vom 25. April 1996 – VerfGH 21/95 –

In dem Verfahren über die Verfassungsbeschwerde der Frau L. B. gegen das Urteil des Landgerichts Berlin vom 25. November 1994 – 65 S 192/94 –

Beteiligte gemäß § 53 Abs. 2 VerfGHG: Frau B. G.

Entscheidungsformel:

Die Verfassungsbeschwerde wird zurückgewiesen.
Das Verfahren ist gerichtskostenfrei.
Auslagen werden nicht erstattet.

Gründe:

I.

Die Beschwerdeführerin ist Eigentümerin einer Dachgeschoß-Mietwohnung. Im Ausgangsverfahren stritten sie als Vermieterin dieser Wohnung und die Mieterin als Klägerin um die vertragsgemäße Erfüllung des Mietvertrags hinsichtlich der Beheizbarkeit der Wohnung. Die Mieterin begehrte die Verurteilung der Beschwerdeführerin, die Mietsache dergestalt in einen zum vertragsgemäßen Gebrauch geeigneten Zustand zu versetzen, daß eine Beheizbarkeit in den Wohnräumen von 21 °C, in der Küche und im Schlafzimmer von 18 °C, im Bad von 23 °C und in der Diele von 15 °C gewährleistet sei.

Durch Urteil vom 16. Juni 1994 hat das Amtsgericht Charlottenburg die Klage im wesentlichen mit der Begründung abgewiesen, in § 5 des Mietvertrags sei eine von den DIN-Werten abweichende Vereinbarung über die Heizpflicht dahingehend getroffen worden, daß eine Temperatur von mindestens 18 °C in der Zeit von 8.00 Uhr bis 21.00 Uhr als vertragsgemäße Erfüllung gelte. Nachdem das Mietverhältnis während des von der Klägerin angestrengten Berufungsverfahrens beendet worden war, hat das Landgericht im Urteil vom 25. November 1994 unter Zurückweisung der Berufung im übrigen festgestellt, daß der Rechtsstreit in der Hauptsache erledigt sei, soweit die Klägerin gefordert habe, die Mieträume dergestalt in einen zum vertragsgemäßen Gebrauch geeigneten Zustand zu versetzen, daß zu den mietvertraglich vereinbarten Zeiten eine Beheizbarkeit der Räume bei Temperaturen in den Wohnräumen von 20 °C, in der Küche von 18 °C, im Schlafzimmer von 17 °C und im Bad von 23 °C gewährleistet sei. Neun Zehntel der Kosten des Verfahrens hat das Landgericht der Beschwerdeführerin mit der Begründung auferlegt, die Klägerin habe bis zur Beendigung des Mietverhältnisses einen Anspruch gegen die Beschwerdeführerin gehabt, daß diese in den durch den Mietvertrag gemieteten Wohnräumen in den vereinbarten Zeiträumen eine Temperatur von 20 °C gewährleiste. Daß die Beschwerdeführerin diesen Anspruch nicht erfüllt habe, stehe aufgrund des substantiierten Vortrags der Mieterin und aufgrund des Gutachtens des Sachverständigen vom 13. Dezember 1993 fest.

Mit ihrer Verfassungsbeschwerde rügt die Beschwerdeführerin eine Verletzung ihrer Rechte aus Art. 103 Abs. 1 GG. Sie macht geltend, das Landgericht habe eine Überraschungsentscheidung gefällt. Es habe die anerkannten Regeln eines fairen Prozeßverfahrens, die Beweislastregeln und vor allem ihren – der Beschwerdeführerin – Anspruch auf rechtliches Gehör verletzt.

II.

Die Verfassungsbeschwerde ist unzulässig. Sie genügt nicht den Anforderungen des § 49 Abs. 1 VerfGHG.

Gemäß § 49 Abs. 1 VerfGHG kann jedermann „mit der Behauptung, durch die öffentliche Gewalt des Landes Berlin in einem seiner in der Verfassung von Berlin enthaltenen Rechte" verletzt zu sein, Verfassungsbeschwerde zum Verfassungsgerichtshof erheben, soweit nicht Verfassungsbeschwerde zum Bundesverfassungsgericht erhoben ist oder wird. Voraussetzung für die Zulässigkeit einer Verfassungsbeschwerde zum Verfassungsgerichtshof ist daher, daß – alles andere vernachlässigt – der Beschwerdeführer geltend macht, – erstens – durch eine der öffentlichen Gewalt des Landes Berlin und nicht etwa derjenigen des Bundes zuzurechnende Maßnahme (vgl. in diesem Zusammenhang z. B. Beschluß vom 16. Dezember 1993 – VerfGH 86/93 –) in – zweitens – einem gerade durch die Verfassung von Berlin und nicht etwa durch das Grundgesetz oder die Verfassung eines anderen Bundeslandes (auch) zu seinen Gunsten verbürgten Rechts verletzt zu sein (vgl. u. a. Beschluß vom 3. September 1992 – VerfGH 34/92 –).

An einer Behauptung der letzteren Art fehlt es im vorliegenden Fall. Insoweit ist die Entscheidung mit fünf zu vier Stimmen ergangen.

Die Zulässigkeit einer Verfassungsbeschwerde ist unter dem hier behandelten Blickwinkel abhängig davon, daß der Beschwerdeführer vorträgt, durch die „Berliner öffentliche Gewalt" in einem sozusagen „Berliner Recht" verletzt zu sein; er muß rügen, die von ihm mit der Verfassungsbeschwerde angegriffene Maßnahme der „Berliner öffentlichen Gewalt" beruhe auf der Verletzung gerade eines „Berliner Rechts". § 49 Abs. 1 VerfGHG verlangt von dem Beschwerdeführer – mit anderen Worten – die Angabe desjenigen, dem die verletzende Maßnahme zuzurechnen ist („Berliner öffentliche Gewalt"), und er verlangt überdies die Angabe des Prüfungsmaßstabs, der der Annahme des Beschwerdeführers zugrundeliegt, die von ihm beanstandete Maßnahme verletze ein subjektives Recht, und an dem nunmehr die Richtigkeit dieser Annahme gemessen werden soll, d. h. die Angabe des Maßstabs, auf dessen Grundlage der Beschwerdeführer die von ihm beanstandete Maßnahme beurteilt wissen möchte.

In den Fällen, in denen der Beschwerdeführer nicht rügt, durch eine Maßnahme der „Berliner öffentlichen Gewalt" werde ein subjektives „Berliner Recht" verletzt, ist sein Vorbringen sowohl mit Blick auf die „Berliner öffentliche Gewalt" als auch mit Blick auf die Behauptung der Verletzung eines „Berliner Rechts", d. h. des begehrten Prüfungsmaßstabs, auszulegen. In diesem Rahmen ist hinsichtlich des Prüfungsmaßstabs bei einer aus Berlin stammenden, an den Verfassungsgerichtshof des Landes Berlin gerichteten Verfassungsbeschwerde jedenfalls dann grundsätzlich davon auszugehen, daß die Überprüfung einer Maßnahme nach Maßgabe eines „Berliner Rechts" gewünscht ist, wenn die Verletzung von Grundrechten in Rede steht, die inhaltsgleich vom Grundgesetz und von der Verfassung von Berlin verbürgt werden (vgl. in diesem Zusammenhang Beschluß vom 21. Juni 1995 – VerfGH 73/94[*] – JR 1995, 497; im Ergebnis ähnlich auch Bayerischer Verfassungsgerichtshof, Entscheidungen vom 26. Januar 1990 – Vf. 30–VI–89 – VerfGH 43, 12, 15). Jedoch ist diese Vermutung widerlegt, wenn der Vortrag des Beschwerdeführers ausdrücklich einzig auf die Verletzung einer Bestimmung des Grundgesetzes abstellt. Bei der somit von Fall zu Fall erforderlichen Auslegung ist berücksichtigungsfähig nur das Vorbringen, das innerhalb der jeweils für die Verfassungsbeschwerde nach Maßgabe des § 51 VerfGHG einschlägigen Frist beim Verfassungsgerichtshof eingegangen ist: Eine Verfassungsbeschwerde kann gemäß § 51 VerfGHG nur innerhalb bestimmter Fristen „erhoben" werden. Zur Erhebung gehören die von § 49 Abs. 1 VerfGHG verlangte Behauptung und die von § 50 VerfGHG geforderte Begründung; beides muß also innerhalb der Frist vorliegen. Die Behauptung, durch die „Berliner öffentliche Gewalt" in einem „Berliner Recht" verletzt zu sein, zählt ebenso wie die Begründung zu den Mindesterfordernissen einer Verfassungsbeschwerde und kann daher nur innerhalb der für die Erhebung der Verfassungsbeschwerde gegebenen Frist nachgeholt werden (vgl. in diesem Zusammenhang zum

---

[*] LVerfGE 3, 38, 40 f.

Bundesrecht schon BVerfG, Beschluß vom 12. April 1956 – 1 BvR 461/55 – BVerfGE 5, 1). Zu dieser Frage ist die Entscheidung mit sieben zu zwei Stimmen ergangen.

Im vorliegenden Fall hat die Beschwerdeführerin in dem – ihrer Beschwerdebegründung vorangestellten sozusagen – „Tenor" ihrer Beschwerdeschrift hervorgehoben: „Gerügt wird eine Verletzung der Rechte der Beschwerdeführerin aus Art. 103 Abs. 1 GG" (Beschwerdeschrift S. 2). Am Schluß ihrer Beschwerdeschrift macht die Beschwerdeführerin ihr Begehren hinsichtlich des anzuwendenden Prüfungsmaßstabs nochmals deutlich: „Das angefochtene Urteil beruht auf dem Verstoß gegen Art. 103 Abs. 1 GG" und deshalb ist „die Beschwerde ... begründet" (Beschwerdeschrift S. 103). Selbst im Rahmen ihrer Begründung stellt die Beschwerdeführerin ausschließlich auf das Grundgesetz ab: „Art. 103 Abs. 1 GG gibt den Prozeßbeteiligten ein Recht darauf, sich zu dem der gerichtlichen Entscheidung zugrundeliegenden Sachverhalt vor Erlaß der Entscheidung zu äußern" (Beschwerdeschrift S. 6). Ihre Begründung gleichsam zusammenfassend führt die Beschwerdeführerin aus, das Landgericht habe die von ihr beanstandete Feststellung „in dem angefochtenen Urteil nur unter Verletzung der Rechte der Beschwerdeführerin aus Art. 103 Abs. 1 GG" treffen können (Beschwerdeschrift S. 13).

Vor diesem Hintergrund ist schon fraglich, ob nicht anzunehmen ist, das Vorbringen der Beschwerdeführerin sei wegen seiner Eindeutigkeit nicht auslegungsfähig, die Beschwerdeführerin habe im Sinne des § 49 Abs. 1 VerfGHG nicht die Verletzung eines „Berliner Rechts", sondern ausschließlich die Verletzung eines Bundesgrundrechts behauptet. Doch mag das auf sich beruhen. Zwar wird das Grundrecht auf rechtliches Gehör auch in der für die Beurteilung des vorliegenden Falles noch maßgebenden Fassung der Verfassung von Berlin vom 1. September 1950 (VOBl. S. 433), zuletzt geändert durch Gesetz vom 8. Juni 1995 (GVBl. S. 339), gewährleistet; es ist mit dem in Art. 103 Abs. 1 GG verbürgten Grundrecht inhaltsgleich (vgl. Beschluß vom 15. Juni 1993 – VerfGH 18/92* – JR 1993, 519). Jedoch ist der von einem Rechtsanwalt eingereichten Beschwerdeschrift nicht ein einziger Hinweis zu entnehmen, der auf die Behauptung der Verletzung gerade eines „Berliner Rechts" schließen lassen könnte. Es wird an keiner Stelle in der Beschwerdeschrift die Berliner Verfassung auch nur erwähnt; es läßt sich nicht der geringste Anhaltspunkt dafür finden, daß die Beschwerdeführerin die Berliner Verfassung in irgendeiner Weise in ihre Erwägungen einbezogen haben könnte. Angesichts dessen fehlt es hier an jeglichen Umständen, die die Annahme stützen könnten, die Beschwerdeführerin habe – wie es § 49 Abs. 1 VerfGHG für die Zulässigkeit einer Verfassungsbeschwerde voraussetzt – behauptet, gerade

* LVerfGE 1, 81.

oder zumindest auch in einem „von der Verfassung von Berlin" enthaltenen Recht verletzt zu sein.

Im übrigen – und darauf sei ergänzend hingewiesen – hätte die Verfassungsbeschwerde auch in der Sache keinen Erfolg haben können. Dabei kommt es nicht darauf an, ob die Ausführungen des Landgerichts und seine aus den Akten ersichtliche Verfahrensgestaltung mehr oder weniger zu überzeugen vermögen. Denn der Verfassungsgerichtshof ist in seiner Prüfungsbefugnis begrenzt auf verfassungsrechtlich relevante Rechtsverstöße; die Auslegung des einfachen Rechts und seine Anwendung auf den Einzelfall sind grundsätzlich der Nachprüfung durch den Verfassungsgerichtshof entzogen. Rechtsfehler, die auf einer grundsätzlich unrichtigen und deshalb verfassungsrechtlich nicht hinnehmbaren Anschauung von der Bedeutung des Grundrechts auf rechtliches Gehör, insbesondere vom Umfang seines Schutzbereichs beruhen (s. hierzu etwa Beschluß vom 17. Februar 1993 – VerfGH 3/93 –), sind nicht ersichtlich.

Die Kostenentscheidung folgt aus §§ 33 f. VerfGHG.

Dieser Beschluß ist unanfechtbar.

Sondervotum der Richterinnen Arendt-Rojahn und Citron-Piorkowski sowie der Richter Dittrich und Eschen

Wir halten die Verfassungsbeschwerde für zulässig. Nach unserer Auffassung ist dem Vorbringen der Beschwerdeführerin mit hinreichender Deutlichkeit zu entnehmen, daß sie mit der Rüge der Verletzung des rechtlichen Gehörs die Verletzung eines zu ihren Gunsten in der Verfassung von Berlin verbürgten Rechts geltend macht.

Zutreffend meint zwar auch die Mehrheit der Verfassungsrichter, hinsichtlich des Prüfungsmaßstabs sei bei einer aus Berlin stammenden, an den Verfassungsgerichtshof des Landes Berlin gerichteten Verfassungsbeschwerde jedenfalls dann grundsätzlich davon auszugehen, daß die Überprüfung einer Maßnahme nach Maßgabe eines „Berliner Rechts" gewünscht sein, wenn die Verletzung von Grundrechten in Rede stehe, die inhaltsgleich vom Grundgesetz und von der Verfassung von Berlin verbürgt werden. Zu Unrecht hält die Mehrheit jedoch diese „Vermutung" für „widerlegt, wenn der Vortrag des Beschwerdeführers ausdrücklich einzig auf die Verletzung einer Bestimmung des Grundgesetzes abstellt." Abgesehen davon, daß die Beschwerdeführerin im vorliegenden Fall mehrfach ausdrücklich von ihrem „Recht auf rechtliches Gehör" spricht, ist gerade wegen der Identität des geschützten Rechts – hier des Rechts auf rechtliches Gehör in Artikel 103 Abs. 1 GG einerseits und Artikel 62 VvB a. F. andererseits (vgl. Beschluß vom 15. Juni 1993 – VerfGH

18.92* – JR 1993, 519) – der Vorwurf der Angabe eines falschen Prüfungsmaßstabes nicht haltbar.

Der Verfassungsgerichtshof hat in seiner grundlegenden – ersten – Entscheidung betreffend seine Befugnis, zu überprüfen, ob die Gerichte des Landes Berlin bei der Anwendung von Bundesrecht die Grundrechte der Verfassung von Berlin beachtet haben (Beschluß vom 23. Dezember 1992 – VerfGH 38.92** – NJW 1993, 513 [514, r. Sp.], s. Zitat bezüglich des Grundrechts der Freiheit der Person), ausgeführt: „Die landesrechtliche Norm bildet dabei den (einzigen) Maßstab für die Beurteilung durch den Verfassungsgerichtshof, doch hat er die Vereinbarkeit der gerichtlichen Entscheidungen auch mit Artikel 2 Abs. 2 Satz 2 GG als Vorfrage zu prüfen (vgl. *von Olshausen*, Landesverfassungsbeschwerde und Bundesrecht, 1980, S. 241; s. auch *Zuck*, Das Recht der Verfassungsbeschwerde, 2. Auflage, 1988, Rdn. 229, sowie *Schmitt Glaeser/Horn* in BayVBl. 1992, 673, 685). Die Annahme eines Verstoßes gegen Artikel 2 Abs. 2 Satz 2 GG würde die Annahme eines Verstoßes auch gegen Artikel 9 Abs. 1 VvB implizieren, da hier nach dem materiellen Gehalt ein und dasselbe Grundrecht vorliegt (vgl. BVerfGE 22, 267, 271)." In der damit in Bezug genommenen Entscheidung des Bundesverfassungsgerichts heißt es wörtlich – übrigens gerade zum Grundrecht auf rechtliches Gehör –: „Die Grundrechtsvorschriften des Grundgesetzes und die gemäß Artikel 142 GG in Kraft gebliebenen Bestimmungen der Landesverfassungen schützen je nur ein und dasselbe Grundrecht ... Man muß nämlich unterscheiden zwischen dem materiellen Gehalt eines Grundrechts und der Möglichkeit seiner mehrfachen Garantie ...".

Vor dem Hintergrund dieser Rechtsprechung des Verfassungsgerichtshofs ist anzunehmen, daß die Angabe des Grundgesetzartikels nur eine verkürzte Darstellung des begehrten Prüfungsvorgangs bedeutet. Das liegt um so näher, als der Verfassungsgerichtshof ohnehin zunächst die Vereinbarkeit der gerichtlichen Entscheidung mit der Norm des Grundgesetzes – hier Artikel 103 Abs. 1 GG – als „Vorfrage" zu prüfen hat und bei der Bejahung dieser Frage ein Verstoß gegen Artikel 62 VvB a. F. „impliziert" wäre (vgl. VerfGH 38.92, aaO), ein weiterer – selbständiger – Prüfungsvorgang also nicht hinzukäme. Die eng am Wortlaut des Beschwerdevorbringens haftende Auslegung seitens der Mehrheit der Verfassungsrichter widerspricht demgegenüber dem für Willenserklärungen jeder Art einschließlich Prozeßhandlungen geltenden Grundsatz des § 133 BGB, wonach „bei der Auslegung einer Willenserklärung ... der wirkliche Wille zu erforschen und nicht an dem buchstäblichen Sinne des Ausdrucks zu haften" ist.

---

* LVerfGE 1, 81.
** LVerfGE 1, 44, 51.

Das Zitieren nur der Bestimmung des Grundgesetzes kann deshalb nach unserer Auffassung nicht dazu führen, die – auch von der Mehrheit geteilte – Vermutung zu entkräften, daß eine an den Verfassungsgerichtshof des Landes Berlin gerichtete Verfassungsbeschwerde gegen die Entscheidung eines Berliner Gerichts bei einem inhaltsgleich vom Grundgesetz und von der Verfassung von Berlin verbürgten Grundrecht die Rüge des betreffenden „Berliner Rechts" bedeutet (vgl. in diesem Zusammenhang auch die Entscheidung des Bayerischen Verfassungsgerichtshofs vom 17. Juni 1994 – Vs 92-VI-93 – Umdruck S. 9).

Der hier – von der Minderheit der Verfassungsrichter – vertretenen Auslegung des Beschwerdevorbringens steht nicht etwa entgegen, daß es an einer Angabe des Artikel 62 VvB a. F. fehlt. Auch die Mehrheit der Verfassungsrichter stützt die Entscheidung nicht auf eine Verletzung des in § 50 VerfGHG enthaltenen „Bezeichnungsgebots": Für dessen Erfüllung genügt es – ebenso wie für § 92 BVerfGG –, wenn ein Beschwerdeführer den Inhalt des vermeintlich verletzten Grundrechts umschreibt (BVerfGE 79, 174, 201) oder der von ihm vorgetragene Sachverhalt nur als auf ein bestimmtes Grundrecht zielend verstanden werden kann; eine ausdrückliche Benennung des als verletzt gerügten Grundrechtsartikels ist nicht erforderlich (vgl. BVerfGE 85, 214, 217; 47, 182, 187; s. auch VerfGH Berlin, Beschluß vom 19. Oktober 1995 – VerfGH 23.95[*] – GE 1995, S. 1772, 1773 linke Spalte). Wenn jedoch im Rahmen des „Bezeichnungsgebots" des § 50 VerfGHG, mit dem an das in § 49 Abs. 1 VerfGHG geforderte Behaupten einer Grundrechtsverletzung angeknüpft wird, die Bezugnahme auf die maßgebliche Bestimmung der Verfassung von Berlin entbehrlich ist, kann dieselbe Unterlassung denknotwendig keinen Verstoß im Rahmen von § 49 Abs. 1 VerfGHG bedeuten. Da nach Auffassung der dissentierenden Richter die erwähnte Vermutung, daß die Überprüfung nach Maßgabe der Verfassung von Berlin begehrt wird, nicht durch die mehrfache Angabe des materiell einschlägigen Grundgesetzartikels widerlegt wird, bedarf es auch keiner Bestätigung der Vermutung durch eine – von der Mehrheit der Verfassungsrichter in der Beschwerdeschrift vermißte – Erwähnung der Verfassung von Berlin.

---

[*] LVerfGE 3, 99, 102.

Nr. 9

Überprüfung einer zivilrechtlichen Entscheidung am Maßstab des Grundrechts auf rechtliches Gehör und des Willkürverbots.

Verfassung von Berlin 1950 Art. 6 Abs. 1, 62

Beschluß vom 25. April 1996 – VerfGH 69, 69 A/95 –

In dem Verfahren über die Verfassungsbeschwerde der Frau B. T. gegen das Urteil des Landgerichts Berlin vom 12. Juni 1995 – 61 S 165/94 –

Beteiligter gemäß § 53 Abs. 2 VerfGHG: Herr E. W.

Entscheidungsformel:

Die Verfassungsbeschwerde wird zurückgewiesen.
Damit erledigt sich zugleich der Antrag auf Erlaß einer einstweiligen Anordnung.
Das Verfahren ist gerichtskostenfrei.
Auslagen werden nicht erstattet.

Gründe:

I.

Mit ihrer am 28. September 1995 bei dem Verfassungsgerichtshof eingegangenen Verfassungsbeschwerde wendet sich die Beschwerdeführerin gegen die Entscheidung des Landgerichts Berlin vom 12. Juni 1995 – 61 S 165/94 –, mit der sie verurteilt wurde, dem Beteiligten Schadensersatz zu leisten bzw. ihn von ihm gegenüber erhobenen Forderungen Dritter freizustellen.

Die Beschwerdeführerin ist Mieterin einer Wohnung in Berlin-Charlottenburg. Zu dem Wohnhaus gehört ein ca. 160 qm großer Vorgarten. Im Rahmen eines von Berliner Behörden geförderten Programms zur Wiederherstellung von Vorgärten nach historischem Vorbild entschloß sich der Beteiligte, der Eigentümer des Hauses ist, im Jahre 1992 zu einer Neugestaltung des Vorgartens und beauftragte die Architekten G. und D. mit der Planung. Danach erteilte er der Garten- und Landschaftsbaufirma M. den Auftrag zur Durchführung der erforderlichen Arbeiten, die in den Jahren 1992 und 1993 durchgeführt wurden. Der Beteiligte zahlte einen Teil der anfallenden Kosten und erhielt im übrigen einen staatlichen Zuschuß. Die Beschwerdeführerin und andere Mieter des Wohnhauses hatten sich zuvor gegenüber dem Vermieter und auch gegenüber Behörden gegen die Umgestaltung des Vorgartens, insbesondere gegen die Rodung eines Baumes, ausgesprochen.

Mit Schreiben vom 4. Mai 1993 teilte die Firma M. dem Beteiligten mit, sie sehe sich zu einer ordnungsgemäßen Fertigstellungspflege nicht mehr in der Lage, nachdem eine Mieterin sämtliche Gehölz- und Wegeflächen (Quarzkies) mit Grassamen eingesät und dieses vor drei Zeugen eingestanden habe; man sei nicht bereit, den ca. 8 cm hohen Rasen ohne zusätzliche Bezahlung zu entfernen. Mit Schreiben vom 23. Juni 1993 stellte die Firma M. dem Beteiligten für die „Beseitigung von Rasenansaat durch Mieter" einen Betrag in Höhe von 5 922,58 DM in Rechnung.

Nachdem die Beschwerdeführerin vorprozessual das Aussäen von Grassamen abgestritten und eine Begleichung des vom Eigentümer geltend gemachten Betrages abgelehnt hatte, erhob der Beteiligte Klage. Er machte den Rechnungsbetrag der Firma M. als Schadensersatzanspruch aus Verletzung einer Nebenpflicht des Mietvertrages sowie aus unerlaubter Handlung geltend und erweiterte später die Klage um 2 443,76 DM, weil die Architekten G. und D. 25 aufgewandte Stunden für Baubetreuung infolge Beschädigung des Vorgartens berechnet hätten. Der Beteiligte behauptete, die Beschwerdeführerin habe am 28. April 1983 gegenüber drei Mitarbeitern der Firma M. zugegeben, den Grassamen ausgesät zu haben.

Der Beteiligte als Kläger des Ausgangsverfahrens verkündete der Firma M. und den Architekten G. und D. den Streit, ohne daß diese beitraten.

Die Beschwerdeführerin bestritt weiterhin, im Vorgarten des Mietshauses Rasen oder anderen Samen gesät zu haben. Äußerungen der behaupteten Art habe sie gegenüber den Gartenarbeitern nicht getan. Vielmehr sei davon auszugehen, daß der von der Firma M. ausgebrachte Humusboden Samen jeder Art enthalten habe bzw. daß dieser auf natürliche Art in den Vorgarten gelangt sei.

Das Amtsgericht Charlottenburg wies die Klage mit Urteil vom 2. März 1994 nach Beweisaufnahme ab. Die durchgeführte Beweisaufnahme habe keine Klarheit im Sinne der klägerischen Behauptung erbracht. Zwar hätten die Zeugen G. und M. geschildert, sinngemäß die vom Kläger behauptete Äußerung gehört zu haben. Diese Aussagen wiesen jedoch hinsichtlich ihres Inhalts deutliche Unterschiede auf, die Zweifel an der Wahrnehmung des Zeugen hätten entstehen lassen. Dies gelte hinsichtlich der Wiedergabe der angeblichen Äußerung der Beschwerdeführerin, die nach dem Zeugen G. gesagt habe, sie habe das Gras gesät, aber nach dem Zeugen M. erklärt habe, sie habe den Grassamen „reingeschmissen". Der Unterschied trete um so mehr hervor, als der Zeuge M. sich genau an diese Äußerung, aber keine weiteren erinnern konnte, während der Zeuge G. erklärt habe, die Beklagte habe ihre Äußerung wiederholt, was im Hinblick auf die örtlichen Verhältnisse und die Nähe der beieinanderstehenden Personen dem Zeugen M. nicht hätte verborgen bleiben können. Hinzu komme, daß der Zeuge St. (ein Mitbewohner des Hauses), der ersichtlich diese Auseinandersetzung ganz oder großenteils von dem Gehweg aus mitangehört habe, die behauptete Äußerung der Beklagten nicht habe wahrnehmen können. Der Zeuge St. habe mitangehört, wie die Beklagte beim Weggehen gesagt habe, daß „sich" das Gras immer wieder aussäen würde. Es sei unter diesen Umständen nicht auszuschließen, daß die anderen Zeugen diese Bemerkung in dem Sinne mißverstanden hätten, daß „sie" das Gras immer wieder aussäen würde.

Der Beteiligte legte gegen dieses Urteil im Mai 1994 Berufung ein. Mit Schriftsatz vom 11. Januar 1995 benannte er den Zeugen B. als zusätzlichen Zeugen mit der Begründung, er habe erst jetzt durch Zufall ermittelt, daß dieser Zeuge den Vorgang persönlich miterlebt habe. Im Laufe des Berufungsverfahrens wurde außerdem die ladungsfähige Anschrift der Zeugin W. bekannt, die bislang aufgrund eines längeren Aufenthalts in Neuseeland als unauffindbar galt. Nach Vernehmung der Zeugen B., St. und W. gab das Landgericht Berlin durch Urteil vom 12. Juni 1995 der Berufung im wesentlichen statt und verurteilte die Beschwerdeführerin, an den Kläger 5 922,58 DM nebst 12 % Zinsen seit dem 27. Juli 1993 zu zahlen sowie den Kläger durch Zahlung weiterer 879,75 DM an die Architekten G. und D. freizustellen; die weitergehende Berufung wurde zurückgewiesen. In dem Urteil hat das Gericht dargelegt, es sei nach dem Ergebnis der Beweisaufnahme davon überzeugt, daß die Beschwerdeführerin gegenüber den Beschäftigten der Firma M. erklärt habe, sie habe den Rasen ausgesät, den diese später entfernt hätten. Eine solche ernsthafte Selbstbezichtigung stelle ein hinreichendes Indiz dafür dar, daß die Beklagte die behauptete Handlung tatsächlich vorgenommen habe. Entgegen der Beweiswürdigung des Amtsgerichts sei die Kammer davon überzeugt, daß die Beklagte am 26. April 1993 gegenüber der Zeugin W. in Anwesenheit der Zeugen G., M. und B. erklärt habe, sie habe in dem Vorgarten des Klägers Gras ausgesät. Denn es gebe keine Anhaltspunkte dafür, daß die Zeugen G., M. und B., die sich an eine solche Äußerung der Beklagten inhaltlich eindeutig erinnert hätten, sich in diesem Punkt irrten oder bewußt die Unwahrheit sagten. Aus den geringen Unterschieden in der Wortwahl sei nicht auf eine lückenhafte Wahrnehmung zu schließen, denn es entspreche den Erfahrungssätzen, daß Zeugen sich nicht an den genauen Wortlaut, sondern hauptsächlich an den ihnen wesentlich erscheinenden Inhalt von Gehörtem erinnerten, den sie mit eigenen Worten wiedergäben. Es sei auch auszuschließen, daß die drei Zeugen nur eine anderslautende Äußerung der Beklagten, nämlich daß *„sich"* das Gras immer wieder aussäen werde, akustisch falsch verstanden hätten. Denn nach den Aussagen aller Zeugen habe sich das Gespräch nicht in dieser einzigen Äußerung erschöpft. Die Aussagen der von der Beschwerdeführerin benannten

Gegenzeugen stünden dem vorgenannten Beweisergebnis nicht entgegen. Die Zeugin W. habe an den die Beweisfrage betreffenden Inhalt des Gesprächs keine Erinnerung gehabt. Der Zeuge St. habe zwar nur gehört, daß die Beklagte gesagt habe, das Gras werde sich immer wieder aussäen, jedoch habe er nicht ausschließen können, daß er das Gespräch nicht von Anfang an mitgehört habe.

Gegen das am 1. August 1995 zugestellte Urteil des Landgerichts wendet sich die Beschwerdeführerin mit ihrer am 20. September 1995 beim Verfassungsgerichtshof eingegangenen Verfassungsbeschwerde und einem Antrag auf Erlaß einer einstweiligen Anordnung auf vorläufige Einstellung der Vollstreckung aus dem Urteil. Sie rügt grob willkürliche Verstöße des Landgerichts gegen Verfahrensgrundsätze und eine Verletzung des Anspruchs auf rechtliches Gehör. Im einzelnen macht sie geltend: Es sei fehlerhaft, daß das Landgericht entgegen der Beweiswürdigung des Amtsgerichts den Zeugen G. und M. Glauben geschenkt habe, ohne diese Zeugen „erneut" zu vernehmen. Nach ständiger Rechtsprechung des Bundesgerichtshofs und nach der Literatur müsse die Wiederholung der Vernehmung von Zeugen bei abweichender Würdigung der Zeugenaussagen durch das zweitinstanzliche Gericht angeordnet werden. Die abweichende Beweiswürdigung habe der Richter in der mündlichen Verhandlung nicht erkennen lassen, so daß sie – die Beschwerdeführerin – und ihr Prozeßbevollmächtigter darauf vertraut hätten, das Berufungsgericht werde nicht von der Würdigung des Amtsgerichts abweichen.

Zur Vernehmung des erst in zweiter Instanz aufgebotenen Zeugen B. rügt die Beschwerdeführerin, daß das Gericht zu dessen „zufälligem Auffinden" keine Fragen gestellt und es vor der Vernehmung des Zeugen unterlassen habe, diesen nach seinem Verwandtschaftsverhältnis zu dem Streitverkündeten zu befragen. Dann nämlich hätte sich – was ihr seinerzeit nicht bekannt gewesen sei – herausgestellt, daß der Zeuge nicht nur der Stief-(Adoptiv-)Sohn des Inhabers der Firma M. sei, sondern auch schon damals die Funktion eines Juniorchefs der Firma wahrgenommen habe. Hinsichtlich der Zeugin W. trägt die Beschwerdeführerin vor, die Wohnanschrift dieser Zeugin sei der Firma M. stets bekannt gewesen. Es habe die Kammer nicht verwundert, daß erst eine EMA-Anfrage durch sie, die Beschwerdeführerin, dazu geführt habe, daß die Anschrift auch gerichtsbekannt geworden sei. Die Zeugin W. habe bei ihrer Vernehmung zwar erklärt, sie habe an das genaue Gespräch keine Erinnerung, aber auch geäußert: „Indem ich mich nicht erinnere, spricht es doch dafür, daß sie es nicht gesagt hat". Diese Aussage sei nicht in das Protokoll aufgenommen worden.

Die Aussage des Zeugen St. sei falsch wiedergegeben worden. Eine Aussage des Inhalts, er könne nicht ausschließen, daß er das Gespräch nicht von Anfang an angehört habe, habe er nicht gemacht.

Eine Verletzung ihres Anspruchs auf rechtliches Gehör sieht die Beschwerdeführerin weiter darin, daß sich das Gericht nicht mit dem wiederholt gestellten Antrag auseinandergesetzt habe, den Humus von einem neutralen Sachverständigen begutachten zu lassen und Vergleiche mit dem Zustand eines in der Nähe gelegenen Gartens anzustellen, der zeitgleich von der Firma M. unter gleichen Bedingungen angelegt worden sei. Das Gericht habe sich geweigert, Lichtbilder, die den derzeitigen Zustand des Vorgartens zeigten, in Augenschein zu nehmen und sie mit solchen von der Firma M. angelegter Vorgärten zu vergleichen. Weiter wendet sich die Beschwerdeführerin dagegen, daß die Kammer neun Stunden Architektenleistung als schlüssig vorgetragen und als bewiesen angesehen habe. Schließlich habe das Gericht das Urteil unzureichend begründet. Es sei willkürlich und floskelhaft von einem falschen Sachverhalt ausgegangen. Das Willkürurteil ziehe existenzvernichtende Folgen für sie nach sich. Der Vermieter habe unter Berufung auf das Urteil das seit 23 Jahren bestehende Mietverhältnis gekündigt. Mit Schriftsatz vom 14. September 1995 mache er nunmehr, nachdem er den Garten vollständig habe verwahrlosen lassen, zusätzliche Schadensersatzansprüche in Höhe von ca. 30 000 DM geltend, bemerkenswerterweise mit Hilfe eines Kostenvoranschlages des Zeugen B., der in der Berufungsinstanz als Zeuge „durch Zufall" vom Kläger und vom Streitverkündeten M. habe ermittelt werden können, Stiefsohn des Streitverkündeten M. sei und seit Juli 1993 die Firma seines Vaters übernommen habe.

Der Beteiligte hat sich mit Schriftsatz vom 23. Oktober 1995 bereit erklärt, bis zu einer Entscheidung des Verfassungsgerichtshofs in der Hauptsache von der Vollstreckung aus dem landgerichtlichen Urteil abzusehen.

II.

Die Verfassungsbeschwerde ist zulässig. An der Überprüfung der Einhaltung der hier als verletzt gerügten Grundrechte auf rechtliches Gehör und auf Gleichbehandlung bzw. Schutz vor Willkür ist der Verfassungsgerichtshof namentlich nicht durch den Umstand gehindert, daß vorliegend die Anwendung des Bundesrechts durch ein Berliner Gericht in Rede steht (vgl. den Beschluß vom 2. Dezember 1993 – VerfGH 89/93[*] – NJW 1994, 436).

Die Verfassungsbeschwerde erweist sich indes als unbegründet.

1. Das Grundrecht auf rechtliches Gehör ist auch in der für die verfassungsgerichtliche Beurteilung im vorliegenden Fall noch maßgeblichen Fassung der Verfassung von Berlin vom 1. September 1950 (VOBl. I, S. 433),

---

[*] LVerfGE 1, 169.

zuletzt geändert durch Gesetz vom 8. Juni 1995 (GVBl. S. 339), – VvB – gewährleistet gewesen und mit Art. 103 Abs. 1 GG inhaltsgleich (vgl. Beschluß vom 25. Juni 1993 – VerfGH 18/92* – JR 1993, 519). Es ist durch das angegriffene Urteil des Landgerichts nicht verletzt worden.

a) Soweit die Beschwerdeführerin sich dagegen wendet, daß das Landgericht auf ihren Vortrag betreffend die Beschaffenheit des Humusbodens und den Bewuchs anderer von der Firma M. gestalteter Vorgärten nicht eingegangen sei, etwa auch entsprechende Fotografien nicht „entgegengenommen" habe, kann dies unter dem Gesichtspunkt des rechtlichen Gehörs nicht durchgreifend beanstandet werden. Denn das diesbezügliche Vorbringen war für das Landgericht – das von dem „Geständnis" der Beschwerdeführerin gegenüber den Beschäftigten der Firma M. überzeugt war – ersichtlich nicht entscheidungserheblich.

b) Auch die Rüge, das Landgericht habe dadurch den Anspruch der Beschwerdeführerin auf rechtliches Gehör verletzt, daß es eine bestimmte Äußerung der Zeugin W. nicht protokolliert habe, greift nicht durch. Es oblag der Beschwerdeführerin bzw. ihrem Prozeßbevollmächtigten, auf eine vollständige und richtige Protokollierung der Zeugenaussagen hinzuwirken. Ein Verfassungsverstoß ist insoweit nicht erkennbar.

c) Die Rüge, die Aussage des Zeugen St. sei falsch wiedergegeben, bleibt ebenfalls erfolglos. Ausweislich des Protokolls des Amtsgerichts hat dieser Zeuge dort zwar zunächst erklärt, er gehe davon aus, die Auseinandersetzung von Anfang an mitgehört zu haben. Auf Vorhalt des Prozeßbevollmächtigten des Beteiligten hat der Zeuge indes später eingeräumt, er könne nicht ausschließen, daß schon vorher einschlägige Äußerungen getan worden seien. Hieran hat das Landgericht in seiner Urteilsbegründung offensichtlich angeknüpft.

d) Der Verfassungsgerichtshof vermag auch im Rahmen der Vernehmung des Zeugen B. keinen Verfassungsverstoß zu erkennen. Ausweislich der Verfahrensakten entsprach die Vernehmung zur Person den Anforderungen des § 395 Abs. 2 ZPO. Auf Verwandtschaftsverhältnisse oder berufliche Beziehungen mit dem Inhaber der Firma M., der nicht Partei des Rechtsstreits, ihm insbesondere nicht beigetreten war, kam es danach nicht an. Es bestehen unter dem Gesichtspunkt des rechtlichen Gehörs auch keine verfassungsrechtlichen Bedenken dagegen, daß das Landgericht dem Umstand nicht nachgegangen ist, daß der Zeuge B. erst im Berufungsverfahren benannt wurde.

* LVerfGE 1, 81.

e) Der von der Beschwerdeführerin in den Mittelpunkt ihrer Verfassungsbeschwerde gestellte Umstand, daß das Landgericht ohne erneute Vernehmung der Zeugen G. und M. deren Aussage in einer von derjenigen des Amtsgerichts abweichenden Weise gewürdigt habe, kann ebenfalls keinen Verstoß gegen das Grundrecht auf rechtliches Gehör begründen. Die Beschwerdeführerin hat durchaus Gelegenheit gehabt, zu den Aussagen dieser Zeugen Stellung zu nehmen. Das Grundrecht auf rechtliches Gehör gibt nicht allgemein einen Anspruch auf – erneute – Vernehmung von Zeugen in der Berufungsinstanz, wenn diese Zeugen bereits erstinstanzlich vernommen worden sind. Der Beschwerdeführerin ist allerdings einzuräumen, daß der Verzicht des Landgerichts auf eine erneute Vernehmung der beiden Zeugen, deren Aussagen vor dem Amtsgericht es von diesem abweichend würdigt, angesichts der ständigen Rechtsprechung des Bundesgerichtshofes zur regelmäßigen Reduzierung des von § 398 Abs. 1 ZPO dem Wortlaut nach eröffneten Ermessens (vgl. die Nachweise bei *Hartmann*, in: Baumbach/Lauterbach/Albers/Hartmann, ZPO, 51. Aufl., Rdn. 5 zu § 398; *Thomas/Putzo*, ZPO, 19. Aufl., Rdn. 4, 10 zu § 398 i. d. S. auch *Nasall*, ZZP 98 (1985) 313 ff.) auf Bedenken stoßen kann. Nach dieser Rechtsprechung kann die nochmalige Vernehmung eines Zeugen, wenn und soweit seine Glaubwürdigkeit in Rede steht, nur dann ausnahmsweise unterbleiben, wenn sich das Rechtsmittelgericht auf solche Umstände stützt, die weder die Urteilsfähigkeit, das Erinnerungsvermögen oder die Wahrheitsliebe noch die Vollständigkeit oder Widerspruchsfreiheit der Aussage betreffen. Das Landgericht geht ersichtlich von einer solchen Ausnahme aus, ohne dies indes zu erläutern.

Das Amtsgericht hat in seinem Urteil ausgeführt, inhaltliche Unterschiede in den Aussagen der beiden Zeugen M. und G. ließen „gewisse" Zweifel an deren Wahrnehmungen entstehen. Das Amtsgericht geht damit davon aus, daß sich die Zeugen hinsichtlich der angeblichen Äußerung verhört haben könnten. Das Landgericht indes stellt sich dieser Beweiswürdigung ausdrücklich „entgegen" und gelangt zu der Feststellung, es gebe keine Anhaltspunkte dafür, daß die beiden Zeugen sich irrten. Damit hat es die – subjektiven – Wahrnehmungsmöglichkeiten der Zeugen (und nicht nur den objektiven Gehalt ihrer Aussagen; zur Abgrenzung „objektiver" und – jedenfalls die einfachrechtliche Pflicht zur erneuten Vernehmung auslösender – „subjektiver" Gesichtspunkte: *E. Schneider*, NJW 1974, 841 f.) anders gewürdigt als das Amtsgericht. Das Landgericht ist damit möglicherweise von einem von der vorherrschenden Spruchpraxis zu § 398 Abs. 1 ZPO abweichenden Verständnis ausgegangen. Gründe dafür legt es – wie gesagt – nicht dar. Ein Verfassungsverstoß liegt darin jedoch nicht. Ein Gericht muß bei der Auslegung und Anwendung von Normen einer vorherrschenden Meinung nicht folgen, und es ist selbst dann nicht gehindert, eine eigene Rechtsauffassung zu vertreten und seinen Entscheidungen zugrundezulegen, wenn alle anderen Gerichte – auch die im Rechtszug übergeordneten – den gegenteiligen Standpunkt einnehmen (vgl. dazu z. B. BVerfGE 87, 273, 278).

Der Grundsatz rechtlichen Gehörs kann es allerdings gebieten, die betroffene Partei davor zu bewahren, erst in der Entscheidung selbst mit der „Abweichung" konfrontiert zu werden, dies zumal – wie hier – bei letztinstanzlichen Entscheidungen (vgl. in diesem Zusammenhang BVerfG, NJW 1996, 45, 46, mwN). Auch dieser Gesichtspunkt verhilft der Verfassungsbeschwerde indes nicht zum Erfolg. Nach Durchsicht der Verfahrensakten geht der Verfassungsgerichtshof davon aus, daß die anwaltlich vertretene Beschwerdeführerin von der Absicht des Landgerichts, gegebenenfalls die erstinstanzlichen Aussagen der in Rede stehenden Zeugen ohne ihre erneute Vernehmung abweichend zu würdigen, nicht in verfassungsrechtlich erheblicher Weise „überrascht" worden ist. Dies ergibt sich namentlich daraus, daß der Bevollmächtigte der Beschwerdeführerin nach der Vernehmung der Zeugen B. und St. Anlaß „zur gegenbeweislichen" Benennung der Zeugin W. sah (vgl. den Beweisbeschluß vom 13. März 1995) und auch im übrigen die zweitinstanzliche Beweisaufnahme erkennbar dazu diente, die erstinstanzlichen Aussagen der Zeugen G. und M. entweder zu entkräften oder aber zu bestätigen. Damit war die Einbeziehung dieser Aussagen in die Beweiswürdigung des Landgerichts jedenfalls objektiv voraussehbar; ob sie vorausgesehen worden ist, muß unerheblich bleiben.

2. Schließlich verletzt das angegriffene Urteil die Beschwerdeführerin auch nicht in dem von ihr der Sache nach gleichfalls angeführten Gleichbehandlungsgebot in seiner Ausprägung als mit der Verfassungsbeschwerde rügefähiges Willkürverbot (vgl. zu seiner Ableitung aus dem für die Entscheidung noch maßgeblichen Art. 6 Abs. 1 VvB u. a. Beschluß vom 17. Februar 1993 – VerfGH 53/92* –). Eine gerichtliche Entscheidung verletzt das mit Art. 3 Abs. 1 GG inhaltsgleiche Willkürverbot nach der Verfassung von Berlin nur dann, wenn die Entscheidung unter keinem denkbaren Aspekt rechtlich vertretbar ist und sich daher der Schluß aufdrängt, sie beruhe auf sachfremden Erwägungen. Die – hier im Blick auf § 398 Abs. 1 ZPO, wie dargelegt, nicht von vornherein auszuschließende – fehlerhafte Auslegung eines Gesetzes allein ist noch nicht in diesem Sinne „willkürlich". Ebensowenig kommt es darauf an, ob die von dem Landgericht vorgenommene Gesamtwürdigung der Beweisaufnahme letztlich mehr oder weniger überzeugt. Willkür im hier maßgeblichen Sinn liegt erst dann vor, wenn die Sach- oder Rechtslage in krasser Weise verkannt worden ist, d. h. wenn bei objektiver Würdigung der Gesamtumstände der Auslegung bzw. Sachverhaltsfeststellung die Annahme geboten

* LVerfGE 1, 65, 67.

ist, die vom Gericht vertretene Auffassung sei im Bereich des schlechthin Abwegigen anzusiedeln (vgl. den Beschluß vom 25. April 1994 – VerfGH 34/94* –). Das ist indes nicht der Fall. Eine weitergehende Prüfung ist dem Verfassungsgerichtshof versagt. Denn er ist keine „zusätzliche" fachgerichtliche Instanz (vgl. den Beschluß vom 30. Juni 1992 – VerfGH 9/92 –), sondern auf die Kontrolle von – hier im Ergebnis nicht feststellbaren – Verfassungsverstößen beschränkt.

Die Kostenentscheidung beruht auf den §§ 33, 34 VerfGHG.

Dieser Beschluß ist unanfechtbar.

Nr. 10

Grundsätzlich begründen weder Art. 22 Abs. 1 VvB noch Art. 28 Abs. 1 VvB ein mit der Verfassungsbeschwerde rügefähiges subjektives Recht.

Verfassung von Berlin Art. 6, 22 Abs. 1, 28 Abs. 1

Beschluß vom 22. Mai 1996 – VerfGH 34/96 –

In dem Verfahren über die Verfassungsbeschwerde des Herrn K. M. gegen
1. den Beschluß des Landgerichts Berlin vom 5. Februar 1996 – 81 T 9/96 –
2. den Beschluß des Amtsgerichts Schöneberg vom 8. Dezember 1995 – 34 M 4839/95 –

Entscheidungsformel:

Die Verfassungsbeschwerde wird zurückgewiesen.
Das Verfahren ist gerichtskostenfrei.
Auslagen werden nicht erstattet.

Gründe:

I.

Der Beschwerdeführer bezieht eine monatliche Rente von 1 866 DM. Nach seinen Angaben beträgt seine monatliche Miete zur Zeit 1 300 DM. Als Vater eines minderjährigen Kindes ist er zur Zahlung eines monatlichen

---

* LVerfGE 2, 16, 18.

Unterhalts von 592 DM verpflichtet. Nachdem die Kindesmutter mit Blick auf diesen Unterhalt einen Pfändungs- und Überweisungsbeschluß erwirkt hatte, pfändete sie die Rentenansprüche des Beschwerdeführers.

Den Antrag des Beschwerdeführers, die Pfändung einzustellen und den monatlichen Freibetrag auf mindestens 1 800 DM festzusetzen, hat das Amtsgericht Schöneberg durch Beschluß vom 8. Dezember 1995 zurückgewiesen. Durch Beschluß vom 5. Februar 1996 hat das Landgericht Berlin die sofortige Beschwerde zurückgewiesen. Dagegen richtet sich die vorliegende Verfassungsbeschwerde.

Der Beschwerdeführer macht geltend, die angegriffenen Entscheidungen verletzten ihn in seinem durch Art. 28 Abs. 1 der Verfassung von Berlin (VvB) verbürgten Recht auf angemessenen Wohnraum und in seinem durch Art. 22 Abs. 1 VvB garantierten Recht auf soziale Sicherung. Durch die fortschreitende Pfändung könne er sich seine Wohnung nicht mehr leisten; Wohngeld oder Zuschüsse seitens des Sozialamts erhalte er nicht.

II.

Die Verfassungsbeschwerde ist unzulässig.

Gemäß § 49 Abs. 1 VerfGHG kann jedermann Verfassungsbeschwerde mit der Behauptung erheben, durch die öffentliche Gewalt des Landes Berlin, in einem seiner in der Verfassung von Berlin enthaltenen Rechte verletzt zu sein. Damit setzt die Zulässigkeit einer Verfassungsbeschwerde u. a. voraus, daß der Beschwerdeführer die Verletzung eines (auch) zu seinen Gunsten von der Verfassung von Berlin begründeten, subjektiven Rechts geltend macht. Daran fehlt es hier.

Es kann dahinstehen, ob Art. 28 Abs. 1 VvB überhaupt ein mit der Verfassungsbeschwerde rügefähiges subjektives Recht begründet und in welchem Verhältnis diese Vorschrift zu dem bundesrechtlich geordneten bürgerlichen Recht betreffend die Herausgabe von Wohnraum und zu den bundesrechtlichen Regelungen des Wohngeld- und Wohngeldsondergesetzes steht. Denn jedenfalls könnte Art. 28 Abs. 1 VvB subjektivrechtlich – also über seine Qualität als Programmsatz hinaus – allenfalls vor Obdachlosigkeit schützen (vgl. in diesem Zusammenhang Beschluß vom 17. März 1994 – VerfGH 139/93[*] –). Jedoch begründet er weder ein allgemeines Behaltensrecht für eine bestimmte bezogene Wohnung noch – jenseits der Obdachlosigkeit – einen sonstigen Anspruch eines einzelnen Bürgers. Das Recht auf Wohnraum in Art. 28 Abs. 1 VvB wirkt mithin grundsätzlich nicht unmittelbar anspruchsbegründend, sondern verpflichtet das Abgeordnetenhaus und den Senat von Berlin, das im

---
[*] LVerfGE 2, 9, 11.

Rahmen staatlicher Einflußnahme und unter Berücksichtigung anderer staatlicher Aufgaben und Pflichten Mögliche zu tun, für Schaffung und Erhaltung von Wohnraum zu sorgen (vgl. Beschluß vom 27. März 1996 – VerfGH 8/96 und 8 A/96 –).

Unter dem Blickwinkel eines subjektiven Rechts gilt im Ergebnis nichts anderes für Art. 22 Abs. 1 VvB. Er begründet ebensowenig wie sein „Rechtsvorgänger", nämlich Art. 14 der Verfassung von Berlin vom 1. September 1950 (vgl. dazu *Schwan* in: Pfennig/Neumann, Verfassung von Berlin, 2. Aufl., Art. 14 Rdn. 2), ein subjektives Recht einzelner Bürger auf bestimmte staatliche Leistungen. Der Verfassungsgesetzgeber hat es – entsprechend der Empfehlung der Enquete-Kommission „Verfassungs- und Parlamentsreform" in ihrem Schlußbericht vom 18. Mai 1994 (Abgeordnetenhaus-Drucksache 12/4376, S. 29 f. und 43) – bewußt abgelehnt, einen Anspruch auf eine soziale Grundsicherung in die Verfassung aufzunehmen. Er hat sich vielmehr insoweit für die Aufnahme lediglich eines Staatsziels entschieden (vgl. auch Stellungnahme des Senats von Berlin vom 23. Januar 1995 in Abgeordnetenhaus-Drucksache 12/5224 S. 4). Dieses Staatsziel entfaltet ebenso wie das in Art. 20 Abs. 1 und Art. 28 Abs. 1 Satz 1 GG verankerte Sozialstaatsprinzip seine Wirkung namentlich bei der Anwendung und Auslegung subjektiver öffentlicher Rechte (vgl. in diesem Zusammenhang u. a. Urteil des Bundesverwaltungsgerichts vom 24. Juni 1954 – BVerwG V C 78/54 – BVerwGE 1, 159, 161 f. und Beschluß des Bundesverfassungsgerichts vom 12. Dezember 1973 – 1 BvL 19/72 – BVerfGE 36, 237, 249).

Der Beschwerdeführer könnte seine Verfassungsbeschwerde im übrigen – und darauf sei ergänzend hingewiesen – nicht mit Erfolg auf eine Verletzung des Rechts auf Achtung der Würde des Menschen aus Art. 6 VvB stützen.

Aus diesem Grundrecht folgt zwar ein Anspruch auf eigenverantwortliche Lebensgestaltung und damit ein Recht auf Belassung eines Existenzminimums ebenso wie ein Anspruch auf menschenwürdige Unterkunft. Ein Anspruch auf Innehabung einer bestimmten Wohnung läßt sich aus Art. 6 VvB indes nicht entnehmen. Auch der Anspruch auf Belassung eines Existenzminimums ist im Falle des Beschwerdeführers nicht verletzt. Von den Rentenbezügen des Beschwerdeführers von 1 866 DM verbleiben ihm nach der Pfändung aufgrund der Unterhaltsansprüche der Tochter von 592 DM monatlich 1 274 DM zum Lebensunterhalt. Dieser Betrag liegt höher als der Pfändungsfreibetrag von 1 209 DM monatlich bei der Pfändung von Arbeitseinkommen (§ 850 c Abs. 1 ZPO). Daß mit diesem verbleibenden Betrag etwa aufgrund besonderer persönlicher Umstände das Existenzminimum unterschritten würde, ist nicht ersichtlich.

Die Entscheidung über die Kosten beruht auf §§ 33 f. VerfGHG.
Dieser Beschluß ist unanfechtbar.

Nr. 11

1. Zur Zulässigkeit einer Verfassungsbeschwerde bei der Rüge einer Verletzung des rechtlichen Gehörs.

2. Verletzung des Grundrechts auf rechtliches Gehör durch Berücksichtigung nicht ordnungsgemäß eingeführter Erkenntnisquellen in Ausländersachen.

Verfassung von Berlin 1950 Art. 62
Gesetz über den Verfassungsgerichtshof §§ 49 Abs. 1 und 2, 51

Beschluß vom 17. Juni 1996 – VerfGH 4/96 –

In dem Verfahren über die Verfassungsbeschwerde des Herrn M. H. gegen den Beschluß des Oberverwaltungsgerichts Berlin vom 8. November 1995 – OVG 5 S 96/95 –

Entscheidungsformel:

Der Beschluß des Oberverwaltungsgerichts Berlin vom 8. November 1995 – OVG 5 S 96/95 – verletzt das Grundrecht des Beschwerdeführers auf rechtliches Gehör und wird aufgehoben. Die Sache wird an das Oberverwaltungsgericht Berlin zurückverwiesen.
Das Verfahren ist gerichtskostenfrei.
Das Land Berlin hat dem Beschwerdeführer seine notwendigen Auslagen zu erstatten.

Gründe:

I.

Der Beschwerdeführer ist albanischer Volkszugehörigkeit und stammt aus Serbien-Montenegro/Bundesrepublik Jugoslawien. Er flüchtete im Januar 1991 wegen des Krieges in seinem Heimatland in die Bundesrepublik und wurde hier zunächst geduldet. Der Reisepaß des Beschwerdeführers ist seit Januar 1994 ungültig; seine Bemühungen um eine Verlängerung seines Reiseausweises blieben bisher vergeblich. Mit Bescheid vom 5. Juli 1994 lehnte es das Landeseinwohneramt Berlin ab, den Aufenthalt des Beschwerdeführers weiterhin zu dulden; zugleich drohte ihm das Landeseinwohneramt für den Fall, daß er nicht freiwillig ausreise, die Abschiebung an. Gegen die Abschiebungsandrohung erhob der Beschwerdeführer nach erfolglosem Widerspruchsverfahren ebenso Klage wie gegen die Versagung der Duldung; über beide Klagen ist noch nicht entschieden.

Durch Beschluß vom 11. Mai 1995 hat das Verwaltungsgericht Berlin im Wege der einstweiligen Anordnung das Land Berlin, vertreten durch das Landeseinwohneramt, verpflichtet, dem Beschwerdeführer gemäß § 55 Abs. 2 AuslG vorläufig eine Duldung für 6 Monate zu erteilen. Auf die Beschwerde des Landes Berlin hat das Oberverwaltungsgericht Berlin durch Beschluß vom 8. November 1995 den angegriffenen Beschluß des Verwaltungsgerichts geändert und den Antrag des Beschwerdeführers, das Land Berlin im Wege einer einstweiligen Anordnung zu verpflichten, ihm eine Duldung zu erteilen, mit im wesentlichen folgender Begründung abgelehnt:

Selbst wenn zugunsten des Beschwerdeführers davon ausgegangen werde, daß eine Abschiebung im Sinne einer zwangsweisen Verbringung in seinen Heimatstaat gegenwärtig nicht möglich sei, könne er als zur Ausreise verpflichteter Ausländer sich darauf nicht berufen, wenn und solange er seiner Ausreisepflicht durch – freiwillige – Heimreise genügen könne. Schutzbedürftig im Rahmen des in Rede stehenden Duldungstatbestandes sei nach der ständigen Rechtsprechung mehrerer Senate des Oberverwaltungsgerichts Berlin nur der ausreisepflichtige Ausländer, bei dem eine Rückkehr in sein Heimatland aus Gründen ausgeschlossen sei, die er nicht beeinflussen könne. Wer ausreisepflichtig sei und in sein Heimatland zurückkehren könne, mache sich nach dem Willen des Gesetzgebers strafbar, wenn er seiner Ausreisepflicht nicht nachkomme und, ohne eine Duldung zu besitzen, im Bundesgebiet verbleibe (§ 92 Abs. 1 Nr. 1 AuslG). Für die Annahme, der Gesetzgeber habe gleichwohl auch demjenigen ausreisepflichtigen Ausländer, der seiner Ausreisepflicht nicht nachkomme, obwohl er diese Pflicht erfüllen könne, gestatten wollen, sich auf die tatsächliche Unmöglichkeit der zwangsweisen Durchsetzung dieser Pflicht zu berufen, um das Privileg der Duldung und damit den Wegfall der strafrechtlichen Sanktion der Pflichtverletzung zu erreichen, spreche nichts. §§ 55 Abs. 2 AuslG bezwecke nicht, die strafbewehrte Verletzung der erfüllbaren gesetzlichen Ausreisepflicht durch Duldung zu „legalisieren".

Daß es dem Antragsteller tatsächlich unmöglich sei, in sein Herkunftsland zurückzukehren, sei nicht glaubhaft gemacht. Einen ernsthaften, aber erfolglos gebliebenen Rückkehrversuch unternommen zu haben, behauptet er nicht. An der vom Verwaltungsgericht angenommenen generellen Unmöglichkeit der freiwilligen Rückkehr in die Bundesrepublik Jugoslawien bestünden bei objektiver Würdigung des vorliegenden Erkenntnismaterials erhebliche Zweifel; es spreche eher mehr dafür, daß ausreisepflichtige Ausländer aus der Bundesrepublik Jugoslawien, die freiwillig nach dort reisen wollten, dies auch könnten. Der erkennende Senat halte die dahingehende, in den Urteilen des 8. Senats vom 4. April 1995 – OVG 8 B 4/95 –, vom 6. Juni 1995 – OVG

8 B 32/95 – (nach Beweisaufnahme durch Vernehmung des Leiters des Bundesgrenzschutzamts in Berlin und des an der Grenzschutzstelle am Flughafen Berlin-Schönefeld tätigen Polizeibeamten P. als Zeugen) und vom 27. Juni 1995 – OVG 8 B 44/95 – eingehend dargelegte Bewertung für überzeugend. Die nach Angaben verschiedener staatlicher und nichtstaatlicher Stellen (vgl. Landeseinwohneramt im Vermerk vom 31. März 1995, Grenzpolizei Bad Reichenhall vom 23. Januar 1995 und dem Bundesministerium des Innern vom 13. April und 8. Juni 1995 sowie International Organization for Migration (IOM) vom 21. April 1995 und DRK, Landesverband Berlin e. V., vom 13. April 1995) – auch – im Jahre 1995 erfolgten Ausreisen ausreisepflichtiger Ausländer mit dem Ziel der Rückkehr in die Bundesrepublik Jugoslawien, weitgehend auch über Drittstaaten wie Ungarn, Bulgarien und auch Mazedonien, sowie das Fehlen verläßlicher Anhaltspunkte dafür, daß in nennenswerter Zahl oder gar allgemein die Einreise in das Herkunftsland mißlungen ist, ließen keinen Raum für die Annahme, gegenwärtig sei allgemein für den genannten Personenkreis die freiwillige Rückkehr in die Bundesrepublik Jugoslawien nicht möglich. Sie sprächen ferner dagegen, daß die bekannten Erklärungen der jugoslawischen Regierung seit November 1994 zur Zurückweisung von „Scheinasylanten" in der Weise in die Praxis umgesetzt würden, daß praktisch alle Staatsangehörigen mit noch gültigen Pässen der Sozialistischen Föderativen Republik Jugoslawien, die in Serbien oder Montenegro ausgestellt worden seien und keinen Hinweis auf einen rechtmäßigen Aufenthalt in der Bundesrepublik Deutschland enthielten, an der Einreise in die Bundesrepublik Jugoslawien gehindert würden (vgl. auch Schreiben der Senatsverwaltung für Inneres an den Vorsitzenden des Petitionsausschusses des Abgeordnetenhauses von Berlin vom 8. August 1995, in dem im übrigen darauf hingewiesen werde, daß die Außenstelle der jugoslawischen Botschaft in Bonn „ohne Probleme" Pässe ausstelle, wenn sie nicht durch deutsche Behörden zum Zweck der Abschiebung beantragt würden).

Der Antragsteller habe auch nicht glaubhaft gemacht, daß seine Rückkehr nach Jugoslawien am Ablauf der Gültigkeitsdauer des Reisepasses scheitern würde. Dies gelte schon deshalb, weil der Antragsteller nicht dargetan habe, daß die Gültigkeit seines Reisepasses – entgegen der oben angegebenen Auskunftslage – bislang aus von ihm nicht zu vertretenden Gründen nicht verlängert worden sei. Aus der Bescheinigung der jugoslawischen Vertretung vom 29. September 1994 gehe lediglich hervor, daß der Antragsteller in bezug auf seinen Reisepaß einen Antrag gestellt habe. Dies und die durch eidesstattliche Versicherungen belegten telefonischen Nachfragen in der Vertretung erfüllten offenkundig nicht die Anforderungen, die in diesem Zusammenhang an den Nachweis ernsthafter und beharrlicher Bemühungen um Paßverlängerung zu stellen seien.

Gegen die Entscheidung des Oberverwaltungsgerichts Berlin richtet sich die Verfassungsbeschwerde des Beschwerdeführers, mit der er rügt, in dem angegriffenen Beschluß seien vom Oberverwaltungsgericht Berlin Auskünfte verwendet worden, die es zuvor nicht in das Verfahren eingeführt habe. Damit sei sein – des Beschwerdeführers – Grundrecht auf Gewährung rechtlichen Gehörs verletzt worden.

Zum einen seien Erkenntnisse eingeführt worden, die nicht einmal in der Entscheidung des Oberverwaltungsgerichts näher bezeichnet worden seien. Insoweit werde lediglich darauf verwiesen, daß die vom Verwaltungsgericht geäußerte Vermutung, daß auch die freiwillige Einreise nicht gestattet werde, sich nicht aus den früheren Entscheidungen des Oberverwaltungsgerichts zugrundeliegenden Erkenntnismaterialien begründen lasse. Ferner seien in das Verfahren nicht eingeführt, gleichwohl aber verwertet worden: Die Auskunft des Auswärtigen Amtes vom 3. Juli 1995, die Angaben des Landeseinwohneramtes vom 31. März 1995 und 1. Juni 1995, die Auskünfte des Deutschen Roten Kreuzes vom 13. April 1995 und der International Organization for Migration vom 21. April 1995 und vom 21. September 1995 sowie die Niederschrift über die Beweisaufnahme des Verwaltungsgerichts Berlin vom 22. September 1995 (VG 35 A 785/95).

Die Entscheidung zu seinem – des Beschwerdeführers – Nachteil beruhe auch auf dieser Verletzung des Grundrechts auf rechtliches Gehör. Hinsichtlich der Bezugnahme auf Erkenntnisse aus anderen Entscheidungen müsse dies unterstellt werden, weil diese nicht näher bezeichnet worden seien und ihm damit die Möglichkeit genommen worden sei, in dieser Verfassungsbeschwerde im einzelnen konkret anzugeben, welche Beweismittel und Auskünfte er für den Fall, daß diese eingeführt worden wären, hätte vorbringen können. Der zitierten Auskunft des Auswärtigen Amtes, daß „nach hiesigen Erkenntnissen" auch Staatsangehörige der Bundesrepublik Jugoslawien mit gültigen Pässen freiwillig zurückkehren könnten, sei entgegenzuhalten, daß in ihr der aufenthaltsrechtliche Status eines Rückkehrers nicht erwähnt sei. Ihm – dem Beschwerdeführer – werde somit die Möglichkeit genommen, selbst Auskünfte beizubringen oder entsprechende Beweisanträge zur Aufklärung dieser Frage zu stellen.

Der Senatsverwaltung für Justiz und dem Landeseinwohneramt ist Gelegenheit zur Stellungnahme gegeben worden.

II.

1. Die Verfassungsbeschwerde ist zulässig.

Nach § 49 Abs. 1 VerfGHG kann jedermann „mit der Behauptung, durch die öffentliche Gewalt des Landes Berlin in einem seiner in der Verfassung von

Berlin enthaltenen Rechte" verletzt zu sein, Verfassungsbeschwerde zum Verfassungsgerichtshof erheben, soweit nicht Verfassungsbeschwerde zum Bundesverfassungsgericht erhoben ist oder wird. Voraussetzung für die Zulässigkeit einer Verfassungsbeschwerde zum Verfassungsgerichtshof ist daher, daß – alles andere vernachlässigt – der Beschwerdeführer geltend macht, – erstens – durch eine der öffentlichen Gewalt des Landes Berlin in – zweitens – einem gerade durch die Verfassung von Berlin und nicht etwa durch das Grundgesetz (inhaltsgleich) auch zu seinen Gunsten verbürgten Recht verletzt zu sein. Diese Voraussetzung ist hier erfüllt. Der Beschwerdeführer wendet sich gegen den Beschluß des Oberverwaltungsgerichts Berlin vom 8. November 1995; durch Art. 62 der im Zeitpunkt dieser Entscheidung noch maßgebenden Verfassung von Berlin vom 1. September 1950 (VOBl. I S. 433), zuletzt geändert durch Gesetz vom 8. Juni 1995 (GVBl. S. 339), wird der Anspruch auf rechtliches Gehör (mit)gewährleistet, der mit dem durch Art. 103 Abs. 1 GG verbürgten Grundrecht inhaltsgleich ist (vgl. dazu u. a. Beschluß vom 15. Juni 1993 – VerfGH 18/92* – JR 1993, 519). In seiner Beschwerdebegründung beruft sich der Beschwerdeführer auf eine Verletzung des „rechtlichen Gehörs". Er rügt diese Verletzung mehrfach. In einem Fall ist der Rüge der Klammerzusatz („Art. 103 Abs. 1 GG") hinzugefügt. Anders als in dem Beschluß vom 25. April 1996 (VerfGH 21/95**) zugrundeliegenden Fall, in dem der Beschwerdeführer sich mehrfach auf Art. 103 Abs. 1 GG als Prüfungsmaßstab berufen hatte, so daß das Vorbringen des Beschwerdeführers in dem damals entschiedenen Fall nur die Auslegung zuließ, daß der Beschwerdeführer ausschließlich Art. 103 Abs. 1 GG als Prüfungsmaßstab zugrundegelegt haben wollte, kann in dem hier zu entscheidenden Fall von der grundsätzlichen Vermutung ausgegangen werden, daß die Überprüfung einer Maßnahme nach Maßgabe eines „Berliner Rechts" gewünscht ist, wenn die Verletzung von Grundrechten in Rede steht, die inhaltsgleich vom Grundgesetz und von der Verfassung von Berlin verbürgt werden. Daß vom Beschwerdeführer bei der Rüge der Verletzung des rechtlichen Gehörs auch einmalig ein Hinweis auf Art. 103 Abs. 1 GG erfolgt, widerlegt die eben genannte Vermutung nicht und macht die Verfassungsbeschwerde nicht unzulässig.

Insoweit ist die Entscheidung mit fünf zu vier Stimmen ergangen.

An der somit angezeigten Überprüfung unter dem Blickwinkel des Grundrechts auf rechtliches Gehör ist der Verfassungsgerichtshof nicht etwa deshalb gehindert, weil hier die Anwendung von § 108 Abs. 2 VwGO, der der Gewährleistung des rechtlichen Gehörs Rechnung trägt, und damit die An-

---

* LVerfGE 1, 81.
** In diesem Band S. 47.

wendung von Bundesrecht durch ein Berliner Gericht in Rede steht (vgl. u. a. Beschluß vom 2. Dezember 1993 – VerfGH 89/93* – NJW 1994, 436).

Die Verfassungsbeschwerde genügt auch den Anforderungen des § 49 Abs. 2 Satz 1 VerfGHG: Der Rechtsweg ist erschöpft, da gegen den Beschluß des Oberverwaltungsgerichts Berlin ein weiteres Rechtsmittel nicht gegeben ist (arg. § 152 VwGO). Der Beschwerdeführer ist auch nicht gehalten, zunächst den Ausgang des noch anhängigen Klageverfahrens der Hauptsache abzuwarten. Zwar gebietet es § 49 Abs. 2 Satz 1 VerfGHG, über die Rechtswegerschöpfung im engeren Sinne hinaus auch sonstige prozessuale Möglichkeiten zu nutzen, um eine Korrektur der geltend gemachten Verfassungsverletzung zu erwirken. Daraus folgt, daß die Erschöpfung des Rechtswegs im Eilverfahren nicht ausreicht, soweit das Hauptsacheverfahren ausreichende Möglichkeiten bietet, der behaupteten Grundrechtsverletzung abzuhelfen und dieser Weg dem Beschwerdeführer zumutbar ist. Dies gilt jedoch nicht, soweit es um die Verletzung verfahrensrechtlicher Grundrechte durch die Entscheidung im vorläufigen Rechtsschutz geht, die durch eine Entscheidung in der Hauptsache nicht ausgeräumt werden könnte (vgl. Beschluß vom 9. Juni 1994 – VerfGH 72/93 – Umdruck S. 7 sowie zum inhaltsgleichen § 90 Abs. 2 Satz 1 BVerfGG in BVerfGE 59, 63, 81; 65, 227, 233; 77, 381, 401 f.; 80, 40, 45). So liegt der Fall hier, weil der Beschwerdeführer mit der Rüge der Gehörsverletzung eine den vorläufigen Rechtsschutz als solchen betreffende Grundrechtsverletzung geltend macht.

2. Die Verfassungsbeschwerde ist auch begründet. Der Beschluß des Oberverwaltungsgerichts Berlin verletzt das Grundrecht des Beschwerdeführers auf Gewährung rechtlichen Gehörs aus Art. 62 VvB.

a) Das verfassungsrechtliche Gebot der Gewährung rechtlichen Gehörs verpflichtet das Gericht, den am Verfahren Beteiligten Gelegenheit zu geben, zu den nach Einschätzung des Gerichts entscheidungserheblichen Tatsachen Stellung zu nehmen sowie sachdienliche Anträge zu stellen. Das rechtliche Gehör soll den Beteiligten Gelegenheit geben, auf eine bevorstehende Entscheidung einzuwirken. Dies gilt nicht nur, wenn es um die abschließende rechtliche Beurteilung eines Sachverhalts im Klageverfahren geht, sondern grundsätzlich auch für das Verfahren des vorläufigen Rechtsschutzes (vgl. zu Art. 103 Abs. 1 GG: BVerfG, Beschluß vom 3. November 1983, NJW 1984, 719). Nur wenn der Schutz gewichtiger Interessen die Überraschung eines Beteiligten unabweisbar erfordert – beispielsweise bei der einstweiligen Verfügung des Zivilprozesses –, ist es ausnahmsweise zulässig, ihn erst nach der Entscheidung anzuhören (vgl. BVerfG aaO). Derartige Umstände liegen im vor-

---

* LVerfGE 1, 169.

liegenden Fall ersichtlich nicht vor. Dies gilt um so mehr, als das Gericht beabsichtigte, die zugunsten des Beschwerdeführers ergangene erstinstanzliche Entscheidung zu seinem Nachteil abzuändern (vgl. insoweit zu Art. 103 Abs. 1 GG: BVerfG, Beschluß vom 24. Juli 1957, NJW 1957, 1350), die beabsichtigte Entscheidung also in eine ihm vom Verwaltungsgericht zuerkannte Rechtsposition eingriff.

b) Nach dieser Maßgabe war das Oberverwaltungsgericht gehalten, seiner Entscheidung nur solche Tatsachen und Beweisergebnisse einschließlich Behördenauskünften zugrundezulegen, zu denen die Beteiligten sich vor der Entscheidung äußern konnten. Eine Gelegenheit zur Äußerung zu der entscheidungserheblichen Feststellung des Oberverwaltungsgerichts, dem Beschwerdeführer sei eine freiwillige Rückkehr in seinen Heimatstaat, die Bundesrepublik Jugoslawien, möglich, bestand für den Beschwerdeführer jedoch nicht. Das Oberverwaltungsgericht beruft sich zur Begründung seiner Entscheidung zunächst auf die Rechtsprechung anderer Senate des Oberverwaltungsgerichts Berlin und das diesen Entscheidungen zugrundeliegende Erkenntnismaterial, dem es entnimmt, daß sich die vom Verwaltungsgericht geäußerte Vermutung, daß auch die freiwillige Rückkehr nicht gestattet werde, nicht begründen lasse. Das Oberverwaltungsgericht hat sich damit nicht nur der in den von ihm zitierten Entscheidungen der anderen Senate vertretenen Rechtsauffassung angeschlossen, sondern hat sich auch der diesen Entscheidungen zugrundeliegenden tatsächlichen Erkenntnisse bedient. Da es nicht davon ausgehen konnte, daß dieses Erkenntnismaterial dem Beschwerdeführer bekannt war – und dieser es auch tatsächlich nicht kannte –, wäre es verpflichtet gewesen, diese Erkenntnisquellen ordnungsgemäß in das Verfahren einzuführen. Denn aus anderen Verfahren übernommene tatsächliche Feststellungen unterliegen in gleicher Weise dem Gebote des rechtlichen Gehörs wie das vom Gericht selbst gewonnene Erkenntnismaterial (s. zu § 108 VwGO: BVerwG, Buchholz 310 § 108 Nr. 132 und 133; BGH, Urteil vom 16. Mai 1991, NJW 1991, 2824 f.). Dieser Verpflichtung ist das Oberverwaltungsgericht nicht nachgekommen.

Auch zu den vom Oberverwaltungsgericht des weiteren verwerteten, auf S. 3 seines Beschlusses zitierten Erkenntnissen, nämlich
- Auskunft des Auswärtigen Amtes an die 19. Kammer des Verwaltungsgerichts Berlin vom 3. Juli 1995
- LEA-Vermerk vom 19. Mai 1995
- Stellungnahme der International Organization for Migration (IOM) vom 21. September 1995
- Niederschrift über die Beweisaufnahme des VG Berlin vom 22. September 1995 im Verfahren VG 35 A 785/95
- Auskunft des LEA Berlin IV B 1 vom 1. Juli 1995

bestand für den Beschwerdeführer keine Gelegenheit zur Äußerung. Die Erkenntnisse wurden ihm weder übermittelt noch sonst in einer für ihn nachvollziehbaren Form in das Verfahren eingeführt. Insgesamt hatte der Beschwerdeführer mithin keine Gelegenheit, zu dem für die Frage der freiwilligen Rückkehrmöglichkeit maßgeblichen Erkenntnismaterial Stellung zu nehmen, insbesondere ihm mit eigenem Sachvortrag entgegenzutreten und so auf die Entscheidung Einfluß zu nehmen.

c) Es ist nach Lage der Dinge auch nicht auszuschließen, daß die vom Oberverwaltungsgericht getroffene Entscheidung auf dem festgestellten Gehörsverstoß beruht. Denn bei einer derartig komplexen Materie erscheint es immerhin möglich, daß eine Äußerung des Beschwerdeführers zu den verwerteten Erkenntnissen Einfluß auf die Entscheidung des Oberverwaltungsgerichts Berlin gehabt hätte. So hat der Beschwerdeführer mit der Verfassungsbeschwerde auf eine Auskunft der Internationalen Helsinki-Föderation in Wien (Frau von K.) vom 31. Oktober 1995 hingewiesen, nach der die Einreise von Kosovo-Albanern aus Deutschland in ihre Heimat nur mit gefälschten oder ausgeliehenen Dokumenten möglich sei oder ganz ohne Dokumente (über die grüne Grenze). Ferner hat er auf eine seine Auffassung stützende Beweisaufnahme vor der 35. Kammer des Verwaltungsgerichts Berlin vom 22. September 1995 in dem Verfahren VG 35 A 785/95 aufmerksam gemacht. Vor diesem Hintergrund erscheint es nicht ausgeschlossen, daß das Oberverwaltungsgericht zu anderen tatrichterlichen Feststellungen gelangt wäre und sich im Ergebnis der Rechtsprechung des VGH Baden-Württemberg angeschlossen hätte, der ebenfalls von einer Unmöglichkeit der freiwilligen Rückkehr ausgeht (Beschluß vom 19. Juni 1995 Inf.AuslR 96 S. 79 f.).

Der angegriffene Beschluß war daher gemäß § 54 Abs. 3 VerfGHG aufzuheben und die Sache in entsprechender Anwendung des § 95 Abs. 2 BVerfGG an das Oberverwaltungsgericht Berlin zurückzuverweisen.

Die Kostenentscheidung beruht auf den §§ 33, 34 VerfGHG.

Dieser Beschluß ist unanfechtbar.

Sondervotum der Richter Prof. Dr. Driehaus und Töpfer

Die Verfassungsbeschwerde ist u. E. unzulässig. Sie genügt nicht den Anforderungen des § 49 Abs. 1 VerfGHG. Die davon abweichende Auffassung der Mehrheit des Verfassungsgerichtshofs ist mit seiner eigenen Rechtsprechung im Beschluß vom 25. April 1996 (VerfGH 21/95)* nicht vereinbar.

* In diesem Band S. 47.

1. In der bezeichneten Entscheidung vom 25. April 1996 hat der Verfassungsgerichtshof erkannt:

„Die Zulässigkeit einer Verfassungsbeschwerde ist unter dem hier behandelten Blickwinkel abhängig davon, daß der Beschwerdeführer vorträgt, durch die ‚Berliner öffentliche Gewalt' in einem sozusagen ‚Berliner Recht' verletzt zu sein; er muß rügen, die von ihm mit der Verfassungsbeschwerde angegriffene Maßnahme der ‚Berliner öffentlichen Gewalt' beruhe auf der Verletzung gerade eines ‚Berliner Rechts'. § 49 Abs. 1 VerfGHG verlangt von dem Beschwerdeführer – mit anderen Worten – die Angaben desjenigen, dem die verletzende Maßnahme zuzurechnen ist (‚Berliner öffentliche Gewalt'), und er verlangt überdies die Angabe des Prüfungsmaßstabs, der der Annahme des Beschwerdeführers zugrundeliegt, die von ihm beanstandete Maßnahme verletze ein subjektives Recht, und an dem nunmehr die Richtigkeit dieser Annahme gemessen werden soll, d. h. die Angaben des Maßstabs, auf dessen Grundlage der Beschwerdeführer die von ihm beanstandete Maßnahme beurteilt wissen möchte. In den Fällen, in denen der Beschwerdeführer nicht rügt, durch eine Maßnahme der ‚Berliner öffentlichen Gewalt' werde ein subjektives ‚Berliner Recht' verletzt, ist sein Vorbringen sowohl mit Blick auf die ‚Berliner öffentliche Gewalt' als auch mit Blick auf die Behauptung der Verletzung eines ‚Berliner Rechts', d. h. des begehrten Prüfungsmaßstabs, auszulegen. In diesem Rahmen ist hinsichtlich des Prüfungsmaßstabs bei einer aus Berlin stammenden, an den Verfassungsgerichtshof des Landes Berlin gerichteten Verfassungsbeschwerde jedenfalls dann grundsätzlich davon auszugehen, daß die Überprüfung einer Maßnahme nach Maßgabe eines ‚Berliner Rechts' gewünscht ist, wenn die Verletzung von Grundrechten in Rede steht, die inhaltsgleich vom Grundgesetz und von der Verfassung von Berlin verbürgt werden (…). Jedoch ist diese Vermutung widerlegt, wenn der Vortrag des Beschwerdeführers ausdrücklich einzig auf die Verletzung einer Bestimmung des Grundgesetzes abstellt."

Ein Fall der letzteren Art ist hier gegeben. Der Beschwerdeführer hat – wie die Mehrheit des Verfassungsgerichtshofs einräumt – an keiner Stelle auch nur die Verfassung von Berlin erwähnt. Dazu hätte – wenn er denn eine Prüfung am Maßstab der Verfassung von Berlin begehrt hätte – insbesondere auch deshalb Anlaß bestanden, weil die hier noch maßgebende Verfassung von Berlin vom 1. September 1950 (VOBl. I S. 433), zuletzt geändert durch Gesetz vom 8. Juli 1995 (GVBl. S. 393), den Anspruch auf rechtliches Gehör nicht ausdrücklich anspricht, sondern der Verfassungsgerichtshof ein derartiges Grundrecht in seinem Beschluß vom 15. Juni 1993 (VerfGH 18/92* – JR 1993, 519, 520) erst durch Auslegung des Art. 62 VvB „ermittelt" hat. Der Beschwerdeführer hat nicht einmal durch irgendeinen Hinweis zu erkennen gegeben, daß er die Verfassung von Berlin überhaupt in seine Erwägungen einbezogen hat. Vielmehr hat er in seiner Beschwerdebegründung insoweit ledig-

---

* LVerfGE 1, 81.

lich vorgebracht, der angegriffene Beschluß des Oberverwaltungsgerichts Berlin „verletzt das Grundrecht ... auf rechtliches Gehör (Art. 103 Abs. 1 GG)" (Beschwerdebegründung S. 3). Kurzum: Dadurch, daß der Beschwerdeführer in seiner Beschwerdebegründung *ausdrücklich einzig* auf eine Verletzung der Bestimmung des Art. 103 Abs. 1 GG abstellt, d. h. überhaupt keine andere Bestimmung als möglicherweise verletzt angibt, ist nach der Entscheidung des Verfassungsgerichtshofs vom 25. April 1996 die anderenfalls zu seinen Gunsten streitende Vermutung widerlegt, daß er – wie es § 49 Abs. 1 VerfGHG als Voraussetzung für die Zulässigkeit einer Verfassungsbeschwerde verlangt – eine Überprüfung des angegriffenen Beschlusses des Oberverwaltungsgerichts Berlin am Maßstab der Verfassung von Berlin begehrt.

2. Richtig ist, daß der Beschwerdeführer in einer gerichtlichen Verfügung vom 25. Januar 1996 darauf hingewiesen worden ist, seine Verfassungsbeschwerde könne aus dem hier behandelten Grund unzulässig sein. Erst daraufhin hat er erklärt, es werde die Verletzung des bis „Ende November 1995 durch Art. 62 mitgewährleistete(n) Grundrecht(es) des rechtlichen Gehörs" gerügt. Das ist jedoch deshalb unbeachtlich, weil dieses Vorbringen erst nach Ablauf der für die Einlegung einer Verfassungsbeschwerde maßgeblichen Frist des § 51 Abs. 1 Satz 1 VerfHGH beim Verfassungsgerichtshof eingegangen ist. Denn nach der Entscheidung des Verfassungsgerichtshofs vom 25. April 1996 (VerfGH 21/95) ist im Rahmen der von Fall zu Fall erforderlichen Auslegung, ob der Beschwerdeführer eine Überprüfung einer Maßnahme der „Berliner öffentlichen Gewalt" am Maßstab gerade eines „Berliner Rechts" wünscht, „berücksichtigungsfähig nur das Vorbringen, das innerhalb der jeweils für die Verfassungsbeschwerde nach Maßgabe des § 51 VerfGHG einschlägigen Frist beim Verfassungsgerichtshof eingegangen ist".

Sondervotum des Richters Prof. Dr. Kunig

Auch ich halte die Verfassungsbeschwerde für unzulässig. Der Beschwerdeführer hat erst nach Ablauf der Frist des § 51 Abs. 1 S. 2 VerfGHG vorgebracht, der Beschluß des Oberverwaltungsgerichts Berlin verletze ihn in seinen ihm von der Verfassung von Berlin verbürgten Rechten. Die anders lautende Entscheidung der Mehrheit steht nicht in Übereinstimmung mit den im Beschluß vom 25. April 1996 – VerfGH 21/95[*] – zugrundegelegten Maßstäben. Danach besteht – ungeachtet eines Fehlens ausdrücklicher Berufung auf Berliner Verfassungsrecht – bei Vorliegen bestimmter Voraussetzungen ein Anlaß für die „Vermutung", daß eine Überprüfung anhand Berliner Rechts

[*] In diesem Band S. 47.

begehrt werde; beruft sich ein Beschwerdeführer allein auf das Grundgesetz, ist die Vermutung aber als „widerlegt" zu erachten.

Nach diesen Maßstäben ist auch die vorliegende Verfassungsbeschwerde, berücksichtigt man, wie geboten, nur das fristgerecht eingegangene Vorbringen, unzulässig. Die Annahme der in diesem Fall die Entscheidung tragenden Mehrheit, es bestehe ein Unterschied zu dem vorgenannten Verfahren, geht m. E. fehl. Die Feststellung der Mehrheit, der Beschwerdeführer „rügt diese Verletzung" – eine solche „des" rechtlichen Gehörs – „mehrfach" und füge nur „in einem Fall" den Klammerhinweis auf Art. 103 Abs. 1 GG hinzu, mag man so treffen. Sie erweckt allerdings gleichsam den Eindruck eines „Versehens", dessen Berücksichtigung mit der Konsequenz der Unzulässigkeit der Verfassungsbeschwerde sich als bloße Förmelei verbiete. Einer derartigen Betrachtung gegenüber ist festzuhalten, daß der anwaltliche Beschwerdeschriftsatz vom 8. 1. 1996 nach dem Tatsachenvorbringen, also zu Beginn der rechtlichen Würdigung, auf den Obersatz gründet: „Dieser Beschluß verletzt das Grundrecht des Beschwerdeführers auf rechtliches Gehör (Art. 103 Abs. 1 GG)". „Das" – erkennbar: „dieses" – Grundrecht findet in dem Schriftsatz dann noch zweimal Erwähnung, wenn zum einen festgestellt wird, das Recht sei „verletzt", zum anderen, die Entscheidung des Oberverwaltungsgerichts „beruhe" auch auf dieser Verletzung. Ich sehe angesichts dieses Bildes keinen Anhaltspunkt für die Annahme einer „Widerlegung" einer „Vermutung" und meine, die die Entscheidung tragende Mehrheit hätte Anlaß zu der Feststellung gehabt, es werde an der in dem genannten Beschluß vom 25. April 1996 begründeten Rechtsprechung nunmehr nicht weiter festgehalten.

Von alldem abgesehen scheint mir jedenfalls die in dem vorliegenden Beschluß eingeschlagene Linie nicht geeignet zu sein, die nicht zuletzt im Interesse der Rechtsuchenden und ihrer Beistände gebotene Rechtssicherheit bei der Abgrenzung zwischen zulässigen und unzulässigen Verfassungsbeschwerden herbeizuführen. Das findet auch in der Wendung seinen Ausdruck, im vorliegenden Fall „könne" von der „grundsätzlichen Vermutung" (einer Berufung auf Berliner Recht) ausgegangen werden. Die genannte Abgrenzungsfrage bedarf der Beantwortung anhand objektiv faßbarer Kriterien, wie sie etwa der Verfassungsgerichtshof des Freistaates Sachsen in seinem Beschluß vom 22. Juni 1995 – Vf. 24/IV-93 – (LKV 1995, 402 – LS) zugrundegelegt hat, wenn es dort heißt, eine „Erwähnung" oder jedenfalls – man wird hinzufügen dürfen: nach objektiven Maßstäben greifbare – „Bezugnahme" auf Grundrechte gerade des dortigen Landesverfassungsrechts sei für die Zulässigkeit der Verfassungsbeschwerde erforderlich.

Im übrigen sei festgehalten: Ein – oft gewiß „verständliches" – Bestreben, den Erfolg einer im Fall ihrer Zulässigkeit auch begründeten Verfassungsbeschwerde nicht am Fehlen einer gesetzlichen Sachentscheidungsvoraussetzung scheitern zu lassen, wäre nicht geeignet, die Anforderungen an die Feststellung einer solchen Voraussetzung zu relativieren. Im Rechtsstaat mit unmittelbar grundrechtsverpflichteter Fachgerichtsbarkeit, zumal auch mit „Wahlrecht" (vgl. zuletzt BVerfG, NJW 1996, 1464) zwischen zwei Wegen verfassungsgerichtlichen Grundrechtsschutzes in Land und Bund, kann kein Anlaß bestehen, die Begründungslasten bei der Wahrnehmung der verschiedenen Rechtsverfolgungschancen in solcher Weise zu lindern – was nicht nur für Fristbestimmungen selbstverständlich ist, sondern gleichermaßen auch für die Anforderungen aus den §§ 49 Abs. 1, 50 VerfGHG gilt. Es könnte sich sonst womöglich ergeben, daß in Fällen offensichtlicher Unbegründetheit die Zulässigkeitsvoraussetzungen „streng", in Fällen denkbarer Begründetheit hingegen anders gehandhabt würden, was schon mit dem Grundsatz der Rechtsanwendungsgleichheit unvereinbar wäre. Es entspräche dies dem geltenden Prozeßrecht nicht – ungeachtet der Argumente, die rechtspolitisch dafür sprechen mögen, die „Annahme" von Verfassungsbeschwerden in ein an ihrem inhaltlichen Gewicht orientiertes Ermessen der Verfassungsgerichte zu stellen.

Nr. 12

Zum Gebot eines wirkungsvollen Rechtsschutzes.

Verfassung von Berlin Art. 15 Abs. 4 Satz 1

Beschluß vom 17. Juni 1996 – VerfGH 40 A/96 –

In dem Verfahren über den Erlaß einer einstweiligen Anordnung des Vereins F. e. V.

Entscheidungsformel:

Der Antrag auf Erlaß einer einstweiligen Anordnung wird zurückgewiesen.
Das Verfahren ist gerichtskostenfrei.
Auslagen werden nicht erstattet.

Gründe:

I.

Der Antragsteller ist als eingetragener Verein in Berlin u. a. Träger von drei Einrichtungen zur Therapie von Suchtkranken. Die Kosten des Therapiebetriebs werden, soweit sie nicht durch Spenden oder andere Einnahmen des Vereins abgedeckt sind, von der Senatsverwaltung für Jugend und Familie (jetzt: Schule, Jugend und Sport) – Landesdrogenbeauftragte – getragen. Diese „Fehlbedarfsfinanzierung" gemäß §§ 23, 44 LHO geht zurück darauf, daß der Senat von Berlin seit Ende der siebziger/Anfang der achtziger Jahre mehrere ursprünglich von Behörden wahrgenommene Aufgaben in der Gesundheitsversorgung aus Effizienzgründen an Selbsthilfegruppen bzw. freie Träger delegiert hat.

Entsprechend einer vorherigen Ankündigung kürzte die Landesdrogenbeauftragte im Jahre 1993 Fehlbedarfszuwendungen für Therapieprojekte pauschal um 15 bzw. 25 v. H. und leistete Vorschüsse bzw. Abschlagszahlungen gar nicht oder verspätet. Daraufhin erhob der Antragsteller am 29. April 1993 Klage vor dem Verwaltungsgericht mit dem Begehren, die seiner Ansicht nach schon begrifflich unkürzbaren Fehlbedarfszuwendungen ungekürzt zu erhalten, hilfsweise, mitgeteilt zu bekommen, wo es nach Ansicht der Landesdrogenbeauftragten an einem Fehlbedarf mangele.

Mit Beschluß vom 10. Juni 1993 lehnte das Verwaltungsgericht das mit der Klage gestellte Prozeßkostenhilfegesuch ab und wies zugleich einen Antrag auf Erlaß einer einstweiligen Anordnung (§ 123 VwGO) zurück. Als die Landesdrogenbeauftragte später dem Antragsteller wieder Zahlungen entsprechend dem festgestellten Fehlbedarf für die Therapieeinrichtungen mit dem Vorbehalt leistete, nach Maßgabe der Haushaltslage auch in Zukunft pauschale Kürzungen vorzunehmen, erklärte der Antragsteller den Rechtsstreit für in der Hauptsache erledigt und bat mit Blick auf die bestehende Wiederholungsgefahr um die Feststellung der Rechtswidrigkeit pauschaler Zuwendungskürzungen.

Anfang 1996 kürzte die Landesdrogenbeauftragte wiederum Vorschüsse und Abschläge auf die in Rede stehenden Fehlbedarfszuwendungen. Angesichts dessen bat der Antragsteller das Verwaltungsgericht um eine unverzügliche Entscheidung über seine Klage. Nachdem dem Antragsteller mitgeteilt worden war, in seiner Sache sei mit einem Termin zur mündlichen Verhandlung nicht vor Herbst 1996 zu rechnen, wandte er sich mit dem Begehren an den Verfassungsgerichtshof, den Antragsgegner im Wege einer einstweiligen Anordnung gemäß § 31 VerfGHG zu verpflichten, zur mündlichen Verhandlung über seine – des Antragstellers – Klage vom 29. April 1993 (VG 20 A 266/93) einen nahen Termin anzuberaumen.

Zur Begründung seines Antrags macht der Antragsteller geltend, die Verfahrensweise des Verwaltungsgerichts verletze ihn in seinem durch Art. 15 Abs. 4 Satz 1 der Verfassung von Berlin (VvB) garantierten Recht auf effektiven Rechtsschutz. Ein solcher Rechtsschutz sei bei einer Verfahrensdauer von 3 1/2 Jahren nicht mehr gegeben. Bei einer mündlichen Verhandlung erst zum

LVerfGE 4

Herbstende werde er angesichts der nunmehr zu erwartenden Mittelkürzungen alsbald seine Liquidität und zugleich seine langjährig erfahrenen Mitarbeiterinnen verlieren. Für 150 bis 180 Schwerstsuchtkranke im Jahr sei dann die gebotene Gesundheits-, Sozial- und Rechtsversorgung nicht mehr gegeben.

II.

Der Antrag auf Erlaß einer einstweiligen Anordnung hat keinen Erfolg.

Die Entscheidung darüber, wann in einem einzelnen Verfahren ein Termin zur mündlichen Verhandlung anberaumt wird, obliegt in erster Linie dem mit der Sache befaßten Gericht im Rahmen des ihm im Hinblick auf die Verfahrensführung durch die einschlägige Prozeßordnung eingeräumten Ermessens. Sofern der Arbeitsanfall die alsbaldige Bearbeitung und Terminierung sämtlicher zur Entscheidung anstehender Fälle nicht zuläßt, muß das Gericht hierfür zwangsläufig eine zeitliche Reihenfolge festlegen. Dabei darf es freilich das aus Art. 15 Abs. 4 Satz 1 VvB folgende Gebot eines wirkungsvollen Rechtsschutzes nicht außer acht lassen. Der Rechtsuchende hat einen substantiellen Anspruch auf eine möglichst wirksame gerichtliche Kontrolle bezüglich des ihn betreffenden Handelns oder Unterlassens der öffentlichen Gewalt. Wirksamer Rechtsschutz bedeutet zumal auch Rechtsschutz innerhalb angemessener Zeit. Die Angemessenheit der Dauer eines Verfahrens ist nach den besonderen Umständen des einzelnen Falles zu bestimmen.

Die Dauer des Klageverfahrens des Antragstellers ist – auch unter Berücksichtigung der besonderen Gegebenheiten dieses Verfahrens – derzeit noch nicht unangemessen lang. Der Vorsitzende der zuständigen Kammer des Verwaltungsgerichts hat dem Antragsteller mit Schreiben vom 27. März 1996 mitgeteilt, er könne „voraussichtlich nicht vor Herbst 1996 mit einem Termin zur mündlichen Verhandlung rechnen", da seiner Sache „noch eine Anzahl älterer Streitsachen mit gleichem Dringlichkeitsgrad" vorgehe. Vor diesem Hintergrund und unter Berücksichtigung der Umstände, daß das Verwaltungsgericht in der Sache des Antragstellers bereits eine Entscheidung nach § 123 VwGO getroffen und der Antragsteller nach einer entsprechenden Hauptsacherledigungserklärung auf eine Fortsetzungsfeststellungsklage (vgl. § 113 Abs. 1 Satz 4 VwGO) übergegangen ist, erscheint die bisherige Verfahrensdauer noch nicht schlechthin ungewöhnlich. Es ist auch nicht erkennbar, daß die Anberaumung eines Termins zur mündlichen Verhandlung aus sachwidrigen Erwägungen bislang unterblieben wäre. Allerdings liegt auf der Hand, daß das mit der verwaltungsgerichtlichen Klage verfolgte Anliegen des Antragstellers, der infolge von Zuwendungskürzungen drohende Verlust therapeutischer Mitarbeiterinnen und vor allem die damit einhergehenden Einschnitte für die Gesundheits-, Sozial- und Rechtsversorgung namentlich von Schwerstsuchtkranken es als dringend geboten erscheinen lassen, alsbald eine Entscheidung über die bereits am 29. April 1993 erhobene Klage herbeizuführen. Eine weitere erhebliche, im Hinblick auf Erfordernisse des Verfahrens nicht begründete Verzögerung der Anberaumung eines Termins zur mündlichen Verhandlung und der Entscheidung über die Klage wäre im Hinblick auf die Rechtsschutzgarantie des Art. 15 Abs. 4 Satz 1 VvB schwerlich noch angemessen.

Die Entscheidung über die Kosten beruht auf §§ 33 f. VerfGHG.

Dieser Beschluß ist unanfechtbar (§ 31 Abs. 3 Satz 2 VerfGHG).

Nr. 13

Antrag einer Universität auf vorläufigen Rechtsschutz gegen Vorschriften des Haushaltsstrukturgesetzes.

Gesetz über den Verfassungsgerichtshof § 31 Abs. 1

Beschluß vom 17. Juni 1996 – VerfGH 54 A/96 –

In dem Verfahren über den Antrag auf Erlaß einer einstweiligen Anordnung der Freien Universität Berlin, vertreten durch den Präsidenten.

Entscheidungsformel:

Der Antrag wird zurückgewiesen.
Das Verfahren ist gerichtskostenfrei.
Auslagen werden nicht erstattet.

Gründe:

I.

Die Antragstellerin begehrt die Aussetzung der Wirksamkeit des Art. II § 2 Abs. 1 Nr. 1 und § 3 Nrn. 2, 3 und 6 des Gesetzes zur Beseitigung des strukturellen Ungleichgewichts des Haushalts (Haushaltsstrukturgesetz 1996 – HStrG 96 –) vom 15. April 1996 (GVBl. S. 126) bis zur Entscheidung in der Hauptsache.

Nach Art. II § 2 Abs. 1 Nr. 1 HStrG 96 wird bei der Antragstellerin im Fachbereich Humanmedizin der Studiengang „Zahnmedizin" aufgehoben. Gemäß Art. II § 3 Nr. 2 HStrG wird dem § 4 des Berliner Hochschulgesetzes i. d. F. vom 5. Oktober 1995 (GVBl. S. 727 – BerlHG –) ein Abs. 10 angefügt, nach dem zur Verwirklichung der Hochschulplanung eine Gemeinsame

Finanzkommission der Universitäten gebildet wird. Durch Art. II § 3 Nr. 3 HStrG 96 wird mit § 68 a BerlHG eine neue Vorschrift in das Gesetz aufgenommen, die sich zu einer Gemeinsamen Finanz- und Wirtschaftskommission für die Universitätsklinika in Berlin verhält. Art. II § 3 Nr. 6 HstrG 96 schließlich fügt dem § 89 BerlHG einen Abs. 3 an, der insbesondere bestimmt, der Senat von Berlin könne aus wichtigem Grund, insbesondere zur Verwirklichung der Hochschulplanung des Landes Berlin, verlangen, daß innerhalb einer angemessenen Frist entsprechend der Finanzplanung des Landes Berlin Strukturentscheidungen durch Beschluß von der Gemeinsamen Finanzkommission über die Veränderung oder Aufhebung von Fachbereichen, Zentralinstituten, wissenschaftlichen oder künstlerischen Einrichtungen, Betriebseinheiten oder Studiengängen vorbereitet werden. Auf Vorschlag der Gemeinsamen Finanzkommission entscheidet ggf. der Senat von Berlin.

Die Antragstellerin meint, die Auflösung des Studiengangs Zahnmedizin verstoße gegen die Art. 21, 10 Abs. 1 und 17 der Verfassung von Berlin (VvB), im übrigen sei das Haushaltsstrukturgesetz wegen eines fehlerhaften Parlamentsbeschlusses nichtig. Das Land Berlin habe mit der Neuregelung in Art. II § 2 HStrG 96 ihr Grundrecht auf Wissenschaftsfreiheit und überdies dadurch ihr Beteiligungsrecht verletzt, daß es die im Hochschulrahmengesetz und im Berliner Hochschulgesetz vorgesehenen Entscheidungsformen schlichtweg ignoriert habe. Art. II § 3 Nrn. 2, 3 und 6 HStrG 96, die sich mit der Gemeinsamen Finanzkommission der Universitäten sowie der Gemeinsamen Finanz- und Wirtschaftskommission für die Universitätsklinika in Berlin befaßten, seien ebenfalls wegen eines Verstoßes gegen Art. 21 VvB verfassungswidrig. Vor diesem Hintergrund sei der Erlaß der begehrten einstweiligen Anordnung gemäß § 31 VerfGHG geboten, weil die Nachteile, die einträten, wenn die einstweilige Anordnung nicht ergänge, die beanstandeten Normen aber später für verfassungswidrig erklärt würden, bei weitem die Nachteile überwögen, die entstünden, wenn die Vollziehung dieser Normen bis zur Entscheidung in der Hauptsache ausgesetzt würde.

Das Abgeordnetenhaus und der Senat von Berlin haben Gelegenheit zur Äußerung erhalten.

II.

Der Antrag auf Erlaß einer einstweiligen Anordnung hat keinen Erfolg. Nach § 31 Abs. 1 VerfGHG kann der Verfassungsgerichtshof im Streitfall einen Zustand durch einstweilige Anordnung vorläufig regeln, wenn dies zur Abwehr schwerer Nachteile, zur Verhinderung drohender Gewalt oder aus einem anderen wichtigen Grund zum gemeinen Wohl dringend geboten ist. Wegen der meist weittragenden Folgen, die eine einstweilige Anordnung in einem verfassungsrechtlichen Verfahren auslöst, ist bei der Prüfung der Voraussetzungen des § 31 Abs. 1 VerfGHG ein strenger Maßstab anzulegen. Dies gilt insbesondere, wenn im Ergebnis – wie hier – eine gesetzliche Vorschrift (vorläufig) außer Kraft gesetzt werden soll. In einem solchen Fall müssen die für eine vorläufige Regelung sprechenden Gründe so schwerwiegend sein, daß sie den Erlaß einer einstweiligen Anordnung unabweisbar machen. Der Verfassungsgerichtshof darf von seiner Befugnis, den Vollzug eines Gesetzes auszusetzen, nur mit größter Zurückhaltung Gebrauch machen (vgl. ebenso zu § 32 Abs. 1 BVerfGG, u. a. Beschluß vom 7. Dezember 1977 – 2 BvF 1, 2, 4, 5/77 – BVerfGE 46, 337, 340 mwN). Die Gründe, die für oder gegen die Verfassungswidrigkeit eines angegriffenen Gesetzes sprechen, müssen bei der Prüfung der Voraussetzungen des § 31 Abs. 1 VerfGHG außer Betracht bleiben, es sei denn, die in der Hauptsache begehrte Entscheidung erwiese sich als von vornherein unzulässig oder offensichtlich unbegründet. Bei offenem Ausgang des Hauptsacheverfahrens sind die Nachteile, die eintreten, wenn die einstweilige Anordnung nicht erginge, das Gesetz aber später für verfassungswidrig erklärt würde, gegen diejenigen abzuwägen, die entstünden, wenn der Vollzug des Gesetzes ausgesetzt würde, sich aber im Hauptsacheverfahren das Gesetz als verfassungsgemäß erwiese (vgl. u. a. Urteil vom 29. Juli 1993 – VerfGH 65 A/93* – NVwZ 1993, 263 – und Beschluß vom 9. Februar 1995 – VerfGH 14 A/95** –).

Die Verfassungsbeschwerde ist weder von vornherein unzulässig noch offensichtlich unbegründet. Die vorzunehmende Abwägung ergibt unter Berücksichtigung des Umstandes, daß der Verfassungsgerichtshof beabsichtigt, spätestens im Herbst dieses Jahres in der Hauptsache mündlich zu verhandeln, daß der Erlaß einer einstweiligen Anordnung nicht dringend geboten ist.

1. Der Vollzug der Vorschriften über die beiden Kommissionen hat – soweit derzeit ersichtlich – keine Folgen, die im Falle des Erfolges der Verfassungsbeschwerde nicht wieder rückgängig gemacht werden könnten. Selbst wenn die Kommissionen in der Zeit bis zur Entscheidung in der Hauptsache Maßnahmen treffen, ist angesichts der Kürze des hier in Rede stehenden Zeitraums nicht zu erwarten, daß die sich daraus ergebenden Folgen irreparabel sind, falls der Verfassungsgerichtshof die angegriffenen Vorschriften für nichtig erklärt.

Würde der Verfassungsgerichtshof den Vollzug der genannten Vorschriften indessen jetzt aussetzen, erwiesen sie sich dann aber in der Hauptsache als verfassungsgemäß, wögen die Nachteile schwerer. Die Kommissionen, die nach dem Willen des Gesetzgebers zur Verwirklichung der Hochschulpla-

---

* LVerfGE 1, 124, 127.
** LVerfGE 3, 16, 18.

nung bzw. zur Finanz- und Wirtschaftsplanung gebildet werden sollen, sind im Kontext des Haushaltsstrukturgesetzes 1996 zu sehen. Dieses soll der Haushaltskonsolidierung dienen, um „neue Handlungsspielräume für Zukunftsaufgaben der Stadt zu gewinnen und eine Stadt der sozialen Gerechtigkeit und des wirtschaftlichen Wachstums zu gestalten" (Abs. 1 der Präambel zum Haushaltsstrukturgesetz 1996). Der Gesetzgeber hält zur Reduzierung der sich bis zum Jahre 1999 abzeichnenden Finanzierungsdefizite umfassende haushaltspolitische Konsolidierungsmaßnahmen für erforderlich, die unverzüglich zu verwirklichen seien. Erließe der Verfassungsgerichtshof die begehrte einstweilige Anordnung, würde sich die Vorbereitung der vom Gesetzgeber für dringend erforderlich gehaltenen Strukturentscheidungen verzögern.

2. Im Ergebnis das gleiche gilt hinsichtlich der Aufhebung des Studiengangs Zahnmedizin. Ergeht die einstweilige Anordnung nicht, erweist sich die Verfassungsbeschwerde später jedoch als begründet, hat dies ebenfalls keine irreparablen Konsequenzen. Durch die Aufhebung des Studiengangs Zahnmedizin entstehen derzeit keine schweren Nachteile für die Antragstellerin. Zu berücksichtigen ist, daß der Studiengang weiterhin existiert, um den immatrikulierten Studenten die Möglichkeit zu geben, innerhalb der Regelstudienzeit ihr Studium ordnungsgemäß abzuschließen (vgl. Art. II § 2 Abs. 5 HStrG 96). Damit besteht der Studiengang insoweit zunächst faktisch fort, der Lehr- und Forschungsbetrieb bleibt aufrechterhalten. Auch die Befürchtung der Antragstellerin, daß ihr für das kommende Semester durch Entscheidungen der Verwaltungsgerichtsbarkeit weitere Studenten zugewiesen werden, führt angesichts der vom Verfassungsgerichtshof beabsichtigten kurzfristigen Entscheidung in der Hauptsache zu keiner anderen Beurteilung.

Die Entscheidung über die Kosten beruht auf den §§ 33 f. VerfGHG.
Dieser Beschluß ist unanfechtbar.

Entscheidungen des Verfassungsgerichts des Landes Brandenburg

Die amtierenden Richter des Verfassungsgerichts des Landes Brandenburg

Dr. Peter Macke, Präsident
Dr. Wolfgang Knippel, Vizepräsident
Prof. Dr. Hans Herbert v. Arnim (bis zum 30. 01. 1996)
Dr. Matthias Dombert
Prof. Dr. Beate Harms-Ziegler
Prof. Dr. Rolf Mitzner
Prof. Dr. Richard Schröder
Prof. Dr. Karl-Heinz Schöneburg
Monika Weisberg-Schwarz
Prof. Dr. Rosemarie Will (seit dem 26. 09. 1996)

Nr. 1

1. Für die Zulässigkeit einer Richtervorlage nach Art. 113 Nr. 3 LV, § 42 VerfGGBbg reicht es aus, daß sich die für verletzt gehaltene Bestimmung der Landesverfassung aus der Begründung der Vorlage ergibt.
2. § 12 Abs. 1 Nr. 1 BbgKWahlG ist mit der Verfassung des Landes Brandenburg unvereinbar, soweit danach angestellte Ärzte, welche in nichtselbständigen Einrichtungen des Kreises in nichtleitender Funktion ärztlich tätig sind, nicht dem Kreistag des Landkreises angehören dürfen.

Grundgesetz Art. 137 Abs. 1

Verfassung des Landes Brandenburg Art. 22 Abs. 1, 3; 113 Nr. 3

Verfassungsgerichtsgesetz Brandenburg § 42

Brandenburgisches Kommunalwahlgesetz § 12 Abs. 1 Nr. 1

Urteil vom 25. Januar 1996 – VfGBbg 13/95 –

in dem Verfahren zur verfassungsrechtlichen Prüfung des § 12 Abs. 1 Nr. 1 des Gesetzes über die Kommunalwahlen im Land Brandenburg (Brandenburgisches Kommunalwahlgesetz – BbgKWahlG –) vom 22. April 1993 (GVBl. I S. 113, zuletzt geändert durch Gesetz vom 15. Dezember 1995, GVBl. I S. 273) aufgrund des Aussetzungs- und Vorlagebeschlusses des Verwaltungsgerichts Potsdam vom 16. März 1995.

Entscheidungsformel:

§ 12 Abs. 1 Nr. 1 BbgKWahlG ist mit der Verfassung des Landes Brandenburg unvereinbar, soweit danach angestellte Ärzte, welche in nichtselbständigen Einrichtungen des Kreises in nichtleitender Funktion ärztlich tätig sind, nicht dem Kreistag des Landkreises angehören dürfen.

Gründe:
A.

Gegenstand der zur gemeinsamen Verhandlung verbundenen Normenkontrollverfahren* ist eine Inkompatibilitätsvorschrift des Kommunalwahlrechts in Brandenburg.

I.

Das Kommunalwahlrecht wird durch das Gesetz über die Kommunalwahlen im Land Brandenburg (Brandenburgisches Kommunalwahlgesetz – BbgKWahlG –) vom 22. April 1993 (GVBl. I S. 113) geregelt. Es gilt nach § 1 BbgKWahlG sowohl bei den Wahlen für die Gemeindevertretungen und Stadtverordnetenversammlungen als auch für die Kreistagswahlen in den Landkreisen des Landes Brandenburg.

Die vom Verwaltungsgericht vorgelegte Inkompatibilitätsvorschrift des § 12 Abs. 1 Nr. 1 BbgKWahlG hat folgenden Wortlaut:

> (1) Beamte und Angestellte, die im Dienst einer in den Nummern 1 bis 6 genannten Körperschaften stehen, können in den folgenden Fällen nicht gleichzeitig einer Vertretung angehören:
> 1. Sie können nicht der Vertretung ihrer Anstellungskörperschaft angehören; dies gilt nicht für Bürgermeister, Oberbürgermeister und Landräte.
> ...

§ 12 BbgKWahlG hindert die Beamten und Angestellten nicht, sich zur Wahl zu stellen. Vielmehr müssen sie sich nach der erfolgten Wahl entscheiden, ob sie das Mandat antreten und zuvor das Dienstverhältnis beenden oder aber das Dienstverhältnis fortsetzen und auf das Mandat verzichten. Das folgt aus der Regelung des § 12 Abs. 4 BbgKWahlG (alte Fassung):

> (4) Werden Personen gewählt, die gemäß Abs. 1 oder 2 an der gleichzeitigen Zugehörigkeit zur Vertretung gehindert sind, so können sie die Wahl nur annehmen, wenn sie nachweisen, daß sie die zur Beendigung ihres Dienstverhältnisses erforderliche Erklärung abgegeben haben. Weist die betroffene Person dieses vor Ablauf der Frist zur Annahme der Wahl nicht nach, so gilt die Wahl als abgelehnt. Die Beendigung des Beamten- oder Angestelltenverhältnisses ist dem Bürgermeister, Oberbürgermeister oder Landrat spätestens vier Monate nach Annahme der Wahl nachzuweisen. Die Sätze 1 bis 3 gelten bei einem Nachrücken als Ersatzperson entsprechend. Stellt der Wahlleiter nachträglich fest, daß ein Bewerber die Wahl angenommen hat, obwohl er nach Abs. 1 oder 2 an der gleichzeitigen Zugehörigkeit zu der Vertretung gehindert war und weist er nicht innerhalb einer Frist von einem Monat nach Bekanntgabe der

---

* Siehe auch Urteil vom 25. Januar 1996 – VfGBbg 12/95 – (hier nicht abgedr.).

nachträglichen Feststellung die Beendigung seines Dienstverhältnisses nach, so scheidet er mit Ablauf der Frist aus der Vertretung aus. Der Wahlleiter stellt den Verlust der Mitgliedschaft fest.

II.

1. Der Kläger des Ausgangsverfahrens ist angestellter Oberarzt in der chirurgischen Abteilung des Kreiskrankenhauses in Z. Träger dieses Krankenhauses ist seit dem 6. Dezember 1993 der Landkreis X. (§§ 6, 16, 17 Abs. 1 Kreisneugliederungsgesetz i. V. m. § 1 des Gesetzes zur Bestimmung von Verwaltungssitz und Namen des Landkreises ... vom 22. April 1993, GVBl. I S. 147).

Der Kläger wurde bei der Kommunalwahl am 5. Dezember 1993 in den Kreistag des Landkreises X. gewählt. Der Kreiswahlleiter teilte ihm dies mit Schreiben vom 8. Dezember 1993 mit. Mit Bescheid vom 23. Dezember 1993 stellte der Kreiswahlleiter gemäß § 12 Abs. 4 Satz 5 BbgKWahlG fest, daß der Kläger an einer Zugehörigkeit zum Kreistag gemäß § 12 Abs. 1 Nr. 1 BbgKWahlG gehindert sei. Nehme er die Wahl an, so müsse er binnen eines Monats die Beendigung seines Dienstverhältnisses nachweisen, anderenfalls mit Ablauf dieser Frist aus dem Kreistag ausscheiden.

Gegen diese Entscheidung erhob der Kläger mit Schreiben vom 29. Dezember 1993 Einspruch. Am 3. Januar 1994 beantragte er wegen der für den folgenden Tag anberaumten konstituierenden Sitzung des Kreistages die Anordnung der aufschiebenden Wirkung seines Wahleinspruchs. Diesem Antrag gab das Verwaltungsgericht Potsdam mit Beschluß vom 16. Februar 1994 bis zur Entscheidung in der Hauptsache statt.

Den Einspruch des Klägers wies der Beklagte des Ausgangsverfahrens nach Vorprüfung durch den Kreisausschuß durch Beschluß vom 25. April 1994 zurück. Die nachträgliche Feststellung der Unvereinbarkeit gemäß § 12 Abs. 4 Satz 5 BbgKWahlG sei rechtens. Der Kläger könne als Angestellter des Kreises X. nicht zugleich dessen Kreistag angehören. Das Kreiskrankenhaus in Z. habe als nichtrechtsfähige Anstalt keine eigene Rechtspersönlichkeit; die Unvereinbarkeit von beruflicher Tätigkeit und Mandat bestehe deshalb nicht etwa nur für die vertretungsberechtigten Angestellten, wie dies § 12 Abs. 1 Nr. 3 BbgKWahlG für die dort genannten Personengruppen festlege.

Der Kläger erhob am 31. Mai 1994 Klage beim Verwaltungsgericht Potsdam. Er ist der Auffassung, daß die gesetzlichen Voraussetzungen für die Inkompatibilität in seiner Person nicht erfüllt seien. Sollte der Tatbestand des § 12 Abs. 1 Nr. 1 BbgKWahlG jedoch erfüllt sein, so erweise sich diese Vorschrift als mit dem Grundgesetz und der Verfassung des Landes Brandenburg unvereinbar.

2. Das Verwaltungsgericht Potsdam hat den Rechtsstreit ausgesetzt und dem Verfassungsgericht des Landes Brandenburg zur Entscheidung vorgelegt, ob § 12 Abs. 1 Nr. 1 BbgKWahlG insoweit mit der Verfassung des Landes Brandenburg vereinbar ist, als diese Vorschrift anordnet, daß angestellte Ärzte, welche in nichtselbständigen Einrichtungen des Kreises in nichtleitender Funktion lediglich ärztlich tätig sind, nicht dem Kreistag dieses Landkreises angehören dürfen. Das Verwaltungsgericht geht davon aus, daß die in § 12 Abs. 1 Nr. 1 BbgKWahlG angeordnete Inkompatibilität gegen Art. 22 Abs. 1 Satz 1 LV verstoße. § 12 Abs. 1 Nr. 1 BbgKWahlG beinhalte darüber hinaus eine verfassungsrechtlich nicht gerechtfertigte Ungleichbehandlung zwischen Beamten und Angestellten der kommunalen Körperschaften einerseits und Arbeitern und kommunalen Wahlbeamten andererseits. Hinzu trete eine Ungleichbehandlung der beamteten und angestellten Bediensteten der Kommunen gegenüber Beschäftigten der privaten Wirtschaft. Jedenfalls die Ungleichbehandlung der Angestellten verstoße insoweit gegen Art. 22 Abs. 1 Satz 1 LV, als dort jedem Bürger nach Vollendung des 18. Lebensjahres die Wählbarkeit zu den kommunalen Vertretungskörperschaften eingeräumt werde. Die Landesverfassung habe damit der grundgesetzlichen Ermächtigung des Art. 137 Abs. 1 GG Grenzen gesetzt. Dies stelle keinen Verstoß gegen die Vorgaben des Grundgesetzes dar, an die der Landesgesetzgeber, vermittelt durch die Homogenitätsklausel des Art. 28 Abs. 1 Satz 1 GG, gebunden sei. Denn aufgrund des Wortlautes des Art. 137 Abs. 1 GG sei der Gesetzgeber nicht gezwungen, sondern lediglich berechtigt, Einschränkungen des passiven Wahlrechts vorzunehmen.

Die Beschränkbarkeit des passiven Wahlrechts im Land Brandenburg lasse sich auch nicht aus anderen Verfassungsgütern ableiten. Zwar sei denkbar, daß bestimmte kollidierende Verfassungsgüter eine – ausnahmsweise – Abweichung vom strikt formulierten Wortlaut („Jeder Bürger") des Art. 22 Abs. 1 Satz 1 LV rechtfertigen könnten. Doch erforderten weder das Demokratie- noch das Rechtsstaatsprinzip bzw. der ihnen entnehmbare Grundsatz der Gewaltenteilung zwingend die vom Gesetzgeber vorgenommene Einschränkung des passiven Wahlrechts. Mit dem Grundsatz der Gewaltenteilung sei es zwar nicht ohne weiteres vereinbar, daß die den verschiedenen Organen der Selbstverwaltungskörperschaften übertragenen Aufgaben von denselben Funktionsträgern wahrgenommen werden. Der zur Verwirklichung dieser Funktionstrennung geschaffene § 12 Abs. 1 Nr. 1 BbgKWahlG werde diesem Zweck jedoch nicht gerecht. Der Gesetzgeber habe dabei die ihm grundsätzlich zustehende Befugnis zur Typisierung und Generalisierung überschritten und – systemwidrig – das von ihm selbstgewählte Regelungssystem verlassen. Er habe nämlich die Hauptverwaltungsbeamten, die gemäß §§ 28 Abs. 1 Landkreisordnung, 34 Abs. 1 Gemeindeordnung stimmberechtigte Mitglieder der

Vertretung seien, von der Regelung des § 12 Abs. 1 Nr. 1 BbgKWahlG ausgenommen. Halte sich der Gesetzgeber grundlos nicht an sein eigenes Regelungssystem, liege darin ein Indiz für einen Gleichheitsverstoß.

III.

1. Die Landesregierung ist den Ausführungen des Verwaltungsgerichts Potsdam entgegengetreten. Sie ist der Ansicht, § 12 Abs. 1 Nr. 1 BbgKWahlG sei von der Ermächtigungsnorm des Art. 137 GG gedeckt. Bezogen auf den konkreten Sachverhalt des Ausgangsfalles sei die fragliche Norm gerechtfertigt, um den direkten und unabsehbaren Einwirkungsmöglichkeiten der Vertretungskörperschaft auf die Beschäftigungsstelle und auf das Beschäftigungsverhältnis der „eigenen" Beamten und Angestellten vorzubeugen.

In der gesetzlichen Regelung liege auch unter Berücksichtigung des Art. 22 Abs. 1 Satz 1 LV kein rechtserheblicher Eingriff in das passive Wahlrecht. Art. 22 Abs. 1 Satz 1 LV statuiere keine Einschränkung des Eingriffsvorbehalts des Art. 137 Abs. 1 GG. Deshalb könne der Brandenburgische Landesgesetzgeber unmittelbar von der Ermächtigung des Art. 137 GG Gebrauch machen. Wegen des Eingriffsvorbehaltes in Art. 137 GG hätten die Verfassungsausschüsse zu Recht keine Notwendigkeit gesehen, eine die Inkompatibilitäten regelnde Vorschrift in der Landesverfassung vorzusehen.

Auch wenn der Verfassungsgeber von dem Bestreben geleitet worden sei, die politischen Gestaltungsrechte bestimmt und möglichst einschränkungslos zu umschreiben, habe er gleichwohl nicht die im Grundgesetz festgeschriebenen Rechte erweitern wollen. Auch die Formulierung „Jeder Bürger" erlaube keinen Schluß auf einen strikt formalisierten Gleichheitsgehalt des Art. 22 Abs. 1 Satz 1 LV. Dieses Tatbestandsmerkmal diene allein zur Klarstellung, daß von dieser Regelung nur das Brandenburgische Staatsvolk i. S. d. Art. 3 Abs. 1 Satz 1 LV erfaßt sein solle.

Auch das Fehlen eines Gesetzesvorbehaltes in Art. 22 Abs. 1 LV bedeute keine Einschränkung der Befugnis des Landesgesetzgebers, Inkompatibilitätsregelungen zu schaffen. Wenn der Verfassungsgeber dies gewollt hätte, müsse das in der Entstehungsgeschichte der Landesverfassung nachweisbar sein. Das sei jedoch nicht der Fall.

Die von der Landesverfassung angestrebte Stärkung der Elemente der direkten Demokratie erforderten es nicht, auf Inkompatibilitätsregelungen zu verzichten. Hierbei gehe es nur um die Neugestaltung der Bereiche, in denen Widersprüche zwischen dem Volk und den verfaßten Staatsgewalten auftreten könnten, nicht hingegen um Interessenkonflikte im innerstaatlichen Bereich.

Unzutreffend sei ferner die Auffassung des Verwaltungsgerichts Potsdam, die Regelung des § 12 Abs. 1 Nr. 1 BbgKWahlG sei deshalb verfassungswidrig, weil sie Oberbürgermeistern und Landräten, anders als den anderen Angehörigen des öffentlichen Dienstes, die Zugehörigkeit in den Vertretungskörperschaften einräume. Diese Regelung sei sachlich gerechtfertigt, weil der hauptamtliche Leiter der kommunalen Verwaltung gleichzeitig Vertreter und Repräsentant der betreffenden Gebietskörperschaft sei. Er nehme also eine „Scharnierfunktion" zwischen Verwaltung und Kommunalvertretung ein, die volle Mitsprache- und Mitentscheidungsrechte in der Vertretungskörperschaft rechtfertigten.

2. Die Kläger des Ausgangsverfahrens halten die Vorlage für berechtigt. § 12 Abs. 1 Nr. 1 BbgKWahlG sei mit Art. 22 Abs. 1 Satz 1 LV unvereinbar.

B.

Die Vorlage ist zulässig.

1. Die Vorlage genügt in formeller Hinsicht den Voraussetzungen des Art. 100 Abs. 1 GG, Art. 113 Nr. 3 LV, § 42 Abs. 1 und 2 VerfGGBbg.

Der Zulässigkeit steht nicht entgegen, daß im Tenor des Beschlusses ein Hinweis darauf fehlt, welche Vorschrift der Landesverfassung vom Verwaltungsgericht als verletzt angesehen wird. Ein Verstoß gegen § 42 Abs. 2 VerfGGBbg liegt darin nicht. Es reicht aus, wenn – wie hier auf Seite 11 des Entscheidungsumdrucks – das Gericht im Rahmen der Begründung zu erkennen gibt, welche Vorschrift der Landesverfassung von ihm für verletzt gehalten wird (hier: Art. 22 Abs. 1 Satz 1 LV).

2. Die Vorlage genügt auch dem § 42 Abs. 1 VerfGGBbg. Das Verwaltungsgericht macht hinreichend deutlich, weshalb es nach seiner Rechtsauffassung auf die Gültigkeit der zur Prüfung gestellten Norm ankommt. Es legt ausführlich seine – offenkundig vertretbare – Auslegung des § 12 Abs. 1 Nr. 1 BbgKWahlG dar. Danach wäre der Kläger des Ausgangsverfahrens, gäbe es die genannte Norm nicht, ohne weiteres berechtigt, Mitglied des Kreistages zu sein. Das Verwaltungsgericht hat bei der Formulierung seiner Vorlage auch beachtet, daß diese auf den entscheidungserheblichen Teil zu beschränken ist. Deshalb muß, wenn eine im Wortlaut generell gefaßte Norm im Einzelfall nur eine nicht ausdrücklich benannte, jedoch mitumfaßte und abgrenzbare Personengruppe betrifft, die Vorlagefrage auf diese beschränkt werden (vgl. BVerfGE 75, 246, 260). Das ist hier, bezogen auf den Personenkreis der angestellten Ärzte, welche in nichtselbständigen Einrichtungen des Kreises in nichtleitender Funktion ärztlich tätig sind, geschehen.

C.

Den von dem Verwaltungsgericht Potsdam gegen § 12 Abs. 1 Satz 1 BbgKWahlG erhobenen verfassungsrechtlichen Bedenken ist jedenfalls in dem durch den Vorlagebeschluß begrenzten Rahmen beizupflichten. § 12 Abs. 1 Nr. 1 BbgKWahlG ist insoweit mit der Landesverfassung unvereinbar, als danach angestellte Ärzte, welche in nichtselbständigen Einrichtungen eines Landkreises in nichtleitender Funktion ärztlich tätig sind, nicht dem Kreistag desselben Landkreises angehören dürfen. Die Regelung des § 12 Abs. 1 BbgKWahlG beeinträchtigt insoweit den Schutzbereich des Art. 22 Abs. 1 LV (I.), ohne daß dafür eine Rechtfertigung vorhanden ist, die vor der Landesverfassung Bestand hat (II.).

I.

1. Die Regelung des § 12 Abs. 1 Satz 1 BbgKWahlG, daß u. a. Angestellte eines Landkreises (hier: im Kreiskrankenhaus angestellte Ärzte ohne Leitungsfunktion) nicht gleichzeitig der Vertretung ihrer Anstellungskörperschaft angehören können, beeinträchtigt den Schutzbereich des Art. 22 Abs. 1 Satz 1 LV.

Art. 22 Abs. 1 LV – aber auch Art. 22 Abs. 3 Satz 1 LV – beziehen sich nicht nur auf den Wahlakt als solchen. Vielmehr wird davon auch die Wählbarkeit im weiteren Sinne erfaßt. Ein Wahlbewerber muß nicht nur die Möglichkeit haben, ein Mandat durch Wahl zu erwerben, sondern auch, es während der Legislaturperiode innezuhaben und tatsächlich auszuüben (vgl. BVerfGE 38, 326, 337). Eine Beschränkung des Schutzbereichs des Art. 22 Abs. 1 LV auf den Wahlakt als solchen würde dazu führen, daß dem durch die Wahl demokratisch legitimierten Volksvertreter die Ausübung des Mandates vorenthalten werden könnte. Damit würde die Wahl des Bewerbers entwertet. Das passive Wahlrecht verwirklicht sich erst darin, daß der Gewählte die ihm durch die Wahl übertragene Funktion als Vertreter des Volkes auch tatsächlich ausüben kann.

2. Umfaßt demnach der Schutzbereich des Art. 22 Abs. 1 LV auch die Möglichkeit, das Mandat innezuhaben und auszuüben, scheidet aus, diese Norm als bloßes Verbot einer – allein auf den eigentlichen Wahlakt bezogenen – Ineligibilität zu verstehen. Einem solchen Verständnis stünde auch entgegen, daß Art. 22 Abs. 1 LV in dieser Hinsicht einen eigenständigen Anwendungsbereich verlöre, weil ein genereller Ausschluß der Wählbarkeit, also das gesetzliche Verbot zu kandidieren, schon kraft Bundesverfassungsrechts untersagt ist. Nach Art. 28 Abs. 1 Satz 2 GG muß das Volk in den Gemeinden, aber auch in den Kreisen (vgl. dazu BVerfGE 12, 73, 77), eine Vertretung haben, die

aus allgemeinen, unmittelbaren, freien, gleichen und geheimen Wahlen hervorgegangen ist. Eine Durchbrechung dieses Grundsatzes in Form von Ineligibilitätsregelungen ist selbst nach der grundgesetzlichen Sonderregelung in Art. 137 Abs. 1 GG ausgeschlossen, weil diese Regelung allein zu einer Beschränkung, nicht aber zu einem Ausschluß von der Wählbarkeit ermächtigt (BVerfGE 57, 43, 67).

3. Der Auffassung der Landesregierung, das Tatbestandsmerkmal „Jeder Bürger" in Art. 22 Abs. 1 LV betreffe ausschließlich die Abgrenzung zwischen den wahlberechtigten „Bürgern" und den nichtwahlberechtigten „Einwohnern", vermag das Gericht nicht beizutreten. Zwar trifft zu, daß durch die Verwendung des Begriffs „Bürger" der Kreis der Träger des aktiven und passiven Wahlrechts auf alle Deutschen mit ständigem Wohnsitz im Land Brandenburg beschränkt wird (Art. 3 Abs. 1 LV). Gleichzeitig ergibt aber das Wort „jeder" nach seinem landläufigen Aussagegehalt, daß darüberhinausgehende Ausgrenzungen aus dem Personenkreis der Wahlberechtigten nicht zulässig sein sollen. Dieses Verständnis wird durch Art. 22 Abs. 3 Satz 1 LV gestützt. Wenn dort die *Gleichheit* der Wahl verfassungsrechtlich garantiert wird, so heißt das ebenfalls, daß prinzipiell „jeder" an dieser Wahl soll teilnehmen können. Jenes „jeder" in Art. 22 Abs. 1 LV korrespondiert in diesem Sinne mit der Gleichheit der Wahl in Art. 22 Abs. 3 LV. Freiheit und Gleichheit sind „zwei Seiten ein und derselben Sache" (zu diesem Zusammenhang ausführlich: *Kriele*, Einführung in die Staatslehre, 5. Auflage, 1994, S. 207). Das gilt in besonderer Weise im Wahlrecht, weil dort der Gleichheitssatz einen formal-egalitären Charakter besitzt und seine Ausgestaltung deshalb in „formal möglichst gleicher Weise" zu erfolgen hat (vgl. BVerfGE 57, 43, 56).

II.

Ist danach durch Art. 22 Abs. 1 und Abs. 2 LV gewährleistet, daß grundsätzlich jeder Bürger des Landes Brandenburg (ab 18 Jahren) das Recht hat, sich in dem Landkreis, in dem er seinen Wohnsitz hat, in den Kreistag wählen zu lassen, stellt die Regelung des § 12 Abs. 1 Nr. 1 BbgKWahlG für den Personenkreis, zu dem der Kläger des Ausgangsverfahrens gehört, eine Beschränkung des passiven Wahlrechts dar. Diese Einschränkung wäre nur zulässig, wenn es hierfür, sei es in der Landesverfassung, sei es kraft Bundes(verfassungs)rechts, eine Ermächtigung oder einen einschlägigen Gesetzesvorbehalt gäbe. Das ist indes nicht der Fall. Freilich schließt die Verwendung einer apodiktischen Formulierung wie „Jeder Bürger" im Verfassungstext nicht bereits eo ipso aus, daß die Verfassungsordnung, was oft noch innerhalb desselben Verfassungsartikels, manchmal auch an anderer Stelle geschieht, eine Einschränkung oder einen Vorbehalt vorsieht. In dieser Weise verhält es sich etwa im Grundgesetz bei der für die Wahlen auf Bundesebene der Sache nach mit Art. 22 Abs. 1 LV korrespondierenden Regelung des Art. 38 GG, die, an dieser Stelle uneingeschränkt, den Grundsatz der Gleichheit der Wahl aufstellt, während Art. 137 GG dies abschwächend die Möglichkeit eröffnet, für Angehörige des öffentlichen Dienstes gesetzlich Inkompatibilitätsregelungen zu treffen, und zwar sowohl für die Wahlen auf Bundesebene (durch Bundesgesetz) als auch, insofern zugleich die Grundsatzaussage des Art. 28 Abs. 1 Satz 2 GG für (u. a.) „gleiche" Wahlen auch auf Landes- und kommunaler Ebene berührend, für die Wahlen zu den Landtagen und kommunalen Vertretungskörperschaften (durch den für diese Bereiche zuständigen Landesgesetzgeber). Ein Vorbehalt dieses Inhalts gilt jedoch im Land Brandenburg, jedenfalls für die kommunalen Vertretungskörperschaften, nicht. Er ergibt sich nicht aus der eigenen Verfassungsordnung des Landes Brandenburg (1.). Art. 137 GG selbst wird im Land Brandenburg eben durch Art. 22 Abs. 1 LV jedenfalls für den Bereich der kommunalen Vertretungskörperschaften in dem Sinne „verdrängt", daß die darin liegende Ermächtigung zu Inkompatibilitätsregelungen in zulässiger Weise und für das Land Brandenburg verbindlich gerade nicht in Anspruch genommen wird (2.).

1. a) Art. 137 Abs. 1 GG ist nicht zugleich Bestandteil auch der Landesverfassung Brandenburg, so daß sich der einfache Landesgesetzgeber nicht etwa unmittelbar auf diese Norm des Grundgesetzes als „ungeschriebene" Landesverfassungsnorm stützen kann. Das Bundesverfassungsgericht betont in ständiger Rechtsprechung, daß sowohl der Bund als auch die Gliedstaaten „in je eigener Verantwortung ihre Staatsfundamentalnormen artikulieren"; jedes Land besitze seine eigene, von ihm selbst bestimmte Verfassung (BVerfGE 36, 342, 361). Mit diesem Grundsatz der getrennten Verfassungsräume geriete es in Widerstreit, wenn Art. 137 GG gleichzeitig als Norm der Landesverfassung angesehen würde. Art. 2 Abs. 5 Satz 2 LV läßt ein grundsätzlich gegenteiliges Verständnis des Landesverfassungsgebers erkennen. Die Bestimmungen des Grundgesetzes gehen danach der Landesverfassung vor. Sie sind also im Zweifel nicht selbst deren Bestandteil. Mit dieser Ausgangslage würde es sich nicht vertragen, Art. 137 GG als eine Art „Gesetzesvorbehalt" in Art. 22 Abs. 1 LV hineinzulesen. Auch das Bundesverfassungsgericht versteht Art. 137 GG nicht in diesem Sinne, überläßt vielmehr das „Ob" und „Wie" einer gesetzlichen Inkompatibilitätsregelung dem jeweils zuständigen Gesetzgeber (BVerfGE 57, 43, 57).

b) Eine verfassungsunmittelbare Inkompatibilität von Amt und Mandat ergibt sich jedenfalls für den hier in Frage stehenden kommunalen Bereich, in dem die Grenzen zwischen Kommunal„verwaltung" und Mitwirkung der kommunalen Vertretung ohnehin fließend sind, auch nicht gleichsam von selbst aus dem Gewaltenteilungsgrundsatz (ebenso sogar für den staatlichen Bereich: Baden-Württembergischer Staatsgerichtshof, NJW 1970, 892, 894). Es entspricht der ständigen Rechtsprechung des Bundesverfassungsgerichts, daß Art. 137 GG die einzige mögliche Durchbrechung des Prinzips der gleichen Wählbarkeit eröffnet (BVerfGE 57, 43, 57). Die Annahme, daß der Gewaltenteilungsgrundsatz zwingend und aus sich selbst heraus zu Einschränkungen der Wählbarkeit führt, wäre mit dieser Rechtsprechung des Bundesverfassungsgerichts unvereinbar.

2. Die Ermächtigung des Art. 137 GG wird durch Art. 22 LV in dem dargelegten Sinne dahin verbraucht, daß im Land Brandenburg für Inkompatibilitätsregelungen im Kommunalwahlrecht kein Raum bleibt.

a) Art. 137 GG stellt es dem Landesgesetzgeber frei, ob und inwieweit er für die Angehörigen des öffentlichen Dienstes die Unvereinbarkeit von Amt und Mandat bestimmt, stellt also lediglich eine Ermächtigung dar, von der das jeweilige Bundesland Gebrauch machen kann, aber nicht muß. Macht der zuständige (Landes-)Gesetzgeber von der Ermächtigung keinen Gebrauch, sind Mandat und Beschäftigung im öffentlichen Dienst miteinander vereinbar (so ausdrücklich Baden-Württembergischer Staatsgerichtshof, NJW 1970, 892). Das gilt jedenfalls für den Bereich der Kommunalvertretungen, in dem der zugrundeliegende Fall angesiedelt ist. Ob Gleiches einschränkungslos auch für die Zugehörigkeit zum Landtag gelten kann, läßt das Gericht ausdrücklich offen. Hier können weitere Verfassungsgüter ins Spiel kommen, insbesondere der Grundsatz der Gewaltenteilung in seiner Ausprägung in der Brandenburgischen Landesverfassung, welcher bei den kommunalen Vertretungskörperschaften, die keine echte Legislative, sondern Gremien kommunaler Selbst„verwaltung" sind, keine zentrale Rolle spielt. In Erinnerung zu bringen ist in diesem Zusammenhange auch der Grundsatz, daß niemand mit abstimmen darf, der in eigenen Angelegenheiten berührt wird und sich deshalb in einer Interessenkollision befindet. Diese „goldene Regel" hat im Land Brandenburg in § 28 Gemeindeordnung sowie in § 24 Abs. 2 Landkreisordnung i. V. m. § 28 Gemeindeordnung ihren gesetzlichen Ausdruck gefunden.

b) Der Formulierung in Art. 137 Abs. 1 GG, wonach die Wählbarkeit „gesetzlich" beschränkt werden könne, läßt sich nicht entnehmen, daß damit nur der einfache Landesgesetzgeber gemeint und der Landesverfassungsgeber von der Regelung dieser Frage ausgeschlossen wäre. Auch die Verfassungsgebung ist eine Form der Gesetzgebung (*Sachs*, in: Simon/Franke/Sachs, Handbuch der Verfassung des Landes Brandenburg, 1994, § 3 Rdn. 12). Die Regelung in Art. 22 Abs. 1 LV stellt deshalb ebenfalls eine „gesetzliche" Regelung

Verfassungsgericht des Landes Brandenburg 95

i. S. d. Art. 137 GG dar. Im übrigen würde es dem bereits erwähnten Grundsatz der getrennten Verfassungsräume widersprechen, wenn das Grundgesetz im Bereich des kommunalen Wahlrechts, das kompetenzmäßig Sache der Länder ist (BVerfGE 58, 177, 191 f.), den Landesverfassungsgeber entmachten und ihm diesen Regelungsbereich entziehen wollte, um ihn dem einfachen Landesgesetzgeber anzuvertrauen. Dafür, daß ein solcher Eingriff in die innerstaatliche Kompetenzordnung beabsichtigt gewesen sei, gibt es keine Anhaltspunkte.

c) Der Landesgesetzgeber kann freilich Einschränkungen der Wählbarkeit unmittelbar aufgrund der Ermächtigung des Art. 137 GG auch dann bestimmen, wenn die Landesverfassung hierzu keine eigenständige Ermächtigung vorsieht. Der Rückgriff auf die Ermächtigung des Art. 137 GG durch den Landesgesetzgeber setzt allerdings voraus, daß die Landesverfassung einen solchen Rückgriff auf Art. 137 GG nicht ausschließt. Dies aber ist hier der Fall. Art. 22 Abs. 1 LV schließt Inkompatibilitätsregelungen jedenfalls in dem hier in Frage stehenden Bereich aus und besagt, daß von der Ermächtigung des Art. 137 GG im Lande Brandenburg kein Gebrauch gemacht werden soll. Dies ergibt – wie nachfolgend dargelegt – die Auslegung des Art. 22 Abs. 1 LV.

aa) Der brandenburgische Landesverfassungsgeber fand die Ermächtigung zu Inkompatibilitätsregelungen in Art. 137 GG vor. Wenn er gleichwohl in Art. 22 Abs. 1 LV bestimmte, daß „jeder" Bürger (ab 18 Jahre) wählbar sei, spricht schon dieser Befund dafür, daß er sich dafür entschieden hat, von der Ermächtigung des Art. 137 GG keinen Gebrauch zu machen.

bb) Hierfür streitet weiter der Grundsatz, daß eine „Vollverfassung" wie die brandenburgische um ihrer eigenen Verständlichkeit willen und entsprechend ihrem Selbstverständnis als „geschlossenes System" nach Möglichkeit aus sich selbst heraus zu interpretieren ist. Das legt es mindestens nahe, Einschränkungen eines in der Verfassung gewährten Grund- bzw. politischen Mitwirkungsrechts in der Verfassungsurkunde selbst vorzunehmen. In dieser Weise verfährt gerade in der hier interessierenden Frage das Grundgesetz, indem es nämlich den die Gleichheit der Wahl gewährleistenden Bestimmungen der Art. 38 Abs. 1 und 28 Abs. 1 Satz 2 GG die Ermächtigung zu Beschränkungen in Art. 137 GG gegenüberstellt. Ähnlich verfahren auch andere nach dem Inkrafttreten des Grundgesetzes erlassene, d. h. den Art. 137 GG bereits vorfindende Landesverfassungen. Daß selbst ein Ausgestaltungsvorbehalt, wie ihn die übrigen Landesverfassungen mit Ausnahme des Saarlandes vorsehen (zu den verschiedenen möglichen Bedeutungsgehalten der Ausgestaltungsvorbehalte s. BVerfGE 15, 126, 138, zuletzt Sächsischer Verfassungsgerichtshof,

LKV 1995, 399, 400), die Ermächtigung an den Gesetzgeber enthalten kann, auch Beschränkungen der Wählbarkeit vorzunehmen, führt Art. 39 Abs. 5 der neuen Verfassung von Berlin vom 22. Oktober 1995 vor Augen, wo den näheren, vom Gesetzgeber zu treffenden Regelungen gerade auch Beschränkungen des Wahlrechts und der Wählbarkeit vorbehalten werden. Die Landesverfassungen von Nordrhein-Westfalen (Art. 46 Abs. 3), Niedersachsen (Art. 61) und Sachsen-Anhalt (Art. 91 Abs. 2) sehen speziell die Beschränkung der Wählbarkeit von Angehörigen des öffentlichen Dienstes vor. Die Verfassungsgeber dieser Länder haben es demnach für angebracht gehalten, eine Ermächtigung für Wählbarkeitsbeschränkungen für Angehörige des öffentlichen Dienstes in die eigenen Verfassungen aufzunehmen.

Der Grundsatz der Interpretation einer Vollverfassung wie der brandenburgischen nach Möglichkeit aus sich selbst heraus und die vorgefundene – dem brandenburgischen Verfassungsgeber natürlich bewußte – Behandlung des hier interessierenden Regelungsgegenstandes in anderen deutschen Verfassungsurkunden steht somit der Annahme, Art. 22 Abs. 1 LV lasse die Ermächtigung nach Art. 137 GG unverändert bestehen, entgegen. Hätte der brandenburgische Verfassungsgeber Inkompatibilitätsregelungen durch Landesgesetz nach Art des § 12 Abs. 1 Nr. 1 BbgKWahlG offenhalten wollen, hätte er dies unter den dargelegten Umständen in Art. 22 LV oder an anderer Stelle der Verfassung in geeigneter Weise zum Ausdruck bringen müssen. Da das nicht geschehen ist, gilt Art. 22 Abs. 1 LV jedenfalls für die kommunalen Vertretungskörperschaften vorbehaltlos.

cc) Soweit das Bundesverfassungsgericht mehrfach Inkompatibilitätsregelungen der Länder für mit Art. 137 GG vereinbar gehalten hat, ergibt sich zu dem hier gefundenen Ergebnis kein Widerspruch. Das Bundesverfassungsgericht argumentiert unter einem anderen Blickwinkel. Es hatte in den ihm vorliegenden Verfassungsbeschwerdeverfahren naturgemäß allein die Vereinbarkeit der in Rede stehenden Rechtsnormen mit dem Grundgesetz, also in erster Linie mit Art. 137 GG selbst, zu überprüfen. Hingegen ist dem Bundesverfassungsgericht die Überprüfung einer Landesrechtsnorm auf ihre Vereinbarkeit mit der jeweiligen Landesverfassung grundsätzlich verwehrt (BVerfGE 41, 88, 118 ff.; 45, 400, 413). Ausführungen des Bundesverfassungsgerichts zur Verfassungsmäßigkeit von Inkompatibilitätsnormen erlauben deshalb keine Rückschlüsse auf die Frage der Vereinbarkeit des § 12 Abs. 1 Nr. 1 BbgKWahlG mit Art. 22 LV.

dd) Auch in den Verfassungsmaterialien findet sich im übrigen, wie abschließend angemerkt sei, keinerlei Hinweis darauf, daß bei der Schaffung des Art. 22 Abs. 1 LV die Vorstellung bestanden habe, Inkompatibilitätsregelungen nach Art des § 12 Abs. 1 Nr. 1 BbgKWahlG blieben möglich. Die in der

Zeit der Wende und nach der Wende vorherrschende politische Stimmung ging eher dahin, bei den politischen Mitgestaltungsrechten Einschränkungen irgendwelcher Art grundsätzlich nicht mehr gelten zu lassen. In diesem Zusammenhange ist zu berücksichtigen, daß bei den Beratungen der Landesverfassung die am Runden Tisch angestellten Überlegungen über eine künftige Verfassung der DDR eine große Rolle gespielt haben (*Franke/Kneifel-Haverkamp*, in: Simon/Franke/Sachs, Handbuch der Verfassung des Landes Brandenburg, 1994, Rdn. 2 zu § 2). Gerade der vom Runden Tisch verabschiedete Entwurf einer DDR-Verfassung vom 4. April 1990 enthält aber keine Inkompatibilitätsregelungen. Art. 21 Abs. 2 Satz 1 des Verfassungsentwurfs räumt ohne jede Einschränkung – und Art. 137 GG schied als Ermächtigung naturgemäß aus – jedem Bürger nach Vollendung des 18. Lebensjahres das Recht ein, an allgemeinen, gleichen, freien, geheimen und direkten Wahlen zur Volkskammer, zu den Landtagen und den Kommunalvertretungen teilzunehmen und in sie gewählt zu werden. Damit ist Art. 22 Abs. 1 Satz 1 der Verfassung des Landes Brandenburg weitgehend der in dem Entwurf der DDR-Verfassung konzipierten Regelung nachgebildet, die, wie gesagt, Inkompatibilitätsvorschriften nicht vorsah.

Bezeichnend erscheint im übrigen, daß es auch in dem Kommunalwahlgesetz der DDR aus dem Jahre 1990 keine Inkompatibilitätsregelungen gab (*Bönninger*, Kommunalwahlrecht in den Ländern Brandenburg, Mecklenburg-Vorpommern, Sachsen, Sachsen-Anhalt, Thüringen, 1990, S. 5). Lediglich die DDR-Kommunalverfassung aus dem gleichen Jahre enthält eine, allerdings nur punktuelle und damit die Annahme eines übergreifenden Grundsatzes verbietende Inkompatibilitätsregelung (für leitende Bedienstete der Kommunalverwaltung mit Ausnahme der Bürgermeister und Beigeordneten). Ebenso bezeichnend sind Inkompatibilitätsregelungen weder im Gesetz über die Wahlen zur Volkskammer vom 20. Februar 1990 (GBl. I S. 60) noch im Länderwahlgesetz vom 22. Juli 1990 (GBl. I S. 960), das die ersten Wahlen zu den Landtagen der neuen Länder regelte, enthalten.

Fand mithin der Verfassungsgeber des Landes Brandenburg Regelungen vor, die mit einer geringfügigen Ausnahme keine Inkompatibilitäten kannten, hätte er um so mehr Anlaß gehabt, Inkompatibilitätsregelungen für den kommunalen Bereich ausdrücklich vorzusehen, wenn diese fortan möglich sein sollten.

Selbst wenn aber bei den Verfassungsberatungen die Vorstellung geäußert worden wäre, Inkompatibilitätsregelungen offen zu halten, hat dies jedenfalls im Verfassungstext keinen Niederschlag gefunden. Jede Auslegung findet ihre Grenze am klaren und unmißverständlichen Wortlaut und Sinn einer Vorschrift (BVerfGE 54, 277, 299). Die Formulierung „Jeder Bürger hat nach Vollendung des 18. Lebensjahres das Recht, ... zu den kommunalen Vertre-

98 Verfassungsgericht des Landes Brandenburg

tungskörperschaften zu wählen und in diese gewählt zu werden", ist aber klar und unmißverständlich. Anders als im Grundgesetz und in anderen Landesverfassungen ist eine Einschränkung oder ein Ausgestaltungsvorbehalt, wie ausgeführt, gerade nicht gemacht worden. Damit gibt es an der Formulierung „Jeder Bürger hat ... das Recht, ... zu den kommunalen Vertretungskörperschaften ... gewählt zu werden" aus der Landesverfassung heraus nichts zu deuten und liefe insoweit eine landesgesetzliche Inkompatibilitätsregelung auf eine Verkürzung dessen hinaus, was die Landesverfassung in Art. 22 Abs. 1 dem klaren Wortlaut nach gewährleistet. „Jeder" hieße nicht mehr „jeder". Das Gericht hielte dies nicht nur aus rechtsmethodischen Gründen für nicht angängig, sondern sähe damit auch die Gefahr verbunden, daß das Vertrauen der Bevölkerung auf den Aussagegehalt der Verfassung Schaden nähme.

III.

Das Gericht ist sich bewußt, daß es gewichtige Gründe gibt, die Vereinbarkeit von Amt und Mandat bei Angehörigen des öffentlichen Dienstes vor allem für den Landtag, aber auch für die kommunalen Vertretungskörperschaften zu beschränken. Das gilt in besonderem Maße, soweit es um die Zugehörigkeit von Beamten und Angestellten zu Vertretungskörperschaften der eigenen Anstellungsbehörde geht. Für das erkennende Gericht ist jedoch allein die geltende Verfassungsrechtslage maßgeblich (vgl. hierzu auch Baden-Württembergischer Staatsgerichtshof, NJW 1970, 892, 894; in gleicher Richtung bereits VfGBbg, Urteil vom 15. September 1994 – VfGBbg 2/93 – LVerfGE 2, 164 ff.). Sie ist angesichts des vorbehaltlos ausgestalteten und die Ermächtigung des Art. 137 GG verbrauchenden Art. 22 LV jedenfalls für die kommunale Ebene eindeutig. Daher muß gegebenenfalls die Verfassungsrechtslage, sofern sie heute als verfassungspolitisch unbefriedigend empfunden wird, durch Einfügung eines geeigneten Inkompatibilitätsvorbehalts durch den Verfassungsgeber selbst in Ordnung gebracht werden.

IV.

Das Gericht sieht keinen Anlaß, die Frage der Vereinbarkeit des § 12 Abs. 1 Nr. 1 BbgKWahlG mit der Landesverfassung über den Rahmen der Vorlage des Verwaltungsgerichts Potsdam hinaus zu untersuchen. Die „Befriedungsfunktion" der Normenkontrollentscheidung (dazu: BVerfGE 62, 354, 364) gebietet dies nicht. Es ist nicht erkennbar, daß es weitere Fälle gibt, in denen die Mitgliedschaft von Kreistagsangehörigen aus der Kommunalwahl 1993 noch nicht bestandskräftig geklärt ist.

V.

Die Entscheidung ist mit sechs gegen zwei Stimmen ergangen.

Sondervotum des Richters von Arnim, dem sich die Richterin Harms-Ziegler angeschlossen hat

Ich kann dem Urteil weder im Tenor noch vor allem in der Begründung zustimmen. Meines Erachtens ermächtigt Art. 137 I GG auch in Brandenburg den einfachen Landesgesetzgeber zum Erlaß von sogenannten Inkompatibilitätsvorschriften. Indem das Urteil dies verneint, führt es in der Konsequenz seiner Begründung sehr viel weiter als Tenor und Leitsätze erscheinen lassen: Es werden Schranken gegen einen überzogenen „Parteienstaat" beseitigt, der die Grundsätze der Gewaltenteilung und der gegenseitigen Kontrolle überspielt.

1. Das Urteil betrifft die Frage, ob der Landesgesetzgeber sogenannte Inkompatibilitätsregelungen erlassen darf, wonach Beamte und Angestellte der öffentlichen Verwaltung nicht gleichzeitig derjenigen Volksvertretung angehören dürfen, deren Aufgabe die Kontrolle eben jener Verwaltung ist. Im konkreten Fall ging es zwar „nur" um die Frage, ob öffentliche Bedienstete eines Landkreises gleichzeitig Mitglieder seines Kreistags sein dürfen. Dies bejaht das Urteil anläßlich der vom Verwaltungsgericht Potsdam vorgelegten Frage, ob Ärzte, die in einem rechtlich unselbständigen Krankenhaus des Landkreises angestellt sind, das verfassungsrechtlich verbürgte Recht besitzen, gleichzeitig Mitglieder des Kreistags ihrer Anstellungskörperschaft zu sein, und erklärt die entsprechende Vorschrift des brandenburgischen Kommunalwahlgesetzes insoweit für verfassungswidrig.

Jedoch geht die Begründung des Urteils weit über diesen Anlaßfall hinaus und führt in ihrer Konsequenz zur Verfassungswidrigkeit sämtlicher Inkompatibilitätsvorschriften des brandenburgischen Kommunalrechts und – trotz der im Urteil formulierten Vorbehalte – auch zur Verfassungswidrigkeit der Inkompatibilitätsvorschriften des brandenburgischen Landtagsrechts. Das Urteil schafft damit in singulärer Weise einen Zustand, der von dem Rechtszustand in den fünfzehn anderen deutschen Bundesländern abweicht, in denen es – verfassungsrechtlich unangefochten – jeweils umfangreiche Inkompatibilitätsvorschriften für die kommunalen Volksvertretungen und das Landesparlament gibt. Solche Inkompatibilitätsvorschriften sind als Barrieren gegen Interessenverquickungen und Verfilzungen und zur Wahrung der politisch-institutionellen Kultur eines Verfassungsstaates unerläßlich.

2. Die relevanten Vorschriften lauten:

Art. 22 I LV

Jeder Bürger hat nach Vollendung des achtzehnten Lebensjahres das Recht, zum Landtag und zu den kommunalen Vertretungskörperschaften zu wählen und in diese gewählt zu werden. Anderen Einwohnern Brandenburgs sind diese Rechte zu gewähren, sobald und soweit das Grundgesetz dies zuläßt.

Art. 22 III 1 LV

Wahlen und Volksabstimmungen sind allgemein, unmittelbar, gleich, frei und geheim.

Art. 137 I GG

Die Wählbarkeit von Beamten, Angestellten des öffentlichen Dienstes, Berufssoldaten, freiwilligen Soldaten auf Zeit und Richtern im Bund, in den Ländern und den Gemeinden kann gesetzlich beschränkt werden.

§ 12 I Nr. 1 BbgKWahlG

(1) Beamte und Angestellte, die im Dienst einer in den Nummern 1 bis 6 genannten Körperschaften stehen, können in den folgenden Fällen nicht gleichzeitig einer Vertretung angehören:
1. Sie können nicht der Vertretung ihrer Anstellungskörperschaft angehören; dies gilt nicht für Bürgermeister, Oberbürgermeister und Landräte ...

Art. 22 I 1 LV normiert in Verbindung mit Art. 22 III 1 LV ein Recht aller Brandenburger Bürger auf freie und gleiche Wählbarkeit zum Landtag und zu den kommunalen Volksvertretungen. Die Verfassung des Landes Brandenburg enthält keine Ermächtigung für den Landesgesetzgeber, dieses Grundrecht zu beschränken. Wohl aber enthält das *Grundgesetz* in Art. 137 I eine Ermächtigung, die Wählbarkeit von Beamten und öffentlichen Angestellten gesetzlich zu beschränken.

Diese Vorschrift erlaubt es, die Wählbarkeit von öffentlichen Bediensteten nicht nur zum Bundestag, sondern auch zu den Volksvertretungen „in den Ländern und in den Gemeinden ... gesetzlich" zu beschränken. Dies entspricht einhelliger Auffassung (z. B. *von Campenhausen*, in: von Mangold/Klein, Das Bonner Grundgesetz, 3. Aufl., 1991, Art. 137, Rdn. 32; *Maunz*, in: Maunz/Dürig/Herzog/Scholz, Grundgesetzkommentar, 1994, Art. 137, Rdn. 8, 9; *Jarass/Pieroth*, Grundgesetz für die Bundesrepublik Deutschland, 3. Aufl. 1995, Art. 137, Rdn. 3, jeweils mit weiteren Nachweisen).

Ebenfalls unbestritten ist, daß zu den „Gemeinden" im Sinne von Art. 137 GG auch die Landkreise zählen (BVerfGE 12, 73, 77) und das Wahlrecht zu Landtagen und Kommunalvertretungen nach der Kompetenzverteilung des Grundgesetzes ein Sachgebiet ist, das grundsätzlich in den Kompetenzbereich des Landesgesetzgebers fällt; Adressat der von Art. 137 I GG erlaubten gesetzlichen Beschränkung der Wählbarkeit zu Landtagen und Gemeindevertretungen ist deshalb zwangsläufig der *Landes*gesetzgeber. Mit „gesetzlich" kann für diese Fallgruppen also nur *landes*gesetzlich gemeint sein. Art. 137 I GG enthält also eine unmittelbare Ermächtigung des Landesgesetzgebers, die Freiheit und Gleichheit der Wählbarkeit zu Landesparlamenten und kommunalen Vertretungen zu beschränken.

Das ist auch der Stand der Rechtsprechung des Bundesverfassungsgerichts (BVerfGE 38, 326, 336 f.; 48, 64, 83; 58, 177, 191), der Landesverfassungsgerichte (unter Ziffer 6) und der herrschenden Lehre (grundlegend das Mitglied des Parlamentarischen Rates *von Mangold*, in: Das Bonner Grundgesetz, 1953, S. 656; aus dem jüngeren Schrifttum besonders *Schlaich*, Wählbarkeitsbeschränkungen für Beamte nach Art. 137 Abs. 1 GG und die Verantwortung des Gesetzgebers für die Zusammensetzung der Parlamente, AöR 1980, 188; vgl. ferner *Jarass/Pieroth*, aaO, Art. 137, Rdn. 4; *Versteyl*, in: v. Münch, Grundgesetzkommentar, 2. Aufl., 1983, Art. 137, Rdn. 16; *Maunz*, in: Maunz/Dürig/Herzog/Scholz, aaO, Art. 137, Rdn. 9, 17).

Soweit ersichtlich nimmt allein *Stober* (in: Kommentar zum Bonner Grundgesetz, Zweitbearbeitung zu Art. 137, Stand: November 1983, Rdn. 175 ff.) eine hiervon grundsätzlich abweichende Position ein. Diese ist aber in sich widersprüchlich. Im übrigen beruft er sich vor allem auf die Kommentierung der nordrhein-westfälischen Landesverfassung durch *Geller/Kleinrahm*. Diese stützen sich jedoch ausdrücklich auf Besonderheiten der Entstehungsgeschichte und des Wortlautes der dortigen Landesverfassung (Die Verfassung des Landes Nordrhein-Westfalen, 2. Aufl., 1963, Art. 46 Abs. 3, Rdn. 1 c), verweisen im übrigen in der neuesten Bearbeitung (*Geller/Kleinrahm*, Die Verfassung des Landes Nordrhein-Westfalen, 3. Aufl., Stand 1994, Art. 46, Anmerkung 4 a) ausdrücklich darauf, daß sich die Meinung, Art. 137 I GG ermächtige den einfachen Landesgesetzgeber, „offensichtlich in den anderen Ländern durchgesetzt" habe, und nähern sich auch für Nordrhein-Westfalen der herrschenden Auffassung.

Da Art. 137 I GG dazu ermächtigt, die Wählbarkeit aller Bediensteten des Kreises zu beschränken (BVerfGE 48, 64, 91), konnten auch Ärzte eines rechtlich unselbständigen Krankenhauses des Landkreises davon erfaßt werden.

Demgemäß hat der brandenburgische Landesgesetzgeber mit Erlaß des § 12 KWahlG ohne Verstoß gegen die Landesverfassung von der Ermächtigung des Art. 137 I GG Gebrauch gemacht. § 12 KWahlG ist daher verfassungsgemäß und wirksam.

3. Das Urteil gelangt zum entgegengesetzten Ergebnis.

Scheinbar geht zwar auch das Urteil von dem vorstehend dargestellten Verhältnis von Art. 22 I 1 LV und Art. 137 I GG aus, wenn es zunächst feststellt, der Landesgesetzgeber könne „Einschränkungen der Wählbarkeit unmittelbar aufgrund der Ermächtigung des Art. 137 GG auch dann bestimmen, wenn die Landesverfassung hierzu keine eigenständige Ermächtigung vorsieht" (C II 2 c).

Diese Erkenntnis wird dann aber durch die These verdeckt und überlagert, der Landesverfassungsgeber habe dadurch, daß er in Art. 22 LV nicht ausdrücklich die Ermächtigung des Art. 137 GG anerkenne, die Möglichkeit der einfachgesetzlichen Statuierung von Inkompatibilitäten ausgeschlossen (vgl. die Zitate am Ende dieser Ziffer und die Ausführungen unter den Ziffern 4 ff.).

Richtig an dieser Argumentation ist, daß Art. 137 I GG eine bloße Ermächtigung darstellt; er enthält rechtlich keine Verpflichtung des Landesgesetzgebers, Inkompatibilitäten von Amt und Mandat vorzusehen. Das unterstreicht auch das Bundesverfassungsgericht, wenn es hervorhebt, daß Art. 137 I GG dem jeweils zuständigen Gesetzgeber „die konkrete Entscheidung über das ‚Ob' und ‚Wie' einer gesetzlichen Wählbarkeitsbeschränkung" überläßt (BVerfGE 57, 43, 57). Es wäre deshalb nicht undenkbar, daß eine Landesverfassung dem einfachen Landesgesetzgeber verwehrt, von der Ermächtigung des Art. 137 I GG Gebrauch zu machen. Art. 22 LV kann zwar die Beschränkungsermächtigung des Art. 137 I GG nicht beseitigen. Denn Art. 137 I GG gilt kraft Bundesrecht, das dem Landesrecht vorgeht (Art. 31 GG), ein Grundsatz, den auch Art. 2 V 1 LV noch einmal wiederholt. Denkbar wäre aber immerhin, daß die Landesverfassung, die den einfachen Gesetzgeber bindet, dem Landesgesetzgeber ein Gebrauchmachen von dem Beschränkungsvorbehalt *verbietet*. Dies könnte jedoch nur durch eine ausdrückliche landesverfassungsrechtliche Norm (vgl. auch *Feuchte*, in: Spreng/Birn/Feuchte, Verfassung des Landes Baden-Württemberg, 1954, Art. 29, Rdn. 5) oder eine andere klare Äußerung des dahingehenden landesverfassungsrechtlichen Willens geschehen, die indessen nicht vorliegt.

Um Art. 22 I 1 LV zutreffend zu interpretieren, darf die Vorschrift nicht isoliert gelesen werden. Vielmehr muß die nach dem Grundgesetz unmittelbar geltende Beschränkungsermächtigung des Art. 137 I GG stets *mit*gelesen werden. Adressat dieser Ermächtigung ist dabei auch der *einfache* Landesgesetzgeber (BVerfGE 38, 336; 48, 85 und oben Ziffer 2). Dann kann der Umstand, daß Art. 22 LV selbst keine Beschränkungsermächtigung enthält, nichts gegen dessen Beschränkbarkeit besagen, denn Art. 137 I GG sieht ja ausdrücklich eine solche Ermächtigung für den Landesgesetzgeber vor. Diese Ermächtigung, Art. 22 I LV zu beschränken, gilt unabhängig davon, ob die Landesverfassung sie anerkennt oder sich zu eigen macht. Der Landesverfassungsgeber konnte, als er Art. 22 I 1 erließ, Art. 137 I GG also voraussetzen, ohne seine Geltung irgendwie zum Ausdruck bringen zu müssen.

Das verkennt das Urteil, wenn es meint, der brandenburgische Landesverfassungsgeber hätte es „in Art. 22 LV oder an anderer Stelle der Verfassung in geeigneter Weise zum Ausdruck bringen müssen", wenn „die Ermächtigung nach Art. 137 GG unverändert" hätte bestehen bleiben sollen (C II c, bb am Ende). Das verkennt das Urteil auch, wenn es meint, der Landesverfassungsgeber hätte selbst einen Inkompatibilitätsvorbehalt in die Landesverfassung einfügen müssen, wenn das Grundrecht des Art. 22 II 1 LV hätte einschränkbar sein sollen (C III). In Wahrheit hätte der Landesverfassungsgeber mit der Einfügung eines solchen Vorbehalts nur etwas Überflüssiges getan, eben weil mit Art. 137 I GG schon eine gültige und vollwertige Beschränkungsermächtigung vorlag und vorliegt.

4. Die soeben genannten Bemerkungen des Urteils (C II 2 c, bb am Ende und C III) beruhen auf der unzutreffenden These, die Ermächtigung des Art. 137 I GG bedürfe, um auch im Lande Brandenburg zu gelten, *landes*verfassungsrechtlicher *Anerkennung*. Andererseits nennt das Urteil diese These nicht ausdrücklich, sondern nimmt an einer Stelle expressis verbis den zutreffenden Standpunkt ein, Art. 137 I GG ermächtige auch den Landesgesetzgeber unmittelbar, die Wählbarkeit zu beschränken, wenn „die Landesverfassung einen solchen Rückgriff nicht ausschließt" (C II 2 c). Doch trägt dieser Satz das Urteil nicht wirklich: Zwar hätte das Gebrauchmachen von der Ermächtigung ausgeschlossen werden können. Doch da die Landesverfassung einen solchen Ausschluß nicht hergibt, geht das Urteil in der Begründung doch wieder zu der These von der Notwendigkeit der ausdrücklichen Anerkennung der Geltung des Art. 137 I GG durch die Landesverfassung über. Das Urteil weist also an der entscheidenden Stelle einen inneren Bruch auf: Es stützt sich auf eine rechtliche These, deren Geltung es vorher in Abrede gestellt hat.

5. Diese These des Urteils wird mit verschiedenen Hilfsüberlegungen zu stützen versucht, die aber einer Überprüfung nicht standhalten. So meint das Urteil, die Landesverfassung sei ein „geschlossenes System", so daß Einschränkungen eines Landesgrundrechts „in der Verfassungsurkunde selbst vorzunehmen" seien (C II 2 c, bb). Diese Auffassung hängt zusammen mit dem unter C II 1 a genannten „Grundsatz der getrennten Verfassungsräume" von Bundes- und Landesverfassung. Doch das Urteil verkennt, daß dieser Grundsatz nicht ausnahmslos gilt, sondern eben nur „grundsätzlich", das heißt, sofern das Grundgesetz selbst nicht „etwas anderes vorschreibt", wie die auch vom Urteil genannte Entscheidung des Bundesverfassungsgerichts an anderer Stelle hervorhebt (BVerfGE 36, 342, 361). Genau eine solche abweichende Vorschrift aber enthält das Grundgesetz mit Art. 137 I GG, indem es mit dieser Vorschrift unmittelbar auch die Landesgesetzgeber ermächtigt, die

Grundrechte, auch die Landesgrundrechte, der freien und gleichen Wählbarkeit zu Vertretungen der Länder und Kommunen einzuschränken.

6. Das Urteil äußert weiter Zweifel, ob Art. 137 I GG auch dazu ermächtige, *landes*verfassungsrechtlich begründete Grundrechte der Wählbarkeit einzuschränken (C II 2 c, cc). Diese Zweifel greifen aber nicht durch. Der Hinweis im Urteil, die Rechtsprechung des Bundesverfassungsgerichts betreffe nur die Frage, ob Inkompatibilitätsvorschriften „mit dem Grundgesetz" vereinbar seien, läßt die Rechtsprechung der Landesverfassungsgerichte unerwähnt, die davon ausgehen, daß Art. 137 I GG auch zur Beschränkung der *landes*verfassungsrechtlich begründeten Grundrechte der Wählbarkeit ermächtigt (z. B. HessStGH, ESVGH 20, 206, 209; StGHBaWü, VBlBW 1981, 348 f.; SachsAnhVerfG, NVwZ-RR 1995, 457, 459; im Ergebnis ebenso Bayerischer Verfassungsgerichtshof in BayVerfGH 27, 101, 105). Daß Art. 137 I GG die Landesgesetzgeber auch ermächtigt, die landesverfassungsrechtlichen Grundrechte der Wählbarkeit zu beschränken, bestätigt im übrigen auch die Untersuchung dieser Fragen durch *Klaus Schlaich*, AöR 1980, 188, 208.

7. Auch der Wortlaut des Art. 22 I 1 LV, insbesondere das Wort „jeder", gibt keinen Hinweis darauf, der Gesetzgeber dürfe vom Vorbehalt des Art. 137 I GG keinen Gebrauch machen (so aber das Urteil unter C II 2 c, aa). „Jeder" heißt, daß jeder Bürger – in Abgrenzung zu den im folgenden Satz des Art. 22 I LV genannten „Einwohnern" – Inhaber des Rechts ist, nicht aber, daß jeder das Recht einschränkungslos innehaben solle. Die Frage, wem ein Grundrecht zusteht (Trägerschaft), und die Frage, ob dieses Grundrecht gesetzlich eingeschränkt werden darf, sind zwei völlig unterschiedliche Fragen. Das wird auch dadurch bestätigt, daß es im Grundgesetz und in der Verfassung des Landes Brandenburg zahlreiche Grundrechte gibt, die „jedem" oder „allen" zustehen, ohne daß diese auf die Grundrechtsträgerschaft bezogenen Wörter etwa die Uneinschränkbarkeit der jeweiligen Grundrechte bedeuteten. Als Beispiele seien die Grundrechte der Versammlungsfreiheit und der Freizügigkeit genannt. Wenn Art. 22 I 1 LV das Grundrecht der Wählbarkeit „jedem Bürger" gibt, so besagt dies deshalb nichts darüber, ob das Grundrecht jedem Bürger uneinschränkbar zukommt oder ob es eingeschränkt werden darf. Die Formulierung des Urteils, bei Zulassung der Einschränkbarkeit des Grundrechts des Art. 22 I 1 LV hieße „jeder" „nicht mehr ‚jeder'" (C II am Ende), beruht also auf einer Verwechslung von Trägerschaft und Einschränkbarkeit des Grundrechts des Art. 22 I 1 LV.

8. Aus der Entstehungsgeschichte der Landesverfassung ergibt sich ebenfalls kein Anhaltspunkt, daß Art. 22 I 1 LV das Gebrauchmachen von der Ermächtigung des Art. 137 I GG hätte unterbinden wollen. Im Gegenteil: Der

Landtag hatte lange vor den abschließenden Verfassungsberatungen mit dem im Urteil nicht erwähnten § 28 (jetzt § 29) des Abgeordnetengesetzes vom 15. März 1991 (GBl. S. 16) eine Inkompatibilitätsvorschrift für sich selbst erlassen. Diese Vorschrift lautet:

> Unvereinbarkeit von Amt und Mandat
>
> Beamte und Richter des Landes Brandenburg sowie Angestellte im öffentlichen Dienst des Landes, der Gemeinde oder anderer Körperschaften, Anstalten oder Stiftungen des öffentlichen Rechts oder ihrer Verbände mit Ausnahme der öffentlich-rechtlichen Religionsgemeinschaften können nicht Mitglied des Landtags sein.

Es ist schwerlich vorstellbar, daß der Landtag in Kenntnis dieser Vorschrift, die nach § 33 III AbgG erst „mit Beginn der 2. Legislaturperiode des Landtages Brandenburg in Kraft" trat, mit Art. 22 I LV eine Verfassungsnorm schaffen wollte, die die Anwendbarkeit des Art. 137 I GG ausschließen sollte und damit auch § 29 AbgG verfassungswidrig gemacht hätte, ohne in den Materialien dazu auch nur andeutungsweise etwas zu sagen.

9. Auch der Hinweis des Urteils, Art. 21 II 1 des vom Runden Tisch verabschiedeten Entwurfs einer DDR-Verfassung vom 4. April 1990 habe keine Einschränkung des Grundrechts der Wählbarkeit enthalten und die Wahlgesetze der Übergangszeit hätten überwiegend keine Inkompatibilitätsregelungen vorgesehen, läßt den Schluß nicht zu, der Landesverfassungsgeber habe „um so mehr Anlaß gehabt, Inkompatibilitätsregelungen für den kommunalen Bereich ausdrücklich vorzusehen, wenn diese fortan möglich sein sollten" (C II 2 c, dd).

Denn der Umstand, daß in zwei nach der Wende erlassenen Gesetzen noch keine Unvereinbarkeitsvorschriften enthalten waren, bedeutet nicht, man habe solche Vorschriften verfassungsrechtlich ausschließen wollen. Keine Inkompatibilitätsvorschriften enthielten nur die Gesetze für die Volkskammerwahl vom März 1990 und die Landtagswahl vom Oktober 1990. Für die Auffassung des Verfassungsgebers können daraus aber schon deshalb keine Schlüsse gezogen werden, weil der Landtag für zukünftige Landtagswahlen bald darauf – und *vor* den Beratungen über die Landesverfassung – klarstellte, daß es – im Gegensatz zu den früheren Gesetzen – sehr wohl eine Inkompatibilität geben sollte. Bestätigt wird diese Auffassung auch dadurch, daß es auch für die Kommunalwahlen vom Mai 1990 bereits eine Inkompatibilitätsvorschrift gegeben hatte, wonach leitende Mitarbeiter der Kommunalverwaltung nicht gleichzeitig Mitglieder der Volksvertretung sein durften.

10. Daß es für die Volkskammerwahl keine Inkompatibilitätsvorschrift gab, die Inkompatibilität in den Kommunen zunächst auf leitende Mitarbeiter beschränkt war und die Inkompatibilität für den Landtag erst ab der zweiten

Legislaturperiode galt, erklärt sich im übrigen daraus, daß es solche Vorschriften in einem Einparteien-Einheitsstaat mit seinem „Eintopf von Legislative, Exekutive und Rechtsprechung in den vergangenen vierzig Jahren" (so der Abgeordnete Dr. Vette, CDU, in der zweiten Lesung des Abgeordnetengesetzes vom 22. 11. 1990, Protokoll S. 43) und in der darauf folgenden Übergangszeit noch nicht geben konnte. Inkompatibilitätsvorschriften sind Ausdruck der Gewaltenteilung, an der es in der ehemaligen DDR aber gerade fehlte. Vielmehr war der größte Teil der Wirtschaft und damit der Arbeitsplätze in der Hand des Staates und ging erst allmählich auf Private über, so daß die Einführung von Inkompatibilitätsvorschriften in der Anfangsphase nach der Wende dazu geführt hätte, daß fast niemand zur Verfügung gestanden hätte, der in die Volksvertretungen hätte gewählt werden können. Das sollte verständlicherweise vermieden werden und erklärt, warum es anfangs keine oder nur eingeschränkte Inkompatibilitätsvorschriften gab und warum die strengen Inkompatibilitätsbestimmungen des Abgeordnetengesetzes erst mit der zweiten Legislaturperiode in Kraft traten.

Die ursprüngliche Zurückhaltung gegenüber Inkompatibilitätsvorschriften stellte also nur ein praktisches Zugeständnis an die Gegebenheiten der Übergangszeit dar, bedeutet jedoch nicht, man habe in Brandenburg *auf Dauer* auf solche Vorschriften verzichten wollen, wie die Inkompatibilitätsvorschriften des Kommunalrechts seit Mai 1990 und besonders die Inkompatibilitätsvorschrift des Abgeordnetengesetzes vom März 1991 zeigen.

11. Auch aus dem Umstand, daß Art. 22 I LV – im Gegensatz zu den meisten Verfassungen der anderen Bundesländer – keine Ermächtigung zu näherer Regelung der Wählbarkeit durch den Landesgesetzgeber („Das Nähere regelt das Wahlgesetz") enthält, läßt sich nicht entnehmen, Art. 22 I 1 LV habe dem Landesgesetzgeber verbieten wollen, von der Ermächtigung des Art. 137 I GG Gebrauch zu machen.

Die entgegengesetzte Auffassung des Urteils verwechselt Ausgestaltungsermächtigungen mit Einschränkungsermächtigungen. Die in den meisten Landesverfassungen enthaltenen Ermächtigungen an den Landesgesetzgeber, „das Nähere" zu regeln, erlauben gerade keine Einschränkung von Grundrechten (so ausdrücklich die vom Urteil nicht genannten Entscheidungen BVerfGE 12, 45, 53; 28, 243, 259; vgl. z. B. auch *Konrad Hesse*, Grundzüge des Verfassungsrechts der Bundesrepublik Deutschland, 20. Aufl., 1995, Rdn. 306; *Jarass/ Pieroth*, Kommentar zum Grundgesetz, 3. Aufl., 1995, Vorb. vor Art. 1 Rdn. 34). Die vom Urteil herangezogenen Entscheidungen (BVerfGE 15, 126, 138 und Sächsischer Verfassungsgerichtshof, LKV 1995, 399 f.) sind insoweit nicht einschlägig, weil sie nicht die Beschränkung von *Grundrechten* betreffen, um die es im vorliegenden Fall geht.

Auch mit Art. 39 V der neuen Verfassung von Berlin vom 23. November 1995 läßt sich nicht belegen, Ausgestaltungsvorbehalte könnten auch zu Grundrechtsbeschränkungen ermächtigen. Art. 39 V der neuen Berliner Verfassung besagt nichts Neues, sondern war wortgleich auch schon in Art. 26 V der bisherigen Berliner Verfassung enthalten. Er ermächtigt auch nicht zu „Beschränkungen des Wahlrechts und der Wählbarkeit" (so aber das Urteil C II 2, c, bb). Auch in Berlin können Inkompatibilitätsvorschriften vielmehr nur auf Art. 137 I GG gestützt werden (*Pfennig/Neumann*, Verfassung von Berlin, Kommentar, 1978, Art. 26 Rdn. 20; *Zivier*, Verfassung und Verwaltung von Berlin, 2. Aufl., 1992, S. 132).

Eine landesverfassungsrechtliche Ermächtigung zur *Beschränkung* des Grundrechts der Wählbarkeit – im Gegensatz zur bloßen Ermächtigung zur näheren Regelung – besteht nur in denjenigen Ländern, in denen die Landesverfassung eine dem Art. 137 I GG entsprechende Einschränkungsnorm enthält wie in Mecklenburg-Vorpommern (Art. 71 III), Niedersachsen (Art. 61), Nordrhein-Westfalen (Art. 46 III) und Sachsen-Anhalt (Art. 91 II). In allen anderen Ländern kann der Landesgesetzgeber Inkompatibilitätsvorschriften nicht auf Landesverfassungsrecht gründen, weil landesverfassungsrechtliche Ausgestaltungsermächtigungen dazu nicht ausreichen. Grundlage ist und bleibt in all diesen Ländern der bundesgesetzliche Beschränkungsvorbehalt des Art. 137 I GG. Gäbe es ihn nicht, wären in allen diesen Ländern, also in drei Viertel aller Bundesländer, die Inkompatibilitätsvorschriften verfassungswidrig.

Der vergleichende Überblick über die Bestimmungen anderer Landesverfassungen bestätigt also, daß der Brandenburger Landesverfassungsgeber davon ausgehen konnte und mußte, daß Art. 137 I GG auch für die Beschränkung des Art. 22 I LV eine ausreichende Grundlage darstellt. Zum Erlaß eines Ausgestaltungsvorbehalts, wie er in den meisten anderen Ländern besteht, bestand schon deshalb keine Veranlassung, weil ein solcher Ausgestaltungsvorbehalt keine Einschränkbarkeit des Grundrechts begründen kann. Sein Weglassen gibt deshalb auch keinen Hinweis darauf, dem Landesgesetzgeber sei das Gebrauchmachen von der Ermächtigung des Art. 137 I GG untersagt.

12. Das Urteil bezieht sich dem Tenor nach zwar nur auf einen Einzelfall der Inkompatibilität. Seine Begründung führt jedoch dazu, daß die gesamte Inkompatibilitätsvorschrift des § 12 BbgKWahlG verfassungswidrig ist. Wenn Art. 22 I 1 LV dem Landesgesetzgeber das Gebrauchmachen von der Ermächtigung des Art. 137 I GG verböte, wie das Urteil meint, gäbe es keine Möglichkeit mehr, die Verfassungswidrigkeit des gesamten § 12 BbgKWahlG zu vermeiden. Das gleiche Ergebnis folgt konsequenterweise auch für die Unvereinbarkeitsvorschrift des Abgeordnetengesetzes. Auch insoweit fehlt es nach der

Auslegung des Gerichts an einer Ermächtigung, den Art. 22 I 1 LV einzuschränken und damit die Verfassungswidrigkeit des § 29 AbgG zu vermeiden. Eingrenzungsversuche des Urteils hinsichtlich seiner Tragweite (C II 2 a) finden aus ihm selbst heraus keine logische Rechtfertigung. Ohne vollständigen Bruch mit der in diesem Urteil niedergelegten Begründung wird das Verfassungsgericht auch die übrigen landesrechtlichen Inkompatibilitätsvorschriften, die etwa im Rahmen weiterer abstrakter bzw. konkreter Normenkontrollverfahren oder in Verfassungsbeschwerdeverfahren gegen Exekutivakte auf der Basis dieser Vorschriften (Stichwort: Nachrücker in Volksvertretungen) angegriffen werden können, nicht bestehen lassen können.

13. Wenn das Urteil davon ausgeht, Unvereinbarkeitsvorschriften zur Unterbindung von Interessenverquickungen und Verfilzungen seien auf kommunaler Ebene weniger wichtig als auf Landesebene, so teile ich diese Meinung nicht. Gerade im kleinräumigen kommunalen Bereich drohen besonders unerträgliche Zustände, wenn Kommunalbedienstete sich unbegrenzt in die kommunalen Vertretungen wählen lassen können. Angesichts der Attraktivität eines solchen Mandats gerade für Kommunalbedienstete ist zu erwarten, daß die „Verbeamtung" der Volksvertretungen dann sprunghaft zunimmt. Wie aber soll eine zum großen Teil aus Verwaltungsangehörigen der Gemeinde bestehende Gemeindevertretung oder ein solcher Kreistag die Verwaltung noch kontrollieren? Das zeigt sich besonders bei Personalangelegenheiten. Angesichts der Zuständigkeit der Gemeindevertretung bzw. Kreisvertretung (§ 35 II Nr. 5 GO, § 29 II Nr. 5 LkrO) und ihres Hauptausschusses (§ 57 II GO) bzw. Kreisausschusses (§ 48 II LKrO) für die Entscheidung von Personalangelegenheiten der Gemeinde bzw. des Kreises wäre es unerträglich, wenn diese Gremien vom Personal selbst besetzt würden. Auch wenn jeweils direkt und persönlich Betroffene nach den kommunalrechtlichen Mitwirkungsverboten ausgeschlossen werden müssen (§ 28 GO, § 24 I 3 LKrO), so gibt es doch eine Fülle von indirekten Betroffenheiten, für die die kommunalrechtlichen Ausschlußbestimmungen nicht gelten. Damit drohte die bisher häufig überzogen karikierte staatspolitische Horrorvorstellung in brandenburgischen Gemeinden, Ämtern und Landkreisen Wirklichkeit zu werden, daß die öffentliche Verwaltung fest in ihrer eigenen Hand sei, weil sie auch die Volksvertretung beherrscht.

Solche Verquickungen müssen auch in der Verwaltung selbst zu unerträglichen Zuständen führen. Wie soll ein Bürgermeister oder ein Landrat sich als Verwaltungschef noch gegenüber seinen Bediensteten durchsetzen, wenn diese zugleich Mitglieder des Gemeinderats bzw. des Kreistags, etwa als Fraktionsvorsitzende, sind und in dieser Eigenschaft ihrerseits den Bürgermeister bzw. den Landrat zu kontrollieren haben? Diejenigen, die gleichzeitig Mitglieder der Gemeindevertretung sind, werden kraft dieser Stellung auch in der Verwaltung eine dominierende Position innehaben. Das wird voraussichtlich die Parteipolitisierung der gesamten Kommunalverwaltung fördern, also einer Entwicklung weiter Vorschub leisten, vor der schon jetzt vielfach und mit guten Gründen gewarnt wird.

Auch das Bundesverfassungsgericht hat ausdrücklich die Bedeutung von Inkompatibilitätsvorschriften gerade auf kommunaler Ebene zur Absicherung der organisatorischen Gewaltenteilung gegen ihr Unterlaufen per Personalunionen (BVerfGE 38, 326, 338 f.) betont: „Es läßt sich mit der Gewaltenteilung nicht ohne weiteres vereinen, wenn dieselbe Person Gemeindebediensteter ist und zugleich dem Rat der Gemeinde angehört (vgl. BVerfGE 12, 73, 77; 18, 172, 183). Gerade in Gemeinden ist die Gefahr gewisser Verflechtungen auf lokaler Ebene nicht von der Hand zu weisen. Dementsprechend haben die Länder durchgängig Unvereinbarkeitsregelungen für den kommunalen Bereich getroffen" (BVerfGE 48, 83).

Das Urteil führt im übrigen auch nicht etwa zu mehr Rechten für „normale" Bürger, sondern verstärkt die Einflußmöglichkeiten derjenigen, denen eine Beseitigung der Inkompatibilitätsvorschriften vor allem zugute kommt.

Nr. 2

Bei der Entscheidung über den Antrag auf Erlaß einer einstweiligen Anordnung auf Vorlage von Akten an einen Abgeordneten entbindet die in Art. 56 Abs. 3 Satz 4 LV enthaltene Verpflichtung zur unverzüglichen Vorlage der dort genannten Unterlagen nicht von der Abwägung nach § 30 Abs. 1 VerfGGBbg.*

Verfassung des Landes Brandenburg Art. 56 Abs. 3 Satz 4; 56 Abs. 4; 113 Nr. 1

Verfassungsgerichtsgesetz Brandenburg §§ 12 Nr. 1; 30 Abs. 1; 35 ff.

Urteil vom 7. März 1996 – VfGBbg 3/96 EA –

in dem Verfahren auf Erlaß einer einstweiligen Anordnung des Mitglieds des Landtags Brandenburg Dr. Peter Wagner gegen die Regierung des Landes Brandenburg, vertreten durch den Minister der Justiz und für Bundes- und Europaangelegenheiten, betreffend die Vorlage von Unterlagen gemäß Art. 56 Abs. 3 Satz 4 LV.

* Nichtamtlicher Leitsatz.

Entscheidungsformel:
Der Antrag auf Erlaß einer einstweiligen Anordnung wird zurückgewiesen.

Gründe:

I.

Der Antragsteller ist Mitglied des Landtages Brandenburg. Im wesentlichen begehrt er die Überlassung von Unterlagen durch die Landesregierung in Kopien, hilfsweise die Gewährung von Einsicht in diese Unterlagen im Original unter Hinzuziehung seines Verfahrensbevollmächtigten.

Der Antragsteller macht geltend, dem Ministerium für Arbeit, Soziales, Gesundheit und Frauen (MASGF) seien durch den Landesrechnungshof Unregelmäßigkeiten bei der Verwendung von Steuergeldern nachgewiesen worden. Er hege seinerseits den Verdacht, daß es bei der Abwicklung des 1991 begonnenen Landes-Altenpflegeheim-Bauprogramms durch einen aus Landesmitteln vergüteten Dienstleister nicht mit rechten Dingen zugegangen sei. Er benötige die im Antrag aufgeführten Unterlagen, um nachzuweisen, daß ein Herr K. sowohl persönlich als auch – teilüberschneidend – als alleiniger Gesellschafter einer GmbH beauftragt worden sei, mit der Folge, daß insoweit für ein und dieselbe Tätigkeit doppelt bezahlt worden sei. Die Presse habe bereits am 23. Oktober 1995 Gelegenheit gehabt, die Unterlagen einzusehen. Er habe die Unterlagen mit Schreiben vom 27. und 28. Oktober 1995 angefordert. Mit Schreiben vom 28. November 1995 habe das Ministerium angekündigt, die zur Vorlage erforderliche Beschlußfassung im Kabinett vorzubereiten. Auf eine am 19. Dezember 1995 zum 29. Dezember 1995 und erneut am 2. Januar 1996 zum 22. Januar 1996 gesetzte Frist zur Vorlage der Unterlagen habe die Landesregierung mit Schreiben vom 15. Januar 1996 mit dem Hinweis reagiert, daß die Anfrage Prüfungs- und Abstimmungsbedarf verursache, daß dem Anliegen jedoch im Januar entsprochen werden könne.

Der Antragsteller hat am 23. Januar 1996 den Erlaß einer einstweiligen Anordnung beantragt und unter anderem geltend gemacht, er benötige die Unterlagen zum Haushalt 1996. Durch Schriftsatz vom 3. März 1996 hat er seinen Antrag erweitert und darauf verwiesen, er vermöge ohne genaue Kenntnisse der Vorgänge „nur begrenzt nachzuvollziehen, welchen Sachverhalten er bei seinen Abstimmungen über den Haushalt in den Ausschüssen und im Parlament überhaupt zustimmt." Eine Entscheidung in der Hauptsache komme zu spät.

II.

Der Antrag bleibt ohne Erfolg.

1. Der Antrag auf Erlaß einer einstweiligen Anordnung mit dem von dem Antragsteller erstrebten Inhalt ist unzulässig. § 38 Abs. 1 Verfassungsgerichtsgesetz Brandenburg (VerfGGBbg) ermächtigt das Gericht im Rahmen eines Organstreitverfahrens nach Art. 113 Nr. 1 Landesverfassung (LV), §§ 12 Nr. 1, 35 ff. VerfGGBbg – wie es hier den Hintergrund bildet – lediglich dazu, festzustellen, ob die beanstandete Maßnahme oder Unterlassung gegen eine Bestimmung der Verfassung verstößt. Um eine Feststellung geht es dem Antragsteller ausweislich seiner Antragsformulierung nicht. Die von ihm ausdrücklich begehrte Verurteilung der Landesregierung zur Vorlage der Unterlagen in Kopie, hilfsweise zur Einsicht im Beisein seines Rechtsanwaltes, geht vielmehr über eine solche Feststellung hinaus. Wäre ein gleichlautender Antrag aber im Hauptsacheverfahren unzulässig, kann er auch im Verfahren auf Erlaß einer einstweiligen Anordnung keinen Erfolg haben. Es ist hier auch nicht etwa so, daß lediglich der Zustand bis zur Hauptsacheentscheidung überbrückt werden soll (vgl. dazu Urteil des Verfassungsgerichts des Landes Brandenburg vom 16. März 1995 – VfGBbg 4/95 EA – LVerfGE 3, 135, 139). Eine stattgebende Entscheidung würde vielmehr die Hauptsacheentscheidung nicht nur im Ergebnis vorwegnehmen, sondern sogar mehr geben, als die Hauptsacheentscheidung gewähren könnte.

2. An dieser Beurteilung ändert sich auch dann nichts, wenn man zugunsten des Antragstellers annehmen wollte, sein Antrag beinhalte – quasi als Minus – auch das Begehren, die Verfassungswidrigkeit des Verhaltens der Landesregierung festgestellt zu sehen. In diesem Fall fehlt es an den Voraussetzungen des einschlägigen § 30 Abs. 1 VerfGGBbg.

a) Dabei kann offenbleiben, ob eine Feststellung Gegenstand einer (einstweiligen) „Anordnung" zur – wie § 30 Abs. 1 VerfGGBbg formuliert – (vorläufigen) „Regelung" eines Zustandes sein kann. Immerhin hält das Gericht zur Sicherstellung eines verfassungsgemäßen Ablaufs in sinngemäßer Anwendung von § 30 Abs. 1 VerfGGBbg eine „vorläufige", nämlich unter dem Vorbehalt einer abschließenden Überprüfung im Hauptsacheverfahren stehende, Feststellung nicht von vornherein für undenkbar.

b) Eine einstweilige Anordnung kommt jedoch nach den weiteren Voraussetzungen des § 30 Abs. 1 VerfGGBbg nur in Betracht, wenn sie zur Abwehr schwerer Nachteile, zur Verhinderung drohender Gewalt oder aus einem anderen wichtigen Grunde dringend geboten ist. Insoweit ist nach der ständigen Rechtsprechung des Gerichts ein strenger Maßstab anzulegen. Es sind die Folgen abzuwägen, die sich ergeben, wenn eine einstweilige Anordnung nicht ergeht, das Verfahren in der Hauptsache aber Erfolg hat, gegen diejenigen Folgen, die eintreten, wenn die einstweilige Anordnung erlassen wird, der Antrag in der Hauptsache aber ohne Erfolg bleibt. Dabei sind regelmäßig nur irreversible Nachteile in die Abwägung einzustellen und müssen die nachteiligen Folgen, die ohne die einstweilige Anordnung für den Fall des Obsiegens in der Hauptsache zu vergegenwärtigen sind, im Vergleich zu den nachteiligen Folgen, die sich bei Erlaß der einstweiligen Anordnung für den Fall der Erfolglosigkeit in der Hauptsache ergeben, deutlich überwiegen, weil sie sonst bei vergleichender Betrachtungsweise nicht schwer genug im Sinne des Gesetzes sind („schwerer Nachteil") bzw. keinen gleichwertigen „anderen" Grund im Sinne des Gesetzes darstellen. Die Gründe, die in der Sache selbst für die Verfassungsrechtsverletzung sprechen, müssen in diesem Abwägungsprozeß grundsätzlich ebenso außer Betracht bleiben wie die Gegengründe, weil in dem Verfahren über den Antrag auf Erlaß einer einstweiligen Anordnung die Frage der Verfassungsmäßigkeit als solche noch nicht Prüfungsgegenstand ist, sondern der Hauptsacheentscheidung vorbehalten bleibt. Unbeschadet der nach diesen Vorgaben vorzunehmenden Folgenabwägung muß, und zwar im Sinne zusätzlicher Voraussetzungen, die einstweilige Anordnung „zum gemeinen Wohl" und „dringend" „geboten" sein (vgl. zu alledem die Entscheidungen des Verfassungsgerichts des Landes Brandenburg vom 30. November 1993 – VfGBbg 3/93 EA – LVerfGE 1, 205, 207 f.; vom 22. Dezember 1993 – VfGBbg 9/93 EA – LVerfGE 1, 214, 216 f. und vom 15. Dezember 1994 – VfGBbg 14/94 EA – LVerfGE 2, 214, 219 f.).

An diesen Voraussetzungen fehlt es hier. Die Landesregierung sähe sich bei Erlaß einer einstweiligen Anordnung in dem von dem Antragsteller erstrebten Umfang im Ergebnis genötigt, die in Frage stehenden Unterlagen uneingeschränkt vorzulegen, weil sie sich sonst dem öffentlichen Vorhalt ausgesetzt sähe, sich nicht verfassungsgerecht zu verhalten. Dies hätte für den Fall, daß sie sich zu Recht darauf beruft, daß überwiegende öffentliche oder private Interessen die Geheimhaltung – gegebenenfalls teilweise – zwingend erfordern (Art. 56 Abs. 4 LV), nicht wiedergutzumachende Folgen, weil durch eine staatliche Stelle – und nicht mehr rückholbar – sensible Daten preisgegeben worden wären. Demgegenüber wird dem Antragsteller kein irreversibler, jedenfalls kein irreversibler „schwerer" Nachteil zugemutet, wenn jetzt keine einstweilige Anordnung ergeht, die das Verhalten des MASGF vorläufig, nämlich vorbehaltlich einer abschließenden Beurteilung in der Hauptsacheentscheidung, als verfassungswidrig einordnet. Das gilt auch in bezug auf die bei Eingang des Antrags auf Erlaß einer einstweiligen Anordnung noch laufenden – inzwischen abgeschlossenen – Haushaltsberatungen, auf die der Antragsteller den Eilantrag in erster Linie gestützt hat. Soweit für das Gericht erkennbar, hat der Antragsteller die verfahrensgegenständlichen Unterlagen nicht eigentlich für die Entscheidung über den Haushaltsplan 1996 benötigt. Seine Fragen und Vorhaltungen betreffen im Grunde das Wirtschafts- und Finanzgebaren des MASGF in der Vergangenheit, welches dazu geführt habe, daß nun Fehlbeträge auszugleichen seien, wenn das sogenannte Landes-Altenpflegeheim-Bauprogramm weitergeführt werden soll. Diese Frage – ob nämlich das Landes-Altenpflegeheim-Bauprogramm unter Bereitstellung der hierfür jetzt benötigten Mittel weitergeführt werden soll – läßt sich aber unabhängig davon beantworten, aus welchen Gründen in der Vergangenheit jetzt auszugleichende Unterdeckungen aufgetreten sind und wer gegebenenfalls rechtlich und/oder politisch dafür geradezustehen hat. Von daher geht es dem Antragsteller nicht eigentlich um die Klärung des Finanzbedarfs unter den jetzt gegebenen Verhältnissen, sondern letztlich darum, Unregelmäßigkeiten im MASGF aufzudecken, um die zuständige Ministerin hierfür im Parlament zu einem ihm richtig oder günstig erscheinenden Zeitpunkt, als den er sich die Haushaltsdebatte gewünscht hätte, verantwortlich zu machen. Indessen könnte die Ministerin, wenn sich aus den verfahrensgegenständlichen Unterlagen Unregelmäßigkeiten ergäben, auch noch zu einem späteren Zeitpunkt zur Verantwortung gezogen werden. Diese gegebenenfalls eintretende zeitliche Verschiebung mag der Antragsteller als nachteilig empfinden, weil sie aus der Zeit der Haushaltsberatungen mit ihrem „Generalabrechnungscharakter" herausführt. Aber es ist ihm zumutbar, die geordnete Prüfung seines Anliegens im Hauptsacheverfahren und damit die Hauptsacheentscheidung abzuwarten. Er kann dann immer noch Vorhaltungen erheben, die sich etwa aus den hier in Frage stehenden Unterlagen ergeben. Der Nachteil, den der Antragsteller in Kauf nehmen muß, erscheint jedenfalls nicht im Sinne des § 30 Abs. 1 VerfGGBbg schwer genug, um den Erlaß einer einstweiligen Anordnung zu rechtfertigen. Dies gilt umso mehr, als die Landesregierung in der mündlichen Verhandlung unwidersprochen erklärt hat, die geforderten Unterlagen – wenngleich teilweise unkenntlich gemacht – lägen seit dem 21. Februar 1996 zur Einsichtnahme durch den Antragsteller persönlich vor. Hiervon hätte der Antragsteller gerade unter dem Gesichtspunkt der von ihm angesprochenen zeitnahen Parlamentskontrolle Gebrauch machen können.

Aber selbst wenn man den Nachteil, dem der Antragsteller für den Fall des Obsiegens in der Hauptsache ausgesetzt wird, als „schwer" ansähe, würde der Erlaß einer einstweiligen Anordnung daran scheitern müssen, daß sie entgegen den weiteren Voraussetzungen des § 30 Abs. 1 VerfGGBbg nicht „dringend" „zum gemeinen Wohl" „geboten" wäre. Zwar liegt es im Gemeinwohl, etwaigen Anhaltspunkten für Unregelmäßigkeiten in einem Ministerium nachzugehen und gegebenenfalls in diesem Zusammenhang dem Anspruch eines Landtagsabgeordneten auf Vorlage von Unterlagen Nachdruck zu verleihen. Zugleich aber muß sichergestellt sein, daß dabei nicht rechtswidrig öffentliche oder private Geheimhaltungsinteressen verletzt werden. Auch von daher erscheint es vorliegendenfalls sachgerecht, die Hauptsacheentscheidung abzuwarten und erweist sich eine einstweilige Anordnung jedenfalls nicht als „dringend" geboten.

c) Eine andere Beurteilung ergibt sich auch nicht daraus, daß die Verfassung selbst in Art. 56 Abs. 3 Satz 4 LV die unverzügliche Vorlage der Unterlagen anordnet. Zwar kann die Ausgestaltung des materiellen Rechts Einfluß auf die Anwendung des Verfahrensrechts nehmen (vgl. etwa BVerfGE 56, 216, 236). Jedoch kann die Fassung des Art. 56 Abs. 3 Satz 4 LV nicht von der Abwägung nach § 30 Abs. 1 VerfGGBbg entbinden, der für alle Fälle gilt und demzufolge eine einstweilige Anordnung die nur unter eingeschränkten Voraussetzungen in Betracht kommende Ausnahme darstellt. Dies gilt auch im Anwendungsbereich des Art. 56 Abs. 3 LV und führt hier dazu, daß eine einstweilige Anordnung nicht geboten erscheint und die Hauptsacheentscheidung abzuwarten bleibt. Der verfassungsrechtlichen Verpflichtung auch zur unverzüglichen Vorlage der Unterlagen, welche für den Fall besteht, daß nicht Art. 56 Abs. 4 LV entgegensteht, kann gegebenenfalls auch noch bei der Hauptsacheentscheidung Rechnung getragen werden, indem etwa außer der Verpflichtung zur Vorlage der Unterlagen auch festgestellt wird, daß gegen die Verpflichtung zur unverzüglichen Vorlage verstoßen worden ist.

Nr. 3

1. Eine Vereinigung der Länder Brandenburg und Berlin „durch Vereinbarung dieser Länder" gemäß Art. 118 a GG ist nicht von den Voraussetzungen des Art. 29 GG abhängig.

2. a) Art. 1 des Gesetzes zu den Staatsverträgen über die Neugliederung der Länder Brandenburg und Berlin vom 27. Juni 1995 (Neugliederungsvertragsgesetz – NVG –, GVBl. I S. 150) ist – mit einer Maßgabe zu der Volksabstimmung – mit der Verfassung des Landes Brandenburg vereinbar.

b) In bezug auf die Bildung eines die Länder Brandenburg und Berlin vereinigenden neuen Bundeslandes wirken sich Vorgaben der geltenden Verfassung des Landes Brandenburg nicht aus. Aus der Sicht der geltenden Landesverfassung ist lediglich Art. 116 LV zu beachten.

c) Zur Frage der „Beteiligung" des Landtages im Sinne von Art. 116 LV.

d) Die für eine Vereinigung der Länder Brandenburg und Berlin durch Art. 118 a GG eröffnete Vereinbarung dieser Länder kann Vorgaben für das gemeinsame Bundesland enthalten. Sie stellen sich für den Fall, daß die Abstimmungsberechtigten in der vorgesehenen Volksabstimmung der Bildung eines gemeinsamen Landes zustimmen, als Selbstbindungen der verfassunggebenden Gewalt des gemeinsamen Landes dar.

3. Um einer unzulässigen Beeinträchtigung der Abstimmungsfreiheit entgegenzuwirken, ist bei der Volksabstimmung über den Neugliederungs-Vertrag in geeigneter Weise deutlich zu machen, daß die Frage über den Entstehungszeitpunkt des gegebenenfalls zu bildenden Landes unabhängig von der Haupt-Abstimmungsfrage zur Abstimmung steht und auch dann beantwortet werden kann, wenn die Frage über das „Ob" der Bildung des in Aussicht genommenen Landes mit „Nein" beantwortet wird.

Verfassung des Landes Brandenburg Art. 2 Abs. 1, 2, 4 und 5; 22 Abs. 3 Satz 1; 70 Abs. 2; 79; 91 Abs. 2; 94 Satz 1; 113 Nr. 2; 115; 116 a. F. sowie n. F.

Grundgesetz Art. 20 Abs. 2; 28 Abs. 1; 29; 79; 100 Abs. 1; 118 Satz 2; 118 a

Gesetz zur Änderung des Grundgesetzes Art. 2

Einigungsvertrag Art. 5

Zweites Neugliederungsgesetz §§ 13, 14

Verfassungsgerichtsgesetz Brandenburg § 39

Neugliederungsvertragsgesetz Art. 1, 4 Nr. 2 Satz 2

Neugliederungs-Vertrag (Anlage 1 zum Neugliederungsvertragsgesetz)
Art. 1; 3; 7; 8; 9; 21; 58

Staatsvertrag zur Regelung der Volksabstimmungen in den Ländern Berlin und Brandenburg über den Neugliederungs-Vertrag (Anlage 2 zum Neugliederungsvertragsgesetz) Art. 4; 11; 23

Urteil vom 21. März 1996 – VfGBbg 18/95 –

in dem Verfahren über den Normenkontrollantrag der Abgeordneten des Landtages Brandenburg Kerstin Bednarsky, Hannelore Birkholz, Prof. Dr. Lothar Bisky, Ralf Christoffers, Petra Faderl, Christel Fiebiger, Christian Gehlsen, Prof. Dr. Bernhard Gonnermann, Stefan Ludwig, Dr. Helmuth Markov, Kerstin Osten, Harald Petzold, Prof. Dr. Michael Schumann, Gerlinde Stobrawa, Anita Tack, Dr. Margot Theben, Andreas Trunschke und Heinz

Vietze, wegen Überprüfung des Art. 1 des Gesetzes zu den Staatsverträgen über die Neugliederung der Länder Brandenburg und Berlin vom 27. Juni 1995 (Neugliederungsvertragsgesetz – NVG –, GVBl. I S. 150) auf seine Vereinbarkeit mit der Verfassung des Landes Brandenburg.

Entscheidungsformel:

Art. 1 des Neugliederungsvertragsgesetzes ist mit der Verfassung des Landes Brandenburg vereinbar; soweit Art. 1 des Neugliederungsvertragsgesetzes Art. 4 des Staatsvertrages zur Regelung der Volksabstimmungen in den Ländern Berlin und Brandenburg über den Neugliederungs-Vertrag in Bezug nimmt, gilt dies jedoch mit der Maßgabe, daß durch eine dem Stimmzettel beizulegende Information und durch Aushang in den Abstimmungslokalen nach näherer Maßgabe der Entscheidungsgründe klarzustellen ist, daß die Zusatzfrage unabhängig von der Abstimmungsfrage zur Abstimmung steht und auch dann beantwortet werden kann, wenn die Abstimmungsfrage mit „Nein" beantwortet wird.

Gründe:

A.

I.

Am 27. April 1995 ist der zwischen den Regierungen des Landes Brandenburg und des Landes Berlin ausgehandelte Staatsvertrag über die Bildung eines gemeinsamen Bundeslandes (Neugliederungs-Vertrag – NV –) vom Ministerpräsidenten des Landes Brandenburg und vom Regierenden Bürgermeister der Stadt Berlin unterzeichnet worden (abgedruckt als Anlage 1 des Gesetzes zu den Staatsverträgen über die Neugliederung der Länder Brandenburg und Berlin – NVG –, GVBl. I S. 150). Der Neugliederungs-Vertrag besteht aus einer Präambel und 60 Artikeln, 13 gemeinsamen Protokollnotizen und zwei Anhängen (Organisationsstatut für das gemeinsame Land, Wahlgesetz für die Wahl des ersten gemeinsamen Landtages) sowie einem Briefwechsel zur Frage der weiteren Nutzung der Niederlausitzer Braunkohle.

Kapitel I (Art. 1–7) enthält die Grundaussagen des Vertrages zur beabsichtigten Neugliederung. Darin heißt es unter anderem:

Artikel 1

Neugliederung, Name, Landeshauptstadt

(1) Das Land Berlin und das Land Brandenburg bilden mit dem Tag der Wahl des ersten gemeinsamen Landtages ein gemeinsames Bundesland.

(2) Das gemeinsame Land führt den Namen Berlin-Brandenburg. Es ist ein Land der Bundesrepublik Deutschland und gliedert sich in Gemeinden und Gemeindeverbände.

(3) Potsdam ist Landeshauptstadt, Regierungs- und Parlamentssitz.

Artikel 3

Zustimmung der Parlamente und Volksabstimmungen

(1) Dieser Vertrag bedarf zu seiner Ratifizierung der Zustimmung von jeweils zwei Dritteln der Mitglieder des Abgeordnetenhauses von Berlin und des Landtages Brandenburg sowie in jedem der beiden Länder der Zustimmung in einer Volksabstimmung. Die Zustimmung bedarf in jedem der beiden Länder der Mehrheit der abgegebenen Stimmen; die Mehrheit muß mindestens jeweils ein Viertel der Abstimmungsberechtigten umfassen. Die Volksabstimmungen finden in beiden Ländern am 5. Mai 1996 statt.

(2) Mit den Volksabstimmungen ist die Frage zu verbinden, ob das gemeinsame Land im Jahr 1999 oder im Jahr 2002 gebildet werden soll. Wird die Frage in beiden Ländern unterschiedlich beantwortet, so wird das gemeinsame Land mit dem Tag der Wahl des ersten gemeinsamen Landtages im Jahr 2002 gebildet.

(3) Das Nähere bestimmt ein Staatsvertrag zur Regelung der Volksabstimmungen in den Ländern Berlin und Brandenburg über den Neugliederungs-Vertrag.

Artikel 7

Vereinigungsausschuß

(1) Nach Inkrafttreten dieses Vertrages bilden das Abgeordnetenhaus Berlin und der Landtag Brandenburg einen je zur Hälfte aus Mitgliedern jedes der beiden Landesparlamente bestehenden ständigen gemeinsamen Vereinigungsausschuß. Die Mitgliederzahl legen die Präsidenten der beiden Landesparlamente einvernehmlich fest. Die Zusammensetzung der vom jeweiligen Landesparlament aus seiner Mitte gewählten Ausschußmitglieder muß dem Stärkeverhältnis seiner Fraktionen entsprechen; für die Sitzverteilung ist das im jeweiligen Parlament für die Ausschußbesetzung geltende Verfahren anzuwenden. Der Vereinigungsausschuß soll einen ständigen Unterausschuß für Rechtsvereinheitlichung einsetzen, in dem jede Fraktion beider Parlamente mit mindestens einem Mitglied vertreten ist.

(2) Der Vereinigungsausschuß kann sich mit allen Angelegenheiten der Durchführung dieses Vertrages befassen und dazu Stellungnahmen und Empfehlungen beschließen. Der Vereinigungsausschuß hat folgende weitere Aufgaben:
1. Beratung von Regierungsentwürfen und anderen Vorschlägen für die Vereinheitlichung der Rechtsvorschriften (Artikel 52, 54),
2. Zustimmung zu dem gemäß Artikel 5 Abs. 2 festzulegenden Finanz- und Verpflichtungsvolumen und zu den Durchführungsregelungen zum Ausgleichsprinzip (Artikel 28 Abs. 4),
3. Zustimmung zum Entwurf des ersten Stellenplanes für das gemeinsame Land (Artikel 41 Abs. 2 Satz 1 Nr. 1) und der damit verbundenen Organisationsstruktur.

(3) Der Vereinigungsausschuß ist für beide Landesparlamente der für die Durchführung dieses Vertrages federführende Ausschuß. Bei einer von seiner Beschlußempfehlung abweichenden Parlamentsentscheidung kann der Vereinigungsausschuß eine weitere Lesung verlangen, zu der er erneut eine Beschlußempfehlung vorlegt.

(4) Der Vereinigungsausschuß kann die Anwesenheit eines jeden Mitglieds der Vereinigungskommission und die Erteilung von Auskünften verlangen. Die Mitglieder der Vereinigungskommission und ihre Beauftragten haben zu den Sitzungen des Vereinigungsausschusses und seiner Unterausschüsse Zutritt; die Mitglieder der Vereinigungskommission müssen jederzeit gehört werden.

(5) Beschlüsse des Vereinigungsausschusses zu Absatz 2 Satz 2 bedürfen jeweils der Mehrheit der Berliner und der Brandenburger Mitglieder. Im übrigen ist das Abstimmungsverfahren in der Geschäftsordnung des Vereinigungsausschusses festzulegen.

(6) Der Vereinigungsausschuß gibt sich eine Geschäftsordnung. Der Beschluß bedarf einer Mehrheit von zwei Dritteln seiner Mitglieder.

(7) Die Rechte beider Landesparlamente bleiben unberührt.

Art. 8 NV enthält im Hinblick auf die Verfassung des gemeinsamen Landes folgende Regelungen:

Verfassung des gemeinsamen Landes

(1) Nach Inkrafttreten dieses Vertrages wird durch das Abgeordnetenhaus von Berlin und den Landtag Brandenburg ein paritätisch besetzter gemeinsamer Ausschuß zur Ausarbeitung des Entwurfs einer Verfassung für das gemeinsame Land gebildet. Der Entwurf ist auf der Grundlage der Verfassungen der Länder Berlin und Brandenburg sowie dieses Vertrages bis Mitte des zweiten Jahres vor dem Jahr der Bildung des gemeinsamen Landes zu erarbeiten.

(2) Der Verfassungsentwurf bedarf der Zustimmung von jeweils zwei Dritteln der Mitglieder des Abgeordnetenhauses von Berlin und des Landtages Brandenburg sowie am Tag der Wahl des ersten gemeinsamen Landtages der Bestätigung in einer Volksabstimmung.

(3) Findet der Verfassungsentwurf im Abgeordnetenhaus von Berlin, im Landtag Brandenburg und in der Volksabstimmung die erforderliche Mehrheit, tritt die Verfassung am Tag nach der Verkündung im Gesetz- und Verordnungsblatt des gemeinsamen Landes in Kraft. Gleichzeitig treten die Verfassung von Berlin und die Verfassung des Landes Brandenburg außer Kraft.

(4) Findet der Verfassungsentwurf im Abgeordnetenhaus von Berlin oder im Landtag Brandenburg oder in der Volksabstimmung nicht die erforderliche Mehrheit, ist der Verfassungsentwurf dem ersten Landtag des gemeinsamen Landes in seiner konstituierenden Sitzung zu unterbreiten. Kommt ein gemeinsamer Verfassungsentwurf nach Absatz 1 nicht zustande, sind dem Landtag die Beratungsunterlagen des gemeinsamen Ausschusses zu unterbreiten. Die Verfassung des gemein-

samen Landes bedarf der Zustimmung von zwei Dritteln der Mitglieder seines Landtages sowie der Zustimmung in einer Volksabstimmung.

Kommt eine Verfassung nach Art. 8 Abs. 1–3 NV nicht zustande, soll nach Bildung des gemeinsamen Landes gemäß Art. 9 NV ein Organisationsstatut in Kraft treten, bis eine Verfassung des neuen Landes wirksam wird. Art. 9 NV hat folgenden Wortlaut:

Organisationsstatut

(1) Mit der Bildung des gemeinsamen Landes treten die Verfassungen der Länder Berlin und Brandenburg mit der Maßgabe außer Kraft, daß
1. ihre Grundrechtsteile für ihre jeweiligen bisherigen Geltungsbereiche in Kraft bleiben,
2. im übrigen die Bestimmungen dieses Vertrages einschließlich des als Anhang 1 diesem Vertrag beigefügten Organisationsstatuts gelten,

bis eine Verfassung für das gemeinsame Land in Kraft tritt. Zwischenzeitliche Änderungen des Organisationsstatuts bedürfen einer Mehrheit von zwei Dritteln der Mitglieder des Landtages des gemeinsamen Landes.

(2) Regelt die Verfassung des gemeinsamen Landes die Zusammensetzung des Landesrechnungshofes, des Richterwahlausschusses und des Verfassungsgerichtshofes oder anderer Gremien für die Zeit zwischen dem Inkrafttreten der Verfassung und der Neubildung der Gremien nicht, gelten insoweit die Regelungen des Organisationsstatuts fort.

Kapitel II des Neugliederungs-Vertrages enthält eine Reihe von Regelungen für die Zeit zwischen Bildung des gemeinsamen Landes und der Funktionsfähigkeit seiner staatlichen Organe und Behörden. Andere Regelungen befassen sich mit den künftigen Strukturen und Zielen des gemeinsamen Bundeslandes sowie mit der durchzuführenden Rechtsangleichung.

Art. 58 NV enthält Vorschriften über Änderungen des Neugliederungs-Vertrags. Es heißt dort:

Artikel 58

Vertragsänderungen

(1) Die vertraglichen Regelungen können innerhalb von 10 Jahren nach dem Tage der Bildung des gemeinsamen Landes, die Regelungen des Artikels 28 auch darüber hinaus nur mit einer Mehrheit von zwei Dritteln der Mitglieder des Landtages des gemeinsamen Landes aufgehoben oder geändert werden, soweit dieser Vertrag nichts anderes bestimmt.

(2) Änderungen, die die Entscheidung über die Neugliederung und die Ziele dieses Vertrages (Präambel, Artikel 1 und Artikel 2), die Grundstruktur der Stadt Berlin (Artikel 21 Abs. 1 Satz 2) und den Artikel 56 (Rechtswahrung) antasten, sind unzulässig. Änderungen, die die Grundsätze des Artikels 23 und den Wesensgehalt des

Artikels 24 antasten, sind für 15 Jahre unzulässig. Danach sind Änderungen mit einer Mehrheit von zwei Dritteln der Mitglieder des Landtages zulässig.

(3) Erweist sich eine Änderung dieses Vertrages zwischen seinem Inkrafttreten und der Bildung des gemeinsamen Landes als unabweisbar notwendig, so kann sie vom Abgeordnetenhaus von Berlin und vom Landtag Brandenburg jeweils mit einer Mehrheit von zwei Dritteln der Mitglieder übereinstimmend beschlossen werden. Änderungen, die den Wesensgehalt des Vertrages antasten, bedürfen zusätzlich in beiden Ländern der Zustimmung durch Volksabstimmung.

Am 27. April 1995 ist auch der Staatsvertrag zur Regelung der Volksabstimmungen in den Ländern Berlin und Brandenburg über den Neugliederungs-Vertrag unterzeichnet worden (abgedruckt als Anlage 2 des Neugliederungsvertragsgesetzes). Er tritt nach seinem Art. 23 an dem Tag in Kraft, an dem das letzte Zustimmungsgesetz zu dem Neugliederungs-Vertrag im Gesetz- und Verordnungsblatt verkündet worden ist.

Art. 4 dieses Staatsvertrages enthält Vorschriften über die Abstimmungsfragen sowie das Ergebnis der Volksabstimmungen. Er hat folgenden Wortlaut:

Artikel 4

Abstimmungsfrage, Zusatzfrage und Ergebnis der Volksabstimmungen

(1) Die Abstimmungsfrage lautet:

„Stimmen Sie dem Vertrag der Länder Berlin und Brandenburg über die Bildung eines gemeinsamen Bundeslandes zu?

                Ja   Nein"

(2) Die Zustimmung zu dem Neugliederungs-Vertrag bedarf in jedem der beiden Länder der Mehrheit der abgegebenen Stimmen; die Mehrheit muß mindestens jeweils ein Viertel der Abstimmungsberechtigten umfassen.

(3) Mit der Abstimmungsfrage wird auf demselben Stimmzettel folgende Zusatzfrage verbunden:

„Soll das gemeinsame Land gebildet werden

        im Jahr 1999   oder   im Jahr 2002"

(4) Das gemeinsame Bundesland wird nach den Maßgaben des Neugliederungs-Vertrages in dem Jahr gebildet, auf das in jedem der beiden Länder die meisten Stimmen entfallen sind. Wird die Zusatzfrage in den beiden Ländern unterschiedlich beantwortet, so wird das gemeinsame Bundesland nach den Maßgaben des Neugliederungs-Vertrages im Jahr 2002 gebildet.

(5) Stimmen zur Abstimmungsfrage (Absatz 1) sind auch gültig, wenn die Zusatzfrage (Absatz 3) offengelassen wird. Stimmen zur Zusatzfrage sind auch gültig, wenn die Abstimmungsfrage offengelassen oder verneint wird.

Der Brandenburgische Landtag verabschiedete nach Beratung am 27. Juni 1995 das Gesetz zu den Staatsverträgen über die Neugliederung der Länder Brandenburg und Berlin, dessen Art. 1 hier angegriffen wird. Er lautet:

Dem in Berlin am 27. April 1995 unterzeichneten Neugliederungs-Vertrag und dem in Berlin am 27. April 1995 unterzeichneten Staatsvertrag zur Regelung der Volksabstimmungen in den Ländern Berlin und Brandenburg über den Neugliederungs-Vertrag wird zugestimmt. Die Verträge werden nachstehend veröffentlicht.

II.

Ausgangspunkt der beabsichtigten Fusion der beiden Bundesländer ist eine Empfehlung der Vertragsparteien des Einigungsvertrages an die gesetzgebenden Körperschaften. Die Bundesrepublik Deutschland und die DDR empfahlen diesen in Art. 5 Einigungsvertrag, sich innerhalb von zwei Jahren mit den im Zusammenhang mit der deutschen Einigung aufgeworfenen Fragen zur Änderung oder Ergänzung des Grundgesetzes zu befassen, insbesondere

...

– in bezug auf die Möglichkeit einer Neugliederung für den Raum Berlin/Brandenburg abweichend von den Vorschriften des Artikels 29 des Grundgesetzes durch Vereinbarung der beteiligten Länder,

...

Der Bundesrat setzte eine Kommission ein, um der Empfehlung der beiden Regierungen nachzukommen. Die Kommission wollte den gegenstandslos gewordenen Art. 118 GG neu fassen, der die später durch Bundesgesetz erfolgte Neugliederung der Länder Baden, Württemberg-Baden und Württemberg-Hohenzollern zum Gegenstand hat. Die neue Formulierung sollte lauten: „Die Neugliederung in dem die Länder Berlin und Brandenburg umfassenden Gebiet kann abweichend von den Vorschriften des Artikels 29 unter Beteiligung ihrer Wahlberechtigten durch Vereinbarung beider Länder erfolgen" (Bundesrats-Drucksache 360/92, Rdn. 93). Die Gemeinsame Verfassungskommission von Bundestag und Bundesrat folgte diesem Vorschlag, wollte aber aus verfassungshistorischen Gründen Art. 118 GG beibehalten. Dementsprechend sollte ein Berlin/Brandenburg betreffender Artikel 118 a GG eingefügt werden. So geschah es durch die Grundgesetzänderung vom 27. Oktober 1994.

Die Regierungen der Länder Brandenburg und Berlin haben seit 1991 ihren politischen Willen bekräftigt, die Fusion ihrer beiden Länder durchzuführen. Sie haben dabei nicht nur ökonomisch-strukturpolitische, sondern auch historische Gründe angeführt, um die beabsichtigte Vereinigung zu rechtfertigen. Berlin war bis 1920 Teil der preußischen Provinz Mark Brandenburg. Die dann vollzogene verwaltungsmäßige Verselbständigung wurde u. a. damit begründet, dem Umland den Anpassungsdruck an Berliner Gegebenheiten ersparen zu wollen. Echte Grenzen zwischen Berlin und Brandenburg wurden erst nach Ende des Zweiten Weltkrieges gezogen, als Berlin Stadt mit Viermächte-Status wurde, Brandenburg hingegen nach Auflösung des Landes Preußen durch den Alliierten Kontrollrat als „Land Mark Brandenburg" mit Hauptstadt Potsdam und eigener Verfassung neu gegründet wurde. 1952 erfolgte die „Reorganisation des Staatsaufbaus nach dem Prinzip des Demokratischen Zentralismus". Die damit einhergehende Verwandlung in einen zentralistischen Einheitsstaat beendete die Eigenständigkeit Brandenburgs. Das Land zerfiel in die Bezirke Potsdam, Frankfurt (Oder) und Cottbus. Gemeinsamkeiten Berlins und Brandenburgs konnten nicht weiter vertieft werden, weil Berlin (West) aus Sicht der Bundesrepublik Deutschland „elftes Bundesland" war und aus Sicht der DDR eine „besondere politische Einheit" darstellte, die sich tiefgreifend anders entwickelte als die DDR einschließlich Berlin (Ost).

III.

Mit Schriftsatz vom 27. September 1995 haben die Antragsteller – 18 Abgeordnete des Landtages Brandenburg – gemäß Art. 113 Nr. 2 Landesverfassung (LV), § 39 Verfassungsgerichtsgesetz Brandenburg (VerfGGBbg) beim Landesverfassungsgericht beantragt festzustellen,

daß Art. 1 des Gesetzes zu den Staatsverträgen über die Neugliederung der Länder Brandenburg und Berlin vom 27. Juni 1995 wegen seiner sachlichen Unvereinbarkeit mit der Landesverfassung nichtig ist.

Zur Begründung führen sie u. a. aus:

1. Der Vertrag verstoße gegen das Prinzip der Volkssouveränität, das sich aus Art. 2 Abs. 2 LV ergebe. Dem Landtag als bloßem Inhaber des „pouvoir constitué" sei es nicht gestattet, eine Verfassung als Ganzes aufzuheben und durch eine neue zu ersetzen. Dieses sei allein Sache des Verfassunggebers, also des Volkes, als Inhaber des „pouvoir constituant". Im Widerspruch dazu entziehe Art. 9 NV dem Verfassunggeber die unmittelbare Entscheidungsgewalt sowohl über die Außerkraftsetzung der geltenden Landesverfassung als auch über die materielle Gestaltung ihres „Ersatzes". Art. 8 NV regelt das Verfahren der Erarbeitung und Inkraftsetzung einer neuen Landesverfassung entgegen Art. 115 LV. Dem Verfassunggeber werde auf diese Weise sein originäres Recht genommen, sich selbst eine neue Verfassung zu geben und auf ihre inhaltliche Gestaltung effektiven Einfluß auszuüben. Er enthalte in Abs. 1 Satz 2 darüber hinaus unzulässige inhaltliche Prämissen. Das vereinbarte und gege-

benenfalls an die Stelle der Landesverfassung tretende Organisationsstatut binde den Verfassunggeber in unzulässiger Weise, u. a. durch Einschränkungen bisher in der Landesverfassung enthaltener plebiszitärer Entscheidungsformen.

2. Art. 1 NVG verstoße in mehrfacher Hinsicht gegen Art. 79, 115 LV. Diese Normen ließen Verfassungsänderungen durch bilaterale Staatsverträge nicht zu. Raum für Verfassungsänderungen durch Staatsverträge öffne sich nur, wenn die Landesverfassung dies inhaltlich zulasse. Art. 116 LV sei nicht dahin auslegbar, daß die durch Art. 1 NVG zustandekommenden Verfassungsänderungen vom Erfordernis des Art. 79 LV freigestellt würden. Art. 116 LV enthalte keine Ermächtigung zur Verfassungsänderung bzw. Verfassungsaufhebung. Die Vorschriften der Art. 118 a GG und Art. 116 LV vermittelten weder dem Landtag noch dem Ministerpräsidenten die Kompetenz, die Außerkraftsetzung der geltenden Landesverfassung sowie das Verfahren der Verfassunggebung und den Regelungsgehalt der Verfassung des neu entstehenden Bundeslandes zu bestimmen. Eine solche Kompetenz stehe allein der verfassunggebenden Gewalt zu. Auch von daher sei Art. 115 LV verletzt. Diese Verfassungsnorm habe die rechtlich gesicherte Möglichkeit zur Durchführung einer Totalrevision der Verfassung schaffen wollen. Es gebe nur einen Weg zu einer neuen Landesverfassung, nämlich den über Art. 115 LV. Deshalb dürfe allein eine verfassunggebende Versammlung eine neue Verfassung schaffen.

3. Auch Art. 116 LV werde durch Art. 1 NVG verletzt. Der Landtag hätte die Zustimmung zu den in dieser Norm genannten Staatsverträgen verweigern müssen, weil keine ausreichende Beteiligung i. S. v. Art. 116 Abs. 1 LV stattgefunden habe. Der Landtag sei durch die Landesregierung in einer Weise informiert worden, die nicht über dessen allgemein üblichen Rechte hinausgegangen sei. Der Landtag habe insbesondere keinen Einfluß auf die tatsächliche Gestaltung einzelner Formulierungen in den Staatsverträgen gehabt. Aus der von ihnen in der mündlichen Verhandlung vorgelegten Dokumentation ergebe sich, daß die PDS die Beteiligung des Parlaments bei der Gestaltung der Vereinbarung mit Berlin wiederholt eingefordert habe.

4. Die Antragsteller rügen darüber hinaus auch einen Verstoß gegen Art. 70 Abs. 2 LV. Entgegen dieser Verfassungsnorm, die die Bildung bei der Zusammensetzung der Ausschüsse an eine Entscheidung des Landtages binde, behalte Art. 7 Abs. 1 Satz 2 NV es den Präsidenten der beiden Landesparlamente vor, die Mitgliederzahl des ständigen gemeinsamen Vereinigungsausschusses (einvernehmlich) festzulegen.

5. Art. 1 NVG i. V. m. Art. 9 NV verstoße gegen das in Art. 2 Abs. 1 und 4 LV verankerte Rechtsstaatsprinzip. Die Regelungen in dieser Vertragsnorm

zum Organisationsstatut führten zu einem Zustand, der eine erhebliche Beeinträchtigung der Rechtssicherheit darstelle. So sei nicht klar, was unter dem Begriff „Grundrechtsteile" in Art. 9 Abs. 1 Nr. 1 NV gemeint sei und demnach nach Entstehung des neuen Landes weitergelte. Ob damit der gesamte mit „Grundrechte und Staatsziele" überschriebene 2. Hauptteil der Landesverfassung oder nur jene Normen gemeint seien, die dem Einzelnen ein subjektives (einklagbares) Recht gäben, bleibe unklar. Auch werde gegen das Prinzip der Gewaltenteilung verstoßen, weil die beiden vertragsaushandelnden Regierungen materielle Verfassungsvorgaben getroffen hätten, die allein Sache des Verfassunggebers seien.

6. Art. 8 sowie Art. 58 NV griffen in die Unabhängigkeit der verfassunggebenden Gewalt des neuen Bundeslandes Berlin-Brandenburg ein. Dies betreffe sowohl den Inhalt der künftigen Verfassung als auch ihr Zustandekommen. Dieser Eingriff sei mit Blick auf Art. 28 Abs. 1 i. V. m. Art. 20 Abs. 2 GG, Art. 2 Abs. 5 LV verfassungsrechtlich bedenklich.

7. Schließlich verstoße auch Art. 4 des Staatsvertrages zur Regelung der Volksabstimmung in den Ländern Berlin und Brandenburg über den Neugliederungs-Vertrag gegen die Landesverfassung. Die in Art. 4 formulierte Fragestellung für die Volksabstimmung über die Fusion der beiden Länder lege dem Abstimmenden eine bejahende Antwort nahe. Die im Staatsvertrag fälschlich als Zusatzfrage bezeichnete Frage mache nur Sinn bei einer bejahenden Antwort zur Frage 1.

IV.

Die Landesregierung tritt den verfassungsrechtlichen Bedenken der Antragsteller entgegen. Im Hinblick auf die Zulässigkeit des Antrages hegt sie Zweifel, ob es Aufgabe des Gerichts sein könne, über die Verfassungsmäßigkeit von Normen zu befinden, die bei negativem Ausgang der Volksabstimmung niemals rechtswirksam würden.

Hiervon abgesehen hält die Landesregierung Art. 1 NVG für mit der Landesverfassung vereinbar. Dazu trägt sie im einzelnen u. a. vor:

1. Die von den Antragstellern in den Mittelpunkt ihrer Überlegungen gestellten Art. 79, 115 LV seien für den hier vorliegenden Sonderfall der Fusion zweier Bundesländer nicht einschlägig. Die Verfassungsmäßigkeit des Neugliederungsvertragsgesetzes beurteile sich allein nach Art. 116 LV.

2. Die Deutung der Bestimmungen der Landesverfassung durch die Antragsteller, insbesondere der Art. 79, 115 LV, stehe in Widerspruch zu Bundesrecht. Art. 118 a GG ändere nichts daran, daß die Neugliederung des Bundes-

gebietes und damit auch der Region Brandenburg/Berlin Sache des Bundes sei. Art. 118 a GG habe lediglich die Funktion, als lex specialis zu Art. 29 GG die Verfahrensvoraussetzungen für diesen besonderen Fall zu erleichtern sowie den Ländern eine inhaltliche Gestaltungsmöglichkeit einzuräumen. Eine Neugliederung dürfe durch die Verfassung eines Landes nicht erschwert oder unmöglich gemacht werden.

3. Dieser bundesrechtlichen Vorgabe sei durch sachgerechte Auslegung des Art. 115 und des Art. 116 LV Rechnung zu tragen. Art. 115 LV habe nur Bedeutung für eine Verfassungsneuordnung innerhalb des Landes Brandenburg. Eine andere Auslegung verstoße gegen den bundesverfassungsrechtlichen Grundsatz, daß die Länder der Bundesrepublik im Verhältnis zueinander als Staaten anzusehen sind, deren Staatsgewalt legislativ und exekutiv an ihren Grenzen endet. Durch die Verfassungsmaterialien könne belegt werden, daß die Fraktion der Antragsteller ihrerseits im Verfassungsausschuß die Meinung vertreten habe, Art. 115 LV beziehe sich lediglich auf innerstaatliche Entwicklungen in Brandenburg. Sie habe deshalb versucht, in Art. 116 LV eine Regelung einzubringen, wie sie sie jetzt der Landesverfassung entnehmen wolle. Dem sei der Verfassunggeber aber gerade nicht gefolgt.

4. Landesverfassungsrecht könne schon generell dem Zusammenschluß zweier Länder nicht entgegenstehen, weil die Vorschriften des Grundgesetzes und der Landesverfassungen sich auf intakte, nicht aber auf „sterbende und werdende" Länder bezögen. Bei einem solchen Zusammenschluß könne die Verfassung des zu bildenden Landes zwangsläufig nicht in der Übernahme der Verfassung eines der beiden Länder bestehen.

5. Entgegen der Auffassung der Antragsteller habe eine umfassende Beteiligung des Landtages an der Gestaltung des Neugliederungs-Vertrages stattgefunden. Die Landesregierung habe sowohl das Plenum des Landtages als auch seinen Unterausschuß Brandenburg-Berlin stets so früh wie praktisch realisierbar über den Stand der Verhandlungen unterrichtet. Sie sei darüber hinaus in sämtlichen Sitzungen aller mit der Länderfusion befaßten Ausschüsse durch einen oder mehrere sachkundige Referenten, häufig sogar durch Regierungsmitglieder oder Staatssekretäre, vertreten gewesen. Umfassende Unterrichtungen über den Stand der Verhandlungen seien mit Schreiben vom 22. Dezember 1992, 8. Juni 1993, 13. Oktober 1993 und vom 7. Juni 1994 erfolgt. Das letztgenannte Schreiben sei – nach der Wahl des neuen Landtages – am 15. November 1994 wiederholt worden. In einer Reihe von Fällen seien Anregungen des Landtages aufgegriffen und Teil des Neugliederungs-Vertrages geworden. Aufgrund der Landtags-Entschließung vom 22. Februar 1995 sei in Art. 7 NV ein gemeinsamer Vereinigungsausschuß beider Landesparlamente vorgesehen.

6. Der Neugliederungs-Vertrag enthalte keine unzulässigen Bindungen der verfassunggebenden Gewalt des neu zu bildenden Bundeslandes. Es sei schon zweifelhaft, ob die in diesem Zusammenhang interessierenden Ausführungen des Bundesverfassungsgerichts in seiner Entscheidung zum Südweststaat allgemeinverbindliche Bedeutung hätten; die Staatspraxis entspreche dem – wie das Grundgesetz lehre – jedenfalls nicht. Unabhängig davon werde jedenfalls durch Art. 118 a GG ein Zusammenschluß durch Vereinbarung eröffnet. Es sei geradezu selbstverständliche Voraussetzung einer solchen Vereinbarung – und müsse dies auch sein –, sich über die Grundzüge der Gestaltung eines aufgrund Vereinbarung zu schaffenden Landes zu verständigen. Zu dieser „Geschäftsgrundlage" gehörten auch die Grundzüge der verfassungsrechtlichen Gestaltung des Landes. Da über diese Frage am 5. Mai 1996 die Staatsvölker der Länder Brandenburg und Berlin – zur gleichen Zeit, zu den gleichen Fragen und zu den gleichen Inhalten – abstimmten, werde eine Legitimation für die nach dieser Vereinbarung vorgesehenen Regelungen geschaffen, wie sie stärker kaum denkbar sei.

7. Die Landesregierung habe bei der Aushandlung des Neugliederungs-Vertrages das rechtlich Gebotene durchaus übertroffen. So sei es ihr gelungen, in Art. 8 NV dem Verfassungsausschuß aufzugeben, den Verfassungsentwurf auf der Grundlage der bestehenden Verfassungen zu erarbeiten.

B.

Der Normenkontrollantrag ist zulässig (I.), bleibt aber in der Sache selbst ohne Erfolg, soweit Art. 1 NVG die Regelungen des Neugliederungs-Vertrages in Bezug nimmt (II.). Es bedarf auch keiner Vorlage an das Bundesverfassungsgericht (III.). Soweit Art. 1 NVG allerdings den die Abstimmungsfragen regelnden Art. 4 des Staatsvertrages zur Regelung der Volksabstimmungen in den Ländern Berlin und Brandenburg über den Neugliederungs-Vertrag in den Blick nimmt, hat er lediglich mit der Maßgabe Bestand, daß durch eine dem Stimmzettel beizulegende Information und durch Aushang in den Abstimmungslokalen nach näherer Maßgabe der Entscheidungsgründe klarzustellen ist, daß die Frage über den Entstehungszeitpunkt des gegebenenfalls zu bildenden Landes unabhängig von der Haupt-Abstimmungsfrage zur Abstimmung steht und auch dann beantwortet werden kann, wenn die Haupt-Abstimmungsfrage mit „Nein" beantwortet wird (IV.).

I.

Der Antrag ist zulässig.

1. Die Zahl der Antragsteller – 18 Abgeordnete des Landtages Brandenburg – überschreitet das nach Art. 113 Nr. 2 LV, § 39 VerfGGBbg erforderliche Quorum von einem Fünftel der Mitglieder des Landtages, dessen gesetzliche Mitgliederzahl sich auf 88 Abgeordnete beläuft.

2. Der Antrag ist statthaft. Der von den Antragstellern für verfassungswidrig gehaltene Art. 1 NVG stellt Landesrecht i. S. d. § 39 VerfGGBbg dar. Das folgt schon daraus, daß Angriffsgegenstand allein das genannte formelle Gesetz ist, das den Inhalt der beiden Staatsverträge in das brandenburgische Recht inkorporiert. Dieser gesetzliche Transformationsakt (vgl. BVerfGE 90, 60, 87) stellt – anders als die beiden Staatsverträge als solche – einen ausschließlichen Akt der Staatsgewalt des Landes Brandenburg dar. Daß der materiellrechtliche Inhalt dieses Landesgesetzes sich aus den beigefügten Staatsverträgen ergibt (BVerfGE 4, 157, 163; 12, 205, 220 f.), ändert an dieser Rechtslage nichts.

3. Angesichts des zum Landesrecht zählenden Vertragsgesetzes greifen Bedenken, wie sie in der Literatur gegen die Zuständigkeit der Landesverfassungsgerichte zur Überprüfung solcher gliedstaatlicher Staatsverträge geäußert worden sind, nicht durch.

a) Selbst wenn man Staatsverträge zwischen den Ländern der Bundesrepublik Deutschland als solche einer dritten Ebene zwischen Bundes- und Landesrecht zuordnen wollte (so *Kopp*, JZ 1970, 278, 280), kann das die Einordnung des Vertragsgesetzes als Landesrecht nicht in Frage stellen. Wesentlicher Zweck eines solchen Gesetzes ist es gerade, den Vertrag in Landesrecht zu transformieren. Die Annahme einer dritten Ebene zwischen Bundes- und Landesrecht stößt zudem auf systematische Bedenken. Der Bundesstaat Bundesrepublik Deutschland besteht nicht aus drei, sondern lediglich aus zwei Ebenen: dem Bund und den untereinander gleichgeordneten Ländern (BVerfGE 13, 54, 77 ff.; BVerwGE 22, 299, 301).

b) Das bundesverfassungsrechtliche Prinzip des bundesfreundlichen Verhaltens, das auch im Verhältnis der Länder untereinander gilt und sie verpflichtet, auf die Interessen der anderen Länder Rücksicht zu nehmen (BVerfGE 34, 216, 232), führt nicht zu einer Einschränkung der Zuständigkeit der Landesverfassungsgerichte (im Ergebnis so auch BayVerfGHE 26, 101, 109 f.). Den etwa von *Friesenhahn* (Bundesverfassungsgericht und Grundgesetz, Band 1, Tübingen 1976, S. 748, 754 f.) geäußerten Bedenken gegen die Zuständigkeit von Landesverfassungsgerichten bei der Überprüfung von Staatsvertragsgesetzen folgt das Gericht nicht. *Friesenhahns* Einwand, daß es dem Vertragspartner nicht zumutbar sei, verfassungsgerichtliche Einwirkungen von Seiten der anderen Vertragspartei gegen sich gelten zu lassen, trägt im gliedstaatlichen Vertragsrecht des Bundes nicht. Die Bundesländer sind sich vielmehr der im eigenen Bundesland wie in den anderen Bundesländern bestehenden Möglichkeit bewußt, Landesrecht von den Landesverfassungsgerichten innerhalb einer bestimmten Frist im Wege der abstrakten Normenkontrolle nachprüfen zu lassen. Auch ist es ihnen ohne nennenswerte Schwierigkeiten möglich, sich über den Inhalt des Verfassungsrechts des Vertragspartners Kenntnis zu verschaffen. Deshalb gebietet es das Prinzip der wechselseitigen Rücksichtnahme der Bundesländer untereinander geradezu, landesverfassungsrechtliche Fehler, die dem Vertragspartner unterlaufen sind, gegen sich gelten zu lassen (so auch *Schneider*, VVDStRL 19 (1961), 1, 25) und die darauf bezogene Entscheidung eines anderen Landesverfassungsgerichts zu respektieren.

Auch dem Land Berlin als Vertragspartner ist bekannt gewesen, daß im Land Brandenburg seit langer Zeit in der Debatte über die Fusion der beiden Bundesländer (landes-)verfassungsrechtliche Zweifel an der Rechtmäßigkeit des in Rede stehenden Neugliederungs-Vertrages geäußert worden sind. Soweit ersichtlich hat das Land Berlin zu keinem Zeitpunkt Bedenken gegen die sich abzeichnende Überprüfung des Vertragswerks durch das Verfassungsgericht des Landes Brandenburg geltend gemacht.

Das Gebot „pacta sunt servanda", das gleichermaßen für Gliedstaatsverträge gilt (BVerfGE 34, 216, 232), führt zu keiner anderen Beurteilung. Dies gilt umso mehr, als das Land Berlin zum jetzigen Zeitpunkt schon deshalb nicht mit einem tatsächlichen Wirksamwerden der Staatsverträge rechnen kann, weil es sowohl an der Ratifikation als auch an deren in Art. 3 NV niedergelegten Voraussetzungen, insbesondere der Billigung durch Volksabstimmungen, fehlt. Erst durch die Ratifikation bekundet ein Staat seine Zustimmung, durch einen Vertrag gebunden zu sein. Die dementsprechende völkerrechtliche Vorschrift in Art. 2 Abs. 1 b) im Wiener Übereinkommen über das Recht der Verträge gilt entsprechend für Gliedstaatsverträge.

c) Die von der Landesregierung geäußerten Bedenken gegen die Prüfung von Normen (der Staatsverträge), die möglicherweise, nämlich bei Nichtbilligung des Vertragswerks in den vorgesehenen Volksabstimmungen niemals wirksam werden, greifen nicht durch. Entscheidend ist nicht, ob die Normen der Staatsverträge bereits selbst in Kraft sind, sondern allein, daß der angegriffene Art. 1 NVG sich bereits in Kraft befindet (vgl. Art. 4 Nr. 1 NVG) und deshalb gültiges Landesrecht i. S. d. Art. 113 Nr. 2 LV, § 39 VerfGGBbg darstellt.

4. Daß das Wirksamwerden der Staatsverträge noch fraglich ist, stellt auch nicht etwa das Rechtsschutzbedürfnis für die Anrufung des Verfassungsgerichts in Frage. Das Verfahren der abstrakten Normenkontrolle ist objekti-

ven Charakters, so daß es auf ein (subjektives) Rechtsschutzbedürfnis nicht ankommt (vgl. BVerfGE 52, 63, 80). Das Interesse an der verfassungsgerichtlichen Überprüfung wird durch den Antrag eines Fünftels der Mitglieder des Landtags indiziert (vgl. BVerfGE 52, aaO).

II.

Art. 1 NVG ist – bezogen auf die Vorschriften des Neugliederungs-Vertrages – mit der Landesverfassung vereinbar.

1. a) Art. 1 NVG ist in formell ordnungsgemäßer Weise zustandegekommen. Die Zustimmungserklärung zu den beiden dort genannten Staatsverträgen mit dem Land Berlin ist gemäß Art. 91 Abs. 2 LV durch den Landtag erfolgt. Daß dies in Form eines Gesetzes geschehen ist, wobei der Wortlaut des Art. 91 Abs. 2 LV dieses Erfordernis nicht ausdrücklich aufstellt, entspricht der weitreichenden Bedeutung der beiden Verträge.

b) Der Landesgesetzgeber hat sich bei seiner Zustimmung zu den mit dem Land Berlin geschlossenen Staatsverträgen im Rahmen seiner durch das Grundgesetz vorgegebenen Zuständigkeit gehalten. In diesem Zusammenhang ist anzumerken, daß das Landesverfassungsgericht bei der Prüfung, ob der brandenburgische Gesetzgeber sich im Rahmen seiner Kompetenzen bewegt, nicht gehalten ist, dies als bundesrechtliche Vorfrage zu klären und gegebenenfalls das Bundesverfassungsgericht nach Art. 100 Abs. 1 GG anzurufen. Es hat vielmehr eigenständig und abschließend zu prüfen, ob ein Verstoß gegen bundesrechtliche Kompetenzvorschriften einen Verstoß gegen die Brandenburgische Landesverfassung darstellt. Der landesverfassungsrechtliche Anknüpfungspunkt für diese Prüfungspflicht liegt im Rechtsstaatsgebot des Art. 2 LV, das es dem Landesgesetzgeber untersagt, Landesrecht zu setzen, ohne dazu befugt zu sein (vgl. auch BayVerfGHE 45, 33, 40 f.).

Die nach Art. 29 GG dem Bund obliegende Zuständigkeit zur Regelung des Gebietsbestandes der Länder der Bundesrepublik Deutschland ist durch Art. 118 a GG in bezug auf den Zusammenschluß Brandenburgs und Berlins durchbrochen worden. Danach kann die Neugliederung in dem die Länder Berlin und Brandenburg umfassenden Gebiet abweichend von den Vorschriften des Art. 29 GG durch Vereinbarung geregelt werden. Es liegt im Ermessen der beiden Länder, ob sie von diesem bundesverfassungsrechtlichen „Angebot" Gebrauch machen wollen. Nach den Verfassungsmaterialien sollte durch Art. 118 a GG eine „Option" für einen vereinbarten Zusammenschluß eingeräumt werden (Bericht der Gemeinsamen Verfassungskommission, BT-Drs. 12/6000, S. 45). Das Land Brandenburg ist deshalb sowohl für den Abschluß des in Art. 118 a GG vorgesehenen Staatsvertrages als auch für das darauf gerichtete Zustimmungsgesetz zuständig.

2. Auch materiell ist das Vertragsgesetz mit der Landesverfassung vereinbar, soweit dieses sich auf die Regelungen des Neugliederungs-Vertrages bezieht.

a) Das Vertragsgesetz verstößt insoweit nicht gegen Art. 116 LV. Diese Verfassungsnorm enthält keine über ihren Wortlaut hinausgehenden materiellen Anforderungen an die Neugliederung der beiden Bundesländer. Solche ergeben sich nicht etwa aus den Vorgaben des Art. 29 Abs. 1 GG. Die dort genannten Voraussetzungen sind nicht in Art. 116 LV hineinzulesen. Sie sind deshalb nicht vom Landesverfassungsgericht – im Rahmen einer bundesverfassungskonformen Auslegung – mit zu überprüfen. Vielmehr ist davon auszugehen, daß Art. 118 a GG der Bestimmung des Art. 29 GG und damit auch dessen Absatz 1 als speziellere Norm vorgeht. Zwar hat das Bundesverfassungsgericht in seiner Entscheidung zur Bildung des Südweststaates in einem obiter dictum die Auffassung vertreten, „daß jedenfalls die in Art. 29 Abs. 1 GG enthaltenen Grundsätze auch bei der Regelung nach Art. 118 GG anzuwenden sind" (BVerfGE 1, 14, 48). Aus der Entstehungsgeschichte der Norm folgt indes, daß dies für das Verhältnis von Art. 118 a GG zu Art. 29 GG nicht gelten kann: Die Gemeinsame Verfassungskommission, auf deren Vorschlag die endgültige Formulierung des Art. 118 a GG zurückgeht, hat diese Sonderregelung damit begründet, die Neugliederung in diesem Raum solle gerade nicht dem „anspruchsvollen Verfahren" nach Art. 29 GG unterworfen werden. Die Gemeinsame Verfassungskommission wollte damit – aus ihrer (allerdings die verwaltungsmäßige Herauslösung Berlins im Jahre 1920 und den Sonderstatus selbst Ost-Berlins zur Zeit der DDR aussparenden) Sicht – der „historischen Verbundenheit von Berlin und Brandenburg" Rechnung tragen, „die auch durch eine 40jährige politische Trennung nicht zerstört worden ist" (BT-Drs. 12/6000, S. 45). Dies kann nur dahin verstanden werden, daß der Verfassunggeber für eine Neugliederung nach Art. 118 a GG eine Bindung an die Einzelvorgaben des Art. 29 Abs. 1 GG und ihre (nochmalige) Überprüfung durch die Vertragsparteien nicht gewollt hat. Die von ihm angenommene historische Verbundenheit der beiden Bundesländer sollte eine weitere Prüfung, ob die Vereinigung im Rahmen einer Neugliederung des Bundesgebietes sinnvoll ist, entbehrlich machen.

b) Der Landtag Brandenburg hat den Staatsverträgen unter Einhaltung der in Art. 116 LV vorgesehenen Voraussetzungen zugestimmt. Insbesondere ist, wie auch von den Antragstellern nicht in Zweifel gezogen, die nach

Art. 116 Abs. 1 LV erforderliche Mehrheit von zwei Dritteln der Mitglieder des Landtags zustandegekommen.

Soweit die Antragsteller in bezug auf die weiteren Anforderungen des Art. 116 LV beanstanden, der Landtag sei nicht hinreichend im Sinne dieser Verfassungsnorm an der Gestaltung des Neugliederungs-Vertrages beteiligt worden, läßt das Gericht die Frage offen, ob die Antragsteller etwaige Defizite bei der Beteiligung des Landtages nach seiner Zustimmung zu dem Neugliederungs-Vertrag noch – im Nachhinein – geltend machen können oder ob sie ihre diesbezüglichen Einwände schon im Verfahren der Entstehung des Neugliederungs-Vertrages – unter Umständen auch verfassungsgerichtlich (vgl. BVerfGE 1, 351, 359; 68, 1, 65 f.) – hätten erheben müssen (dazu auch BVerfGE 29, 221, 233). Denn der Landtag Brandenburg ist in einer den Anforderungen des Art. 116 LV genügenden Weise an der Gestaltung des Neugliederungs-Vertrages beteiligt worden.

aa) Art. 116 LV lautet in seiner ursprünglichen, bis zum 3. Juli 1995 geltenden Fassung in dem hier interessierenden Satz 1 wie folgt: „Für den Fall, daß das Grundgesetz eine Vereinigung der Länder Brandenburg und Berlin durch Vereinbarung ermöglicht, ist der Landtag frühzeitig an der Gestaltung der Vereinbarung zu beteiligen" (im folgenden: Art. 116 Satz 1 LV a. F.). Die entsprechende Grundgesetzänderung erfolgte durch Gesetz vom 27. Oktober 1994 (BGBl. I S. 3146), welches nach seinem Art. 2 Mitte November 1994 in Kraft trat. Art. 116 LV ist sodann durch das Neugliederungsvertragsgesetz vom 27. Juni 1995 – dort in Art. 2 Nr. 3 – in Gänze neu gefaßt worden. Abs. 1 Satz 1 der Vorschrift lautet nunmehr: „An der Gestaltung einer Vereinbarung zur Vereinigung der Länder Brandenburg und Berlin ist der Landtag frühzeitig und umfassend zu beteiligen" (im folgenden: Art. 116 Abs. 1 Satz 1 LV n. F.). Diese Verfassungsänderung ist gemäß Art. 4 Nr. 2 Satz 2 NVG am Tage nach der Verkündung des Neugliederungsvertragsgesetzes – am 4. Juli 1995 – in Kraft getreten.

bb) Die in der Verfassung vorgeschriebene spezielle Verpflichtung zu einer Beteiligung des Landtages Brandenburg ist frühestens im November 1994 rechtlich faßbar geworden. Nach dem seinerzeit geltenden Art. 116 Satz 1 LV a. F. galt die Verpflichtung zur frühzeitigen Beteiligung des Landtages nur für den Fall, daß das Grundgesetz eine Vereinigung der Länder Brandenburg und Berlin durch Vereinbarung ermöglichen würde. Dieser Fall trat aber erst Mitte November 1994 ein: Erst zu diesem Zeitpunkt trat mit dem genannten Gesetz vom 27. Oktober 1994 Art. 118 a GG in Kraft (vgl. Art. 2 des Gesetzes vom 27. Oktober 1994), der, wie erwähnt, abweichend von Art. 29 GG alternativ zu der an sich dem Bund obliegenden Zuständigkeit für den Raum Brandenburg und Berlin eine Neugliederung durch Vereinbarung dieser beiden Bundesländer zugelassen hat. Zuvor waren – unbeschadet der Empfehlung in Art. 5 des Einigungsvertrages – die Länder Brandenburg und Berlin strenggenommen für eine Neugliederung ihres Raumes nach der Kompetenzordnung des Grundgesetzes noch gar nicht zuständig. Ob die sodann im Sommer 1995 mit dem Neugliederungsvertragsgesetz erfolgte Neufassung des Art. 116, die nunmehr in Abs. 1 Satz 1 LV n. F. neben der „frühzeitigen" auch eine „umfassende" Beteiligung des Landtags vorsieht, noch die Zeit vor dem Inkrafttreten dieser Verfassungsänderung betrifft und weitergehende Beteiligungspflichten für diese vorherige Zeit begründen konnte, mag ebenfalls dahinstehen. Denn jedenfalls ist eine spezielle – über das allgemeine Maß hinausgehende – Verpflichtung zur „frühzeitigen und umfassenden" Beteiligung des Landtags frühestens ab November 1994 wirksam geworden. Daß die Beteiligung nach diesem Zeitpunkt nicht intensiv genug gewesen wäre, machen die Antragsteller aber selbst nicht geltend. Sie sehen vielmehr Defizite für ein früheres Stadium, für das aber, wie ausgeführt, die in Art. 116 LV sowohl in der alten als auch in der jetzt geltenden Fassung aufgestellten Verpflichtungen noch nicht wirksam waren.

cc) Aber auch dann, wenn man nach dem Sinn und Zweck und der Entstehungsgeschichte des – immerhin schon vorhandenen – Art. 116 LV (in seiner ursprünglichen Fassung) eine Verpflichtung zur frühzeitigen und hinreichenden, d. h. bei der Bedeutung der Angelegenheit umfassenden, Beteiligung des Landtages auch schon vor dem Inkrafttreten des Art. 118 a GG annehmen wollte, wäre hiergegen nicht verstoßen. Eine Beteiligung in dem hier in Frage stehenden Sinne beinhaltet sowohl eine „Unterrichtung", wie sie etwa Art. 94 Satz 1 LV vorsieht, darüber hinaus aber auch die Eröffnung der Möglichkeit für den Landtag, auf die Gestaltung der Vereinbarung über die Neugliederung Einfluß nehmen zu können (in diesem Sinne auch: *Berlit*, in: Simon/Franke/Sachs, Handbuch der Verfassung des Landes Brandenburg, 1994, § 1, Rdn. 35). Beidem – Unterrichtung, aber auch Mitgestaltungsmöglichkeit – ist in einer der Verfassung genügenden Weise Rechnung getragen worden.

(1.) Die Landesregierung hat den Landtag Brandenburg erstmals durch Übermittlung des Berichts und der Empfehlung der „Gemeinsamen Regierungskommission zur Klärung von Eckpunkten für die Vereinigung der Länder Berlin und Brandenburg" vom 5. Dezember 1992 – also bereits in einem frühen Stadium der Entstehung der Staatsverträge – informiert (Schreiben des Chefs der Staatskanzlei vom 7. Dezember 1992 an den Vorsitzenden des Unterausschusses „Brandenburg-Berlin" des Landtages Brandenburg und Schreiben vom 22. Dezember 1992 an den Präsidenten des Landtages, an die Vorsitzenden der Fraktionen im Landtag und an den Vorsitzenden des Unterausschusses „Brandenburg-Berlin"). Eine weitere umfassende Unterrichtung erfolgte mit der Übermittlung der „Struktur für den Entwurf eines Neugliederungs-Staatsvertrages (NV) zwischen den Ländern Brandenburg und Berlin auf der Grundlage der Empfehlungen und des Berichts ihrer Gemeinsamen Regierungskommission". Die Übermittlung dieses Materials (Schreiben des Chefs der Staatskanzlei an den Vorsitzenden des Unterausschusses „Brandenburg-Berlin" des Landtages Brandenburg, abgesandt am 8. Juni 1993) erfolgte mit dem Hinweis, daß der Ministerpräsident und der Chef der Staatskanzlei auf der Grundlage dieses Materials in der gemeinsamen Sitzung des Unterausschusses „Brandenburg-Berlin" mit dem entsprechenden Ausschuß des Abgeordnetenhauses von Berlin am 10. Juni 1993 berichten würden. Entsprechendes gilt für den „Zwischenbericht der Kanzleien über den Stand der Verhandlungen zum Staatsvertrag der Länder Berlin und Brandenburg über die Bildung eines gemeinsamen Bundeslandes" vom 8. Oktober 1993 (Schreiben des Chefs der Staatskanzlei vom 13. Oktober 1993 an den Vorsitzenden des Unterausschusses „Brandenburg-Berlin" des Landtages Brandenburg).

Ebenfalls schon im Jahre 1993 erfolgten mehrere Berichte und Stellungnahmen der Landesregierung vor dem Unterausschuß „Brandenburg-Berlin" (etwa: Bericht des Chefs der Staatskanzlei zum Einsatz einer Gemeinsamen Regierungskommission in der Sitzung vom 14. Januar 1993, UA-Prot. 1/620, S. 2 f.; Bericht des Ministerpräsidenten zur „Struktur für den Entwurf eines Neugliederungsstaatsvertrages ..." in der Sitzung vom 10. Juni 1993, UA-Prot. 1/755, S. 6 ff.; Ausführungen des Ministerpräsidenten zum „Zwischenbericht der Kanzleien über den Stand der Verhandlungen zum Staatsvertrag der Länder Berlin und Brandenburg über die Bildung eines gemeinsamen Bundeslandes" in der Sitzung vom 14. Oktober 1993, UA-Prot. 1/864, S. 25 ff.) sowie eine Unterrichtung des Plenums des Landtages (73. Sitzung vom 24. Juni 1993, Plen.-Prot. 1/73, S. 5764 ff.). Im Jahre 1994, und zwar auch noch vor der Grundgesetzänderung (Einführung des Art. 118 a GG) und dem daran anknüpfenden Wirksamwerden des Art. 116 LV (a. F.) Mitte November 1994, fanden weitere Unterrichtungen vor dem Plenum (insbesondere: Äußerungen des Ministerpräsidenten und des Chefs der Staatskanzlei zum Stand der Fusionsverhandlungen im Rahmen der Aktuellen Stunde am 17. Juni 1994, Plen.-Prot. 1/97, S. 7928 ff.) und vor dem Unterausschuß „Brandenburg-Berlin" des Landtages Brandenburg (insb.: Bericht des Ministerpräsidenten und des Chefs der Staatskanzlei vom 10. Juni 1994 anläßlich der Vorlage der Arbeitsentwürfe der Kanzleien für einen Neugliederungs-Vertrag – Stand 1. Juni 1994 – in der 13. Sitzung des Unterausschusses „Brandenburg-Berlin" – UA-Prot. 1/1073, S. 5 ff., 9 ff. –) statt, die sich in Unterrichtungen des Plenums (insb.: Äußerungen des Ministerpräsidenten in der Sitzung vom 15. Dezember 1994, Plen.-Prot. 2/4, S. 257 ff., 263; Reden des Ministerpräsidenten und weiterer Mitglieder der Landesregierung aus Anlaß der Lesungen des Neugliederungsvertragsgesetzes in den Plenarsitzungen vom 17. Mai 1995 – Plen.-Prot. 2/14, S. 1102 ff. –, vom 21. Juni 1995 – Plen.-Prot. 2/16, S. 1303 ff. – und vom 22. Juni 1995 – Plen.-Prot. 2/17, S. 1430 ff. –) und vor dem Ausschuß für Brandenburg-Berlin (insb.: Bericht des Ministerpräsidenten zum Stand bei den Verhandlungen zum Neugliederungs-Vertrag in der Sitzung vom 30. November 1994 – Ausschuß-Prot. 2/30, S. 2 ff. –; Äußerungen des Ministerpräsidenten und des Chefs der Staatskanzlei anläßlich der Diskussion zu den Arbeitsentwürfen für einen Neugliederungsvertrag in der Sitzung vom 13. Januar 1995 – Ausschuß-Prot. 2/67, S. 3 ff., 7 ff.; Äußerungen des Ministerpräsidenten und des Chefs der Staatskanzlei aus Anlaß von Änderungsanträgen der Fraktionen zum Entwurf des Neugliederungs-Vertrags in der Sitzung vom 25. Januar 1995 – Ausschuß-Prot. 2/75, S. 4 ff. –; Äußerungen des Ministerpräsidenten anläßlich der weiteren Beratungen zu den Änderungsanträgen der Fraktionen in der Sitzung vom 15. Februar 1995 – Ausschuß-Prot. 2/119 –; Ausführungen des Chefs der Staatskanzlei in der Sitzung vom 3. März 1995 – Ausschuß-Prot. 2/127, S. 4, 7, 8, 10 ff. –; Bericht des Ministerpräsidenten zum Stand der Verhandlungen zum Neugliederungs-Vertrag in der Sitzung vom 29. März 1995 – Ausschuß-Prot. 2/159, S. 2 ff. –) in der anschließenden – sich intensivierenden – Phase der Vertragsverhandlungen fortsetzten.

(2.) Über diese Unterrichtungen der Parlamentarier hinaus hatte der Landtag Brandenburg die Möglichkeit, auf die Gestaltung des Neugliederungs-Vertrages Einfluß zu nehmen.

Die Landesregierung hat ihrerseits mehrfach für eine Mitgestaltung durch den Landtag geworben. Beispielhaft sei verwiesen auf die Ausführungen des Ministerpräsidenten anläßlich des Berichts der Gemeinsamen Regierungskommission vor dem Plenum des Landtages am 24. Juni 1993; es heißt dort:

> „Der Unterausschuß Brandenburg-Berlin hat eben Stellung bezogen zum Bericht der gemeinsamen Regierungskommission vom Dezember 1992. Da dieser Bericht auch weiterhin die Basis für unsere Verhandlungen mit Berlin ist, sind wir für Äußerungen und Hinweise, die Sie uns heute geben, dankbar.
> Ich hatte am 10. Juni die Möglichkeit, mich vor den Parlamentsausschüssen von Berlin und Brandenburg zum Thema zu äußern. Ich möchte dies heute auch hier tun.
>
> Bei den Ausschüssen hatte ich am 10. Juni bei schwierigen Themen um besondere Mithilfe des Parlaments gebeten und bin gefragt worden, ob ich dies auch ernst meine. Hier noch einmal meine Antwort: Ich meine das sehr ernst. Mir liegt sehr an einer umfassenden Begleitung des Vorhabens durch die Brandenburger Mandatsträger. Hier sind Engagement und Ideen wirklich gefragt" (Plen.-Prot. 1/73, S. 5766).

Entsprechende Appelle finden sich im Verlaufe der Entstehung des Neugliederungs-Vertrages vielfach wieder (vgl. etwa Äußerungen des Ministerpräsidenten, Plenarsitzung vom 17. Juni 1994 – Plen.-Prot. 1/97, S. 7942 –, des Chefs der Staatskanzlei, Sitzung des Unterausschusses Brandenburg-Berlin vom 4. März 1994 – UA-Prot. 1/998, S. 11 –, des Ministerpräsidenten, Sitzung des Ausschusses für Brandenburg-Berlin vom 30. November 1994 – Ausschuß-Prot. 2/30, S. 2 –, dess., Sitzung des Ausschusses für Brandenburg-Berlin vom 13. Januar 1995, Ausschuß-Prot. 2/67, S. 4 und S. 25, des Chefs der Staatskanzlei, ebd., S. 7).

Der Landtag Brandenburg hat auch konkret auf die Gestaltung des Neugliederungs-Vertrages Einfluß genommen. Die Entschließung des Landtags vom 23. Februar 1995 (zur LT-Drs. 2/269, vgl. Plen.-Prot. 2/8, S. 557 ff., 566), in der er die für wesentlich gehaltenen Voraussetzungen einer Fusion beider Länder formuliert hat, ist bei einer Reihe von Regelungen des Neugliederungs-Vertrages – ganz oder jedenfalls teilweise – berücksichtigt worden. Dies betrifft z. B. die Empfehlung Nr. 1 (Potsdam als Sitz von Landesparlament und Landesregierung), jetzt Art. 1 Abs. 3 NV, die Empfehlung Nr. 3 Abs. 3 (Aufnahme von Landesgleichstellungsgesetz, Personalvertretungsgesetz und Landesbeamtengesetz), jetzt Art. 52 Abs. 1 Satz 3 Nr. 7 NV, die Empfehlung Nr. 7 (Schaffung eines Vereinigungsausschusses), jetzt Art. 7 NV, die Empfehlung Nr. 11 (Vorrangige Nutzung der Lausitzer Braunkohle), berücksichtigt mit dem „Briefwechsel anläßlich der Unterzeichnung des Neugliederungs-Vertrages der Länder Berlin und Brandenburg" und die Empfehlung Nr. 13 (Änderungsschranken des Neugliederungs-Vertrages), teilweise berücksichtigt in Art. 58 NV.

(3.) Eine nicht der Verfassung genügende Beteiligung des Landtages ist auch der von den Antragstellern in der mündlichen Verhandlung vorgelegten Dokumentation nicht zu entnehmen, in der verschiedene Forderungen und Initiativen vor allem der PDS-Landtagsfraktion aus der Zeit von Februar 1992 bis April 1995 zusammengestellt sind. Hierzu ist zunächst darauf aufmerksam zu machen, daß Art. 116 LV nicht die Fraktionen, sondern den Landtag als ganzen betrifft. Mit den meisten der aus der Dokumentation ersichtlichen Vorstöße hat sich aber die PDS im Landtag nicht durchsetzen können (z. B. mit den Forderungen nach Einsetzung einer Enquete-Kommission „Berlin und Brandenburg" im Februar 1992, nach der Ermöglichung einer stärkeren Bürgerbeteiligung im Juni 1993 und nach der Erarbeitung einer Neufassung des Neugliederungs-Vertrages im Dezember 1994). „Beteiligung" bedeutet im übrigen nicht, daß alle Vorschläge und Forderungen des Landtags von den die Vertragsverhandlungen führenden Exekutivorganen umgesetzt werden müßten. Verhandlungen über einen Staatsvertrag bedingen für die verhandlungsführende Exekutive – unbeschadet der Beteiligung des Landtages – einen der organisatorischen und funktionellen Gewaltenteilung geschuldeten Freiraum je nach dem, was verhandlungstaktisch durchsetzbar und sinnvoll ist. Das Gleichgewicht zwischen beiden Gewalten wird dadurch wieder hergestellt, daß nach Art. 116 Abs. 1 Satz 2 LV n. F. bzw. Art. 116 Satz 2 LV a. F. die Zustimmung von zwei Dritteln der Mitglieder des Landtages zu der Vereinbarung erforderlich ist. Dies bliebe, hätte der Landtag die Befugnis, der Regierung während der Verhandlungen zwingende Vorgaben für die Gestaltung der Vereinbarung zu erteilen, ohne inneren Sinn (in diesem Sinne: *Vitzthum*, Parlament und Planung, 1978, 259 ff., 262).

dd) Art. 116 LV ist auch nicht etwa deshalb verletzt, weil es der Landtag seinerseits versäumt hätte, von sich aus hinreichend an der Gestaltung der Staatsverträge mitzuwirken. Dabei kann offenbleiben, ob in dieser Hinsicht Vorhaltungen gegenüber dem Landtag überhaupt berechtigt wären. Denn verfassungsrechtliche Auswirkungen könnten sich nur für den Fall ergeben, daß Art. 116 Satz 1 LV a. F. bzw. Art. 116 Abs. 1 Satz 1 LV n. F. nicht nur das Recht, sondern – darüber hinaus – auch die Pflicht des Landtages zur Mitgestaltung begründet. Dies freilich läßt sich dieser Verfassungsnorm, vor allem dem oben schon erläuterten Begriff der Beteiligung, nicht entnehmen. Eine Pflicht zur Wahrnehmung eigener Angelegenheiten ist dem geltenden Recht grundsätzlich fremd. Vor allem aber ist nach dem klaren Wortlaut des Art. 116 LV („ ... ist der Landtag ... zu beteiligen") Adressat der Bestimmung die die Verhandlungen führende Landesregierung, nicht aber der Landtag Brandenburg selbst.

c) Art. 1 NVG verstößt weder gegen Art. 115 LV noch gegen das Prinzip der Volkssouveränität.

aa) Zwar verbietet es das Prinzip der Volkssouveränität dem Verfassungsgesetzgeber, die geltende, von dem Volk als dem eigentlichen Inhaber des pouvoir constituant gebilligte Verfassung vollständig abzuschaffen und durch eine neue zu ersetzen. Jedoch ist der Inhaber des pouvoir constituant nicht selbst an Vorgaben gebunden, sondern wirkt verfassungsschöpferisch und frei von Vorgaben, soweit sie sich nicht aus übergeordneten Rechtsnormen, für die Länder der Bundesrepublik Deutschland vor allem aus denen des Grundgesetzes, ergeben. Gerade aus diesem Grunde ist aber die Annahme unzutreffend, bei Schaffung einer neuen, das Land Berlin-Brandenburg betreffenden Landesverfassung sei Art. 115 LV einschlägig. Eine derartige Vorgabe würde ihrerseits gegen den Grundgedanken der Volkssouveränität verstoßen. Aus der Freiheit des Volkes als des Trägers der verfassunggebenden Gewalt folgt nämlich auch, daß eine neue Verfassung nicht rechtlich bindend von einer früheren

Verfassung abhängig gemacht werden kann. Kein Verfassungsgesetz, auch keine vorherige Verfassung, kann eine neue verfassunggebende Gewalt begründen und ihr die Form ihrer Betätigung vorschreiben. Das bedeutet, daß eine neue Verfassung weder von Bedingungen abhängig gemacht werden kann, die in einer vorhergehenden Verfassung aufgestellt sind, noch ihre Existenzberechtigung von einer Vorgängerin ableiten kann. Diese auch der Rechtsprechung des Bundesverfassungsgerichts zugrundeliegende Sicht gilt für den Bereich der Bundesländer mit der Maßgabe, daß der Verfassunggeber des Landes außer an die „jedem geschriebenen Recht vorausliegenden überpositiven" Rechtsgrundsätze an die Vorgaben des Grundgesetzes gebunden ist (BVerfGE 1, 14, 61). Diese Beschränkung folgt aus Art. 28 Abs. 1 GG. Im übrigen ist die verfassunggebende Gewalt eines Volkes aber „ihrem Wesen nach unabhängig" (BVerfGE 1, 14, 61).

Hiernach kann der auf die Schaffung eines neuen Bundeslandes gerichtete Neugliederungs-Vertrag nicht gegen Art. 115 LV verstoßen. Die dort aufgestellten Voraussetzungen für eine Totalrevision der Verfassung betreffen allein das Land Brandenburg, d. h. das Volk des Landes Brandenburg als Träger des pouvoir constituant eines eigenständigen Landes Brandenburg. Das davon zu unterscheidende Staatsvolk eines künftigen neuen Bundeslandes Berlin-Brandenburg vermögen sie dagegen nicht zu binden. Wäre Art. 115 LV diese Absicht zu entnehmen, läge darin eine gegen das Prinzip der Souveränität des neuen Staatsvolkes verstoßende Bindung. In welcher Weise im Falle einer Fusion der Länder Brandenburg und Berlin das neue Staatsvolk seine neue Landesverfassung erläßt, obliegt allein seiner eigenen Entscheidung, zu der es allerdings auch gehören kann, daß sich das Staatsvolk seinerseits bestimmten Vorgaben – etwa des hier in Frage stehenden Staatsvertrages (siehe dazu nachfolgend unter III.) – unterwirft. Das Staatsvolk eines Landes Berlin-Brandenburg ist in diesem Sinne das alleinige Legitimationssubjekt für das neue Bundesland (zum Staatsvolk als Legitimationssubjekt vgl. BVerfGE 83, 60, 74).

Art. 115 LV ist auch insofern für den Fall der Fusion der Länder Brandenburg und Berlin nicht einschlägig, als es zur Souveränität des neuen Verfassungsgebers, nämlich des Staatsvolkes des Landes Berlin-Brandenburg, auch gehört, das Verfahren zu bestimmen, in dem seine Verfassung zustande kommt (BVerfGE 1, 14, 61). Deshalb würde die Vorgabe des Art. 115 Abs. 1 LV, nach der eine neue Verfassung von einer verfassunggebenden Versammlung mit einer Zwei-Drittel-Mehrheit zu beschließen und anschließend in einem Volksentscheid von der Mehrheit der Abstimmenden zu billigen wäre, die Verfahrensautonomie des neuen Souveräns verletzen. Ein Volk, das sich eine neue Verfassung gibt, tritt aus dem Rahmen der bisherigen Verfassung heraus; es macht von seiner ursprünglichen Volkssouveränität Gebrauch (*Kriele*, ZRP 1991, S. 1, 3).

bb) Die im Vorstehenden dargelegte Betrachtungsweise liegt auch Art. 116 LV zugrunde. Dieser Verfassungsartikel stellt sich gegenüber Art. 115 LV als „lex specialis" für den Fall dar, daß sich die Länder Brandenburg und Berlin vereinigen. Für einen solchen „lex specialis"-Charakter spricht bereits die Stellung im Verfassungstext im Anschluß an Art. 115 LV. Schon darin kommt zum Ausdruck, daß hier abweichend von Art. 115 LV ein besonderer Fall geregelt und gleichsam die Tür zu etwas staatsrechtlich Neuem aufgestoßen wird. Weiter ergäbe sowohl die in Art. 116 LV vorgeschriebene Zustimmung von zwei Dritteln der Mitglieder des Landtags als auch die Aufstellung des Erfordernisses eines Volksentscheids in Art. 116 LV keinen Sinn, wenn Art. 115 LV – mit teilidentischen Voraussetzungen – auch für den in Art. 116 LV geregelten Fall einer Vereinigung der Länder Brandenburg und Berlin maßgeblich bliebe. Eine zusätzliche Bestätigung ergibt sich aus der Entstehungsgeschichte des Art. 116 LV. Als Art. 115 LV formuliert wurde, war von einer Berücksichtigung der Neugliederung des Raumes Brandenburg/Berlin in der Landesverfassung noch nicht die Rede: Der jetzige Art. 115 LV, für dessen Entstehung allein Überlegungen zu einer Totalrevision der (Brandenburgischen) Verfassung ausschlaggebend waren (vgl. Ausschußprot. VA/UA II/7 vom 22. April 1991, S. 13 f., abgedruckt in: Landtag Brandenburg – Hrsg. –, Dokumentation Verfassung des Landes Brandenburg, Band 2, S. 912 f.), fand – von geringfügigen Modifikationen abgesehen – bereits im Anschluß an die erste Beratungsphase des vorparlamentarischen Verfassungsausschusses Eingang in den Verfassungsentwurf vom 31. Mai 1991 (GVBl. S. 96, 112, dort noch als Art. 118). Erst im Anschluß an diesen Entwurf, als also der jetzige Art. 115 LV in seiner heutigen Fassung bereits weitgehend formuliert war, kam im Unterausschuß 2 des Verfassungsausschusses die Überlegung auf, die mögliche Vereinigung der Länder Brandenburg und Berlin in der Verfassung aufzugreifen (vgl. Ausschußprot. VA/UA II/16 vom 29. November 1991, S. 6, abgedruckt in: Landtag Brandenburg – Hrsg. –, aaO, S. 1022; vgl. auch *Franke/Kneifel-Haverkamp*, JöR N. F. 42 (1994), 111, 130 unter Hinweis auf eine entsprechende Anregung der Landesregierung in ihrer auf den Verfassungsentwurf vom 31. Mai 1991 erfolgten Stellungnahme vom 10. September 1991). In seiner Sitzung vom 13. Dezember 1991 stimmte der Verfassungsausschuß sodann über die Frage ab, „ob man in der Verfassung überhaupt etwas zu Berlin/Brandenburg sagen solle oder nicht" (Ausschußprot. VA 1/12, S. 16, abgedruckt in: Landtag Brandenburg – Hrsg. –, aaO, S. 414). Auch die weitere Entstehungsgeschichte des Art. 116 LV belegt, daß in den Beratungen des vorparlamentarischen und später – ab Ende 1991 – auch des parlamentarischen Verfassungsausschusses nach Regelungen für die Neugliederung gesucht wurde, ohne auf die im wesentlichen bereits vorhandenen Absätze 1–5 des heutigen Art. 115 LV zurückzugreifen. So ist u. a. erwogen worden, hierzu einen – eigenständigen – Abs. 6 zu Art. 115 aufzunehmen (Ausschußprot. VA 1/12 vom 13. Dezember 1991, S. 16 ff., abgedruckt in: Landtag Brandenburg – Hrsg. –, aaO, S. 414 ff.). Weitere Überlegungen mündeten sodann in Art. 116 des Entwurfs einer Verfassung vom 13. Dezember 1991. Art. 116 Abs. 1 dieses Entwurfs sah u. a. vor, vor der Unterzeichnung des Staatsvertrages einen Volksentscheid herbeizuführen; Art. 116 Abs. 2 des Entwurfs enthielt, wie auch die Landesregierung in ihrer Stellungnahme zum vorliegenden Verfahren dargelegt hat, eine ausdrückliche und an eigenständige Voraussetzungen gebundene Regelung des Außerkrafttretens der Verfassung für den Fall der Neugliederung. Diese Modalitäten sind dann aus unterschiedlichen Gründen nicht in Art. 116 der Brandenburgischen Verfassung vom 20. August 1992 aufgenommen worden, ohne daß aber etwa Einigkeit darüber bestanden hätte, daß stattdessen – etwa ersatzweise – die für die Totalrevision der Verfassung in Art. 115 LV getroffenen Regelungen gelten sollten (vgl. Ausschußprot. VA II/4 vom 20. März 1992, S. 16; VA II/7 vom 3. April 1992, S. 11 f.; VA II/8 vom 9. April 1992, S. 17 f., abgedruckt jeweils in: Landtag Brandenburg – Hrsg. –, aaO, Band 3, S. 626, 877 f., 917 f.). Die Fraktion der PDS-LL hat ihrerseits gegen die Streichung des Art. 116 Abs. 2 des Entwurfs vom 13. Dezember 1991 in ihren „Vorschlägen der Fraktion zur 2. Lesung des Verfassungsentwurfs für das Land Brandenburg" eingewandt, daß die Verfassung „nunmehr keine Regelung mehr zum Schicksal der Brandenburger Landesverfassung im Falle der Vereinigung von Berlin und Brandenburg" enthalte. Weiter heißt es dazu in dem genannten Papier: „Artikel 115 kann keine Anwendung finden, da er sich nur auf einen konkreten (innerstaatlichen) Fall richtet, nämlich die Einberufung einer verfassunggebenden Versammlung. Diese Regelung kann jedoch nicht in den zwischenstaatlichen Beziehungen Anwendung finden, d. h. für das, was im Rahmen der Vertragsverhandlungen zwischen Brandenburg und Berlin über die Vereinigung der beiden Bundesländer geschieht" (abgedruckt in: Landtag Brandenburg – Hrsg. –, aaO, Band 3, S. 819, 825).

Eines Hearings zum Verhältnis von Art. 115 zu 116 LV, wie es die Antragsteller in der mündlichen Verhandlung angeregt haben, bedarf es nicht. Es handelt sich um eine Rechtsfrage, die nach dem objektiven Befund der Verfassung zu beantworten ist. Ein Hearing – letztlich eine Art Beweisaufnahme – kommt nur in bezug auf Tatsachen, nicht aber zur Ermittlung des Sachgehalts der Verfassung in Betracht.

d) Aus den zu c) aa) bezüglich Art. 115 LV geltenden Erwägungen kann auch Art. 79 LV nicht als Maßstab für die Überprüfung des Zustimmungsgesetzes herangezogen werden: Wenn das Volk als der eigentliche Souverän auf den Plan tritt, stellt es keine verfaßte Gewalt mehr dar; es ist in dieser

Funktion verfassunggebende Gewalt und kann deshalb schon begrifflich keine Verfassungsänderungen i. S. d. Art. 79 LV mehr vornehmen (vgl. *Kriele*, aaO).

e) Aus den dargelegten Gründen kann eine neue Verfassung auch sonst nicht von Vorgaben abhängig sein, die in einer vorhergehenden Verfassung enthalten sind. Daher bleibt der Normenkontrollantrag auch insofern ohne Erfolg, als die Antragsteller beanstanden, daß Art. 70 Abs. 2 LV verletzt werde, der bestimmte Anforderungen an die Zusammensetzung von Ausschüssen des Landtages Brandenburg stellt. Entgegen der Ansicht der Antragsteller ist der Vereinigungsausschuß nach Art. 7 NV diesen Anforderungen schon deswegen nicht unterworfen, weil es sich hierbei um ein Gremium handelt, dessen Tätigkeit dem in Aussicht genommenen neuen Bundesland zugewandt ist. Als solches kann es nicht an Vorschriften der geltenden – und nur für das Land Brandenburg geltenden – Landesverfassung gemessen werden. Unabhängig davon sieht der zugleich mit dem Neugliederungsvertragsgesetz in Kraft getretene Art. 116 Abs. 2 LV als die insoweit gegenüber Art. 70 LV speziellere Norm – und damit die Landesverfassung selbst – vor, daß nach der Vereinbarung nach Art. 116 Abs. 1 LV für den Übergangszeitraum Befugnisse des Landtags und der Landesregierung auf gemeinsame Gremien und Ausschüsse der Länder Brandenburg und Berlin übertragen werden können. Der Vereinigungsausschuß nach Art. 7 NV fällt hierunter. Art. 116 Abs. 2 LV (n. F.) umschließt die Befugnis, seine Zusammensetzung zu regeln.

f) Art. 1 NVG verstößt – unbeschadet der dargelegten Bindungsfreiheit der neuen verfassunggebenden Gewalt von Vorgaben der Landesverfassung – nicht gegen das auch in Art. 2 Abs. 1 und 4 LV verankerte Rechtsstaatsprinzip, soweit über Art. 9 Abs. 1 Nr. 1 NV für eine etwaige Übergangszeit die jeweiligen „Grundrechtsteile" der Verfassungen der Länder Brandenburg und Berlin weitergelten sollen. Daß die Brandenburgische Verfassung einen als solchen bezeichneten „Grundrechtsteil" nicht aufweist, vielmehr – ebenso wie übrigens die Verfassung von Berlin vom 23. November 1995 (GVBl. S. 779, Art. 6 ff.) – einen mit „Grundrechte und Staatsziele" überschriebenen Hauptteil enthält, führt nicht zu Abgrenzungsproblemen über den geltenden Rechtszustand hinaus. Weitergelten sollen erkennbar nur Grundrechte der jeweiligen Landesverfassungen und nicht anderweitige Verfassungsrechtssätze wie z. B. Staatszielbestimmungen. Daß hierbei im Einzelfall gegebenenfalls verfassungsgerichtlich geklärt werden muß, ob es sich um ein Grundrecht oder etwa eine Staatszielbestimmung handelt, gilt schon heute.

g) Weil – im Falle einer Fusion der Länder Brandenburg und Berlin – das neue Land nicht von Vorgaben der geltenden Landesverfassung abhängig sein kann, vermögen auch die anderen von den Antragstellern aufgezeigten Punkte, in denen der Neugliederungs-Vertrag von der Brandenburgischen Verfassung abweicht oder dahinter zurückbleibt, die Verfassungsmäßigkeit des Vertragswerks nicht in Frage zu stellen. Das Gericht hat Verständnis für die Besorgnis der Antragsteller, daß für den Fall einer Fusion der beiden Länder, wenn nämlich bis dahin eine gemeinsame Verfassung nicht zustandekommt und soweit für diesen Fall nicht der Neugliederungs-Vertrag selbst Vorkehrungen trifft, teilweise ein verfassungsrechtliches Vakuum entsteht. Diese Besorgnis ist indes verfassungspolitischer Natur und kann sich – wegen der prinzipiellen Bindungsfreiheit des pouvoir constituant des neuen Landes – verfassungsrechtlich nicht auswirken.

III.

Das Gericht sieht sich nicht veranlaßt, gemäß Art. 100 Abs. 1 Satz 1 GG das Verfahren auszusetzen und die Entscheidung des Bundesverfassungsgerichts einzuholen. Zwar stellt Art. 1 NVG für den Fall einer Fusion der Länder Brandenburg und Berlin seinerseits Vorgaben für das neue Bundesland auf, indem etwa durch Bezugnahme auf Art. 8, 9 und 58 NV das Zustandekommen der Verfassung für dieses neue Bundesland geregelt, bis zum Inkrafttreten dieser Verfassung ein Organisationsstatut als eine Art Übergangsverfassung statuiert wird sowie Grundentscheidungen des Vertrages mit besonderen Garantien ausgestattet werden. Dies wird jedoch dadurch gedeckt, daß Art. 118 a GG, insoweit übereinstimmend mit Art. 116 LV, für den Sonderfall der Neugliederung des Raums Brandenburg-Berlin einen Zusammenschluß durch Vereinbarung unter Einbeziehung des neuen Souveräns eröffnet. Von daher verstoßen die durch Art. 1 NVG bewirkten Vorgaben nicht gegen die grundgesetzliche Ordnung, in die das Bundesverfassungsgericht an sich die Bindungsfreiheit des pouvoir constituant einbezieht (vgl. vor allem BVerfGE 1, 14, 61). Sie stehen vielmehr nach der Auffassung des Gerichts mit dem Grundgesetz in Einklang, so daß sich eine Vorlage an das Bundesverfassungsgericht erübrigt (vgl. dazu vor allem BVerfGE 69, 112, 117 f.).

1. Die Stellung der verfassunggebenden Gewalt eines Bundeslandes der Bundesrepublik Deutschland hat das Bundesverfassungsgericht unter Bezug auf das Grundgesetz in seiner Entscheidung zur Bildung des Südweststaates wie folgt definiert (BVerfGE 1, 14, 61):

> „Eine verfassunggebende Versammlung hat einen höheren Rang als die auf Grund der erlassenen Verfassung gewählte Volksvertretung. Sie ist im Besitz des „pouvoir constituant". Sie schafft die neue, für den werdenden Staat verbindliche, mit besonderer Kraft ausgestattete Verfassungsordnung. Mit dieser

besonderen Stellung ist es unverträglich, daß ihr von außen Beschränkungen auferlegt werden. Sie ist nur gebunden an die jedem geschriebenen Recht vorausliegenden überpositiven Rechtsgrundsätze und – als verfassunggebende Versammlung eines werdenden Gliedes des Bundesstaates – an die Schranken, die die Bundesverfassung für den Inhalt der Landesverfassungen enthält (Art. 28 Abs. 1 GG). Im übrigen ist sie ihrem Wesen nach unabhängig. Sie kann sich nur selbst Schranken auferlegen."

Auch nach diesen Ausführungen ist der hier eingeschlagene Weg der Vereinigung der Länder Brandenburg und Berlin verfassungsrechtlich gangbar. Dabei ist zu berücksichtigen, daß der vom Bundesverfassungsgericht in den wiedergegebenen Ausführungen beurteilte Sachverhalt sich von dem hier zu entscheidenden sowohl im Tatsächlichen als auch hinsichtlich der heranzuziehenden Verfassungsbestimmungen erheblich unterscheidet. Der der Entscheidung des Bundesverfassungsgerichts zugrunde liegende Sachverhalt war dadurch gekennzeichnet, daß – entsprechend Art. 118 Satz 2 GG durch Bundesgesetz (Zweites Neugliederungsgesetz vom 4. Mai 1951, BGBl. I S. 284) – das Tätigwerden des pouvoir constituant durch eine verfassunggebende Landesversammlung vorgezeichnet war (§§ 13, 14 des Zweiten Neugliederungsgesetzes). Die Landesversammlung – so das Bundesverfassungsgericht – habe deshalb als Träger des pouvoir constituant des neuen Landes durch Vorschriften eines Bundesgesetzes, also „von außen", keinen Einschränkungen unterworfen werden dürfen (aaO, S. 61 f.). Vorliegend soll aber nicht eine verfassunggebende Versammlung (repräsentativ) tätig werden. Vielmehr bleibt der pouvoir constituant in der Hand des eigentlichen Souveräns, des Volkes selbst. Damit stellen sich die Vorgaben, die der über Art. 1 NVG in Kraft tretende Neugliederungs-Vertrag für das beabsichtigte neue Land enthält, für den Fall, daß die Abstimmungsberechtigten in dem die (heutigen) Länder Brandenburg und Berlin umfassenden Gebiet in der für den 5. Mai 1996 vorgesehenen Volksabstimmung der Bildung eines gemeinsamen Landes zustimmen, zugleich als Selbstbindungen des eigentlichen Souveräns, als, wie es das Bundesverfassungsgericht ausdrückt, selbst auferlegte, also nicht „von außen" vorgegebene, Schranken des pouvoir constituant, dar: Die diesbezüglichen Vorschriften haben – wie überhaupt der Neugliederungs-Vertrag – eine Doppelnatur. Sie stellen nicht nur ein Vertragswerk der Länder Brandenburg und Berlin dar, das ihre eigene „Abwicklung" regelt. Vielmehr gehören sie ihrem Wesen nach auch schon zur – zum Teil vorläufigen, teilweise aber auch schon endgültige Eckpunkte setzenden – Verfassungsordnung des im Werden begriffenen neuen Bundeslandes. Diese Elemente einer Verfassungsordnung erlangen als solche rechtliche Geltung, wenn der Neugliederungs-Vertrag durch die für den 5. Mai 1996 vorgesehenen Volksabstimmungen angenommen wird. In diesem Fall wird das sich im Rahmen der gemeinsamen Volksabstimmung konstituierende Volk des werdenden Landes Berlin-Brandenburg – anders als in dem erwähnten Fall der durch Bundesgesetz angeordneten Bildung des Südweststaats nicht repräsentativ über eine verfassunggebende Versammlung, sondern plebiszitär in der Form der Volksabstimmung – zugleich als Träger der verfassunggebenden Gewalt dieses werdenden Landes tätig. Im einzelnen ist auszuführen:

2. a) Grundlage für die Volksabstimmung über den Fusionsvertrag, soweit diese im Lande Brandenburg stattfindet, stellt Art. 116 LV dar. Er regelt einen Fall der sogenannten „Verfassungsablösung", hier verbunden mit einer Auflösung auch des bestehenden Staates selbst und – anders als etwa Art. 115 LV, der die Kontinuität des Landes Brandenburg voraussetzt – nicht nur seiner Verfassungsordnung. Eine solche – „in die Zukunft gerichtete Überleitungsnorm" (BVerfGE 5, 85, 131) – stellt Bedingungen auf, unter denen eine Verfassung bereit ist, einer neuen Verfassung zu weichen und sich selbst aufzugeben (vgl. statt vieler: *Isensee*, in: Isensee/Kirchhof, Handbuch des Staatsrechts der Bundesrepublik Deutschland (HStR), Band VII, 1992, § 166, Rdn. 13 ff.). Hierin liegt, bezogen nicht nur auf die Verfassung, sondern auch auf den Staat selbst, das Wesen des Art. 116 LV. Diese Bestimmung korrespondiert mit Art. 118 a GG, der, wie schon ausgeführt, den Ländern Brandenburg und Berlin die Möglichkeit eröffnet, durch Vereinbarung und abweichend von dem an die Voraussetzungen des Art. 29 GG gebundenen Verfahren ein neues Bundesland zu schaffen und – wie dem Begriff „Vereinbarung" innewohnt – auch zu gestalten. Damit hat es der Grundgesetzgeber den beiden Ländern selbst überlassen, quasi in Wahrnehmung „staatsrechtlicher Privatautonomie" Bedingungen auszuhandeln, unter denen sie ihre bisherige staatliche Existenz zugunsten eines neuen (gemeinsamen) Bundeslandes aufzugeben bereit sind. Bei diesem Verständnis hat Art. 116 LV nicht nur ein neues Land überhaupt, sondern ein unter den Bedingungen der dort angesprochenen Vereinbarung zustandekommendes und hierüber in gewisser Weise bereits verfaßtes neues Land im Auge. Ist ein Staat nur unter bestimmten Bedingungen bereit, seine eigene Staatlichkeit zugunsten der Bildung eines neuen Staates aufzuheben, muß ihm an einer rechtlichen Absicherung der darauf bezogenen Abmachungen gelegen sein. Dies ist in der Form möglich, daß diesbezügliche Regelungen für den neuen Staat festgeschrieben und darüber der (neuen) „Staatsfundamentalnorm" einverleibt werden (vgl. etwa *Nawiasky*, Allgemeine Staatslehre, Dritter Teil, 1956, S. 134). Eben dies wollen die korrespondierenden Art. 118 a GG und Art. 116 LV ermöglichen.

Soweit die Antragsteller in diesem Zusammenhang ausführen, die Vorschriften der Art. 118 a GG und Art. 116 LV vermittelten weder dem Landtag noch dem Ministerpräsidenten die Kompetenz, das Verfahren der Verfassunggebung und den Regelungsgehalt der Verfassung des neu entstehenden Bundeslandes zu bestimmen, verkennen sie, daß diese Organe – bezogen auf den verfassungsrechtlichen Charakter des Neugliederungs-Vertrages – nur als (selbst nicht über verfassunggebende Gewalt verfügende) „Entwurfsorgane" tätig werden, die insoweit lediglich den „Verfassungsentwurf" ausarbeiten, der sodann der verfassunggebenden Gewalt zur Entscheidung über die Frage unterbreitet wird, ob dieser Entwurf Verfassungsordnung werden soll (vgl. zu diesem arbeitsteiligen Verfahren einer Verfassungsentstehung bei Tätigwerden verfassunggebender Gewalt in plebiszitärer Form: *Steiner*, Verfassunggebung und verfassunggebende Gewalt des Volkes, 1966, S. 125 ff.).

b) Die Regelungen des Neugliederungs-Vertrages stellen sich in dem vorerörterten Sinne als dem Verfassungsrecht des neuen Landes – teils vorübergehend, teils auch auf Dauer – einzuverleibende Normen dar. Verfassungsnormen weisen sich durch eine erhöhte Bestandskraft bzw. erschwerte Abänderbarkeit aus (vgl. nur *Isensee*, in: Isensee/Kirchhof, HStR, Band I, 1987, § 13, Rdn. 136). Dies gilt hier nicht zuletzt für Art. 58 NV. Diese Vorschrift enthält – ähnlich Art. 79 GG – Änderungsschranken (Art. 58 Abs. 1 und 3 NV), teils sogar eine „Ewigkeitsgarantie" (Art. 58 Abs. 2 Satz 1 NV). Auch materiell erreichen die Vorschriften des Neugliederungs-Vertrages – über ihren Charakter als Regelungswerk eines Gliedstaates hinaus – verfassungsrechtliche Qualität. Freilich wird die Verfassung eines durch Vereinbarung entstehenden und zunächst noch im Werden begriffenen Staates naheliegenderweise vielfach von den klassischen Regelungsmaterien einer Vollverfassung abweichen. Sie muß sowohl der Ausgangssituation – Vereinbarung – als auch dem Zustand des Werdens – dem status nascendi (dazu auch *Jerusalem*, NJW 1952, S. 45, 48) – Rechnung tragen: Eine Verfassung ist auf den konkreten Staat hin entworfen; Verfassung und Staat sind insoweit als einander zugeordnete Größen zu verstehen (vgl. *Isensee*, aaO, Rdn. 144). Demgemäß enthält der Neugliederungs-Vertrag über weite Strecken Normen, die auf die Übergangssituation zugeschnitten sind (etwa die Art. 5 bis 7 NV, Art. 8 ff. NV) und für den ins Leben tretenden Staat an Bedeutung verlieren werden, freilich auch solche Normen, die – als Gegenstand der gemeinsamen Abmachungen – bereits Bestandteil der endgültigen Verfassungsordnung sein sollen (so etwa Art. 1 Abs. 2 und 3, Art. 21 Abs. 1, 58 Abs. 2 Satz 1 NV).

c) Ist Art. 116 LV als Norm einer „Staats- und Verfassungsablösung" im oben dargelegten Sinne zu verstehen, richtet sie sich auch bereits an die verfassunggebende Gewalt. Nur diese vermag über die Staats- und Verfassunggebung zu befinden (vgl. etwa *Heckel*, in: Isensee/Kirchhof, HStR, Band VIII, 1995, § 197, Rdn. 52). In der Wirklichkeit des modernen Verfassungsstaats stellt Verfassunggebung aber nicht die Erschaffung des Staates und seiner Normen quasi „aus dem Nichts" dar. Verfassunggebung ist vielmehr situationsbezogen. „Sie trifft die reale Entscheidung über die politische Existenz des Volkes zwischen bestimmten politischen Alternativen in einer konkreten historischen Situation" (*Heckel*, aaO, Rdn. 53 sowie 65 und 80). Unter Einbeziehung dessen werden hier nicht nur die Staatsvölker der beiden noch bestehenden Länder tätig, indem sie mit der Entscheidung über die Bildung des neuen Landes die Ablösung der bisherigen Rechtsordnungen und die „Abwicklungsphase" in bezug auf die Länder Brandenburg und Berlin in die Wege leiten. Vielmehr treten, soweit es um das neue Land geht, das – bei Zustimmung der Abstimmungsberechtigten zu der Fusion – werdend neben die in das Stadium der „Abwicklung" übergehenden Länder tritt, auch schon die Bürger auf den Plan, die in ihrer Gesamtheit das Volk des werdenden neuen Landes bilden. Das Dasein eines Staates kann rechtlich nur auf seinem eigenen Willen beruhen, nicht aber auf der Grundlage einer fremden Rechtsordnung (vgl. *Jellinek*, Allgemeine Staatslehre, 3. Aufl., 1928, Nachdr. 1976, S. 274; *Nawiasky*, aaO, S. 132). In diesem Sinne stimmen die beiden Völker, sofern sich die nötigen Mehrheiten ergeben, der Beendigung der bisherigen Länder zu und finden sich gleichzeitig, „uno actu", zum Träger der verfassunggebenden Gewalt auch des neuen Landes zusammen. Mit der Entscheidung über die Annahme des werdenden Landes bindet sich auf diese Weise das neue Staatsvolk an die in Verfassungsrecht erwachsenden Vorgaben des Neugliederungs-Vertrags. Die so zustandekommenden Bindungen der (neuen) verfassunggebenden Gewalt sind, als solche auf dem Willen des pouvoir constituant selbst beruhend, unter (bundes-)verfassungsrechtlichen Gesichtspunkten generell nicht zu beanstanden (vgl. BVerfGE 1, 14, 61), vielmehr durch Art. 118 a GG (bundes-)verfassungsrechtlich geradezu vorgezeichnet: Eben diesen Weg wollte Art. 118 a GG, abweichend von Art. 29 GG, für den Raum Brandenburg/Berlin, so eröffnen. Daß das werdende Land bei dieser staatsbildenden Betätigung seines Staatsvolkes juristisch noch nicht in der Welt ist, steht dem nicht entgegen. Der pouvoir constituant, dessen Tätigkeit auf Staats- und Verfassungsschöpfung gerichtet ist (vgl. *Zweig*, Die Lehre vom pouvoir constituant, 1909, S. 3), muß dem Ergebnis seiner Schöpfung denknotwendig vorausliegen. Träger der verfassunggebenden Gewalt ist deswegen „das Volk im politischen Sinn oder die Nation, d. h. die (politisch sich zusammenfindende und abgrenzende) Gruppe von Menschen, die sich ihrer selbst als politische Größe bewußt ist und als solche handelnd in die Geschichte eintritt" (*Böckenförde*, Die verfassunggebende Gewalt des Volkes – ein Grenzbegriff des Verfassungsrechts, 1986, S. 13 f.). So liegen die Dinge bei der hier zu treffenden Entscheidung über den Fusionsstaatsvertrag.

IV.

Soweit Art. 1 NVG für die in Art. 116 LV vorgesehene Volksabstimmung den – von den Antragstellern ebenfalls beanstandeten – Art. 4 des Staatsvertrages zur Regelung der Volksabstimmungen in den Ländern Berlin und Brandenburg über den Neugliederungs-Vertrag in Bezug nimmt, ist er allerdings nur mit der aus dem Tenor ersichtlichen Maßgabe mit der Landesverfassung vereinbar.

1. Art. 4 des Staatsvertrages zur Regelung der Volksabstimmungen über den Neugliederungs-Vertrag steht in seinem die sogenannte „Zusatzfrage" regelnden Absatz 3 nicht ohne weiteres in Einklang mit den in Art. 22 Abs. 3 Satz 1 LV abgesicherten überkommenen Grundsätzen der freien Wahl, zu denen es gehört, daß jeder Wähler sein Wahlrecht ohne unzulässige Beeinflussungen von außen ausüben kann (vgl. schon Staatsgerichtshof für das Deutsche Reich, RGZ 118, Anh., S. 39; BVerfGE 7, 63, 69; 15, 165, 166; 47, 253, 282; 66, 369, 380) und die in gleicher Weise für die Entschließungsfreiheit der Abstimmenden im Rahmen einer Volksabstimmung gelten müssen (vgl. dazu BVerfGE 1, 14, 45; 42, 53, 62); demgemäß sieht Art. 22 Abs. 3 Satz 1 LV den Grundsatz der Wahlfreiheit nicht nur in bezug auf Wahlen, sondern auch für Volksabstimmungen vor. Das Gericht kann und muß diese (landesrechtlichen) Grundsätze hier – trotz des staatsvertraglichen Charakters des Art. 4 – in bezug auf den brandenburgischen Abstimmungsbereich zur Anwendung bringen. Art. 16 Nr. 5 des Staatsvertrages bestimmt seinerseits, daß für die Abstimmung und ihren Schutz vor unzulässiger Beeinflussung die jeweiligen landesrechtlichen Regelungen über Volksabstimmungen entsprechend gelten.

Eine in unzulässiger Weise die Entschließungsfreiheit der Abstimmenden beeinträchtigende Einflußnahme kann sich hier daraus ergeben, daß die Fassung der Frage in Art. 4 Abs. 3 des Staatsvertrages, nämlich „Soll das gemeinsame Land gebildet werden im Jahre 1999 oder im Jahre 2002", bei Abstimmenden den Eindruck vermitteln kann, daß die Abstimmungsfrage über das „Ob" der Fusion schon im Sinne von „Ja" entschieden, die Fusion quasi bereits „beschlossene Sache", sei. Mit der Formulierung der Frage über den Zeitpunkt der Entstehung des gegebenenfalls zu bildenden gemeinsamen Landes und der Bezeichnung als „Zusatzfrage" wird zudem nicht hinreichend deutlich, daß sie auch dann (noch) zur Abstimmung steht, wenn die erste Frage – über das „Ob" der Bildung des in Aussicht genommenen Landes – mit „Nein" beantwortet wird; die dahingehende Klarstellung in Art. 4 Abs. 5 des Staatsvertrages ist dem einzelnen Abstimmenden kaum präsent. Dies könnte aber dazu führen, daß sich diejenigen Abstimmenden, die die erste Frage mit „Nein" beantworten, veranlaßt sehen, über die zweite Frage nicht (mehr) mitabzustimmen, was zu einer Verschiebung des Abstimmungsergebnisses über den Zeitpunkt des gegebenenfalls zu bildenden Landes führen würde.

2. Eine Beeinflussung der Entschließungsfreiheit der Abstimmenden kann freilich – auch ohne Änderung des Wortlautes der zweiten Frage und damit des Staatsvertrages selbst – durch begleitende Maßnahmen bei Durchführung der Volksabstimmung verhindert werden. Den Abstimmenden kann – und muß – in geeigneter Weise deutlich gemacht werden, daß die Frage über den Entstehungszeitpunkt des gegebenenfalls zu bildenden Landes unabhängig von der Haupt-Abstimmungsfrage zur Abstimmung steht und auch dann beantwortet werden kann, wenn die Frage über das „Ob" der Bildung des in Aussicht genommenen Landes mit „Nein" beantwortet wird. Die in Aussicht genommene Volksabstimmung im Lande Brandenburg ist deswegen mit der Verfassung vereinbar, wenn eine solche Klarstellung dem Stimmzettel (Art. 11 Abs. 2 Satz 1 des Staatsvertrages) beigelegt und zusätzlich im Abstimmungslokal (Art. 11 Abs. 1 des Staatsvertrages) öffentlich ausgehängt wird. In Anlehnung an Art. 4 Abs. 5 des Staatsvertrages kann die Klarstellung etwa folgenden Wortlaut haben:

> „Ihre Antwort auf die zweite Frage wirkt sich nur dann aus, wenn sich bei dieser Volksabstimmung die nötige Mehrheit für einen Zusammenschluß der Länder Berlin und Brandenburg ergibt.
>
> Sie können die erste Frage auch dann beantworten, wenn Sie die zweite Frage offenlassen. Sie können die zweite Frage auch dann beantworten, wenn Sie die erste Frage offenlassen oder verneinen."

Sondervotum des Richters Schöneburg

Dem Urteil der Mehrheit des Verfassungsgerichts kann m. E. nicht zugestimmt werden: Art. 1 des Neugliederungs-Vertrages (NVG) ist mit der Verfassung des Landes Brandenburg aus folgenden Gründen nicht vereinbar:

1. Die Verfassung des Landes Brandenburg ist von einem Demokratiebegriff geprägt, der das Volk als tatsächlichen Souverän verfassungsrechtlich ausgestaltet. Diese Position durchzieht die gesamte Verfassung von ihrer Präambel bis zum Art. 116.

Dieses ausgeprägte reale Volkssouveränitätsprinzip basiert nicht zuletzt auf den Erfahrungen aus der brandenburgischen Verfassungsgeschichte und den friedlichen Veränderungen des Herbstes 1989: Das Volk soll und muß Gestalter seines eigenen staatlichen Lebens sein. Das belegen die Beratungen in den Verfassungsausschüssen I und II unmißverständlich.

In den Tagungen des Landtages bei der Annahme der Verfassungsentwürfe wurde dies übrigens nicht nur von den Antragstellern hervorgehoben, sondern ebenso deutlich z. B. von dem Ministerpräsidenten Dr. Stolpe, dem Justizminister Dr. Bräutigam und dem SPD-Landesvorsitzenden Dr. Reiche unterstrichen.

Genau dieser Inhalt der Brandenburger Verfassung erregt bis heute den Widerwillen konservativer deutscher Politiker.

2. Die Volkssouveränität der Brandenburger Verfassung ist immer Einheit von repräsentativer und direkter Demokratie. Das Volk hat das Verfassungsrecht der direkten Mitgestaltung und Mitbestimmung seines Lebens. Dieses Recht kann sich nicht auf einfache Zustimmung unabhängig vom Volk erarbeiteter Gesetze beziehen. Es bedarf der Mitwirkung des Volkes an der Erarbeitung von Gesetzen, die für sein Leben von existentieller Bedeutung sind. Deshalb wurde die Brandenburger Verfassung mit dem Volk erarbeitet und vom Volk per Volksentscheid angenommen. Es war für den Verfassungsgeber daher nur folgerichtig, daß eine Totalrevision der Verfassung eine effiziente Mitwirkung des Volkes über eine verfassunggebende Versammlung bindend vorschreibt (Art. 115).

Das gleiche muß für den Fall gelten, daß das Land Brandenburg „abgewickelt" wird, „stirbt", in ein gemeinsames neues Land Brandenburg-Berlin aufgeht. Es widerspricht daher m. E. dem Geist und Inhalt der Brandenburger Verfassung, den Art. 116 als lex specialis aufzufassen und die spezifische Form der in Brandenburg verfassungsrechtlich gestalteten Volkssouveränität auf diesen Artikel nicht zu beziehen.

3. Diesen Erfordernissen der Volkssouveränität ist mit dem Gesetz zu den Staatsverträgen über die Neugliederung der Länder Brandenburg und Berlin vom 27. Juni 1995 (NVG) in vielfacher Weise nicht entsprochen worden. Dies ist verfassungswidrig.

a) Bei dem NVG handelt es sich um eine Totalrevision der Brandenburger Verfassung. Daher wäre die Regierung bei ihren Verhandlungen verfassungsrechtlich verpflichtet gewesen, den Souverän und das von ihm gewählte Parlament frühzeitig und in verfassungsrechtlich angemessener Weise an der Gestaltung der Verträge zu beteiligen. Dies ist jedoch nicht geschehen.

Das Volk selbst blieb bei den Regierungsverhandlungen, in denen letztlich die Brandenburger Verfassung geopfert wurde, unbeteiligt. Es soll nun per Volksentscheid am 5. Mai 1996 lediglich noch das ohne den Volkssouverän Ausgehandelte absegnen. Das widerspricht der Brandenburger Verfassung (Art. 2, Art. 115).

Der Landtag als Gesamtinstitution, also nicht nur Unterausschüsse oder Ausschüsse, wurde weder frühzeitig noch gestaltend an den Regierungsverhandlungen beteiligt wie dies Art. 116 vorschreibt. Die Regierung beschränkte sich weitgehend auf Informationen.

Als der Landtag im Februar 1995 schließlich durch Beschluß die Landesregierung beauftragte, Änderungen zum Arbeitsentwurf des Staatsvertrages der Länder Berlin und Brandenburg über die Bildung eines gemeinsamen Bundeslandes einzufordern, kam dem die Regierung nur sehr eingeschränkt nach. Auch in diesem Zusammenhang hat die Regierungsdelegation vielfach gegen die Verfassung verstoßen. Es ist daher erneut zu unterstreichen, daß Art. 116 Landesverfassung weder dem Ministerpräsidenten noch dem Landtag verfassunggebende Kompetenzen zuspricht.

b) Verfassungsgeber ist und bleibt allein der Souverän, das Volk des Landes Brandenburg. Es durfte also keine mögliche „Notverfassung" entsprechend Art. 9 NV von der Landesregierung und auch nicht vom Landtag beschlossen werden. Das ist Kompetenzanmaßung.

Die Brandenburger Regierung und das Brandenburger Parlament waren auch nicht berechtigt, dem Art. 8 NV über die Verfassung des neuen Landes zuzustimmen, da der Souverän des Landes Brandenburg nicht in der durch die Verfassung gebotenen Weise an dieser Art von Verfassungsgebung beteiligt war. Insofern hat das Urteil des Bundesverfassungsgerichts vom 23. Oktober 1951 nach wie vor Gültigkeit: „Eine verfassunggebende Versammlung hat einen höheren Rang als die auf Grund der erlassenen Verfassung gewählte Volksvertretung. Sie ist im Besitz des pouvoir constituant".

Es wäre daher verfassungsrechtlich durchaus geboten gewesen, durch einen gemeinsamen Verfassungsrat der Länder Brandenburg und Berlin vor der Entscheidung über die Fusion eine neue Verfassung unter angemessener Beteiligung der beiden souveränen Völker auszuarbeiten. Es bestand keine Not, von dieser verfassungsrechtlichen Normalität abzuweichen.

Es wäre damit die Gefahr vermieden worden, daß möglicherweise – sollte eine neue Verfassung nach Art. 8 NV nicht zustandekommen – eine in vieler Hinsicht „verfassungsleere Zeit" über das neue Land hereinbricht mit vielen Unwägbarkeiten und Widersprüchen für das Volk. Es besteht numehr die akute Gefahr, daß das Volk seine Qualität als Souverän verliert.

c) Art. 1 NVG stellt für den Fall einer Fusion vielfältige Vorgaben für den verfassunggebenden Souverän auf. Dies gilt zunächst für den Souverän des Landes Brandenburg. Damit wird die Bindungsfreiheit des pouvoir constituant in Brandenburg verletzt. Dies widerspricht dem Grundgesetz und der Rechtsprechung des Bundesverfassungsgerichts. Es ist m. E. nicht zulässig, diese Vorgaben als „Selbstbindung des eigentlichen Souveräns" zu qualifizieren. Mit der Abstimmung am 5. Mai 1996 ist dem Brandenburger Souverän verfassungsrechtlich nicht entsprochen worden, weil nach der Brandenburger Verfassung die alleinige Zustimmung nicht genügt. Der im Urteil des Verfassungsgerichts zusätzlich benannte Grund, am 5. Mai 1996 werde „uno actu" das souveräne Volk des gemeinsamen Landes geboren und damit Träger der verfassunggebenden Gewalt, das sich mit der Abstimmung selbst an die Vorgaben bindet, ist m. E. außerordentlich formal. Souveräne Völker entstehen nicht über Nacht.

Insofern wäre es durchaus denkbar gewesen, das Bundesverfassungsgericht nach Art. 100 Abs. 1 Grundgesetz anzurufen. Die Auslegung, ob Art. 118 a Grundgesetz dem Art. 29 Grundgesetz unterworfen ist, wäre vom Bundesverfassungsgericht zu klären gewesen.

Jedenfalls kann Art. 118 a Grundgesetz die Kompetenzen und die Verfassungsrechte des brandenburgischen Souveräns nicht aufheben. Das widerspräche Art. 79 Grundgesetz.

d) In den Verhandlungen und Beratungen über das zu schaffende neue Land wird immer auf die gemeinsame Geschichte Berlins und Brandenburgs Bezug genommen. Das Urteil des Verfassungsgerichts betont zu Recht, daß in diesem Zusammenhang wichtige Teile der Geschichte ausgeklammert werden, so die 1920 vollzogene verwaltungsmäßige Verselbständigung Berlins in der Provinz Mark Brandenburg. Bezeichnenderweise wurde damals dafür als Grund angegeben, daß das Umland dem Druck Berlins unangemessen ausgesetzt sei. Zur Geschichte gehört auch, daß Berlin 1945 Stadt mit Viermächte-Status wurde, Brandenburg demgegenüber durch den Alliierten Kontrollrat mit Auflösung des Landes Preußen zum Land Mark Brandenburg wurde. Es kann auch nicht daran vorbeigegangen werden, daß in der DDR-Geschichte Ost-Berlin selbständig Hauptstadt der DDR blieb und nun weiterhin ein ständiger ökonomischer Druck auf das übrige Land ausgeübt wurde.

Es bleibt in diesem Zusammenhang auch festzuhalten, daß Berlin Teil der Provinz Mark Brandenburg war. Es ist daher erstaunlich, daß das neue Land unter fälschlicher Berufung auf die Geschichte nunmehr Berlin-Brandenburg heißen soll.

Nr. 4

Zur Frage der Wiedereinsetzung in den vorigen Stand bei nicht rechtzeitiger Erhebung einer Verfassungsbeschwerde.*

* Nichtamtlicher Leitsatz.

Verfassung des Landes Brandenburg Art. 9
Verfassungsgerichtsgesetz Brandenburg § 47 Abs. 1, 2

Beschluß vom 21. März 1996 – VfGBbg 2/96; 2/96 EA –

in dem Verfahren über die Verfassungsbeschwerde Herrn J. B. z. Zt. Justizvollzugsanstalt Y., betreffend den Widerruf einer Strafaussetzung zur Bewährung durch Beschluß des Amtsgerichts X. und Beschluß des Landgerichts X.

Entscheidungsformel:
1. Die Verfassungsbeschwerde wird verworfen.
2. Der Antrag auf Gewährung von Prozeßkostenhilfe wird zurückgewiesen.

Gründe:

I.

Der Beschwerdeführer wendet sich gegen den Widerruf mehrerer Strafaussetzungen zur Bewährung. Er ist wegen Diebstahls durch Urteil des ehemaligen Kreisgerichts X. vom 30. September 1993 zu zwei Gesamtfreiheitsstrafen von jeweils zwei Jahren und durch Urteil des Amtsgerichts X. vom 20. Oktober 1994 zu einer Gesamtfreiheitsstrafe von einem Jahr und sechs Monaten verurteilt worden. Die Vollstreckung der Strafen wurde zur Bewährung ausgesetzt.

Durch Beschluß vom 21. Juni 1995 hat das Amtsgericht X. die Strafaussetzungen widerrufen, da der Beschwerdeführer im Zeitraum März und April 1995 neue Delikte begangen habe. Die hiergegen eingelegte sofortige Beschwerde wurde durch Beschluß des Landgerichts X. vom 30. September 1995 verworfen. Die darauf von dem Beschwerdeführer mit Schriftsatz vom 25. Oktober 1995 zum Bundesverfassungsgericht erhobene Verfassungsbeschwerde wurde nicht angenommen. Zwischenzeitlich – durch Urteil des Amtsgerichts X. vom 2. November 1995 – ist der Beschwerdeführer u. a. wegen der für den Zeitraum März und April 1995 in Frage stehenden Delikte zu einer weiteren Freiheitsstrafe verurteilt worden; gegen die entsprechende Entscheidung hat er Berufung eingelegt, über die demnächst verhandelt wird.

Mit seinem bei dem Verfassungsgericht des Landes am 22. Januar 1996 eingegangenen Schriftsatz hat der Beschwerdeführer Verfassungsbeschwerde eingelegt und im Hinblick auf die zweimonatige Beschwerdefrist zugleich Wiedereinsetzung in den vorigen Stand beantragt. Mit der Verfassungsbeschwerde rügt er eine Verletzung seines Grundrechts auf persönliche Freiheit

(Art. 9 LV). Zur Begründung macht er geltend, in seinem Falle lägen die Voraussetzungen für einen Widerruf der Strafaussetzung nicht vor; insbesondere stehe entgegen, daß die Verurteilung wegen der für den Zeitraum März und April 1995 in Frage stehenden Delikte noch nicht rechtskräftig sei.

II.

Die Verfassungsbeschwerde ist unzulässig.

1. Die Beschwerde ist verfristet. Nach § 47 Abs. 1 Satz 1 Verfassungsgerichtsgesetz Brandenburg (VerfGGBbg) ist die Verfassungsbeschwerde zum Verfassungsgericht des Landes binnen zweier Monate zu erheben. Diese Frist ist hier verstrichen. Der Beschluß des Amtsgerichts X. vom 21. Juni 1995 ist dem Beschwerdeführer am 10. Juli 1995 zugestellt, die Entscheidung des Landgerichts X. vom 30. September 1995 jedenfalls vor seiner Anrufung des Bundesverfassungsgerichts im Oktober 1995 bekanntgegeben worden. Die Frist von zwei Monaten war mithin bei Einlegung der vorliegenden Verfassungsbeschwerde am 22. Januar 1996 abgelaufen.

Dem Beschwerdeführer ist keine Wiedereinsetzung in den vorigen Stand zu gewähren. Zweifelhaft ist schon, ob er die Wiedereinsetzungsfrist des § 47 Abs. 2 Satz 2 VerfGGBbg eingehalten hat. Danach ist der Wiedereinsetzungsantrag binnen zweier Wochen nach Wegfall des (der Fristwahrung entgegenstehenden) Hindernisses zu stellen; die entsprechenden Tatsachen sind bei der Antragstellung glaubhaft zu machen (§ 47 Abs. 2 Satz 3 VerfGGBbg). Hierzu hat der Beschwerdeführer – ohne Darlegung näherer Umstände – lediglich angegeben, ihm sei „erst jetzt" bekannt, daß auch eine Anrufung des Verfassungsgerichts des Landes möglich sei.

Die insoweit bestehenden Zweifel können indes dahinstehen. Denn jedenfalls hat der Wiedereinsetzungsantrag in der Sache keinen Erfolg. Der Beschwerdeführer war nicht ohne sein Verschulden gehindert, die Frist von zwei Monaten einzuhalten (§ 47 Abs. 2 Satz 1 VerfGGBbg). Es ist Sache eines juristisch nicht vorgebildeten Prozeßbeteiligten, dem eine ihm ungünstige Gerichtsentscheidung zugestellt wird, sich alsbald nach der Form oder der Frist eines Rechtsbehelfs zu erkundigen (vgl. für Rechtsmittel entsprechend BGH VersR 1980, 430; VersR 1986, 993, 994; NJW 87, 440, 441). Insoweit ist zu verlangen, daß alle sachgerechten und zumutbaren Möglichkeiten der Erkundigung ausgeschöpft werden. Dem ist der Beschwerdeführer nicht nachgekommen. Er hat zwar geltend gemacht, er habe sich in der Justizvollzugsanstalt X. – in der er seit Sommer 1995 untergebracht war – und später in der Justizvollzugsanstalt Y. rechtskundig zu machen versucht; es sei ihm dort mitgeteilt worden, die einzige Möglichkeit sei eine Beschwerdeeinlegung zum Bundesverfassungsgericht. Diese Form der Informationsbeschaffung war indes nach

Lage der Dinge nicht ausreichend. Dem Beschwerdeführer standen vielmehr weitere Möglichkeiten zu Gebote. Er war in dem Verfahren über die sofortige Beschwerde vor dem Landgericht X. anwaltlich vertreten. Damit bestand für ihn die Möglichkeit, sich bei seinem Rechtsanwalt über in Betracht kommende Rechtsbehelfe sachkundig zu machen. Eine dahingehende Erkundigungspflicht lag umso mehr auf der Hand, als der Beschwerdeführer durch diesen Rechtsanwalt auch in dem – noch im November 1995 vor dem Amtsgericht X. verhandelten – Strafverfahren wegen derjenigen Delikte vertreten worden ist, die zu dem angegriffenen Widerruf geführt haben.

2. Unter diesen Umständen kann auch offen bleiben, ob – wie für die Zulässigkeit einer Verfassungsbeschwerde ebenfalls erforderlich – der Vortrag des Beschwerdeführers auch nur die Möglichkeit einer Rechtsverletzung hergibt. Erhebliche Zweifel daran bestehen schon deswegen, weil eine Verletzung von Grundrechten durch eine gerichtliche Entscheidung – jedenfalls in aller Regel – nur bei einer willkürlichen Handhabung des einfachen Rechts angenommen werden kann. Dafür liegen hier Anhaltspunkte nicht vor. Dies gilt vor allem, soweit der Beschwerdeführer sich dagegen wendet, daß der Widerruf der Strafaussetzungen vor einer etwaigen rechtskräftigen Verurteilung der zum Anlaß genommenen – ihm vorgeworfenen – Straftaten erfolgt ist. Eine solche Verfahrenspraxis mag mit Blick auf die Unschuldsvermutung nicht unumstritten sein, wird aber, wie der Beschwerdeführer selbst einräumt, insbesondere vom Bundesverfassungsgericht in ständiger Rechtsprechung gebilligt (BVerfG NJW 1988, 1715, 1716; NStZ 1991, 30; vgl. auch BVerfG NJW 1994, 377); Willkür scheidet danach ersichtlich aus.

III.

Soweit der Beschwerdeführer am 15. März 1996 bei Gericht angefragt hat, ob eine Gewährung von Prozeßkostenhilfe möglich ist, faßt das Gericht dies als entsprechenden Antrag auf. Eine Gewährung von Prozeßkostenhilfe kommt jedoch nicht in Betracht, da die Rechtsverfolgung – wie sich aus dem Vorstehenden ergibt – keine hinreichende Aussicht auf Erfolg bietet (§ 48 VerfGGBbg i. V. m. § 114 Satz 1 Zivilprozeßordnung).

IV.

Damit erübrigt sich die Entscheidung über den Antrag auf Erlaß einer einstweiligen Anordnung.

* Nichtamtlicher Leitsatz.

Nr. 5

Die Wahlrechtsregelungen des Neugliederungs-Vertrages betreffend die Wahl des ersten gemeinsamen Landtages können nicht an der Verfassung des Landes gemessen werden.*

Verfassung des Landes Brandenburg Art. 12 Abs. 1;
20 Abs. 3 Satz 2; 22 Abs. 3 Satz 2; 116
Neugliederungsvertragsgesetz Art. 1; 2 Nr. 1 a

Beschluß vom 21. März 1996 – VfGBbg 17/95 –

in dem Verfahren über die Verfassungsbeschwerde des BürgerBündnis freier Wähler e. V., vertreten durch den Vorsitzenden X. und Y. als weiteres Mitglied des Vorstandes, betreffend Art. 1 des Gesetzes zu den Staatsverträgen über die Neugliederung der Länder Brandenburg und Berlin (Neugliederungsvertragsgesetz – NVG –) vom 27. Juni 1995 (GVBl. I S. 150).

Entscheidungsformel:

Die Verfassungsbeschwerde wird zurückgewiesen.

Gründe:

A.

Die Verfassungsbeschwerde richtet sich gegen im Zusammenhang mit den Staatsverträgen über die Neugliederung der Länder Brandenburg und Berlin ergangene bzw. vorgesehene Vorschriften. Der Beschwerdeführer, der sich als politische Vereinigung im Sinne von Art. 22 Abs. 3 Satz 2 der Verfassung des Landes Brandenburg (LV) bezeichnet, macht vor allem geltend, ihm werde die Möglichkeit verwehrt, im Rahmen einer Listenvereinigung an der Wahl des ersten gemeinsamen Landtages eines gemeinsamen Bundeslandes Berlin-Brandenburg teilzunehmen.

I.

Am 4. Juli 1995 ist Art. 1 des Gesetzes zu den Staatsverträgen über die Neugliederung der Länder Brandenburg und Berlin (Neugliederungsvertragsgesetz – NVG –) vom 27. Juni 1995 (GVBl. I. S. 150) in Kraft getreten. Die Vorschrift hat folgenden Wortlaut:

Verfassungsgericht des Landes Brandenburg

Zustimmung zu den Verträgen

Dem in Berlin am 27. April 1995 unterzeichneten Neugliederungs-Vertrag und dem in Berlin am 27. April 1995 unterzeichneten Staatsvertrag zur Regelung der Volksabstimmungen in den Ländern Berlin und Brandenburg über den Neugliederungs-Vertrag wird zugestimmt. Die Verträge werden nachstehend veröffentlicht.

Art. 2 Nr. 1 a NVG, der nach Art. 4 Nr. 1 des Gesetzes an dem Tag in Kraft tritt, an dem der Neugliederungs-Vertrag in Kraft tritt, lautet folgendermaßen:

Änderung der Verfassung des Landes Brandenburg

Die Verfassung des Landes Brandenburg vom 20. August 1992 (GVBl. I S. 298) wird wie folgt geändert:
1. Art. 22 Abs. 3 wird wie folgt geändert:
a) Satz 2 wird wie folgt gefaßt:
„Zur Teilnahme an Wahlen sind Parteien, politische Vereinigungen, Listenvereinigungen und Einzelbewerber, zur Teilnahme an der Wahl zum ersten Landtag des Landes Berlin-Brandenburg Parteien, Parteien entsprechende politische Vereinigungen und Einzelbewerber berechtigt."

Art. 15 des Neugliederungs-Vertrages, der sich mit der Wahl des ersten gemeinsamen Landtages beschäftigt, sieht in seinem Abs. 4 vor, daß für die erste Wahl das dem Vertrag als Anhang 2 beigefügte Wahlgesetz gelte. Dieses sieht in seinem § 4 Abs. 1 und seinem § 25 Abs. 1 folgende Regelungen vor:

§ 4

(1) Bei der Verteilung der Sitze aus den Regionallisten werden nur Parteien und Parteien entsprechende politische Vereinigungen berücksichtigt, die mindestens fünf vom Hundert der im Wahlgebiet abgegebenen gültigen Zweitstimmen erhalten oder mindestens in drei Wahlkreisen einen Sitz errungen haben.
...

§ 25

(1) Wahlvorschläge können von Parteien und Parteien entsprechenden politischen Vereinigungen sowie von Einzelbewerbern eingereicht werden.
...

II.

Mit seiner am 2. Oktober 1995 erhobenen Verfassungsbeschwerde wendet sich der Beschwerdeführer vornehmlich gegen Art. 1 NVG und hilfsweise gegen Art. 2 Nr. 1 a NVG sowie gegen die §§ 4 Abs. 1, 25 Abs. 1 des Wahlgesetzes für die Wahl des ersten gemeinsamen Landtages. Er hält die Regelungen für mit Art. 22 Abs. 3 Satz 2, Art. 12 Abs. 1 und Art. 20 Abs. 3 Satz 2 LV unvereinbar.

Der Beschwerdeführer macht im einzelnen geltend: Die in Art. 22 LV hinsichtlich der Beteiligung an Wahlen garantierten Rechte stellten Grundrechte dar, zu deren Trägern nach Art. 5 Abs. 3 LV auch er als juristische Person gehöre. Auch die in Art. 22 Abs. 3 Satz 2 LV enthaltene Möglichkeit, sich im Rahmen einer Listenvereinigung an der Wahl zum Landtag zu beteiligen, sei ein Grundrecht. Der Gesetzgeber des Landes Brandenburg habe dieses Grundrecht – ebenso wie das aus Art. 20 Abs. 3 Satz 2 LV – mit seiner in Art. 1 NVG erfolgten Zustimmung zum Neugliederungs-Vertrag verletzt. Diese Vorschrift sei deswegen in ihrer Gesamtheit nichtig. Daß das Inkrafttreten des Neugliederungs-Vertrages selbst noch von der Durchführung einer erfolgreichen Volksabstimmung abhänge, ändere daran nichts. Die Grundrechtsverletzung werde auch nicht durch die in Art. 2 Nr. 1 a NVG vorgesehene Anpassung der Landesverfassung an den Neugliederungs-Vertrag geheilt; bis zum Inkrafttreten dieser Verfassungsänderung sei der Gesetzgeber des Landes Brandenburg an die geltende Landesverfassung gebunden.

Art. 2 Nr. 1 a NVG stelle seinerseits ebenso eine Verletzung des Art. 22 Abs. 3 Satz 2 LV dar wie Art. 25 Abs. 1 des Wahlgesetzes für die Wahl des ersten gemeinsamen Landtages. Die in Art. 2 Nr. 1 a NVG erfolgte Änderung der Brandenburgischen Verfassung nach Maßgabe des Neugliederungs-Vertrages stelle eine mißbräuchliche Inspruchnahme des Art. 79 LV dar.

Schließlich werde der Beschwerdeführer durch die in § 4 Abs. 1 des Wahlgesetzes für die Wahl des ersten gemeinsamen Landtages vorgesehene 5 %-Sperrklausel, bezogen auf das gesamte Wahlgebiet, in seinem sich aus Art. 12 Abs. 1 LV ergebenden Recht auf Chancengleichheit unangemessen eingeschränkt.

III.

Zu der Verfassungsbeschwerde hat die Landesregierung des Landes Brandenburg Stellung genommen. Sie hält die Verfassungsbeschwerde schon nicht für zulässig. Zum einen seien politische Parteien auf den Weg des Organstreitverfahrens verwiesen. Zweifelhaft sei weiter, ob es ein Grundrecht auf Bildung einer Listenvereinigung gebe; mit der Zulassung von Listenvereinigungen seien lediglich Modalitäten der Gestaltung von Wahlen betroffen. Jedenfalls liege die für eine Verfassungsbeschwerde erforderliche gegenwärtige und unmittelbare Rechtsverletzung nicht vor: Art. 2 Nr. 1 a NVG sei noch nicht in Kraft getreten. Nach der Rechtsprechung des Bundesverfassungsgerichts sei eine Verfassungsbeschwerde gegen ein Gesetz, das noch nicht in Kraft getreten sei, nicht zuzulassen. Darüber hinaus beziehe sich der Beschwerdeführer auf eine bloß theoretische Möglichkeit. Daß er jemals eine Listenvereinigung bilden werde, sei ungewiß. Mithin werde eine nur virtuelle und nicht eine gegenwärtige Rechtsverletzung gerügt. Schließlich sei der Beschwerdeführer unter dem Gesichtspunkt der Rechtswegerschöpfung gehalten, gegen die etwaige konkrete Entscheidung, eine entsprechende Listenvereinigung nicht zu den Wahlen zuzulassen, zunächst den einfachen Rechtsweg nach Maßgabe des entsprechenden Landeswahlgesetzes zu suchen.

Zu den materiell-rechtlichen Fragen bemerkt die Landesregierung, daß die geltende Landesverfassung für die den Willensbildungsprozeß eines neuen gemeinsamen Landes betreffenden Wahlen naturgemäß keine Vorgaben enthalte. Im übrigen verweist die Landesregierung auf ihre Stellungnahme in dem Verfahren über den Normenkontrollantrag von 18 Abgeordneten des Landtages Brandenburg zur Überprüfung des Art. 1 NVG auf seine Vereinbarkeit mit der Verfassung des Landes Brandenburg (vgl. hierzu Urteil vom 25. Januar 1996 – VfGBbg 18/95 –*).

B.

Die Verfassungsbeschwerde war zurückzuweisen.

I.

Bereits an der Zulässigkeit der Verfassungsbeschwerde bestehen Zweifel. Die von der Landesregierung in ihrer Stellungnahme erhobenen Bedenken – insbesondere an der Statthaftigkeit der Verfassungsbeschwerde anstelle eines Organstreitverfahrens und hinsichtlich einer gegenwärtigen Betroffenheit der Beschwerdeführer in eigenen Grundrechten – sind nicht ohne weiteres von der Hand zu weisen. Diese Fragen brauchen indes nicht entschieden zu werden. Die Zulässigkeit der Verfassungsbeschwerde kann hier dahingestellt bleiben, weil sie im Lichte des heute verkündeten Urteils in dem Normenkontrollverfahren VfGBbg 18/95** jedenfalls aus Gründen des materiellen Rechts keinen Erfolg haben kann (vgl. zu einer solchen Verfahrensweise bei klar unbegründeten Verfassungsbeschwerden BVerfGE 74, 244, 250).

---

* Siehe S. 114, 124 ff.
** Siehe S. 114 ff.

II.

Das Gericht hat durch das genannte Urteil entschieden, daß Art. 1 NVG – mit einer vorliegend nicht erheblichen Maßgabe – mit der Verfassung des Landes Brandenburg vereinbar ist. Das gilt auch, soweit der Neugliederungs-Vertrag in den von dem Beschwerdeführer zur Überprüfung gestellten Regelungen von der Brandenburgischen Verfassung abweicht oder dahinter zurückbleibt.

Das Gericht hat sich in seinem Urteil in dem Normenkontrollverfahren auf den Standpunkt gestellt, daß die durch Art. 1 NVG in das Landesrecht inkorporierten Regelungen des Neugliederungs-Vertrages insgesamt nicht an der geltenden Landesverfassung gemessen werden können. Diese Regelungen haben, so heißt es in der Entscheidung, „eine Doppelnatur. Sie stellen nicht nur ein Vertragswerk der Länder Brandenburg und Berlin dar, das ihre eigene ‚Abwicklung' regelt. Vielmehr gehören sie ihrem Wesen nach auch schon zur – zum Teil vorläufigen, teilweise über auch schon endgültige Eckpunkte setzenden – Verfassungsordnung des im Werden begriffenen neuen Bundeslandes. Diese Elemente einer Verfassungsordnung erlangen als solche rechtliche Geltung, wenn der Neugliederungs-Vertrag durch die für den 5. Mai 1996 vorgesehenen Volksabstimmungen angenommen wird. In diesem Fall wird das sich im Rahmen der gemeinsamen Volksabstimmung konstituierende Volk des werdenden Landes Berlin-Brandenburg – ... plebiszitär in der Form der Volksabstimmung – zugleich als Träger der verfassunggebenden Gewalt dieses werdenden Landes tätig"*.

Die verfassunggebende Gewalt eines Volkes aber ist ihrem Wesen nach unabhängig (BVerfGE 1, 14, 61). Das Volk als Inhaber des pouvoir constituant wirkt verfassungsschöpferisch und frei von Vorgaben, soweit sie sich nicht aus übergeordneten Rechtsnormen, für die Länder der Bundesrepublik vor allem denen des Grundgesetzes, ergeben. In der Entscheidung des Gerichts heißt es dazu:

> „Aus der Freiheit des Volkes als des Trägers der verfassunggebenden Gewalt folgt ..., daß eine neue Verfassung nicht rechtlich bindend von einer früheren Verfassung abhängig gemacht werden kann. Kein Verfassungsgesetz, auch keine vorherige Verfassung, kann eine neue verfassunggebende Gewalt begründen und ihr die Form ihrer Betätigung vorschreiben. Das bedeutet, daß eine neue Verfassung weder von Bedingungen abhängig gemacht werden kann, die in einer vorhergehenden Verfassung aufgestellt sind, noch ihre Existenzberechtigung von einer Vorgängerin ableiten kann"**.

---
* Siehe S. 142 f.
** Siehe S. 136 f.

Nach dieser Entscheidung, auf die wegen der weitergehenden Begründung Bezug genommen wird, können auch die durch Art. 1 NVG in das Landesrecht inkorporierten und durch Art. 2 Nr. 1 a NVG zusätzlich durch Änderung des Art. 22 Abs. 3 Satz 2 LV in die Landesverfassung aufgenommenen Wahlrechtsregelungen des Neugliederungs-Vertrages betreffend die Wahl des ersten gemeinsamen Landtages nicht an der Verfassung des Landes Brandenburg gemessen werden. Aus der Sicht der Landesverfassung ist für die Bildung eines gemeinsamen Landes lediglich Art. 116 LV zu beachten, durch den, wie es in der genannten Entscheidung heißt, „gleichsam die Tür zu etwas staatsrechtlich Neuem aufgestoßen wird"*. Art. 116 LV aber ist – wie in dem genannten Urteil ausgeführt** – nicht verletzt worden.

Durch die Entscheidung über den Normenkontrollantrag ist die den Neugliederungs-Vertrag betreffende Rechtslage verbindlich festgestellt. Hiervon ausgehend hat das Verfassungsgericht über die Verfassungsbeschwerde ohne mündliche Verhandlung entschieden (§ 50 Abs. 1 Satz 1 VerfGGBbg).

Nr. 6

Zur Beteiligtenfähigkeit und Antragsbefugnis einer politischen Partei im Organstreitverfahren gegen die Landesregierung wegen deren Öffentlichkeitsarbeit im Vorfeld von Volksabstimmungen.

Grundgesetz Art. 21

Verfassung des Landes Brandenburg Art. 20 Abs. 3 Satz 2; 55 Abs. 2; 113 Nr. 1

Verfassungsgerichtsgesetz Brandenburg §§ 12 Nr. 1; 35; 38

Urteil vom 18. April 1996 – VfGBbg 11/96 –

in dem Verfahren des Bündnis 90/DIE GRÜNEN, Landesverband Brandenburg, vertreten durch die Sprecher des Landesvorstandes Sylvia Voß und Roland Resch, gegen die Landesregierung des Landes Brandenburg, vertreten durch den Ministerpräsidenten, dieser vertreten durch den Minister der Justiz

---

* Siehe S. 138.
** Siehe S. 130 ff.

und für Bundes- und Europaangelegenheiten, betreffend Verwendung von Haushaltsmitteln bei der Unterrichtung der Öffentlichkeit im Vorfeld der Volksabstimmung zur Fusion Brandenburg/Berlin.

Entscheidungsformel:
Der Antrag wird zurückgewiesen.

Gründe:

A.

Der Antragsteller, eine im Landtag des Landes Brandenburg zur Zeit nicht vertretene politische Partei, wendet sich gegen die Gestaltung der Unterrichtung der Öffentlichkeit durch die Antragsgegnerin und die damit verbundene Verwendung von Haushaltsmitteln im Zusammenhang mit der Fusion Brandenburg/Berlin. Das Begehren richtet sich im Kern auf die Feststellung, die Informationstätigkeit der Landesregierung habe durch zweckwidrige Verwendung der zur Verfügung stehenden Mittel das Recht des Antragstellers auf Chancengleichheit bei der Mitwirkung an der politischen Willensbildung verletzt.

I.

Der Haushalt 1996 – verabschiedet durch Gesetz vom 18. März 1996 (GVBl. I S. 48) – sieht unter dem Titel 53120 des Kapitels 02010 mit der Bezeichnung „Öffentlichkeitsarbeit" einen Betrag von 580 000,– DM und unter dem Titel 53123 desselben Kapitels mit der Bezeichnung „Unterrichtung der Öffentlichkeit über die Bildung eines gemeinsamen Bundeslandes Berlin-Brandenburg" einen Betrag von 2 500 000,– DM vor.

Der Antragsteller wandte sich mit Schreiben vom 16. November 1995 an die Staatskanzlei und forderte darin die Landesregierung auf,

„1. allen politischen Grundströmungen eigene finanzielle Mittel zur öffentlichen Darstellung ihrer authentischen Positionen zur Fusion zur Verfügung zu stellen,

2. auch Fusionsgegner in die Informationskampagne der Landesregierung einzubinden – sowohl durch Übernahme authentischer Beiträge in Materialien, als auch durch das Einbeziehen von Fusionsgegnern in Informationsveranstaltungen."

Diese Aufforderung wies der Chef der Staatskanzlei mit Schreiben vom 22. November 1995 zurück. Zur Begründung führte er unter anderem aus, Haushaltsmittel dürften nur entsprechend den festgelegten Titeln ausgegeben werden.

II.

Mit seinem bei dem Verfassungsgericht des Landes am 15. März 1996 eingegangenen Schriftsatz beantragt der Antragsteller im Organstreitverfahren festzustellen:

1. Die Haushaltsmittel Kapitel 02010 (Ministerpräsident und Staatskanzlei) Titel 51323 (013) (Unterrichtung der Öffentlichkeit über die Bildung eines gemeinsamen Bundeslandes Berlin-Brandenburg) sind nicht nach den Regeln für die „Öffentlichkeitsarbeit der Regierung", sondern zur umfassenden, kontradiktorischen „Unterrichtung der Öffentlichkeit" zu verwenden.

2. Diese Mittel sind, soweit sie der Vorbereitung der Volksabstimmung zum Neugliederungs-Vertrag dienen, nach Grundsätzen zu vergeben, die der Chancengleichheit von Regierung und Opposition im parlamentarischen Gesetzgebungsverfahren sachlich entspricht.

3. Die bisherige Verwendung dieser Mittel durch die Antragsgegnerin nach den Regeln für die „Öffentlichkeitsarbeit der Regierung" hat das Recht der Antragstellerin auf Chancengleichheit verletzt.

4. Die Weigerung der Antragsgegnerin, aus dem Fond zur „Unterrichtung der Öffentlichkeit" auch Informationen der Antragstellerin mitzuverbreiten, hat das Recht der Antragstellerin auf Chancengleichheit verletzt.

5. Soweit die Mittel verbraucht sind, um eine chancengleiche Mitwirkung der Antragsgegnerin noch möglich zu machen, ist das Land Brandenburg verpflichtet, im Wege der Folgenbeseitigung die Nachteile auszugleichen, die der Antragstellerin dadurch entstanden sind, daß die Antragsgegnerin das Verfassungsprinzip der Chancengleichheit bei einem plebiszitären Gesetzgebungsverfahren durch Tun und Unterlassen bis jetzt verletzt hat.

Zur Begründung führt der Antragsteller im wesentlichen aus, die Landesregierung verletze ihn durch die Gestaltung ihrer Öffentlichkeitsmaßnahmen zu der in Frage stehenden Fusion in seinem verfassungsrechtlich gewährleisteten Recht auf Chancengleichheit bei der Mitwirkung an der politischen Willensbildung. Denn durch die „massive, einseitige Werbung der Regierung" – ermöglicht durch den Einsatz der Finanzmittel – hätten sich die Proportionen einer „fairen Balance der Einflußchancen" zu seinen Lasten verschoben. Er selbst könne sich gegenüber der „überdimensionierten Propaganda aus Steuermitteln" zugunsten der Befürworter des Neugliederungs-Vertrages „in der Öffentlichkeit nicht mehr ausreichend Gehör verschaffen".

Für die Verfassungsmäßigkeit ihrer Informationstätigkeit berufe sich die Antragsgegnerin zu Unrecht auf die in der Rechtsprechung des Bundesverfassungsgerichts entwickelten Grundsätze zur „Öffentlichkeitsarbeit der Regierung". Gegen die Richtigkeit dieser Ansicht spreche zum einen die Bezeichnung des hier maßgeblichen Haushaltstitels „Unterrichtung", mit dem etwas anderes bezweckt sein müsse als mit dem ebenfalls zur Verfügung stehenden Titel „Öffentlichkeitsarbeit". Zum anderen sei die Rechtsprechung des Bundesverfassungsgerichts zur „Öffentlichkeitsarbeit der Regierung" speziell im Zusammenhang mit Parlamentswahlen entwickelt worden; die dort erarbeiteten Regeln reichten jedoch in bezug auf die Vorbereitung einer plebiszitären Sachentscheidung – in einem Verfahren der unmittelbaren Volksgesetzgebung – durch die Bürger des Landes nicht aus. Für diesen Fall müßten strengere Maßstäbe gelten; insoweit müsse die Chancengleichheit im Verfahren einer Volksgesetzgebung neu definiert werden: Es müsse hier das Prinzip von „Rede und Gegenrede" Anwendung finden. Gemäß den Regeln „kontradiktorischer Wahrheitsfindung" müsse den Abstimmungsberechtigten sämtliches Für und Wider zur Fusion Brandenburg/Berlin nahegebracht werden. Dazu zähle auch die kritische Haltung des Antragstellers zu dieser Fusion. Es übersteige nicht die Funktion eines Verfassungsgerichts, festzustellen, daß nach den Maßstäben der Verfassung eine „mechanische Übertragung" von Judikaten des Bundesverfassungsgerichts zur „Öffentlichkeitsarbeit der Regierung" auf Akte der Volksgesetzgebung geeignet sei, die Rechte auf Chancengleichheit aller „formiert" Mitwirkungsberechtigten auf dieser plebiszitären Entscheidungsebene zu verletzen, und daß in diesem Falle der Antragsteller zu den Verletzten gehöre.

Der zutreffende Rechtsbehelf für die Geltendmachung seiner Rechtsposition sei das Organstreitverfahren, weil Parteien „auf eine permanente Weise, ausdrücklich von der Verfassung verbürgt, an der kontinuierlichen politischen Willensbildung mitwirken"; auch im Vorfeld der Bildung des Staatswillens hätten namentlich die politischen Parteien die Funktion, die abschließende Entscheidung durch Information, Meinungs- und Willensbildung vorzubereiten. Vor allem sei er in einem solchen Verfahren antragsbefugt; auch wenn primär die Abstimmungsberechtigten betroffen seien, wirke eine entsprechende Rechtsverletzung zumindest auch in die Sphäre der eigenen Rechte der Parteien hinein.

III.

Die Antragsgegnerin beantragt,
    die Anträge abzuweisen.

Sie hält sie für unzulässig. Der Antragsteller sei nicht antragsbefugt, da es schon an der Möglichkeit einer Verletzung seiner Rechte fehle. Das den Art. 21 GG und 20 Abs. 3 Satz 2 LV entnehmbare Recht, an der politischen Willensbildung des Volkes mitzuwirken, gebe dem Antragsteller nicht den Anspruch, für die Darstellung seiner Position zu der Fusion staatliche Mittel zur Verfügung gestellt zu bekommen; ebensowenig könne er verlangen, daß die Landesregierung die bereitgestellten Mittel für die Verbreitung bestimmter Inhalte verwende. Insbesondere werde der Antragsteller nicht in seinem Recht auf Chancengleichheit verletzt. Dieses bestehe nur im Zusammenhang mit Wahlen, nicht aber in bezug auf Volksabstimmungen. Bei Volksabstimmungen gehe es – anders als bei Wahlen – nicht um „Herrschaft auf Zeit" und damit zugleich um unmittelbare Konkurrenz zwischen politischen Parteien, sondern um die einmalige Entscheidung über eine Sachfrage; für das Prinzip der Chancengleichheit bestehe danach kein Raum. Entsprechendes gelte auch mit Blick auf Art. 55 Abs. 2 LV, der ein Recht auf Chancengleichheit ausdrücklich zugunsten der Opposition vorsehe. Diese Rechtsposition könne der Antragsteller schon deswegen nicht für sich in Anspruch nehmen, da sie nur zugunsten der im Landtag wirkenden Opposition eingeräumt sei.

Für die mit dem Antrag zu 4. angesprochene Verpflichtung der Landesregierung, auch Informationsmaterial des Antragstellers mitzuverteilen, fehle es zudem an einem Rechtsschutzbedürfnis. Denn im Rahmen der „Info-Bus-Kampagne" sei von Anfang an auch Informationsmaterial des Antragstellers sowie übrigens auch weiterer, der Fusion kritisch gegenüberstehender Parteien verbreitet worden.

Unbeschadet der schon fehlenden Zulässigkeit könne das Begehren aber auch in der Sache keinen Erfolg haben. Bei Aktivitäten im Vorfeld von Volksabstimmungen hätten Staatsorgane das sogenannte Gebot der Sachlichkeit zu beachten, das ihnen allerdings zugestehe, ihre Auffassung über die Vor- und Nachteile der einen oder anderen Lösung in angemessener Weise zu äußern.

B.

Die im Organstreitverfahren gestellten Anträge sind unzulässig.

I.

Für die Anträge zu 1. und 2. fehlt es schon an der Entscheidungskompetenz des Verfassungsgerichts des Landes. Das Gericht ist nach Art. 113 Nr. 1 LV, §§ 12 Nr. 1, 35 ff. Verfassungsgerichtsgesetz Brandenburg (VerfGGBbg) zur Entscheidung bei „Streitigkeiten über den Umfang der Rechte und Pflichten eines obersten Landesorgans oder anderer Beteiligter ..." zuständig, nicht aber zur förmlichen Entscheidung von Zweifelsfragen über die Auslegung der Landesverfassung schlechthin. Daraus ergibt sich, daß im Rahmen eines Organstreitverfahrens nicht einfach eine objektive Frage des Verfassungsrechts zur Erkenntnis gestellt werden kann (vgl. BVerfGE 2, 143, 156 zur entsprechenden Vorschrift in Art. 93 Abs. 1 Nr. 1 GG). Erst recht kann eine solche

Frage in einem Organstreitverfahren nicht zum Gegenstand eines förmlichen Spruches gemacht werden; § 38 VerfGGBbg läßt insoweit (nur) die Feststellung über die Frage zu, „ob die beanstandete Maßnahme oder Unterlassung des Antragsgegners gegen eine Bestimmung der Verfassung verstößt". Um Fragen über die Auslegung der Landesverfassung schlechthin handelt es sich indes bei den Feststellungsanträgen zu 1. und 2. Diese enthalten keinerlei Bezug zu einem möglichen konkreten Verfassungsverstoß, der den Antragsteller in seinen Rechten verletzt; sie formulieren vielmehr abstrakt die Feststellung des von dem Antragsteller entwickelten und für richtig gehaltenen Konzeptes der Verwendung von Haushaltsmitteln bei der Informationsgestaltung im Vorfeld der Volksabstimmung zum Neugliederungs-Vertrag. Hierfür besteht im Rahmen eines Organstreitverfahrens kein Raum.

II.

Es kann offen bleiben, ob der Antragsteller in dem Organstreitverfahren beteiligtenfähig ist, soweit er eine Verletzung seiner Chancengleichheit als politische Partei beanstandet (unter 1.a.). Soweit er sinngemäß geltend macht, er werde auch im Vergleich zu sonstigen Gruppen, Verbänden oder Vereinigungen in seiner Chancengleichheit beeinträchtigt, fehlt es an der Beteiligtenfähigkeit im Organstreitverfahren (unter 1.b.). Auch bei Bejahung einer Beteiligtenfähigkeit sind die Anträge unzulässig, da der Antragsteller insoweit nicht antragsbefugt ist (unter 2.). Ob es wegen der – auch aus den von der Antragsgegnerin vorgelegten Presseausschnitten ersichtlichen und von dem Antragsteller eingeräumten – Bereitschaft der Landesregierung, im Rahmen der „Info-Bus-Kampagne" Materialien des Antragstellers zu verbreiten, für den Antrag zu 4. an einem Rechtsschutzbedürfnis fehlt, kann deswegen ebenfalls dahinstehen.

1. a) Beteiligte eines Organstreitverfahrens vor dem Verfassungsgericht des Landes können ein oberstes Landesorgan oder „andere Beteiligte" sein, die durch die Verfassung oder in der Geschäftsordnung des Landtages oder der Landesregierung mit eigenen Rechten ausgestattet sind (§§ 35, 12 Nr. 1 VerfGGBbg).

Politische Parteien sind nach der Rechtsprechung des Bundesverfassungsgerichts zu den entsprechenden bundesrechtlichen Vorschriften (Art. 93 Abs. 1 Nr. 1 GG, § 63 Bundesverfassungsgerichtsgesetz) „andere Beteiligte" in diesem Sinne, „wenn und soweit sie um Rechte kämpfen, die sich aus ihrem besonderen verfassungsrechtlichen Status ergeben" (vgl. BVerfGE 44, 125, 137). Das Bundesverfassungsgericht hat seine Rechtsprechung zur verfassungsprozessualen Organstellung zunächst nur auf den Bereich der Wahlen beschränkt (vgl. u. a. BVerfGE 4, 27, 30; 11, 239, 242; 12, 132, 133; 13, 1, 9; 20, 56, 114; 20, 134, 140 f.).

Es erscheint jedoch fraglich, ob diese Rechtsprechung auch im Vorfeld von Volksabstimmungen anwendbar ist. Das Bundesverfassungsgericht hat zwar in jüngeren Entscheidungen den aus Art. 21 GG fließenden materiellrechtlichen, besonderen Status der Parteien über den Bereich der Wahlen hinaus ausgedehnt (ohne dies jedoch ausdrücklich auch auf die prozessuale Stellung zu erstrecken; vgl. BVerfGE 85, 264, 284 ff.; 91, 262, 267 ff.; 91, 276, 284 ff.) und ausgeführt:

„Ist die Beteiligung an Wahlen somit von Verfassungs wegen wesentliches und unverzichtbares Element des Parteibegriffs ... und sind Parteien in diesem Sinne Wahlvorbereitungsorganisationen ..., so erschöpft sich doch darin, was die Legaldefinition des § 2 Abs. 1 Satz 1 PartG zutreffend zum Ausdruck bringt, ihre Mitwirkung an der politischen Willensbildung nicht. Vielmehr sind die Parteien in der modernen Demokratie auch außerhalb der Wahlen wichtige Träger der ständigen Auseinandersetzung um die Festlegung der politischen Gesamtrichtung, Instrumente, durch die der Bürgerwille zwischen den Wahlen wirksam werden kann ..." (BVerfGE 91, 276, 285).

Für den Bereich von Volksabstimmungen hat das Bundesverfassungsgericht aber den Parteien eine besondere, herausgehobene Stellung nicht zugebilligt, sondern eine deutliche Abgrenzung zu Wahlen gezogen und folgendes festgestellt:

„Wahlen sind notwendig, damit die demokratische Verfassung funktioniert, und sie können in der modernen Massendemokratie ohne politische Parteien nicht durchgeführt werden. Volksbegehren und Volksentscheid nach Art. 29 Abs. 2 und 3 GG sind nicht gleichermaßen notwendig für das Funktionieren der Verfassung der Bundesrepublik, sondern sie sind einmalige Willenskundgebungen der Aktivbürger bestimmter Gebietsteile ... Volksbegehren und Volksentscheid können ablaufen, ohne daß besondere Vereinigungen bestehen, die sich ihre Veranstaltung zum Ziel gesetzt haben ...

Der Akt der Wahl hat unmittelbaren Bezug auf die politischen Parteien, nicht aber der Akt der Stimmabgabe bei Volksbegehren und Volksentscheid nach Art. 29 [GG] ... Bei der Wahl geht es um die Auswahl unter den von den <u>Parteien</u> präsentierten Kandidaten oder um die Zustimmung zu den von den <u>Parteien</u> aufgestellten Wahlprogrammen; beim Volksbegehren und Volksentscheid geht es um das Ja oder Nein zu der speziellen Sachfrage, welche Landeszugehörigkeit die Gebietsteile haben sollen" (BVerfGE 13, 54, 82 f.).

Eine ähnliche Abgrenzung hat der Bayerische Verfassungsgerichtshof zu der Bestimmung von Grenzen der Äußerungen von Staatsorganen im Volksgesetzgebungsverfahren gezogen und dargelegt, daß es beim Volksentscheid „um die Abstimmung über eine Sachfrage und nicht um die Übertragung von

Herrschaft" geht (BayVerfGH NVwZ-RR 1994, 529, 530). Welche Bedeutung diese Rechtsprechung jedoch im Hinblick auf die Besonderheiten der Brandenburgischen Landesverfassung für die Beteiligtenfähigkeit im vorliegenden Verfahren erlangt, kann – wie oben dargelegt – offenbleiben, da die Anträge aus anderen Gründen unzulässig sind.

1. b) Soweit der Antragsteller zugleich sinngemäß geltend macht, er werde auch im Vergleich zu sonstigen Gruppen, Verbänden oder Vereinigungen in seiner Chancengleichheit beeinträchtigt, oder es werde durch die Landesregierung – wenn nicht gezielt, so doch quasi „faktisch" – in seine verfassungsrechtlich gewährleistete Position bei der Mitwirkung am Prozeß der Meinungsbildung eingegriffen, weil er sich wegen der „überdimensionierten Propaganda" der Landesregierung mit seiner Haltung zur Fusion in der Öffentlichkeit kein Gehör mehr verschaffen könne, macht er keine aus seinem besonderen verfassungsrechtlichen Status fließenden Rechte geltend, sondern (nur) solche, die – über die politischen Parteien hinaus – auch jedem anderen Meinungsbildner in bezug auf die Volksabstimmung zustehen. Diese verfassungsrechtlichen Positionen können vor dem Verfassungsgericht des Landes nur mit dem „Jedermann"-Rechtsbehelf der Verfassungsbeschwerde verteidigt werden.

2. Der Antragsteller ist im Organstreitverfahren nicht antragsbefugt. Diese Befugnis setzt nach § 36 Abs. 1 VerfGGBbg voraus, daß der Antragsteller geltend macht, durch eine Maßnahme oder Unterlassung des Antragsgegners in seinen ihm durch die Verfassung übertragenen Rechten und Pflichten verletzt oder unmittelbar gefährdet zu sein. Offenbleiben kann hierbei, ob und inwieweit die Landesregierung als Antragsgegnerin bei der Verwendung der Haushaltsmittel ihrerseits schon an die Vorgaben von Haushaltsplan und Haushaltsgesetz gebunden – und damit in der Sache überhaupt der richtige Adressat für die von dem Antragsteller geführten Einwände – ist. Denn jedenfalls muß sich die zur Überprüfung gestellte Maßnahme zumindest zu einem die Rechtsstellung des Antragstellers beeinträchtigenden, rechtserheblichen Verhalten verdichten können (vgl. BVerfGE 57, 1, 5 mwN; entspr. auch VerfGH Berlin, Beschluß vom 21. September 1995 – VerfGH 12/95 – LVerfGE 3, 75, 80). Eine solche Möglichkeit der Verletzung von aus Art. 21 GG, 20 Abs. 3 Satz 2 LV fließenden Rechten einer politischen Partei auf Chancengleichheit im politischen Wettbewerb und Mitwirkung an der politischen Willensbildung ist vorliegend nicht gegeben; auch die Rechte der Opposition (Art. 55 Abs. 2 LV) sind hier nicht betroffen. Anders als vor allem in dem Bereich von Wahlen und deren Umfeld, der unmittelbaren Bezug auf die insoweit untereinander in Konkurrenz tretenden Parteien hat, geht es bei einer Volksabstimmung nicht um eine Entscheidung des Bürgers für eine politische Partei, sondern um das Ja oder Nein zu einer speziellen Sachfrage (vgl. BVerf-

GE 13, 54, 82 f.; BayVerfGH, aaO; VerfGH Berlin, aaO). Im Vorfeld einer Volksabstimmung wirken nicht nur die politischen Parteien, sondern auch sonstige Gruppierungen, Vereinigungen und Verbände an der öffentlichen Meinungsbildung mit. Hier sind die verschiedensten gesellschaftlichen Gruppen bemüht, die Öffentlichkeit von den Vorteilen und Nachteilen der einen oder der anderen Lösung zu überzeugen. Abgesehen von der hier nicht ersichtlichen Fallgestaltung, daß eine bestimmte politische Partei bei Durchführung der Öffentlichkeitsarbeit gezielt herausgegriffen und etwa in der Öffentlichkeit diffamiert würde, kann deswegen das Eintreten von Staatsorganen für eine bestimmte sachliche Lösung keinen Bezug auf die Wettbewerbssituation zwischen einzelnen Parteien entfalten (vgl. VerfGH Berlin, aaO). Wettbewerb mag insoweit zwischen den am Meinungsbildungsprozeß teilnehmenden unterschiedlichen Gruppen – den, wie der Antragsteller selbst vorträgt, „Befürwortern und Gegnern eines konkreten Abstimmungsprojekts" –, nicht aber zwischen politischen Parteien bestehen. Zwar ist auch denkbar, daß der politische Standpunkt eines Meinungsbildners durch eine etwa unsachliche und zudem sozusagen „erdrückende" Werbekampagne der Landesregierung quasi zum Schweigen gebracht und damit auch eine entsprechende („faktische") Rechtsverletzung dieser Verfassungsposition möglich wird. Selbst dann handelt es sich aber nicht um eine Position, die auf den (besonderen) Status einer politischen Partei zurückzuführen ist, sondern um eine solche, die sich von derjenigen anderer Akteure im Meinungsbildungsprozeß nicht unterscheidet.

Die Entscheidung ist mit sechs Stimmen gegen eine Stimme ergangen.

Nr. 7

Zur Frage der Auslagenerstattung in einem Organstreitverfahren.[*]

Verfassung des Landes Brandenburg Art. 56 Abs. 3
Verfassungsgerichtsgesetz Brandenburg § 32 Abs. 1, 7

Beschluß vom 23. Mai 1996 – VfGBbg 23/96 –

in dem Verfahren des Mitglieds des Landtages Brandenburg Dr. Peter Wagner, gegen die Regierung des Landes Brandenburg, vertreten durch den Minister

[*] Nichtamtlicher Leitsatz.

der Justiz und für Bundes- und Europaangelegenheiten, betreffend die Vorlage von Unterlagen gemäß Art. 56 Abs. 3 und 4 Landesverfassung.

Entscheidungsformel:
1. Das Verfahren wird eingestellt.
2. Auslagen sind dem Antragsteller nicht zu erstatten.

Gründe:

A.

Der Antragsteller, Mitglied des Landtages, hat in dem Verfahren VfGBbg 3/96 gegen die Landesregierung als Antragsgegnerin am 5. Februar 1996 Antrag auf Durchführung eines Organstreitverfahrens gestellt. In dem im Organstreitverfahren durchgeführten Termin zur mündlichen Verhandlung vom 18. April 1996 haben die Beteiligten das Verfahren in dem aus den Gründen zu B. I. ersichtlichen Umfang in der Hauptsache übereinstimmend für erledigt erklärt. Durch Beschluß vom gleichen Tage ist das Verfahren insoweit abgetrennt und unter einem eigenen Aktenzeichen weitergeführt worden. Der Antragsteller beantragt nunmehr, der Antragsgegnerin die Erstattung seiner notwendigen Auslagen aufzuerlegen.

B.

I.

Das Verfahren ist gemäß § 13 Verfassungsgerichtsgesetz Brandenburg (VerfGGBbg) i. V. m. § 92 Abs. 2 Verwaltungsgerichtsordnung einzustellen. Die Beteiligten haben das Organstreitverfahren in dem hier interessierenden Teil in der Hauptsache übereinstimmend für erledigt erklärt. ...

Beide Erklärungen haben zur Folge, daß die Sache nicht mehr zur Entscheidung steht (vgl. bereits Verfassungsgericht des Landes Brandenburg, Beschluß vom 17. August 1995 – VfGBbg 7/94 – LVerfGE 3, 168, 169).

II.

Das Gericht läßt offen, ob eine Auslagenerstattung im vorliegenden Fall von vornherein ausgeschlossen ist; dies könnte hier der Fall sein, wenn Antragsteller und Antragsgegnerin als zwei Verfassungsorgane derselben Rechtsperson anzusehen wären (vgl. *Mellinghoff*, in Umbach/Clemens, Kommentar zum Bundesverfassungsgerichtsgesetz, 1992, § 34 a, Rdn. 32 mwN.).

Denn der Antrag auf Erstattung der Auslagen ist jedenfalls unbegründet. Über die Erstattung der Auslagen ist nach Abgabe der verfahrensbeendenden Erklärungen gemäß § 32 Abs. 7 VerfGGBbg nach Billigkeitsgesichtspunkten zu entscheiden. Dabei kommt – angesichts der Kostenfreiheit des Verfahrens (§ 32 Abs. 1 VerfGGBbg) und des fehlenden Anwaltszwangs – eine Erstattung nur in Betracht, wenn besondere Billigkeitsgründe vorliegen (so bereits Verfassungsgericht des Landes Brandenburg, Beschluß vom 20. Oktober 1994 – VfGBbg 9/93 EA – LVerfGE 2, 191, 192). Ist das Verfahren – wie vorliegend – durch Rücknahme oder Erledigungserklärung beendet worden, kommt dem Grund, der zu der Erledigung (vgl. dazu BVerfGE 91, 146, 147) bzw. zu der Rücknahme geführt hat, erhebliche Bedeutung zu. Eine volle Auslagenerstattung kann in Betracht kommen, wenn die verfassungsrechtliche Lage inzwischen durch eine Entscheidung in einem anderen Verfahren geklärt ist und sich daraus ergibt, daß das Verfahren erfolgreich gewesen wäre. Ansonsten sieht das Gericht, wenn nurmehr über die Auslagenerstattung zu entscheiden ist, von einer mehr als summarischen Prüfung der Erfolgsaussichten des Verfahrens grundsätzlich ab (für die Verfassungsbeschwerde vgl. Verfassungsgericht des Landes Brandenburg, Beschluß vom 17. August 1995, aaO, S. 170).

Besondere, die Auslagenerstattung rechtfertigende Gründe sind im vorliegenden Fall nicht ersichtlich. Der Antragsteller hat, nachdem das Gericht ihn im Rahmen der Erörterung auf Bedenken an einem Erfolg seines Hauptantrages und seines ersten Hilfsantrages hingewiesen hat, an der Weiterverfolgung dieser Anträge nicht mehr festgehalten. Auch soweit der Antragsteller das Verfahren im Rahmen des zweiten – auf Feststellung der Rechtswidrigkeit gerichteten – Hilfsantrages seinen Antrag für erledigt erklärt hat, nachdem er Einblick in die für ihn bereitgestellten Unterlagen genommen hatte, kommt eine Auslagenerstattung nach den oben genannten Grundsätzen ebenfalls nicht in Betracht. Auch für den Fall, daß die Antragsgegnerin mit der Bereithaltung der Unterlagen zur Einsicht seit dem 21. Februar 1996 ihrer Pflicht zur „unverzüglichen" Vorlage im Sinne von Art. 56 Abs. 3 Satz 3 LV nicht oder nicht in genügender Weise nachgekommen sein sollte, führte dies nicht zu einer (teilweisen) Anordnung der Auslagenerstattung. § 32 Abs. 7 Satz 1 VerfGGBbg ordnet eine solche nur bei gänzlich oder teilweise erfolgreicher Verfassungsbeschwerde zwingend an (vgl. auch Verfassungsgericht des Landes Brandenburg, Beschluß vom 20. Oktober 1994, aaO). Nach dem hier einschlägigen § 32 Abs. 7 Satz 2 VerfGGBbg gilt dies nicht; es ist vielmehr – wie bereits ausgeführt – eine Entscheidung unter Billigkeitsgesichtspunkten zu treffen.

Hinreichende Gründe, die eine Auslagenerstattung ausnahmsweise billig erscheinen lassen, sind weder vorgetragen noch ersichtlich.

Nr. 8

Unzulässigkeit einer Verfassungsbeschwerde gegen die (letztinstanzliche) Ablehnung des Antrags auf Durchführung eines Beweissicherungsverfahrens, wenn die Beschreitung des Klageweges möglich bleibt.*

Grundgesetz Art. 14
Verfassung des Landes Brandenburg Art. 41 Abs. 1
Verfassungsgerichtsgesetz Brandenburg §§ 45 Abs. 1, 2; 46

Beschluß vom 23. Mai 1996 – VfGBbg 9/95 –

in dem Verfahren über die Verfassungsbeschwerde der Frau St., betreffend die Zurückweisung der Durchführung eines selbständigen Beweisverfahrens durch Beschlüsse des Amtsgerichts X. und des Landgerichts X.

Entscheidungsformel:

Die Verfassungsbeschwerde wird verworfen.

Gründe:

A.

Die Verfassungsbeschwerde richtet sich gegen die Zurückweisung eines Antrages auf Durchführung eines selbständigen Beweisverfahrens.

I.

Die Beschwerdeführerin ist Eigentümerin dreier Grundstücke ... – Straße 35, 37 und 39 in X. Die Grundstücke wurden bis 1992 in Abwesenheitspflegschaft von der Gemeinnützigen X.-GmbH verwaltet.

Auf einem der Grundstücke befindet sich – mindestens seit 1983 – u. a. ein Trafohaus, das eine Grundfläche von ca. 10 qm einnimmt; Betreiber ist die Märkische Energieversorgung AG (MEVAG).

Nachdem die Beschwerdeführerin zunächst ohne Erfolg versucht hatte, von der MEVAG Unterlagen über eine Genehmigung für den Betrieb des Trafohauses sowie Lagepläne über etwaige, über ihr Grundstück verlaufende

---

* Nichtamtlicher Leitsatz.

Leitungen und Kabel zu erhalten, erhob sie gegen diese im Februar 1994 Klage auf Beseitigung des Trafohauses vor dem Amtsgericht X. Die beklagte MEVAG wies in ihrer damaligen Klageerwiderung auf § 9 Abs. 1 Satz 1 des Grundbuchbereinigungsgesetzes (Art. 2 des Registerverfahrensbeschleunigungsgesetzes vom 20. 12. 1993, BGBl. I S. 2182, 2192 – GBBerG –) hin und vertrat dazu die Auffassung, aus dieser Vorschrift ergebe sich die Pflicht der Beschwerdeführerin und damaligen Klägerin, das Trafohaus zu dulden. Im anschließenden Termin zur mündlichen Verhandlung nahm die anwaltlich vertretene Beschwerdeführerin die Klage vor dem Amtsgericht zurück, da sie nicht habe „nachweisen" können, „daß eine Duldungspflicht nicht besteht".

In der Folgezeit forderte die Beschwerdeführerin die MEVAG abermals vergeblich auf, ihr u. a. den Zeitpunkt der Errichtung des Trafohauses, die Anschlußnehmer und den Verlauf der entsprechenden Leitungen mitzuteilen. Im Dezember 1994 stellte sie sodann bei dem Amtsgericht X. Antrag auf Durchführung eines selbständigen Beweisverfahrens gegen die MEVAG und machte dabei im wesentlichen die zuvor an die MEVAG gerichteten Fragen – teilweise erweitert und vertieft – zum Gegenstand des Beweisantrages. Das Amtsgericht X. wies den Antrag durch Beschluß vom 18. Januar 1995 zurück. Das Begehren sei nicht zulässig, da weder ein Beweissicherungsinteresse noch ein sonstiges rechtliches Interesse der Antragstellerin erkennbar sei. Der Antrag laufe lediglich auf eine Ausforschung hinaus. Die hiergegen eingelegte Beschwerde wies das Landgericht X. durch Beschluß vom 3. April 1995 zurück. Es stützte seine Entscheidung im wesentlichen darauf, daß eine Gefahr, ein Beweismittel zu verlieren, nicht bestehe, und daß die von ihr aufgestellten Beweisfragen auch im Rahmen eines Hauptsacheverfahrens auf Räumung des Grundstücks geklärt werden könnten, ohne daß die Antragstellerin hierdurch Nachteile erleide.

II.

Mit ihrer Verfassungsbeschwerde rügt die Beschwerdeführerin eine Verletzung ihres „Eigentumsrechts gemäß Art. 14 des Grundgesetzes".

Sie ist der Auffassung, nach den zurückweisenden Beschlüssen sei sie rechtlich nicht in der Lage, einer etwaigen unzulässigen Nutzung ihres Grundstücks entgegenzutreten. Sie könne nun über die Frage, ob ihr Eigentum berechtigt oder unberechtigt genutzt werde, keine Beweise mehr erlangen. Hieraus ergebe sich ein entsprechendes, aus ihrem Eigentumsgrundrecht fließendes rechtliches Interesse an der Durchführung des selbständigen Beweisverfahrens. Ein solches rechtliches Interesse folge zudem aus dem Umstand, daß sie ohne fehlende Kenntnis von Anzahl und Lage der im einzelnen verlegten Leitungen den Beleihungswert ihres Grundstückes nicht ermitteln könne.

B.

Die Verfassungsbeschwerde ist unzulässig.

I.

Soweit die Beschwerdeführerin eine Verletzung ihres aus Art. 14 Grundgesetz (GG) fließenden Eigentumsgrundrechts beanstandet, hat die Verfassungsbeschwerde schon deswegen keinen Erfolg, weil eine Verletzung von Normen des Bundesverfassungsrechts vor dem Verfassungsgericht des Landes nicht rügefähig ist. Voraussetzung für die Zulässigkeit der Verfassungsbeschwerde vor dem Verfassungsgericht des Landes ist nach § 45 Abs. 1 Verfassungsgerichtsgesetz Brandenburg (VerfGGBbg), daß sich die Verfassungsbeschwerde gegen die Verletzung eines „in der Verfassung gewährleisteten" Grundrechtes richtet (vgl. Beschluß des Verfassungsgerichts des Landes Brandenburg vom 15. September 1994 – VfGBbg 10/93 – LVerfGE 2, 179, 181).

Der Sachvortrag der Beschwerdeführerin trifft thematisch allerdings (auch) das in der Brandenburgischen Verfassung gewährleistete Grundrecht auf Eigentum aus Art. 41 Abs. 1 Landesverfassung (LV). Daß die Beschwerdeführerin diesen Artikel der Landesverfassung nicht ausdrücklich genannt hat, steht einer Sachentscheidung des Landesverfassungsgerichts nicht entgegen, weil ihre Ausführungen ergeben, daß sie sich in dieser Hinsicht in ihren Rechten verletzt fühlt. Dies reicht für die Erfüllung der formalen Erfordernisse des § 46 VerfGGBbg, wonach u. a. das als verletzt angesehene Grundrecht anzugeben ist, noch aus (vgl. schon Verfassungsgericht des Landes Brandenburg, Beschluß vom 21. August 1995 – VfGBbg 8/95 – LVerfGE 3, 171, 173).

II.

Soweit der Sachvortrag den formalen Anforderungen genügt, steht der Zulässigkeit der Verfassungsbeschwerde indes der Grundsatz der Subsidiarität der Verfassungsbeschwerde entgegen. Zwar hat die Beschwerdeführerin den Rechtsweg im Sinne des § 45 Abs. 2 Satz 1 VerfGGBbg erschöpft, da gegen die hier mit angegriffene Entscheidung des Landgerichts vom 3. April 1995 im selbständigen Beweisverfahren ein (weiteres) Rechtsmittel nicht gegeben ist (vgl. § 567 Abs. 3 Satz 1 ZPO). Der ebenfalls in § 45 Abs. 2 VerfGGBbg verankerte Grundsatz der Subsidiarität verlangt allerdings von einem Beschwerdeführer, daß dieser – über eine bloße Rechtswegerschöpfung im bereits durchgeführten Verfahren hinaus – alles im Rahmen seiner Möglichkeiten Stehende getan hat, um eine etwaige Grundrechtsverletzung zu beseitigen oder zu verhindern. Er muß daher vor Anrufung des Verfassungsgerichts nicht nur im strengen Sinne den Rechtsweg ausschöpfen, sondern alle nach Lage der Dinge ihm gegebenenfalls zur Verfügung stehenden – insbesondere prozessualen – Möglichkeiten zur Korrektur der geltend gemachten Verfassungsverletzung ergreifen (vgl. Verfassungsgericht des Landes Brandenburg, Beschluß vom 17. März 1994 – VfGBbg 11/93 – LVerfGE 2, 85, 87; Beschluß vom 16. November 1995 – VfGBbg 15/95 – LVerfGE 3, 185, 187). Der Subsidiaritätsgrundsatz dient einer sachgerechten Aufgabenverteilung zwischen dem Verfassungsgericht und den Fachgerichten. Demnach obliegt es vorrangig den Fachgerichten, einfachrechtliche Vorschriften auszulegen und die zur Anwendung der Vorschriften erforderlichen Ermittlungen sowie die Würdigung des Sachverhalts vorzunehmen (ständige Rechtsprechung des Verfassungsgerichts des Landes Brandenburg, vgl. Beschluß vom 20. Oktober 1994 – VfGBbg 12/94 – LVerfGE 2, 193, 198; Beschluß vom 15. September 1994 – VfGBbg 5/94 – LVerfGE 2, 170, 176; Beschluß vom 16. November 1995 – VfGBbg 15/95 –, aaO). Nach diesen Grundsätzen kann sich die Beschwerdeführerin vorliegendenfalls nicht in zulässiger Weise an das Verfassungsgericht wenden. Sie kann ihre Rechtsschutzziele – nämlich letztlich Beseitigung des Trafohauses (dazu unter 1.), gegebenenfalls auch unabhängig davon Auskunft über den Umfang der Inanspruchnahme ihres Grundstücks durch Leitungen oder Kabel (dazu unter 2.) – nach wie vor in zumutbarer Weise vor den ordentlichen Gerichten verfolgen.

1. Die Beschwerdeführerin kann zunächst (erneut) Klage gegen die MEVAG auf Beseitigung des Trafohauses vor dem zuständigen Amtsgericht erheben. Die erstmalige Klage stünde dem nicht entgegen, da die Beschwerdeführerin diese seinerzeit zurückgenommen hat. Bei einer Klagerücknahme gilt die Sache rückwirkend als nicht anhängig geworden; die Dinge sind so zu sehen, als hätte die Beschwerdeführerin eine entsprechende Klage (noch) nicht erhoben (vgl. dazu u. a. *Hartmann,* in: Baumbach/Lauterbach/Albers/Hartmann, Zivilprozeßordnung, 54. Aufl. 1996, § 269 ZPO, Rdn. 32). Die rechtliche Grundlage für den von der Beschwerdeführerin geltend zu machenden prozessualen Anspruch auf Beseitigung ergibt sich aus § 1004 Abs. 1 des Bürgerlichen Gesetzbuches – BGB – (vgl. grundlegend BGHZ 66, 37, 39 sowie für vergleichbare Fälle OLG Düsseldorf, NJW-RR 1986, 1208; OLG Köln, NJW-RR 1991, 99). Anders als die Beschwerdeführerin meint, hätte sie im Rahmen eines solchen Prozesses keinesfalls darzutun und – im Bestreitensfalle – etwa zu beweisen, daß sie nicht verpflichtet sei, das Trafohaus gegebenenfalls zu dulden. Eine Duldungspflicht findet ihre Grundlage in § 1004 Abs. 2 BGB. Hierbei entspricht es annähernd einhelliger Ansicht in Rechtsprechung und Literatur, daß die Beweislast – und damit auch die Darlegungslast – für die eine solche Duldungspflicht ergebenden Umstände der Störer, also der Beklagte

einer actio negatoria – hier die MEVAG – trägt (vgl. bereits RGZ 144, 268, 271, 273, davor schon RG Warn 1908 Nr. 641 und SeuffA 90 – 1936 – Nr. 8; nunmehr BGH NJW 1989, 1032; aus der Literatur statt vieler *Staudinger*, Kommentar zum BGB, Drittes Buch, 12. Auflage, 1989, § 1004 BGB, Rdn. 174; *Medicus*, in: Münchener Kommentar, Sachenrecht, 2. Auflage, 1986, § 1004 BGB, Rdn. 88; *Baumgärtel*, Handbuch der Beweislast im Privatrecht, Band 2, 1985, § 1004, Rdn. 26). Damit wäre es Sache der MEVAG, im Rahmen des den Zivilprozeß beherrschenden Beibringungsgrundsatzes diejenigen Umstände – quasi „zu ihrer Verteidigung" – (substantiiert) vorzutragen und gegebenenfalls zu beweisen, aus denen sich eine Pflicht zur Duldung des Trafohauses herleiten ließe; dies betrifft zumindest teilweise Umstände, um deren Ermittlung sich die Beschwerdeführerin hier im Wege des selbständigen Beweisverfahrens bemüht hat.

Bei einer solchen Klage wird das Amtsgericht – je nach Sachvortrag der Parteien, hier insbesondere dem der MEVAG – gegebenenfalls auch zu prüfen haben, welche Norm Grundlage für eine entsprechende Duldungspflicht sein kann. Neben dem seinerzeit von der MEVAG angeführten § 9 Abs. 1 Satz 1 GBBerG, der für gewisse Energiefortleitungsanlagen die kraft Gesetzes bewirkte Entstehung beschränkter persönlicher Dienstbarkeiten vorsieht, wird das Amtsgericht mit Blick auf die in § 9 Abs. 2 GBBerG vorgenommene Abgrenzung zu Duldungspflichten aus der Verordnung über Allgemeine Bedingungen für die Elektrizitätsversorgung von Tarifkunden – AVBEltV – vom 21. Juni 1979 (BGBl. I S. 684) gegebenenfalls auch die Anwendbarkeit dieses Regelungswerkes zu überprüfen haben. Gegenstand gerade einer fachgerichtlichen Klärung ist hierbei auch die Frage, ob eine Duldungspflicht auch angenommen werden kann, wenn – wie die Beschwerdeführerin seinerzeit vorgetragen hat – das Trafohaus zu Zeiten der ehemaligen DDR ohne die erforderlichen Genehmigungen errichtet worden ist.

2. Soweit die Beschwerdeführerin mit dem selbständigen Beweisantrag Fragen aufgeworfen hat, deren Gegenstand in einem auf Beseitigung des Trafohauses gerichteten Prozeß möglicherweise keine Rolle spielen – zu denken ist etwa an die Frage nach dem Verlauf einzelner Leitungen oder Kabel –, kann sie diese gegebenenfalls im Wege einer eigenständigen Klage auf Erteilung von Auskunft gegen die MEVAG geltend machen. Bei der etwaigen Erhebung einer hierauf gerichteten Klage wird das anzurufende Fachgericht zu klären haben, mit welchem Ziel die Auskunftserteilung letztlich geltend gemacht wird. Hiernach wird es in Erwägung ziehen, ob das Begehren nach den Grundsätzen über den präparatorischen Auskunftsanspruch – zur Vorbereitung einer entsprechenden Beseitigungsklage – zu behandeln ist (dazu RGZ 158, 377, 379; BGH DB 1972, 621, 622; umfassend zu den Grundlagen

und Voraussetzungen eines solchen Anspruchs *Winkler von Mohrenfels*, Abgeleitete Informationspflichten im deutschen Zivilrecht, 1986, 30 ff.) oder jedenfalls (sonst) auf der Grundlage von Treu und Glauben (§ 242 BGB) Erfolg haben kann; an das Bestehen einer Auskunftspflicht ist hiernach zu denken, wenn die zwischen den Parteien bestehenden Rechtsbeziehungen es mit sich bringen, daß der Berechtigte in entschuldbarer Weise über Bestehen und Umfang seines Rechts im Ungewissen ist, während der Verpflichtete die entsprechende Auskunft unschwer erteilen kann (vgl. BGHZ 10, 385, 387; 81, 21, 24; BGH NJW 1995, 386, 387; zur Auskunftspflicht eines Energieversorgungsunternehmens in diesem Zusammenhang aus LG Berlin, NJW 1982, 2782).

Nr. 9

Zu der Frage einer Verletzung des Willkürverbotes und des rechtlichen Gehörs sowie des Rechts auf ein faires Verfahren, wenn das (letztinstanzlich entscheidende) Berufungsgericht aufgrund neuen Vorbringens in der Berufungsbegründung ohne vorherigen Hinweis zu einem das Urteil der ersten Instanz ins Gegenteil verkehrenden Ergebnis gelangt.*

Verfassung des Landes Brandenburg Art. 12 Abs. 1; 52 Abs. 3, 4

Zivilprozeßordnung § 139

Beschluß vom 23. Mai 1996 – VfGBbg 11/95 –

in dem Verfahren über die Verfassungsbeschwerde des Herrn H., betreffend Urteil des Landgerichts X. vom 23. März 1995.

Entscheidungsformel:

Die Verfassungsbeschwerde wird verworfen.

Gründe:

A.

Der Beschwerdeführer wendet sich mit seiner Verfassungsbeschwerde gegen eine gerichtliche Entscheidung.

---

* Nichtamtlicher Leitsatz.

I.

Mit dem am 24. November 1994 zugestellten Urteil des Amtsgerichts wurde der Klage stattgegeben. Die Beklagte legte Berufung zum Landgericht X. ein. Hierzu legte sie in den Prozeß bis zu diesem Zeitpunkt noch nicht eingeführte Fotografien vor. Die Berufungsbegründung wurde dem Prozeßbevollmächtigten des Beschwerdeführers zur Kenntnisnahme übersandt. Dieser erwiderte auf die Berufung, indem er zur „Vermeidung von Wiederholungen" auf das gesamte erstinstanzliche Vorbringen einschließlich der dortigen Beweisantritte Bezug nahm. Darüber hinaus bat er um richterlichen Hinweis für den Fall, daß dem Gericht die Inbezugnahme nicht genügen sollte. Am 6. oder 7. März 1995 erhielt der Prozeßbevollmächtigte eine telefonische Ladung zur Sitzung am 9. März 1995. Auf Vorlage eines der Fotos ... und die Frage des Gerichts, ob dieses ... die Situation zum Unfallzeitpunkt wiedergebe, erklärte der Prozeßbevollmächtigte, daß er dies nicht wisse. Das dem Beschwerdeführer am 13. April 1995 zugestellte Urteil des Landgerichts hob das Urteil des Amtsgerichts auf und wies die Klage ... aufgrund der dem Foto zu entnehmenden Situation, die es als unstreitig behandelte, ab.

II.

Gegen das Urteil des Landgerichts hat der Beschwerdeführer ... Verfassungsbeschwerde eingelegt. Er rügt eine Verletzung der Grundrechte aus Art. 12, 52 Abs. 3 und 4 Landesverfassung (LV). Er meint, er habe davon ausgehen können, daß sich das Berufungsgericht der 1. Instanz anschließe, da er die Berufungsbegründung lediglich zur Kenntnisnahme erhalten habe und eine ordnungsgemäße Ladung zum Termin nicht erfolgt sei. Das Gericht wäre gem. §§ 520 Abs. 2 i. V. m. 139 Zivilprozeßordnung (ZPO) verpflichtet gewesen, auf die Möglichkeit hinzuweisen, daß es unter Umständen zu einer anderen Ansicht als die Vorinstanz gelangen könne. Durch diese Vernachlässigung der Prozeßförderungspflicht habe das Gericht das Verfahrensrecht willkürlich angewandt und zugleich den Grundsatz des rechtlichen Gehörs verletzt. Auch die Befragung in der mündlichen Verhandlung habe ihn eher in seiner Vermutung, das erstinstanzliche Urteil werde aufrechterhalten, bestärkt. Es habe ihn daher völlig überrascht, daß der Berufung stattgegeben worden sei.

B.

Die Verfassungsbeschwerde ist unzulässig.

Es fehlt bereits an der für die Beschwerdebefugnis erforderlichen Möglichkeit der Verletzung der gerügten Grundrechtspositionen. Dies gilt sowohl bei einer Überprüfung der vom Beschwerdeführer im einzelnen gerügten Maßnahmen bzw. Unterlassungen – jeweils für sich gesehen – als auch bei einer Gesamtschau der Dinge.

I.

Soweit der Beschwerdeführer eine Verletzung seines Grundrechts auf rechtliches Gehör geltend macht, ist eine Rechtsverletzung durch das vom Beschwerdeführer im einzelnen dargelegte Verhalten von vornherein ausgeschlossen.

1. Hinsichtlich der Rüge des Beschwerdeführers, das Landgericht habe ihm die Berufungsbegründung der Beklagten und Berufungsklägerin lediglich zur Kenntnisnahme übersandt, scheidet eine Verletzung des Art. 52 Abs. 3 LV aus. Der Beschwerdeführer konnte trotzdem – und hat dies auch ... getan – bereits im Vorfeld der mündlichen Verhandlung zur Berufungsbegründung Stellung nehmen.

2. Das Gericht war auch nicht verpflichtet, bei Übermittlung der Berufungsbegründung einen Hinweis nach § 139 ZPO zu erteilen. Zwar kann es – wie der Beschwerdeführer geltend macht – im Einzelfall zweckmäßig sein, daß das Gericht von dem von §§ 520 Abs. 2 i. V. m. 139 ZPO eingeräumten Ermessen Gebrauch macht und auf die Möglichkeit, zu einer anderen rechtlichen Beurteilung der tatsächlichen Vorgänge zu gelangen, hinweist. Es ist auch denkbar, daß sich dies unter besonderen Umständen zu einer Hinweispflicht verdichtet. Um einen solchen Fall geht es hier jedoch nicht. Der Berufungskläger hat in seiner Begründung neue Tatsachen eingebracht, die das erstinstanzliche Gericht demzufolge rechtlich nicht hat würdigen können. Das Berufungsgericht ist schon einfachrechtlich nicht gehalten, auf neuen Sachvortrag und dessen eventuelle Bedeutung für den Verfahrensausgang hinzuweisen.

3. Auch die nicht ordnungsgemäße Ladung vermag eine Verletzung des rechtlichen Gehörs nicht möglich erscheinen lassen. Denn der Prozeßbevollmächtigte des Beschwerdeführers ist im Termin erschienen und hätte hier von seinen Rechten, insbesondere der Rüge nicht ordnungsgemäßer Ladung, in umfassender Weise Gebrauch machen können.

4. Die in der mündlichen Verhandlung gestellte – wenn auch unglücklich protokollierte – Frage ... konnte und durfte der Prozeßbevollmächtigte des Beschwerdeführers bei Anwendung der im Prozeß erforderlichen Sorgfalt nicht als Bestärkung seiner Vermutung, die Berufungsinstanz werde sich der erstinstanzlichen Entscheidung anschließen, verstehen. Das Landgericht hat

hier über die von § 139 ZPO festgelegte Hinweispflicht hinaus eindeutig zu erkennen gegeben, daß der in der Berufung neu eingeführte Tatsachenvortrag ... entscheidungserheblich war. Der Prozeßbevollmächtigte des Beschwerdeführers hätte als Rechtsanwalt die Bedeutung dieser Frage auch erkennen müssen. Eine besondere Hinweispflicht besteht nur dann, wenn das Gericht Anforderungen an den Sachvortrag stellt, mit denen ein gewissenhafter und kundiger Prozeßbeteiligter – selbst unter Berücksichtigung der Vielfalt vertretbarer Rechtsauffassungen – nicht hätte rechnen müssen (vgl. BVerfGE 84, 188, 190). ...

5. Nach alledem könnte sich eine Verletzung des Grundrechts auf rechtliches Gehör auch nicht bei einer Zusammenschau des gerügten Verhaltens des Landgerichts ergeben. Der vom Beschwerdeführer insoweit geltend gemachte Vertrauenstatbestand, er hätte davon ausgehen können, das Gericht halte den in der ersten Instanz beigebrachten Sachvortrag für hinreichend substantiiert, wenn es nicht auf Gegenteiliges hinweise, existiert hier nicht. Ein solcher Vertrauenstatbestand wäre lediglich dann in Betracht gekommen, wenn das Berufungsgericht den bereits von der 1. Instanz gewürdigten Sachverhalt einer anderen rechtlichen Beurteilung unterziehen wollte, der Berufungsbeklagte – hier der Beschwerdeführer – sich also darauf hätte beschränken können, die zu seinen Gunsten ergangene Entscheidung zu verteidigen (vgl. dazu BVerfGE 36, 93 ff.; 60, 305 ff.; BVerfG NJW 1978, 413 f.; NJW 1987, 485, 486). Um einen solchen Fall geht es aber, wie bereits dargelegt, gerade nicht.

II.

Der Vortrag läßt auch die Möglichkeit der Verletzung des in Art. 12 Abs. 1 LV enthaltenen Willkürverbotes nicht erkennen. Willkürlich ist ein Richterspruch nur dann, wenn er unter keinem rechtlichen Aspekt vertretbar ist und sich deshalb der Schluß aufdrängt, er beruhe auf sachfremden Erwägungen (Verfassungsgericht des Landes Brandenburg, Beschluß vom 20. April 1995 – VfGBbg 11/94 – LVerfGE 3, 141, 145). Von einer solch willkürlichen Mißachtung des Rechts kann hier schon deshalb keine Rede sein, weil das Gericht das Verfahrensrecht – wie bereits dargelegt – in einer in einem Anwaltsprozeß vertretbaren Weise angewandt hat.

Entsprechendes gilt für den in Art. 52 Abs. 4 Satz 1 LV gewährleisteten Anspruch auf ein faires Verfahren vor Gericht. Ist, wie oben dargelegt, das Gerichtsverfahren in (einfach-) rechtlich vertretbarer Weise durchgeführt worden, besteht für die Annahme einer Verletzung dieses Verfahrensgrundrechts kein Raum.

Nr. 10

1. „Behörden" i. S. v. Art. 56 Abs. 3 LV sind auch – und gerade auch – die Landesministerien.

2. Art. 56 Abs. 3 LV enthält eine verfassungsunmittelbare Einschränkung des Rechts auf Datenschutz aus Art. 11 LV.

3. Mit der Regelung des Art. 56 Abs. 4 LV hat die Landesverfassung den Konflikt zwischen dem Informationsanspruch des Landtagsabgeordneten und kollidierenden öffentlichen und privaten Geheimhaltungsinteressen eigenständig und abschließend geregelt. Insoweit wird das Brandenburgische Datenschutzgesetz vom 20. Januar 1992 verdrängt.

4. Zur Abwägung zwischen dem Informationsanspruch des Abgeordneten und dem Grundrecht auf Datenschutz aus Art. 11 LV.*

Grundgesetz Art. 2 Abs. 1 i. V. m. Art. 1 Abs. 1

Verfassung des Landes Brandenburg Art. 2 Abs. 2 Satz 5; 11; 56 Abs. 3 und 4; 113 Nr. 1

Verfassungsgerichtsgesetz Brandenburg §§ 12 Nr. 1; 32 Abs. 7 Satz 2; 35 ff.

Urteil vom 20. Juni 1996 – VfGBbg 3/96 –

in dem verfassungsgerichtlichen Verfahren des Mitgliedes des Landtages Brandenburg Dr. Peter Wagner gegen die Regierung des Landes Brandenburg, vertreten durch den Minister der Justiz und für Bundes- und Europaangelegenheiten, betreffend die Vorlage von Unterlagen gemäß Art. 56 Abs. 3 und 4 Landesverfassung.

Entscheidungsformel:

1. Die Weigerung der Antragsgegnerin, dem Antragsteller die in den Gründen bezeichneten Unterlagen vollständig unter Offenlegung der Namen der an den Vorgängen Beteiligten vorzulegen, verstößt gegen Art. 56 Abs. 3 Satz 2 und 4, Abs. 4 der Landesverfassung.

2. Auslagen sind dem Antragsteller nicht zu erstatten.

---

* Nichtamtliche Leitsätze.

Gründe:

A.

Der Antragsteller ist Mitglied des Landtages. Er begehrte ursprünglich die Vorlage sämtlicher Verträge, die das Ministerium für Arbeit, Soziales, Gesundheit und Frauen (MASGF) zur Durchführung des Landes-Altenpflegeheim-Bauprogramms (LAB) bzw. des Investitionsprogramms Pflege (IVP) abgeschlossen hatte, sowie eine Vielzahl weiterer damit zusammenhängender Unterlagen. Der Antragsteller vermutet, es seien die gleichen Personen mehrfach mit der in den Programmen vorgesehenen Tätigkeit eines sogenannten Dienstleisters beauftragt worden, so daß das Ministerium für Arbeit, Soziales, Gesundheit und Frauen für dieselbe Tätigkeit – teilweise an dieselbe Person – mehrfach gezahlt habe bzw. noch zahle. Um die Vertragsbeziehungen nachvollziehen zu können, forderte der Antragsteller die Antragsgegnerin erstmalig am 27. und 28. Oktober 1995 auf, ihm zum Teil näher bezeichnete Unterlagen, darüber hinaus auch sämtliche Verträge, die mit dem Vorgang „in direktem Zusammenhang" stünden, vorzulegen. Mit Schreiben vom 7. Februar 1996 kündigte die Ministerin für Arbeit, Soziales, Gesundheit und Frauen auf der Grundlage eines Kabinettsbeschlusses vom 6. Februar 1996 die Möglichkeit an, den Antragsteller in einige der Unterlagen Einsicht nehmen zu lassen. Das Einsichtsrecht wurde durch Kabinettsbeschluß vom 20. Februar 1996 auf weitere Unterlagen ausgedehnt. Der Antragsteller nahm am 21. Februar 1996 in einen Teil und am 20. März 1996 in die übrigen der bereitgestellten Unterlagen Einsicht. In den Unterlagen waren die Namen der an den Vorgängen Beteiligten teilweise abgedeckt.

Im Termin zur mündlichen Verhandlung haben die Beteiligten daraufhin den Rechtsstreit hinsichtlich sämtlicher Unterlagen, die vollständig – d. h. ohne Abdeckung von Angaben – vorgelegt worden sind, für erledigt erklärt.

Der Antragsteller begehrt nunmehr Einsicht in die nicht anonymisierten Unterlagen. Er trägt vor, die Abdeckungen der Namen in den Unterlagen machten es ihm unmöglich, seine Vermutung einer doppelten Beauftragung zu überprüfen. Nach Art. 56 Abs. 3 und 4 der Verfassung des Landes Brandenburg (LV) habe die Vorlage vollständig zu erfolgen. Art. 56 Abs. 3 LV solle dem Abgeordneten ein „kleines Enqueterecht" gewähren; das Kontrollrecht gegenüber der Ministerialbürokratie solle dabei zu einer „Rebalancierung" der Gewalten führen. Mit der Aufdeckung der Namen der an den Vorgängen Beteiligten gehe es ihm nicht um persönliche Merkmale der in den Unterlagen aufgeführten Personen; es gehe ihm lediglich um die Aufdeckung eines Netzes von Beziehungen, Vertragsverbindungen und gegebenenfalls um die Aufdeckung von Korruption und Veruntreuung. Dieses Interesse rechtfertige die Offenlegung der abgedeckten Namen.

Selbst nach der Rechtsprechung des Bundesverfassungsgerichts führe das allgemeine Persönlichkeitsrecht angesichts der Bedeutung des parlamentarischen Kontrollrechts zu keiner Verkürzung des Aktenherausgabeanspruchs, wenn der Grundsatz der Verhältnismäßigkeit gewahrt sei.

Der Antragsteller beantragt,

festzustellen, daß die Antragsgegnerin gegen Art. 56 Abs. 3 und 4 LV verstoßen hat, indem sie nachfolgend aufgeführte Unterlagen nur unvollständig, das heißt hier, unter Abdeckung der Namen, vorgelegt hat:

1.5 Schreiben des Ministeriums für Arbeit, Soziales, Gesundheit und Frauen an Herrn K. vom 26. August 1993

2.4 Beratungs- und Geschäftsbesorgungsvertrag zwischen dem Ministerium für Arbeit, Soziales, Gesundheit und Frauen und Auftragnehmer (geschwärzt) vom 10. Oktober 1992

2.5 Zweiter Entwurf eines Vertrages zwischen dem Ministerium für Arbeit, Soziales, Gesundheit und Frauen und Auftragnehmer (geschwärzt) vom 11. Februar 1993

2.6 Werkvertrag zwischen dem Ministerium für Arbeit, Soziales, Gesundheit und Frauen und Auftragnehmer (geschwärzt) vom 26. August 1993

2.7 Vertrag zwischen dem Ministerium für Arbeit, Soziales, Gesundheit und Frauen und Auftragnehmer (geschwärzt) vom 1. April 1993

2.8 Beratungsvertrag zwischen dem Ministerium für Arbeit, Soziales, Gesundheit und Frauen und Auftragnehmer (geschwärzt), Vertragsbeginn 1. Juli 1993

2.9 Vertrag zwischen dem Ministerium für Arbeit, Soziales, Gesundheit und Frauen und Auftragnehmer (geschwärzt) vom 20. April 1994

2.10 Schreiben des Ministeriums für Arbeit, Soziales, Gesundheit und Frauen an Adressat (geschwärzt) betreffend die Verlängerung des Beratervertrages vom 22. Dezember 1994.

Die Antragsgegnerin beantragt,

den Antrag zurückzuweisen.

Sie meint, dem Recht des Abgeordneten auf vollständige Vorlage der Unterlagen stehe das im konkreten Fall vorrangige Grundrecht des Einzelnen auf Datenschutz aus Art. 11 LV gegenüber. Die insoweit betroffenen Dritten hätten der Preisgabe ihrer Namen widersprochen. Nach Art. 56 Abs. 4 LV habe sie daher eine Abwägung der Privatinteressen der Betroffenen mit dem Aktenvorlageanspruch des Antragstellers aus Art. 56 Abs. 3 LV vornehmen müssen. Um dem Verlangen des Antragstellers weitestmöglich Rechnung zu tragen, seien die Unterlagen unter Abdeckung der Namen vorgelegt worden. Der Informationsanspruch des Antragstellers habe hierdurch keine wesentlichen

Einbußen erfahren, da die betreffenden personenbezogenen Daten für die politische Kontrolle des Handelns der Exekutive nicht von Belang seien.

B.

Der Antrag ist nach Art. 113 Nr. 1 LV, §§ 12 Nr. 1, 35 ff. Verfassungsgerichtsgesetz Brandenburg (VerfGGBbg) zulässig. Der Antragsteller ist als Abgeordneter nach § 35 i. V. m. § 12 Nr. 1 VerfGGBbg beteiligtenfähig. Er ist gemäß § 36 Abs. 1 VerfGGBbg antragsbefugt; er macht geltend, durch die Weigerung der Antragsgegnerin, ihm die hier in Rede stehenden Unterlagen vollständig, d. h. unter Offenlegung der Namen der an den Vorgängen Beteiligten vorzulegen, in seinem Aktenvorlagerecht nach Art. 56 Abs. 3 LV verletzt zu sein.

Der Antrag ist begründet.

Die Landesregierung verstößt durch ihre Weigerung, die im Antrag genannten Unterlagen mit Namensnennung der an den Vorgängen Beteiligten vorzulegen, gegen Art. 56 Abs. 3 i. V. m. Abs. 4 LV.

I.

Art. 56 Abs. 3 Satz 2 LV bestimmt, daß Behörden und Dienststellen des Landes den Abgeordneten auf Verlangen u. a. Akten und sonstige amtliche Unterlagen vorzulegen haben. Satz 3 regelt, daß das Verlangen an die Landesregierung oder, sofern es ihn betrifft, an den Landesrechnungshof zu richten ist. Satz 4 des Art. 56 Abs. 3 LV sieht ergänzend vor, daß die Vorlage der Akten und sonstigen amtlichen Unterlagen unverzüglich und vollständig zu erfolgen hat.

1. Das Begehren des Antragstellers unterfällt dem gegenständlichen Anwendungsbereich des Art. 56 Abs. 3 Satz 2 LV. Es betrifft bereits abgeschlossene Vorgänge, für welche die Verfassung des Landes Brandenburg dem Landtag eine Kontrollkompetenz einräumt. Daß die hier zu beurteilenden Vereinbarungen zu dem einer parlamentarischen Ausforschung nicht zugänglichen sogenannten „Kernbereich exekutiver Eigenverantwortung" (dazu BVerfGE 67, 100, 139) gehören, ist weder von der Antragsgegnerin vorgetragen worden noch sonst für das Verfassungsgericht erkennbar.

2. Das Ministerium für Arbeit, Soziales, Gesundheit und Frauen ist eine Behörde im Sinne des Art. 56 Abs. 3 Satz 1 LV. Dem steht nicht entgegen, daß in einem Ministerium in Unterstützung des Ministers auch Regierungsgeschäfte erledigt werden. Der Begriff „Behörde" ist auslegungsbedürftig: Er wird sowohl in einem weiten, Verfassungsorgane einschließenden, als auch in

einem engeren organisationsrechtlichen, die Gerichts- und Verwaltungsbehörden unter Ausschluß der Verfassungsorgane bezeichnenden Sinne gebraucht. Bei der Auslegung des Behördenbegriffs einer Verfassungsnorm ist auf den konkreten Begriffsgehalt und das Regelungsziel der betreffenden Norm abzustellen (vgl. Brem. StGH, NVwZ 1989, 953, 954). Der Anspruch auf Vorlage von Akten und Unterlagen in Art. 56 Abs. 3 LV soll dem einzelnen Abgeordneten die Informationen sichern, die er zur effektiven Mitwirkung an den Aufgaben des Parlaments – unter anderem der Beratung, der Beschlußfassung und der Kontrolle der Exekutive – bedarf. Geht es um die Ausübung parlamentarischer Kontrolle, kommt der Aufklärung von in den Verantwortungsbereich der Regierung fallenden Vorgängen, die auf Mißstände hinweisen können, besondere Bedeutung zu (BVerfGE 49, 70, 85; 77, 1, 43). Soll daher das von der Norm bezweckte Ziel einer Mitwirkung an der dem Parlament obliegenden Kontrolle erreicht werden, muß der Abgeordnete grundsätzlich auch in Vorgänge im Zusammenhang mit Regierungsgeschäften Einblick nehmen können.

Die Erwägungen des Verfassungsgesetzgebers bestätigen dieses Ergebnis: Der insoweit zuständige Verfassungsausschuß – der Unterausschuß II – wollte zwar nicht ausdrücklich für den Vorlageanspruch, dafür aber für den im gleichen Satz geregelten Auskunftsanspruch des Abgeordneten eine Verpflichtung auch der Regierung begründen (Protokoll der 12. Sitzung des Verfassungsausschusses, UA II, vom 12. 11. 1991, Dokumentation zur Verfassung des Landes Brandenburg, Band 2, S. 977). Daß dem Behördenbegriff für den Vorlageanspruch ein anderer Sinngehalt als für den Auskunftsanspruch zukommen sollte, kann nicht angenommen werden.

3. Die Antragsgegnerin hat die Akten nicht „vollständig" i. S. v. Art. 56 Abs. 3 Satz 4 LV vorgelegt. Vollständigkeit bedeutet schon nach dem Wortlaut dieser Verfassungsnorm, daß zunächst weder Bestandteile der Akten oder Unterlagen entfernt noch einzelne Angaben unkenntlich gemacht werden dürfen. Unabhängig davon soll das Aktenvorlagerecht nach Art. 56 Abs. 3 LV dem Abgeordneten ermöglichen, sich selbst ein Bild von dem ihn interessierenden Vorgang zu verschaffen; es führt seinem Wesen nach zu einer Selbstinformation (vgl. *Breidenbach/Kneifel-Haverkamp*, in: Simon/Franke/Sachs, Handbuch der Verfassung des Landes Brandenburg, 1994, § 21, Rdn. 30 mit Fn. 64; *Neßler*, LKV 1995, 12, 13). Anders als bei einer Fremdinformation – etwa bei dem in Art. 56 Abs. 2 LV geregelten Fragerecht – kann es nicht etwa der Bewertung der verantwortlichen Landesregierung obliegen, in welcher Weise – vor allem wie detailliert – sie dem Vollständigkeitsgebot nachkommen will.

4. Einem Anspruch eines Abgeordneten aus Art. 56 Abs. 3 LV steht nicht von vornherein entgegen, daß eine vollständige Vorlage von Akten grundsätz-

lich in Rechtspositionen Dritter – hier insbesondere in das durch Art. 11 Abs. 1 Satz 1 LV gewährleistete Recht, über die Preisgabe und Verwendung persönlicher Daten selbst zu bestimmen – eingreifen und insoweit Exekutivbefugnisse verleihen kann. Denn Art. 56 Abs. 3 Satz 2 LV stellt eine ausreichende verfassungsrechtliche Grundlage jedenfalls für mittelbare Grundrechtseingriffe dieser Art dar. Dies ergibt sich bereits aus der Zusammenschau der Absätze 3 und 4 des Art. 56 LV. Während Art. 56 Abs. 3 Satz 1 und 2 LV den Anspruch auf Aktenvorlage begründet, bestimmt Art. 56 Abs. 4 Satz 1 LV, daß die Erteilung von Auskünften oder die Vorlage von Akten und sonstigen amtlichen Unterlagen nur abgelehnt werden darf, wenn überwiegende öffentliche oder private Interessen an der Geheimhaltung dies zwingend erfordern. Art. 56 Abs. 4 LV stellt damit eine Norm dar, die – auf Verfassungsebene – für einen Ausgleich zwischen dem Vorlagerecht des Abgeordneten und den mit ihr mit dem Begriff des „öffentlichen oder privaten Interesses an der Geheimhaltung" in Bezug genommenen kollidierenden Verfassungsgütern und Grundrechten Dritter sorgt. Führt nach dieser Vorschrift nicht jedes öffentliche oder private Interesse an der Geheimhaltung – und damit nicht schon jede aus dem Datenschutz resultierende Position – zu einer Ablehnung der Vorlage, bringt die Verfassung zugleich zum Ausdruck, daß der in Abs. 3 der Norm enthaltene Vorlageanspruch des Abgeordneten nicht schon von vornherein an den Grundrechten Dritter seine Grenze findet. Hierbei ist zu berücksichtigen, daß Art. 56 Abs. 3 LV als Adressaten der Vorlagepflicht nur die Landesregierung bzw. die entsprechenden Behörden und Dienststellen des Landes nennt. Diese Norm erlaubt deswegen nur insoweit (mittelbar) einen Eingriff in Rechte Dritter, als dies dazu dient, unmittelbar – als „Hauptsache" – ein eventuell gegebenes staatliches Fehlverhalten aufzudecken, also staatliche Vorgänge aufzuklären. Einen unmittelbaren Eingriff in Rechte Dritter ließe Art. 56 Abs. 3 LV dagegen nicht zu.

Die Befugnis des Abgeordneten, bei dem Bemühen um die Aufklärung staatlicher Vorgänge mittelbar auch in datenschutzrechtliche Positionen Dritter einzugreifen, rechtfertigt sich zudem aus der mit Art. 56 Abs. 3 LV beabsichtigten Durchsetzung der gebotenen parlamentarischen Kontrolle. Die Kontrollfunktion eines Parlaments, dessen Mitglied der Abgeordnete ist, ist für ein parlamentarisches Regierungssystem wesentlich. Das Bundesverfassungsgericht hat hierzu – bezogen auf das Grundgesetz – ausgeführt:

„Der Grundsatz der Gewaltenteilung, der zu den tragenden Organisationsprinzipien des Grundgesetzes gehört und dessen Bedeutung in der politischen Machtverteilung, dem Ineinandergreifen der drei Gewalten und der daraus resultierenden Mäßigung der Staatsgewalt liegt ..., gebietet gerade im Hinblick auf die starke Stellung der Regierung, zumal wegen mangelnder Eingriffsmöglichkeiten des Parlaments in den der Exekutive zukommenden Bereich unmittelbarer Handlungsinitiative und Gesetzesanwendung, eine Auslegung des Grundgesetzes dahin, daß parlamentarische Kontrolle wirksam sein kann" (BVerfGE 67, 100, 130). Es entspricht zunächst einer sinnvollen und wirksamen Funktionengliederung, in erster Linie Exekutive und Justiz mit Exekutivbefugnissen gegenüber dem Bürger auszustatten; eigene Aufklärungsrechte eines Parlaments sind insoweit nicht erforderlich. Geht es aber um eine Gesetzmäßigkeitskontrolle staatlichen Handelns, ist dies anders. Hier ist ein eigenes Instrumentarium des Parlaments erforderlich, denn als Kontrollorgan ist das Parlament unmittelbarer Widerpart der anderen Gewalten und kann insofern nicht auf deren Befugnisse verwiesen werden. Soll eine Kontrolle der Exekutive durch das Parlament wirksam sein können, muß es rechtlich in der Lage sein, sich auch ohne deren Willen Informationen zu verschaffen. Dieser Gedanke kann ausnahmsweise die Zuerkennung parlamentarischer Exekutivbefugnisse auch mittelbar gegenüber dem Bürger rechtfertigen (vgl. *Masing*, Der Staat 27 – 1988 –, S. 273, 282 f.).

II.

Eine Einschränkung des Aktenvorlageanspruchs des Antragstellers ergibt sich hier nicht aus Art. 56 Abs. 4 LV. Überwiegende öffentliche oder private Interessen an der Geheimhaltung im Sinne des Art. 56 Abs. 4 LV, die es zwingend erforderten, die Akten nur anonymisiert vorzulegen, sind nicht ersichtlich.

1. Ein Geheimhaltungsinteresse kann sich nicht aus den Regelungen über das Brandenburgische Datenschutzgesetz vom 20. Januar 1992 (GVBl. I S. 2 – BbgDSG –) ergeben. Denn der Verfassungsgesetzgeber hat mit dem Begriff des „privaten Interesses an der Geheimhaltung" jedenfalls für solche Daten Privater, die im Zusammenhang mit einem Auskunfts- oder Aktenvorlageanspruch eines Abgeordneten gegenüber Behörden und Dienststellen des Landes an diesen im Rahmen der Wahrnehmung seiner Kontrollbefugnis weitergegeben werden, eine verfassungsrechtliche Regelung getroffen, die insoweit den Anwendungsbereich des Brandenburgischen Datenschutzgesetzes verdrängt. Der Verfassungsgesetzgeber hat in diesem Bereich mit seiner Entscheidung, daß die Vorlage der Akten nur abgelehnt werden darf, wenn Geheimhaltungsinteressen überwiegen und diese die Ablehnung zwingend erfordern, den Konflikt zwischen Aktenvorlageanspruch und Belangen des Datenschutzes abschließend geregelt. Es wäre mit dem Grundsatz vom Vorrang der Verfassung (Art. 2 Abs. 5 Satz 2 LV) nicht vereinbar, neben den Vorgaben des Art. 56 Abs. 4 LV zusätzlich die im Brandenburgischen Datenschutzgesetz vorgesehenen Beschränkungen für eine Weitergabe personenbezogener Daten

anzuwenden. Diese hieße, eine von Verfassungs wegen getroffene Entscheidung im Falle des Normenkonflikts einfachgesetzlich zu verschieben und so die Verfassung nach Maßgabe einfachen Gesetzesrechts auszulegen.

2. Mit dem Begriff der „privaten Interessen an der Geheimhaltung" nimmt der Verfassungsgesetzgeber die Grundrechtsverbürgung des Art. 11 LV in Bezug. Würde das Verlangen des Antragstellers, die Namen der an den Vorgängen Beteiligten zu erfahren, deren Grundrechte aus Art. 11 LV verletzen, ließe sich die Vorlage der Akten nicht rechtfertigen. Eine solche Verletzung ist aber nicht festzustellen. Zwar greift die Vorlage der in Rede stehenden Unterlagen unter Offenlegung der Namen in den Schutzbereich des Art. 11 LV ein (a.)). Dieser Eingriff ist jedoch durch Art. 56 Abs. 4 LV gerechtfertigt (b.)).

a) Nach Art. 11 Abs. 1 Satz 1 LV hat jeder das Recht, über die Preisgabe und Verwendung seiner persönlichen Daten selbst zu bestimmen, auf Auskunft über die Speicherung seiner persönlichen Daten und auf Einsicht in Akten und sonstige amtliche Unterlagen, soweit sie ihn betreffen und Rechte Dritter nicht entgegenstehen. Nach Satz 2 dürfen personenbezogene Daten nur mit freiwilliger und ausdrücklicher Zustimmung des Berechtigten erhoben, gespeichert, verarbeitet, weitergegeben oder sonst verwendet werden. Nicht nur dieser Wortlaut, sondern auch die Entstehungsgeschichte dieses Grundrechts zeigen, daß der Verfassungsgesetzgeber des Landes Brandenburg insoweit an die Rechtsprechung des Bundesverfassungsgerichts zum sogenannten informationellen Selbstbestimmungsrecht anknüpfen wollte (vgl. Protokoll der 5. Sitzung des UA I, Dokumentation zur Verfassung des Landes Brandenburg, Band 2, S. 505). Dieses auf der Ebene des Grundgesetzes aus Art. 2 Abs. 1 i. V. m. Art. 1 Abs. 1 GG gewährleistete – zum Teil annähernd wortgleich mit dem jetzigen Art. 11 Abs. 1 Satz 1 LV – Grundrecht auf informationelle Selbstbestimmung hat das Bundesverfassungsgericht in seiner Entscheidung vom 15. Dezember 1983 wie folgt umrissen:

> „Mit dem Recht auf informationelle Selbstbestimmung wären eine Gesellschaftsordnung und eine diese ermöglichende Rechtsordnung nicht vereinbar, in der Bürger nicht mehr wissen können, wer was wann und bei welcher Gelegenheit über sie weiß
>
> ...
>
> Hieraus folgt: Freie Entfaltung der Persönlichkeit setzt unter den modernen Bedingungen der Datenverarbeitung den Schutz des Einzelnen gegen unbegrenzte Erhebung, Speicherung, Verwendung und Weitergabe seiner persönlichen Daten voraus. Dieser Schutz ist daher von dem Grundrecht aus Art. 2 Abs. 1 in Verbindung mit Art. 1 Abs. 1 GG umfaßt. Das Grundrecht gewährleistet insoweit die Befugnis des Einzelnen, grundsätzlich selbst über die Preisgabe und Verwendung seiner persönlichen Daten zu bestimmen" (BVerfGE 65, 1, 43).

Gibt es hiernach keine „belanglosen" Daten mehr (BVerfGE 65, 1, 45), fällt schon die Offenlegung der Namen der an den hier in Rede stehenden Vorgängen Beteiligten unter Art. 11 Abs. 1 LV. Dem steht – soweit es um die thematische Betroffenheit des Grundrechts auf Datenschutz geht – nicht entgegen, daß die hier in Rede stehenden Verträge teilweise mit einem Ministerium abgeschlossen wurden, das selbst stärker im Lichte der Öffentlichkeit steht als andere Vertragspartner. Eine Differenzierung nach Sphären, die in verschiedener Weise unter dem Schutz des Art. 11 LV stünden, läßt dieses Grundrecht nicht zu. Kernaussage des Art. 11 LV ist: „Jeder hat das Recht, über die Preisgabe und Verwendung seiner persönlichen Daten selbst zu bestimmen". Zwar ist die Preisgabe der Namen für den Antragsteller, dem es in erster Linie um Vorgänge im staatlichen Bereich geht, nur „Nebensache". Dennoch liegt darin nach dem insoweit unmißverständlichen Wortlaut des Art. 11 Abs. 1 Satz 1 LV schon eine „Verwendung" „persönlicher Daten", der die Betroffenen hier widersprochen haben (vgl. auch *Richter*, Privatpersonen im parlamentarischen Untersuchungsausschuß, 1991, S. 65 ff.).

b) Dieser Eingriff findet indes seine verfassungsrechtliche Rechtfertigung in Art. 56 Abs. 4 LV. Diese Vorschrift stellt eine verfassungsunmittelbare Einschränkung des in Art. 11 LV gewährleisteten Rechts auf Datenschutz dar, und zwar unabhängig von dem in Absatz 2 vorgesehenen Gesetzesvorbehalt, wonach Einschränkungen nur im überwiegenden Allgemeininteresse durch Gesetz oder aufgrund eines Gesetzes im Rahmen der darin festgelegten Zwecke zulässig sind. Das Gericht hat keinen Anlaß zur Prüfung der im rechtswissenschaftlichen Schrifttum streitigen Frage, ob ein solcher Gesetzesvorbehalt zusätzlich Einschränkungen des Grundrechts durch sogenannte verfassungsimmanente Schranken zuläßt (vgl. zu dieser Frage einerseits z. B. *Schoch*, DVBl. 1991, 667, 671; andererseits z. B. *Lerche*, in: Isensee/Kirchhof, Handbuch des Staatsrechts der Bundesrepublik Deutschland, Band V, 1992, § 122, Rdn. 14, 23 f.), für Grundrechte aus der Brandenburgischen Verfassung zu entscheiden ist. Hat der Verfassungsgesetzgeber – wie hier – unmißverständlich eine verfassungsunmittelbare Schranke in den Text der Verfassung selbst aufgenommen, so tritt diese zulässigerweise neben die dem einfachen Gesetzgeber eingeräumte Möglichkeit, das Grundrecht durch ein einfaches Gesetz zu beschränken.

Das Gericht läßt offen, ob private oder öffentliche Interessen im Sinne des Art. 56 Abs. 4 Satz 1 LV eine Ablehnung der Aktenvorlage „zwingend erfordern". Denn bei der im Rahmen des Art. 56 Abs. 4 LV anzustellenden Abwägung zwischen dem Informationsinteresse des Abgeordneten und dem in Art. 11 LV verbürgten Grundrecht auf Datenschutz stellt sich das private Interesse an der Geheimhaltung schon nicht als „überwiegend" dar. Dem

Informationsanspruch des Abgeordneten kommt im konkreten Fall ein besonderes Gewicht zu, weil die Kenntnis von personenbezogenen Daten für die Wahrnehmung seiner parlamentarischen Kontrollkompetenz als erforderlich erscheint. Der Antragsteller hat hierzu in ausreichender Weise dargetan, daß er ohne Kenntnis der von der Antragsgegnerin abgedeckten Namen seinem Kontrollauftrag nicht in wirksamer Weise nachkommen kann. Es liegt auf der Hand, daß er seiner Vermutung, die Antragsgegnerin habe Dienstleistungsaufträge mehrfach an dieselbe Person vergeben und entsprechend vergütet, ohne diese Information nicht weiter nachgehen kann. Ein überwiegendes Interesse an der Geheimhaltung wäre demgegenüber dann denkbar, wenn es sich bei den Namen um Daten handelte, deren Weitergabe wegen ihres streng persönlichen Charakters für die Betroffenen unzumutbar oder wenn der Eingriff in das Grundrecht auf Datenschutz unverhältnismäßig wäre. Auch ist zu berücksichtigen, ob und inwieweit Vorkehrungen für einen Geheimschutz zwischen dem Abgeordneten und der Landesregierung getroffen werden können. Eine solche unzumutbare oder unverhältnismäßige Belastung der Namensträger durch die Preisgabe ihrer Namen liegt hier indes nicht vor.

Zunächst kann das Gericht nicht erkennen, daß den hier Betroffenen die Offenlegung der Namen nicht zumutbar sein sollte. Der hier zu entscheidende Interessenkonflikt findet nicht in einem sozialen Bereich statt, der etwa jener unantastbaren Sphäre privater Lebensgestaltung vergleichbar wäre, die von vornherein jeglicher Einwirkung der öffentlichen Hand entzogen wäre. Die hier Betroffenen haben sich an Verträgen mit einem im Lichte der Öffentlichkeit stehenden Ministerium beteiligt. Sie haben sich damit selbst einer Situation ausgesetzt, die in besonderem Maße die Aufmerksamkeit der Allgemeinheit erweckt. Dieser Bereich muß, soweit hier Zweifel an der Vertrauenswürdigkeit der Exekutive entstehen, parlamentarischer Kontrolle zugänglich sein. Daß die Offenlegung der Namen mit dem verfassungsrechtlichen Grundsatz der Verhältnismäßigkeit nicht in Einklang stünde, vermag das Gericht hier ebenfalls nicht zu sehen. Der Eingriff in die Grundrechtsposition der jeweiligen Betroffenen aus Art. 11 LV wiegt nicht übermäßig schwer. Es geht hier nicht darum, die Namen etwa einem größeren Personenkreis oder gar der Presse zugänglich zu machen. Die Namen werden lediglich einem einzelnen Abgeordneten zugänglich gemacht. In einer solchen Situation hat die Landesregierung regelmäßig abzuwägen, ob anstelle einer Ablehnung der Vorlage dem Geheimhaltungsinteresse eines Dritten in ausreichender Weise durch die Anwendung der Verschlußsachenordnung des Landtages Brandenburg (Anlage 5 zur Geschäftsordnung des Landtages Brandenburg vom 11. Oktober 1994 – GVBl. I S. 414, 433 –) Rechnung getragen werden kann. Verschlußsachen sind gemäß § 1 Abs. 2 dieser Ordnung Angelegenheiten aller Art, die Unbefugten nicht mitgeteilt werden dürfen und die durch besondere Sicherheitsmaßnahmen gegen die Kenntnis durch Unbefugte geschützt werden müssen. Zu solchen Angelegenheiten zählen nicht nur staatliche, sondern insbesondere private Geheimhaltungsinteressen, die Vorrang vor den parlamentarischen Prinzipien der Öffentlichkeit und Transparenz haben. Die Verschlußsachenordnung hat gemäß ihrem § 1 Abs. 1 Geltung auch für solche Verschlußsachen, die dem Landtag, seinen Ausschüssen oder Mitgliedern des Landtages zugeleitet wurden. Den Geheimhaltungsgrad einer solchen Verschlußsache bestimmt gemäß § 4 Abs. 4 der Ordnung die das Schriftstück herausgebende Stelle, hier also gegebenenfalls das Ministerium für Arbeit, Soziales, Gesundheit und Frauen. Die Heranziehung dieser Möglichkeit hat die Antragsgegnerin ersichtlich nicht erwogen.

Nach diesen Grundsätzen hat die Antragsgegnerin im konkreten Fall durch ihre Weigerung, die vom Antragsteller angeforderten Unterlagen vollständig vorzulegen, gegen Art. 56 Abs. 3 und 4 LV verstoßen. Die Berufung auf Datenschutzrechte Dritter und die fehlende Einwilligung der Betroffenen genügt im Hinblick auf den mit Verfassungsrang versehenen Aktenvorlageanspruch eines Abgeordneten nicht.

III.

Der Antrag des Antragstellers auf Anordnung der Erstattung seiner Auslagen hat keinen Erfolg.

Es bedarf keiner Entscheidung, ob in einem Organstreitverfahren eine Auslagenerstattung schon deshalb außer Betracht bleiben muß, weil die Beteiligten derselben Rechtsperson angehören (s. dazu bereits Verfassungsgericht des Landes Brandenburg, Beschluß vom 23. Mai 1996 – VfGBbg 23/96 –*). Denn besondere Billigkeitsgründe, die nach § 32 Abs. 7 VerfGGBbg eine Anordnung der Auslagenerstattung zuließen, sind nicht erkennbar. Eine Auslagenerstattung kommt angesichts der Kostenfreiheit des Verfahrens (§ 32 Abs. 1 VerfGGBbg) und des fehlenden Anwaltszwangs nur ausnahmsweise in Betracht. Das Obsiegen des Antragstellers für sich allein rechtfertigt eine Anordnung der Erstattung der Auslagen nicht. § 32 Abs. 7 Satz 1 VerfGGBbg ordnet eine solche nur bei gänzlich oder teilweise erfolgreicher <u>Verfassungsbeschwerde</u> zwingend an. Hinreichende Gründe, die eine Auslagenerstattung vorliegendenfalls ausnahmsweise billig erscheinen lassen, sind nicht ersichtlich.

---

* Siehe S. 167, 168.

Nr. 11

1. Zu der Frage, ob die von einer Landtagsfraktion gegenüber einem Landtagsabgeordneten ausgesprochene vorläufige Suspendierung von der Mitgliedschaft in der Fraktion das aus dem Abgeordnetenstatus fließende Recht, in gleicher Weise am parlamentarischen Willensbildungsprozeß mitzuwirken, verletzen kann.

2. Eine gegen eine solche Suspendierung gerichtete einstweilige Anordnung kommt – unbeschadet der großen Bedeutung der Fraktionsarbeit für das parlamentarische Geschehen – angesichts der durch die Brandenburgische Verfassung dem einzelnen Abgeordneten gewährleisteten Mitwirkungsrechte im allgemeinen nicht in Betracht.*

Verfassung des Landes Brandenburg Art. 56; 67 Abs. 1;
70 Abs. 2 Satz 3; 113 Nr. 1
Verfassungsgerichtsgesetz Brandenburg §§ 12 Nr. 1; 30; 35 ff.
Fraktionsgesetz § 2 Abs. 2 Nr. 5

Urteil vom 20. Juni 1996 – VfGBbg 14/96 EA –

in dem Verfahren auf Erlaß einer einstweiligen Anordnung des Mitglieds des Landtags Brandenburg Klaus Häßler gegen die Fraktion der Christlich Demokratischen Union des Landtages des Landes Brandenburg, vertreten durch den Fraktionsvorsitzenden Dr. Peter Wagner, wegen Wahrnehmung der Rechte als Mitglied der Fraktion.

Entscheidungsformel:

Der Antrag auf Erlaß einer einstweiligen Anordnung wird zurückgewiesen.

Gründe:

A.

Der Antragsteller, der als Mitglied der CDU in den Brandenburgischen Landtag gewählt worden und der CDU-Fraktion beigetreten ist, wendet sich dagegen, daß ihm der Fraktionsvorsitzende der CDU-Fraktion im Landtag Brandenburg die Ausübung der Mitgliedschaftsrechte in der Fraktion mit so-

---

* Nichtamtliche Leitsätze.

fortiger Wirkung untersagt hat. Er will durch den Erlaß der beantragten einstweiligen Anordnung erreichen, daß er die Fraktionsrechte weiterhin wahrnehmen – insbesondere an Fraktionssitzungen und Fraktionsabstimmungen teilnehmen – kann.

I.

Der Landesvorstand der CDU Brandenburg hat nach Anhörung des Antragstellers am 8. März 1996 beschlossen, ihn gemäß § 11 Abs. 6 Statut der CDU Deutschland, § 11 Abs. 4 der Satzung der CDU Landesverband Brandenburg, § 10 Abs. 5 Satz 4 Parteiengesetz von der Ausübung der Mitgliedschaftsrechte der Partei auszuschließen. Die genannten Vorschriften sehen die Möglichkeit vor, in dringenden und schwerwiegenden Fällen eines vorsätzlichen Verstoßes gegen die Parteisatzung oder eines erheblichen Verstoßes gegen Grundsätze oder Ordnung der Partei, die sofortiges Handeln erfordern, ein Mitglied von der Ausübung seiner Rechte bis zur rechtskräftigen Entscheidung des zuständigen Parteigerichts durch Beschluß des Vorstandes einer Partei oder eines Gebietsverbandes auszuschließen. Nach dem Statut der CDU Deutschland und der Satzung des Landesverbandes gilt ein solcher Vorstandsbeschluß gleichzeitig als Antrag auf Einleitung eines Parteiausschlußverfahrens. Der Landesvorstand wirft dem Antragsteller vor, über 20 Jahre als „Inoffizieller Mitarbeiter" des Ministeriums für Staatssicherheit der DDR tätig gewesen zu sein, die nähere Aufklärung des Umfangs dieser seiner Tätigkeit aber nicht zu unterstützen. Die Angelegenheit habe Aufsehen in der Öffentlichkeit erregt und den Ruf der Partei beschädigt.

Die damalige Landesvorsitzende des Landesverbandes teilte dem Antragsteller den Beschluß mit Schreiben vom gleichen Tage (8. März 1996) mit. Zugleich informierte sie ihn, den Fraktionsvorsitzenden der CDU-Fraktion im Landtag Brandenburg darüber unterrichtet zu haben, daß ein weiteres Verbleiben des Antragstellers in der CDU-Landtagsfraktion nicht mehr möglich sei; sie habe den Fraktionsvorsitzenden daher gebeten, die notwendigen Schritte einzuleiten. Mit Telegramm an den Antragsteller vom 11. März 1996 stellte sich der Fraktionsvorsitzende der CDU im Landtag sodann auf den Standpunkt, daß der Beschluß des Landesvorstandes der CDU Brandenburg gemäß §§ 1 Abs. 1, 4 Abs. 1 der Satzung der CDU-Fraktion des Landtages Brandenburg in Verbindung mit § 1 Abs. 1 Fraktionsgesetz bedeute, daß der Antragsteller seine Mitgliedschaftsrechte und die daraus resultierenden Funktionen in der CDU-Fraktion des Landtages nicht mehr wahrnehmen könne. Er habe den Präsidenten des Landtages entsprechend unterrichtet und ihn gebeten, den Antragsteller wie einen fraktionslosen Abgeordneten zu behandeln und ihm ein Abgeordnetenbüro außerhalb der CDU-Fraktion zuzuweisen.

II.

Der Antragsteller hat am 21. März 1996 Antrag auf Erlaß einer einstweiligen Anordnung gestellt.

Er meint, die Entscheidung des Landesvorstandes vom 8. März 1996 habe nicht zur Folge, daß er seine Befugnis verloren habe, die Mitgliedschaftsrechte in der Fraktion auszuüben und wahrzunehmen. Die Einleitung des Parteiausschlußverfahrens habe keine rechtliche Bedeutung für seinen Status als Mitglied der Fraktion; Partei und Fraktion seien rechtlich zu trennen. Hinsichtlich der Fraktion gelte allein die den Fraktionsausschluß regelnde Bestimmung des § 7 Abs. 3 der Satzung der CDU-Fraktion des Landtages Brandenburg, wonach über den Ausschluß aus der Fraktion bei Vorliegen eines wichtigen Grundes nach Gelegenheit zur Stellungnahme durch den Betroffenen die Fraktionsversammlung mit einer Mehrheit von zwei Dritteln ihrer Mitglieder entscheide. Diese Regelung sei als eine satzungsmäßige Konkretisierung der Voraussetzungen für den Ausschluß aus der Fraktion und für die Untersagung der Mitgliedschaftsrechte anzusehen und stelle insoweit eine abschließende Regelung dar. Die ihm gegenüber ausgesprochene Untersagung der Ausübung der Mitgliedschaftsrechte greife in seinen verfassungsrechtlich geschützten Abgeordnetenstatus ein, da ihm damit wesentliche Mitwirkungsmöglichkeiten genommen würden. Er könne zwar auch als fraktionsloser Abgeordneter im Landtag mitwirken, könne aber Mitglied in nur einem Ausschuß sein. Die Nichtteilnahme an den Fraktionssitzungen (Wahlen etc.) wie insgesamt der Verlust der Möglichkeit, seine Rechte als Angehöriger der Fraktion auszuüben, stelle einen schwerwiegenden Nachteil dar. Dieser sei – für den Fall des Obsiegens in der Hauptsache – irreparabel.

Der Abgeordnete beantragt festzustellen, daß

1. die ihm gegenüber am 11. März 1996 durch den Antragsgegner telegrafisch ausgesprochene Untersagung der Ausübung aller Rechte, die sich aus seiner Mitgliedschaft in der CDU-Fraktion des Landtages ergeben, gegen Art. 20 Abs. 3 i. V. m. Art. 56 Abs. 1 und gegen Art. 67 Abs. 1 LV verstößt und

2. die Antragsgegnerin aufgrund der Untersagung vom 11. März 1996 nicht berechtigt ist, ihn an der Ausübung seiner Rechte als Mitglied der Fraktion zu hindern.

Die Antragsgegnerin beantragt,

den Antrag zurückzuweisen.

Der Antrag sei bereits unzulässig, da das Verfassungsgericht nicht zuständig sei. Es liege keine verfassungsrechtliche Streitigkeit vor, da der Antragsteller seinen Anspruch auf Mitgliedschaft in einer Fraktion nicht aus dem Verfassungsrecht herleite. Der Fraktionausschluß sei eine rein fraktionsinterne Angelegenheit, die den Antragsteller nicht in seinen verfassungsrechtlichen Befugnissen als Abgeordneter berühre. Auch das aus dem Abgeordnetenstatus fließende Recht zur Ausschußmitarbeit – und damit zur Mitwirkung an der eigentlichen Sacharbeit des Landtages – bleibe dem Antragsteller unbenommen. Daß er dabei nicht einem Ausschuß seiner Wahl und nicht mehreren Ausschüssen angehören könne, sei unschädlich, da auch fraktionsangehörige Abgeordnete keine weitergehenden Rechte hätten. Materiell-rechtlich sei die Entscheidung rechtmäßig. Da die Mitgliedschaft zur Fraktion gem. § 1 Abs. 1 der Satzung der CDU-Fraktion von der Parteimitgliedschaft abhänge, diese jedoch derzeit ruhe, sei der Antragsteller nicht Fraktionsmitglied. Der Antragsteller wäre – soweit Eilbedürftigkeit gegeben sein sollte – gehalten gewesen, einen einstweiligen Anordnungsantrag gem. § 35 Parteigerichtsordnung an das Landesparteigericht zu stellen, um seine Mitgliedschaftsrechte in der Partei vorläufig wiederzuerlangen. Wäre ein solcher erfolgreich, würden gleichzeitig seine Rechte als Fraktionsmitglied wiederhergestellt.

B.

Der Antrag zu 1. ist bereits unzulässig (I.); der Antrag zu 2. ist zwar zulässig (II. 1.), aber nicht begründet (II. 2.).

I.

Der – auf die Feststellung einer Verletzung der Rechte des Antragstellers gerichtete – Antrag zu 1. ist bereits seinem Inhalt nach unzulässig. Gemäß § 30 Abs. 1 Verfassungsgerichtsgesetz Brandenburg (VerfGGBbg) kann das Gericht einen Zustand durch einstweilige „Anordnung" vorläufig „regeln", was begrifflich, jedenfalls typischerweise, auf ein einstweiliges Gebieten oder Untersagen abzielt. Zwar hält das Gericht zur Sicherstellung eines verfassungsgemäßen Ablaufs in sinngemäßer Anwendung von § 30 Abs. 1 VerfGGBbg eine „vorläufige", nämlich unter dem Vorbehalt einer abschließenden Überprüfung im Hauptsacheverfahren stehende, Feststellung nicht von vornherein für undenkbar (vgl. Verfassungsgericht des Landes Brandenburg, Urteil vom 7. März 1996 – VfBbg 3/96 EA –*). So liegt es jedoch hier nicht. Mit einer dem Antrag zu 1. stattgebenden Entscheidung würde der Antragsteller vielmehr schon einen Ausspruch erreichen, der nur das Ergebnis eines – hier allerdings noch nicht anhängig gemachten – Hauptsacheverfahrens gemäß Art. 113 Nr. 1 LV, §§ 12 Nr. 1, 35 ff. VerfGGBbg sein könnte und in dieser Weise die Hauptsache vorwegnähme.

---

* Siehe S. 109, 111.

II.

1. Der Antrag zu 2. ist zulässig.

a) Eine Entscheidung, wie sie der Abgeordnete mit dem Antrag zu 2. verfolgt, wäre als einstweilige Anordnung gemäß § 30 VerfGGBbg inhaltlich zulässig. Das Gericht versteht den Antrag zu 2. dahin, daß der Antragsteller die Möglichkeit erlangen will, seine Rechte in der Fraktion bis auf weiteres, nämlich vorbehaltlich der Entscheidung in der Hauptsache, wieder wahrzunehmen. In Anlehnung an die oben zu I. angeführte Überlegung wäre es denkbar, durch einen Ausspruch dieser Art die Mitwirkung des Antragstellers in der Fraktion bis zu einer abschließenden Entscheidung in der Hauptsache abzusichern.

b) Die Zuständigkeit des Gerichts ergibt sich aus Art. 113 Nr. 1 Landesverfassung (LV) i. V. m. §§ 12 Nr. 1, 35 ff. VerfGGBbg. Danach entscheidet das Gericht im Wege der sogenannten Organstreitigkeit über die Auslegung der Verfassung aus Anlaß von Streitigkeiten über den Umfang der Rechte und Pflichten eines obersten Landesorganes oder anderer Beteiligter, die durch die Verfassung oder in der Geschäftsordnung des Landtages oder der Regierung mit eigenen Rechten ausgestattet sind. Diese – unmittelbar nur für das Hauptsacheverfahren geltende – Voraussetzung muß wegen der inneren Sachbezogenheit des einstweiligen Anordnungsverfahrens zum Hauptsacheverfahren bereits im Anordnungsverfahren gegeben sein (vgl. Verfassungsgericht des Landes Brandenburg, Urteil vom 16. März 1995 – VfGBbg 4/95 EA – LVerfGE 3, 135, 139). Bereits hier ist zu prüfen, ob es um eine Angelegenheit geht, die einer der von der Verfassung und dem Verfassungsgerichtsgesetz dem Gericht enumerativ zugewiesenen Aufgaben zuzuordnen ist. Insoweit reicht hier aus, daß der Antragsteller eine Verletzung seines Abgeordnetenstatus geltend macht. Ob der Antragsteller und sein Gegner bezogen auf den Gegenstand des Verfahrens beteiligtenfähig sind und verfassungsrechtliche Befugnisse des Antragstellers in Frage stehen oder nicht, ist – entgegen der Ansicht der Antragsgegnerin – nicht eine Frage der Zuständigkeit des Gerichts, sondern der Zulässigkeit des Antrags im übrigen.

c) Antragsteller und Antragsgegnerin gehören zum Kreis der in Art. 113 Nr. 1 LV, §§ 12 Nr. 1, 35 VerfGGBbg genannten Beteiligten einer Organstreitigkeit. Nach diesen Vorschriften sind beteiligtenfähig oberste Landesorgane und andere Beteiligte, die durch die Verfassung oder in der Geschäftsordnung des Landtages oder der Landesregierung mit eigenen Rechten ausgestattet sind. Auch die beteiligtenbezogenen Sachurteilsvoraussetzungen zählen zu den elementaren Zulässigkeitserfordernissen des Hauptsacheverfahrens, die ebenfalls bereits im verfassungsgerichtlichen Eilverfahren zu prüfen sind (siehe bereits Verfassungsgericht des Landes Brandenburg, Urteil vom 16. März 1995, aaO). Der Antragsteller ist ein „anderer Beteiligter" im Sinne der genannten Regelungen. Er ist nach Maßgabe seines verfassungsrechtlichen Status durch die Verfassung mit eigenen Rechten ausgestattet (vgl. für den Bundestagsabgeordneten etwa BVerfGE 80, 188, 208 mwN). Die Antragsgegnerin ist ebenfalls als „anderer Beteiligter" gem. § 12 Nr. 1 VerfGGBbg beteiligtenfähig. Die verfassungsrechtliche Stellung der Fraktion ist in der Brandenburgischen Verfassung – anders als im Grundgesetz – ausdrücklich geregelt. Nach Art. 67 Abs. 1 Satz 2 LV wirken Fraktionen mit eigenen Rechten und Pflichten als selbständige und unabhängige Gliederungen an der Arbeit des Landtages mit und unterstützen die parlamentarische Willensbildung.

Zwar ist die vorliegende Fallgestaltung, bei der sich zwei Beteiligte desselben Organs „Landtag" gegenüberstehen, eher ungewöhnlich (vgl. *Clemens*, in: Umbach/Clemens, Kommentar zum Bundesverfassungsgerichtsgesetz, 1992, §§ 63, 64, Rdn. 85 zu einem ähnlichen Fall). Jedoch verdeutlicht die Entscheidung des Bundesverfassungsgerichts vom 13. Juni 1989 betreffend die Abberufung eines Abgeordneten aus dem Innen- und Rechtsausschuß des Deutschen Bundestages durch eine Fraktion (BVerfGE 80, 188, 216 f.), daß es auch in diesem Verhältnis zu klärungsbedürftigen Fragen verfassungsrechtlicher Natur kommen kann.

d) Weiter ist der Antragsteller auch antragsbefugt. § 36 Abs. 1 VerfGG-Bbg setzt insoweit voraus, daß der Antragsteller geltend macht, daß er oder das Organ, dem er angehört, durch eine Maßnahme oder Unterlassung des Antragsgegners in seinen ihm durch die Verfassung übertragenen Rechten und Pflichten verletzt oder unmittelbar gefährdet ist. Der Antragsteller macht hier geltend, die vom Fraktionsvorstand ausgesprochene Untersagung der Ausübung aller Rechte, die sich aus der Fraktionsmitgliedschaft ergeben, verletze ihn in seinem aus Art. 56 Abs. 1 LV fließenden Abgeordnetenstatus. Für die Antragsbefugnis reicht aus, daß eine dahingehende Statusbeeinträchtigung jedenfalls möglich erscheint. Das ist der Fall.

Allerdings verpflichtet eine Vorschrift wie Art. 56 Abs. 1 LV „den Abgeordneten nicht, einer Fraktion beizutreten; sie hindert ihn nicht, aus der Fraktion auszutreten, und dieser ist es grundsätzlich nicht verwehrt, ihn auszuschließen. Der Wesensgehalt des Mandats wird weder durch den Nichteintritt in eine Fraktion noch durch den Austritt oder Ausschluß aus einer Fraktion angetastet" (vgl. StGH Bremen, DÖV 1970, 639, 640 f. zu dem Art. 56 Abs. 1 LV im wesentlichen entsprechenden Art. 83 der Landesverfassung der Freien Hansestadt Bremen).

Dies bedeutet jedoch nicht, daß eine verfassungsrechtlich relevante Verletzung des Abgeordnetenstatus des Antragstellers durch die Untersagung seiner Fraktionsrechte nicht in Betracht kommt. Die einzelnen Abgeordneten haben kraft ihres aus Art. 56 Abs. 1 LV fließenden Status in gleicher Weise das Recht, ihre politischen Vorstellungen in den Willensbildungsprozeß des Parlaments einzubringen (BVerfGE 80, 188, 220 f.). Dieser parlamentarische Willensbildungsprozeß vollzieht sich in sowohl der Plenums- als auch in der Fraktions- und Ausschußmitarbeit (siehe *Magiera*, Parlament und Staatsleitung in der Verfassungsordnung des Grundgesetzes, 1979, S. 146). Die zunehmende Kompliziertheit der Verhältnisse in Staat und Gesellschaft und der davon ausgehende Zwang zur Arbeitsteilung hat zur Folge, daß die Parlamentsarbeit nicht oder doch nicht vollständig im Plenum bewältigt und daher auf kleinere parlamentarische Gremien vorverlagert wird. Die Fraktionen stellen in diesem Zusammenhang ein bedeutsames politisches Gliederungselement in der Arbeit des Parlaments dar. In der Parteiendemokratie, wie sie sich entwickelt hat, sind sie unverzichtbare Einrichtungen des parlamentarischen Lebens und maßgebliche Faktoren der politischen Willensbildung (vgl. dazu auf Bundesebene BVerfGE 80, 188, 219 mwN). Sie organisieren die parlamentarische Willensbildung unter Nutzung der politischen Gleichgesinntheit ihrer Mitglieder. Die Möglichkeit, eine Fraktion zu bilden und in ihr mitzuarbeiten, verändert die Wirkungsmöglichkeit des Einzelnen nicht unerheblich (vgl. BVerfGE 43, 142, 149). Die von den Fraktionen unterhaltenen Fraktionsbüros, Archive, Pressestellen und wissenschaftlichen Hilfsdienste bieten dem Abgeordneten Hilfestellung in den ihm obliegenden Aufgaben (dazu etwa *Kissler*, Der Deutsche Bundestag, JöR 26 (1977), S. 39, 56; *Kasten*, Ausschußorganisation und Ausschußrückruf, 1983, S. 149 f.); er kann diese Vorteile auch für seine eigene politische Arbeit nutzen (siehe BVerfGE 80, 188, 230). Darüber hinaus ermöglichen die in der Fraktion stattfindenden Erörterungen der zeitgleich laufenden Beratungen der Ausschüsse den Abgeordneten, die an den betreffenden Ausschußberatungen – wegen anderweitiger parlamentarischer Verpflichtungen – nicht unmittelbar beteiligt sein können, eine indirekte Mitarbeit (BVerfGE 44, 308, 318), weil die Positionen, die die in den Ausschuß entsandten Abgeordneten im Ausschuß vertreten, mit der Fraktion – wenn auch nicht rechtlich bindend – abgestimmt werden. Der einzelne Abgeordnete erlangt auf diese Weise über die Fraktion Einfluß auf die gesamte parlamentarische Sacharbeit und kann sie über die Fraktionen wirkungsvoller beeinflussen als durch die bloße Stimmabgabe bei der Schlußbestimmung im Plenum. Die von dem Fraktionsvorstand ausgesprochene Untersagung der Ausübung der Rechte als Fraktionsmitglied nimmt dem Antragsteller die aufgezeigten Möglichkeiten, die Einrichtungen der Fraktion („Dienste") zu nutzen und auf der Ebene der Fraktion an der parlamentarischen Entscheidungsfindung mitzuwirken. Damit besteht in der Untersagung der sich aus der Fraktionszugehörigkeit ergebenden Rechte zumindest die Möglichkeit, daß dem Antragsteller die Ausübung seiner Mitwirkungsbefugnis in einer Weise beschnitten wird, die sein Recht aus Art. 56 Abs. 1 LV verletzt.

2. Der Antrag auf Erlaß einer einstweiligen Anordnung ist jedoch nicht begründet. Die Voraussetzungen, von denen § 30 Abs. 1 VerfGGBbg den Erlaß einer einstweiligen Anordnung abhängig macht, sind hier nicht zu bejahen.

a) Nach § 30 Abs. 1 VerfGGBbg kann das Verfassungsgericht einen Zustand durch einstweilige Anordnung vorläufig regeln, wenn dies zur Abwendung schwerer Nachteile, zur Verhinderung drohender Gewalt oder aus einem anderen wichtigen Grund zum gemeinen Wohl dringend geboten ist. Insoweit ist nach der ständigen Rechtsprechung des Gerichts ein strenger Maßstab anzulegen. Die Verfassungsmäßigkeit als solche ist in dem Verfahren über den Erlaß einer einstweiligen Anordnung nicht Gegenstand der Prüfung; die Gründe, die in der Sache selbst für eine Verfassungsrechtsverletzung sprechen, müssen in diesem Abwägungsprozeß grundsätzlich ebenso außer Betracht bleiben, wie die Gegengründe, es sei denn, der Antrag in der Hauptsache erwiese sich als von vornherein unzulässig oder als offensichtlich unbegründet. Ansonsten ist im Verfahren der einstweiligen Anordnung eine Abwägung der Folgen vorzunehmen, die sich ergeben, wenn eine einstweilige Anordnung nicht ergeht, das Verfahren in der Hauptsache aber Erfolg hat, gegen diejenigen Nachteile, die eintreten, wenn die einstweilige Anordnung erlassen wird, der Antrag in der Hauptsache aber ohne Erfolg bleibt. Dabei müssen die nachteiligen Folgen, die ohne die einstweilige Anordnung für den Fall des Obsiegens in der Hauptsache zu vergegenwärtigen sind, im Vergleich zu den nachteiligen Folgen, die sich bei Erlaß der einstweiligen Anordnung für den Fall der Erfolgslosigkeit in der Hauptsache ergeben, deutlich überwiegen, weil sie sonst bei vergleichender Betrachtungsweise nicht schwer genug im Sinne des Gesetzes sind („schwerer Nachteil") bzw. keinen gleichwertigen „anderen" Grund im Sinne des Gesetzes darstellen. Unbeschadet der nach diesen Vorgaben vorzunehmenden Folgenabwägung muß, und zwar im Sinne zusätzlicher Voraussetzungen, die einstweilige Anordnung „zum gemeinen Wohl" und „dringend" „geboten" sein (vgl. zu alledem etwa die Entscheidung des Verfassungsgerichts des Landes Brandenburg vom 30. 11. 1993 – VfGBbg 3/93 EA – LVerfGE 1, 205, 206; vom 22. 12. 1993 – VfGBbg 9/93 EA – LVerfGE 1, 214, 216 f. und vom 15. 12. 1994 – VfGBbg 14/94 EA – LVerfGE 2, 214, 219 f.; jüngst etwa Urteil vom 7. März 1996 – VfGBbg 3/96 EA –*).

b) Der Hauptsacheantrag ist hier, wenn er gestellt wird, weder offensichtlich unzulässig noch von vornherein unbegründet. In der Hauptsache wird es

---

* Siehe S. 109, 111 f.

gegebenenfalls um die Frage gehen, ob die durch den Fraktionsvorstand ausgesprochene Untersagung der Ausübung aller Rechte, die sich aus der Fraktionsmitgliedschaft ergeben, den Antragsteller in seinen Rechten aus der Verfassung oder aus der Geschäftsordnung verletzt. Im derzeitigen Verfahrensstadium, in dem sich das Gericht auf eine summarische Prüfung der Erfolgsaussichten der Hauptsache beschränken muß, kann nicht davon ausgegangen werden, daß das – noch einzuleitende – Organstreitverfahren von vornherein in der Sache selbst ohne Erfolg bleibt. Zwar gilt das aus Art. 56 Abs. 1 LV fließende Recht des Abgeordneten auf parlamentarische Mitwirkung auch innerhalb seiner und durch seine Fraktion nicht uneingeschränkt. Die aus dem Mandat fließenden Abgeordnetenrechte finden ihre Grenzen in der Einbindung des Abgeordneten in das Parlament, wenn und soweit der Parlamentsbetrieb dies erfordert (vgl. BVerfGE 80, 188, 222). Solche Einschränkungen können sich auch aus den Befugnissen der Fraktion – hier etwa aus dem in § 2 Abs. 2 Nr. 5 Fraktionsgesetz verankerten Recht der Fraktion, über den Fraktionsausschluß zu befinden – ergeben, die der Fraktion um ihrer Funktionsfähigkeit willen zu Gebote stehen müssen. Das Recht des Abgeordneten auf gleichberechtigte Mitwirkung erfordert es jedoch, den Fraktionsausschluß nicht ohne sachlichen Grund oder willkürlich zuzulassen. Dem entspricht auch § 7 Abs. 3 der Satzung der CDU-Fraktion des Landtages Brandenburg, wonach der Ausschluß aus der Fraktion eines wichtigen Grundes bedarf. § 7 Abs. 3 der Satzung der CDU-Fraktion schreibt weiter vor, daß der Ausschluß aus der Fraktion einen Antrag des Fraktionsvorstandes oder eines Drittels der Mitglieder voraussetzt, dem Betroffenen vor der Beschlußfassung Gelegenheit zur Stellungnahme zu geben ist und die Fraktionsversammlung mit einer Mehrheit von zwei Dritteln der ordentlichen Mitglieder entscheidet. § 7 Abs. 3 Satz 5 sieht ergänzend vor, daß vorläufige Maßnahmen, insbesondere die vorläufige Abberufung aus den Ausschüssen oder anderen Ämtern, nur mit einer Mehrheit von zwei Dritteln der anwesenden ordentlichen Mitglieder beschlossen werden können. Ob diesen Anforderungen entsprechend verfahren worden ist, steht bereits nicht fest. Eine entsprechende Klärung – auch der Frage, ob ein etwa gegebener Verstoß gegen die genannten Satzungsbestimmungen auch verfassungsrechtlich relevant wäre – muß ebenso wie die Frage des „wichtigen Grundes" dem Hauptsacheverfahren vorbehalten bleiben.

c) Bei der Folgenabwägung sieht das Gericht für den Antragsteller in seiner vorübergehenden Suspendierung von der Mitarbeit in der Fraktion keinen Nachteil von einem solchen Gewicht, daß der Erlaß einer einstweiligen Anordnung gerechtfertigt wäre.

aa) Bei Erlaß der beantragten einstweiligen Anordnung sähe sich die Antragsgegnerin gezwungen, den Antragsteller weiterhin an der Fraktionsarbeit und an den Fraktionssitzungen zu beteiligen. Damit wäre die Gefahr einer Beeinträchtigung des innerfraktionellen Willensbildungsprozesses verbunden. Die Zusammenarbeit in einer Fraktion und die Verständigung der Fraktionsmitglieder auf eine einheitliche Fraktionslinie bedingt, daß in den Fraktionsberatungen offen, unbefangen und vertrauensvoll diskutiert wird. Die Bereitschaft zu vertrauensvoller Sachdiskussion läßt jedoch nach, wenn die Fraktion argwöhnen muß, sich auf eines ihrer Mitglieder nicht in jeder Hinsicht verlassen zu können. Dies wiederum bliebe nicht ohne Rückwirkung auf das Parlament insgesamt. Im parlamentarischen Willensbildungsprozeß kommt der Fraktion eine Filterfunktion zu: Die unterschiedlichen Vorstellungen der Abgeordneten sollen durch die durch die Fraktion gewährleistete Sacharbeit gebündelt werden, so daß an das Parlament „mehrheitsfähige" bzw. vorabgestimmte Positionen herangetragen werden (vgl. *Demmler*, Der Abgeordnete im Parlament der Fraktionen, 1994, S. 166 ff.). Die Vorarbeit in den Fraktionen ist deshalb für die Funktionsfähigkeit des Parlaments von gewichtiger Bedeutung.

Soweit der Antragsteller in der mündlichen Verhandlung darauf hingewiesen hat, daß die Fraktion als solche in dieser Angelegenheit noch keinen den Erfordernissen entsprechenden Beschluß gefaßt habe und deshalb über die Stimmung in der Fraktion noch kein verläßliches Bild bestehe, ergibt das von der Antragsgegnerin daraufhin zu den Gerichtsakten gereichte Protokoll über die Sitzung der CDU-Fraktion vom 12. März 1996, daß sich die Fraktion dem Standpunkt, daß der Antragsteller nicht mehr am Fraktionsleben teilnehmen dürfe, durch Abstimmung mehrheitlich angeschlossen hat. Ob dies den formellen Anforderungen über einen – gegebenenfalls vorläufigen – Ausschluß eines Abgeordneten aus der Fraktion genügt, ist ebenso dem Hauptsacheverfahren vorzubehalten, wie die Prüfung, ob das Vertrauen der Fraktion zu dem Antragsteller begründeterweise beeinträchtigt ist. Desgleichen dem Hauptsacheverfahren vorbehalten bleibt, ob und inwieweit ein die Funktionsfähigkeit der Fraktion in Frage stellender Grund der Beurteilung des Verfassungsgerichts unterfällt und wie sich ein eventueller Parteiausschluß auswirken würde. Für die Folgenabwägung nach § 30 Abs. 1 VerfGGBbg muß die nicht von der Hand zu weisende Gefahr einer Beeinträchtigung der Arbeitsfähigkeit der Fraktion erheblich ins Gewicht fallen.

bb) Demgegenüber erscheint das Interesse des Antragstellers an einer sofortigen Wiederzulassung zur Mitwirkung in der Fraktion nicht derart schwerwiegend, daß das Interesse der Antragsgegnerin, den Antragsteller jedenfalls vorerst nicht „dabei haben" zu wollen, zurücktreten müßte. Dem Antragsteller ist zuzugeben, daß ihm ohne die beantragte einstweilige Anordnung für den Fall des Obsiegens im Hauptsacheverfahren die Möglichkeit, sich an der Fraktionsarbeit zu beteiligen, für diesen Zeitraum unwiederbringlich verloren gegangen wäre. Das Gericht verkennt auch nicht die gewichtige Bedeutung, die die Mitwirkung in der Fraktion – nicht zuletzt wegen der erweiterten Informationsmöglichkeiten – für den Antragsteller bei der Ausübung seines Abgeordnetenmandats haben kann (vgl. dazu bereits unter II. 1. d)).

Dennoch erscheint der Erlaß einer einstweiligen Anordnung nicht gerechtfertigt. „Auch der fraktionslose Abgeordnete ist Mandatsträger ...; er ist kein Abgeordneter minderen Rechts" (vgl. StGH Bremen, DÖV 1970, 639, 641). Dies gilt um so mehr im Hinblick auf die Besonderheiten der Brandenburgischen Verfassung, die dem brandenburgischen Landtagsabgeordneten eine stärkere Position einräumt als dies etwa für den Bundestagsabgeordneten der Fall ist. Mit den in Art. 56 Abs. 2–4 LV eigens festgeschriebenen Rechten stehen dem Abgeordneten eine Reihe eigenständiger parlamentarischer Befugnisse zu Gebote, mit denen er gegebenenfalls die mit dem Ausschluß aus der Fraktion verbundenen Nachteile zumindest teilweise ausgleichen kann. Zum Beispiel können die ihm im Vergleich zur Rechtslage auf Bundesebene in größerem Umfang gewährleisteten Informations- und Kontrollrechte (siehe *Schulze*, in: Simon/Franke/Sachs, Handbuch der Verfassung des Landes Brandenburg, 1994, § 11 Rdn. 5) dazu beitragen, das Mandat auch ohne Abstützung in der Fraktion wirksam wahrzunehmen. Zu erwähnen ist in diesem Zusammenhang auch das in Art. 70 Abs. 2 Satz 3 LV bestimmte Recht fraktionsloser Abgeordneter, in einem Ausschuß mit Stimmrecht mitzuarbeiten. Es gewährleistet dem Antragsteller, unabhängig von seiner Fraktionszugehörigkeit die durch die Mitgliedschaft in einem Ausschuß eröffneten Informations-, Kontroll- und Untersuchungsmöglichkeiten wahrzunehmen. In der Ausschußarbeit besteht die intensivste Form der Mitwirkung des einzelnen Abgeordneten auf die von der Legislative zu treffenden Entscheidungen, weil diese in den Ausschüssen durch die Erarbeitung von Empfehlungen vorbereitet zu werden pflegen (s. § 76 Abs. 1 Geschäftsordnung des Landtages). Diese Empfehlungen sind zwar für das Plenum nicht verbindlich, formen jedoch gewöhnlich dessen Entscheidungen im wesentlichen vor (BVerfGE 44, 308, 318). Dem Antragsteller bleibt es im übrigen unbenommen, auch an den Sitzungen von Ausschüssen teilzunehmen, in denen er nicht mit Stimmrecht mitarbeitet. Gemäß § 80 Abs. 2 der Geschäftsordnung des Landtages können Abgeordnete, die dem Ausschuß nicht angehören, als Zuhörer teilnehmen. Soweit von ihnen gestellte Anträge behandelt werden, haben sie beratende Stimme.

Soweit der Antragsteller Nachteile dadurch erleidet, daß er die Unterstützung der Fraktion in juristischer oder tatsächlicher Hinsicht – etwa die Hilfestellung bei der Formulierung von Anträgen – verliert, kann dies durch die Verwaltung, insbesondere den wissenschaftlichen Dienst des Parlaments, zumindest teilweise ausgeglichen werden (vgl. BVerfGE 80, 188, 232). Es ist

Sache des Parlaments, die sachgerechte Mitarbeit des Abgeordneten zu gewährleisten. Dem Antragsteller darf daher Hilfestellung, soweit er diese für seine politische Arbeit benötigt und sich sein Begehren im Rahmen des Zumutbaren bewegt, nicht versagt werden.

cc) Im Vergleich der Erschwernisse für die Arbeit der Fraktion im Falle der Einbeziehung des dort nicht mehr erwünschten Antragstellers mit den Nachteilen, die der Antragsteller ohne die Teilhabe am Leben der Fraktion erleidet, überwiegen die Belange des Antragstellers nicht so, daß es gerechtfertigt wäre, durch eine einstweilige Anordnung in diese fraktionsinterne Auseinandersetzung einzugreifen. Dem Antragsteller ist vielmehr unter Mitberücksichtigung der ihm auch außerhalb der Fraktion verbleibenden parlamentarischen Wirkungsmöglichkeiten zuzumuten, der Fraktion bis zur Entscheidung in der Hauptsache fernzubleiben.

d) Aber selbst wenn man die Nachteile, denen der Antragsteller jetzt für den Fall des Obsiegens in der Hauptsache ausgesetzt wird, als „schwer" genug ansähe, müßte der Erlaß einer einstweiligen Anordnung daran scheitern, daß sie entgegen den weiteren Voraussetzungen des § 30 Abs. 1 VerfGGBbg nicht „dringend" und „zum gemeinen Wohl" „geboten" wäre. Zwar liegt die gleichberechtigte Mitwirkung eines jeden Abgeordneten zugleich im Gemeinwohl. Auf der anderen Seite gilt es aber die Funktionsfähigkeit der Fraktion als Teil des Parlaments sicherzustellen (vgl. OVG Münster, NVwZ 1993, 399, 400). Auch von daher erscheint es sachgerecht, die Klärung im Hauptsacheverfahren abzuwarten.

Nr. 12

Eine Verfassungsbeschwerde, mit der die Verletzung des rechtlichen Gehörs im Verfahren der einstweiligen Verfügung gerügt wird, kann unter dem Gesichtspunkt der Subsidiarität unzulässig sein, wenn es dem Beschwerdeführer im Ergebnis um die im Hauptsacheverfahren zu klärende Frage geht.*

Verfassung des Landes Brandenburg Art. 52 Abs. 3

Verfassungsgerichtsgesetz § 45 Abs. 2

---

* Nichtamtlicher Leitsatz.

Beschluß vom 18. Juni 1996 – VfGBbg 20/95 –
in dem Verfahren über die Verfassungsbeschwerde des Herrn Dr. T. gegen Urteil des Landesarbeitsgerichts Brandenburg vom 18. Mai 1995.

Entscheidungsformel:
Die Verfassungsbeschwerde wird verworfen.

Gründe:

A.

Der Beschwerdeführer erstrebt die Aufhebung eines im einstweiligen Verfügungsverfahren ergangenen Urteils des Landesarbeitsgerichts Brandenburg. Das Gericht wies die Berufung gegen ein beim Arbeitsgericht Z. geltend gemachtes Begehren auf vorläufige Weiterbeschäftigung als Hochschullehrer zurück.

I.

Der Beschwerdeführer ist seit 1992 an der Fachhochschule Z. in X. – einer dem Ministerium des Innern nachgeordneten Einrichtung – als Dozent beschäftigt. Im Jahre 1994 bewarb er sich um die Planstelle eines Professors der Besoldungsgruppe C 3 an der Technischen Fachhochschule Y. Die Fachhochschule schlug dem Minister für Wissenschaft, Forschung und Kultur vor, den Beschwerdeführer für die angestrebte Professur zu berufen. Unter den beteiligten Referaten des Ministeriums kam es über die Frage, ob die Voraussetzungen für eine entsprechende Berufung nach dem Brandenburgischen Hochschulgesetz bei dem Beschwerdeführer gegeben seien, zu Meinungsverschiedenheiten. Der Beschwerdeführer erklärte sich daraufhin auch zu einer Professur im Angestelltenverhältnis bereit. Mit Schreiben vom 15. August 1994 teilte der Minister für Wissenschaft, Forschung und Kultur dem Beschwerdeführer mit, er „beabsichtige", ihn auf die entsprechende Planstelle zu berufen. Wegen der damaligen Regierungsneubildung im Land Brandenburg verzögerte sich indes die Unterzeichnung eines entsprechenden Arbeitsvertrages. Da die Technische Fachhochschule Y. den Beschwerdeführer bereits mit dem Beginn der Vorlesungen am 12. September 1994 einsetzen wollte, beauftragte ihn das Ministerium für Wissenschaft, Forschung und Kultur – auf entsprechenden Vorschlag der Fachhochschule – für die Zeit vom 10. September 1994 bis zum 31. Dezember 1994 mit der Vertretung der Professorenstelle. Hiermit erklärte sich der Beschwerdeführer einverstanden. Wegen seiner Tätigkeit an der Fachhochschule Z. in X. vereinbarte er am 28. September 1994 mit dem Minister des Innern, daß seine Dozententätigkeit mit Blick auf seine Verpflichtung an der Technischen Fachhochschule Y. bis zum 31. Dezember 1996 ruhen sollte; gleichzeitig verpflichtete er sich, in beschränktem Umfang auch in X. Lehrveranstaltungen durchzuführen. Ende Dezember 1994 informierte das Ministerium für Wissenschaft, Forschung und Kultur den Beschwerdeführer, daß es eine Rücknahme der „Ruferteilung" erwäge. Auf Bitten des Gründungsrektors der Technische Fachhochschule Y. kam man überein, die Professorenstellvertretung noch bis zum 31. Januar 1995 fortzuführen. Eine weitere Fortsetzung des Dienstverhältnisses lehnte das Ministerium ab.

Im Februar 1995 erhob der Beschwerdeführer vor dem Arbeitsgericht Z. Klage auf Feststellung über das Bestehen eines Arbeitsverhältnisses als Hochschullehrer. Das Klageverfahren ist nach Abweisung der Klage durch das Arbeitsgericht Z. bei dem Landesarbeitsgericht anhängig.

Mit Erhebung der Klage stellte der Beschwerdeführer vor dem Arbeitsgericht Z. zugleich den Antrag auf Erlaß einer einstweiligen Verfügung mit dem Ziel seiner vorläufigen Weiterbeschäftigung. Das Arbeitsgericht wies den Antrag durch Urteil vom 23. Februar 1995 zurück, weil – unabhängig von der Frage, ob ein Arbeitsvertrag zustandegekommen sei – ein Eilbedürfnis nicht gegeben sei. Gegen die Zurückweisung seines Eilantrages legte der Beschwerdeführer sodann Berufung zu dem Landesarbeitsgericht Brandenburg ein. Zu der Frage, ob ein Arbeitsverhältnis zwischen ihm und dem Land entstanden ist, äußerte er im Rahmen der Berufungsbegründung u. a. die Ansicht, der damalige Minister für Wissenschaft, Forschung und Kultur habe mit dem Schreiben vom 15. August 1994 ein (bindendes) Angebot zum Abschluß eines Angestelltenvertrages oder doch zum Abschluß eines entsprechenden Optionsvertrages abgegeben, das er – der Beschwerdeführer – sodann angenommen habe. Zur Glaubhaftmachung eines entsprechenden Rechtsbindungswillens legte er ein von dem damaligen Wissenschaftsminister unterzeichnetes Schreiben vom 7. März 1995 vor, mit dem dieser dem Beschwerdeführer mitteilt, er habe ihm mit dem damaligen Schreiben „die verbindliche Option zugunsten eines Angestelltenverhältnisses" eingeräumt. Ferner berief er sich zur Glaubhaftmachung eines Bindungswillens auf das Zeugnis des ehemaligen Ministers. Das Landesarbeitsgericht wies die Berufung durch Urteil vom 18. Mai 1995 zurück. Das Gericht stützte seine Entscheidung darauf, es könne nicht offensichtlich angenommen werden, daß zwischen den Beteiligten ein Arbeitsvertrag zustandegekommen sei. In diesem Zusammenhang sei dem Schreiben des Ministers für Wissenschaft, Forschung und Kultur vom 15. August 1994 nicht entnehmbar, daß dieser schon damit eine Bindung habe herbeiführen wollen. Dies ergebe sich aus der Wortwahl des Schreibens, wonach die Erteilung eines Rufes (nur) „beabsichtigt" sei, aber auch aus dem entsprechenden Willen der Beteiligten, insbesondere dem des damaligen Verfügungsklägers und jetzigen

Beschwerdeführers selbst. Dies zeigten etwa die nachfolgende Begründung des (bloßen) Stellvertreterverhältnisses sowie die Vereinbarung des Beschwerdeführers mit dem Ministerium des Innern, wonach die Verpflichtungen in X. nicht aufgelöst worden seien, sondern bis zu der seinerzeit ins Auge gefaßten Beendigung der Stellvertretertätigkeit nur ruhen sollten. Das Gericht habe daher dem Beweisanerbieten des Beschwerdeführers über einen Bindungswillen des ehemaligen Ministers nicht nachkommen müssen.

II.

Zur Begründung seiner hiergegen am 20. November 1995 rechtzeitig eingelegten Verfassungsbeschwerde macht der Beschwerdeführer geltend: Der Rechtsweg zu den Fachgerichten sei erschöpft. Er könne auch nicht auf das Hauptsacheverfahren verwiesen werden; selbst wenn er dort obsiegen würde, könne die von ihm bis dahin erstrebte (vorläufige) Beschäftigung als Hochschullehrer nicht rückwirkend erfolgen. Unabhängig davon beschwere ihn die Eilentscheidung schon deswegen, weil er als Unterliegender die Kosten tragen müsse. In der Sache verletze ihn die angegriffene Entscheidung in seinem Grundrecht auf Gewährung rechtlichen Gehörs aus Art. 52 Abs. 3 der Landesverfassung (LV). Das Gericht habe – ohne seinem Beweisantrag nachzugehen – einen Bindungswillen des früheren Ministers (schon) aufgrund nachträglich eingetretener Umstände verneint. Darin sei eine gegen das Prinzip der Gewährung rechtlichen Gehörs verstoßende vorweggenommene Beweiswürdigung zu sehen.

B.

Die Verfassungsbeschwerde ist unzulässig.

I.

Das Gericht kann offenlassen, ob der Beschwerdeführer nach Lage der Dinge überhaupt beschwerdebefugt ist. Insoweit muß zumindest die Möglichkeit einer Verletzung von Grundrechten – hier des Verfahrensgrundrechts aus Art. 52 Abs. 3 LV – gegeben sein. Der Sache nach geht es vorliegendenfalls um den Vorwurf, das Landesarbeitsgericht habe seine Schlußfolgerung, ein Rechtsbindungswille der Beteiligten sei nicht zustandegekommen, auf der Grundlage eines nicht zureichend aufgeklärten Sachverhalts vorgenommen. Ob sich hieraus eine Verletzung spezifischen Verfassungsrechts ergeben kann, erscheint jedenfalls zweifelhaft. Der Grundsatz des rechtlichen Gehörs gebietet verfassungsrechtlich lediglich, daß das Fachgericht die Ausführungen der

Prozeßbeteiligten zur Kenntnis zu nehmen und in Erwägung zu ziehen hat (vgl. BVerfGE 42, 364, 367 f.; 67, 90, 95), gewährt dagegen keinen Schutz gegen Entscheidungen, die den Sachvortrag eines Beteiligten aus Gründen des formellen oder materiellen Rechts, zum Beispiel als unerheblich, teilweise oder ganz außer Betracht lassen (vgl. etwa BVerfGE 21, 191, 194; 36, 92, 97 f.; 46, 315, 319; 60, 305, 310). Da das Landesarbeitsgericht den auf einen Rechtsbindungswillen der Beteiligten bezogenen Vortrag des Beschwerdeführers und seinen entsprechenden Beweisantritt zur Kenntnis genommen und ausdrücklich gewürdigt hat, spricht vieles dafür, daß es diesem verfassungsrechtlichen Mindestmaß gerecht geworden ist. Einer abschließenden Entscheidung hierzu bedarf es jedoch nicht, weil die Verfassungsbeschwerde jedenfalls aus anderen Gründen unzulässig ist.

II.

Der Zulässigkeit der Verfassungsbeschwerde steht der Grundsatz der Subsidiarität entgegen. Zwar hat der Beschwerdeführer den Rechtsweg im Sinne von § 45 Abs. 2 Satz 1 Verfassungsgerichtsgesetz Brandenburg (VerfGGBbg) erschöpft, weil gegen das angegriffene Urteil des Landesarbeitsgerichts vom 18. Mai 1995 im einstweiligen Verfügungsverfahren ein (weiteres) Rechtsmittel nicht gegeben ist (vgl. § 72 Abs. 4 Arbeitsgerichtsgesetz). Indessen geht der § 45 Abs. 2 VerfGGBbg zugrundeliegende Grundsatz der Subsidiarität der Verfassungsbeschwerde über das Gebot einer bloßen Rechtswegerschöpfung hinaus. Er dient einer sachgerechten Aufgabenverteilung zwischen dem Verfassungsgericht und den Fachgerichten. Demnach obliegt es vorrangig den Fachgerichten, einfachrechtliche Vorschriften auszulegen und die zur Anwendung der Vorschriften erforderlichen Ermittlungen sowie die Würdigung des Sachverhalts vorzunehmen (ständige Rechtsprechung des Verfassungsgerichts des Landes Brandenburg, vgl. Beschluß vom 20. Oktober 1994 – VfGBbg 12/94 – LVerfGE 2, 193, 197 f.; zuletzt Beschluß vom 23. Mai 1996 – VfGBbg 9/95 –*). Der Grundsatz der Subsidiarität verlangt deswegen von einem Beschwerdeführer, daß er – über eine bloße Rechtswegerschöpfung hinaus – alles im Rahmen seiner Möglichkeiten Stehende unternimmt, um eine etwaige Grundrechtsverletzung zu beseitigen oder zu verhindern. Er muß vor Anrufung des Verfassungsgerichts alle nach Lage der Dinge ihm gegebenenfalls zur Verfügung stehenden prozessualen Möglichkeiten zur Korrektur der geltend gemachten Verfassungsverletzung ergreifen (vgl. Verfassungsgericht des Landes Brandenburg, Beschluß vom 17. März 1994 – VfGBbg 11/93 – LVerfGE 2, 85, 87; zuletzt Beschluß vom 23. Mai 1996, aaO**).

---

* Siehe S. 170, 173.
** Siehe S. 170, 172 f.

Eine Verfassungsbeschwerde ist nach diesen Grundsätzen unter dem Gesichtspunkt der Subsidiarität regelmäßig auch dann unzulässig, wenn trotz Erschöpfung des Rechtswegs im einstweiligen fachgerichtlichen Rechtsschutzverfahren in zumutbarer Weise Rechtsschutz auch noch im fachgerichtlichen Hauptsacheverfahren erlangt werden kann (Verfassungsgericht des Landes Brandenburg, Beschluß vom 17. März 1994, aaO, LVerfGE 2, 85, 87; vgl. auch BVerfGE 77, 381, 401 ff.; 78, 290, 302 ff.; 80, 40, 45). So liegen die Dinge hier. Dem Beschwerdeführer ist – nachdem bisher ohnehin erst eine summarische Prüfung im Eilverfahren stattgefunden hat – zuzumuten, zunächst das schon beim Landesarbeitsgericht anhängige Hauptsacheverfahren durchzuführen und insoweit den Rechtsweg auszuschöpfen. Er rügt der Sache nach eine Grundrechtsverletzung, die sich nicht in erster Linie auf die Versagung vorläufigen Rechtsschutzes als solche (zu einem solchen Fall: BVerfGE 65, 227), sondern letztlich auf die Hauptsache bezieht: Auch soweit er geltend macht, er werde durch eine fehlerhafte Beweiswürdigung des Landesarbeitsgerichts in seinem Grundrecht auf Gewährung rechtlichen Gehörs verletzt, geht es letztlich um die Frage, ob ein – wie auch immer zu qualifizierendes – vertragliches Rechtsverhältnis zwischen ihm und dem Land Brandenburg zustande gekommen ist oder ob es – wie das Landesarbeitsgericht meint – an einem dafür erforderlichen Rechtsbindungswillen der Beteiligten fehlt. Die hiergegen erhobene Rüge hat danach den in der Hauptsache verfolgten Anspruch und die damit zusammenhängenden Feststellungen im Blick. Von daher bietet das Hauptsacheverfahren weiterhin die Möglichkeit, eine etwaige Fehlbeurteilung seines – auch dort zur Würdigung anstehenden – Beweisanerbietens gegebenenfalls noch zu korrigieren.

Das Subsidiaritätsprinzip findet allerdings dort seine Grenze, wo eine Verweisung auf das Hauptsacheverfahren eine mögliche Grundrechtsverletzung nicht mehr beseitigen oder verhindern könnte. Diesem Gedanken trägt auch § 45 Abs. 2 Satz 2 VerfGGBbg Rechnung, indem dort ausdrücklich eine Entscheidung vor Erschöpfung des Rechtsweges vorgesehen ist, wenn dem Beschwerdeführer anderenfalls ein schwerer und unabwendbarer Nachteil entstünde (vgl. Verfassungsgericht des Landes Brandenburg, Beschluß vom 17. März 1994, aaO, LVerfGE 2, 85, 87). Ein solcher schwerer und unabwendbarer Nachteil ist vorliegendenfalls indes nicht zu erkennen. Daß im Falle einer dem Beschwerdeführer günstigen Hauptsacheentscheidung eine Beschäftigung als Hochschullehrer nicht (mehr) rückwirkend erfolgen kann, kann eine Vorabentscheidung nicht rechtfertigen. Wenn sich der Beschwerdeführer in der Hauptsache durchsetzt, ist ihm die Lehrvergütung gegebenenfalls nachzuzahlen. Zwar spricht, etwa mit Blick auf die im Zusammenhang mit dem Antrag auf Nebentätigkeitsgenehmigung im September 1994 geäußerte Bereitschaft, die Tätigkeit in X. auch unentgeltlich fortzuführen, vieles dafür, daß der Beschwerdeführer auch unabhängig von der Frage der Vergütung seine berufliche Erfüllung darin sieht, als Hochschullehrer tätig zu sein. Dieser immaterielle Aspekt kann indes für eine – nur „im Ausnahmefall" (§ 45 Abs. 1 Satz 2 VerfGGBbg) zu treffende – Vorabentscheidung nicht genügen. Daß sich der Beschwerdeführer etwa in ungesicherter wirtschaftlicher Lage befände und deshalb zur Sicherung seines Unterhalts auf eine sofortige Weiterbeschäftigung an der Technischen Fachhochschule Y. angewiesen wäre, ist nicht vorgetragen und nicht ersichtlich. Im übrigen befindet sich das Hauptsacheverfahren bereits in der zweiten Instanz, so daß die Erschöpfung des Rechtsweges dort absehbar ist.

Soweit der Beschwerdeführer geltend macht, daß er jedenfalls durch die Auferlegung der Kostenlast für das einstweilige Rechtsschutzverfahren beschwert sei, vermag dies ein Rechtsschutzbedürfnis für die Anrufung des Verfassungsgerichts nicht zu begründen (vgl. etwa BVerfGE 50, 244, 248).

Entscheidungen des Staatsgerichtshofs der Freien Hansestadt Bremen

Die amtierenden Richter des Staatsgerichtshofs der Freien Hansestadt Bremen*

Prof. Günter Pottschmidt, Präsident
   (Brigitte Dreger)

Prof. Dr. Alfred Rinken, Vizepräsident
   (Heinz Brandt)
   (Hans Alexy)

Dr. Jörg Bewersdorf
   (Annegret Derleder)
   (Dr. Axel Boetticher)

Prof. Dr. Eckart Klein
   (Dr. Erich Röper)
   (Dr. Herbert Müffelmann)

Uwe Lissau
   (Rainer Kulenkampff)
   (Dr. Albert Schnelle)

Prof. Dr. Ulrich K. Preuß
   (Dr. Annegret Lenze)
   (Sabine Heinke)

Konrad Wesser
   (Friedrich Wulf)
   (Peter Friedrich)

* In Klammern die Stellvertreter

Nr. 1

1. Die in Art. 105 Abs. 5 der Bremischen Landesverfassung (BremLV) in der Fassung vom 01. November 1994 (Brem.GBl. S. 289) dem Petitionsausschuß der Bremischen Bürgerschaft verliehenen besonderen Petitionsinformationsrechte ergänzen das der Bremischen Bürgerschaft als Volksvertretung unmittelbar aus Art. 17 GG zustehende allgemeine parlamentarische Petitionsinformierungsrecht.

2. Gegenüber Stiftungen des bürgerlichen Rechts bestehen die parlamentarischen Petitionsinformationsrechte aus Art. 105 Abs. 5 BremLV, wenn diese Stiftungen als Träger öffentlicher Verwaltung zu qualifizieren sind; das ist der Fall, wenn sie unter maßgeblichem Einfluß der öffentlichen Hand öffentliche Aufgaben wahrnehmen.

Landesverfassung der Freien Hansestadt Bremen Art. 105 Abs. 5,
Art. 140 GG Art. 17

Bremisches Petitionsgesetz § 1 Abs. 2

Entscheidung vom 22. Januar 1996 – St 1/94 –

in dem Verfahren betreffend den Antrag von 20 Mitgliedern der Bremischen Bürgerschaft (Landtag) auf Klärung der Kompetenzen des Petitionsausschusses.

Entscheidungsformel:

1. Die in Art. 105 Abs. 5 der Bremischen Landesverfassung (BremLV) in der Fassung vom 1. November 1994 (Brem.GBl. S. 289) dem Petitionsausschuß der Bremischen Bürgerschaft verliehenen besonderen Petitionsinformationsrechte ergänzen das der Bremischen Bürgerschaft als Volksvertretung unmittelbar aus Art. 17 GG zustehende allgemeine parlamentarische Petitionsinformierungsrecht. Anders als das auf eine Auskunfterteilung beschränkte Petitionsinformierungsrecht aus Art. 17 GG stehen die weitergehenden besonderen Petitionsinformationsrechte aus Art. 105 Abs. 5 BremLV dem Petitionsausschuß der Bremischen Bürgerschaft nicht unmittelbar gegenüber den petitionsbetroffenen Trägern öffentlicher Verwaltung zu, sondern nur vermittelt über die zuständigen Mitglieder des Senats. Eine solche Ausgestaltung der

besonderen Petitionsinformationsrechte liegt innerhalb des dem Landesverfassunggeber zustehenden Entscheidungsspielraums.

2. Die Grundsätze der Optimierung des Petitionsgrundrechts und der Effektivität petitionsveranlaßter parlamentarischer Kontrolle gebieten es, den Begriff der Aufsicht in § 1 Abs. 2 des Petitionsgesetzes vom 26. März 1991 (Brem.GBl. S. 131) in einem materiellen, alle rechtlich eröffneten Einwirkungsmöglichkeiten umfassenden Sinne zu verstehen.

3. Gegenüber Stiftungen des bürgerlichen Rechts bestehen die parlamentarischen Petitionsinformationsrechte aus Art. 105 Abs. 5 BremLV, wenn diese Stiftungen als Träger öffentlicher Verwaltung zu qualifizieren sind; das ist der Fall, wenn sie unter maßgeblichem Einfluß der öffentlichen Hand öffentliche Aufgaben wahrnehmen. Eine Stiftung des bürgerlichen Rechts steht unter maßgeblichem Einfluß der öffentlichen Hand, wenn diese in der Lage ist, ihr Verhalten aufgrund rechtlicher oder tatsächlicher Durchsetzungsmacht zu steuern. Ob diese Voraussetzungen gegeben sind, ist aufgrund einer Gesamtwürdigung der jeweiligen Stiftung im Einzelfall zu entscheiden.

Gründe:

A.

Der Petitionsausschuß der Bremischen Bürgerschaft (Landtag) – Antragsteller – hat am 18. November 1994 beschlossen, den Staatsgerichtshof anzurufen; er hat ihm die mit Schriftsatz vom 23. März 1995 folgendermaßen formulierte Frage vorgelegt:

Betrifft das in Art. 105 Abs. 5 der Landesverfassung in der Fassung vom 1. November 1994 (Brem.GBl. S. 289) verankerte, durch § 1 des Gesetzes über die Behandlung von Petitionen durch die Bremische Bürgerschaft vom 26. März 1991 (Brem.GBl. S. 131) konkretisierte Recht des Petitionsausschusses, sich mit ihm vorliegenden Petitionen zu befassen und vom zuständigen Mitglied des Senats deshalb die Vorlage von Akten, den Zutritt zu öffentlichen Einrichtungen, Auskünfte und Amtshilfe zu verlangen, auch die Tätigkeit von Stiftungen des bürgerlichen Rechts, soweit diese eine der folgenden Voraussetzungen erfüllen:
1. der Stiftungsaufsicht des Landes unterstehen;
2. Aufgaben öffentlicher Verwaltung, insbesondere der Jugendhilfe erfüllen;
3. in öffentlich-rechtlicher Form tätig werden;
4. öffentliche Mittel des Landes oder der Stadtgemeinden erhalten und verwalten;
5. unter maßgeblicher Mitwirkung von Amtsträgern oder Angehörigen des öffentlichen Dienstes Bremens tätig werden, wenn diese bestellt werden
    a) durch die Freie Hansestadt Bremen,
    b) aufgrund ihrer Funktion im Dienst der Freien Hansestadt Bremen gemäß der Satzung der Stiftung?

I.

Anlaß der Antragstellung war eine an die Bremische Bürgerschaft (Landtag) gerichtete Petition, in der es um eine arbeitsrechtliche Auseinandersetzung einer Petentin mit der „Hans-Wendt-Stiftung" ging.

Bei der „Hans-Wendt-Stiftung" handelt es sich um eine vom Senat der Freien Hansestadt Bremen am 26. September 1919 genehmigte rechtsfähige Stiftung des privaten Rechts mit Sitz in Bremen. Nach § 3 der Stiftungsverfassung war Zweck der Stiftung die Gründung und Erhaltung einer Erholungsstätte zur Pflege erholungsbedürftiger, aber nicht kranker Kinder, ohne Unterschied des Religionsbekenntnisses; die Einrichtung sollte nicht nur zur Aufnahme armer Kinder dienen, sondern auch „erholungsbedürftigen Kindern von Eltern anderer Stände" offenstehen. Stiftungsvorstand war nach § 7 der Stiftungsverfassung zu Lebzeiten der Stifter selbst; später bestand der Vorstand aus mindestens fünf Personen. Als nach dem Zweiten Weltkrieg der Wert des Stiftungsvermögens durch Inflation und Währungsreform zusammengeschrumpft war, gab es Überlegungen zu einer Auflösung der Stiftung und zu einer Übertragung ihres Vermögens auf die Stadt Bremen. Diese Überlegungen wurden jedoch nicht verwirklicht. Statt dessen wurde der Stiftung eine weitgehend von der Stadtverwaltung bestimmte neue Satzung gegeben; in ihr wurde mit einer Einkommensbeschränkung für die Eltern der zu betreuenden Kinder die Stiftungstätigkeit an die Sozialfürsorge angebunden.

Die zur Zeit des Anlaßfalles geltende, vom Senator für Inneres am 26. Januar 1983 genehmigte Stiftungsverfassung enthielt u. a. folgende Bestimmungen:

§ 2

Zweck der Stiftung ist die Schaffung und der Betrieb von Einrichtungen zur Förderung und Wiederherstellung der physischen und psychischen Tüchtigkeit von Kindern (jungen Menschen) ohne Unterschied des weltanschaulichen oder religiösen Bekenntnisses.

§ 4

(1) Der Vorstand der Stiftung besteht aus
a) dem für die Jugendhilfe zuständigen Senator,
b) zwei von dem für die Jugendhilfe zuständigen Senator zu bestellenden Bediensteten seines Geschäftsbereichs,
c) zwei von dem für die Jugendhilfe zuständigen Senator zu berufenden Mitgliedern, die besondere Fachkenntnisse und Erfahrung auf dem Gebiet der Jugendhilfe haben,
d) zwei in der Stadtgemeinde Bremen zugelassenen Rechtsanwälten, die nach Anhörung der Hanseatischen Rechtswaltskammer Bremen von dem für die Jugendhilfe zuständigen Senator bestellt werden.

(2) Der Vorstand wählt aus seiner Mitte einen Vorsitzer, einen stellvertretenden Vorsitzer und einen Rechnungsführer.

(3) Der Vorstand vertritt die Stiftung gerichtlich und außergerichtlich durch den Vorsitzer, im Falle seiner Verhinderung durch den Stellvertreter...

(4) Die Vorstandsmitglieder üben ihre Ämter ehrenamtlich aus und erhalten dafür keine Vergütung. Barauslagen werden ihnen erstattet.

§ 6

(1) Der Vorstand kann für die Verwaltung der Stiftung und ihrer Einrichtungen Geschäftsführer bestellen. Sie sind dem Vorstand verantwortlich und an seine Weisungen gebunden.

Am 14. Januar 1993 hat der Senator für Inneres eine Reihe von Satzungsänderungen genehmigt.

II.

Zur Begründung ihres Antrags tragen die Antragsteller im wesentlichen vor:

1. Der Antrag sei nach Art. 140 Abs. 1 Satz 1 BremLV zulässig, da er die Entscheidung einer Zweifelsfrage über die Auslegung der Landesverfassung (Art. 105 Abs. 5 BremLV) und anderer staatsrechtlicher Vorschriften (Petitionsgesetz) betreffe. Soweit es auf Art. 17 GG ankomme, handele es sich um eine grundgesetzkonforme Auslegung, zu der der Staatsgerichtshof nicht nur berechtigt, sondern auch verpflichtet sei.

2. Der Antrag sei auch begründet. Die Behandlung von Bitten, Anregungen und Beschwerden, die die Tätigkeit von Stiftungen des bürgerlichen Rechts beträfen, gehöre unter folgenden Voraussetzungen zum Aufgabenbereich des Petitionsausschusses der Bremischen Bürgerschaft:

(1) Eingaben, die das Tun und Unterlassen von Stiftungen des bürgerlichen Rechts beträfen, seien dann Petitionen, wenn sie das Verhalten der Stiftung nur mittelbar beträfen, unmittelbar aber gegen ein Tun oder Unterlassen der öffentlichen Hand im Rahmen der Stiftungsaufsicht oder sonstiger Einwirkungsmöglichkeiten gerichtet seien oder das Verhalten der Stiftung unmittelbar beträfen und die Stiftung als sonstiger Träger öffentlicher Verwaltung im Sinne des § 1 Abs. 2 Satz 1 PetG zu qualifizieren sei.

(2) Stiftungen des bürgerlichen Rechts seien dann als sonstige Träger öffentlicher Verwaltung im Sinne des § 1 Abs. 2 Satz 1 PetG anzusehen, wenn sie als Beliehene mit der Wahrnehmung hoheitlicher Aufgaben in öffentlich-rechtlicher Form betraut würden oder zum Bereich der privatrechtlich organisierten Verwaltung zu rechnen seien.

(3) Zur privatrechtlich organisierten Verwaltung seien Stiftungen zu rechnen, die gemeinnützige Zwecke verfolgten, der Rechtsaufsicht des Landes gemäß §§ 11 ff. BremStiftG unterständen und
- deren Tätigkeit zu einem wesentlichen Teil von der öffentlichen Hand finanziert werde oder
- die von Personen, die von der Freien Hansestadt Bremen bestellt worden seien, allein oder überwiegend verwaltet würden, unabhängig davon, ob sie rechtlich weisungsgebunden seien, oder
- die von Amtsträgern oder Angehörigen des öffentlichen Dienstes Bremens allein oder maßgeblich verwaltet würden, wenn diese aufgrund ihrer Funktion im Dienst der Freien Hansestadt Bremen gemäß der Satzung der Stiftung bestellt würden.

(4) Die Stiftungsaufsicht, die Erfüllung von Aufgaben der Jugendhilfe, die Finanzierung durch die öffentliche Hand und die Verwaltung durch Amtsträger und Angehörige des öffentlichen Dienstes Bremens jeweils für sich allein vermöchten eine unmittelbare Zuständigkeit des Petitionsausschusses in Angelegenheiten einer Stiftung bürgerlichen Rechts nicht zu begründen.

Im Rahmen der so definierten Zuständigkeit zur Behandlung von Petitionen, die die Tätigkeit von Stiftungen des bürgerlichen Rechts beträfen, bestünden die folgenden parlamentarischen Befugnisse:

(1) Petitionsausschuß und Bürgerschaft hätten das Recht, durch Überweisungsbeschluß gemäß § 9 PetG über Petitionen zu beschließen (Petitionsüberweisungsrecht). Der Überweisungsbeschluß sei als schlichter Parlamentsbeschluß für die Verwaltung und Dritte, namentlich auch für sonstige Träger öffentlicher Verwaltung, politisch relevant, aber nicht bindend.

(2) Petitionsausschuß und Bürgerschaft hätten einen Anspruch darauf, durch den zuständigen Senator informiert zu werden (Petitionsinformationsrecht). Die Verhältnismäßigkeit der Einholung im Rahmen von Aufsichtsbefugnissen zu erlangender Informationen, namentlich von sonstigen Trägern öffentlicher Verwaltung, sei unter Berücksichtigung dieses Anspruchs zu beurteilen. Insoweit bestehe auch eine Rechtspflicht zur Aktenvorlage. Ein Zutrittsrecht bestehe dagegen nur bei von den Mitgliedern des Senats verwalteten öffentlichen Einrichtungen.

III.

Der Senat der Freien Hansestadt Bremen hält den Antrag für unzulässig. Bei der Vorlagefrage gehe es nicht um die Klärung der Tragweite des verfassungsrechtlich garantierten Petitionsrechts, sondern um die Frage, ob eine konkrete an den Petitionsausschuß gerichtete Beschwerde als Petition im Sinne des § 1 Abs. 2 PetG anzusehen sei. Das sei aber weder eine Zweifelsfrage über die Auslegung der Verfassung noch eine staatsrechtliche Frage im Sinne von Art. 140 BremLV, sondern eine Frage der Auslegung des einfachen Gesetzes. Die Auslegung des § 1 Abs. 2 PetG aber lasse kaum Zweifel offen. Da die Hans-Wendt-Stiftung eine Stiftung des privaten Rechts sei, könne der Petitionsausschuß deren Tun oder Unterlassen nicht prüfen.

Der Senator für Justiz und Verfassung hat ergänzend vorgetragen: Der Antrag sei unzulässig. Mit der Vorlagefrage werde keine wirkliche Zweifelsfrage im Sinne des Art. 140 BremLV gestellt, sondern eine rein theoretische Frage, über die es zwischen Bürgerschaft und Senat niemals Differenzen gegeben habe. Zudem betreffe die Vorlagefrage eine Auslegung des einfachen Rechts, für die der Staatsgerichtshof nicht zuständig sei. Aber selbst wenn man die Vorlagefrage als eine Frage nach dem Umfang des Petitionsrechts und damit als eine verfassungsrechtliche Frage auffasse, sei der Staatsgerichtshof zu ihrer Beantwortung nicht zuständig. Denn dann gehe es nicht um eine Auslegung des Art. 105 Abs. 5 BremLV, sondern um eine Interpretation des in dieser Bestimmung vorausgesetzten bundesrechtlichen Petitionsgrundrechts aus Art. 17 GG, die dem Staatsgerichtshof als Landesverfassungsgericht verwehrt sei.

Der Präsident der Bremischen Bürgerschaft hat von einer Stellungnahme abgesehen.

IV.

In der mündlichen Verhandlung am 2. Dezember 1995 hat der Verfahrensbevollmächtigte Prof. Dr. S. für die Antragsteller deren Auffassung weiter erläutert. Staatsrat G. hat für den Senator für Justiz und Verfassung Stellung genommen.

Dem Staatsgerichtshof haben folgende Unterlagen vorgelegen: Rechnungshof der Freien Hansestadt Bremen, Abschließender Bericht über die Prüfung der Haushalts- und Wirtschaftsführung der Hans-Wendt-Stiftung, Bremen, den 31. Oktober 1990; Bremische Bürgerschaft (Landtag), Bericht des Parlamentarischen Untersuchungsausschusses „Hans-Wendt-Stiftung", Drucks. 12/1309 vom 29. August 1991, mit Minderheitsvoten, Drucks. 12/1310 vom 02. September 1991. Sie waren, soweit sie in dieser Entscheidung verwertet sind, Gegenstand der mündlichen Verhandlung.

B.

I.

Der Antrag ist zulässig.

Die Zuständigkeit des Staatsgerichtshofs ergibt sich aus Art. 140 Abs. 1 Satz 1 BremLV. Es handelt sich um die Entscheidung von Zweifelsfragen über die Auslegung des Art. 105 Abs. 5 BremLV in der Fassung vom 1. November 1994 (Brem.GBl. S. 289) und – soweit es um die Auslegung des § 1 Abs. 2 PetG geht – um eine staatsrechtliche Frage. Soweit für die Konkretisierung des Landesrechts eine Auslegung des nicht in der Landesverfassung, sondern in Art. 17 GG garantierten Petitionsrechts erforderlich ist, ist der Staatsgerichtshof zur Inzidenter-Entscheidung auch dieser bundesrechtlichen Vorfrage zuständig (BremStGHE 1, 73, 77; 3, 97, 102; 4, 57, 64). Ob die dem Staatsgerichtshof vorgelegte Frage Gegenstand von Meinungsverschiedenheiten zwischen Bürgerschaft und Senat gewesen ist, ist für die Zulässigkeit des Antrags ohne Belang; es genügt, daß sie im Petitionsausschuß umstritten war (BremStGHE 4, 19, 26 f.).

Die Antragsteller sind 20 Mitglieder der Bremischen Bürgerschaft (Landtag) der 13. Wahlperiode. Zur Zeit der Antragstellung war das nach Art. 140 Abs. 1 Satz 1 BremLV erforderliche Quorum von einem Fünftel der gesetzlichen Mitgliederzahl der Bürgerschaft erfüllt. Ob alle Antragsteller auch noch der Bremischen Bürgerschaft (Landtag) der 14. Wahlperiode angehören, ist angesichts des objektiven Charakters des Verfahrens nach Art. 140 Abs. 1 Satz 1 BremLV für die Zulässigkeitsfrage ohne Belang (BremStGHE 3, 41, 52 f.; 5, 57, 60 f.). Ein objektives Klarstellungsinteresse (vgl. BremStGHE 3, 41, 53; 3, 97, 100 f.; 4, 74, 78) ist aufgrund des konkreten Anlaßfalles gegeben.

II.

In der Sache stützt der Staatsgerichtshof seine Entscheidung auf folgende Erwägungen: Die mit der Vorlagefrage dem Staatsgerichtshof zur Klärung vorgelegten Bestimmungen (Art. 105 Abs. 5 BremLV; § 1 Abs. 2 und § 4 PetG) müssen im Zusammenhang des ihnen durch Art. 17 GG vorgegebenen Kontextes ausgelegt werden. Aus diesem Zusammenhang ergibt sich, daß die in Art. 105 Abs. 5 BremLV dem Petitionsausschuß verliehenen besonderen Petitionsinformationsrechte das unmittelbar aus Art. 17 GG resultierende allgemeine parlamentarische Petitionsinformierungsrecht ergänzen. Das allgemeine Petitionsinformierungsrecht aus Art. 17 GG steht der Bremischen Bürgerschaft als Volksvertretung unmittelbar gegenüber allen Trägern öffentlicher Verwaltung zu; die besonderen Petitionsinformationsrechte stehen dem Petitionsausschuß der Bremischen Bürgerschaft in dem durch Art. 105 Abs. 5 Sätze 2 und 3 BremLV, § 4 i. V. m. § 1 Abs. 2 PetG umschriebenen Umfang zu (dazu unter 1.). Gegenüber Stiftungen des bürgerlichen Rechts bestehen diese Informationsrechte, wenn diese Stiftungen als Träger öffentlicher Verwaltung zu qualifizieren sind; das ist der Fall, wenn sie unter maßgeblichem Einfluß der öffentlichen Hand öffentliche Aufgaben wahrnehmen. Ob diese Voraussetzungen gegeben sind, ist aufgrund einer Gesamtwürdigung der jeweiligen Stiftung im Einzelfall zu entscheiden (dazu unter 2.).

1. Die bremische Landesverfassung enthält keine eigene Garantie des Petitionsrechts; eine solche ergibt sich vielmehr unmittelbar aus der Bundesverfassung. Nach Art. 17 GG hat jedermann das Recht, sich einzeln oder in Gemeinschaft mit anderen schriftlich mit Bitten oder Beschwerden an die zuständigen Stellen und an die Volksvertretung zu wenden. Dabei umfaßt der Begriff „Volksvertretung" auch die Länderparlamente (vgl. *Burmeister* Das Petitionsrecht, in: Isensee/Kirchhof (Hrsg.), Handbuch des Staatsrechts der Bundesrepublik Deutschland, Bd. II, 1987, § 32, Rdn. 47, mwN). Die bremische Landesverfassung setzt den in Art. 17 GG gewährleisteten Grundrechtsstandard voraus und trifft in Art. 105 Abs. 5 ergänzende Regelungen. Diese landesverfassungsrechtlichen Ergänzungen können nur auf dem Hintergrund der bundesverfassungsrechtlichen Gewährleistung richtig verstanden werden.

a) Das Grundrecht des Art. 17 GG gibt jedermann das Recht, außerhalb der formellen Verwaltungs- und Rechtsmittelverfahren und zusätzlich zu diesen seine Anliegen und Interessen vorzutragen und eine Nachprüfung zu erreichen. Als Petitionsadressaten nennt Art. 17 GG neben den „zuständigen Stellen" audrücklich „die Volksvertretung". Obwohl die Volksvertretung (Bundestag und Länderparlamente) in aller Regel den an sie gerichteten Bitten oder Beschwerden nicht selbst abhelfen kann, ist gerade das Recht zu Petitionen an das Parlament von besonderer Bedeutung. Auch ohne eigene Abhilfekompetenz kann das Parlament in besonders wirksamer Weise politischen Einfluß ausüben, Lösungen anregen und Regierungen und Verwaltungen um Abhilfe ersuchen. Darüber hinaus ist die Petition ein spezifisches Mittel, das Parlament mit den Bürgern in engeren Kontakt zu bringen und deren Vertrauen zu gewinnen. Auf solche Weise entfaltet das Petitionsrecht nicht nur eine Integrationsfunktion, sondern gibt der Volksvertretung zugleich die Möglichkeit, Mißstände zu erkennen und auf sie zu reagieren; es dient damit als „soziales Frühwarnsystem" und trägt zur Effektivierung der parlamentarischen Kontrolle über die vollziehende Gewalt bei (Deutscher Bundestag, Zwischenbericht der Enquete-Kommission zu Fragen der Verfassungsreform, BT-Drucks. VI/3829, S. 29; G. *Dürig* in: Maunz/Dürig, Grundgesetz, Kommentar, Rdn. 4. zu Art. 45c; *Friesenhahn* in: FS Huber 1981, S. 353 ff., 355; *Hesse* Grundzüge des Verfassungsrechts der Bundesrepublik Deutschland, 18. Aufl. 1991, Rdn. 463; *Stein* in: Alternativkommentar zum Grundgesetz, 2. Aufl. 1989, Rdn. 33 zu Art. 17; *Graf Vitzthum* Petitionsrecht und Volksvertretung, 1985, S. 39; *Graf Vitzthum/März* in: Schneider/Zeh (Hrsg.), Parlamentsrecht und Parlamentspraxis, 1989, § 45 Rdn. 20 ff.).

Das Petitionsrecht begründet eine formelle Allzuständigkeit der Parlamente für alle in den Kompetenzbereich des Bundes oder der Länder fallenden Petitionen und enthält eine umfassende Behandlungskompetenz, der eine Behandlungspflicht der Parlamente entspricht. Art. 17 GG verpflichtet die Volksvertretungen des Bundes und der Länder zu Kenntnisnahme, sachlicher Prüfung und Bescheidung der bei ihnen eingereichten Bitten und Beschwerden. Grenzen der formellen Allzuständigkeit der Parlamente ergeben sich aus der bundesstaatlichen Ordnung und der Unabhängigkeit der Justiz (BVerfGE 2, 255, 230; BVerfG, Kammerentsch. vom 15. Mai. 1992, NJW 1992, 3033; *Burmeister* aaO, Rdn. 48; *Graf Vitzthum* Petitionsrecht und Volksvertretung, S. 41 ff.).

Art. 17 GG gibt den Parlamenten nicht nur Kompetenzen und Pflichten zur Behandlung der an sie gerichteten Petitionen, sondern räumt ihnen als „parlamentarische Annexrechte" auch die Befugnisse ein, ohne die eine sachgerechte Erfüllung des Bescheidungsanspruchs unmöglich wäre. Anders als die „zuständigen Stellen" i. S. des Art 17 GG haben die angerufenen Parlamente bei Petitionen, die sich auf die Exekutive beziehen, regelmäßig keine eigenen Informationen zu dem vom Petenten vorgebrachten Sachverhalt. Ihrer Behandlungs- und Bescheidungsverpflichtung aus Art. 17 GG können sie deshalb nur entsprechen, wenn ihnen das Recht zusteht, über die tatsächlichen Vorgänge unterrichtet zu werden. Die in Art. 17 GG enthaltene Aufgabe der Petitionsbehandlung eröffnet den Parlamenten im Vorfeld und zur Ermöglichung der Aufgabenwahrnehmung die im Petitionsrecht „mitgeschriebene" Befugnis zur aufgabenbezogenen Informationseinholung und Sachprüfung, soweit dem Grundrechte und die Funktionsfähigkeit der betroffenen staatlichen Organe nicht entgegenstehen (so *Graf Vitzthum* Petitionsrecht und Volksvertretung, S. 59, im Anschluß an *Dürig* in: Maunz/Dürig, Grundgesetz, Kommentar, Rdn. 70 ff. zu Art. 17; *J. Burmeister* aaO, Rdn. 49; *Graf Vitzthum/März* aaO, Rdn. 35 f.; *Achterberg/Schulte* in: v. Mangoldt/Klein, Das Bonner Grundgesetz, Kommentar, 1991, Rdn. 51 zu Art. 45 c, mwN; kritisch: *Achterberg* Parlamentsrecht, 1984, S. 455; *Würtenberger* in: Bonner Kommentar, Rdn. 81 zu Art. 45 c). Die Parlamente werden diese ihnen als Verfassungsorgan zukommende Befugnis in der Regel durch die jeweiligen Petitionsausschüsse ausüben.

Die nähere Inhaltsbestimmung dieses originären Petitionsinformierungsrechts steht unter den Direktiven der Optimierung des Petitionsgrundrechts und der Effektivierung der petitionsveranlaßten parlamentarischen Kontrolle (zum Verfassungsgebot der wirksamen parlamentarischen Kontrolle vgl. BremStGHE 4, 15, 24 ff.) auf der einen Seite und der im Gewaltenteilungsprinzip gründenden Respektierung der verfassungsrechtlichen Eigenständigkeit der Regierung (BVerfGE 9, 268, 281; 68, 1, 87; BremStGHE 4, 15, 26) auf der anderen Seite. Den gegenläufigen Anforderungen dieser Direktiven entspricht das Petitionsinformierungsrecht, wenn es als ein für die sachgerechte Petitionserledigung unerläßliches Vorbereitungsrecht verstanden wird, als das möglichst ungehinderte Recht des Parlaments zur Recherche, „was eigentlich los ist" (*Dürig* aaO, Rdn. 75 zur Art. 17; *Graf Vitzthum* Petitionsrecht und Volksvertretung, S. 61).

Ein so verstandenes Petitionsinformierungsrecht ist seinem Umfang nach auf das Recht des Parlaments und die damit korrespondierende Pflicht des petitionsbetroffenen Trägers öffentlicher Verwaltung zur mündlichen oder schriftlichen Auskunft beschränkt (*Graf Vitzthum/März* aaO, Rdn. 36). Weitergehende Informationsrechte wie Anhörung, Aktenvorlage und Inspektion (so aber *Burmeister* aaO, Rdn. 50 ff.) sind zur Wahrnehmung des parlamentarischen Petitionsrechts nicht unerläßlich; sie sind so intensive Eingriffe in den von der Regierung zu verantwortenden exekutiven Bereich, daß sie nicht ohne Regelung des einfachen Gesetzgebers eingeräumt werden können.

Den Anforderungen der Grundrechtsoptimierung und Kontrolleffektivität wäre allerdings nicht Genüge getan, wenn Adressat des in seinem Umfang auf schriftliche Auskunftsverlangen beschränkten Petitionsinformierungsrechts ausschließlich die Regierung wäre. Eine solche Monopolisierung des Informationsflusses würde nicht nur die der Aufsicht der Regierung entzogenen oder nur partiell unterstehenden Verwaltungseinheiten (Annexverwaltungen der Verfassungsorgane; sog. ministerialfreie Verwaltungen, insbes. Rechnungshöfe) dem parlamentarischen Petitionsrecht völlig entziehen (dazu *Graf Vitzthum* Petitionsrecht und Volksvertretung, S 61 ff.), sie wäre vor allem eine systemwidrige Benachteiligung parlamentsgerichteter Petitionen gegenüber den Petitionen, die an eine „zuständige Stelle" gerichtet werden. Während die „zuständige Stelle" den Petenten auf der Grundlage umfassender Sachverhaltskenntnis bescheiden könnte, wäre die Volksvertretung schon bei der Meinungsbildung über die Sachhaltigkeit einer Petition auf regierungsvermittelte Informationen angewiesen, deren Vollständigkeit sie häufig nicht überprüfen könnte. Deshalb besteht das parlamentarische Petitionsinformierungsrecht aus Art. 17 GG nicht nur gegenüber der Regierung, an die die Parlamente (Petitionsausschüsse) ihr Auskunftsverlangen selbstverständlich richten können und häufig auch richten werden, sondern darüber hinaus ohne Vermittlung der Regierung unmittelbar gegenüber den einzelnen zuständigen Trägern öffentlicher Verwaltung (vgl. *Burmeister* aaO, Rdn. 50; *Mattern* Petitionsrecht, in: Neumann/Nipperdey/Scheuner, Die Grundrechte, Bd. II, 1954, S. 636; weitere Nachw. bei *Graf Vitzthum* Petitionsrecht und Volksvertretung, S. 63; für ein Petitionsinformierungsrecht nur gegenüber der Regierung: Zwischenbericht der Enquete-Kommission, aaO, S. 29 f.; *Dürig* aaO, Rdn. 5 zu Art. 45 c; *Friesenhahn* aaO, S. 363; eine Zwischenposition bei *Graf*

Vitzthum Petitionsrecht und Volksvertretung, S. 61 ff.; *Graf Vitzthum/März* aaO, Rdn. 37; *Achterberg/Schulte* aaO, Rdn. 52 f.).

b) Art. 105 Abs. 5 BremLV trifft über diesen bundesrechtlich gewährleisteten Grundrechtsstandard hinausgehende ergänzende Regelungen. Die Behandlung der an die Bürgerschaft gerichteten Bitten, Anregungen und Beschwerden obliegt danach einem von der Bürgerschaft gewählten Petitionsausschuß (Art. 105 Abs. 5 Satz 1 BremLV). Dessen Informationsrechte werden über das unmittelbar aus Art. 17 GG folgende Petitionsinformierungsrecht hinaus erweitert: Auf Verlangen der Mitglieder des Petitionsausschusses ist das zuständige Mitglied des Senats verpflichtet, dem Petitionsausschuß Akten vorzulegen, Zutritt zu den von ihm verwalteten öffentlichen Einrichtungen zu gewähren, alle erforderlichen Auskünfte zu erteilen und Amtshilfe zu leisten (Art. 105 Abs. 5 Satz 2 BremLV). Anders als das zu Art. 45 c GG für die Bundesverwaltung ergangene Gesetz über die Befugnisse des Petitionsausschusses des Deutschen Bundestages vom 19. Juli 1975 (BGBl. I S. 1921) und die landesverfassungsrechtlichen Regelungen in Brandenburg, Mecklenburg-Vorpommern, Nordrhein-Westfalen, Rheinland-Pfalz, Sachsen-Anhalt und Schleswig-Holstein verleiht die Bremische Landesverfassung die erweiterten Informationsrechte dem Petitionsausschuß nicht unmittelbar gegenüber den petitionsbetroffenen Trägern öffentlicher Verwaltung, sondern nur vermittelt über die zuständigen Mitglieder des Senats. Diese restriktivere Ausgestaltung der besonderen Petitionsinformationsrechte liegt innerhalb des dem Landesverfassunggeber zustehenden Entscheidungsspielraums.

Die nähere Regelung wird durch Art. 105 Abs. 5 Satz 3 BremLV dem Gesetzgeber aufgetragen, der von dieser Ermächtigung mit dem Gesetz über die Behandlung von Petitionen durch die Bremische Bürgerschaft (Petitionsgesetz – PetG) vom 26. März 1991 (Brem.GBl. S. 131) Gebrauch gemacht hat. § 4 PetG, der in seinen Einzelregelungen nicht Gegenstand dieses Verfahrens ist, konkretisiert die erweiterten Petitionsinformationspflichten der Senatsmitglieder aus Art. 105 Abs. 5 Satz 2 BremLV. § 1 Abs. 2 PetG enthält keine Einschränkung des dem Landesrecht durch Art. 17 GG vorgegebenen Petitionsbegriffs; vielmehr enthält die Vorschrift die Klarstellung, daß die erweiterten Informationspflichten nur soweit gehen können, wie die rechtlichen Einwirkungsmöglichkeiten der Senatsmitglieder auf die Träger öffentlicher Verwaltung und ihre an diese Einwirkungsmöglichkeiten gebundene parlamentarische Verantwortlichkeit reichen. Danach unterfallen der erweiterten Informationspflicht Petitionen, die ein Tun oder Unterlassen des Senats, der Behörden des Landes und der Stadtgemeinde Bremen sowie der Körperschaften, Anstalten und Stiftungen des öffentlichen Rechts oder sonstiger Träger öffentlicher Verwaltung betreffen, und zwar in dem Umfang, in dem sie der Aufsicht des

Landes unterstehen (§ 1 Abs. 2 Satz 1 PetG), sowie Petitionen, die sich gegen privatrechtlich organisierte Unternehmen des Landes oder der Stadtgemeinde Bremen richten, soweit sie unter der Aufsicht des Landes „öffentlich-rechtliche Tätigkeit ausüben" (so § 1 Abs. 2 Satz 2 PetG). Werden die besonderen Informationspflichten der Senatsmitglieder auf diese Weise an den Umfang ihrer parlamentarischen Verantwortlichkeit gekoppelt und auf diesen Verantwortungsbereich beschränkt, so unterstehen sie in diesem Umfang wiederum den Grundsätzen der Optimierung des Petitionsgrundrechts und der Effektivität petitionsveranlaßter parlamentarischer Kontrolle. Diese Grundsätze gebieten es, den in § 1 Abs. 2 PetG verwendeten Begriff der Aufsicht nicht in einem formellen Sinne (etwa der Stiftungsaufsicht) zu verstehen, sondern in einem materiellen, alle rechtlich eröffneten Einwirkungsmöglichkeiten umfassenden Sinne.

2. Vor diesem Hintergrund ist die Frage zu klären, ob und in welchem Umfang die dargestellten parlamentarischen Petitionsinformationsrechte im Rahmen der Behandlung solcher Petitionen bestehen, die sich auf die Tätigkeit von Stiftungen des bürgerlichen Rechts beziehen.

a) Soweit eine Petition das Verhalten einer privatrechtlichen Stiftung nur mittelbar betrifft, unmittelbar aber gegen ein Tun oder Unterlassen des Senats oder einer Landes- oder Kommunalbehörde im Rahmen der Stiftungsaufsicht oder sonstiger Einwirkungsmöglichkeiten gerichtet ist, ergeben sich keine besonderen Probleme; hier ist die zur Einwirkung befugte Behörde die petitionsbetroffene Stelle, gegen die sich auch die (direkten oder regierungsvermittelten) parlamentarischen Informationsrechte richten. Klärungsbedürftig ist hingegen die Fallkonstellation, bei der eine Petition sich unmittelbar und ausschließlich auf das Verhalten einer Stiftung des bürgerlichen Rechts bezieht.

Gegenüber Stiftungen des bürgerlichen Rechts bestehen die parlamentarischen Petitionsinformationsrechte aus Art. 105 Abs. 5 BremLV, wenn sie ungeachtet ihrer privaten Rechtsform materiell der öffentlichen Verwaltung zuzurechnen und damit als „Träger öffentlicher Verwaltung" zu qualifizieren sind. Das ergibt sich sowohl aus Art. 17 GG als auch aus den ergänzenden landesrechtlichen Bestimmungen. Nach Art. 17 GG bezieht sich das Petitionsrecht einschließlich seiner informatorischen Annexrechte auf den gesamten Bereich der Exekutive, mag diese durch Einrichtungen der unmittelbaren oder mittelbaren Verwaltung in öffentlich-rechtlicher oder privatrechtlicher Form wahrgenommen werden (*Graf Vitzthum/März* aaO, Rdn. 18). Die dem Petitionsausschuß nach Art. 105 Abs. 5 Satz 2 BremLV in Verbindung mit § 4 Abs. 1 PetG eingeräumten erweiterten Informationsbefugnisse bestehen nach § 1 Abs. 2 Satz 1 PetG nicht nur gegenüber den im einzelnen aufgezählten Behörden und juristischen Personen des öffentlichen Rechts, sondern gegenüber allen „sonstigen Trägern öffentlicher Verwaltung", und zwar in dem Umfang, in dem sie der Aufsicht des Landes in dem oben umschriebenen materiellen Sinne unterstehen.

Die Qualifizierung einer Stiftung des bürgerlichen Rechts als Träger öffentlicher Verwaltung ist unproblematisch, wenn und soweit sie als Beliehene mit der Wahrnehmung hoheitlicher Aufgaben in öffentlich-rechtlicher Form betraut ist. Soweit der öffentlich-rechtliche Aufgabenkreis reicht, unterliegt eine solche Stiftung den dargestellten parlamentarischen Informationsansprüchen.

Zum Kern dieses Verfahrens führt die Frage, unter welchen Voraussetzungen eine Stiftung des bürgerlichen Rechts in ihrem privatrechtlichen Handlungsbereich als Träger öffentlicher Verwaltung zu qualifizieren ist. Die Antwort auf diese Frage hängt davon ab, wie die Grenze zwischen der im demokratischen und rechtsstaatlichen Legitimations- und Verantwortungszusammenhang stehenden staatlichen Gewalt auf der einen Seite und freier gesellschaftlicher Tätigkeit auf der anderen Seite in dem hier betroffenen Teilbereich zu ziehen ist. Der sein Grundrecht aus Art. 17 GG gegenüber einer Stiftung des bürgerlichen Rechts ausübende Petent aktiviert über den Petitionsausschuß staatliche Kontrollgewalt im privatrechtlich organisierten Bereich.

Die Verlagerung öffentlicher Verwaltungstätigkeiten auf privatrechtliche Organisationen darf nicht zu einer Flucht der (staatlichen und kommunalen) Verwaltung in das Privatrecht und damit zu einer Aushöhlung verfassungsrechtlicher Verantwortungsstrukturen führen, zu denen auch die parlamentarische Petitionskontrolle gehört. Jedoch steht der grundrechtliche Schutz gesellschaftlicher Selbsttätigkeit (insbes. Art. 12 Abs. 1 GG; für religiös geprägte Aktivitäten Art. 4 Abs. 1 und 2 mit Art. 140 GG) einer Überdehnung der staatlichen Kontrolltätigkeit entgegen. Für die rechtliche Zuordnung einer privatrechtlichen Stiftung zum petitionsbetroffenen Bereich der öffentlichen Verwaltung versagt nicht nur die rechtsdogmatische Grundunterscheidung von öffentlichem und privatem Recht; die Rechtswirklichkeit hat eine solche Fülle von organisatorischen und prozeduralen Ausprägungen zwischen den Polen des Staatlich-Öffentlichen und des Privat-Freien entwickelt, daß die Statusbestimmung einer Organisation nicht mehr nach abstrakten und globalen Kriterien erfolgen kann (vgl. *Preuß* Zum staatsrechtlichen Begriff des Öffentlichen, 1969, S. 66 ff., 73 ff.; *Rinken* Das Öffentliche als verfassungstheoretisches Problem, 1971, S. 87 ff., 293 ff.; *Schuppert* Die Erfüllung öffentlicher Aufgaben durch verselbständigte Verwaltungseinheiten, 1981, S. 165 ff., 169, 187 ff.). Vor allem für den Kooperationsbereich von staatlich/kommunal-öffentlicher und frei-gemeinnütziger Wohlfahrts- und Jugendarbeit hat der Gesetzgeber ein differenziertes Instrumentarium sachnaher Regelungen ausgebildet; zu nennen sind hier die Selbständigkeitsgarantien (§ 17 Abs. 3 Satz 2 SGB I; § 4 Abs. 1 Satz 2 KJHG; § 10 BSHG), Subsidiaritätsbestimmungen (§ 4 Abs. 2 KJHG; § 93 Abs. 1 BSHG) und Kooperationsgebote (§ 17 Abs. 3 Satz 1 SGB I) des Sozialhilfe- und Jugendhilferechts. Diese sachnahen Regelungen dürfen durch eine generelle Zuordnung privatrechtlich organisierter und privatrechtlich handelnder Stiftungen zum Bereich öffentlicher Verwaltung nicht überspielt werden; vielmehr bedarf es einer differenzierenden Betrachtungsweise.

b) Für die Feststellung, ob eine privatrechtlich handelnde Stiftung des bürgerlichen Rechts als Träger öffentlicher Verwaltung zu qualifizieren ist und damit den parlamentarischen Informationsrechten aus Art. 17 GG und Art. 105 Abs. 5 BremLV untersteht, sind folgende Kriterien maßgebend:

(1) Eine notwendige, aber nicht zureichende Voraussetzung für die Zuordnung einer privatrechtlichen Stiftung zum Bereich der öffentlichen Verwaltung ist die Wahrnehmung öffentlicher Aufgaben oder die Verfolgung gemeinnütziger Zwecke im Sinne von § 52 Abs. 1 Satz 1 AO, wie z. B. die Wahrnehmung von Aufgaben der Jugendhilfe (§ 2 KJHG). Die Wahrnehmung solcher Aufgaben ist eine notwendige Voraussetzung für die Qualifizierung einer privatrechtlichen Stiftung als Träger öffentlicher Verwaltung, weil die Verfolgung rein privatnütziger Ziele (vgl. die Familienstiftungen i. S. von § 17 BremStiftG) der öffentlichen Verwaltung grundsätzlich verschlossen ist. Die Wahrnehmung öffentlicher Aufgaben reicht aber für die Zuordnung einer privatrechtlichen Stiftung zum Bereich der öffentlichen Verwaltung nicht aus, weil öffentliche Aufgaben und gemeinnützige Zwecke sowohl in öffentlicher (staatlich/ kommunaler) als auch in freier Trägerschaft erbracht werden können (vgl. z. B. § 3 Abs. 2 Satz 1 KJHG). Als Träger öffentlicher Verwaltung kann eine Stiftung des bürgerlichen Rechts nur dann bezeichnet werden, wenn sie öffentliche Aufgaben unter maßgeblichem Einfluß der öffentlichen Hand (Staat oder Gemeinde) wahrnimmt.

(2) Eine Stiftung des bürgerlichen Rechts steht unter maßgeblichem Einfluß der öffentlichen Hand, wenn diese in der Lage ist, ihr Verhalten aufgrund rechtlicher oder tatsächlicher – finanzieller/oder personeller – Durchsetzungsmacht zu steuern. Das damit für die Zuordnungsfrage zentrale Kriterium der Steuerbarkeit einer privatrechtlichen Stiftung durch die öffentliche Hand ist tatsächlich-konkreter Natur und erlaubt keine generellen Zuordnungen. Vielmehr ist für jede einzelne Organisation konkret das Ausmaß ihrer Staatsbestimmtheit zu bewerten (so zutreffend *Schuppert* aaO, S. 169; vgl. auch zum folgenden ebd., S. 170 f., 187 ff.; vgl. auch *Ehlers* Verwaltung in Privatrechtsform, 1984, S. 7 ff.).

Ein maßgeblicher Einfluß der öffentlichen Hand ist für die Stiftungen des bürgerlichen Rechts zu bejahen, die vom Staat oder einer Gemeinde selbst ins Leben gerufen worden sind und satzungsgemäß von diesen beherrscht werden. Für die Fallkonstellationen, in denen die dominierende Stellung der öffentlichen Hand sich nicht so eindeutig aus dem Stiftungsgeschäft und den Satzungsbestimmungen ergibt, sind namentlich die folgenden Zuordnungsgesichtspunkte bedeutsam:

(2.1) Als wichtige Einflußfaktoren sind die Aufsichtsbefugnisse zu berücksichtigen, wie sie dem Staat als Stiftungsaufsicht in der Form einer intensivierten Rechtsaufsicht (§§ 11 ff. Bremisches Stiftungsgesetz vom 7. März 1989, Brem.GBl. S. 163) oder als besondere Prüfungsrechte in einzelnen Fachgesetzen (vgl. z. B. § 46 KJHG) zur Verfügung stehen. Wegen ihrer auf Kontrolle und nicht auf aktive Steuerung zielenden Funktion reichen diese Aufsichtsrechte für sich allein zur Feststellung eines maßgeblichen Einflusses jedoch nicht aus.

(2.2) Die finanzielle Abhängigkeit einer privatrechtlichen Stiftung von staatlichen oder kommunalen Geldleistungen indiziert – je nach Höhe der Zuwendung und Anteil an der Gesamtfinanzierung – eine maßgebliche Bestimmungsmacht der öffentlichen Hand. Entscheidend ist jeweils die effektive Steuerungswirkung. Es ist deshalb stets zusätzlich zu prüfen, ob ein konkreter öffentlicher Einfluß auf das Handeln der Stiftung, namentlich auf die Art der Mittelverwendung, besteht oder ob nicht der Sinn der staatlichen Finanzierung gerade der ist, eine unabhängige Organisation mit Verwendungsermessen auszustatten (so Schuppert, aaO, S. 188). Die typisierende Betrachtungsweise, die der Gesetzgeber den speziellen und in ihrer Wirkungsweise begrenzten Regelungen im Bereich der Haushalts- und Wirtschaftsprüfung zugrunde gelegt hat (vgl. § 104 Abs. 1 Nr. 1 und § 91 Abs. 1 Nr. 3 LHO), kann für die allgemeine Zuordnung einer privatrechtlichen Organisation zum Bereich der öffentlichen Verwaltung keine Verwendung finden. Auch erlaubt eine Kumulation von Stiftungsaufsicht und finanzieller Abhängigkeit nicht die automatische Qualifizierung einer Stiftung des bürgerlichen Rechts als Träger öffentlicher Verwaltung. Vielmehr ist auch in diesen Fällen jeweils festzustellen, ob die finanzielle Abhängigkeit allein oder im Zusammenwirken mit anderen Bestimmungsfaktoren zu einem maßgeblichen Einfluß der öffentlichen Hand geführt hat. Erheblicher zusätzlicher Einflußmöglichkeiten der öffentlichen Hand bedarf es insbesondere in den Fällen, in denen die Finanzierung der privatrechtlichen Stiftung mittels staatlicher Pflegesätze aufgrund koordinationsrechtlicher öffentlich-rechtlicher Verträge (Pflegesatzvereinbarungen) nach § 77 KJHG und § 93 Abs. 2 BSHG erfolgt. Pflegesatzzahlungen sind keine „öffentlichen Mittel" i. S. von § 17 Abs. 3 Satz 3 SGB I; sie werden vielmehr über den privatrechtlichen Vertrag des Leistungsberechtigten mit dem freien Träger abgerechnet und unterliegen einem speziellen, die Eigenständigkeit des freien Trägers achtenden Prüfungsinstrumentarium (vgl. § 93 Abs. 2 Satz 4 BSHG). Indikationswert für eine maßgebliche Einflußnahme der öffentlichen Hand hat die Pflegesatzfinanzierung nur, wenn sie mit zusätzlichen Indizien gekoppelt ist, etwa mit einer personellen Verflechtung der pflegesatzfinanzierten Stiftung mit der für die Pflegesatzfestsetzung zuständigen staatlichen Stelle.

(2.3) Indizielle Wirkung für die Einflußnahme der öffentlichen Hand hat schließlich die personelle Verflechtung einer privatrechtlichen Stiftung mit staatlichen oder kommunalen Instanzen. Hier ist zu unterscheiden, ob es sich um den Ausdruck staatlicher Bestimmungsmacht handelt oder ob die staatlichen Vertreter nur ein Kontingent in einem pluralistisch zusammengesetzten Entscheidungsorgan darstellen (so *Schuppert* aaO, S. 189). Unmittelbare Bestellung von Vorstandsmitgliedern durch die öffentliche Hand und deren Weisungsabhängigkeit haben einen starken Indikationswert. Aber auch weniger deutlichen Zeichen der öffentlichen Einflußsicherung kann im Rahmen einer Gesamtwertung indizielle Wirkung zukommen, so etwa der satzungsmäßigen Berufung von leitenden Mitarbeitern des betreffenden Fachressorts zu Vorstandsmitgliedern.

(2.4) Die Feststellung, daß eine Stiftung des bürgerlichen Rechts in ihrem privatrechtlichen Handlungsbereich als Träger der öffentlichen Verwaltung zu qualifizieren und deshalb den parlamentarischen Petitionsinformationsansprüchen unterworfen ist, darf nur aufgrund einer Gesamtwürdigung erfolgen, in der die einzelnen Einflußfaktoren in ihrem Gewicht und ihrem Zusammenwirken bewertet werden. Dabei ist die Frage zu beantworten, „wo die Organisation die ‚Quellen ihrer Kraft' hat, in welchem Ausmaß sie im nicht-staatlichen Bereich verwurzelt ist und ob man ihr Verhalten eher als staatlich dirigiert oder durch staatsunabhängige Kräfte geleitet verstehen kann" (*Schuppert* aaO, S. 189).

c) Ist eine Stiftung wegen der Durchsetzungsmacht des Landes oder der Stadt als „Träger öffentlicher Verwaltung" zu qualifizieren, wirkt sich das auf die Pflichtenstellung der zuständigen Mitglieder des Senats als Adressaten des Informationsanspruchs des Petitionsausschusses nach Art. 105 Abs. 5 BremLV aus. Sie können die Ermittlung des Sachverhalts und die Beschaffung der Unterlagen nicht mit dem Hinweis auf eine lediglich formale Position, etwa auf die Grenzen ihrer stiftungsaufsichtsrechtlichen Befugnisse, verweigern. Vielmehr haben sie ihre tatsächliche Steuerungsmacht wahrzunehmen, um die vom Petitionsausschuß erfragten Informationen zu verschaffen.

3. Eine Anwendung der vorstehenden Kriterien auf die im Mittelpunkt des Anlaßfalles stehende Hans-Wendt-Stiftung – das sei als beispielhafte Erläuterung angefügt – wird nach den in das Verfahren eingeführten Informationen zur Qualifikation dieser Stiftung als eines Trägers öffentlicher Verwaltung führen. Dem Petitionsausschuß standen – jedenfalls auf der Grundlage der Satzung vom 26. Januar 1983 – das unmittelbare Petitionsinformierungsrecht aus Art. 17 GG und die über die Mitglieder des Senats vermittelten Petitionsinformationsrechte aus Art. 105 Abs. 5 BremLV zu. Folgende Elemente sind hervorzuheben: die Übereinstimmung des Stiftungszweckes mit Aufgaben der öffentlichen Jugendhilfe (§ 2 der Satzung); die enge personelle Verflechtung zwischen dem für Jugendhilfe zuständigen Fachressort und dem Stiftungsvorstand mit dem gleichzeitigen Recht des Senators für Jugendhilfe, allein den gesamten Stiftungsvorstand zu bestellen (§ 4 Abs. 1 der Satzung); die starke Bestimmungsmacht des so bestellten Stiftungvorstandes auf die laufenden Geschäfte der Stiftung durch die Bestellung weisungsgebundener Geschäftsführer (§ 6 der Satzung); die Zuständigkeit des im Stiftungsvorstand dominierenden Fachressorts für die Gestaltung und Vereinbarung der Pflegesätze, auf die die Jugendhilfearbeit der Stiftung angewiesen war. Bei einer Gesamtwürdigung rechtfertigen diese Elemente in ihrem Zusammenwirken die Feststellung, daß die Stiftung unter maßgeblichem Einfluß der öffentlichen Hand stand.

III.

Diese Entscheidung ist einstimmig ergangen.

Entscheidungen des Staatsgerichtshofs des Landes Hessen

Die amtierenden Richter des Staatsgerichtshofs des Landes Hessen

Horst Henrichs, Präsident
Dr. Helmut Wilhelm, Vizepräsident
Felizitas Fertig
Dr. Karl Heinz Gasser
Roland Kern
Hannelore Kohl
Prof. Dr. Klaus Lange
Dr. Günter Paul
Rudolf Rainer
Dr. Wolfgang Teufel
Dr. Manfred Voucko

Stellvertretende Richter

Rainer Bohnen
Jörg Britzke
Werner Eisenberg
Ferdinand Georgen
Dr. Bernhard Heitsch
Ursula Kraemer
Dieter Löber
Dr. Wilhelm Nassauer
Georg Schmidt-von Rhein
Ute Winkler

sowie

Prof. Dr. Johannes Baltzer
Elisabeth Buchberger
Helmut Enders
Paul Leo Giani
Joachim Poppe
Elisabeth Vogelheim

Nr. 1

Zu den Anforderungen an die Darlegung der Entscheidungserheblichkeit einer Vorlagefrage in einem konkreten Normenkontrollverfahren.*

Verfassung des Landes Hessen Art. 133
Gesetz über den Staatsgerichtshof vom 12. Dezember 1947
§§ 41 ff.
Gesetz über die Berufsvertretungen, die Berufsausübung,
die Weiterbildung und die Berufsgerichtsbarkeit der Ärzte, Zahnärzte,
Tierärzte und Apotheker (Heilberufsgesetz) in der Fassung
vom 24. April 1986 § 5 Abs. 2 Satz 1

Urteil vom 13. März 1996 – P. St. 1174 –

in dem Verfahren zur Prüfung der Verfassungsmäßigkeit des § 5 Abs. 2 Satz 1 des Gesetzes über die Berufsvertretungen, die Berufsausübung, die Weiterbildung und die Berufsgerichtsbarkeit der Ärzte, Zahnärzte, Tierärzte und Apotheker (Heilberufsgesetz) in der Fassung vom 24. April 1986 (GVBl. 1986 I S. 122, ber. S. 267) – Aussetzungs- und Vorlagebeschluß der 9. Kammer des Verwaltungsgerichts Frankfurt am Main vom 17. Mai 1993 – 9 E 491/93 (V) –, an dem sich beteiligt haben:

1. der Hessische Ministerpräsident,
2. der Landesanwalt bei dem Staatsgerichtshof des Landes Hessen.

Entscheidungsformel:

Die Vorlage ist unzulässig.
Die Entscheidung ergeht gebührenfrei. Auslagen werden nicht erstattet.

* Nichtamtlicher Leitsatz.

Gründe:

A

I.

Gegenstand der Vorlage ist die Frage, ob § 5 Abs. 2 Satz 1 des Gesetzes über die Berufsvertretungen, die Berufsausübung, die Weiterbildung und die Berufsgerichtsbarkeit der Ärzte, Zahnärzte, Tierärzte und Apotheker (Heilberufsgesetz – HeilberufsG –) in der Fassung vom 24. April 1986 (GVBl. 1986 I S. 122, ber. S. 267) mit der Hessischen Verfassung – HV – vereinbar ist. Diese Vorschrift ist Grundlage für die von der Landesärztekammer Hessen – Versorgungswerk – erlassene Versorgungsordnung vom 9. April 1987 (Versorgungsordnung – VersO –), deren § 3 Abs. 1 einen Anspruch für jedes ordentliche Mitglied des Versorgungswerkes auf Zahlung einer Berufsunfähigkeitsrente unter bestimmten Voraussetzungen regelt.

Der Vorlagebeschluß ist in einem verwaltungsgerichtlichen Rechtsstreit ergangen, in dem die Klägerin, eine frei praktizierende Kassenärztin, die Verpflichtung der im Ausgangsverfahren beklagten Landesärztekammer Hessen – Versorgungswerk – zur Bewilligung einer Berufsunfähigkeitsrente begehrt.

Das Verwaltungsgericht Frankfurt am Main – 9. Kammer – hat durch Beschluß vom 17. Mai 1993 das Verfahren ausgesetzt und dem Staatsgerichtshof des Landes Hessen folgende Frage zur Entscheidung vorgelegt:

> Ist § 5 Abs. 2 Satz 1 des Gesetzes über die Berufsvertretungen, die Berufsausübung, die Weiterbildung und die Berufsgerichtsbarkeit der Ärzte, Zahnärzte, Tierärzte und Apotheker i. d. F. vom 24. April 1986 (GVBl. 1986 I S. 122, ber. S. 267, GVBl. II 350-6) mit der Hessischen Verfassung vereinbar, insbesondere deren Art. 2 Absatz 1, Art. 3, 27, 35 Absätze 1, 2?

Für den Fall der Bejahung dieser Frage wird um ein Gutachten zu der Frage ersucht:

> Hat die Klägerin aus ihren Grundrechten der Art. 2 Absatz 1, Art. 3 Hessische Verfassung in Verbindung mit den Art. 27, 35 Absätze 1, 2 Hessische Verfassung einen Anspruch gegen die Beklagte, durch Satzung die Voraussetzungen und den Umfang von Leistungen für Erwerbsbeschränkte vorzusehen, oder besteht ein entsprechender Anspruch der Klägerin gegen das Land Hessen auf ergänzende gesetzliche Vorschriften?

Zur Begründung seiner Entscheidung führt das Verwaltungsgericht aus, die zulässige Verpflichtungsklage könne auf der Grundlage des § 5 Abs. 2 Satz 1 HeilberufsG und des § 3 Abs. 1 VersO keinen Erfolg haben. Die Klägerin sei nicht berufsunfähig im Sinne dieser Bestimmung. Nach gefestigter Rechtsprechung des Hessischen Verwaltungsgerichtshofs (HessVGH, Urteil vom 14. 08. 1990 – 11 UE 2092/89 – m. w. N.) liege Berufsunfähigkeit nach § 3

Abs. 1 VersO nur vor, wenn der betreffenden Ärztin unter Berücksichtigung ihres Alters und aller sonstigen Umstände jegliche irgendwie geartete fortlaufende Tätigkeit, die eine ärztliche Vorbildung ganz oder teilweise zur Voraussetzung habe, unmöglich sei. Diese Voraussetzungen erfülle die Klägerin weder gegenwärtig noch zum Zeitpunkt der angefochtenen negativen Bescheide der Beklagten. Dazu werden Ausführungen gemacht. Eine endgültige Klageabweisung sei aber nicht möglich, wenn die von der Beklagten erlassene Satzung auf einer unzureichenden gesetzlichen Grundlage beruhe oder die vorhandene gesetzliche Grundlage der Satzung in § 5 Abs. 2 Satz 1 HeilberufsG mit den Bestimmungen der Hessischen Verfassung unvereinbar sei. § 5 Abs. 2 Satz 1 HeilberufsG entspreche nicht den sich aus Art. 35 Abs. 1 und 2 HV ergebenden Anforderungen. Diese Verfassungsnorm enthalte nicht nur einen unverbindlichen Programmsatz, sondern eine verbindliche Rechtsvorschrift. Dadurch sei für den einfachen Gesetzgeber bindend entschieden, daß die staatliche Einführung einer Versicherungspflicht in Bezug auf eine oder mehrere der in Art. 35 Abs. 2 HV genannten Aufgaben nur in der Form der Sozialversicherung nach Maßgabe des entsprechenden Verfassungsauftrags erfolgen könne. Insoweit seien dem Lande Hessen andere Wege außerhalb der schon bestehenden Sozialversicherung versperrt. Rein berufsständische Pflichtversicherungen würden damit von Art. 35 Abs. 1 Satz 1 HV ausgeschlossen, soweit sie die in Art. 35 Abs. 2 HV erwähnten Aufgaben beträfen. Zwar erfülle das Versorgungswerk der Landesärztekammer gewisse für eine Sozialversicherung typische Merkmale, trage jedoch den Anforderungen an eine einheitliche Sozialversicherung nach Art. 35 Abs. 1 Satz 1 HV nicht ausreichend Rechnung.

Wegen der weiteren Begründung des Verwaltungsgerichts wird auf den Vorlagebeschluß Bezug genommen.

II.

Der Hessische Ministerpräsident hat sich dem Verfahren angeschlossen. Er hält die Vorlage für unzulässig. Man könne der Vorlage möglicherweise schon entgegenhalten, daß es die Kammer versäumt habe, ihren verfassungsrechtlichen Bedenken durch den Versuch einer verfassungskonformen Auslegung der beanstandeten Vorschrift Rechnung zu tragen. Allein die Behauptung der Verfassungswidrigkeit eines Gesetzes genüge für die Zulässigkeit der konkreten Normenkontrolle nicht. Das vorlegende Gericht sei vielmehr gehalten, seine diesbezügliche Überzeugung unter eingehender Erörterung der Rechtslage näher zu begründen. Die Kammer habe festgestellt, daß § 5 Abs. 2 Satz 1 HeilberufsG die Anforderungen an die zu schaffende Versorgungseinrichtung nicht ohne weiteres erkennen lasse und die Vorschrift deshalb zu präzisieren sei. Bedürfe aber die Vorschrift in besonderem Maße der Auslegung, liege die Erwägung nahe, ob den von der Kammer aus Art. 35 Abs. 1, 2 HV abgeleiteten Anforderungen nicht in diesem Rahmen hinreichend Rechnung getragen werden könne. Erwägungen dieser Art habe die Kammer nicht angestellt. Soweit die Kammer die inhaltliche Weite des Gestaltungsspielraums der Beklagten nach § 5 Abs. 2 Satz 1 HeilberufsG rüge, hätte es nahegelegen, diesen Spielraum durch restriktive Interpretation unter Berücksichtigung der Vorgaben des Art. 35 HV einzuengen. Insoweit dürfte das Absehen von Überlegungen, die Vorschrift verfassungskonform auszulegen, der Zulässigkeit der Vorlage entgegenstehen. Darüber hinaus ergäben die Ausführungen der Kammer nicht mit hinreichender Deutlichkeit, daß und aus welchen Gründen sie bei Gültigkeit des § 5 Abs. 2 Satz 1 HeilberufsG zu einer anderen Entscheidung kommen müßte als bei der Ungültigkeit der Norm. Nach der Auffassung der Kammer sei im Falle der Gültigkeit der Norm die Klage abzuweisen. Die Versorgungsordnung der Beklagten sehe die Zahlung einer Berufsunfähigkeitsrente bei bloß eingeschränkter Erwerbsfähigkeit nicht vor. Im Fall der Ungültigkeit des § 5 Abs. 2 Satz 1 HeilberufsG glaube die Kammer, über den endgültigen Erfolg oder Mißerfolg der Klage nicht entscheiden zu können, sondern das Verfahren aussetzen zu müssen. Für diese Auffassung bleibe die Kammer aber eine nachvollziehbare Begründung schuldig. Sowohl für den Fall, daß die gesetzliche Vorschrift für nichtig erklärt würde, als auch für den der Unvereinbarkeit der Vorschrift mit der Hessischen Verfassung entfalle lediglich die Ermächtigung für die Beklagte, durch Satzung eine Versorgungseinrichtung für Kammerangehörige zu schaffen. Dies führe jedoch nicht zu einem rechtlosen Zustand dahingehend, daß über das Begehren der Klägerin erst nach einer Neuregelung durch den Gesetzgeber entschieden werden könne. Das nachträgliche Unwirksamwerden einer gesetzlichen Satzungsermächtigung berühre in der Regel nicht den Rechtsbestand der ordnungsgemäß auf ihrer Grundlage erlassenen Satzung. In einem solchen Falle sei von einer zumindest übergangsweisen Fortgeltung der untergesetzlichen Normen auszugehen, wenn es darauf ankomme, Rechtsunsicherheit oder die Funktionsunfähigkeit staatlicher Einrichtungen zu vermeiden, weil der sonst eintretende Zustand der verfassungsmäßigen Ordnung noch ferner stünde als der bisherige. Dies sei hier anzunehmen. Die Bestimmungen der Versorgungsordnung der Beklagten blieben damit auch bei Ungültigkeit des § 5 Abs. 2 HeilberufsG für eine Übergangszeit anwendbar. Die Klage wäre dann nach den rechtlich vertretbaren und insoweit bindenden Ausführungen der Kammer abzuweisen. Selbst wenn die Kammer die Vorschriften für verfassungswidrig halte, soweit sie Ansprüche auf Zahlung von Berufsunfähigkeitsrente im Fall lediglich eingeschränkter Erwerbsfähigkeit nicht vorsehen, könne dies von der Kammer selbst festgestellt werden. Die Klage müßte aber trotzdem abgewiesen werden, da eine rechtliche Grundlage für das Begehren der Klägerin fehle. Darüber hinaus fehlten schon nähere Ausführungen zu der Frage, auf welche Weise die vom Gericht angenommene Verfassungswidrigkeit der Norm sich auf den Bestand der im den Ausgangsverfahren allein entscheidungserheblichen Bestimmungen der Versorgungsordnung der Beklagten auswirken könne.

Die Voraussetzungen, unter denen gemäß § 94 VwGO sowie den nach § 173 VwGO anwendbaren einschlägigen Vorschriften der Zivilprozeßordnung eine Aussetzung zulässig wäre, lägen ersichtlich nicht vor. Insbesondere hänge die Entscheidung über die von der Klägerin geltend gemachten Versorgungsansprüche im Falle der Ungültigkeit des § 5 Abs. 2 Satz 1 HeilberufsG nicht von dem Bestehen oder Nichtbestehen eines Rechtsverhältnisses ab, das den Gegenstand eines anderen anhängigen Rechtsstreits bilde oder von einer Verwaltungsbehörde festzustellen sei. Aber auch die Notwendigkeit gesetzgeberischen Tätigwerdens könnte eine Aussetzung in der von der Lehre angenommenen analogen Anwendung des § 94 VwGO nicht rechtfertigen. Allerdings werde von der Rechtsprechung über die gesetzlich unmittelbar geregelten Fälle hinaus eine Aussetzung dann für geboten gehalten, wenn für die Entscheidung des Gerichts über eine anhängige Klage eine gesetzliche Neuregelung erforderlich ist, nachdem ein Verfassungsgericht die Ungültigkeit der einschlägigen Bestimmungen bzw. die Verfassungswidrigkeit einer entscheidungserheblichen Rechtsnorm festgestellt hat. Ein solcher Fall liege hier aber gerade nicht vor, da für die Klage bis zum Inkrafttreten einer gesetzlichen Neuregelung mit den Bestimmungen der Versorgungsordnung eine ausreichende Rechtsgrundlage vorhanden wäre. Eine Aussetzung des Verfahrens könnte unter diesen Umständen nur dann in Erwägung gezogen werden, wenn mit an Sicherheit grenzender Wahrscheinlichkeit zu erwarten wäre, daß der Gesetzgeber bei einer Neuregelung die im Ausgangsverfahren allein entscheidungserhebliche Frage, ob Versorgungsleistungen auch im Fall bloß eingeschränkter Erwerbsfähigkeit beansprucht werden können, zugunsten der Klägerin beantworten werde. Auch diesbezüglich lasse sich dem Vorlagebeschluß nichts entnehmen, was auch nur als Ansatz eines Begründungsversuchs gedeutet werden könnte. Es sei nichts für die Annahme einer Rechtspflicht des Gesetzgebers ersichtlich, rückwirkend Versorgungsleistungen in weitergehendem Umfang als nach der Versorgungsordnung der Beklagten vorzusehen, was auch angesichts des Umstands, daß den Versorgungsleistungen auch im Hinblick auf sie kalkulierte Beitragszahlungen der Mitglieder gegenüberstehen müssen, nicht ohne weiteres erwartet werden könne.

Für den Fall, daß der Staatsgerichtshof die Vorlage als zulässig ansehen sollte, beantragt der Hessische Ministerpräsident die Feststellung:

§ 5 Abs. 2 Satz 1 des Gesetzes über die Berufsvertretungen, die Berufsausübung, die Weiterbildung und die Berufsgerichtsbarkeit der Ärzte, Zahnärzte, Tierärzte und

Apotheker in der Fassung vom 24. April 1986 (GVBl. 1986 I S. 122, ber. 3. 267) ist mit der Verfassung des Landes Hessen vereinbar.

III.

Der Landesanwalt bei dem Hessischen Staatsgerichtshof hat sich am vorliegenden Verfahren beteiligt. Auch er hält die Vorlage für unzulässig. Wegen seiner weiteren Ausführungen wird auf den Schriftsatz vom 27. September 1995 Bezug genommen.

IV.

Die Landesärztekammer Hessen – Versorgungswerk – hat sich mit Schriftsatz vom 4. August 1995, auf den Bezug genommen wird, umfangreich zur Sache geäußert. Sie hat ferner ein Gutachten des Universitätsprofessors Dr. Walter Schmidt vom 9. Mai 1994 zur Frage der Vereinbarkeit der Versorgungswerke der Rechtsanwälte und Ärzte in Hessen mit der Hessischen Verfassung zu den Akten gereicht, auf welches ebenfalls Bezug genommen wird.

Die Landesärztekammer Hessen – Versorgungswerk – beantragt für den Fall, daß der Staatsgerichtshof die Vorlage für zulässig ansehen sollte, die Feststellung,

daß § 5 Abs. 2 Satz 1 HeilberufsG mit der Hessischen Verfassung vereinbar ist.

Die Klägerin des Ausgangsverfahrens hat sich durch ihren Bevollmächtigten in der Hauptverhandlung zur Sache geäußert.

B

Die Vorlage ist unzulässig.

I.

Der Staatsgerichtshof ist zur Entscheidung über die Vorlage des Verwaltungsgerichts Frankfurt am Main nach Art. 133 Abs. 1 HV i. V. m. §§ 41 ff. des Gesetzes über den Staatsgerichtshof vom 12. Dezember 1947 (GVBl. 1948, S. 3), zuletzt geändert durch Gesetz vom 4. September 1974 (GVBl. I S. 361) – StGHG a. F. – berufen. Dieses Gesetz findet im vorliegenden Fall noch Anwendung, obgleich das Gesetz über den Staatsgerichtshof vom 30. November 1994 (GVBl. I S. 684) – StGHG n. F. – nach seinem § 52 Abs. 3 bereits am 7. Dezember 1994 in Kraft getreten ist. Gemäß § 52 Abs. 1 StGHG n. F. werden aber Verfahren, die vor Inkrafttreten dieses neuen Staatsgerichtshofsgesetzes anhängig geworden sind, nach den bisher geltenden Vorschriften fortgeführt.

Die Entscheidung des Staatsgerichtshofs darüber, ob ein Gesetz oder eine Rechtsverordnung mit der Verfassung in Widerspruch steht, kann nach Art. 133 Abs. 1 HV nur herbeigeführt werden, wenn ein Gericht ein Gesetz oder eine Rechtsverordnung, auf deren Gültigkeit es bei seiner Entscheidung ankommt, für verfassungswidrig hält. Die Gültigkeit des Gesetzes oder der Rechtsverordnung muß also für den Ausgang des Rechtsstreits entscheidungserheblich sein. Dies ist nur dann der Fall, wenn das Gericht des Ausgangsverfahrens bei Gültigkeit der zum Gegenstand der Vorlage gemachten Normen anders entscheiden würde als bei ihrer Ungültigkeit (StGH, Beschluß vom 28. 07. 1976 – P. St. 790 –, StAnz. 1976, 1798; Urteil vom 01. 12. 1976 – P. St. 812 –, StAnz. 1977, 110; Beschluß vom 30. 12. 1981 – P. St. 914 –, S. 14 des Beschlußabdrucks; Urteil vom 25. 05. 1983 – P. St. 933 –, StAnz. 1983, 1302, jeweils unter Hinweis auf die ständige Rechtsprechung des Bundesverfassungsgerichts, vgl. z. B. BVerfGE 36, 256 ⟨263⟩; BVerfGE 79, 245 ⟨248⟩ m. w. N.). Aufgabe des vorlegenden Gerichts ist es, diese Entscheidungserheblichkeit der Vorlagefrage in seinem Vorlagebeschluß darzulegen, so daß dieser mit hinreichender Deutlichkeit erkennen läßt, daß und warum das vorlegende Gericht bei Gültigkeit der beanstandeten Regelung zu einem anderen Ergebnis käme als im Falle ihrer Ungültigkeit (vgl. StGH, Beschlüsse vom 28. 07. 1976 – P. St. 790 –, a.a.O, vom 30. 12. 1981 – P. St. 914 –, ESVGH 32, 15, vom 11. 11. 1987 – P. St. 1045 – und vom 14. 04. 1988 – P. St. 1051 –). Der Staatsgerichtshof hat damit in Verfahren nach Art. 133 Abs. 1 HV, §§ 41 ff. StGHG a. F., was die Darlegungspflicht des vorlegenden Gerichts angeht, im wesentlichen die gleichen Anforderungen aufgestellt wie das Bundesverfassungsgericht im Hinblick auf die konkrete Normenkontrolle nach Art. 100 Abs. 1 Grundgesetz – GG –, § 80 des Gesetzes über das Bundesverfassungsgericht – BVerfGG – (vgl. etwa BVerfGE 48, 29 ⟨35 ff.⟩; BVerfGE 79, 245 ⟨248 ff.⟩; BVerfGE 88, 187 ⟨194 ff.⟩).

Den vorgenannten Anforderungen entspricht der Vorlagebeschluß des Verwaltungsgerichts Frankfurt am Main vom 17. Mai 1993 nicht.

Der Begründung des Vorlagebeschlusses ist die Rechtsauffassung des Gerichts zu entnehmen, es müsse die Klage abweisen, wenn die in der Vorlagefrage genannte Bestimmung des Heilberufsgesetzes verfassungsgemäß wäre, da die Satzung des Versorgungswerks der Landesärztekammer Hessen keine Rechtsgrundlage für das Begehren der Klägerin auf Bewilligung einer Berufsunfähigkeitsrente bei nur teilweiser Berufsunfähigkeit enthalte. Erweise sich die genannte Gesetzesbestimmung hingegen als mit der Hessischen Verfassung unvereinbar, sei der Klage gegebenenfalls stattzugeben, wenn der Gesetzgeber die erforderlichen Vorschriften erlassen habe. Dabei habe die Klägerin eine reelle Chance, in den Genuß von Rentenleistungen zu kommen.

Mit diesen Überlegungen, die sodann von umfangreichen Ausführungen zu der vom Verwaltungsgericht angenommenen Verfassungswidrigkeit der in der Vorlagefrage genannten Gesetzesbestimmungen begleitet werden, hat das Gericht nicht hinreichend dargelegt, daß die Beantwortung der von ihm gestellten verfassungsrechtlichen Frage für den Ausgang des Klageverfahrens entscheidungserheblich ist.

Das Verwaltungsgericht geht insoweit offensichtlich wie selbstverständlich davon aus, daß die Verfassungswidrigkeit gesetzlicher Bestimmungen ohne weiteres zur Nichtigkeit der auf ihrer Grundlage erlassenen Satzungsbestimmungen führen müßte. Dies ist indes nicht stets und ausnahmslos der Fall.

Die Verfassungswidrigkeit einer gesetzlichen Regelung, die durch untergesetzliche Satzungsbestimmungen ergänzt und ausgefüllt wird, hat nicht zwingend den unmittelbaren Wegfall der auf der Grundlage des Gesetzes erlassenen Satzung zur Folge (BVerfGE 48, 29 ⟨37 ff.⟩; BVerfGE 79, 245 ⟨250 f.⟩ m. w. N.; vgl. auch BVerwGE 56, 155 ⟨161 f.⟩; Hess. VGH, Beschluß vom 04. 11. 1986 – 5 N 2140/85 –, ESVGH 37, 57 ⟨61⟩). Vielmehr sind Fälle denkbar und anerkannt, in denen das Fehlen einer ausreichenden gesetzlichen Grundlage für eine Satzung während einer Übergangszeit hingenommen werden muß, um dem Gesetzgeber Gelegenheit zu einer verfassungsgemäßen Gesetzesregelung zu geben. Nach der Rechtsprechung des Bundesverfassungsgerichts ist insbesondere dann von der Notwendigkeit einer zumindest übergangsweisen Fortgeltung der untergesetzlichen Normen auszugehen, wenn es darauf ankommt, Rechtsunsicherheit oder die Funktionsunfähigkeit staatlicher Einrichtungen zu vermeiden, weil der sonst eintretende Zustand der verfassungsmäßigen Ordnung noch ferner stünde als der bisherige (BVerfGE 79, 245 ⟨251⟩ m. w. N.). Die begrenzte Weitergeltung einer untergesetzlichen Norm trotz Verfassungswidrigkeit des übergeordneten Gesetzes könnte allerdings etwa dann nicht in Betracht kommen, wenn die Satzung durch den Wegfall der gesetzlichen Grundlage ihren Sinn verlöre, etwa wenn die in ihr getroffene Regelung nur im Zusammenhang mit dem Gesetz verständlich und praktikabel wäre, also für sich genommen kein sinnvolles, in sich selbständiges Regelwerk mehr darstellte, oder wenn die Satzung durch den Wegfall ihrer gesetzlichen Grundlage gleichsam funktionslos würde.

Mit der insoweit angesprochenen Problematik hat sich das Verwaltungsgericht in seinem hier zur Entscheidung stehenden Vorlagebeschluß nicht auseinandergesetzt. Dies erscheint auch nicht deshalb entbehrlich, weil offensichtlich in der dem Ausgangsverfahren zugrundeliegenden Konstellation unter Berücksichtigung der beteiligten Interessen eine Fortgeltung der Satzung des Versorgungswerks der Landesärztekammer Hessen trotz angenommener Verfassungswidrigkeit der in der Vorlagefrage genannten Gesetzesbestimmung außer Betracht zu bleiben hätte. Vielmehr drängen sich in dem vom Verwaltungsgericht zu entscheidenden Rechtsstreit geradezu Zweifel auf, ob angesichts der Vielzahl der vom Heilberufsgesetz und der auf seiner Grundlage erlassenen Satzung erfaßten Rechtsverhältnisse und deren versorgungsrechtlicher Bedeutung ein gleichsam mit Sofortwirkung – möglicherweise sogar rückwirkend – eintretender rechtloser Zustand hingenommen werden könnte. Gewichtige Argumente könnten dafür sprechen, von der Notwendigkeit einer zumindest übergangsweisen Fortgeltung des maßgeblichen Satzungswerks auszugehen, um die Rechtssicherheit und die Funktionsfähigkeit des Versorgungswerks wenigstens für einen begrenzten Zeitraum sicherzustellen, zumal es jedenfalls nicht offensichtlich ist, daß dieses Satzungswerk als Folge eines Wegfalls bestimmter übergeordneter Gesetzesvorschriften seinen Sinn verlöre und für sich genommen kein praktikables und in sich weitgehend selbständiges Regelwerk mehr darstellte. Mit allen diesen Fragen hätte sich das Verwaltungsgericht im Rahmen seiner Verpflichtung zur angemessenen Darlegung der Entscheidungserheblichkeit seiner Vorlagefrage auseinandersetzen müssen, da sie von wesentlicher Bedeutung für die Erkenntnis sind, ob das Gericht im Falle der Verfassungsmäßigkeit der von ihm beanstandeten Gesetzesvorschriften zu einem anderen Urteil im Ausgangsverfahren hätte gelangen müssen als im Falle ihrer Verfassungswidrigkeit. Der Staatsgerichtshof schließt sich insoweit, was den Umfang der Darlegungspflicht des vorlegenden Gerichts angeht, der Rechtsprechung des Bundesverfassungsgerichts an (vgl. z. B. BVerfGE 79, 245 ⟨250 f.⟩).

Auf die darüber hinaus vorgetragenen Bedenken hinsichtlich der ordnungsgemäßen Darlegung der Entscheidungserheblichkeit der Vorlagefrage kommt es nach alledem nicht mehr an.

II.

Da das Verwaltungsgericht den Staatsgerichtshof nur für den Fall um ein Gutachten ersucht hat, daß er die Verfassungsmäßigkeit des § 5 Abs. 2 Satz 1 HeilberufsG bejaht, braucht sich der Staatsgerichtshof nicht zu äußern.

III.

Die Kostenentscheidung beruht auf § 24 StGHG a. F. Die Verfahrensbeteiligten des Ausgangsverfahrens sind vor dem Staatsgerichtshof gemäß § 42 Abs. 2 StGHG a. F. angehört worden, ohne indes die Rechtsstellung von Beteiligten im vorliegenden Verfahren erlangt zu haben, so daß eine Erstattung ihrer Auslagen nicht in Betracht kommt (vgl. StGH, Urteil vom 12. 06. 1991 – P. St. 1106 –, m. w. N.).

Nr. 2

1. Bei Versäumung eines Hauptverhandlungstermins in dem auf einen Einspruch gegen einen Bußgeldbescheid folgenden Verfahren hängt die Möglichkeit der Erlangung rechtlichen Gehörs davon ab, daß dem Betroffenen Wiedereinsetzung in den vorigen Stand gewährt wird.
2. Unzureichende Begründung des Wiedereinsetzungsgesuchs mit der Behauptung, die Ladung nicht erhalten zu haben.
3. Zu der sich aus § 43 Abs. 2 StGHG ergebenden Darlegungspflicht hinsichtlich der Rüge der Verletzung der Rechtsweggarantie.*

Grundgesetz für die Bundesrepublik Deutschland Art. 31, 100 Abs. 3

Verfassung des Landes Hessen Art. 2 Abs. 3, Art. 3

Gesetz über den Staatsgerichtshof vom 30. November 1994
§ 24 Abs. 1, 43 Abs. 2

Gesetz über Ordnungswidrigkeiten § 74 Abs. 2 u. 5

Strafprozeßordnung § 235

Beschluß vom 12. Juni 1996 – P. St. 1213 –

in dem Verfahren über die Grundrechtsklage des Herrn X wegen Verletzung von Grundrechten.

Entscheidungsformel:

Der Antrag wird zurückgewiesen.
Gerichtskosten werden nicht erhoben, außergerichtliche Kosten nicht erstattet.

Gründe:

A

Der Antragsteller wendet sich mit seiner Grundrechtsklage gegen einen Beschluß des Landgerichts Marburg, mit dem seine Beschwerde gegen den sein Wiedereinsetzungsgesuch verwerfenden Beschluß des Amtsgerichts Marburg verworfen worden ist.

---

* Nichtamtlicher Leitsatz.

I.

Der Antragsteller ist nach der Handelsregistereintragung des Amtsgerichts Marburg Präsident des Verwaltungsrats der A. AG. Die Eintragung erfolgte am 16. Dezember 1991. Der Magistrat der Universitätsstadt Marburg forderte Anfang Januar 1992 die Firma A. AG zur Anzeige nach § 14 der Gewerbeordnung (GewO) auf. Unter Verwendung eines Vordruckes erfolgte die Gewerbeanmeldung unter dem 5. April 1994. Dabei wurde der Beginn der Tätigkeit mit 1990 angegeben. Mit Bußgeldbescheid vom 7. Juni 1994 wurde gegen den Antragsteller wegen unterlassener rechtzeitiger Anzeige eine Geldbuße von 1 000,- DM festgesetzt. Der Bußgeldbescheid wurde am 14. Juni 1994 zugestellt. Mit Telefaxmitteilung vom 16. Juni 1994 erhob der Antragsteller Einspruch. Mit Verfügung des Amtsgerichts vom 1. September 1994 wurde der Antragsteller darauf hingewiesen, daß eine Hauptverhandlung nicht für erforderlich gehalten werde und eine Entscheidung durch Beschluß ergehen könne, wenn er dagegen keinen Widerspruch erhebe. Das Schreiben wurde ihm am 7. September 1994 zugestellt. Dagegen legte der Antragsteller mit Telefax vom 21. September 1994 Widerspruch ein. Unter dem Datum des 23. September 1994 erging eine Ladung zur Hauptverhandlung über den Einspruch gegen den Bußgeldbescheid, wobei das persönliche Erscheinen des Antragstellers angeordnet wurde. Ausweislich der Postzustellungsurkunde erfolgte die Niederlegung der Ladung am 4. Oktober 1994. In der Hauptverhandlung erschien der Antragsteller nicht. Das Amtsgericht Marburg verwarf mit Urteil vom 26. Oktober 1994, Az.: 11 Js 7895.6/94 – 14 OWi –, den Einspruch. Die Entscheidung wurde dem Antragsteller am 4. November 1994 zugestellt. Mit Schriftsatz seines Verfahrensbevollmächtigten vom 10. November 1994 legte er Rechtsmittel ein und beantragte gleichzeitig Wiedereinsetzung in den vorigen Stand mit der Begründung, daß er die Ladung zur Hauptverhandlung nicht erhalten habe. Durch Beschluß vom 10. Januar 1995 wurde das Wiedereinsetzungsgesuch verworfen. Es sei nicht erkennbar, daß der Antragsteller ohne Verschulden an der Wahrnehmung des Termins gehindert gewesen sei. Er habe weder dargelegt, aus welchen Gründen er die Ladung bzw. den Niederlegungsvermerk nicht erhalten habe, noch habe er diesbezügliche Tatsachen glaubhaft gemacht. Der Beschluß ging dem Verfahrensbevollmächtigten des Antragstellers am 19. Januar 1995 zu. Am 26. Januar 1995 erhob er sofortige Beschwerde. Dem Rechtsmittel war eine eidesstattliche Versicherung beigefügt, wonach der Antragsteller weder eine Ladung zum Termin noch eine Benachrichtigung über die Niederlegung eines Schriftstücks erhalten habe.

Ausweislich der dienstlichen Erklärung des Briefzustellers vom 20. Februar 1995 hatte dieser den Benachrichtigungsschein in den Briefkasten des Antragstellers eingeworfen. Das Landgericht verwarf die Beschwerde mit Beschluß vom 6. April 1995, Az.: 4 Os 21/95 – 11 Js 7895/94 – 14 OWi Amtsgericht Marburg –. Zur Begründung wurde auf die Beweiskraft der öffentlichen Urkunde vom 4. Oktober 1994 verwiesen. Der Antragsteller habe den Beweis der Unrichtigkeit der bezeugten Tatsache nicht erbracht. Er habe keine ausreichenden Anhaltspunkte dafür vorgetragen, daß eine Mitteilung über die Niederlegung nicht erfolgt sei. Seine gegenteilige Erklärung sei nicht geeignet, die Beweiskraft der Zustellungsurkunde zu erschüttern. Die von ihm abgegebene eidesstattliche Versicherung sei kein geeignetes Mittel der Glaubhaftmachung und stelle lediglich eine einfache Erklärung dar. Dieser Beschluß wurde dem Antragsteller zu Händen seines Verteidigers am 13. April 1995 zugestellt.

II.

Gegen diese Entscheidung hat der Antragsteller mit am 15. Mai 1995 beim Staatsgerichtshof eingegangenem Schriftsatz Grundrechtsklage erhoben. Er rügt unter Bezugnahme auf die Art. 19 Abs. 4 und 103 des Grundgesetzes (GG) sowie auf Art. 16 der Hessischen Verfassung (HV) die Verletzung rechtlichen Gehörs. Zur Begründung wiederholt er sein Vorbringen im Ausgangsverfahren.

III.

Der Hessische Ministerpräsident hält die Grundrechtsklage für unzulässig, jedenfalls aber unbegründet. Der Antragsteller wende sich gegen eine Entscheidung, die ausschließlich auf bundesrechtlichen Vorschriften beruhe und daher der Überprüfung durch den Staatsgerichtshof als Landesverfassungsgericht entzogen sei. Auch in der Sache bleibe die Grundrechtsklage offensichtlich erfolglos. Soweit sich der Antragsteller auf das Petitionsrecht (Art. 16 HV) beziehe, ließen sich seiner Eingabe keinerlei Anhaltspunkte für eine Grundrechtsverletzung entnehmen. Darüber hinaus sei der Schutzbereich des Grundrechts auf Gewährung rechtlichen Gehörs nicht verletzt. Anhaltspunkte dafür, daß das Vorbringen des Antragstellers nicht zur Kenntnis genommen oder vom Gericht nicht erwogen worden sei, seien nicht ersichtlich. Das Landgericht habe sich mit dem Vorbringen des Antragstellers inhaltlich auseinandergesetzt. Es habe auch die verfassungsrechtlichen Anforderungen, die bei der Glaubhaftigkeitsprüfung zu beachten seien, um die Rechte des Antragstellers auf den ersten Zugang zum Gericht und auf rechtliches Gehör nicht unzulässig zu verkürzen, nicht überspannt.

Der Landesanwalt hat sich dem Verfahren nicht angeschlossen.

IV.

Die Akte 11 Js 7895.6/94 der Staatsanwaltschaft bei dem Landgericht Marburg lag dem Staatsgerichtshof vor.

B

Die Grundrechtsklage ist unzulässig. Der angegriffene Beschluß des Landgerichts Marburg verletzt den Antragsteller nicht in seinen Grundrechten auf Gewährung rechtlichen Gehörs und der Rechtsweggarantie.

I.

Dem Staatsgerichtshof fehlt für eine verfassungsrechtliche Prüfung der gerügten Rechtsverletzungen die Prüfungskompetenz. Der Antragsteller wendet sich gegen eine Entscheidung des Landgerichts Marburg, die ausschließlich unter Anwendung von bundesrechtlichen Vorschriften (des Gesetzes über Ordnungswidrigkeiten – OWiG – und der Strafprozeßordnung – StPO –) ergangen ist. Der Staatsgerichtshof als Landesverfassungsgericht hat sich in ständiger Rechtsprechung unter Hinweis auf Art. 31 GG nicht für befugt gehalten, die Anwendung von Bundesrecht am Maßstab der Landesverfassung zu überprüfen (vgl. Beschluß vom 11. 05. 1994 – P. St. 1181 –, StAnz. 1994, S. 1488; Beschluß vom 17. 05. 1995 – P. St. 1186 –). Von dieser Rechtsprechung des Staatsgerichtshofs weichen allerdings der Bayerische Verfassungsgerichtshof und der Verfassungsgerichtshof des Landes Berlin ab (vgl. BayVerfGH, Entscheidung vom 18. 05. 1973, NJW 1973, S. 1644; BerlVerfGH, Beschluß vom 02. 12. 1993, NJW 1994, S. 436). Auf der Grundlage seiner bisherigen Rechtsprechung könnte der Staatsgerichtshof danach grundsätzlich verpflichtet sein, das Verfahren nach Art. 100 Abs. 3 GG dem Bundesverfassungsgericht vorzulegen (vgl. StGH, Beschluß vom 14. 04. 1989 – P. St. 1076 –, StAnz. 1989, S. 1661). Eine Vorlage kommt aber nur dann in Betracht, wenn die Vorlagefrage entscheidungserheblich ist (vgl. dazu StGH, Beschluß vom 13. 07. 1994 – P. St. 1197 – m. w. N.). Das ist hier nicht der Fall. Die Grundrechtsklage bliebe – bei unterstellter Prüfungskompetenz des Staatsgerichtshofs – offensichtlich erfolglos.

Ein Verstoß gegen das Grundrecht auf Gewährung rechtlichen Gehörs ist nicht ersichtlich (zur Gewährleistung dieses Rechts durch die Hessische Verfassung vgl. StGH, Beschluß vom 05. 08. 1992 – P. St. 1132 –, StAnz. 1992, S. 2173).

Wird der Termin zur Hauptverhandlung in einem auf einen Einspruch gegen einen Bußgeldbescheid folgenden Verfahren versäumt, hängt die Möglichkeit, rechtliches Gehör zum Verfahrensgegenstand zu erlangen, davon ab, daß dem Betroffenen Wiedereinsetzung in den vorigen Stand gemäß § 74 Abs. 2 und Abs. 5 OWiG i. V. m. § 235 StPO gewährt wird. Es ist vorliegend nicht ersichtlich, daß die Gerichte des Ausgangsverfahrens bei der Anwendung und Auslegung der für die Wiedereinsetzung maßgeblichen prozeßrechtlichen Vorschriften die Anforderungen daran überspannt haben, was der Antragsteller vorbringen muß, um nach einer Versäumung des Hauptverhandlungstermins die Wiedereinsetzung zu erhalten. Der Grundsatz, daß bei der Anwendung und Auslegung der für die Wiedereinsetzung maßgeblichen prozeßrechtlichen Vorschriften die Anforderungen an das Verhalten des Betroffenen zur Erlangung der Wiedereinsetzung nicht überspannt werden dürfen (vgl. BVerfGE 54, 80 ⟨84⟩ m. w. N.), ist für die Fälle des „ersten Zugangs" zum Gericht entwickelt worden (vgl. BVerfGE 41, 332 ⟨335 f.⟩), d. h. bei Versäumung der Einspruchsfrist gegen einen Bußgeldbescheid. Diese Rechtsprechung besagt unmittelbar nichts über die Anforderungen, die in späteren Verfahrensabschnitten an das Verhalten des Betroffenen bei Versäumung von Verfahrenshandlungen zu stellen sind. Hier können die Anforderungen andere sein, z. B. weil – wie im vorliegenden Fall – der Antragsteller nach Einspruchserhebung gegen den Bußgeldbescheid mit einer Hauptverhandlung über seinen Rechtsbehelf rechnen mußte.

Die Gerichte des Ausgangsverfahrens haben die Prüfung der Verschuldensfrage im Wiedereinsetzungsverfahren in rechtlich nicht zu beanstandender Weise vorgenommen.

Der Antragsteller hat die Begründung seines Wiedereinsetzungsgesuchs bezüglich des seinen Einspruch verwerfenden Urteils des Amtsgerichts Marburg auf den Vortrag gestützt, daß er die Ladung zur Hauptverhandlung oder eine Benachrichtigung über die Niederlegung dieser Ladung nicht erhalten habe. Wenn das Gericht des Ausgangsverfahrens sich zur Begründung der Zurückweisung des Wiedereinsetzungsgesuchs auf die Ordnungsgemäßheit der Ladung zum Hauptverhandlungstermin und auf die Beweiskraft der Postzustellungsurkunde vom 4. Oktober 1994 stützt und die Erbringung eines Gegenbeweises durch den Antragsteller verneint, kann darin ein Rechtsverstoß nicht gesehen werden. Zur ordnungsgemäßen Ladung hat das Gericht dargelegt, daß die Postzustellungsurkunde als öffentliche Urkunde im Sinne der §§ 415, 418 der Zivilprozeßordnung – ZPO – volle Beweiskraft dafür erbringt, daß ein Benachrichtigungszettel in den Briefkasten des Antragstellers geworfen wurde. Es ist weiterhin davon ausgegangen, daß der durch die Urkunde begründete volle Beweis der darin bezeugten Tatsache durch einen Beweis für die Unrichtigkeit der beurkundeten Tatsache entkräftet werden kann (vgl. § 418 Abs. 2 ZPO), ein solcher Gegenbeweis den vollen Nachweis eines anderen Geschehensablaufs verlangt und der Antragsteller diese Voraussetzungen nicht erfüllt hat. Sein eidesstattlich versichertes Vorbringen, er habe die schriftliche Mitteilung des Postzustellers nicht erhalten, hat das Gericht gewürdigt und als nicht geeignet befunden, eine Falschbeurkundung als hinreichend wahrscheinlich darzutun (vgl. BVerfG, Beschluß vom 16. 05. 1986, Az.: 4 CB 8/86, NJW 1986, 2127 ⟨2128⟩). Das Landgericht ist in seiner Entscheidung davon ausgegangen, daß der Antragsteller einen Gegenbeweis nicht erbracht hat. Dies ist rechtlich nicht zu beanstanden. Allein die tatsächliche Unkenntnis von einer Benachrichtigung über eine Zustellung vermag eine ordnungsgemäße Zustellung nicht zu widerlegen (so auch BVerwG, Beschluß vom 16. 05. 1986, NJW 1986, 2127 f.). Die Kenntnis von der Mitteilung ist ein Umstand, der zeitlich nach der Ausstellung des Mitteilungszettels liegt. Sie hängt nicht allein davon ab, daß der Benachrichtigungszettel tatsächlich in den Briefkasten gelegt worden ist. Auch bei täglicher Kontrolle des Briefkasteninhalts besteht die Möglichkeit des Verlustes einzelner Poststücke vor Durchsicht der eingegangenen Sendungen oder bei deren Sortierung. Besondere Umstände des Einzelfalles, die die Annahme rechtfertigen könnten, das Landgericht habe die Anforderungen an den Vortrag des Antragstellers überspannt, sind vorliegend nicht ersichtlich. Das Landgericht hat auch die Argumente des Antragstellers, was seiner Entscheidung zu entnehmen ist, aufgenommen und sie – allerdings anders als er selbst – rechtlich gewürdigt. Soweit sein Vorbringen dahin zielt, daß die Postzustellungsurkunde eine unrichtige Tatsache beurkundet habe, hat der Antragsteller einen Gegenbeweis nicht angetreten. Nicht zu beanstanden ist auch die Tatsache, daß das Landgericht das Vorbringen des Antragstellers, er habe den Benachrichtigungszettel nicht erhalten, nicht zum Anlaß für eine Wiedereinsetzung in den vorigen Stand genommen hat, da der Antragsteller insoweit eine bloße Behauptung aufgestellt hat, ohne diese durch objektive Anhaltspunkte für einen atypischen Geschehensablauf nach der Zustellung zu untermauern.

Soweit der Antragsteller mit Schreiben vom 28. November 1995 eine Verletzung der Rechtsweggarantie rügt, fehlt seinem Vortrag die gemäß § 43 Abs. 2 StGHG notwendige Substantiierung. Die Rechtsweggarantie des Art. 2 Abs. 3 HV sichert den Bürgern den Zugang zu den Gerichten. Rechtsschutz ist im Rahmen der jeweils geltenden Prozeßordnung gewährleistet, wobei die Anrufung der Gerichte von bestimmten formalen Voraussetzungen abhängig gemacht wird. Erst wenn der Weg zu den Gerichten unzumutbar oder aus Sachgründen nicht zu rechtfertigend erschwert ist, liegt ein Verstoß gegen das genannte Grundrecht vor (vgl. StGH, Beschluß vom 11. 05. 1994 – P. St. 1181 – m. w. N.). Der Antragsteller hat in dem Ordnungswidrigkeitsverfahren den Rechtsweg zum Amtsgericht beschritten. Er hatte weiter die Möglichkeit, in seiner Bußgeldsache gegen das Urteil des Amtsgerichts Marburg vom 26. Oktober 1994 Rechtsmittel einzulegen und ein Wiedereinsetzungsgesuch zu stellen. Davon hat er Gebrauch gemacht. Es stellt keine Verletzung der Rechtsweggarantie des Art. 2 Abs. 3 HV dar, daß das Landgericht Marburg wie auch das Amtsgericht nicht in dem vom Antragsteller für vertretbar gehaltenen Sinne entschieden haben.

II.

Soweit der Antragsteller Art. 16 HV für verletzt hält, fehlt es seinem Vorbringen an jeglicher Substantiierung.

III.

Die Kostenentscheidung folgt aus § 28 Abs. 1 StGHG.

Entscheidungen des Landesverfassungsgerichts Mecklenburg-Vorpommern

Die amtierenden Richter des Landesverfassungsgerichts Mecklenburg-Vorpommern

Dr. Gerhard Hückstädt,   Präsident

Helmut Wolf,   Vizepräsident

Peter Häfner

Dr. Dietmar Schneider

Gustav-Adolf Stange

Brunhild Steding

Joachim von der Wense

Stellvertretende Richter

Dr. Siegfried Wiesner

Klaus-Dieter Essen

Rudolf Mellinghoff

Dr. Christa Unger

Gudrun Köhn

Karin Schiffer

Rolf Christiansen

Nr. 1

1. Das Landesverfassungsgerichtsgesetz ist am 15. November 1994 mit dem Zusammentritt des zweiten Landtags, in Kraft getreten. Von diesem Zeitpunkt an konnten – noch vor der Wahl und Vereidigung der Verfassungsrichter – Verfahren beim Landesverfassungericht eingeleitet werden. Die Jahresfrist des § 52 Satz 2 LVerfGG ist am 15. November 1995 abgelaufen.

2. Die Wiedereinsetzung in den vorigen Stand wegen Versäumung der Frist zur Erhebung der Verfassungsbeschwerde gegen ein Gesetz ist in Mecklenburg-Vorpommern rechtlich nicht möglich.

Grundgesetz Art. 92, 101 Abs. 1

Landesverfassung Mecklenburg-Vorpommern Art. 27 Abs. 1 Satz 2, 28 Abs. 1 Satz 1, 52 Abs. 1, Abs. 2, 58 Abs. 3, Art. 80

Verfassungsgerichtsbarkeitseinführungsgesetz Art. 2, 4 Abs. 1, Abs. 2 Satz 1

Verabschiedungsgesetz §§ 1 Abs. 1, 3 Satz 2

Landesverfassungsgerichtsgesetz §§ 11 Abs. 1 Nr. 10, 12, 13, 19 Abs. 1 Satz 1, 52 Satz 2, 65

Verwaltungsgerichtsordnung § 60

Urteil vom 18. April 1996 – LVerfG 4/95 –

in dem Verfahren über die Verfassungsbeschwerde der Hansestadt Demmin gegen §§ 64, 65, 67–70 des Landespersonalvertretungsgesetzes Mecklenburg-Vorpommern.

Entscheidungsformel:

Die Verfassungsbeschwerde wird als unzulässig verworfen.
Die Entscheidung ergeht kostenfrei; Auslagen werden nicht erstattet.

Gründe:

A.

Gegenstand der Verfassungsbeschwerde in materiell-rechtlicher Hinsicht ist die Frage, ob die Bestimmungen der §§ 64, 65, 67 bis 70 des Personalvertretungsgesetzes für das Land Mecklenburg-Vorpommern (Personalvertretungsgesetz – PersVG –) vom 24. Februar 1993 (GVOBl. S. 125, ber. in GVOBl. S. 858) gegen Vorschriften der Verfassung des Landes Mecklenburg-Vorpommern verstoßen, insbesondere mit dem in Art. 72 der Verfassung verbürgten Recht der Gemeinden und Kreise auf kommunale Selbstverwaltung unvereinbar sind. Zuvor ist die Frage zu beantworten, ob die Beschwerdeführerin, die ihre Verfassungsbeschwerde am 1. Dezember 1995 erhoben hat, die für die Erhebung derartiger Beschwerden geltende Jahresfrist des § 52 des Gesetzes über das Landesverfassungsgericht Mecklenburg-Vorpommern (Landesverfassungsgerichtsgesetz – LVerfGG) vom 19. Juli 1994 (GVOBl. S. 734), geändert durch Gesetz vom 4. April 1995 (GVOBl. S. 189), eingehalten hat.

I.

Das Personalvertretungsgesetz für das Land Mecklenburg-Vorpommern ist am 3. März 1993 im Gesetz- und Verordnungsblatt für Mecklenburg-Vorpommern verkündet worden und nach der Bestimmung des § 93 demzufolge am 4. März 1993 in Kraft getreten. Die von der Beschwerdeführerin beanstandeten Bestimmungen dieses Gesetzes betreffen im wesentlichen die Regelungen über die Beteiligung des Personalrats in Personalangelegenheiten, in sozialen und in organisatorischen Angelegenheiten sowie über das Verfahren der Einigungsstelle und das Initiativrecht des Personalrats.

II.

Die Beschwerdeführerin trägt zur Frage der Einhaltung der Beschwerdefrist des § 52 Satz 2 LVerfGG, wonach die Verfassungsbeschwerde gegen ein Landesgesetz, das vor dem Landesverfassungsgerichtsgesetz in Kraft getreten ist, bis zum Ablauf eines Jahres seit dem Inkrafttreten des letztgenannten Gesetzes erhoben werden kann, vor:
Die Bestimmung des Art. 4 Abs. 1 des Gesetzes zur Einführung der Verfassungsgerichtsbarkeit in Mecklenburg-Vorpommern vom 19. Juli 1994, die grundsätzlich das Inkrafttreten des Landesverfassungsgerichtsgesetzes und damit auch der einschlägigen Fristvorschrift regele, sei nicht mit der Folge anwendbar, daß das genannte Gesetz am 15. November 1994 in Kraft getreten sei; mit Blick darauf sei auch die Jahresfrist des § 52 Satz 2 LVerfGG nicht am

15. November 1995 abgelaufen, die am 1. Dezember 1995 erhobene Verfassungsbeschwerde daher nicht verfristet. Einem Inkrafttreten des Gesetzes zu dem genannten Zeitpunkt stehe bereits der Umstand entgegen, daß das Gesetz- und Verordnungsblatt für Mecklenburg-Vorpommern in keiner Ausgabe wörtlich einen bestimmten Termin für das Inkrafttreten des Landesverfassungsgerichtsgesetzes bestimme; damit sei diesbezüglich rechtsstaatlichen Anforderungen nicht genügt, weil die Voraussetzungen, unter denen nach der Rechtsprechung des Bundesverfassungsgerichts eine solche datumsmäßig bestimmte Festlegung des Inkrafttretens eines Gesetzes entbehrlich sei, hier nicht vorlägen. Im übrigen habe die den Zeitpunkt des Inkrafttretens nicht datumsmäßig bestimmende, sondern an den Eintritt eines Ereignisses knüpfende Vorschrift des Art. 4, Abs. 1 des Einführungsgesetzes auf der Erwartung des Gesetzgebers beruht, daß die Errichtung des Landesverfassungsgerichts zu Beginn der zweiten Wahlperiode des Landtags erfolgt sein würde. Das sei aber nicht der Fall gewesen, weil zu diesem Zeitpunkt das Richtergremium weder gewählt noch vereidigt gewesen sei. Daß dies jedoch notwendig gewesen sei, um von einem Inkrafttreten im vorgenannten Sinne überhaupt reden zu können, mache eine Vielzahl von Vorschriften des Landesverfassungsgerichtsgesetzes deutlich. So habe es ohne die Wahl und die Vereidigung von Richtern keinen Präsidenten, keinen Vizepräsidenten und keine weiteren Mitglieder im Sinne des § 2 Abs. 1 LVerfGG gegeben. Solange kein Richter gewählt und vereidigt worden sei, habe auch niemand ausgeschlossen oder wegen Besorgnis der Befangenheit abgelehnt werden können (vgl. §§ 14 und 15 LVerfGG). Auch hätten Verfahren nicht nach § 19 LVerfGG eingeleitet werden können, da hierzu der Präsident den Antrag dem Antragsgegner und den übrigen Beteiligten hätte unverzüglich mit der Aufforderung zustellen müssen, sich binnen einer bestimmten Frist zu äußern. Vor allem aber hätten ohne die gewählten und vereidigten Richter keine Entscheidungen zustande kommen, keine Beweiserhebungen durchgeführt, keine Rechts- und Amtshilfe in Anspruch genommen werden können (vgl. § 20 ff. LVerfGG). Von besonderer Bedeutung sei, daß auch keine einstweiligen Anordnungen nach § 29 LVerfGG hätten erlassen werden können, so daß die Gewährung von effektivem Rechtsschutz nicht möglich gewesen sei. Aus all dem sei zu schließen, daß es dem Willen des Gesetzgebers nicht habe entsprechen können, das Landesverfassungsgerichtsgesetz in Kraft treten zu lassen, ohne daß die Mitglieder dieses Gerichts gewählt und vereidigt worden seien.

Zu einer anderen Einschätzung führe auch nicht die Regelung des § 12 LVerfGG über die Geschäftsstelle und den Geschäftsgang. Die dort genannte Geschäftsstelle des Oberverwaltungsgerichts Mecklenburg-Vorpommern habe Aufgaben der Geschäftsstelle des Landesverfassungsgerichts nur dann wahrnehmen können, wenn das Landesverfassungsgericht auch errichtet gewesen sei. Das sei jedoch bis zur Wahl bzw. Vereidigung der Richter gerade nicht der Fall gewesen. Die Tätigkeit der Geschäftsstelle habe sich bis zu diesem Zeitpunkt lediglich darauf beschränken müssen, etwa eingehende Anträge bis zur Errichtung des Landesverfassungsgerichts durch Wahl und Vereidigung der Richter zu verwahren. Ohne Richter gebe es kein Gericht. Dies komme im übrigen auch in § 65 LVerfGG zum Ausdruck.

Sollte die Bestimmung des Art. 4 Abs. 1 des Einführungsgesetzes jedoch dahingehend zu interpretieren sein, daß die Jahresfrist des § 52 Satz 2 LVerfGG auch dann am 15. November 1994 zu laufen begonnen habe, wenn zu diesem Zeitpunkt keine Richter gewählt und vereidigt gewesen seien, wäre diese Bestimmung verfassungswidrig. Da dann das Landesverfassungsgericht zunächst nur in Gestalt einer Geschäftsstelle existiert hätte, würde bei dieser Auslegung ein Verstoß sowohl gegen Art. 92 GG als auch gegen Art. 101 Abs. 1 GG vorliegen. Hinsichtlich des Art. 92 GG ergebe sich dieser Schluß daraus, daß die rechtsprechende Gewalt den Richtern anvertraut sei, was jedoch im Falle der Nichtexistenz des Richtergremiums zu verneinen sei. Die Art. 101 Abs. 1 GG zu entnehmende Garantie des gesetzlichen Richters verlange, daß die personelle Zusammensetzung eines Gerichts gerade nicht im Hinblick auf bereits anhängige Verfahren erfolge. Gerade das sei aber anzunehmen, wenn das Inkrafttreten des Gesetzes auf den 15. November 1994 zeitlich fixiert sei.

Zu beachten sei in diesem Zusammenhang schließlich, daß die Fristbestimmung des § 52 LVerfGG den in Art. 53 Nr. 8 der Landesverfassung vorgesehenen Rechtsschutz der Gemeinden gegen Beschränkungen des Rechts auf Selbstverwaltung einschränke. Für eine solche Einschränkung biete Art. 54 Satz 1 der Verfassung nur dann eine Grundlage, wenn und soweit entsprechende Gründe des öffentlichen Interesses die Einschränkung rechtfertigten. Solche Gründe für einen Fristbeginn bereits im November 1994 lägen jedoch nicht vor. Das Prinzip der materiellen Gerechtigkeit spreche ohnehin gegen den Erlaß von Fristbestimmungen der vorliegenden Art. Aber auch Aspekte der Rechtssicherheit und Prozeßökonomie rechtfertigten den in Rede stehenden Fristbeginn hier gerade nicht. Das gelte für den Gesichtspunkt der Prozeßökonomie bereits deswegen, weil Entscheidungen über Verfassungsbeschwerden nach dem 15. November 1994 jedenfalls bis zur Wahl und Vereidigung des Richterkörpers ohnehin nicht hätten ergehen können. Aspekte der Rechtssicherheit sprächen gerade gegen einen Fristbeginn bereits im November 1994. Mit Blick auf die Entscheidung des Bundesverfassungsgerichts vom 25. Mai 1995 – 2 BvF 1/92 – zum Mitbestimmungsgesetz des Landes Schleswig-Holstein bestünden auch gegen entsprechende Regelungen des Personalvertretungsgesetzes für das Land Mecklenburg-Vorpommern massive verfassungsrechtliche Bedenken. Ohne eine Entscheidung des Landesverfassungsgerichts zu den dadurch aufgeworfenen Fragen bestehe die Gefahr, daß es zunächst zu divergierenden Entscheidungen der Verwaltungsgerichte des Landes kommen könne.

Zusammenfassend sei daher festzustellen, daß die den Fristbeginn auf den 15. November 1994 festlegende Bestimmung des Art. 4 Abs. 1 des Einführungsgesetzes wegen eines Prognoseirrtums des Gesetzgebers und wegen ansonsten bestehender Verfassungswidrigkeit nicht anzuwenden sei. Die dadurch entstandene planwidrige Regelungslücke könne und müsse im Wege der Analogie zu Art. 4 Abs. 2 des genannten Gesetzes in der Weise geschlossen werden, daß die Beschwerdefrist des § 52 Satz 2 LVerfGG erst am 23. November 1995, dem Tag der Vereidigung der gewählten Richter, zu laufen begonnen habe. Mithin sei die am 1. Dezember 1995 erhobene Verfassungsbeschwerde fristgerecht; dies Ergebnis entspreche im übrigen auch dem Rechtsgedanken der §§ 203 und 206 BGB.

Sollte indes die Beschwerdefrist bereits am 15. November 1994 zu laufen begonnen haben, mithin die Erhebung am 1. Dezember 1995 als verfristet anzusehen sein, so müsse jedenfalls nach § 13 LVerfGG i. V. m. § 60 Abs. 1 VwGO Wiedereinsetzung in den vorigen Stand gewährt werden. Daß ihr, der Antragstellerin, Verschulden im Sinne der letztgenannten Bestimmung nicht anzulasten sei, bedürfe keiner näheren Begründung. Wiedereinsetzung sei auch rechtlich möglich. Bei dem bundesrechtlichen Ausschluß der Wiedereinsetzung für die Verfassungsbeschwerde gegen ein Gesetz durch § 93 Abs. 3 BVerfGG handele es sich um eine Sonderregelung, nicht um einen allgemeinen Rechtsgrundsatz.

Die Beschwerdeführerin beantragt – sinngemäß –,

im Wege des Erlasses eines Zwischenurteils festzustellen, daß ihre Verfassungsbeschwerde zulässig ist.

III.

Die Landesregierung Mecklenburg-Vorpommern hält die Verfassungsbeschwerde für verfristet und begründet dies wie folgt:

Entgegen der Auffassung der Beschwerdeführerin sei das Landesverfassungsgerichtsgesetz und damit auch die Vorschrift des § 52 Satz 2 dieses Gesetzes am 15. November 1994 in Kraft getreten. Daraus folge zwingend, daß die in Rede stehende Verfassungsbeschwerde nach Ablauf der Jahresfrist des § 52 Satz 2 eingelegt worden und damit nicht (mehr) fristgerecht sei. Bereits nach dem genannten Zeitpunkt und vor der Wahl und Vereidigung der Verfassungsrichter hätten Anträge an das Landesverfassungsgericht fristwahrend gestellt werden können und gegebenenfalls auch müssen. Dies mache vor allem auch die Vorschrift des § 12 LVerfGG deutlich, nach der bereits seit dem Inkrafttreten des Landesverfassungsgerichtsgesetzes eine Geschäftsstelle des Landesverfassungsgerichts bestanden habe; die Existenz dieser Geschäftsstelle habe ausgereicht, damit etwaige Verfahren im Sinne des § 19 Abs. 1 Satz 1 LVerfGG hätten wirksam eingeleitet werden können. Der Landesgesetzgeber habe für den Fristbeginn im vorliegenden Fall ganz bewußt auf das Inkrafttreten des Landesverfassungsgerichtsgesetzes abgestellt, weil er den Fristbeginn nicht von dem völlig unbestimmten Zeitpunkt der Wahl und Vereidigung der Mitglieder des Landesverfassungsgerichts habe abhängig machen wollen; dies mache auch ein Blick auf bestimmte relativ kurze Fristen für bestimmte beim Landesverfassungsgericht anhängig zu machende Verfahren hinreichend deutlich.

Ein anderes Ergebnis lasse sich auch nicht aus § 65 Satz 2 LVerfGG herleiten, weil diese Vorschrift lediglich für den Sonderfall der Überleitung beim Oberverwaltungsgericht anhängiger Verfahren auf der Grundlage des § 16 des Wahlprüfungsgesetzes Bedeutung habe und mithin für die Beantwortung der hier zu beurteilenden Frage rechtlich irrelevant sei.

Eine Wiedereinsetzung in den vorigen Stand wegen der Versäumung der Beschwerdefrist komme nicht in Betracht. Die in Rede stehende Frist des § 52 Satz 2 LVerfGG sei eine Ausschlußfrist, bei deren Versäumung eine Wiedereinsetzung von vornherein nicht gewährt werden könne. Die Vorschrift sei mit der entsprechenden Bestimmung des § 93 Abs. 3 BverfGG vergleichbar; auch insoweit sei eine Wiedereinsetzung in den vorigen Stand ausgeschlossen.

IV.

Dem Landtag Mecklenburg-Vorpommern ist Gelegenheit zur Äußerung gegeben worden.

B.

Die Verfassungsbeschwerde ist unzulässig. Die Beschwerdeführerin hat die für die Einlegung der Beschwerde geltende Frist des § 52 Satz 2 LVerfGG nicht eingehalten (dazu unter I.). Eine Wiedereinsetzung in den vorigen Stand wegen Versäumung dieser Frist kommt nicht in Betracht (dazu unter II.).

I.

Die Beschwerdeführerin hat eine Verfassungsbeschwerde im Sinne des § 11 Abs. 1 Nr. 10 LVerfGG erhoben. Nach dieser Bestimmung entscheidet das Landesverfassungsgericht über Verfassungsbeschwerden von Gemeinden, Landkreisen und Landschaftsverbänden wegen Verletzung des Rechts auf

Selbstverwaltung nach den Artikeln 72 bis 75 der Verfassung durch ein Landesgesetz (Art. 53 Nr. 8 der Verfassung). Um eine solche Verfassungsbeschwerde handelt es sich hier deswegen, weil die Beschwerdeführerin – eine Gemeinde – sich durch Bestimmungen eines Landesgesetzes, nämlich die der §§ 64, 65 und 67 bis 70 PersVG, in ihrem Recht auf kommunale Selbstverwaltung nach Art. 72 der Verfassung verletzt sieht. Für eine solche Verfassungsbeschwerde schreibt § 52 Satz 1 LVerfGG vor, daß diese nur innerhalb eines Jahres seit dem Inkrafttreten des Landesgesetzes zulässig ist; ist – wie hier das Personalvertretungsgesetz des Landes Mecklenburg-Vorpommern – das betreffende Landesgesetz vor dem Inkrafttreten des Landesverfassungsgerichtsgesetzes in Kraft getreten, so kann die Verfassungsbeschwerde bis zum Ablauf eines Jahres seit dem Inkrafttreten des letztgenannten Gesetzes erhoben werden.

1. Das Landesverfassungsgerichtsgesetz ist entgegen der Auffassung der Beschwerdeführerin am 15. November 1994 in Kraft getreten. Dafür sind folgende Erwägungen maßgebend:

Nach Art. 4 Abs. 1 des Gesetzes zur Einführung der Verfassungsgerichtsbarkeit in Mecklenburg-Vorpommern vom 19. Juli 1994 (GVOBl. S. 734) ist Art. 1 dieses Gesetzes – das ist das Landesverfassungsgerichtsgesetz – nach Maßgabe des Gesetzes über die Verabschiedung und das Inkrafttreten der Verfassung von Mecklenburg-Vorpommern – Verabschiedungsgesetz – vom 23. Mai 1993 (GVOBl. S. 371) in Kraft getreten. Dieses Gesetz sah in seinem § 1 Abs. 1 vor, daß die Verfassung mit ihrer am 23. Mai 1993 erfolgten Verkündung im Gesetz- und Verordnungsblatt von Mecklenburg-Vorpommern als vorläufige Verfassung in Kraft trat (§ 6 des Verabschiedungsgesetzes). Ausgenommen von diesem Inkrafttreten waren unter anderem die Art. 52 bis 54 über das Landesverfassungsgericht; diese Vorschriften traten erst mit dem endgültigen Inkrafttreten der Verfassung nach Maßgabe des Art. 80 Abs. 2 der Verfassung, § 3 Satz 2 des Verabschiedungsgesetzes in Kraft. Danach war für das Inkrafttreten die Beendigung der ersten Wahlperiode des Landtages maßgebend (vgl. auch die Bekanntmachung über das endgültige Inkrafttreten der Verfassung des Landes Mecklenburg-Vorpommern vom 23. Mai 1993 vom 23. August 1994 [GVOBl. S. 811]). Nach Art. 27 Abs. 1 Satz 2 der Verfassung endet die Wahlperiode des Landtages mit dem Zusammentritt eines neuen Landtages. Der zweite Landtag ist am 15. November 1994 zusammengetreten, am 30. Tag nach der Wahl vom 16. Oktober 1994, dem als letzten Termin für den Zusammentritt des Landtages nach der Neuwahl in Betracht kommenden Tag (vgl. Art. 28 Abs. 1 Satz 1 der Verfassung). Dies hat nach den vorstehenden Ausführungen zur Folge, daß am 15. November 1994 nicht nur die Verfassung endgültig, sondern auch das Landesverfassungsgerichtsgesetz in Kraft getreten ist.

Dieser Annahme stehen – entgegen der Auffassung der Beschwerdeführerin – aus übergeordnetem Verfassungsrecht abzuleitende rechtsstaatliche Anforderungen nicht entgegen. Maßgebend für das Inkrafttreten von Landesgesetzes ist die Vorschrift des Art. 58 Abs. 3 der Verfassung. Danach treten Gesetze, wenn nichts anderes bestimmt ist, mit dem 14. Tag nach Ablauf des Tages in Kraft, an dem sie verkündet worden sind. Im Falle des Landesverfassungsgerichtsgesetzes hat der Landesgesetzgeber – wie dargelegt – von der Möglichkeit einer Bestimmung eines abweichenden Zeitpunktes in verfassungsrechtlich nicht zu beanstandender Weise Gebrauch gemacht. Daß er – wie von der Beschwerdeführerin in diesem Zusammenhang gerügt – davon abgesehen hat, den Zeitpunkt des Inkrafttretens des Landesverfassungsgerichtsgesetzes durch Angabe eines bestimmten Termins kalendermäßig zu bestimmen, begegnet ebensowenig durchgreifenden rechtlichen Bedenken wie der Umstand, daß er den in Rede stehenden Zeitpunkt an den Eintritt eines hinreichend bestimmten Ereignisses, nämlich an den Zusammentritt des zweiten Landtages, geknüpft hat.

Die für das Inkrafttreten von Landesgesetzen maßgebende Bestimmung des Art. 58 Abs. 3 der Verfassung ist – was die hier entscheidende Frage der Auslegung des Begriffs „Bestimmung" angeht – mit der für das Inkrafttreten von Bundesgesetzen geltenden Vorschrift des Art. 82 Abs. 2 Satz 1 GG vergleichbar; auch dort ist für die Fälle, in denen ein Bundesgesetz zu einem in dem betreffenden Gesetz selbst festgelegten Zeitpunkt in Kraft treten soll, vorgeschrieben, daß der Gesetzgeber eine diesbezügliche Bestimmung zu treffen hat. Von daher bestehen keine Bedenken dagegen, die Rechtsprechung des Bundesverfassungsgerichts zur Auslegung des genannten Begriffs „Bestimmung" im Sinne des Art. 82 Abs. 2 Satz 1 GG auch für die Vorschrift des Art. 58 Abs. 3 der Verfassung fruchtbar zu machen. Insoweit heißt es in dem Urteil des Ersten Senats des Bundesverfassungsgerichts vom 8. Juli 1976 – 1 BvL 19 und 20/75, 1 BvR 148/75 –, BVerfGE 42, 263 (285 f.), wie folgt:

„Weder der Wortlaut noch der Sinn des Art. 82 Abs. 2 Satz 1 GG fordern, daß der maßgebliche Zeitpunkt des Inkrafttretens eines Gesetzes unter allen Umständen wörtlich und unter genauer Bezeichnung eines Termins im Gesetz angeführt wird. Durch die grundgesetzliche Regelung soll sichergestellt werden, daß über den Zeitpunkt der Normverbindlichkeit Klarheit herrscht. Die Bestimmung des zeitlichen Geltungsbereichs einer Rechtsvorschrift bedarf im Hinblick auf die vielfach weittragende Wirkung einer hinreichend genauen Fixierung, damit der Normadressat den Beginn seines Berechtigt- oder Verpflichtetseins in ausreichender Weise erkennen kann. Auch Exekutive und Rechtsprechung müssen auf möglichst einfache Weise feststellen können, von wann ab die neue Vorschrift anzuwenden ist. Die Bestimmung des Tages des Inkrafttretens dient somit den rechtsstaatlichen Geboten der Rechtssicherheit und Rechtsklarheit über die zeitliche Geltung des Rechts (es folgen Belege aus der bisherigen Rechtsprechung des Bundesverfassungsgerichts).

Diese Erfordernisse konkretisiert Art. 82 Abs. 2 Satz 1 GG, indem er vorschreibt, daß das Gesetz den Zeitpunkt seines Inkrafttretens mit hinreichender Bestimmtheit regeln muß. Dem kann unter bestimmten Voraussetzungen dann Genüge getan sein, wenn kein nach dem Datum bestimmter Zeitpunkt festgelegt ist, sondern hierfür ein mit großer Wahrscheinlichkeit erwartetes bestimmtes Ereignis maßgebend sein soll; wesentlich ist allerdings, daß dies in ausreichender Weise im Gesetz zum Ausdruck kommt. Zweifel, die sich bei der Feststellung des Zeitpunkts ergeben können, sind für sich allein nicht geeignet, die Gültigkeit des Gesetzes in Frage zu stellen. Selbst bei genauer Fixierung sind Unstimmigkeiten hinsichtlich des Inkrafttretens einzelner Normen nicht immer auszuschließen. Wenn auch das Wirksamwerden einer gesetzlichen Regelung im Interesse der Rechtssicherheit einer möglichst genauen Fixierung bedarf, erscheint es andererseits nicht angängig, an Tatbestandsmerkmale, die das Inkrafttreten eines Gesetzes regeln, prinzipiell höhere Bestimmtheitsanforderungen zu stellen, als an solche, von denen sonstige materielle Rechtsfolgen abhängen. Es kommen vielmehr auch hier die allgemeinen Auslegungsgrundsätze zur Anwendung. Danach genügt es, wenn sich der Termin hiernach ermitteln läßt."

Die hier das Inkrafttreten des Landesverfassungsgerichtsgesetzes – gleichsam in Form einer „Vorschriftenkette" – regelnden Bestimmungen genügen den nach Maßgabe der vorstehend dargelegten, auch hier anwendbaren Kriterien zu stellenden rechtsstaatlichen Anforderungen.

Ausschlaggebend in diesem Zusammenhang ist, daß bei einer „Zusammenschau" der genannten Bestimmungen für jeden von den Auswirkungen des Landesverfassungsgerichtsgesetzes potentiell Betroffenen ersichtlich ist, an welches Ereignis der Zeitpunkt des Inkrafttretens dieses Gesetzes zwingend geknüpft ist; von daher läßt sich dieser Zeitpunkt – ohne jede Unsicherheit bzw. Unstimmigkeit bei der genauen Fixierung dieses Termins – im Sinne der vorstehenden Ausführungen des Bundesverfassungsgerichts ermitteln. Daß diese Ermittlung – wie dargelegt – den „Blick" auf mehrere insoweit miteinander in untrennbarem Regelungszusammenhang stehende bzw. aufeinander verweisende Gesetzesbestimmungen erfordert und die daraus zu ziehenden Schlußfolgerungen einem juristisch nicht vorgebildeten „Leser" Schwierigkeiten zu bereiten vermögen, ist in diesem Zusammenhang ohne rechtliche Bedeutung; zur Erfassung des Regelungsgehaltes von Gesetzen bedarf es auch in anderer Hinsicht gegebenenfalls der Einschaltung von Rechtskundigen, ohne daß deswegen die Einhaltung des Gebots hinreichender inhaltlicher Bestimmtheit in Frage gestellt wäre. Legt man dies zugrunde, stößt man zwangsläufig auf den Zusammentritt des zweiten Landtages als das hier maßgebliche, weil den Zeitpunkt des Inkrafttretens des Landesverfassungsgerichtsgesetzes festlegende Ereignis; dies war nicht einmal – was nach den vorstehend angeführten Kriterien ausreichend gewesen wäre – lediglich ein mit großer Wahrscheinlichkeit erwartetes bestimmtes Ereignis, sondern ein mit Sicherheit eintretendes. Daß der Tag des Zusammentritts des zweiten Landtages, der 15. November 1994, dann anschließend – soweit ersichtlich – nicht z. B. durch Bekanntgabe im Gesetz- und Verordnungsblatt für Mecklenburg-Vorpommern oder in einem anderen allgemein zugänglichen amtlichen Mitteilungsblatt dokumentiert worden ist, ist wiederum rechtlich irrelevant; einer solchen – hier ohnehin gesetzlich nicht vorgesehenen – Dokumentation wäre allenfalls deklaratorische Bedeutung zugekommen, Auswirkungen auf den Zeitpunkt des Inkrafttretens des in Rede stehenden Gesetzes als solchen hätte sie nicht gehabt.

Des weiteren ist verfassungsrechtlich nicht zu beanstanden, daß der Landesgesetzgeber dadurch, daß er – wie dargelegt – das Inkrafttreten des Landesverfassungsgerichtsgesetzes von dem Eintritt eines hinreichend bestimmten Ereignisses abhängig gemacht hat, ein mit Blick darauf bedingtes Gesetz erlassen hat.

Es bedarf – ebenso wie in dem der zitierten Entscheidung des Bundesverfassungsgerichts zugrunde liegenden Fall – hier keiner generellen Entscheidung, ob und unter welchen Voraussetzungen die Verfassung den Erlaß bedingter Gesetze überhaupt erlaubt. Daß dem geltenden Verfassungsrecht die bedingte Inkraftsetzung gesetzlicher Regelungen keineswegs völlig fremd ist, zeigt sich im Bereich des Bundesrechts z. B. bei den völkerrechtlichen Verträgen (vgl. insoweit Art. 59 Abs. 2 GG): Wenn und soweit solche Verträge transformierbares Recht enthalten, erfährt dieses seine innerstaatliche Geltung erst durch das entsprechende Zustimmungsgesetz; sein Inkrafttreten ist jedoch aufschiebend bedingt, weil es nämlich davon abhängt, ob und wann der Vertrag selbst verbindlich wird.

Durchgreifende Bedenken dagegen, daß der Landesgesetzgeber auch das Inkrafttreten des Landesverfassungsgerichtsgesetzes im Hinblick auf die besonders gelagerten Verhältnisse von dem Eintritt einer Bedingung abhängig gemacht hat, bestehen nicht. Es war zunächst durchaus sinnvoll und nachvollziehbar, daß der Gesetzgeber – wie hier geschehen – das Wirksamwerden der Geltungsanordnung des Landesverfassungsgerichtsgesetzes an das endgültige Inkrafttreten der Landesverfassung geknüpft hat. Als diese Entscheidung durch Verkündung und Inkrafttreten des Verabschiedungsgesetzes am 23. Mai 1993 gefallen war, war dieser Zeitpunkt, d. h. der des Inkrafttretens der Landesverfassung als endgültig, aus mehreren Gründen noch nicht absehbar, so daß er sich auch nicht kalendermäßig auf einen bestimmten Termin fixieren ließ: Zum einen stand im Mai 1993 der Tag der nächsten landesweiten Wahl in Mecklenburg-Vorpommern, bei der (vgl. § 2 des Verabschiedungsgesetzes) die bis dahin lediglich vorläufig geltende Verfassung einem Volksentscheid zu unterwerfen war, noch nicht fest. Zum anderen war noch offen, ob es im Anschluß an diese Wahl überhaupt zu einem Inkraftsetzen der Verfassung in der vom Landtag bislang beschlossenen Fassung als endgültige kommen würde; dies hing (vgl. § 3 Satz 1 des Verabschiedungsgesetzes) von dem nach Maßgabe dieser Bestimmung positiven Ergebnis des genannten Volksentscheides und der darauf bezogenen nachfolgenden Verkündung im Gesetz- und Verordnungsblatt für Mecklenburg-Vorpommern ab. Vor allem aber war damals der Zeitpunkt der endgültigen Inkraftsetzung der Landesverfassung und damit der des Inkrafttretens des Landesverfassungsgerichtsgesetzes deswegen nicht auf ein bestimmtes Datum zu fixieren, weil (vgl. § 3 Satz 2 des Verabschiedungsgesetzes i. V. m. Art 27 Abs. 1 Satz 2 und Art. 28 Abs. 1 Satz 1 der Verfassung) für den insoweit maßgebenden Zeitpunkt des Zusammentritts des neuen Landtages als Zeitpunkt der Beendigung der ersten Wahlperiode des Landtages lediglich ein einzuhaltender Zeitrahmen (Zusammentritt des Landtages spätestens am 30. Tag nach der Neuwahl, vgl. Art. 28 Abs. 1 Satz 1 der Verfassung), nicht jedoch ein fester, kalendermäßig bestimmter Termin festgelegt war. Bei Berücksichtigung all dieser Umstände kann mithin das Vorgehen des Landesgesetzgebers auch unter dem vorstehend erörterten Aspekt nicht beanstandet werden.

Die vorstehend begründete Annahme, daß das Landesverfassungsgerichtsgesetz am 15. November 1994 in Kraft getreten ist, wird durch einen weiteren Umstand erhärtet. Nach Art. 4 Abs. 2 Satz 1 des Einführungsgesetzes trat unter anderem Art. 2 dieses Gesetzes – abweichend von dem Zeitpunkt, zu dem nach Art. 4 Abs. 1 das Landesverfassungsgerichtsgesetz in Kraft getreten ist – an dem Tag in Kraft, an dem das Landesverfassungsgericht gemäß Art. 1 § 65 errichtet war. Die in Bezug genommene Vorschrift des Art. 2 des Einführungsgesetzes hat das Änderungsgesetz zum Wahlprüfungsgesetz des Landes Mecklenburg-Vorpommern zum Gegenstand; nach dem durch das Änderungsgesetz aufgehobenen § 16 des Wahlprüfungsgesetzes war bis zu dem in § 65 LVerfGG genannten, möglicherweise und nach dem tatsächlichen Ablauf auch nach dem 15. November 1994 liegenden Zeitpunkt der ersten Wahl der Mitglieder des Landesverfassungsgerichts dem Oberverwaltungsgericht Mecklenburg-Vorpommern eine vorläufige Zuständigkeit hinsichtlich der nach der Wahl der Verfassungsrichter ausschließlich dem Landesverfassungsgericht obliegenden Wahlprüfung eingeräumt worden. Die in dieser Weise in Art. 4 des Einführungsgesetzes vorgenommene Differenzierung macht in besonderer Weise deutlich, daß das Inkrafttreten des Landesverfassungsgerichtsgesetzes als solchen – entgegen der Auffassung der Beschwerdeführerin – jedenfalls von der Wahl und Vereidigung des Richtergremiums unabhängig erfolgen sollte.

Die weiteren Einwendungen der Beschwerdeführerin gegen die Annahme, das Landesverfassungsgerichtsgesetz sei bereits am 15. November 1994 in Kraft getreten, erweisen sich bei genauer Analyse ihres Inhalts nicht als gegen das Inkrafttreten zu diesem Zeitpunkt überhaupt gerichtet; sie beziehen sich vielmehr auf die Beantwortung der daran anschließenden Frage, ob mit dem Inkrafttreten des Landesverfassungsgerichtsgesetzes am 15. November 1994 auch die für die Erhebung von sogenannten kommunalen Verfassungsbeschwerden gegen bereits vor diesem Zeitpunkt in Kraft getretene Landesgesetze geltende Frist des § 52 Satz 2 LVerfGG, wonach solche Beschwerden bis zum Ablauf eines Jahres seit dem Inkrafttreten des Landesverfassungsgerichtsgesetzes erhoben werden können, in Lauf gesetzt worden ist. Dies gilt insbesondere für den Einwand, das Landesverfassungsgerichtsgesetz habe schon deswegen zu dem genannten Zeitpunkt nicht in Kraft treten können, weil damals die Mitglieder des Landesverfassungsgerichts weder gewählt noch vereidigt gewesen seien. Zwar enthält bereits die Landesverfassung in den Art. 52 bis 54 bestimmte Grundaussagen über die Zusammensetzung des Landesverfassungsgerichts, insbesondere über die Zahl der Mitglieder sowie gewisse Modalitäten der Wahl. Die Beschwerdeführerin übersieht aber, daß weitere unverzichtbare und eine Wahl der Mitglieder des Landesverfassungsgerichts erst ermöglichende Regelungen (z. B. über die Wählbarkeit und die Amtszeit) indes erst im Landesverfassungsgerichtsgesetz selbst enthalten sind, so daß eine Wahl der Mitglieder des Landesverfassungsgerichts nur auf der Grundlage eines bereits in Kraft getretenen Gesetzes möglich war.

2. Mit dem Inkrafttreten des Landesverfassungsgerichtsgesetzes und somit auch der hier einschlägigen Fristbestimmung des § 52 Satz 2 LVerfGG ist – wiederum entgegen der Auffassung der Beschwerdeführerin – die für die Erhebung ihrer Verfassungsbeschwerde geltende Jahresfrist des § 52 Satz 2 LVerfGG in Gang gesetzt worden.

Stellt man auf den ausdrücklichen Wortlaut dieser Bestimmung ab, so kann diese Annahme nicht ernsthaft in Zweifel gezogen werden. Wenn es in § 52 Satz 2 LVerfGG heißt, die Verfassungsbeschwerde könne bis zum Ablauf eines Jahres seit dem Inkrafttreten des Landesverfassungsgerichtsgesetzes erhoben werden, dann läßt diese Formulierung nur den Schluß zu, daß damit die Frist – ohne „wenn und aber" – für die dieser Bestimmung unterliegenden Verfassungsbeschwerden in Gang gesetzt werden sollte. Allerdings kann der damit zum Ausdruck gelangte gesetzgeberische Wille, die insoweit in Betracht kommenden Verfassungsbeschwerden strikt an die Einhaltung dieser Jahresfrist zu binden, rechtsstaatlichen Anforderungen entsprechend nur dann Geltung beanspruchen, wenn nach dem 15. November 1994 diese Beschwerden auch prozessual wirksam, insbesondere fristwahrend, erhoben werden konnten. Dies versteht sich im Grunde genommen von selbst: Rechtsbehelfsfristen sind zwar dem Bereich des Verfahrensrechts zuzuordnen; mit Blick darauf, daß jeder Rechtsbehelf aber der Durchsetzung materiell-rechtlicher Positionen dient, muß bereits bei Einlegung eines solchen gewährleistet sein, daß mit diesem Einleitungsakt der sich unter Umständen über eine längere Zeit erstreckende „Prozeß" der Geltendmachung auch tatsächlich in Gang gesetzt wird. Dies bedeutet hier, daß nach dem Inkrafttreten des Landesverfassungsgerichtsgesetzes am 15. November 1994 sichergestellt sein mußte, daß die Einleitung eines Verfahrens über eine Verfassungsbeschwerde der in Rede stehenden Art im vorgenannten Sinne möglich war. Davon ist – entgegen der Auffassung der Beschwerdeführerin – auszugehen.

Nach dem hier einschlägigen § 19 Abs. 1 Satz 1 LVerfGG sind Anträge, die das Verfahren einleiten, schriftlich beim Landesverfassungsgericht einzureichen. Dieser Vorschrift kommt in zweierlei Hinsicht Bedeutung zu: Zum einen ist ihr zu entnehmen, daß in die Zuständigkeit des Landesverfassungsgerichts fallende Verfahren durch an dieses Gericht unmittelbar zu richtende Anträge eingeleitet werden müssen; eine – auch nur hilfsweise in Betracht kommende – Empfangszuständigkeit anderer Organe (Gerichte, Behörden etc.) besteht insoweit nicht. Zum anderen – und dies folgt unmittelbar aus dem Vorstehenden – setzt auch § 19 Abs. 1 Satz 1 LVerfGG voraus, daß das Landesverfassungsgericht jedenfalls insoweit existent gewesen sein muß, als nach dem 15. November 1994 mögliche und zulässige Verfahren eingeleitet werden konnten.

Welcher „Minimalbestand" an gerichtlicher Organisation vorhanden gewesen sein muß, um verfahrenseinleitende Anträge im Sinne des § 19 Abs. 1 Satz 1 LVerfGG zu dem vorgenannten Zeitpunkt einreichen zu können, sagt diese Bestimmung selbst nicht. Insoweit sind hinsichtlich des dort verwendeten Begriffs „Landesverfassungsgericht" drei unterschiedliche Bedeutungen denkbar: Zum einen kann das Landesverfassungsgericht als Verfassungsorgan im Sinne des Art. 52 Abs. 1 der Verfassung gemeint sein. Zum anderen ist auch möglich, daß damit lediglich das Landesverfassungsgericht als der Rechtspflege dienender und insoweit bereits ausgestatteter „Verwaltungsapparat" angesprochen ist. Schließlich kann dem in § 19 Abs. 1 Satz 1 LVerfGG verwendeten Begriff bereits die Bedeutung zuzumessen sein, daß es ein für die eigentliche Rechtsprechungstätigkeit geeignetes und dementsprechend besetztes Gericht sein muß. Welche dieser drei Bedeutungen in bezug auf § 19 Abs. 1 Satz 1 LVerfGG anzunehmen ist, ist durch Auslegung zu ermitteln; dabei ist insbesondere die rechtssystematische Stellung des § 19 LVerfGG in diesem Gesetz zu berücksichtigen.

Der Wortlaut des § 19 Abs. 1 Satz 1 LVerfGG gibt für die hier geforderte Auslegung nichts her; die vorstehend aufgezeigten Auslegungsmöglichkeiten betreffen sämtlich den Begriff „Landesverfassungsgericht" als solchen, nur in jeweils unterschiedlicher Bedeutung.

Nach Sinn und Zweck sowie systematischer Stellung im Gesetz scheidet die Annahme, § 19 Abs. 1 Satz 1 LVerfGG betreffe das Landesverfassungsgericht lediglich als Verfassungsorgan, aus. In dieser Stellung ist das Landesverfassungsgericht bereits durch die Verfassung selbst begründet worden, ohne daß es insoweit eines weiteren Errichtungsaktes seitens des einfachen Gesetzgebers, nämlich durch Erlaß des Landesverfassungsgerichtsgesetzes, bedurft hätte. Zu einem solchen Akt wäre der einfache Gesetzgeber im übrigen auch nicht befugt gewesen, weil sämtlich Verfassungsorgane, damit auch das Landesverfassungsgericht, als Organe des Staates unmittelbar ihre Grundlage in der unter anderem den Staatsaufbau im einzelnen regelnden jeweiligen Verfassung haben müssen. Erst dort, wo es um die spätere Tätigkeit des Verfassungsorgans als Gericht geht, ist dem einfachen Gesetzgeber die Aufgabe zugewiesen, die gesetzlichen Voraussetzungen dafür zu schaffen, daß das Organ „Landesverfassungsgericht" seiner Aufgabe, in dem ihm zugewiesenen, hinsichtlich seiner Zuständigkeit bereits verfassungsrechtlich vorgegebenen Rahmen nach einfach-gesetzlich festgelegten Verfahrensnormen auf der Grundlage der jeweils in Betracht kommenden einschlägigen materiell-rechtlichen Vorschriften Recht zu sprechen, genügen kann. Zu den insoweit dem einfachen Gesetzgeber zur Regelung überlassenen (der Regelung auch bedürfenden) Fragen gehört – wie dargelegt – auch die Schaffung der Normen, nach denen sich das im Einzelfall vom Landesverfassungsgericht zu beachtende Verfahren – von seiner Einleitung bis hin zur Beendigung – zu richten hat; jedenfalls in diesen Rahmen ist die in Rede stehende Bestimmung des § 19 Abs. 1 Satz 1 LVerfGG eingebettet mit der Folge, daß dem dort verwendeten Begriff „Landesverfassungsgericht" lediglich die Bedeutung eines der Rechtspflege dienenden Verwaltungsapparates oder eines zu materieller Rechtsprechung bereits fähigen, weil mit den erforderlichen Richtern bereits besetzten Spruchkörpers zukommen kann.

Mit Blick auf Sinn und Zweck sowie systematische Stellung der genannten Bestimmung im Gesetz ist mit „Landesverfassungsgericht" im Sinne des § 19 Abs. 1 Satz 1 LVerfGG lediglich der der verfassungsgerichtlichen Rechtspflege dienende „Apparat" in der Ausgestaltung gemeint, daß die allein an die Einleitung des Verfahrens nach Maßgabe des § 19 Abs. 1 Satz 1 LVerfGG geknüpften Folgen bereits ab dem 15. November 1994 eintreten konnten.

Die Einleitung eines Verfahrens nach Maßgabe des § 19 Abs. 1 Satz 1 LVerfGG hat zunächst die Bedeutung, daß mit dem Eingang der Antragsschrift bei Gericht das Verfahren anhängig und rechtshängig wird; darüber hinaus ist der Eingang für die Beantwortung der Frage maßgebend, ob etwa einzuhaltende Fristen gewahrt worden sind. Weitere Bedeutung kommt der

Vorschrift im Hinblick auf ihre allein verfahrensrechtliche Ausgestaltung (vgl. insoweit auch die Stellung der Bestimmung im II. Teil: Allgemeine Verfahrensvorschriften des Landesverfassungsgerichtsgesetzes) nicht zu. Das hat zur Folge, daß, damit die Vorschrift diesen Anforderungen im Einzelfall genügen kann, als „Landesverfassungsgericht" bereits am 15. November 1994 nur soviel an Organisation zur Verfügung gestanden haben muß, daß seit damals Anträge fristwahrend rechtswirksam bei dem Gericht gestellt werden konnten. Diese Frage ist zu bejahen.

Die Einleitungsbestimmung des § 19 Abs. 1 Satz 1 LVerfGG steht insoweit in einem untrennbaren sachlichen Zusammenhang mit der Vorschrift des § 12 Abs. 1 LVerfGG. Danach werden die Aufgaben der Geschäftsstelle (des Landesverfassungsgerichts) von der Geschäftsstelle des Oberverwaltungsgerichts Mecklenburg-Vorpommern in der Hansestadt Greifswald wahrgenommen. Angesichts dieses eindeutigen, einer anderen Auslegung nicht zugänglichen Wortlauts bedeutet das, daß seit dem Inkrafttreten des Landesverfassungsgerichtsgesetzes am 15. November 1994 jedenfalls die Geschäftsstelle dieses Gerichts existiert. Aufgabe dieser (und einer solchen überhaupt in Verfahren vergleichbaren Art) ist es aber, Anträge zwecks Einleitung eines Verfahrens entgegenzunehmen, zu registrieren und für den weiteren Verfahrensgang bereitzuhalten. Allein das reicht hier aus: Mit der Entgegennahme des Antrags wird das betreffende Verfahren nicht nur anhängig, sondern auch rechtshängig; einer (zusätzlichen) Zustellung auf der Grundlage des § 19 Abs. 2 LVerfGG durch den Präsidenten des Landesverfassungsgerichts bedarf es insoweit nicht. Auch die Frage einer etwaigen Fristeinhaltung beurteilt sich danach, ob und gegebenenfalls wann der entsprechende Antrag (durch Eingang bei der Geschäftsstelle des Gerichts) rechtshängig geworden ist (vgl. insoweit auch Sächsischer Verfassungsgerichtshof, Urteil vom 21. Juli 1994 – Vf. 19-I-93 –, Sächsische Verwaltungsblätter 1994, S. 279).

Danach ist für die Beantwortung der Frage, ob die Beschwerdeführerin die Jahresfrist des § 52 Satz 2 LVerfGG eingehalten hat, auf den 15. November 1994 als Fristbeginn deswegen abzustellen, weil zu diesem Zeitpunkt das Landesverfassungsgericht jedenfalls im Sinne des hier einschlägigen § 19 Abs. 1 Satz 1 LVerfGG bereits existierte. Die von der Beschwerdeführerin insoweit geltend gemachten Einwendungen stehen dieser Annahme sämtlich nicht entgegen.

Zunächst ergibt sich aus der im Landesverfassungsgerichtsgesetz selbst enthaltenen Bestimmung des § 65 keine für die Beschwerdeführerin günstigere Auslegung. Allerdings heißt es in Satz 2 dieser Vorschrift, daß das Landesverfassungsgericht (erst) als errichtet gilt, sobald die erste Wahl der Mitglieder des Landesverfassungsgerichts sowie der Stellvertreter durchgeführt ist. Indes erschließt sich der Gehalt dieser Regelung erst bei einer „Zusammenschau" dieser Bestimmung mit der vorausgehenden des § 65 Satz 1 LVerfGG. Danach gehen die bei dem Oberverwaltungsgericht Mecklenburg-Vorpommern anhängigen Verfahren, die ihm aufgrund des § 16 des Wahlprüfungsgesetzes und der auf diese Bestimmung verweisenden Vorschriften zur Entscheidung im ersten und letzten Rechtszug übertragen sind, mit der Errichtung des Landesverfassungsgerichts auf dieses über. Damit sollte sichergestellt werden (und darin erschöpft sich der Regelungsgehalt des § 65 LVerfGG insgesamt), daß etwa vor der Besetzung der Richterbank des Landesverfassungsgerichts bereits beim damals noch zuständigen Oberverwaltungsgericht Mecklenburg-Vorpommern anhängig gemachte Wahlprüfungsverfahren „lückenlos" gefördert und gegebenenfalls entschieden werden konnten; für solche Verfahren war das genannte Oberverwaltungsgericht bis zum 22. November 1995 (an diesem Tag sind die Mitglieder des Landesverfassungsgerichts sowie ihre Stellvertreter gewählt worden) zuständig, seitdem das Landesverfassungsgericht als von diesem Zeitpunkt an einer Rechtsprechung fähiges Gericht (vgl. insoweit auch die bereits in anderem Zusammenhang genannte Vorschrift des Art. 4 Abs. 2 Satz 1 des Einführungsgesetzes). Von daher gibt diese Vorschrift für die Beantwortung der hier im Mittelpunkt stehenden Frage nichts her, zumal sie – mit Blick auf den dargelegten Regelungsgehalt – ohnehin bereits im Ansatz von einem im Vergleich zu § 19 Abs. 1 Satz 1 LVerfGG anderen Begriff „Landesverfassungsgericht" zwangsläufig ausgehen muß.

Nichts anderes gilt für die sonst auf die Erforderlichkeit eines zur materiellen Rechtsprechung fähigen (Landesverfassungs-)Gerichts abhebenden Einwendungen. Insbesondere der Hinweis der Beschwerdeführerin, bis zum 23. November 1995 (Vereidigung der Mitglieder des Landesverfassungsgerichts sowie ihrer Stellvertreter) habe keine Möglichkeit zur Erlangung einer Sachentscheidung in zum Zuständigkeitsbereich des Landesverfassungsgerichts gehörenden Angelegenheiten bestanden, belegt das genannte Erfordernis nicht. Wäre es aus Gründen der Gewährung von effektivem Rechtsschutz erforderlich gewesen, zwischen dem 15. November 1994 und dem 23. November 1995 insoweit um Rechtsschutz nachsuchen zu müssen, insbesondere um solchen einstweiliger Art (vgl. § 29 LVerfGG), so wäre in diesen Fällen der Weg zum Bundesverfassungsgericht eröffnet gewesen, dem insoweit eine subsidiäre Zuständigkeit zugekommen wäre (vgl. in diesem Zusammenhang BVerfG, Beschluß vom 18. Juli 1995 – 2 BvQ 31/95 –, Thüringische Verwaltungsblätter 1995, S. 230).

Auch das Vorbringen der Beschwerdeführerin, eine Auslegung der in Rede stehenden Bestimmung in der vorstehend dargelegten Art sei mit Art. 92 und 101 Abs. 1 GG unvereinbar, rechtfertigt keine andere Beurteilung. Mit Blick auf Art. 92 GG gilt dies bereits deshalb, weil nach den vorstehenden Ausführungen für die Beantwortung der hier in Rede stehenden Frage die Existenz eines zur Rechtsprechung fähigen Richtergremiums gerade nicht erforderlich war; damit ist es bereits im Ansatz ausgeschlossen, daß ein Verstoß der geltend gemachten Art überhaupt vorliegen kann. Im Ergebnis Ähnliches gilt im Hinblick auf Art. 101 Abs. 1 GG. Das in Satz 2 dieser Bestimmung verbürgte „Recht auf den gesetzlichen Richter" ist hier ersichtlich nicht verletzt. Zwar mag es in Einzelfällen nicht ausgeschlossen sein, daß die während eines bereits laufenden Gerichtsbetriebs erfolgte Auswechslung bzw. Besetzung der Richterbank rechtsmißbräuchlich und von daher mit dem Anspruch auf den gesetzlichen Richter nicht zu vereinbaren ist. Im vorliegenden Fall fehlen jedoch jedwede Anhaltspunkte dafür, daß bereits zum Zeitpunkt der ersten Wahl der Mitglieder des Landesverfassungsgerichts eingeleitete Verfahren bei diesem Gericht in irgendeiner Weise auf diese Wahl Einfluß gehabt haben könnten.

Ferner geht auch der Hinweis der Beschwerdeführerin fehl, eine Auslegung der hier maßgeblichen Bestimmungen des Landesverfassungsgerichtsgesetzes dahin, daß die von ihr zu beachtende Frist bereits am 15. November 1994 zu laufen begonnen habe, schränke den ihr bereits verfassungsrechtlich vorgegebenen Rechtsschutz gegen Beschränkungen ihres Rechts auf Selbstverwaltung durch Landesgesetze unzumutbar ein. Die Beschwerdeführerin hatte ausreichend Zeit, die von ihr beanstandeten Bestimmungen des Personalvertretungsgesetzes des Landes Mecklenburg-Vorpommern darauf zu überprüfen, ob und inwieweit diese ihr Recht auf Selbstverwaltung verfassungswidrig beeinträchtigten. Daß sie die Erhebung ihrer Verfassungsbeschwerde so lange hinausgeschoben hat, bis möglicherweise die Jahresfrist bereits verstrichen war, ist ihrer eigenen Risikosphäre zuzurechnen; dies gilt insbesondere für die Beantwortung der im Mittelpunkt der Erörterung stehenden Frage, auf welchen Zeitpunkt der Fristbeginn zu fixieren ist. Im übrigen steht die Beschwerdeführerin bezüglich der von ihr für verfassungswidrig gehaltenen Bestimmungen des Personalvertretungsgesetzes nicht rechtsschutzlos dar; es ist durchaus nicht ausgeschlossen, nach Lage der Dinge mit Blick auf die Entscheidung des Bundesverfassungsgerichts vom 24. Mai 1995 zu vergleichbaren Bestimmungen des Schleswig-Holsteinischen Mitbestimmungsgesetzes sogar eher wahrscheinlich, daß es in überschaubarer Zeit zu einer – wie auch immer eingeleiteten – Überprüfung der beanstandeten Bestimmungen des Personalvertretungsgesetzes für das Land Mecklenburg-Vorpommern durch das Landesverfassungsgericht kommen wird.

Abschließend sei darauf hingewiesen, daß die Auffassung des Gerichts zum Inkrafttreten des Landesverfassungsgerichtsgesetzes am 15. November 1994 und zum Beginn der damit in Lauf gesetzten Fristen zur Einhaltung bestimmter Verfahren auch dem entspricht, was anläßlich des Inkrafttretens des Bundesverfassungsgerichtsgesetzes am 16. April 1951 – ebenfalls verbunden mit dem Beginn gesetzlicher (Ausschluß-)Fristen in verschiedenen Verfahrensarten – zum Zwecke einer möglichst baldigen fristwahrenden Einleitung entsprechender Verfahren vor Besetzung der Richterbank veranlaßt worden ist. Nachdem am 4. Mai 1951 ein Gesetz verkündet worden war, nach dem das Bundesverfassungsgericht seinen Sitz vorerst in Karlsruhe hatte, richtete am gleichen Tag der damalige Bundesjustizminister durch Organisationsakt mit sofortiger Wirkung in den Räumen des Bundesgerichtshofs in Karlsruhe eine sogenannte Kopfstelle des Bundesverfassungsgerichts ein (vgl. dazu *Umbach/ Clemens* BVerfGG, § 1 Rdn. 21, § 107, Rdn. 4); diese Kopfstelle nahm vom Zeitpunkt ihrer Einrichtung an die entsprechenden Aufgaben wahr, die der Geschäftsstelle des Landesverfassungsgerichts gemäß § 12 Abs. 1 Satz 1 LVerfGG zugewiesen sind.

3. Die Beschwerdeführerin hat die für die Erhebung ihrer Verfassungsbeschwerde somit seit dem 15. November 1994 laufende Jahresfrist des § 52 Satz 2 LVerfGG nicht eingehalten; ihre Verfassungsbeschwerde ist erst am 1. Dezember 1995, damit nach Ablauf der Jahresfrist am 15. November 1995, bei dem Landesverfassungsgericht eingegangen. Ihre Verfassungsbeschwerde ist somit verfristet.

II.

Der Beschwerdeführerin ist wegen Versäumung der Frist zur Erhebung der Verfassungsbeschwerde auch keine Wiedereinsetzung in den vorigen Stand zu gewähren. Bei der in Rede stehenden Frist des § 52 Satz 2 LVerfGG handelt es sich um eine einer Wiedereinsetzung nicht zugängliche Ausschlußfrist. Mithin kann offenbleiben, ob – unterstellt eine solche wäre grundsätzlich zulässig – auch im vorliegenden Fall Wiedereinsetzung in den vorigen Stand hätte gewährt werden können.

1. Das Landesverfassungsgerichtsgesetz selbst kennt – anders als andere Verfassungsgerichtsgesetze – keine Wiedereinsetzung in den vorigen Stand. Allerdings erklärt das Gesetz in § 13 unter anderem die Vorschriften der Verwaltungsgerichtsordnung für entsprechend anwendbar, „soweit in diesem Gesetz nichts anderes bestimmt ist". Da die Verwaltungsgerichtsordnung in § 60 unter den dort im einzelnen normierten Voraussetzungen eine Wiedereinsetzung in den vorigen Stand zuläßt, ist diese Bestimmung auch im vorliegenden Fall anwendbar, wenn das Landesverfassungsgerichtsgesetz für ihn keine andere Bestimmung in dem Sinne getroffen hat, daß es die Wiedereinsetzung in den vorigen Stand ausschließen wollte und auch ausgeschlossen hat. Das aber ist hier der Fall.

2. Abzuheben ist in diesem Zusammenhang allein auf die den vorliegenden Fall betreffende Fristbestimmung; ob und gegebenenfalls inwieweit in anderen Verfahrensarten bei der Versäumung der dafür geltenden Fristen eine Wiedereinsetzung in den vorigen Stand möglich ist, kann – da nicht entscheidungsrelevant – offenbleiben.

Die einschlägige Fristvorschrift des § 52 Satz 2 LVerfGG steht in einem untrennbaren sachlichen Zusammenhang mit der des Satzes 1, nach der die Verfassungsbeschwerde *nur* innerhalb eines Jahres seit dem Inkrafttreten des Landesgesetzes zulässig ist. Beiden Regelungen ist somit gemeinsam, daß mit dem Inkrafttreten eines bestimmten Gesetzes für die Erhebung einer gegen ein Landesgesetz unmittelbar gerichteten Verfassungsbeschwerde eine einjährige Frist in Gang gesetzt wird; der Unterschied liegt allein darin, daß in den Fällen des Inkrafttretens des mit der Verfassungsbeschwerde angegriffenen Landesgesetzes zu einem nach dem Inkrafttreten des Landesverfassungsgerichtsgesetzes liegenden Zeitpunkt das Inkrafttreten des angegriffenen Landesgesetzes den Fristbeginn markiert, während für die Fälle der Erhebung einer Verfassungsbeschwerde gegen bereits vor dem Landesverfassungsgerichtsgesetz in Kraft getretene Landesgesetze der Zeitpunkt des Inkrafttretens des Landesverfassungsgerichtsgesetzes maßgebend ist. Mit Blick auf diesen den (eigentlichen) materiellen Gehalt beider Fristbestimmungen nicht tangierenden Unterschied ist es geboten, beide Bestimmungen hinsichtlich ihres Rechtscharakters gleich zu behandeln, d. h. auch die einschlägige Fristbestimmung des § 52 Satz 2 LVerfGG so zu „lesen", daß auch in diesem Fall die Verfassungsbeschwerde **nur** innerhalb eines Jahres seit Inkrafttreten des Landesverfassungsgerichtsgesetzes erhoben werden kann. Geht man aber davon aus, so liegt die Schlußfolgerung – was die Frage einer möglichen Wiedereinsetzung in den vorigen Stand bei Versäumung einer solchen Frist angeht – auf der Hand: Schon der Wortlaut macht insoweit deutlich, daß es bei der genannten Frist sein Bewenden haben und eine mit der Anerkennung einer Wiedereinsetzung in den vorigen Stand einhergehende „Verlängerung" dieser Frist nicht in Betracht kommen soll. Eine solche Auslegung entspricht auch allein Sinn und Zweck der in Rede stehenden Bestimmung. Mit Blick auf den Beschwerdegegenstand, ein Rechtsgeltung für einen unbestimmten Kreis von Adressaten sowie für eine unbestimmte Vielzahl von Fällen beanspruchendes Landesgesetz, sowie unter Berücksichtigung der Dauer der insoweit zur Verfügung stehenden Frist (ein Jahr) entspricht es auch dem Gedanken der Rechtssicherheit, nach Ablauf dieser Frist das betreffende Gesetz jedenfalls einer Überprüfung im Wege der Verfassungsbeschwerde unmittelbar gegen das Gesetz nicht mehr unterziehen zu können; das damit einhergehende Zurückdrängen des (prinzipiell gleichrangigen) Gedankens der materiellen oder Einzelfallgerechtigkeit findet seine Rechtfertigung auch darin, daß – wie bereits im Hinblick auf das hier angegriffene Personalvertretungsgesetz des Landes Mecklenburg-Vorpommern dargelegt worden ist – eine spätere verfassungsgerichtliche Überprüfung des Gesetzes in einer anderen Verfahrensart jedenfalls nicht ausgeschlossen ist.

3. Diese – somit die rechtliche Möglichkeit einer Wiedereinsetzung in den vorigen Stand bereits verneinende – Auslegung des § 52 Satz 2 LVerfGG entspricht im übrigen auch der ganz überwiegenden Rechtslage in den Verfahrensordnungen der anderen Verfassungsgerichte, soweit diese vergleichbare Verfassungsbeschwerdeverfahren überhaupt vorsehen. Dies gilt insbesondere für die insoweit vergleichbare Bestimmung des § 93 BVerfGG. Die dem § 52 Satz 2 LVerfGG vergleichbare Regelung findet sich in § 93 Abs. 3 BVerfGG in der nunmehr geltenden Fassung; die danach auf der Grundlage eines vergleichbaren Wortlauts (auch insoweit wird bei der Einräumung einer Jahresfrist das Wort „nur" verwendet) eingeräumte Möglichkeit, innerhalb dieser Frist eine Verfassungsbeschwerde unter anderem gegen ein Gesetz erheben zu können, besteht ebenfalls nur während des Laufs dieser Jahresfrist, weil eine Wiedereinsetzung in den vorigen Stand bei Versäumung dieser Frist ausgeschlossen ist (vgl. dazu *Maunz/Schmidt-Bleibtreu/Klein/Ulsamen* BVerfGG, § 93, Rdn. 41 a).

4. Da – wie dargelegt – eine Wiedereinsetzung in den vorigen Stand bei Versäumung der maßgebenden Frist des § 52 Satz 2 LVerfGG durch das Gesetz selbst ausgeschlossen ist, verbleibt es bei der Feststellung, daß die Verfassungsbeschwerde im vorliegenden Fall verfristet und damit unzulässig ist.

III.

Die Kostenentscheidung beruht auf §§ 32 Abs. 1 und 2 sowie 33 Abs. 2 LVerfGG.

Nr. 2

1. Das Demokratiegebot (Art. 3 Abs. 1 LV) und das Recht der politischen Parteien auf Chancengleichheit (Art. 3 Abs. 3 und 4 VL) verbieten es Staatsorganen, in ihrer Öffentlichkeitsarbeit parteiergreifend auf Wahlen zur Volksvertretung einzuwirken.

2. Zur Abgrenzung verfassungsrechtlich zulässiger Öffentlichkeitsarbeit von verfassungswidrigem parteiergreifenden Einwirken von Staatsorganen auf Wahlkämpfe.

3. Sofern eine Veröffentlichung nicht nur Wahlwerbung darstellt, sondern auch zulässige Informationen enthält, liegt ein Verfassungsver-

stoß nur bei einer ins Gewicht fallenden Häufung und Massivität offenkundiger Grenzüberschreitungen vor.

> Grundgesetz Art. 20 Abs. 1, Abs. 2 Satz 1,
> Art. 21 Abs. 1, Art. 38 Abs. 1
> Landesverfassung Mecklenburg-Vorpommern Art. 3 Abs. 1, Abs. 3, Abs. 4,
> 20 Abs. 2, 53 Abs. 1 Satz 1
> Landesverfassungsgerichtsgesetz §§ 11 Abs. 1 Nr. 1, 36

Urteil vom 23. Mai 1996 – LVerfG 1/95 –

in dem Organstreitverfahren der Partei Bündnis 90/DIE GRÜNEN, Landesverband Mecklenburg-Vorpommern, gegen die Landesregierung des Landes Mecklenburg-Vorpommern

Entscheidungsformel:
Der Antrag wird zurückgewiesen.
Die Entscheidung ergeht kostenfrei; Auslagen werden nicht erstattet.

Gründe:

A.

Gegenstand des Verfahrens ist die Frage, ob die Antragsgegnerin durch eine von ihr am 27. 8. 1994 in drei Tageszeitungen veröffentlichte Anzeige in parteiergreifender Weise in den Wahlkampf eingegriffen und dadurch gegen das Demokratieprinzip – Art. 3 Abs. 1 der Verfassung des Landes Mecklenburg-Vorpommern (LV) – verstoßen und das Recht der Antragstellerin auf chancengleiche Teilnahme an Wahlen – Art. 3 Abs. 3 und 4 LV – verletzt hat.

I.

Die Antragsgegnerin ließ am 27. 8. 1994 gleichzeitig im Nordkurier (Neubrandenburg), in der Ostsee-Zeitung (Rostock) und in der Schweriner Volkszeitung (Schwerin) jeweils eine ganzseitige Anzeige mit der Überschrift „Mecklenburg-Vorpommern. Unser Land" veröffentlichen. Rechts oberhalb der Überschrift befindet sich in leichtem Fettdruck, jedoch in deutlich kleinerem Format als die Überschrift, das Wort „Anzeige"; rechts unten in der Anzeige steht ebenfalls in leichtem Fettdruck, jedoch in kleinerem Format als der übrige Text, der Hinweis: „Dies ist eine Information der Landesregierung Mecklenburg-Vorpommern. Verantwortlich für den Inhalt: Staatskanzlei, Referat Öffentlichkeit."

Diese Anzeige der Antragsgegnerin erschien genau 50 Tage vor der auf den 16. 10. 1994 bestimmten Landtagswahl in Mecklenburg-Vorpommern. Der Wahltag war am 29. 3. 1994 festgesetzt worden (Amtsblatt von Mecklenburg-Vorpommern S. 459).

Die Anzeige enthält zwei Fotos. Auf einem davon ist der Ministerpräsident des Landes Mecklenburg-Vorpommern in Begleitung des Bundeskanzlers abgebildet, beide einen Schutzhelm einer Werft tragend. Die Abbildung erstreckt sich über 3 der insgesamt 6 Spalten der Anzeige, ist im mittleren Drittel plaziert und hat etwa die Größe der in dieser Anzeige veröffentlichten Beiträge. Das zweite Foto befindet sich im oberen Bereich der Anzeige, erstreckt sich ebenfalls über 3 Spalten, ist etwas größer als das zuvor beschriebene Foto und zeigt eine Datschenidylle. Am unteren Ende der Anzeige ist im gleichen Format wie das Datschenfoto eine Landkarte unter dem Stichwort Ferienland Mecklenburg-Vorpommern abgedruckt, auf welcher Rad- und Wasserwanderwege, Reiterhöfe und Wasserrastplätze eingezeichnet sind. Um die Fotos und die Landkarte herum sind 6 Hauptartikel von jeweils etwa gleicher Größe gruppiert, die sich mit unterschiedlichen Themen befassen. In der rechten Spalte der Anzeige befinden sich unter der Rubrik „Kurz & bündig" 8 Kurzartikel.

Die einzelnen Artikel befassen sich mit folgenden Themen:

Links oben neben dem Foto mit der Datschenidylle befindet sich ein Artikel unter der Überschrift: „Seite: Datschenbesitzer müssen sich nicht sorgen". Der Untertitel lautet: „Regierungschef will ‚Enteignungen' nicht hinnehmen". In Anknüpfung an das am 1. 1. 1995 in Kraft tretende Schuldrechtsanpassungsgesetz heißt es im Text u. a.: „In einem Gespräch mit besorgten Bürgern versicherte der Ministerpräsident: ‚Ich stehe eindeutig auf Ihrer Seite und werde mich jedem Versuch widersetzen, Ihnen einfach zu nehmen, was für Sie alle eine Art Lebenswerk und für viele von uns in der DDR eine Fluchtburg gewesen ist'."

Weiter wird in dem Artikel ausgeführt, daß nach einer Schätzung des Bundesjustizministeriums mehr als die Hälfte der ehemaligen DDR-Haushalte ein Wochenendhausgrundstück hätten und der Regierungschef gegenüber den besorgten Bürgern darauf hingewiesen habe, daß die Nutzungsentgeltverordnung einen sozialverträglichen Ausgleich zwischen Grundstücksnutzern und Grundstückseigentümern sicherstellen solle; die Landesregierung habe sich immer dafür eingesetzt, daß eine sozial verträgliche Anhebung des Nutzungsentgelts festgeschrieben werde.

In dem darunter abgedruckten Artikel, der durch eine Einrahmung hervorgehoben wird, steht im Mittelpunkt die Erklärung des namentlich erwähnten Innenministers, daß es nach einem Beschluß von Bund und Ländern im nächsten Jahr keine weiteren Mieterhöhungen geben werde. Einige Fälle drastischer Mieterhöhungen hätten unter den Bürgern im Land für erhebliche Unruhe gesorgt. Er – der Innenminister – habe den Mieterverbänden zugesagt, jedem Mißbrauchsfall nachgehen zu wollen. Im übrigen wird darauf hingewiesen, daß Mecklenburg-Vorpommern in den vergangenen 2 1/2 Jahren deutlich mehr als 2 Milliarden DM für die Wohnungsbauförderung, einen Schwerpunkt der Landespolitik, zur Verfügung gestellt habe und damit, bezogen auf die Einwohner, an der Spitze aller Bundesländer stehe. Mehr als 300 000 Wohnungen seien renoviert, 11 000 neu gebaut worden. Auch die vielen Urlauber hätten staunend beobachten können, wie allerorten gebaut und gezimmert werde.

In einem rechts daneben plazierten Artikel wird über die Gründung eines Landesrats für Kriminalitätsvorbeugung sowie entsprechende Maßnahmen auf kommunaler Ebene berichtet. Dabei wird auf die Bedeutung von Präventionsmaßnahmen im Jugendbereich und in diesem Zusammenhang auf „unser" Landesprogramm für Jugend und Familien hingewiesen, mit dem u. a. der Breitensport, Jugendzentren und Jugendfreizeiten unterstützt und Familien gestärkt werden sollten.

Das oben erwähnte Foto des Ministerpräsidenten und des Bundeskanzlers steht im Zusammenhang mit einem Artikel unter der Überschrift: „Gut ausgebildete Jugend ist das beste Kapital" und dem Untertitel: „Seite erwartet von Unternehmen weitere Lehrstellen / Ausbildungsreserven mobilisieren". Der Artikel beginnt damit, daß der Ministerpräsident mit gutem Grund das Thema Ausbildungsplätze für Jugendliche zur Chefsache erklärt habe. Der Ministerpräsident sei in den vergangenen Monaten nicht müde geworden, im Land an Wirtschaft und Industrie zu appellieren, genügend Ausbildungsplätze zur Verfügung zu stellen. Die Initiative des Ministerpräsidenten habe einen beachtlichen Erfolg gezeigt. Er habe kürzlich erneut versichert, er werde die Jugendlichen nicht im Regen stehen lassen. In mehreren Gesprächen mit dem Bundeskanzler habe er sich besonders und mit Erfolg beim außerbetrieblichen Sonderprogramm engagiert. Gegen Ende des Artikels wird der Ministerpräsident mit der Erklärung zitiert: „Der Aufschwung läuft und ist in vielen Wirtschaftszweigen spürbar".

Der daneben plazierte Artikel steht unter dem Untertitel: „Landesregierung freut sich über Früchte ihres Tourismuskonzepts" und enthält Ausführungen über die positive Entwicklung des Tourismus in Mecklenburg-Vorpommern unter Angabe einiger statistischer Zahlen. Dabei wird hervorgehoben, daß die Landesregierung seit 1990 intensiv den Tourismus als Wirtschaftszweig gefördert habe, in dem mittelfristig bis zu 100 000 Bürger ein sicheres Einkommen finden könnten. Mit 512 Millionen DM an Fördermitteln seien mehr als 1,3 Milliarden DM an Investitionen im Fremdenverkehr angestoßen worden.

Der letzte der 6 Hauptartikel steht unter der Überschrift: „Radwandern im Trend der Zeit". Er befaßt sich in erster Linie mit den Möglichkeiten des Radwanderns in Mecklenburg-Vorpommern, aber auch mit Pferde- und Wassersport. Dabei werden die Bemühungen der Landesregierung, speziell des namentlich erwähnten Wirtschaftsministers, hervorgehoben, den Ausbau der Radwege zu forcieren. Herausgestellt wird auch die Förderung des Pferdesports durch die Übernahme des Landgestüts Redefin seitens der Landesregierung. Der Artikel endet mit der Feststellung, die Landesregierung habe ihren Beitrag geleistet, daß inzwischen ein dichtes Netz gut ausgestatteter Wasserrastplätze vorhanden sei.

Unter der Rubrik „Kurz & bündig" beginnt der erste Beitrag mit der Überschrift: „US-Lob für Aufschwung". Es wird berichtet, daß sich der amerikanische Botschafter in Bonn beeindruckt von der Entwicklung in Mecklenburg-Vorpommern gezeigt habe. Beim Besuch des Landes habe der Diplomat gegenüber dem Ministerpräsidenten das Fazit gezogen: „Wer von Schleswig-Holstein nach Mecklenburg-Vorpommern fährt, erkennt keine Unterschiede mehr. Trotzdem ist leicht festzustellen, wo Mecklenburg-Vorpommern beginnt: Dort, wo ein neues Firmengebäude neben dem anderen steht".

Der zweite Kurzbericht ist mit der Überschrift: „Seite für schärfere Gesetze" überschrieben. Der Text hat folgenden Inhalt: „Ministerpräsident Berndt Seite hat die Strafverfolgung in Deutschland kritisiert. Die gesetzlichen Bestimmungen seien zu liberal. ‚Es kann nicht sein, daß ein gefährlicher Täter festgenommen wird und wenige Stunden später wieder auf freiem Fuß ist, nur weil er einen festen Wohnsitz hat.' Hier bedarf es dringend einer Änderung der gesetzlichen Bestimmungen. Seite hofft, daß das Verbrechensbekämpfungsgesetz noch in dieser Legislaturperiode verabschiedet werden kann und nicht an der Bundesratsmehrheit scheitert."

Im nächsten Beitrag wird mitgeteilt, daß Ministerpräsident Seite am 14. September die Teilnehmer eines Wettbewerbs „Essen und Trinken in Mecklenburg-Vorpommern 1994" empfangen und den erfolgreichsten Gastwirten eine Urkunde überreichen werde.

Anschließend wird darüber berichtet, daß ein Teilinstitut des Max-Planck-Instituts für Plasmaphysik demnächst in Greifswald errichtet werde. Die namentlich genannte Kultusministerin wird mit den Worten zitiert: „Mit dem 500 Millionen DM teuren Kernfusionsprojekt findet Mecklenburg-Vorpommern in diesem Forschungsbereich Anschluß an die Weltspitze".

Der nächste Beitrag lautet: „Regierung fördert Familien". Darin heißt es, die Landesregierung habe ein umfangreiches Förderprogramm für Familien verabschiedet, zu dem neben dem Landeserziehungsgeld auch ein Geburtenzuschuß für jedes Neugeborene zähle. Außerdem gebe es künftig einen Familienpaß, der Familien mit Kindern vielfältige Vergünstigungen im Freizeit- und Kulturbereich ermögliche.

Ein weiterer Artikel steht unter den Überschrift: „A 20 schafft Arbeitsplätze". Der namentlich genannte Ministerpräsident wird mit den Worten zitiert: „Der Bau der A 20 ist lebensnotwendig für die Entwicklung unserer Wirtschaft und die Schaffung von Arbeitsplätzen".

Die beiden letzten Kurzartikel informieren über eine neue Brücke nach Usedom, an deren Baukosten sich die Landesregierung mit 10 Millionen beteilige, und über einen touristischen Buchungsservice des Landesfremdenverkehrsverbands.

II.

Die Antragstellerin vertritt mit dem am 21. 2. 1995 beim Gericht eingegangenen Antrag die Auffassung, der beanstandete Zeitungsartikel stelle bei Anwendung der vom Bundesverfassungsgericht für die Öffentlichkeitsarbeit entwickelten Maßstäbe keine an sich zulässige Öffentlichkeitsarbeit der Antragsgegnerin dar, sondern sei als in ihre Rechte eingreifende verfassungswidrige Wahlwerbung zu bewerten. Der Ministerpräsident des Landes Mecklenburg-Vorpommern werde in 5 Artikeln hervorgehoben bzw. zitiert. In 2 Hauptartikeln („Seite: Datschenbesitzer müssen sich nicht sorgen" und „Gut ausgebildete Jugend ist das beste Kapital") werde suggeriert, der Ministerpräsident werde auch künftig sein Amt ausüben.

Der informative Gehalt vieler Artikel in der inkriminierten Anzeige sei denkbar gering. Mitgeteilt würden bloße Meinungen des Ministerpräsidenten wie z. B. in den beiden vorstehend genannten Artikeln, bei denen die Kompetenzen des Landes nicht einmal immer gegeben seien. In 2 weiteren Artikeln („Ewald füllt Betten und Kassen" und „Radwandern im Trend der Zeit") spende die Zeitung Eigenlob für die Landesregierung; in einem anderen Artikel spende ein Dritter Lob für die Landesregierung.

Ein akuter Anlaß, aus dem heraus die Herausgabe der Anzeige zu begründen sei, lasse sich nicht erkennen außer dem, daß alsbald Wahlen in Mecklenburg-Vorpommern stattfänden.

Zwar zeichne sich die Anzeige nicht durch reklamehafte Aufmachung aus; allerdings sei insoweit die Rechtsprechung des Bundesverfassungsgerichts überholt. Jede Partei werbe heute mit Seriosität und nicht mit Werbemaßnahmen, die reklamehaft wirkten.

Nach der Rechtsprechung des Bundesverfassungsgerichts setze ein Verfassungsverstoß durch Öffentlichkeitsarbeit der Regierung eine ins Gewicht fallende Häufung und Massivität offenkundiger Grenzüberschreitungen voraus; diese Rechtsprechung beziehe sich jedoch nicht auf inhaltlich eindeutig parteiliche staatliche Wahlkampfaussagen. Solche seien bereits bei einmaliger Verbreitung verfassungswidrig.

Die Antragstellerin trägt vor, sie könne über den Umfang parteiergreifender Tätigkeit der Antragsgegnerin und deren finanzielles Ausmaß keine konkreten Angaben machen. Sie weist lediglich darauf hin, daß der Innenminister des Landes offenkundig zu Wahlkampfzwecken Besuchstermine für sich habe arrangieren lassen, der Wirtschaftsminister Plakate verschickt habe, die lediglich der Eigenwerbung dienten, und der Landtagspräsident seinen Dienstwagen benutzt habe, um Wahlkampfmaterial der CDU zu verbreiten.

Die Antragstellerin beantragt,

> festzustellen, daß die Antragsgegnerin dadurch gegen das Demokratieprinzip (Art. 20, Abs. 1 und Abs. 2 Satz 2 Grundgesetz und Art. 3 Abs. 1 Landesverfassung Mecklenburg-Vorpommern) sowie gegen den Grundsatz der Chancengleichheit bei Wahlen (Art. 21 Abs. 1, Art. 38 Abs. 1 Grundgesetz und Art. 3 Abs. 3, Art. 20 Abs. 2 Landesverfassung Mecklenburg-Vorpommern) verstoßen hat, daß sie durch eine Anzeigenserie vom 27. 8. 1994, erschienen im Nordkurier (Neubrandenburg), in der Ostsee-Zeitung (Rostock) und in der Schweriner Volkszeitung (Schwerin), in parteiergreifender Weise werbend in den Wahlkampf eingegriffen hat.

III.

Die Antragsgegnerin hält den Antrag für zulässig; von einer schriftsätzlichen Stellungnahme zur Begründetheit des Antrages hat sie abgesehen und im Termin zur mündlichen Verhandlung keinen Antrag gestellt.

IV.

Dem Landtag Mecklenburg-Vorpommern ist Gelegenheit zur Stellungnahme gegeben worden.

B.

Der Antrag ist zulässig.

I.

Die Antragstellerin ist beteiligtenfähig. Sie ist eine Partei im Sinne des Art. 3 Abs. 4 LV. Parteien sind zwar keine obersten Landesorgane, doch gehören sie zu den „anderen Beteiligten" im Sinne des Art. 53 Abs. 1 Nr. 1 LV und § 11 Abs. 1 Nr. 1 des Landesverfassungsgerichtsgesetzes (LVerfGG), die ein Organstreitverfahren durch Antragstellung einleiten können (vgl. die ständige Rechtsprechung des Bundesverfassungsgerichts seit BVerfGE 4, 27, 30 zu den entsprechenden Vorschriften des Bundesrechts).

II.

Die Antragstellerin ist auch ordnungsgemäß vertreten. Vertreten wird der Landesverband einer Partei nach § 11 Abs. 3 Satz 2 des Parteiengesetzes in Verbindung mit § 26 Abs. 2 BGB durch den Vorstand, soweit nicht die Satzung eine abweichende Regelung trifft. Nach dem von der Antragsgegnerin nicht bestrittenen Vortrag der Antragstellerin hat ihr Landesvorstand beschlossen, ihrem Sprecher für dieses Verfahren Alleinvertretungsmacht zu erteilen.

III.

Auch die weiteren Zulässigkeitsvoraussetzungen nach § 36 Abs. 1 und 2 LVerfGG sind erfüllt. Danach ist ein Antrag nur zulässig, wenn die Antragstellerin geltend macht, durch eine Maßnahme der Antragsgegnerin in einem ihr von der Landesverfassung übertragenen Recht verletzt worden zu sein. Weiterhin muß die Bestimmung der Landesverfassung bezeichnet werden, gegen die durch die beanstandete Maßnahme verstoßen wird. Beides ist hier in dem formulierten Antrag geschehen.

IV.

Die Antragsfrist von 6 Monaten, nachdem der Antragstellerin die beanstandete Maßnahme bekannt geworden ist (§ 36 Abs. 3 LVerfGG), ist eingehalten. Die Frist begann am 27. 8. 1994. An diesem Tag wurde die beanstandete Anzeige landesweit veröffentlicht. Der Antrag ging am 21. 2. 1995 bei der Geschäftsstelle des Landesverfassungsgerichts, deren Aufgaben von der Geschäftsstelle des Oberverwaltungsgerichts Mecklenburg-Vorpommern wahrgenommen werden, ein, wo er seit dem 15. 11. 1994, dem Inkrafttreten des Landesverfassungsgerichtsgesetzes, fristwahrend gestellt werden konnte (vgl. Urteil des LVerfG M-V vom 18. 4. 1996 – LVerfG 4/95).

C.

Der Antrag ist nicht begründet. Zwar hat die Antragsgegnerin mit der von der Antragstellerin beanstandeten Anzeige die Grenzen von grundsätzlich zulässiger Öffentlichkeitsarbeit zu unerlaubter Wahlwerbung überschritten; ein Verstoß gegen die Landesverfassung liegt jedoch mangels einer ins Gewicht fallenden Häufung und Massivität offenkundiger Grenzüberschreitungen nicht vor.

I.

Das Bundesverfassungsgericht hat zur Abgrenzung von verfassungsrechtlich zulässiger Öffentlichkeitsarbeit und verfassungswidrigem parteiergreifenden Einwirken von Staatsorganen in Wahlkämpfe in seinem Urteil vom 2. 3. 1977 – BVerfGE 44, 125; bestätigt durch Beschluß von 23. 2. 1983 – BVerfGE 63, 230 – allgemeine Grundsätze entwickelt, die es aus dem Demokratieprinzip (Art. 20 Abs. 1, und 2 GG) und aus dem Recht der Parteien auf Chancengleichheit bei Wahlen (Art. 21 Abs. 1, Art. 38 Abs. 1 GG) abgeleitet hat. Diese Grundsätze lassen sich ohne weiteres auf die Verfassung des Landes Mecklenburg-Vorpommern übertragen, da hier in Art. 3 Abs. 1, 3 und 4 das Demokratiegebot und das Recht der politischen Parteien auf Chancengleichheit inhaltsgleich verankert sind. Danach ergeben sich für das Land Mecklenburg-Vorpommern folgende Grundsätze:

1. Nach Art. 3 Abs. 1 LV geht alle Staatsgewalt vom Volke aus und wird von diesem in Wahlen und Abstimmungen ausgeübt. Dazu müssen nach Art. 3 Abs. 3 LV die Abgeordneten zu den Volksvertretungen im Lande, in den Gemeinden und Kreisen in allgemeiner, unmittelbarer, freier, gleicher und geheimer Wahl gewählt werden. Die Parteien wirken nach Art. 3 Abs. 4 LV bei der politischen Willensbildung des Volkes mit.

Die demokratische Legitimation der Staatsgewalt wird nur durch freie und wiederkehrende Wahlen gewährleistet. Dies erfordert nicht nur, daß der Akt der Stimmabgabe frei von Zwang und unzulässigem Druck bleibt, sondern auch, daß die Wähler ihr Urteil in einem freien, offenen Prozeß der Meinungsbildung gewinnen und fällen können. Deshalb ist es den Staatsorganen in amtlicher Funktion verwehrt, durch besondere Maßnahmen auf die Willensbildung des Volkes bei Wahlen einzuwirken, um dadurch Herrschaftsmacht in Staatsorganen zu erhalten. Es ist ihnen von Verfassungs wegen untersagt, sich als Staatsorgane im Hinblick auf Wahlen mit politischen Parteien oder Wahlbewerbern zu identifizieren und sie unter Einsatz staatlicher Mittel zu unterstützen oder zu bekämpfen, insbesondere durch Werbung die Entscheidung des Wählers zu beeinflussen. Ebensowenig ist der im Amt befindlichen Regierung erlaubt, sich im Wahlkampf gleichsam zur Wiederwahl zu stellen und dafür zu werben, daß sie „als Regierung wiedergewählt" wird. Weil der Staat Hoheitsgewalt ausübt, muß er vom ganzen Volk getragen werden, nicht allein von der nach dem Mehrheitsprinzip gebildeten Regierung und den hinter ihr stehenden Parteien. Da alle Staatsbürger ohne Rücksicht auf ihre politischen Anschauungen die Mittel und Lasten für den Staat erbringen, dürfen dessen Organe, insbesondere die Regierung, die von der Allgemeinheit erbrachten finanziellen Mittel bei der Wahl der Volksvertretung nicht zugunsten oder zu Lasten von politischen Parteien in parteiergreifender Weise einsetzen. Eine solche auf Wahlbeeinflussung gerichtete parteiergreifende Einwirkung von Staatsorganen ist mit Art. 3 Abs. 1 LV unvereinbar. Sie verstößt gegen das Gebot der Neutralität des Staates im Wahlkampf und verletzt die Integrität der Willensbildung des Volkes durch Wahlen.

2. Wenn Staatsorgane zugunsten oder zu Lasten bestimmter politischer Parteien oder Wahlbewerber Partei ergreifen, verletzen sie darüber hinaus auch das verfassungsmäßige Recht der davon nachteilig Betroffenen auf Chancengleichheit bei Wahlen (Art. 3 Abs. 3 und 4 LV). Das Recht der politischen Parteien auf Chancengleichheit gilt nicht nur für den Wahlvorgang selbst, sondern auch für die zur Wahlvorbereitung erfolgende Wahlwerbung. Diese Chancengleichheit darf nicht durch Maßnahmen der öffentlichen Gewalt beeinflußt werden.

3. Ein parteiergreifendes Einwirken von Staatsorganen in die Wahlen zur Volksvertretung ist auch nicht zulässig in Form von Öffentlichkeitsarbeit. Zwar ist eine Öffentlichkeitsarbeit von Regierung und gesetzgebenden Körperschaften in Grenzen nicht nur verfassungsrechtlich unbedenklich, sondern auch notwendig. Dazu gehört, daß die Regierung der Öffentlichkeit ihre Politik, ihre Maßnahmen und zukünftig zu lösende Fragen darlegt und erläutert. Sie hat auch durch sachgerechte, objektiv gehaltene Informationen die Bürger über den Inhalt von Gesetzen und deren Änderungen sowie über die sich daraus ergebenden Rechte und Pflichten aufzuklären. Die Öffentlichkeitsarbeit muß sich jedoch stets der offenen oder versteckten Werbung für einzelne Parteien und erst recht willkürlicher, herabsetzender und polemischer Äußerungen über andere Parteien oder Wahlbewerber enthalten.

II.

Wo die Grenzen zwischen zulässiger Öffentlichkeitsarbeit der Regierung und einer verfassungswidrigen Wahlwerbung konkret verlaufen, ist im Einzelfall unter Umständen schwierig festzustellen. Die Grenzen können zudem – abhängig auch von Veränderungen in dem Politikverständnis der Menschen

– fließend sein. Das Bundesverfassungsgericht hat in seiner Entscheidung vom 2. 3. 1977 Abgrenzungskriterien für das Erkennen von Grenzüberschreitungen im Rahmen der Öffentlichkeitsarbeit herausgearbeitet.

1. Der wahlwerbende Charakter könne sich aus dem Inhalt einer Druckschrift oder Zeitungsanzeige ergeben. Um Wahlwerbung handele es sich, wenn offen oder versteckt eine Gleichsetzung von Regierung und den sie tragenden politischen Parteien zum Ausdruck komme oder negative Äußerungen über Oppositionsparteien gemacht würden. Gleiches gelte, wenn die Regierung ihre Absicht zum Ausdruck bringe, „im Amt bleiben zu wollen", so z. B. wenn sie eine positive Bilanz ihrer bisherigen Tätigkeit ziehe, verbunden mit dem Hinweis, sie allein biete Gewähr für eine gesicherte Zukunft.

2. Hinweise dafür, daß ein Hineinwirken in den Wahlkampf bezweckt sei, könnten sich auch aus der äußeren Form und Aufmachung von Druckerzeugnissen ergeben. Trete ihr informatorischer Gehalt hinter die reklamehafte Aufmachung zurück, könne dies ein Anzeichen für unzulässige Wahlwerbung sein. Entsprechendes gelte, wenn sich im Vorfeld der Wahl Anzeigen häuften, die bei unbefangener Betrachtung mehr der Steigerung des Bekanntheitsgrades und der Sympathiewerbung für Regierungsmitglieder als der sachlichen Information dienten. Dies sei insbesondere bei der Abbildung von Regierungsmitgliedern der Fall.

3. Als Anzeichen für eine Grenzüberschreitung zu unzulässiger Wahlwerbung könnten das Anwachsen regierungsamtlicher Öffentlichkeitsarbeit in Wahlkampfnähe, die größere Zahl von Einzelmaßnahmen ohne akuten Anlaß und der gesteigerte Einsatz öffentlicher Mittel für derartige Maßnahmen in Betracht kommen. Je näher die Veröffentlichungen an den Beginn der „heißen Phase des Wahlkampfes" heranrückten, desto weniger könnten Auswirkungen auf das Wahlergebnis ausgeschlossen werden; deshalb trete hier die Aufgabe der Regierung, den Bürger auch über zurückliegende politische Tatbestände, Vorgänge und Leistungen sachlich zu informieren, zunehmend hinter das Gebot zurück, die Willensbildung des Volkes vor den Wahlen von staatlicher Einflußnahme freizuhalten. Aus der Verpflichtung der Regierung, sich jeder parteiergreifenden Einwirkung auf die Wahl zu enthalten, folge schließlich das Gebot äußerster Zurückhaltung und das Verbot jeglicher mit Haushaltsmitteln betriebenen Öffentlichkeitsarbeit in Form von sogenannten Arbeits-, Leistungs- oder Erfolgsberichten. Denn in der „heißen Phase des Wahlkampfes" gewännen solche Veröffentlichungen in aller Regel den Charakter parteiischer Werbemittel in der Wahlauseinandersetzung. Ein genauer Stichtag, von dem an das Gebot äußerster Zurückhaltung strikt zu beachten und für Arbeits-, Leistungs- und Erfolgsberichte kein Raum mehr sei, lasse

sich nicht eindeutig bestimmen. Als Orientierungspunkt könne der Zeitpunkt gelten, an dem der Wahltag festgelegt werde. Während der so eingegrenzten Vorwahlzeit dürften die Staatsorgane des Bundes und der Länder sich nicht unmittelbar durch Anzeigen oder durch Versendung von Druckschriften oder ähnliche Maßnahmen in den Wahlkampf einschalten. Sofern diese verfassungsrechtlichen Gebote nicht beachtet würden und sich bei gravierenden Verstößen nicht ausschließen lasse, daß dadurch die Mandatsverteilung beeinflußt worden sei, könne das im Wahlprüfungsverfahren nicht ohne Konsequenzen bleiben und die Gültigkeit der Wahl gefährden.

4. Dieser Rechtsprechung des Bundesverfassungsgerichts haben sich bislang alle Landesverfassungsgerichte, soweit sie mit vergleichbaren Sachverhalten befaßt waren, angeschlossen (Saarländischer Verfassungsgerichtshof, NJW 1980, 2181; Staatsgerichtshof für das Land Baden-Württemberg, ESVGH 31, 81; Bremer Staatsgerichtshof, NVwZ 1985, 649; Nordrhein-Westfälischer Verfassungsgerichtshof, NVwZ 1986, 463 und NVwZ 1992, 467; Hessischer Staatsgerichtshof, NVwZ 1992, 465). Das Landesverfassungsgericht Mecklenburg-Vorpommern sieht in dem hier zu entscheidenden Fall keine Veranlassung, von dieser Rechtsprechung abzuweichen und übernimmt deshalb die aufgezeigten Kriterien für die Abgrenzung zulässiger Öffentlichkeitsarbeit zu verfassungswidriger Werbung.

III.

Die Antragsgegnerin hat mit der von der Antragstellerin beanstandeten Zeitungsanzeige unter Anwendung der vorstehend wiedergegebenen Grundsätze die Grenzen zulässiger Öffentlichkeitsarbeit überschritten und damit in parteiergreifender Weise in den Wahlkampf eingegriffen.

1. Zwar zeichnet sich die Anzeige nicht durch eine reklamehafte Aufmachung aus, sondern ist eher im sachlichen Stil einer redaktionellen Zeitungsseite gestaltet. Zu berücksichtigen ist aber, daß eine reklamehafte Aufmachung heute vielfach auf Ablehnung stößt. Deshalb haben sich die Werbemethoden gegenüber 1977 und 1983 wesentlich geändert; Werbung wird vielfach inzwischen so gestaltet, daß sie vom Empfänger nicht als solche, sondern eher als neutrale Information empfunden wird. Insofern hat die Landesregierung die modernen Erkenntnisse der Werbepsychologie genutzt, indem sie in nur unscheinbarer und kaum auffallender Form auf ihre Urheberschaft der Anzeige hinweist und damit beim unbefangenen Leser auf den ersten Blick den Eindruck erweckt, als handle es sich um einen redaktionellen Teil der Zeitung. Der unbefangene Leser, der davon ausgeht, daß er es mit einer neutralen Berichterstattung durch die Zeitung zu tun habe, läßt sich daher in seiner Mei-

nungsbildung leichter beeinflussen als es der Fall wäre, wenn er die Anzeige auf Anhieb als solche erkennen würde.

2. Zwar werden in der Anzeige weder die damaligen Regierungsparteien noch die Oppositionsparteien erwähnt; ebensowenig findet eine Gleichsetzung der Landesregierung mit den damaligen Regierungsparteien statt. Die Anzeige stellt jedoch insgesamt eine unübersehbare Sympathiewerbung für den Ministerpräsidenten dar, was sich bereits aus dessen Abbildung ergibt, die optisch fast den Mittelpunkt der Anzeigenseite bildet. Verstärkt wird die Sympathiewerbung dadurch, daß der Ministerpräsident zusammen mit dem ebenfalls der Regierungspartei angehörenden Bundeskanzler bei einem Besuch einer Werft in Rostock gezeigt wird und in der Bildunterschrift sowie in dem auf die Abbildung bezogenen Artikel der besondere Einsatz des Ministerpräsidenten für die Ausbildung der Jugendlichen hervorgehoben wird.

Sympathiewerbung kommt ferner dadurch zum Ausdruck, daß der Ministerpräsident neben der Abbildung in weiteren 5 Artikeln teilweise mehrfach namentlich erwähnt und dabei u. a. in einer Beschützerrolle für alle Datschenbesitzer sowie als Kritiker der gegenwärtigen Strafverfolgung dargestellt wird. Zusammengefaßt entsteht bei unbefangener Betrachtung der Eindruck, daß die Zeitungsanzeige mehr der Steigerung des Bekanntheitsgrades und der Sympathiewerbung für den Ministerpräsidenten als der Befriedigung eines von der Sache her gerechtfertigten Informationsbedürfnisses der Bürger dient.

3. Es kann auch nicht ausgeschlossen werden, daß Leser der Anzeige einige Artikel dahingehend verstehen, daß die Landesregierung, insbesondere der Ministerpräsident und der Innenminister die Absicht haben, im Amt bleiben zu wollen. Dies kann sich für den Ministerpräsidenten aus dem Artikel über die Datschenbesitzer ergeben, in welchem er mit den Worten zitiert wird: „Ich stehe eindeutig auf Ihrer Seite und werde mich jedem Versuch widersetzen, Ihnen einfach zu nehmen, was für Sie alle ein Art Lebenswerk und für viele von uns in der DDR eine Fluchtburg gewesen ist". Gleiches gilt für den Artikel über die Ausbildung von Jugendlichen und die darin zitierte Versicherung des Regierungschefs, „er werde die Jugendlichen nicht im Regen stehen lassen". Entsprechend kann auch die Erklärung des Innenministers, der im Zusammenhang mit Mieterhöhungen zugesichert habe, jedem Mißbrauchsfall nachgehen zu wollen, verstanden werden.

4. In zwei Artikeln und „Kurz & bündig" wird zu zwei politisch kontroversen Themen parteiergreifend Stellung bezogen. Wenn der Ministerpräsident die Hoffnung äußert, der Erlaß schärferer Strafgesetze möge nicht an der Bundesratsmehrheit scheitern, ist das gegen konkurrierende Parteien gerichtet. Die Äußerung, der Bau der A 20 sei lebensnotwendig für Meck-

lenburg-Vorpommern, richtet sich (auch) gegen andere politische Auffassungen.

5. Vor allem aber hätte die Antragsgegnerin die beanstandete Anzeige in dieser Form nicht mehr 50 Tage vor dem Wahltermin veröffentlichen dürfen. Jedenfalls zu diesem Zeitpunkt – am 27. 8. 1994 – galt bereits das Gebot äußerster Zurückhaltung. Bei Anwendung der oben dargelegten Grundsätze war es zu diesem Zeitpunkt der Antragsgegnerin insbesondere auch versagt, Arbeits-, Leistungs- und Erfolgsbilanzen öffentlich darzulegen. Dagegen hat sie hier in nicht unerheblichem Maße verstoßen. Denn mehrere Artikel sind als solche zu bewerten. Hierzu zählen die Artikel: „Geil: Nächstes Jahr keine weiteren Mieterhöhungen", „Gut ausgebildete Jugend ist das beste Kapital", „Ewald füllt Betten und Kassen", „Radwandern im Trend der Zeit" und von den Kurzberichten die Beiträge, „Regierung fördert Familien" und „Neue Brücke nach Usedom". In diesen Beiträgen werden die Leistungen der Landesregierung in den zurückliegenden Jahren – teilweise bis zum Jahr 1990 – hervorgehoben. Ein akuter Anlaß für die Veröffentlichungen ist nicht erkennbar; von der Antragsgegnerin wird hierzu auch nichts vorgetragen. Vielmehr ist es offensichtlich, daß diese Veröffentlichungen in Verbindung stehen mit dem unmittelbar bevorstehenden Wahltag und daß sie der Wahlbeeinflussung dienen sollten.

IV.

1. Auch wenn damit feststeht, daß eine Reihe von Grenzüberschreitungen von zulässiger Öffentlichkeitsarbeit hin zu parteigreifender Einwirkung auf die Landtagswahl vorliegt, kann ein Verfassungsverstoß der Landesregierung noch nicht festgestellt werden. Voraussetzung dafür wären nach der Rechtsprechung des Bundesverfassungsgerichts eine ins Gewicht fallende Häufung und Massivität offenkundiger Grenzüberschreitungen (BVerfGE 44, 125, 156). Dieses Kriterium ist auch von den Landesverfassungsgerichten – soweit sie mit entsprechenden Fällen befaßt waren – grundsätzlich übernommen worden, jedoch teilweise mit gewissen Einschränkungen. So hat der Saarländische Verfassungsgerichtshof ausgeführt (NJW 1980, 2183), es bedürfe zur Feststellung einer Verfassungswidrigkeit keiner weiteren Prüfung von Häufung, Massivität oder Offenkundigkeit dieser verfassungsrechtlichen Grenzüberschreitungen, wenn die beanstandete Maßnahme überhaupt keine Öffentlichkeitsarbeit darstelle. Ähnlicher Auffassung ist auch der Staatsgerichtshof für das Land Baden-Württemberg, der einen Teil regierungsamtlicher Öffentlichkeitsarbeit als verfassungswidrige Wahlwerbung bezeichnet hat, obwohl Kosten und Auflagenzahlen keine besonders ins Gewicht fallende Häufung und Massivität erkennen ließen (ESVGH 31, 81, 87). Der Bremische Staatsge-

richtshof ist der Auffassung, daß inhaltlich eindeutig parteiliche, staatliche Wahlkampfaussagen die verfassungsrechtliche Neutralitätspflicht des Staates gravierend verletzten, und zwar nicht erst durch das Moment der massenhaften und wiederholten Verbreitung; so sei z. B. schon eine einzige in die Tageszeitung eingerückte Wahlanzeige einer Regierung, in der diese dazu aufrufe, die sie tragende Partei zu wählen, verfassungsrechtlich nicht hinnehmbar (NVwZ 1985, 650).

2. Das Landesverfassungsgericht Mecklenburg-Vorpommern schließt sich der Auffassung an, daß es auf das Merkmal der Häufung und Massivität nicht ankommt, wenn eine Maßnahme der Landesregierung überhaupt keine Öffentlichkeitsarbeit, sondern reine Wahlwerbung darstellt. Denn dann gibt es keine Grauzone, in der die Grenze unsicher sein könnte. Es wäre verfassungsrechtlich nicht hinnehmbar, wenn ein Staatsorgan durch eindeutig parteiergreifende Wahlkampfaussagen die verfassungsrechtliche Neutralitätspflicht des Staates verletzen würde. Insoweit kann bereits eine einzige Anzeige oder Druckschrift einen Verfassungsverstoß darstellen, wenn die Verbreitung derselben nicht ganz geringfügig ist. Sofern sich dagegen eine Veröffentlichung nicht nur als Wahlwerbung darstellt, sondern zumindest auch teilweise zulässige Informationen beinhaltet, liegt ein Verfassungsverstoß nur bei einer ins Gewicht fallenden Häufung und Massivität offenkundiger Grenzüberschreitungen vor. Je ausgeprägter dabei der Inhalt einer Anzeige oder sonstigen Maßnahme den Charakter von Wahlwerbung hat, desto geringere Anforderungen sind an das Merkmal Häufung und Massivität zu stellen.

3. Bei Anwendung dieser Grundsätze liegt ein Verfassungsverstoß hier nicht vor. Von einer reinen Wahlwerbung kann nicht gesprochen werden, da in der Anzeige nicht ausschließlich Sympathiewerbung für die Landesregierung betrieben und nicht nur eine Leistungs- und Erfolgsbilanz der Landesregierung aufgestellt wird, sondern auch einige grundsätzlich nicht zu beanstandende Informationen mitgeteilt werden. Hierzu gehören vor allem der Artikel über die Einrichtung des Landesrats für Kriminalitätsvorbeugung sowie die Kurzartikel unter den Überschriften: „Essen und Trinken in M-V", „Planck-Institut in Greifswald", und „,Tourbu' hilft sofort". Auch die oben unter III Ziff. 5 als Wahlwerbung eingestuften Artikel enthalten nicht ausschließlich Arbeits-, Leistungs- und Erfolgsbilanzen, sondern teilweise auch Elemente zulässiger Öffentlichkeitsarbeit wie z. B. statistische Angaben über Lehrstellen und Lehrstellenbewerber oder Hinweise auf bevorstehende neue gesetzliche Regelungen wie z. B. das am 1. 1. 1995 in Kraft tretende Schuldrechtsanpassungsgesetz. Insofern kann auf die Merkmale einer in Gewicht fallenden Häufung und Massivität offenkundiger Grenzüberschreitungen nicht verzich-

tet werden. Hierbei ist im wesentlichen auf das Ausmaß der Verbreitung der beanstandeten Anzeige abzustellen.

Da die Anzeige in den drei großen Tageszeitungen des Landes Mecklenburg-Vorpommern veröffentlicht wurde und damit die Bürger des Landes fast flächendeckend erreicht hat, kann zwar von einer massiven Verbreitung der Anzeige gesprochen werden; dagegen fehlt es jedoch an einer ins Gewicht fallenden Häufung, da es sich nur um eine einzelne Maßnahme handelt. Dies reicht allein für die Feststellung eines Verfassungsverstoßes noch nicht aus. Auch der Saarländische Verfassungsgerichtshof hat in einem ähnlich gelagerten Fall die einmalige Verbreitung einer Druckschrift nicht genügen lassen (NJW 1980, 2181). Die übrigen vom Bundesverfassungsgericht und den anderen Landesverfassungsgerichten entschiedenen Fälle hatten Maßnahmen zum Gegenstand, die einen wesentlich größeren Umfang hatten.

Eine ins Gewicht fallende Häufung läßt sich auch nicht durch die von der Antragstellerin angeführten weiteren Maßnahmen der Antragsgegnerin begründen. Daß der Innenminister versucht hat, für die Öffentlichkeit werbewirksame Besuchstermine arrangieren zu lassen, belegt zum einen noch nicht den Erfolg dieser Bemühungen; zum anderen ist die Teilnahme von Regierungsmitgliedern an Feierlichkeiten wie Einweihungen, Richtfesten etc. auch in Wahlkampfzeiten grundsätzlich nicht zu beanstanden. Zu der angeblichen Plakataktion des damaligen Wirtschaftsministers fehlen nähere Angaben, die eine Prüfung dieser Aktion ermöglichen würden. Die von der Antragstellerin gerügten Aktivitäten des Landtagspräsidenten sind – sofern sie tatsächlich stattgefunden haben – der Antragsgegnerin ohnehin nicht zuzurechnen. Im übrigen erscheint auch fraglich, ob diese weiteren Maßnahmen vom Streitgegenstand des vorliegenden Verfahrens erfaßt werden.

Die weiteren Mutmaßungen der Antragstellerin über eine wesentlich umfangreichere unzulässige Öffentlichkeitsarbeit der Antragsgegnerin sind mangels Substantiierung nicht geeignet, zum Gegenstand des Verfahrens gemacht zu werden. Das Gericht ist auch nicht befugt, über den Sachvortrag und den konkreten Antrag der Antragstellerin hinaus eigene Ermittlungen durchzuführen und Feststellungen zu treffen, ob die Antragsgegnerin evtl. weitere Maßnahmen im Wahlkampf getroffen hat, die als unzulässige Grenzüberschreitungen zu werten sind.

V.

Die Kostenentscheidung beruht auf den §§ 32 Abs. 1 und 33 Abs. 2 LVerfGG.

Entscheidungen des Verfassungsgerichtshofes des Freistaates Sachsen

Die amtierenden Richter des Verfassungsgerichtshofes des Freistaates Sachsen*

Dr. Thomas Pfeiffer, Präsident
Klaus Budewig, Vizepräsident
Ulrich Hagenloch
Alfred Graf von Keyserlingk
Hans Dietrich Knoth
Prof. Dr. Hans v. Mangoldt
Siegfried Reich
Prof. Dr. Hans-Peter Schneider
Prof. Dr. Hans-Heinrich Trute

Stellvertretende Richter**

Heinrich Rehak
Martin Burkert
Jürgen Niemeyer
Dr. Andreas Spilger
Hannelore Leuthold
Dr. Günter Kröber
Susanne Schlichting
Heide Boysen-Tilly
Prof. Dr. Christoph Degenhart

* Stand 20. 6. 1996
** Stand 12. 9. 1996

Nr. 1

1. Der aus Art. 39 Abs. 3 SächsVerf abzuleitende Maßstab formaler Gleichheit der Fraktionen kommt überall dort zur Anwendung, wo Aufgaben des Parlaments erfüllt werden. Er gilt daher auch für die Besetzung von Gremien, die, wie die Parlamentarische Kontrollkommission in ihrer jetzigen gesetzlichen Ausgestaltung, von der Verfassung vorgesehene Kontrollaufgaben des Parlaments über den Einsatz nachrichtendienstlicher Mittel erfüllen.

2. Der Grundsatz formaler Chancengleichheit der Fraktionen schließt eine Wahl der Mitglieder parlamentarischer Gremien nach dem Mehrheitsprinzip jedenfalls dann nicht aus, wenn dies zum Schutz anderer verfassungsrechtlich geschützter Positionen erforderlich ist.

3. Die Ausübung des Wahlrechts bleibt an den Grundsatz der formalen Chancengleichheit gebunden. Er verlangt, daß die Besetzung der Parlamentarischen Kontrollkommission grundsätzlich nach dem Stärkeverhältnis der Fraktionen vorgenommen wird. Von Fraktionen zum Mitglied parlamentarischer Gremien vorgeschlagene Abgeordnete dürfen daher vom Landtag nur aus denjenigen Gründen abgelehnt werden, die maßgeblich für die Einräumung des Wahlrechts sind.

4. Die Mitglieder der Parlamentarischen Kontrollkommission müssen für die Kontrollaufgabe durch hinreichende sachliche Kompetenz und Zuverlässigkeit im Hinblick auf Geheimhaltungserfordernisse qualifiziert sein. Insoweit haben

a) die vorschlagenden Fraktionen bei der Auswahl der von ihnen vorzuschlagenden Mitglieder eine Beurteilungsprärogative, die der Landtag zu beachten hat, und

b) die Abgeordneten bei der Wahl einen Einschätzungs- und Beurteilungsspielraum, der nur einer begrenzten verfassungsgerichtlichen Kontrolle im Einzelfall unterliegen kann.

5. Der Landtag muß erforderlichenfalls durch geeignete verfahrensmäßige Vorkehrungen, etwa im Rahmen eines formellen oder informellen Verständigungsverfahrens, sicherstellen, daß das Recht auf Chancengleichheit der Fraktion nicht durch ein von sachwidrigen Gründen be-

stimmtes Verhalten einer oder mehrerer Fraktionen oder einer Mehrheit von Abgeordneten beeinträchtigt wird.

Verfassung des Freistaates Sachsen Art. 39 Abs. 3, 40 S. 2, 46 Abs. 2, 83 Abs. 3
Sächsisches Verfassungsgerichtshofgesetz §§ 18 Abs. 3, 20 Abs. 1
Sächsisches Verfassungsschutzgesetz § 16 Abs. 2 und 4

Urteil vom 26. Januar 1996 – Vf. 15-I-95 –

in dem Organstreitverfahren der Fraktion der PDS im Sächsischen Landtag gegen den Sächsischen Landtag.

Entscheidungsformel:

1. Der Sächsische Landtag hat das Recht der Antragstellerin auf Chancengleichheit aus Artikel 39 Absatz 3 der Sächsischen Verfassung dadurch verletzt, daß er bei der Wahl der Mitglieder der Parlamentarischen Kontrollkommission alle von der Antragstellerin bislang vorgeschlagenen Abgeordneten abgelehnt hat, ohne durch geeignete verfahrensmäßige Vorkehrungen sicherzustellen, daß solche Ablehnungen nicht von sachwidrigen Gründen bestimmt werden.

2. Im übrigen wird der Antrag abgelehnt.

Gründe:

A.

Die Antragstellerin, Fraktion der Partei des Demokratischen Sozialismus im Sächsischen Landtag, begehrt mit ihrem am 23. Mai 1995 eingegangenen Antrag festzustellen, daß sie durch den Antragsgegner, den Sächsischen Landtag, insoweit in ihren verfassungsmäßigen Rechten aus Art. 39 Abs. 1 und 3, aus Art. 40 sowie aus Art. 83 Abs. 3 SächsVerf verletzt, zumindest jedoch unmittelbar gefährdet ist, als alle bislang von ihr vorgeschlagenen Abgeordneten für die Wahl eines Mitglieds in die Parlamentarische Kontrollkommission des Sächsischen Landtages aus offenkundig willkürlichen Gründen mehrheitlich abgelehnt worden seien.

I.

1. Die Sächsische Verfassung sieht in Art. 83 Abs. 3 S. 2 vor, daß der Einsatz nachrichtendienstlicher Mittel einer Nachprüfung durch von der Volks-

vertretung bestellte Organe und Hilfsorgane unterliegt, sofern er nicht der richterlichen Kontrolle unterlegen hat. Die Kontrolle der Staatsregierung hinsichtlich der Aufsicht des Staatsministeriums des Innern über das Landesamt für Verfassungsschutz und hinsichtlich der Tätigkeit des Landesamtes für Verfassungsschutz wird durch das Gesetz über den Verfassungsschutz im Freistaat Sachsen (Sächsisches Verfassungsschutzgesetz – SächsVSG) vom 16. Oktober 1992 (GVBl. S. 459) näher ausgestaltet. Dieses sieht in § 16 SächsVSG die Bildung einer Parlamentarischen Kontrollkommission vor. Sie besteht gemäß § 16 Abs. 2 SächsVG aus fünf Mitgliedern, die zu Beginn jeder Wahlperiode vom Landtag aus seiner Mitte einzeln mit der Mehrheit seiner Mitglieder gewählt werden, wobei zwei Mitglieder der parlamentarischen Opposition angehören müssen. Scheidet ein Mitglied der Parlamentarischen Kontrollkommission aus dem Landtag oder seiner Fraktion aus, endet auch seine Mitgliedschaft in der Parlamentarischen Kontrollkommission (§ 16 Abs. 4 SächsVSG). Die Parlamentarische Kontrollkommission übt ihre Tätigkeit auch nach Ablauf der Wahlperiode des Landtages solange aus, bis der nachfolgende Landtag eine neue Parlamentarische Kontrollkommission gewählt hat.

2. Der 2. Sächsische Landtag besteht aus 120 Abgeordneten, von denen nach den Ergebnissen der Landtagswahlen am 11. September 1994 77 der CDU-Fraktion, 22 der SPD-Fraktion und zunächst 21, seit dem 1. April 1995 aufgrund eines Austritts 20 der PDS-Fraktion angehören.

3. Die Wahl der Mitglieder der Parlamentarischen Kontrollkommission stand erstmals auf der Tagesordnung der 2. Sitzung des Landtages am 27. Oktober 1994. In der gemeinsamen Drucksache der im Sächsischen Landtag vertretenen Fraktionen (LT-Drs. 2/0042) lagen dazu die Wahlvorschläge der Fraktionen der CDU, der SPD und der PDS vor. Es waren dabei jeweils soviele Kandidaten vorgeschlagen worden, wie die Fraktionen nach ihrem Stärkeverhältnis Sitze in der Parlamentarischen Kontrollkommission beanspruchen konnten. Die Antragstellerin hatte ihren Fraktionsvorsitzenden, Prof. Dr. Peter P., zur Wahl vorgeschlagen. Im Ergebnis der geheimen Wahl erhielten die von den übrigen Fraktionen präsentierten Kandidaten die erforderliche Mehrheit, während auf den Wahlvorschlag der Antragstellerin nur 45 Ja-Stimmen entfielen. Noch während der Sitzung des Sächsischen Landtages brachte die Antragstellerin einen erneuten Wahlvorschlag mit dem Abgeordneten Klaus B. ein, der ebenfalls nicht die Mehrheit des Sächsischen Landtages fand. Auch die im folgenden von der Antragstellerin vorgeschlagenen Abgeordneten Christine O., Jürgen D. und Brigitte Z., jeweils in der 3. Sitzung des Landtages am 24. November 1994 und zuletzt der Abgeordnete Dr. Michael F. in der 4. Sitzung am 15. Dezember 1994 verfehlten die nötige Mehrheit der Stimmen. Nach dem erfolglosen Vorschlag in der 4. Sitzung begründete der Frak-

tionsvorsitzende der Antragstellerin noch einmal, daß diese einen Anspruch auf einen Platz in der Parlamentarischen Kontrollkommission habe. Er äußerte die Vermutung, daß die Ablehnung keinen Grund in der Kompetenz der Vorgeschlagenen oder in der Eignung der Vorgeschlagenen haben könnte, vielmehr hinter der Ablehnung von sechs Vorschlägen das Ziel stehe, der Antragstellerin den ihr zustehenden Platz in der Parlamentarischen Kontrollkommission überhaupt streitig zu machen (vgl. Protokoll des Sächsischen Landtages, 4. Sitzung vom 15. Dezember 1994, Tagesordnungspunkt 6 S. 219). Dies wurde von dem Abgeordneten L., CDU, zurückgewiesen, der darauf hinwies, daß nicht die Fraktion der CDU die Kandidaten wähle, sondern jeder Abgeordnete von seinem Stimmrecht Gebrauch gemacht habe (ebendort S. 220).

Die Antragstellerin hat sich mit Schreiben vom 26. April 1995 an den Präsidenten des Sächsischen Landtages gewandt, um zu erfragen, ob er oder das Präsidium eine erneute Kandidatur ihres Fraktionsvorsitzenden für die Parlamentarische Kontrollkommission zulassen würden. Mit Schreiben vom 5. Mai 1995 hat der Präsident die Antragstellerin wissen lassen, daß er diesen Vorschlag nicht zulassen könne, da der Vorgeschlagene bereits im ersten Wahlgang kandidiert und dort nicht die erforderliche Anzahl von Ja-Stimmen erhalten habe. Daraufhin hat die Antragstellerin das Organstreitverfahren eingeleitet.

II.

1. Die Antragstellerin stützt die Zulässigkeit ihres Antrages auf Art. 81 Abs. 1 Nr. 1 SächsVerf i. V. m. § 7 SächsVerfGHG. Es liege eine verfassungsrechtliche Streitigkeit vor, da es um den Anspruch der Antragstellerin gehe, ein Mitglied in die Parlamentarische Kontrollkommission des Sächsischen Landtages zu entsenden. Die Antragstellerin sei als Fraktion im Sächsischen Landtag beteiligtenfähig. Sie macht geltend, daß sie durch die Nichtwahl von insgesamt sechs von ihr vorgeschlagenen Abgeordneten als Mitglied der Parlamentarischen Kontrollkommission in ihren ihr durch die Sächsische Verfassung übertragenen Rechten und Pflichten aus Art. 39, 40 und 83 Abs. 3 SächsVerf verletzt, zumindest aber gefährdet sei. Insofern sei sie auch antragsbefugt im Sinne des § 18 Abs. 1 SächsVerfGHG. Die Antragsfrist des § 18 Abs. 3 SächsVerfGHG sei eingehalten, da der letzte Wahlakt, bei dem ein von der Antragstellerin vorgeschlagener Abgeordnete nicht gewählt worden sei, während der 4. Sitzung des 2. Sächsischen Landtages am 15. Dezember 1994 erfolgte. Der Antragsgegner sei auch passiv legitimiert. Er habe es zu vertreten, daß die ausreichenden und differenzierten Wahlvorschläge der Antragstellerin abgelehnt worden seien und beabsichtige, wie aus Aktivitäten und Verlautbarungen ein-

zelner seiner Mitglieder hervorgehe, auch in Zukunft einem entsprechenden Wahlvorschlag der Antragstellerin solange die Zustimmung zu versagen, wie es sich bei den Vorgeschlagenen um Mitglieder der PDS-Fraktion bzw. Mitglieder der PDS handele.

2. Der Antrag sei auch begründet. Art. 39 Abs. 3 SächsVerf enthalte den Grundsatz der gleichberechtigten Teilhabe aller Abgeordneten des Sächsischen Landtages am parlamentarischen Prozeß. Die Fraktionen im Landtag als „notwendige Organe des Verfassungslebens" leiteten ihre Rechtsstellung von dem in Art. 39 Abs. 3 SächsVerf normierten Status der Abgeordneten ab, da sie von diesen gebildet worden seien. Aus dem Status der Abgeordneten als formal gleichgestellte Mitglieder des Parlaments, denen gleiche Rechte und Befugnisse zukommen, folge auch, daß das Verhältnis der Fraktionen untereinander namentlich in bezug auf Redezeiten, Vorschlagsrechte, Ausschußbesetzung und finanzielle Zuwendungen vom Grundsatz der Chancengleichheit bestimmt werde. Der Status formaler Chancengleichheit komme, die die Antragstellerin unter Berufung auf das Urteil des Sächsischen Verfassungsgerichtshofes vom 17. Februar 1995 – Vf. 4-I-93 – (SächsVBl. 1995, 227, 228) ausführt, überall dort zur Geltung, wo den Fraktionen durch Verfassung, Gesetz oder Geschäftsordnung eigene Rechte eingeräumt worden sind. Die Fraktionen seien verfassungsrechtlich befugt, diese Rechte in formal gleicher Weise auszuüben. Deren Durchsetzung dürfe nicht davon abhängen, ob sie sich in der Mehr- oder Minderheit befänden. Sie seien ihrem Stärkeverhältnis entsprechend gleichermaßen in den Ausschüssen und anderen Parlamentsorganen vertreten und hätten ein grundsätzlich gleiches Recht auf Zugang zur Beratung in den Ausschüssen und Gremien des Parlaments.

Die Bestimmungen des Sächsischen Verfassungsschutzgesetzes gingen davon aus, daß allen Abgeordneten und mithin allen Fraktionen des Landtages das gleiche Recht bei der Besetzung der Parlamentarischen Kontrollkommission zukommen solle, da zwei ihrer Mitglieder, wie sich aus § 16 Abs. 2 S. 2 SächsVSG ergebe, der parlamentarischen Opposition angehören müßten. Das Gesetz über den Verfassungsschutz im Freistaat Sachsen binde die Mitgliedschaft in der Parlamentarischen Kontrollkommission an die Mitgliedschaft im Landtag und die Mitgliedschaft der jeweiligen Fraktion. Die Regelung impliziere grundsätzlich ein gleiches Beteiligungsrecht aller abgeordneten Fraktionen am Kontrollauftrag der Parlamentarischen Kontrollkommission, wie es im übrigen auch der verfassungsrechtlichen Verankerung des Oppositionsprinzips und der Chancengleichheit der Opposition in Art. 40 SächsVerf entspreche. Die besondere Verankerung parlamentarischer Oppositions- und Minderheitenrechte in der Sächsischen Verfassung trage vornehmlich der Tatsache Rechnung, daß in parlamentarischen Regierungssystemen das politische

Spannungsverhältnis zwischen Regierung und Parlament heute wesentlich durch jenes zwischen Regierung und den sie tragenden Parlamentsfraktionen einerseits und der Opposition andererseits geprägt sei, und mithin die Kontrollfunktion des Parlaments gegenüber der Regierung vorwiegend von der Opposition wahrgenommen werde.

Durch die Ablehnung der von ihr vorgeschlagenen Mitglieder ihrer Fraktion habe der Sächsische Landtag sie in den oben genannten Rechten aus Art. 39 Abs. 3, Art. 40, 83 Abs. 3 SächsVerf verletzt. Die Mehrheit im Sächsischen Landtag habe nach ihrer Ansicht ihre Wahlentscheidung bei den von der Antragstellerin vorgeschlagenen Abgeordneten nicht nach Kriterien der fachlichen Kompetenz und der Verschwiegenheit getroffen; es sei ihr oder einzelnen ihrer Abgeordneten für die Wahl im Landtag auch zu keiner Zeit ein sachgerechter Grund für ihre Nichtwahl genannt worden. Weder die von der Antragstellerin vorgeschlagenen Abgeordneten noch die Antragstellerin selbst hätten jemals bekundet, sich im Falle ihrer Beteiligung in der Parlamentarischen Kontrollkommission den Geheimhaltungspflichten oder anderen parlamentarischen Verfahrensvorschriften widersetzen zu wollen. Die von ihr vorgeschlagenen Mitglieder, die zum Teil von der Mehrheit der Mitglieder des Landtages in dessen Präsidium oder zu Mitgliedern bzw. stellvertretenden Mitgliedern des Ausschusses nach Art. 113 SächsVerf (Notparlament) gewählt wurden, seien fachlich und persönlich geeignet. Ihre Ablehnung beruhe allein auf der Mitgliedschaft in der Fraktion der PDS bzw. der Partei des Demokratischen Sozialismus.

Die Antragstellerin verkenne nicht, daß es einen in § 16 SächsVSG angelegten Widerspruch zwischen der Wahl der Mitglieder der Parlamentarischen Kontrollkommission durch die Mehrheit der Mitglieder des Landtages einerseits und dem Nominierungs- und Besetzungsrecht der Fraktion andererseits gebe. Dieser Widerspruch könne aber nicht in der Weise aufgelöst werden, daß die Landtagsmehrheit die Wahl von Abgeordneten einer Fraktion grundsätzlich blockiere.

III.

1. Der Sächsische Landtag tritt dem Antrag entgegen. Er hält ihn für unzulässig, da es der Antragstellerin an der Antragsbefugnis fehle. Es sei kein ihr durch die Verfassung übertragenes Recht erkennbar, das verletzt oder gefährdet sein könnte. Insbesondere sei § 9 Abs. 2 S. 2 der Geschäftsordnung des Sächsischen Landtages kein solches Recht. Art. 83 Abs. 3 S. 2 und 3 SächsVerf vermittle ein solches Recht ebenfalls nicht, da es sich bei den Gremien nur um von der Volksvertretung bestellte Organe oder Hilfsorgane handele, die auch außerhalb des Parlaments gebildet werden könnten.

Ein Recht der Antragstellerin folge auch nicht aus Art. 40 SächsVerf, der sich gerade nicht auf das Verhältnis der Oppositionsfraktionen zueinander erstrecke. Ein Recht auf Gleichbehandlung in der Opposition vermittle Art. 40 SächsVerf jedenfalls nicht.

Schließlich könne die Antragstellerin die Zulässigkeit des Antrages nicht aus Art. 39 Abs. 1 und Abs. 3 SächsVerf begründen. Denn die parlamentarische Demokratie verlange nicht, daß jede Fraktion in allen parlamentarischen Gremien vertreten sei. Vielmehr wirke sich Art. 39 Abs. 1 S. 2 SächsVerf zuungunsten der Antragstellerin aus, weil er den einzelnen Abgeordneten von „Aufträgen und Weisungen" freistelle. Im übrigen sei der Antrag verfristet, da die Sechs-Monats-Frist des § 18 Abs. 3 SächsVerfGHG abgelaufen sei.

Jedenfalls seien Rechte der Antragstellerin nicht verletzt. Das zugunsten der Antragstellerin zu unterstellende Vorschlagsrecht aus § 9 Abs. 2 S. 2 der Geschäftsordnung des Sächsischen Landtages stehe in einem Spannungsverhältnis zu dem auch durch Art. 39 Abs. 3 S. 2 SächsVerf gewährleisteten freien Mandat eines jeden Abgeordneten. Das Sächsische Verfassungsschutzgesetz sehe die Wahl der Mitglieder einzeln mit der Mehrheit der Stimmen der Mitglieder des Sächsischen Landtages vor. Die Abgeordneten könnten fachliche Eignung und Verschwiegenheit ihrer Überzeugungsbildung zugrunde legen. Diese sei allein Gegenstand ihrer durch das freie Mandat geschützten Entscheidungsbildung. Angesichts des geheimen Charakters der Wahl lasse sich entgegen der Auffassung der Antragstellerin auch keine durchgehende politische Motivationslinie zu ihrem Nachteil nachweisen.

2. Die Sächsische Staatsregierung hält den Antrag für unzulässig, da die Antragstellerin ihrem Begehren, festzustellen, daß die Ablehnung „aus offenkundig willkürlichen Gründen" erfolge, eine unzulässige Tatsachenbehauptung zugrundelege, die einer Entscheidung des Verfassungsgerichtshofes nach § 20 SächsVerfGHG nicht zugänglich sei. Im übrigen fehle es an einer schlüssigen Darlegung der willkürlichen Ablehnung. Die Antragstellerin habe keinerlei substantielle Tatsachen hierzu vorgetragen, sondern allenfalls Vermutungen und Behauptungen. Auch sei der Antrag schon deshalb unzulässig, weil die Antragstellerin nicht plausibel gemacht habe, daß sie einen Anspruch darauf habe, daß gerade der vorgeschlagene Kandidat zum Mitglied der Parlamentarischen Kontrollkommission habe gewählt werden müssen.

Jedenfalls sei der Antrag unbegründet. Die Bestimmung des Art. 83 Abs. 3 S. 2 SächsVerf, die eine Eingrenzung der den einzelnen Abgeordneten durch Art. 39 Abs. 1 und 3, Art. 40 SächsVerf gewährten parlamentarischen Mitwirkungsrechte darstelle, sehe nur vor, daß die Nachprüfung des Einsatzes nachrichtendienstlicher Mittel durch von der Volksvertretung bestellte Organe oder Hilfsorgane vorgenommen werde und verlange nicht, daß es sich um

Gremien der Volksvertretung, d. h. aus Abgeordneten gebildete Organe, handele. Insofern bestehe auch kein Anspruch eines Abgeordneten oder einer Fraktion auf Mitwirkung in den betreffenden Organen.

Auch aus § 16 Abs. 2 S. 1 und 2 SächsVSG ergebe sich nichts anderes. Zum einen sei schon zweifelhaft, ob sich die Antragstellerin im vorliegenden Organstreitverfahren überhaupt auf eine Verletzung einfachgesetzlicher Vorschriften berufen könne, zum anderen seien die Mitglieder der Parlamentarischen Kontrollkommission aus der Mitte des Landtages von der Mehrheit seiner Mitglieder zu wählen. Auch wenn zwei Mitglieder der parlamentarischen Opposition angehören müßten, ändere dies nichts daran, daß einer einzelnen Oppositionsfraktion kein Anspruch zustehe, daß gerade ihr Abgeordneter zum Mitglied der Kommission gewählt werde.

Die nach § 9 Abs. 2 Satz 1 der Geschäftsordnung des Sächsischen Landtages für Ausschüsse vorgesehene Proporzregelung finde wegen der Spezialität der einschlägigen Regelungen des Verfassungsschutzgesetzes keine Anwendung. Auch könnten die Regelungen der Geschäftsordnung über die Besetzung der Ausschüsse schon deshalb nicht eingreifen, weil die Ausschüsse nach Art. 52, 53 und 54 SächsVerf aufgrund ihrer Mitwirkung bei der parlamentarischen Willensbildung und der Vorbereitung von Sachentscheidungen ein verkleinertes Abbild des Parlaments sein müßten. Dies gelte jedoch für die Parlamentarische Kontrollkommission nicht, da sie nicht an der parlamentarischen Willensbildung mitwirke. Im übrigen führe eine Nichtvertretung einer Fraktion in diesem Gremium nicht zu einem generellen Ausschluß von grundlegenden parlamentarischen Befugnissen, weil § 16 Abs. 1 S. 2 SächsVSG klarstelle, daß die Rechte des Landtages und seiner Ausschüsse unberührt bleiben.

B.

Der Antrag ist nur teilweise zulässig. Er ist unzulässig, soweit die Antragstellerin festzustellen begehrt, daß sie durch die willkürliche Ablehnung aller von ihr vorgeschlagenen Abgeordneten in ihren verfassungsmäßigen Rechten aus Art. 83 Abs. 3 SächsVerf verletzt sei. Art. 83 Abs. 3 SächsVerf enthält keine von der Verfassung der Antragstellerin zugewiesene Berechtigung oder Verpflichtung. Die von der Antragstellerin beantragte Feststellung, der Landtag habe aus offensichtlich willkürlichen Gründen gehandelt, kann der Verfassungsgerichtshof nicht treffen. Er hat gemäß § 20 Abs. 1 SächsVerfGHG lediglich festzustellen, ob die beanstandete Handlung oder Unterlassung die Antragstellerin in ihren durch die Verfassung übertragenen Rechten verletzt und gegen welche Bestimmung der Verfassung der Antragsgegner dadurch verstoßen hat.

Im übrigen ist der Antrag zulässig. Entgegen der Auffassung des Sächsischen Landtages ist dieser Antrag, auch soweit er sämtliche Wahlvorgänge auf Vorschlag der Antragstellerin einbezieht, nicht verfristet. Gemäß § 18 Abs. 3 SächsVerfGHG muß der Antrag zwar binnen sechs Monaten, nachdem die Handlung oder Unterlassung dem Antragsteller bekannt geworden ist, zugestellt werden. Indes ist diese Frist nicht nur gewahrt, soweit es um die Ablehnung der Wahl des Abgeordneten Dr. Michael F. in der 4. Sitzung des Sächsischen Landtages vom 15. Dezember 1994 geht. Vielmehr ist die Frist des § 18 Abs. 3 SächsVerfGHG auch bezüglich der übrigen Wahlakte eingehalten. Diese Wahlvorgänge sind als einheitlicher Vorgang zur Besetzung der Parlamentarischen Kontrollkommission anzusehen; es handelt sich um erneute parlamentarische Wahlgänge in derselben Sache, also um Teilakte eines noch nicht abgeschlossenen Gesamtvorgangs. Die Parlamentarische Kontrollkommission ist bis jetzt noch nicht gebildet.

C.

Der Antrag ist, soweit zulässig, begründet. Der Sächsische Landtag hat die Rechte der Antragstellerin aus Art. 39 Abs. 3 SächsVerf dadurch verletzt, daß er alle bislang von ihr vorgeschlagenen Abgeordneten für die Wahl eines Mitglieds in die Parlamentarische Kontrollkommission des Sächsischen Landtages mehrheitlich abgelehnt hat, ohne durch geeignete verfahrensmäßige Vorkehrungen sicherzustellen, daß solche Ablehnungen nicht von sachwidrigen Gründen bestimmt werden.

I.

1. Fraktionen sind Einrichtungen des Verfassungslebens und als Gliederung des Sächsischen Landtages der organisierten Staatlichkeit eingefügt. Das ergibt sich schon aus dem Wortlaut von Art. 46 Abs. 2 SächsVerf, der den Landtag verpflichtet, in seiner Geschäftsordnung Regelungen für den Zusammenschluß der Abgeordneten zu Fraktionen zu treffen. Damit ist die Möglichkeit der Bildung von Fraktionen aus Abgeordneten als Organteil des Landtages verfassungsrechtlich gewährleistet. Dies wird durch die Entstehungsgeschichte des Art. 46 Abs. 2 SächsVerf bestätigt, zu dem nach kontroverser Debatte Einigkeit dahingehend erzielt wurde, die Möglichkeit des Zusammenschlusses von Abgeordneten zu Fraktionen innerhalb des Landtages verfassungsrechtlich abzusichern (vgl. Protokoll der 7. Klausurtagung des Verfassungs- und Rechtsausschusses des Sächsischen Landtages, S. 33 ff.). Die Rechtsstellung der Fraktion als Teil der organisierten Staatlichkeit wird nicht durch die für jedermann geltenden Grundrechte bestimmt, sondern ist, wie der

Status der Abgeordneten, aus Art. 39 Abs. 3 SächsVerf abzuleiten (SächsVerfGH, Urteil vom 17. Februar 1995, aaO).

Zu diesem Status und damit zur Rechtsstellung der Fraktionen gehört, daß sie bei der Wahrnehmung ihrer Aufgaben gleiche Rechte und Pflichten haben. Diese Gleichheit ist, weil alle Abgeordneten in gleicher Weise zur Repräsentation des Volkes berufen sind, formal zu verstehen und erlaubt Abweichungen nur, wenn sie zur Sicherung der Funktionsfähigkeit und des Ablaufs der Parlamentsarbeit, zur Abwehr mißbräuchlicher Ausnutzung parlamentarischer Rechte oder zum Schutze anderer vorrangiger Verfassungsgüter erforderlich sind (SächsVerfGH, Urteil vom 17. Februar 1995, aaO).

Der Status formaler Chancengleichheit kommt als Maßstab überall zur Geltung, wo den Fraktionen durch Verfassung, Gesetz oder Geschäftsordnung eigene Rechte eingeräumt sind. Die Fraktionen sind von Verfassungs wegen befugt, diese Rechte in formal gleicher Weise auszuüben. Ihre Durchsetzung darf nicht davon abhängen, ob sie sich in der Mehr- oder Minderheit befinden. So nehmen Fraktionen gleichberechtigt an der Fraktionsfinanzierung teil, sind ihrem Stärkeverhältnis entsprechend gleichermaßen in den Ausschüssen und anderen Parlamentsorganen vertreten und haben ein grundsätzlich gleiches Recht auf Zugang zur Beratung in den Ausschüssen und Gremien des Parlaments (vgl. BVerfGE 70, 324, 363).

Der Maßstab formaler Chancengleichheit kommt überall dort zur Geltung, wo Aufgaben des Parlaments erfüllt werden, also etwa im Bereich der Gesetzgebungsfunktion, beim Budgetrecht und bei der Ausübung der Kreations-, Informations- und Kontrollfunktionen (vgl. insoweit auch BVerfGE 80, 188, 218). Er gilt daher auch für Gremien, die, wie die Parlamentarische Kontrollkommission in ihrer derzeitigen Ausgestaltung, von der Verfassung vorgesehene Kontrollaufgaben des Parlaments über den Einsatz nachrichtendienstlicher Mittel erfüllen. Auch wenn die rechtsdogmatische Einordnung der parlamentarischen Kontrollgremien über die Nachrichtendienste stets mit Unsicherheiten verbunden war (vgl. *Schuppert*, Alternativkommentar, GG Art. 10 Rdn. 53 ff.), unterliegt es keinem Zweifel, daß durch die Organe oder Hilfsorgane, von denen Art. 83 Abs. 3 S. 2 SächsVerf spricht, eine parlamentarische Kontrolle über die Staatsregierung ausgeübt wird (vgl. *Zeh*, Parlamentarisches Verfahren in: Isensee/Kirchhof, Hrsg., Handbuch des Staatsrechts der Bundesrepublik Deutschland, Bd. II § 43 Rdn. 74 ff.; *C. Arndt*, Parlamentarische Kontrolle der Nachrichtendienste in: Schneider/Zeh, Parlamentsrecht und Parlamentspraxis, § 50 Rdn. 11 ff.; für die vergleichbare Regelung des Bundes über die Parlamentarische Kontrollkommission BT-Drs. 8/1599 S. 5 ff.). Der Anwendung des Maßstabs formaler Gleichheit der Fraktionen läßt sich daher, entgegen der Auffassung der Staatsregierung, nicht entgegenhalten, daß es sich schon deshalb nicht um grundlegende Aufgaben und Rechte des Parlaments handele, weil Art. 83 Abs. 3 S. 2 SächsVerf vorsieht, daß die Kontrolle des Einsatzes nachrichtendienstlicher Mittel auch durch Hilfsorgane des Parlaments ausgeübt werden kann, die nicht notwendig aus Abgeordneten bestehen müssen (vgl. insoweit das Protokoll der 9. Klausurtagung des Verfassungs- und Rechtsausschusses des Sächsischen Landtages vom 4./5. April 1992 S. 54). Ungeachtet der Frage, ob die der Parlamentarischen Kontrollkommission durch § 16 SächsVSG eingeräumten Kompetenzen dem Verfassungsauftrag des Art. 83 Abs. 3 S. 2 SächsVerf vollständig gerecht werden, ist nicht zu bestreiten, daß mit der Regelung des Art. 83 Abs. 3 S. 2 SächsVerf eine wirksame Kontrolle des Einsatzes nachrichtendienstlicher Tätigkeit garantiert werden sollte (vgl. die Protokolle des Verfassungs- und Rechtsausschusses des Sächsischen Landtages vom 2./3. Mai 1991 [5. Sitzung], S. 12 ff; vom 10./11. Januar 1992 [6. Sitzung], S. 49 ff.; vom 4./5. April 1992 [9. Sitzung], S. 7 ff., 54 f.). Unabhängig von der Ausgestaltung des Gremiums als Organ oder Hilfsorgan des Parlaments wird daher eine Kontrolle für den Landtag ausgeübt. Zwar mag es für den Fall der Ausgestaltung als Hilfsorgan keinen Anspruch einzelner Abgeordneter oder Fraktionen auf Mitwirkung in dieser Kommission geben. Dies sagt indes nichts darüber aus, welche Rechte Fraktionen bei der Besetzung des Gremiums haben. Im übrigen kommt es auf diese Frage im vorliegenden Fall aber schon deshalb nicht an, weil es um die Besetzung eines Gremiums geht, das nach der gesetzlichen Regelung aus Abgeordneten bestehen muß.

Zwar wird für die Parlamentarische Kontrollkommission der Nachrichtendienste des Bundes verbreitet nur eine mißbräuchliche Behandlung parlamentarischer Minderheiten verfassungsrechtlich ausgeschlossen (vgl. etwa C. *Arndt*, Parlamentarische Kontrolle der Nachrichtendienste in: Schneider/ Zeh, Hrsg., Parlamentsrecht und Parlamentspraxis, § 50, S. 1369, 1376; *Zeh* in: Isensee/Kirchhof, Hrsg., Handbuch des Staatsrechts der Bundesrepublik Deutschland, Band II, § 42 Rdn. 47 unter Hinweis auf BVerfGE 70, 324, 363 ff.). Indes muß der Status formaler Chancengleichheit der Fraktion überall dort gelten, wo wesentliche Informations-, Kontroll- und Untersuchungsaufgaben des Parlaments wahrgenommen werden. Dies gilt zumal in einem Tätigkeitsbereich von Regierung und Verwaltung, der – wie der Einsatz nachrichtendienstlicher Mittel – weitgehend der Kontrolle durch Öffentlichkeit und Gerichte entzogen ist. Der parlamentarischen Kontrolle auch durch die die Regierung nicht tragenden Teile des Sächsischen Landtages kommt daher in diesem Bereich eine besondere Bedeutung zu. Der Kontrollbedürftigkeit dieses Bereichs hat die Verfassung durch Art. 83 Abs. 3 S. 2 SächsVerf Rechnung getragen. Entgegen der Auffassung der Staatsregierung hat Art. 83 Abs. 3 S. 2 SächsVerf nicht die Aufgabe, die Kontrollrechte der Abgeordneten für den Bereich der Nachprüfung des Einsatzes nachrichtendienstlicher Mittel einzuschränken. Im Gegenteil verdeutlicht er das Gewicht, das der Verfassungsgeber der parlamentarischen Kontrolle in diesem Bereich beimißt. Der Gesetzgeber hat bei der Zusammensetzung der Parlamentarischen Kontrollkommission den Kontrollerfordernissen durch die Regierung nicht tragende Teile des Landtages ungeachtet der parlamentarischen Stärke der Oppositionsfraktionen durch die Regelung des § 16 Abs. 2 S. 2 SächsVSG Rechnung getragen.

Auch wenn man davon ausgehen wollte, daß es sich bei der Parlamentarischen Kontrollkommission nur um eine einfachgesetzlich konstituierte Einrichtung handelte, ändert dies nach der Rechtsprechung des Sächsischen Verfassungsgerichtshofes nichts daran, daß der Status formaler Chancengleichheit als Maßstab auch dort zur Anwendung kommt, wo die Rechtspositionen zwar nicht verfassungsrechtlich konstituiert, wohl aber einfachgesetzlich oder durch die Geschäftsordnung des Sächsischen Landtages eingeräumt ist (SächsVerfGH, Urteil vom 17. Februar 1995, aaO). Das Recht auf eine Berücksichtigung der Fraktionen bei der Besetzung der Parlamentarischen Kontrollkommission nach Maßgabe ihres Stärkeverhältnisses ist jedenfalls einfachgesetzlich konstituiert.

Nach § 16 Abs. 2 S. 1 SächsVSG werden die Mitglieder der Parlamentarischen Kontrollkommission vom Landtag mit der Mehrheit seiner Mitglieder gewählt. Dabei ist die Mehrheit in der Auswahl jedoch nicht frei. Zum einen müssen zwei Mitglieder der jeweiligen Opposition angehören (§ 16 Abs. 2 S. 2 SächsVSG). Zum anderen zeigt die Regelung des § 16 Abs. 4 SächsVSG, wonach die Mitglieder der Parlamentarischen Kontrollkommission ihre Stellung verlieren, wenn sie aus dem Landtag oder ihrer Fraktion ausscheiden, daß hier eine Repräsentation der Fraktionen gewollt ist. Die Bestellung der Mitglieder ist – eingeschränkt nur durch § 16 Abs. 2 S. 2 SächsVSG – nur mit dem Grundsatz formaler Chancengleichheit vereinbar, wenn sie nach dem Stärkeverhältnis der Fraktionen vorgenommen wird, wobei die Bestellung der Mitglieder freilich von der Wahl durch die Mehrheit der Mitglieder des Sächsischen Landtages abhängig bleibt. Dem entspricht – sieht man von § 16 Abs. 2 S. 2 SächsVSG ab – auch die Regelung des § 9 Abs. 2 S. 2 der Geschäftsordnung des 2. Sächsischen Landtages, wonach für die Besetzung sonstiger Gremien des Landtages und für Wahlen, die durch den Landtag vorzunehmen sind, das Stärkeverhältnis der Fraktionen nach Maßgabe des Höchstzahlverfahrens nach *d'Hondt* zugrundezulegen ist.

2. Der Grundsatz formaler Chancengleichheit der Fraktionen schließt eine Wahl der Mitglieder parlamentarischer Gremien nach dem Mehrheitsprinzip jedenfalls dann nicht aus, wenn dies zum Schutz anderer verfassungsrechtlich geschützter Positionen erforderlich ist. Eine Ablehnung der von einzelnen Fraktionen zu Mitgliedern vorgeschlagenen Abgeordneten durch eine

parlamentarische Mehrheit verletzt daher nicht notwendig den Grundsatz der Chancengleichheit der Fraktionen. Eine Verletzung kommt aber dann in Betracht, wenn die Ablehnung nicht durch diejenigen Gründe getragen wird, die das Mehrheitsprinzip ausnahmsweise rechtfertigen.

a) Ein Entsendungsrecht der Fraktionen ist verfassungsrechtlich nicht zwingend geboten. Vielmehr können bei der Besetzung von Ausschüssen und Gremien des Parlaments auch andere verfassungsrechtlich geschützte Rechtsgüter berücksichtigt werden, die die Entsendung in den Ausschuß oder das Gremium von dem Vertrauen der Mehrheit des Parlaments abhängig machen. Da die Anwendung des Mehrheitsprinzips bei der Entsendung von Abgeordneten in Gremien und Ausschüsse des Parlaments aber das Recht auf chancengleiche Ausübung von parlamentarischen Mitwirkungsmöglichkeiten in die Hände einer Mehrheit legt, kann eine solche Vorgehensweise nur in eng begrenzten Ausnahmefällen in Betracht kommen. Das Recht auf formale Chancengleichheit der Fraktionen geht ebenso wie das Recht der die Regierung nicht tragenden Teile des Landtages auf Chancengleichheit im Parlament (Art. 40 S. 2 SächsVerf) zwar nicht dahin, vor Mehrheitsentscheidungen *in der Sache* bewahrt zu werden, hat aber den Inhalt, in formal gleicher Weise an parlamentarischen Verfahren teilzunehmen, also die eigene Auffassung im Parlament in formal gleicher Weise zur Geltung bringen zu können. Dies schließt grundsätzlich ein formal gleiches Recht auf Zugang zu allen parlamentarischen Gremien ein, von dem Ausnahmen nur aus den Gründen möglich sind, die auch sonst eine Abweichung von dem Prinzip strikt formaler Gleichheit tragen (vgl. *E.-W. Böckenförde*, Demokratie als Verfassungsprinzip, in: Isensee/ Kirchhof, Hrsg, Handbuch des Staatsrechts der Bundesrepublik Deutschland, Bd. I, § 22 Rdn. 45).

Ein Verfahren, das den Zugang zu parlamentarischen Gremien von einer Mehrheitsentscheidung abhängig macht, mag zwar für den einzelnen Abgeordneten und für die Fraktionen insofern gleiche Bedingungen setzen, als jeder Kandidat von einer Mehrheitsentscheidung abhängig ist. Jedoch liegt ein erheblicher Unterschied darin, daß die Mehrheitsfraktionen es in der Hand haben, ihren Abgeordneten den Zugang zu sichern, während die Abgeordneten der die Regierung nicht tragenden Fraktionen von der Zustimmung wenigstens von Teilen der Mehrheitsfraktion abhängig bleiben. Insoweit sind die Erfolgschancen für die Wahlvorschläge höchst unterschiedlich, je nachdem, ob die Vorgeschlagenen den die Mehrheit tragenden Fraktionen angehören oder nicht. Zu Recht ist daher eine solche Verfahrensweise als ungewöhnlich bezeichnet worden, die einer besonderen Rechtfertigung bedarf (vgl. BVerfGE 70, 324, 365).

Die Wahl der Mitglieder der Parlamentarischen Kontrollkommission durch die Mehrheit der Mitglieder des Sächsischen Landtages hat eine hinreichende sachliche Kompetenz der Mitglieder ebenso wie deren – im Hinblick auf die Geheimhaltungsnotwendigkeiten gebotene – Vertrauenswürdigkeit zu gewährleisten. Insofern handelt es sich um Gründe, die es rechtfertigen, die Bestellung des Gremiums vom Vertrauen der Mehrheit der Mitglieder des Landtages abhängig zu machen (vgl. BVerfGE 70, 324, 365). Es wird damit die Funktionsfähigkeit eines Gremiums gesichert, das in besonderer Weise von der Vertrauenswürdigkeit seiner Mitglieder abhängig ist.

Ein solches Verfahren schließt allerdings immer auch die Möglichkeit ein, daß die Mehrheit ihre Entscheidung nicht in Übereinstimmung mit den Kriterien trifft, um derentwillen dieses Verfahren vorgesehen ist, sondern um ihr politisch genehme Abgeordnete zu wählen oder Minderheiten zu übergehen (vgl. BVerfGE 70, 324, 365). Es ist daher Vorsorge dafür zu treffen, daß die Kandidaten nicht aus sachwidrigen Gründen abgelehnt werden.

b) Ist der Wahlmodus als solcher verfassungsrechtlich nicht ausgeschlossen, bleibt die Ausübung des Wahlrechts an den Grundsatz der formalen Chancengleichheit gebunden. Auch die vom Grundsatz der freien Wahl getragene Entscheidung ist der verfassungsrechtlichen Vorgabe verpflichtet, daß es dem Landtag nur erlaubt sein kann, einen Abgeordneten aus solchen Gründen abzulehnen, die maßgeblich für die Einräumung des Mehrheitsprinzips waren.

Die Ablehnung eines Abgeordneten, der von einer Fraktion zum Mitglied der Parlamentarischen Kontrollkommission vorgeschlagen wurde, verletzt nicht von vornherein den Grundsatz der formalen Chancengleichheit der Fraktionen. Es ist verfassungsrechtlich unbedenklich, wenn die Mehrheit des Sächsischen Landtages einen Abgeordneten deshalb ablehnt, weil er fachlich entweder nicht kompetent ist oder aber das Vertrauen deshalb nicht findet, weil er keine Gewähr dafür bietet, daß die Geheimhaltungsvoraussetzungen auch eingehalten werden (vgl. BVerfGE 70, 324, 362 ff.). Den Abgeordneten kommt bei der Beurteilung der Eignung ein Einschätzungs- und Beurteilungsspielraum zu, der nur einer begrenzten verfassungsgerichtlichen Kontrolle im Einzelfall unterliegen kann.

Aus dem Grundsatz der formalen Chancengleichheit der Fraktionen ergibt sich, daß der Landtag einen von einer bei der Besetzung zu berücksichtigenden Fraktion vorgeschlagenen Abgeordneten nur dann ablehnen darf, wenn die Gründe dafür in mangelnder Eignung oder fehlender Vertrauenswürdigkeit liegen. Nur dann ist das Recht auf formale Chancengleichheit gewährleistet, das die Ausübung eigener Rechte der Fraktionen auch dann dirigiert, wenn diese in ihrer Durchsetzung von Mehrheitsentscheidungen abhängig sind.

Der Landtag hat dabei gegebenenfalls durch geeignete Vorkehrungen sicherzustellen, daß eine Beeinträchtigung des Rechts auf Chancengleichheit unterbleibt. Gerade weil den Abgeordneten bei der Einschätzung der Eignung der vorgeschlagenen Abgeordneten ein Spielraum zukommt, muß der Landtag zugleich gewährleisten, daß das Auswahl- und Vorschlagsrecht der Fraktionen und damit ihr Recht auf eine chancengleiche Behandlung nicht durch eine sachwidrige, von den Gründen des eingeräumten Wahlrechts nicht getragene politische Einschätzung beeinträchtigt wird. Im übrigen können andere Möglichkeiten zur Sicherung des Geheimschutzes geschaffen werden, wie Geheimschutzregelungen, Sicherheitsüberprüfungen oder Ausschluß von Abgeordneten, bei denen die Gefahr der Verletzung der Geheimnisse besteht oder die aufgrund der Besonderheiten des Einzelfalles nicht für einen Geheimschutz garantieren können.

Da durch Wahlen und Abstimmungen zustandegekommene Entscheidungen nur begrenzt der *inhaltlichen* Kontrolle durch den Verfassungsgerichtshof unterliegen können, ist es in erster Linie Aufgabe des Landtages selbst, etwa im Rahmen eines parlamentarischen Verständigungsverfahrens, den Schutz des Minderheitenrechts zu sichern und seiner Entwertung durch das Wahlverhalten der Abgeordneten vorzubeugen. Welches Verfahren der Landtag dabei wählt, ist ihm verfassungsrechtlich nicht vorgegeben. Insbesondere können die Abgeordneten nicht gezwungen werden, in öffentlicher Debatte über die Gründe der Ablehnung Rechenschaft abzulegen; gleichwohl steht es jedem Abgeordneten frei, nach Maßgabe der Geschäftsordnung zur Wahl Erklärungen abzugeben. Jedenfalls muß der Landtag sicherstellen, daß das Recht auf Chancengleichheit der Fraktionen nicht ohne zwingende Gründe durch das Verhalten einer Mehrheit beeinträchtigt wird. Er muß daher verfassungswidrigen Blockaden durch eine oder mehrere Fraktionen oder eine Mehrheit von Abgeordneten mit verfahrensmäßigen Vorkehrungen entgegenwirken. Sie müssen geeignet sein, das mit einer Einschätzungsprärogative verbundene Vorschlags- und Auswahlrecht der Fraktionen sowie die Beurteilungsermächtigung der Abgeordneten bei der Wahl der vorgeschlagenen Mitglieder der Kommission zu einem Ausgleich zu bringen. Zeigen sich Schwierigkeiten bei der Besetzung eines Gremiums, etwa weil eine Fraktion keine Abgeordneten vorschlägt oder aber die vorgeschlagenen Abgeordneten ohne nachvollziehbare Gründe keine Mehrheit finden, so hat der Landtag durch ein formelles oder informelles Verfahren auf eine Präsentation geeigneter und mehrheitsfähiger Abgeordneter hinzuwirken. Dabei liegt die Annahme mißbräuchlichen Verhaltens einer Fraktion umso näher, je weniger sie bereit ist, an einer Lösung der Probleme mitzuwirken.

c) Diesem Ergebnis steht Art. 39 Abs. 3 SächsVerf nicht entgegen. Allerdings sind die Abgeordneten nur ihrem Gewissen unterworfen und an Aufträge und Weisungen nicht gebunden. Dies führt aber nicht dazu, daß allein die Berufung auf das freie Mandat geeignet ist, verfassungsrechtliche oder einfachgesetzliche oder auch nur geschäftsordnungsmäßige Bindungen zu überspielen. Soweit Art. 39 Abs. 3 S. 2 SächsVerf davon spricht, daß die Abgeordneten nur ihrem Gewissen unterworfen sind, darf dies nicht dahingehend verstanden werden, die innere Einstellung und Überzeugung bilde den einzigen Maßstab für das Handeln der Abgeordneten. Selbstverständlich bleibt der Abgeordnete auch hier an Gesetz und Recht, insbesondere an die Verfassung gebunden (*von Mangoldt/Klein/Achterberg/Schulte*, Das Bonner Grundgesetz, Art. 38 Abs. 1 Rdn. 39; *Maunz* in: Maunz/Dürig, GG, Art. 38 Rdn. 17). Die Berufung auf Art. 39 Abs. 3 S. 2 SächsVerf kann daher weder dem Grundsatz der formalen Chancengleichheit der Fraktionen, die Funktionsgewährleistungsverpflichtung des Landtages für die Einrichtung seiner Organe, Organteile, Ausschüsse und Gremien noch sonstige verfassungsrechtliche oder einfachgesetzliche Positionen überspielen.

II.

Unter Zugrundelegung dieser Maßstäbe hat der Sächsische Landtag die Rechte der Antragstellerin dadurch verletzt, daß er mit seiner Mehrheit alle bislang von ihr vorgeschlagenen Abgeordneten für die Wahl zum Mitglied der Parlamentarischen Kontrollkommission des Sächsischen Landtages abgelehnt hat, ohne durch geeignete verfahrensmäßige Vorkehrungen sicherzustellen, daß solche Ablehnungen nicht von sachwidrigen Gründen bestimmt werden.

Die Mitglieder der Parlamentarischen Kontrollkommission handeln für den Sächsischen Landtag in seiner Gesamtheit und müssen daher sein Vertrauen genießen. Die Einschätzung der Eignung, insbesondere die Vertrauenswürdigkeit, obliegt dabei in erster Linie den Abgeordneten selbst. Dies führt indes nicht dazu, daß die Entscheidung der Mehrheit der Überprüfung durch den Sächsischen Verfassungsgerichtshof gänzlich entzogen wäre, wie der Sächsische Landtag unter Berufung auf das freie Mandat der Abgeordneten aus Art. 39 Abs. 3 S. 2 SächsVerf geltend macht. Da die Ablehnung der zur Wahl vorgeschlagenen Abgeordneten nur dann mit dem Grundsatz der Chancengleichheit der Fraktionen vereinbar ist, wenn dafür Gründe in der fachlichen Eignung und Vertrauenswürdigkeit der vorgeschlagenen Personen selbst liegen, ist es Aufgabe des Landtages, solche Gründe erforderlichenfalls darzulegen. Dies ist – bei Wahrung des Wahlgeheimnisses des einzelnen Abgeordneten – etwa in der Weise möglich, daß über die Eignung der Vorgeschlagenen in einem Gremium vorberaten wird oder die Ablehnung von Abgeordneten im

Landtag debattiert wird, daß einzelne Abgeordnete oder Fraktionen Erklärungen abgeben oder daß das Präsidium des Landtages nach Beratung mit den Fraktionen hierzu Stellung nimmt. Zudem ist es Aufgabe aller Fraktionen, an einer Lösung der Probleme mitzuwirken und damit die verfassungsrechtlich vorgesehene Kontrolle des Einsatzes nachrichtendienstlicher Mittel zu ermöglichen. Es ist nicht ersichtlich, daß der Sächsische Landtag dazu beizutragen versucht hätte, den hier zutage getretenen Konflikt zu lösen. Ein formelles oder informelles Verständigungsverfahren, das es der Antragstellerin ermöglicht hätte, etwaigen verfassungsrechtlich legitimen Bedenken hinreichend Rechnung zu tragen, hat nicht stattgefunden, obwohl nach sechs erfolglosen Wahlgängen und dem Ablauf von über einem Jahr schon die aus Art. 83 Abs. 3 S. 2 SächsVerf abzuleitende Funktionsgewährleistungspflicht des Sächsischen Landtages für die Parlamentarische Kontrollkommission deren Neubildung dringend nahegelegt hätte. Unter Berücksichtigung des Auswahlrechts der vorschlagsberechtigten Fraktion liegt die Annahme eines Mißbrauchs des Wahlrechts durch eine Mehrheit umso näher, je mehr das Vorschlagspotential der Fraktionen nach vorausgegangenen Ablehnungen schrumpft, so daß am Ende nur noch bestimmte, der Mehrheit genehme Abgeordnete übrig bleiben.

Die Mehrheit des Sächsischen Landtages hat alle bisher vorgeschlagenen Abgeordneten der Antragstellerin ohne weitere Darlegung von Gründen abgelehnt. Die Antragstellerin hat insofern unwidersprochen vorgetragen, daß ihr zu keinem Zeitpunkt auch nur signalisiert worden sei, daß und welche Bedenken gegen die von ihr vorgeschlagenen Abgeordneten sprechen. Der Sächsische Landtag hat sich auch in der mündlichen Verhandlung allein auf das freie Mandat der Abgeordneten aus Art. 39 Abs. 3 S. 2 SächsVerf zurückgezogen. Dies reicht aber nicht aus, um eine Ablehnung zu rechtfertigen.

Nr. 2

1. Bei der Auslegung der Sächsischen Verfassung sind Inhalt und Entwicklungsstand der EMRK zu berücksichtigen, sofern damit keine Einschränkung oder Minderung des sächsischen Grundrechtsschutzes verbunden ist. Die Grundrechte der Sächsischen Verfassung sind im Lichte der EMRK auszulegen.

2. Gegen die Regelung des Polizeigewahrsams gemäß § 22 Abs. 1 des Sächsischen Polizeigesetzes ergeben sich unter Berücksichtigung des Artikel 5 Abs. 1 lit. b und c EMRK keine grundsätzlichen verfassungsrechtlichen Bedenken.

3. § 22 Abs. 7 S. 3 SächsPolG ist, soweit er den Polizeigewahrsam zur Verhinderung einer unmittelbar bevorstehenden erheblichen Störung der öffentlichen Sicherheit oder zur Beseitigung einer solchen Störung bis zur Höchstdauer von zwei Wochen zuläßt, mit der Sächsischen Verfassung vereinbar, verstößt jedoch gegen Art. 16 Abs. 1 S. 2 in Verbindung mit Art. 1 S. 2 SächsVerf, soweit er diese Höchstfrist einheitlich auch für den Polizeigewahrsam zum Schutz einer Person (§ 22 Abs. 1 Nr. 2), zur Feststellung der Identität (§ 22 Abs. 1 Nr. 3) und zur Durchsetzung eines Platzverweises (§ 22 Abs. 1 Nr. 4) bestimmt.

4. Die Regelung des § 39 Abs. 1 Nr. 1 SächsPolG über die Datenerhebung mit besonderen Mitteln zur Abwehr einer gegenwärtigen Gefahr für den Bestand oder die Sicherheit des Bundes oder eines Landes oder für Leben, Gesundheit oder Freiheit einer Person oder für bedeutende fremde Sach- oder Vermögenswerte ist mit der Sächsischen Verfassung vereinbar.

5. § 39 Abs. 1 Nr. 2 Buchst. a SächsVerf, der die Datenerhebung mit besonderen Mitteln im Rahmen von Vorfeldermittlungen wegen Straftaten von erheblicher Bedeutung regelt, ist mit der Sächsischen Verfassung zwar grundsätzlich vereinbar, nicht jedoch insoweit, als er diese Maßnahmen zuläßt
– zur Verhinderung und vorbeugender Bekämpfung von Vergehen, die sich nur gegen bedeutende fremde Sach- und Vermögenswerte richten, aber nicht gewerbs-, gewohnheits-, serien-, bandenmäßig oder sonst organisiert begangen werden;
– aus Vertrauensverhältnissen, die durch Amts- und Berufsgeheimnisse geschützt sind, ohne daß das Gesetz selbst bestimmt, zu Gunsten welcher Rechtsgüter, in welchen Vertrauensverhältnissen sowie unter welchen Voraussetzungen und in welchen Grenzen aus solchen Vertrauensverhältnissen mit besonderen Mitteln im Vorfeld konkreter Gefahren Daten erhoben werden dürfen.

6. Die Regelung des § 39 Abs. 1 Nr. 2 Buchst. b SächsPolG über den Einsatz besonderer Mittel zur Datenerhebung über Personen, bei denen die Gesamtwürdigung der Person und der von ihr begangenen Straftaten erwarten läßt, daß sie auch künftig Straftaten von erheblicher Bedeutung begehen werden, verstößt gegen die mit dem Recht auf informationelle Selbstbestimmung (Art. 33 SächsVerf) gewährleisteten Grundsätze der Normenklarheit und Normenbestimmtheit.

7. Das Grundrecht auf informationelle Selbstbestimmung (Art. 33 SächsVerf) gebietet, die in § 39 Abs. 1 Nr. 3 SächsPolG vorgesehene Erhe-

bung von personenbezogenen Daten über Kontakt- und Begleitpersonen im Rahmen von Vorfeldermittlungen zu beschränken
– auf Personen mit näheren persönlichen oder geschäftlichen Beziehungen zur Zielperson oder auf Verbindungen, die über einen längeren Zeitraum unterhalten oder unter konspirativen Umständen hergestellt oder gepflegt werden
– und auf Art, Gegenstand, Zweck und Ausmaß der Verbindung im Hinblick auf die angenommenen Straftaten.

8. Die Regelung des § 40 Abs. 1 Nr. 1 SächsPolG über die Erhebung personenbezogener Daten durch den Einsatz besonderer Mittel in oder aus Wohnungen („Großer Lauschangriff") ist zur Abwehr gegenwärtiger Gefahren für die in der Vorschrift genannten Rechtsgüter mit der Sächsischen Verfassung nicht vereinbar, soweit sie den Einsatz besonderer Mittel ohne Einschränkung auf die Fälle des polizeilichen Notstands (§ 7 SächsPolG) auch in Wohnungen von Personen zuläßt, die für die abzuwehrende Gefahr nicht verantwortlich sind.

9. Die in § 40 Abs. 1 Nr. 2 SächsPolG getroffene Regelung über den sog. großen Lauschangriff zur vorbeugenden Bekämpfung von Straftaten von erheblicher Bedeutung im Rahmen von Vorfeldermittlungen verstößt gegen das Grundrecht auf Unverletzlichkeit der Wohnung (Art. 30 SächsVerf).

10. Der polizeiliche Einsatz nachrichtendienstlicher Mittel unterliegt, wenn er nicht der richterlichen Kontrolle unterlegen hat, nach Art. 83 Abs. 3 S. 2 SächsVerf der parlamentarischen Nachprüfung. Nachrichtendienstliche Mittel der Polizei im Sinne dieser Vorschrift sind der verdeckte Einsatz technischer Überwachungs- und Aufzeichnungsmittel und der Einsatz verdeckter Ermittler (§ 36 Abs. 2 Nr. 2 und 3 SächsPolG).

11. Soweit die Polizei mit verdecktem Einsatz besonderer Mittel, insbesondere in oder aus Wohnungen, Daten erhebt und damit heimlich in die Grundrechte auf informationelle Selbstbestimmung (Art. 33 SächsVerf) und auf Unverletzlichkeit der Wohnung (Art. 30 SächsVerf) eingreift, reicht der herkömmliche Grundrechtsschutz nicht aus. Daher bedarf es insoweit einer besonderen Ausgestaltung des Grundrechtsschutzes durch Verfahrensregeln, die den individualrechtlichen wie den strukturellen Schutzbedürfnissen gerecht werden müssen.

12. Datenerhebung aus verfassungsrechtlich geschützten mit Amts- und Berufsgeheimnissen abgesicherten Vertrauensverhältnissen unter verdecktem Einsatz besonderer Mittel ist nur zum Schutze wichtiger Ge-

meinschaftsgüter, wie etwa des Lebens, der Gesundheit und der Freiheit mit der Sächsischen Verfassung vereinbar. Eingriffe in solche Vertrauensverhältnisse im Rahmen von Vorfeldermittlungen zur vorbeugenden Bekämpfung von Straftaten können nur gerechtfertigt sein, wenn sie das einzige Mittel zur Informationsgewinnung darstellen, diese dem Schutz hochrangiger Rechtsgüter dient und weiteres Zuwarten die Gefahr einer irreversiblen Schädigung dieser Rechtsgüter begründet. Hierzu bedarf es einer ausdrücklichen, hinreichend bestimmten gesetzlichen Ermächtigung.

Verfassung des Freistaates Sachsen Art. 1, 14, 15, 16, 17, 30, 33, 38, 81 Abs. 1 Nr. 2, 83 Abs. 3

Europäische Menschenrechtskonvention Art. 5 Abs. 1 lit. b und c

Sächsisches Verfassungsgerichtshofgesetz §§ 7 Nr. 2, 21 Nr. 1

Sächsisches Polizeigesetz §§ 7, 21, 22, 36, 39, 40, 43, 47, 49

Urteil vom 14. Mai 1996 – Vf. 44-II-94 –

in dem Verfahren der abstrakten Normenkontrolle auf Antrag von 41 Mitgliedern des 1. Sächsischen Landtages zur verfassungsrechtlichen Prüfung des Sächsischen Polizeigesetzes.

Entscheidungsformel:

I.

1. § 22 Abs. 7 Satz 3 des Sächsischen Polizeigesetzes verstößt gegen Artikel 16 Absatz 1 Satz 2 in Verbindung mit Artikel 1 Satz 2 der Sächsischen Verfassung und ist nichtig, soweit er in bezug auf § 22 Absatz 1 Nummern 2, 3 und 4 des Sächsischen Polizeigesetzes für die richterlich zu bestimmende Dauer des Gewahrsams eine einheitliche Höchstfrist von zwei Wochen vorsieht.

2. a) § 39 Absatz 1 Nummer 2 a des Sächsischen Polizeigesetzes verstößt gegen Artikel 33 in Verbindung mit Artikel 1 Satz 2 der Sächsischen Verfassung und ist nichtig, soweit der Einsatz besonderer Mittel zur Verhinderung und vorbeugenden Bekämpfung von Vergehen erfolgt, die sich gegen bedeutende fremde Sach- und Vermögenswerte richten, aber nicht gewerbs-, gewohnheits-, serien-, bandenmäßig oder sonst organisiert begangen werden.

b) § 39 Absatz 1 Nummer 2 a des Sächsischen Polizeigesetzes verstößt gegen Artikel 19, 20, 28, 33 und 56 Absatz 1 und 3 der Sächsischen Verfassung und ist nichtig, soweit nach dieser Regelung personenbezogene Daten durch den Einsatz besonderer Mittel aus Vertrauensverhältnissen erhoben werden dürfen, die durch Amts- und Berufsgeheimnisse geschützt sind, ohne durch einschränkende Regelungen dem verfassungsrechtlichen Schutz solcher Vertrauensverhältnisse Rechnung getragen zu haben.

c) § 39 Absatz 1 Nummer 2 b des Sächsischen Polizeigesetzes verstößt gegen Artikel 33 der Sächsischen Verfassung und ist nichtig.

3. a) § 40 Absatz 1 Nummer 1 des Sächsischen Polizeigesetzes verstößt gegen Artikel 30 Absatz 1 in Verbindung mit Artikel 1 Satz 2 der Sächsischen Verfassung und ist nichtig, soweit der Einsatz besonderer Mittel im Sinne des § 36 Absatz 2 Nummer 2 des Sächsischen Polizeigesetzes nicht beschränkt wird auf Wohnungen der für eine Gefahr Verantwortlichen und nicht nur unter den Voraussetzungen des § 7 des Sächsischen Polizeigesetzes erstreckt wird auf Wohnungen der dort genannten Personen.

b) § 40 Absatz 1 Nummer 2 des Sächsischen Polizeigesetzes verstößt gegen Artikel 30 Absatz 1 der Sächsischen Verfassung und ist nichtig.

II.

1. §§ 39 und 40 des Sächsischen Polizeigesetzes sind wegen der unzulänglichen Ausgestaltung des Verfahrens insgesamt mit Artikel 33, 38 und 83 Absatz 3 Satz 2 der Sächsischen Verfassung unvereinbar.

2. §§ 39 und 40 des Sächsischen Polizeigesetzes gelten, soweit sie nicht für nichtig erklärt sind, bis zu einer Neuregelung durch den Gesetzgeber, längstens bis zum Ende der Legislaturperiode des 2. Sächsischen Landtages fort. Der Einsatz besonderer Mittel der Datenerhebung ist solange mit folgenden Maßnahmen zulässig:

a) Der verdeckte Einsatz technischer Überwachungs- und Aufzeichnungsmittel nach § 36 Absatz 2 Nummer 2 des Sächsischen Polizeigesetzes und der Einsatz verdeckter Ermittler nach § 36 Absatz 2 Nummer 3 des Sächsischen Polizeigesetzes bedürfen jeweils der Zustimmung des Sächsischen Staatsministers des Innern oder seines ständigen Vertreters.

b) Nach Abschluß jeder Maßnahme nach § 39 des Sächsischen Polizeigesetzes sind die Betroffenen hierüber entsprechend § 40 Absatz 4 Satz 1 und 2 des Sächsischen Polizeigesetzes zu unterrichten.

c) Der Sächsische Staatsminister des Innern hat dem Sächsischen Landtag oder einer von diesem zu bestimmenden Stelle jährlich einmal über den Umfang des Einsatzes der besonderen Mittel der Datenerhebung, differenziert nach der Zahl der Fälle, den angewandten Tatbeständen und der Dauer der Einsätze zu berichten, erstmals für das Jahr 1996 zum 30. April 1997.

d) Die Datenerhebung über Kontakt- und Begleitpersonal nach § 39 Absatz 1 Nummer 3 des Sächsischen Polizeigesetzes ist nur zulässig, soweit die Datenerhebung beschränkt wird auf
- Personen mit näheren persönlichen oder geschäftlichen Beziehungen zur Zielperson oder auf Verbindungen, die über einen längeren Zeitraum unterhalten, unter konspirativen Umständen hergestellt oder gepflegt werden und
- Art, Gegenstand, Zweck und Ausmaß der Verbindung im Hinblick auf die angenommenen Straftaten.

e) Die in § 40 Absatz 3 Satz 2 des Sächsischen Polizeigesetzes geregelte Ausnahme von der Löschungspflicht ist auf Daten beschränkt, die zur Verfolgung von Straftaten gegen Leben, Gesundheit oder Freiheit einer bei dem Einsatz tätigen Person benötigt werden.

III.

1. § 43 Absatz 6 Satz 1 des Sächsischen Polizeigesetzes ist mit Artikel 33 der Sächsischen Verfassung in der Auslegung vereinbar, daß die berechtigten Interessen des Betroffenen an der Geheimhaltung seiner Daten regelmäßig überwiegen.

2. § 47 Absatz 1 Satz 1 Nummer 2 des Sächsischen Polizeigesetzes ist mit Artikel 33 der Sächsischen Verfassung in der Auslegung vereinbar, daß eine Rasterfahndung nur dann zur Verhinderung von Straftaten von erheblicher Bedeutung erforderlich ist, wenn zumindest tatsächliche Anhaltspunkte vorliegen, die auf eine bestimmte Deliktsart im Sinne von § 36 Absatz 1 des Sächsischen Polizeigesetzes hindeuten.

3. § 49 Satz 1 Nummer 1 des Sächsischen Polizeigesetzes ist mit Artikel 33 der Sächsischen Verfassung in der Auslegung vereinbar, daß eine Löschung personenbezogener Daten nur dann unterbleibt, wenn diese zur Behebung einer dringenden Beweisnot der Polizei oder Dritter unerläßlich sind.

4. § 49 Satz 1 Nummer 2 des Sächsischen Polizeigesetzes ist mit Artikel 33 der Sächsischen Verfassung in der Auslegung vereinbar, daß die im Hinblick auf wissenschaftliche Forschungszwecke zu nutzenden Daten zu anonymisieren sind, soweit der Forschungszweck nicht zwingend entgegensteht oder die Anonymisierung nur mit unvertretbarem Aufwand möglich ist.

IV.

Der Freistaat Sachsen hat den Antragstellern die notwendigen Auslagen zu erstatten.

Gründe:

A.

Die Antragsteller wenden sich im Wege der abstrakten Normenkontrolle gegen Vorschriften des Sächsischen Polizeigesetzes vom 30. Juli 1991 in der Fassung des Änderungsgesetzes vom 24. Mai 1994 (GVBl. S. 929). Die in Betracht kommenden Vorschriften lauten:

§ 21 Platzverweis

Die Polizei kann zur Abwehr einer Gefahr für die öffentliche Sicherheit oder Ordnung oder zur Beseitigung einer Störung eine Person vorübergehend von einem Ort verweisen oder ihr vorübergehend das Betreten eines Ortes verbieten. Dies gilt insbesondere für Personen, die den Einsatz der Feuerwehr oder der Hilfs- und Rettungsdienste behindern.

§ 22 Gewahrsam

(1) Die Polizei kann eine Person in Gewahrsam nehmen, wenn
1. auf andere Weise eine unmittelbar bevorstehende erhebliche Störung der öffentlichen Sicherheit nicht verhindert oder eine bereits eingetretene erhebliche Störung nicht beseitigt werden kann oder
2. das zum Schutz der Person gegen eine Gefahr für Leib und Leben erforderlich ist, insbesondere weil die Person sich erkennbar in einem die freie Willensbestimmung ausschließenden Zustand oder sonst in hilfloser Lage befindet, oder Selbstmord begehen will, oder
3. die Identität einer Person auf andere Weise nicht festgestellt werden kann oder
4. dies unerläßlich ist, um einen Platzverweis nach § 21 durchzusetzen. (...)

(7) Nimmt die Polizei eine Person in Gewahrsam, so hat sie unverzüglich eine richterliche Entscheidung über die Zulässigkeit und Fortdauer des Gewahrsams herbeizuführen. Der Herbeiführung der Entscheidung bedarf es nicht, wenn anzunehmen ist, daß die Entscheidung erst nach Wegfall des Grundes des Gewahrsams ergehen würde. In der Entscheidung ist die höchstzulässige Dauer des Gewahrsams zu bestimmen; sie darf nicht mehr als zwei Wochen betragen, soweit gesetzlich nichts anderes bestimmt ist. Der Gewahrsam darf ohne richterliche Entscheidung nicht länger als bis zum Ende des folgenden Tages aufrechterhalten werden. Der Gewahrsam ist in jedem Falle aufzuheben, sobald sein Zweck erreicht ist.

§ 36 Begriffsbestimmungen

(1) Straftaten von erheblicher Bedeutung im Sinne dieses Abschnittes sind
1. Verbrechen,
2. Vergehen, die im Einzelfall nach Art und Schwere geeignet sind, den Rechtsfrieden besonders zu stören, soweit sie
   a) sich gegen das Leben, die Gesundheit oder die Freiheit einer oder mehrerer Personen oder bedeutende fremde Sach- oder Vermögenswerte richten,

b) auf den Gebieten des unerlaubten Waffen- und Betäubungsmittelverkehrs, der Geld- oder Wertzeichenfälschung oder des Staatsschutzes (§§ 74 a und 120 des Gerichtsverfassungsgesetzes) begangen werden,
c) gewerbs-, gewohnheits-, serien-, bandenmäßig oder sonst organisiert begangen werden.

(2) Besondere Mittel zur Erhebung von Daten im Sinne dieses Abschnitts sind
1. die voraussichtlich innerhalb eines Monats länger als 24 Stunden dauernde oder über den Zeitraum eines Monats hinaus stattfindende Observation (längerfristige Observation),
2. der verdeckte Einsatz technischer Mittel zur Anfertigung von Bildaufnahmen und -aufzeichnungen sowie zum Abhören und Aufzeichnen des gesprochenen Wortes,
3. der Einsatz eines Polizeibediensteten, der unter einer ihm verliehenen, auf Dauer angelegten, veränderten Identität (Legende) ermittelt (Verdeckter Ermittler),
4. die Ausschreibung einer Person und des von ihr benutzten Kraftfahrzeugs zur polizeilichen Beobachtung.

(3) Kontakt- und Begleitpersonen im Sinne dieses Abschnitts sind Personen, die mit einer Person, bei der tatsächliche Anhaltspunkte die Annahme rechtfertigen, daß diese Person Straftaten begehen wird, in einer Weise in Verbindung stehen, die die Erhebung ihrer personenbezogenen Daten zur vorbeugenden Bekämpfung dieser Straftaten zwingend erfordert.

§ 39 Einsatz besonderer Mittel zur Erhebung von Daten

(1) Der Polizeivollzugsdienst kann personenbezogene Daten durch den Einsatz besonderer Mittel erheben
1. über die für eine Gefahr Verantwortlichen und unter den Voraussetzungen des § 7 über die dort genannten Personen, wenn dies zur Abwehr einer gegenwärtigen Gefahr für den Bestand oder die Sicherheit des Bundes oder eines Landes oder für Leben, Gesundheit oder Freiheit einer Person oder für bedeutende fremde Sach- oder Vermögenswerte erforderlich ist.
2. über Personen, bei denen
   a) Tatsachen die Annahme rechtfertigen, daß sie Straftaten von erheblicher Bedeutung (§ 36 Abs. 1) begehen werden oder
   b) die Gesamtwürdigung der Person und der von ihr bisher begangenen Straftaten erwarten läßt, daß sie auch künftig Straftaten von erheblicher Bedeutung (§ 36 Abs. 1) begehen wird,
3. über Kontakt- und Begleitpersonen der in Nummer 2 Buchst. a genannten Personen, wenn die Datenerhebung zur vorbeugenden Bekämpfung dieser Straftaten zwingend erforderlich ist.

(2) Daten dürfen auch dann nach Absatz 1 erhoben werden, wenn Dritte unvermeidbar betroffen werden.

(3) Der Einsatz besonderer Mittel kann nur durch den Leiter des Landeskriminalamtes, der Landespolizeidirektion Zentrale Dienste, eines Polizeipräsidiums oder

durch einen von diesen beauftragten Beamten angeordnet werden, soweit nicht durch Rechtsvorschrift eine andere Zuständigkeit bestimmt wird. Die Anordnung hat schriftlich zu erfolgen und ist zu befristen. Die Verlängerung der Maßnahme bedarf einer neuen Anordnung.

(4) Bild- und Tonaufnahmen oder -aufzeichnungen, die ausschließlich Personen betreffen, gegen die sich die Datenerhebungen nicht richten, sind unverzüglich zu löschen oder zu vernichten, soweit sie nicht zur Verfolgung von Straftaten benötigt werden.

§ 40 Erhebung von Daten in oder aus Wohnungen

(1) Der Polizeivollzugsdienst kann durch den Einsatz besonderer Mittel im Sinne des § 36 Abs. 2 Nr. 2 in oder aus Wohnungen personenbezogene Daten erheben
1. über die für eine Gefahr Verantwortlichen und unter den Voraussetzungen des § 7 über die dort genannten Personen, wenn dies erforderlich ist zur Abwehr einer gegenwärtigen Gefahr für den Bestand oder die Sicherheit des Bundes oder eines Landes, für Leben, Gesundheit oder Freiheit einer Person oder für bedeutende fremde Sach- oder Vermögenswerte oder
2. über Personen, soweit Tatsachen die Annahme rechtfertigen, daß diese Personen eine Straftat von erheblicher Bedeutung (§ 36 Abs. 1) begehen wollen.

(2) Die Maßnahme ist zu befristen. Sie kann nur durch das Amtsgericht angeordnet werden. Zuständig ist das Amtsgericht, in dessen Bezirk die Wohnung liegt. § 25 Abs. 5 Satz 2 gilt entsprechend. Bei Gefahr im Verzug kann die Maßnahme auch durch den amtierenden Dienststellenleiter des Landeskriminalamtes, der Landespolizeidirektion Zentrale Dienste oder eines Polizeipräsidiums angeordnet werden. Die Anordnung tritt außer Kraft, wenn sie nicht binnen 3 Tagen durch das Amtsgericht bestätigt wird; die Bestätigung ist unverzüglich zu beantragen.

(3) Einer Anordnung nach Absatz 2 bedarf es nicht, wenn das besondere Mittel ausschließlich zum Schutz der bei einem polizeilichen Einsatz tätigen Personen eingesetzt wird. Aufzeichnungen sind unverzüglich, spätestens jedoch zwei Monate nach Beendigung des Einsatzes zu löschen, es sei denn, sie werden zur Verfolgung von Straftaten benötigt.

(4) Die Betroffenen sind nach Abschluß der Maßnahme hierüber durch den Polizeivollzugsdienst unverzüglich zu unterrichten, sobald dies ohne Gefährdung des Zwecks der Datenerhebung erfolgen kann und dieses Gesetz keine anderweitige Regelung trifft. Eine Unterrichtung durch den Polizeivollzugsdienst unterbleibt, wenn wegen desselben Sachverhalts ein strafrechtliches Ermittlungsverfahren gegen den Betroffenen eingeleitet worden ist.

§ 43 Speicherung, Veränderung und Nutzung von Daten

...

(6) Der Polizeivollzugsdienst kann personenbezogene Daten auch zur Aus- und Fortbildung nutzen. Die Anonymisierung kann unterbleiben, wenn diese nicht mit vertretbarem Aufwand möglich ist oder dem Aus- und Fortbildungszweck entge-

gensteht und jeweils die berechtigten Interessen des Betroffenen an der Geheimhaltung der Daten nicht offensichtlich überwiegen.

§ 47 Rasterfahndung

(1) Der Polizeivollzugsdienst kann von öffentlichen und nicht öffentlichen Stellen die Übermittlung von personenbezogenen Daten bestimmter Personengruppen aus Dateien zum Zwecke des automatisierten Abgleichs mit anderen Datenbeständen verlangen, soweit dies
1. zur Abwehr einer gegenwärtigen Gefahr für den Bestand oder die Sicherheit des Bundes oder eines Landes oder für Leib, Leben oder Freiheit einer Person oder
2. zur Verhinderung von Straftaten von erheblicher Bedeutung (§ 36 Abs. 1)
erforderlich ist. Rechtsvorschriften über Berufs- oder besondere Amtsgeheimnisse bleiben unberührt.

(2) Das Übermittlungsersuchen ist auf die in § 18 Abs. 3 genannten und die sonstigen im Einzelfall erforderlichen Daten zu beschränken. Ist ein Aussondern der zu übermittelnden Daten nur mit unverhältnismäßigem Aufwand möglich, so können die weiteren Daten ebenfalls übermittelt werden. Eine Verwendung dieser weiteren Daten ist unzulässig.

(3) Die Rasterfahndung kann nur durch die in § 39 Abs. 3 genannten Dienststellenleiter oder durch einen von diesen beauftragten Beamten mit Zustimmung des Staatsministeriums des Innern angeordnet werden. Von der Maßnahme ist der Sächsische Datenschutzbeauftragte unverzüglich zu unterrichten. Ist der Zweck der Maßnahme erreicht oder zeigt sich, daß er nicht erreicht werden kann, sind die übermittelten und die im Zusammenhang mit der Maßnahme zusätzlich angefallenen Daten zu löschen und die Unterlagen zu vernichten, soweit sie nicht zur Verfolgung von Straftaten erforderlich sind.

§ 49 Berichtigung, Löschung und Sperrung von Daten

Hinsichtlich der Berichtigung, Löschung und Sperrung von Daten durch den Polizeivollzugsdienst sind die §§ 18 bis 20 SächsDSG mit der Maßgabe anzuwenden, daß eine Löschung auch dann unterbleibt, wenn
1. die Daten zur Behebung einer bestehenden Beweisnot unerläßlich sind oder
2. die Nutzung der Daten zu wissenschaftlichen Zwecken erforderlich ist.

I.

Die Antragsteller, 41 Mitglieder des 1. Sächsischen Landtages, beantragen, folgende Vorschriften des Sächsischen Polizeigesetzes in der Fassung des Änderungsgesetzes vom 24. Mai 1994 gemäß Art. 81 Abs. 1 Nr. 2 SächsVerf i. V. m. §§ 21 und 23 SächsVerfGHG für nichtig zu erklären:

1. § 22 Abs. 1 Nr. 1, 3 und 4 i. V. m. Abs. 7 S. 3, 2. Halbsatz;

2. § 40 Abs. 1 Nr. 1;
§ 40 Abs. 1 Nr. 1 i. V. m. § 36 Abs. 2 Nr. 2
(soweit Personen nach § 7 betroffen);
§ 40 Abs. 1 Nr. 2 i. V. m. § 36 Abs. 1;
§ 40 Abs. 2 (Fristenregelung bei Gefahr im Verzuge);
§ 40 Abs. 4 (mangelhafte Kontroll- und Rechtsschutzregelung);
3. § 39 Abs. 1 Nr. 1 i. V. m. § 36 Abs. 2 Nr. 1, 3 und 4;
§ 39 Abs. 1 Nr. 3;
§ 39 Abs. 1 Nr. 2 b i. V. m. § 36 Abs. 1;
4. § 47 Abs. 1 Nr. 2.

Sie regen außerdem an, gemäß § 23 S. 2 SächsVerfGHG weitere Bestimmungen des Sächsischen Polizeigesetzes, gegen die erhebliche verfassungsrechtliche Bedenken bestünden, für nichtig zu erklären. Nach ihrer Ansicht kommen insbesondere in Betracht:

1. die Definition der Kontakt- und Begleitpersonen in § 36 Abs. 3;
2. § 41 Abs. 3 und 4 (betreffend verdeckte Ermittler) und § 42 Abs. 2 (betreffend polizeiliche Beobachtung).

II.

Zur Begründung machen die Antragsteller im wesentlichen geltend:

Zu § 22 Gewahrsam

a) Die Eingriffsvoraussetzungen in Verbindung mit dem gesetzlichen Rechtsfolgerahmen verstießen gegen den Grundsatz der Verhältnismäßigkeit im engeren Sinne, gegen das Gebot der Angemessenheit und somit gegen das Rechtsstaatsprinzip. Die gesamte Rechtsordnung sei von der Wertung durchdrungen, nur begangenes und bewiesenes Unrecht könne eine repressive Freiheitsentziehung rechtfertigen. Freiheit als körperliche Bewegungsfreiheit gehöre zu den elementaren Bedingungen der physischen menschlichen Existenz, ihre rechtswidrige Verletzung sei im strengen Sinne nicht reparabel, auch nicht durch Geldentschädigung. Eine präventive Entziehung der Bewegungsfreiheit müssen eine strenge Ausnahmeerscheinung bleiben. Dieser Wertungs-, Abwägungs- und Begrenzungsaufgabe werde die angegriffene Regelung nicht gerecht. So gestatte sie eine richterlich bestätigte polizeiliche Ingewahrsamnahme bis zu zwei Wochen Dauer, auch wenn nur eine erhebliche Störung der öffentlichen Sicherheit vorliege und nicht einmal eine strafbare Handlung zu befürchten sei. Der Richtervorbehalt garantiert nicht die Einhaltung eines vernünftigen Rahmens, vor allem wenn er die gesetzliche Regelung wörtlich und die amtliche Begründung zu dem Gesetzentwurf mit ihrem Hinweis auf die Abschreckungswirkung des Gewahrsams ernst nehme.

b) Die Regelung verstoße gegen das Bestimmtheitsgebot. Aus Gründen des rechtssicheren Grundrechtsschutzes und der Wahrung der Gewaltenteilung dürfe der Gesetzgeber sich nicht mit der Setzung eines weiten und vagen Rahmens begnügen und dessen Ausfüllung der Exekutive und Judikative überlassen. Er müsse die Grenzen selbst so eng ziehen, wie dies von der Sache her möglich ist. Es sei ohne weiteres möglich, die Grenzen des Vorbeugegewahrsams genauer zu bestimmen. Insbesondere sei eine Differenzierung der Höchstdauer nach dem Zweck des Gewahrsams sowie nach dem Gewicht der zu schützenden Rechtsgüter oder nach Schwere und Ausmaß der Gefahr denkbar. Die weite und unscharfe Fassung der Norm decke offensichtlich verfassungswidrige Maßnahmen wie z. B. die Verwahrung eines schwer Identifizierbaren bis zu zwei Wochen. Beispielhaft für die Nuancierungsmöglichkeiten des Gesetzgebers, auch im Bereich der Prävention, sei das Recht der Untersuchungshaft. Der Verstoß gegen die Gebote der Verhältnismäßigkeit und der Bestimmtheit könne nicht durch verfassungskonforme Auslegung geheilt werden, da der Wortlaut des § 22 SächsPolG völlig klar sei und keine Zweifel lasse: Jede beliebige Kombination von Tatbestandsvoraussetzungen im Rahmen von Abs. 1 sei mit beliebigen Rechtsfolgeanordnungen im Rahmen von Abs. 7 erlaubt. Hierin liege eine verfassungswidrige Rechtsgüterwertung des Gesetzgebers.

Nach Ansicht der Antragsteller ist den erhöhten Anforderungen an die Bestimmtheit der Norm bei besonders intensiven Freiheitseingriffen vor allem deshalb nicht genügt, weil eine erhebliche Störung der öffentlichen Sicherheit ausreichen solle, um die nur durch eine Höchstdauerklausel bestimmte Rechtsfolge der Freiheitsentziehung eintreten zu lassen. Dieser fast uferlos weite Begriff decke auch eine schuldlos herbeigeführte Verkehrsstauung. Die Polizei sei zwar zu wirksamer, jeder Lage gerecht werdender Gefahrenabwehr verpflichtet; dies aber nicht um jeden Preis, sondern nur im Rahmen der verfassungsrechtlichen Rechts(güter)ordnung.

c) Die Antragsteller bezweifeln, ob Vorbeugegewahrsam überhaupt geeignet sein könne, eine bereits eingetretene Störung zu beseitigen, ohne daß es sich dabei um Strafverfolgung handele. Nach ihrer Ansicht ist die Regelung des Vorbeugegewahrsams auch unter dem Gesichtspunkt der Erforderlichkeit verfassungsrechtlich nicht haltbar. Der einer unmittelbar bevorstehenden Gefahr vorbeugende Gewahrsam könne nie für die Dauer von zwei Wochen das einzige Mittel zur Gefahrenabwehr sein. Eine sich erst in 12 bis 14 Tagen realisierende Gefahr könne nicht unmittelbar bevorstehen. Polizeiliche Lagen, für die ein 10- bis 14tägiger Gewahrsam das einzige Mittel wirksamer Gefahrenabwehr sei, seien nicht denkbar. Der Gewahrsam komme überhaupt nur als ganz kurzfristig interimistische Maßnahme in Betracht.

d) § 22 SächsPolG ist nach Meinung der Antragsteller auch wegen Kollision mit Art. 5 Abs. 1 der Europäischen Konvention zum Schutze der Menschenrechte und Grundfreiheiten (EMRK) vom 4. November 1950 (Vertragsgesetz vom 7. August 1952, BGBl. II, S. 685, 953; Art. 11, 8 Einigungsvertrag vom 31. August 1990, BGBl. II, S. 889), die als einfaches Bundesrecht dem Landesrecht vorgehe, nichtig. Zwar scheide Art. 31 GG für den Sächsischen Verfassungsgerichtshof als Prüfungsmaßstab aus, aber aus Art. 1, 77 und 3 Abs. 3 SächsVerf ergebe sich, daß der Freistaat Sachsen als Gliedstaat der Bundesrepublik das Vorranggebot zugunsten des Bundesrechts anerkenne und deshalb auch der Verfassungsgerichtshof kraft der Sächsischen Verfassung berufen sei, das einfache Bundesrecht zu wahren. Ebenso sei er gehalten zu prüfen, ob der Landesgesetzgeber die Kompetenzen des Bundes zur Gesetzgebung beachtet hat.

Art. 5 Abs. 1 EMRK umfasse einen abschließenden und vollständigen Katalog aller Gründe für Freiheitsentziehungen. Das Überschreiten dieser Gründe in § 22 SächsPolG verstoße somit gegen vorrangiges Bundesrecht. Gewahrsam zur Vorbeugung der Gefahr einer erheblichen Störung der öffentlichen Sicherheit stelle keine Haft zur Erzwingung einer gesetzlich vorgeschriebenen Pflicht dar. Ebensowenig sei Haft zur Abwendung von Ordnungswidrigkeiten erlaubt.

Zu § 40 Erhebung von Daten in oder aus Wohnungen

a) Die Antragsteller meinen, mit der Zulassung des sog. großen Lauschangriffs werde die Dimension einer absoluten Verletzung der Menschenwürde erreicht. Der Betroffene habe keine Ahnung, daß er heimlich in seiner Wohnung überwacht und ausgeforscht werde. Bei privaten Wohnräumen handele es sich um den absolut geschützten Kernbereich privater Lebensgestaltung. Ein Eingriff in diesen Bereich könne auch nicht durch überwiegende Interessen der Allgemeinheit gerechtfertigt werden. Ein heimliches Eindringen in diese Bereiche mache den Betroffenen in menschenverachtender Weise zum wehrlosen Opfer der Staatsgewalt. Die verdeckte Erhebung von Daten in oder aus Wohnungen übertreffe als Grundrechtseingriff von höchster Intensität noch die herkömmliche Telefonüberwachung. Allenfalls unter besonderen, engen Voraussetzungen könne ein solcher Eingriff, nach Umfang, Ausgestaltung und Kontrollmöglichkeiten beschränkt, in Ausnahmefällen gestattet werden, in denen das Gemeinwohlinteresse an der Datenerhebung den Grundrechtsschutz für einzelne eindeutig überrage. Diesen engen Rahmen für eine Ausnahme überschreite das Polizeigesetz.

LVerfGE 4

b) Die von dem Gesetz gebilligte Ausforschung der Wohnung eines Unbeteiligten im Sinne von § 7 SächsPolG verstoße gegen das Störerprinzip als eines der Grundprinzipien eines rechtsstaatlichen Polizeirechtes. Auch von diesem Grundsatz seien Ausnahmen nur in engsten Grenzen unter sorgfältiger Beachtung verfahrensrechtlich gebotener Kautelen zulässig.

c) Die verdeckte Datenerhebung in oder aus Wohnungen verstoße außerdem gegen das Offenheitsprinzip, das zu den Wahrzeichen eines rechtsstaatlichen demokratischen Grundverhältnisses zwischen Bürger und Staat gehöre, den Kernbereich des Rechtes auf informationelle Selbstbestimmung schütze, das in der Menschenwürde verwurzelt sei und eine Voraussetzung für die Wirksamkeit individuellen Rechtsschutzes bilde.

d) Mit Sicherheit sei die Wertung des Gesetzgebers verfassungswidrig, den großen Lauschangriff zum Schutze bedeutender fremder Sach- und Vermögenswerte zuzulassen. Abgesehen von der verfassungswidrigen Unschärfe dieses Begriffs, könne der Schutz bedeutender Sach- und Vermögenswerte einen solchen Eingriff in die Privatsphäre insbesondere von Nichtstörern nicht rechtfertigen.

e) Nahezu uferlos ausgeweitet und damit verfassungsrechtlich unzulässig sei die Gesamtregelung in § 40 Abs. 1 Nr. 1 und 2 und § 36 Abs. 1 SächsPolG, wobei in Nr. 1 wenigstens noch eine gegenwärtige Gefahr vorausgesetzt werde, während nach Nr. 2 die Annahme ausreiche, es werde irgendwann einmal eine Straftat von erheblicher Bedeutung begangen, und der große Lauschangriff nicht einmal das einzig geeignete Mittel zur Gefahrabwehr sein müsse. Nach Meinung der Antragsteller ist die erforderliche Eingrenzung der Eingriffsmöglichkeiten auch nicht über die Einschränkung auf Einzelfälle möglich, die nach Art und Schwere geeignet sind, den Rechtsfrieden zu stören. Der Begriff der besonderen Störung sei völlig unklar; auch könne die Polizei vor dem Lauschangriff nicht die Schwere und Art der Rechtsgutstörung prognostizieren. Die weite Fassung der Eingriffsvoraussetzungen in § 36 Abs. 1 i. V. m. § 40 Abs. 1 Nr. 2 SächsPolG lasse die Umkehrung des Regel-Ausnahme-Verhältnisses in der präventiven Straftatenbekämpfung befürchten; die Heimlichkeit des Polizeihandelns werde zur Regel; vor allem bei Maßnahmen, die in gravierender Weise in die Grundrechte auf Unverletzlichkeit der Wohnung und auf informationelle Selbstbestimmung eingriffen. Das Gesetz gebe auch keinen Anhalt dafür, wann welche Tatsachen die Annahme einer Straftat von erheblicher Bedeutung rechtfertigten.

f) Die Wesentlichkeitstheorie fordere, daß die gesetzlichen Vorgaben um so genauer sein müßten, je schwerer ein Eingriff sich auswirken könne. Das Gesetz müsse der Verwaltung Handlungsanleitungen geben und dürfe ihr nicht die Befugnis zur Beliebigkeit einräumen; es müsse den Richtern Kontrollmaßstäbe an die Hand geben und nicht nur Leerformeln. Der Gesetzgeber habe selbst Umfang und Inhalt der Grundrechtseingriffe deutlich abzugrenzen und dürfe sich nicht mit weiten Umschreibungen des Rahmens im Vertrauen auf eine verfassungskonforme Anwendung durch die Exekutive begnügen.

g) Die Möglichkeit für die Polizei, bei Gefahr im Verzug bis zu 3 Tage ohne Richtervorbehalt auf eigene Faust tätig zu sein, verstoße gegen die Rechtsschutzgarantie in Art. 38 SächsVerf, zumal da im Gegensatz zu § 40 Abs. 3 SächsPolG in Abs. 2 nicht einmal die unverzügliche Löschung der Aufzeichnungen vorgesehen sei. In drei Tagen könne die ohne jede richterliche Vorkontrolle vorgenommene elektronische Ausforschung in der Wohnung bereits schwerwiegenden Grundrechtsschaden angerichtet haben.

h) Nach § 40 Abs. 4 SächsPolG entfalle sehr häufig die Unterrichtungspflicht der Polizei gegenüber den durch den Eingriff Betroffenen. Da diese Unterrichtungspflicht wenigstens nachträglich ein gerichtliches Verfahren über die Feststellung der Rechtmäßigkeit des Eingriffs ermöglichen solle, müsse bei ihrem Wegfall nach der Rechtsprechung des Bundesverfassungsgerichtes das Gesetz eine Vorprüfung der Maßnahmen wie bei der Telefonüberwachung vorsehen, die materiell und verfahrensmäßig einer wirkungsvollen gerichtlichen Kontrolle gleichwertig sein müsse. Das Kontrollorgan müsse in richterlicher Unabhängigkeit verbindlich über die Zulässigkeit der Überwachungsmaßnahme entscheiden und diese auch verbindlich ablehnen, das Ob und Wann der Benachrichtigung des Betroffenen anordnen können, laufend und ausreichend mit Informationen versorgt werden, um kompetent entscheiden zu können, und über die notwendige unverzügliche Löschung aller nicht mehr benötigter personenbezogener Daten beschließen können. Diesen von dem Bundesverfassungsgericht vorgesehenen Anforderungen entspreche die Regelung in § 40 Abs. 2 und 4 SächsPolG nicht und verletze damit Art. 38 SächsVerf und die Grundrechte aus Art. 30 und 33 SächsVerf, vor allem wenn der Richter erst nachträglich eingeschaltet werde.

i) § 40 Abs. 2 SächsPolG verstoße auch gegen Art. 83 Abs. 3 SächsVerf, da ein parlamentarisch legitimiertes Ersatzverfahren nicht vorgesehen sei, obwohl es sich bei dem Einsatz technischer Mittel des heimlichen Belauschens oder Beobachtens in Wohnungen um den Einsatz nachrichtendienstlicher Mittel handele. In Art. 83 Abs. 3 SächsVerf werde auf den Einsatz bestimmter Mittel abgestellt und nicht auf die Frage der hierfür zuständigen Behörde oder auf den Zweck des Mitteleinsatzes.

Zu § 39 Einsatz besonderer Mittel zur Erhebung von Daten

Die Antragsteller machen erhebliche Bedenken geltend gegen die Verfassungsmäßigkeit des § 39 Abs. 1 Nr. 1 SächsPolG unter dem Gesichtspunkt der Angemessenheit, soweit die besonderen Mittel auch gegen Nichtstörer eingesetzt werden können, wenn nur Gefahr für Sach- und Vermögenswerte drohe. Sie meinen außerdem, die Norm verstoße gegen die Prinzipien der Verhältnismäßigkeit und der Normbestimmtheit.

a) Nach ihrer Ansicht leide die Vorschrift insgesamt an einem verfassungsrechtlich nicht hinnehmbaren Maß an Unbestimmtheit. Durch die Verweisung auf § 36 Abs. 2 SächsPolG ergäben sich unsinnige Tatbestände, die den Einsatz besonderer Mittel nicht mehr als geeignet erscheinen ließen. Längerfristige Observation, Einsatz vedeckter Ermittler, Ausschreibung zur polizeilichen Beobachtung seien zum Beispiel zur Abwendung einer gegenwärtigen Gefahr im Sinne von § 39 Abs. 1 Nr. 1 SächsPolG ungeeignet. § 39 Abs. 1 Nr. 2 b i. V. m. § 36 Abs. 1 Nr. 2 SächsPolG erfordere die Gesamtwürdigung einer Person und die Prognose eines Einzelfalles mit den konkreten Tatumständen im Rahmen von § 39 SächsPolG; dies sei nicht möglich und zwinge zu Typisierungen nach Erfahrenswerten aus der Vergangenheit, was das Gesetz gerade verbiete.

b) Die in § 39 Abs. 1 Nr. 3 SächsPolG genannte Einschränkung auf zwingende Erforderlichkeit der Überwachung von Kontakt- und Begleitpersonen sei eine Leerformel und nur scheinbar eine Einschränkung. Da niemand genau sagen könne, was zur vorbeugenden Bekämpfung von Straftaten gehöre, lasse sich auch nicht abgrenzen, was hierfür zwingend erforderlich sei.

Zu § 47 Rasterfahndung

Die Gefahr dieses Verfahrens eines automatisierten Abgleichs von Daten besteht nach Ansicht der Antragsteller in dem Umstand, daß jeweils Daten vieler ganz unbeteiligter Personen mitverarbeitet würden, die sich hiergegen nicht zur Wehr setzen könnten. Die Verfassungswidrigkeit der Regelung ergebe sich aus Verstößen gegen die Prinzipien der Vertrauensmäßigkeit, der Angemessenheit und der Geeignetheit, da die Anwendbarkeit der Rasterfahndung nach den zu schützenden Rechtsgütern und nach den einzuhaltenden Verfahren nicht auf ein vernünftiges Maß eingeschränkt werde; auch fehle ein Richtervorbehalt.

III.

1. Der Landtag hat von einer Stellungnahme abgesehen.
2. Die Staatsregierung äußert sich wie folgt:

Zu § 22 Gewahrsam

a) Gegen die Erweiterung der Höchstdauer des Gewahrsams auf zwei Wochen in Übereinstimmung mit dem Polizeigesetz von Baden-Württemberg in der Fassung vom 13. 1. 1992 und mit dem Polizeiaufgabengesetz von Bayern vom 24. 8. 1978 bestünden keine Bedenken. Die Polizeigesetze von Mecklenburg-Vorpommern, Bremen und Schleswig-Holstein sähen überhaupt keine zeitliche Begrenzung vor.

b) Die Norm verstoße nicht gegen den Bestimmtheitsgrundsatz, da eine weiter ausdifferenzierende Regelung aus Gründen der Normklarheit nicht geboten und wegen der Vielzahl der im Polizeirecht zu berücksichtigenden Gefahrenlagen nicht möglich sei. Ins einzelne ausdifferenzierte Regelungen würden durch tatsächliche Entwicklungen überholt und verfehlten damit den regelungsbedürftigen Lebenssachverhalt. Das Tatbestandsmerkmal erheblicher Störung der öffentlichen Sicherheit sei mit herkömmlichen juristischen Methoden klar auszulegen. So umfasse die öffentliche Sicherheit den Schutz zentraler Rechtsgüter wie Leben, Gesundheit, Freiheit, Ehre, Eigentum und Vermögen des einzelnen; eine erhebliche Störung erfordere eine Rechtsgutverletzung von einigem Gewicht.

c) Die gesetzliche Regelung sei auch verhältnismäßig. Es stehe im Ermessen der Polizei, eine Person in Gewahrsam zu nehmen. Bei jeder Anordnung des Gewahrsams sei die Verhältnismäßigkeit zu prüfen. Der Gesetzgeber könne und müsse darauf setzen, die vollziehende Gewalt werde ihrer Verantwortung bei Auslegung und Anwendung der Ermessensermächtigung gerecht. Gegen fehlerhafte Ermessensausübung gebe es gerichtlichen Rechtsschutz, mit dessen Versagen der Gesetzgeber nicht rechnen müsse. Die bloße theoretische Möglichkeit des Mißbrauchs einer an sich verfassungsgemäßen Regelung sowie ihrer rechtswidrigen Auslegung und Handhabung könne ein Gesetz nicht verfassungswidrig machen.

Die der Norm zugrunde liegende Rechtsgüterabwägung werde dem Grundsatz der Verhältnismäßigkeit ebenfalls gerecht. Die Verfassung gestatte nicht nur, Personen zur Verhinderung von Straftaten mit erheblichem Gewicht in Gewahrsam zu nehmen. Vielmehr brauche der Staat es nicht zu dulden, daß die öffentliche Sicherheit erheblichen Gefährdungen oder Störungen ausgesetzt werde. Dies liegt im besonderen Interesse der Bürger. Allerdings müsse bei der Gefahr einer Beeinträchtigung der öffentlichen Sicherheit, die kein kriminelles Unrecht enthalte, das zu schützende Rechtsgut besonders sorgfältig mit dem Grundrecht der Freiheit der Person abgewogen werden.

d) Es sei nicht ausgeschlossen, daß die Polizei zum Schutz besonders wichtiger Rechtsgüter eine Identitätsfeststellung bei einzelnen Personen gegen deren Widerstand durchführen und zu diesem Zwecke diese Personen bis zwei Wochen in Gewahrsam nehmen müsse. Es sei auch nicht allgemein ausgeschlossen, daß ein Platzverweis trotz der Befugnis, unmittelbaren Zwang anzuwenden, nicht anders durchgesetzt werden könne, als die betreffende Person in Gewahrsam zu nehmen, insbesondere wenn die Gefahr drohe, der unmittelbare Zwang werde durch Wiederholungsaktionen unterlaufen oder sei nicht während der erforderlichen Zeit durchzuhalten. Die Polizei müsse auch bei extremen Fallgestaltungen ihre Aufgaben erfüllen können.

e) Die Anordnung der Höchstdauer von zwei Wochen für den Gewahrsam könne schon deshalb nicht gegen den Verhältnismäßigkeitsgrundsatz verstoßen, weil damit die Möglichkeit, jemanden in Gewahrsam zu nehmen, nur eingeschränkt und nicht erweitert werde. Von Verfassungs wegen sei eine kürzere Höchstdauer für den Gewahrsam nicht geboten. Wie der Bayerische Verfassungsgerichtshof in seiner Entscheidung vom 2. August 1990 (NVwZ 91, 670) schon festgestellt habe, sei die Einschätzung des Gesetzgebers, daß Einzelfälle denkbar seien, in denen die besondere Gefahrenlage einen Gewahrsam über zwei Wochen erforderlich mache, nicht eindeutig widerlegbar oder offensichtlich fehlsam. Die Ingewahrsamnahme sei in Ansehung der geschützten elementaren Rechtsgüter wie Leben, Gesundheit, Freiheit, Ehre, Eigentum des einzelnen sowie Unversehrtheit der Rechtsordnung und der staatlichen Einrichtungen selbst dann nicht unverhältnismäßig, wenn sie bis zwei Wochen aufrechterhalten werde. Diese Höchstdauer liege deutlich unter der Höchstdauer der Erzwingungshaft nach § 96 OWiG, die das Bundesverfassungsgericht als verfassungsrechtlich unbedenklich angesehen habe.

f) Schließlich stehe die Anordnung des Gewahrsams unter dem Richtervorbehalt. Der Richter habe aufgrund eigener Sachverhaltsermittlung selbst über die Zulässigkeit des Gewahrsams zu entscheiden. Es sei also keine eigentliche polizeiliche, sondern eine richterliche Eingriffsbefugnis.

g) Der Hinweis in der Begründung zu dem Gesetzentwurf auf generalpräventive Wirkung der Regelung könne keinen Verfassungsverstoß des Polizeigesetzes begründen. Auch das Polizeirecht werde von generalpräventiven Erwägungen bestimmt. Jedenfalls sei durch die Regelung in § 22 SächsPolG ausgeschlossen, jemanden nur aus generalpräventiven Gründen in Gewahrsam zu nehmen. Auch eine generalpräventive Motivation des Gesetzgebers ergebe keinen Eingriff in die Gesetzgebungskompetenz des Bundes für Straf- und Strafverfahrensrecht, da auch Generalprävention auf Verhinderung von Straftaten ziele und § 22 SächsPolG keinen Gewahrsam als Strafe für eine begangene Tat ermögliche.

h) Die Regelung des § 22 SächsPolG verstoße auch nicht gegen Art. 5 Abs. 1 lit. b EMRK, da der Gewahrsam zur Erzwingung einer gesetzlich vorgeschriebenen Verpflichtung diene, nämlich der Verpflichtung, Störungen im Sinne des Rechts der Gefahrenabwehr zu unterlassen.

Zu § 40 Erhebung von Daten in oder aus Wohnungen

a) Die Staatsregierung meint, es komme nicht darauf an, ob die Eingriffe in das Grundrecht auf Unverletzlichkeit der Wohnung wegen der einer Durchsuchung vergleichbaren Intensität den Anforderungen von Art. 30 Abs. 2 SächsVerf genügen müssen, da § 40 Abs. 2 SächsPolG bei Eingriffen nach § 40 Abs. 1 Nr. 1 SächsPolG verfahrensmäßige Sicherungen vorsehen, die denen in Art. 30 Abs. 2 SächsVerf entsprächen. Es könne ebenso dahinstehen, ob der verdeckte Einsatz technischer Mittel zur Erhebung von Daten in oder aus Wohnungen als Eingriff oder Beschränkung im Sinne von Art. 30 Abs. 3 SächsVerf anzusehen und daher zulässig sei, sofern die Maßnahme auf gesetzlicher Grundlage zur Verhütung dringender Gefahren für die öffentliche Sicherheit und Ordnung erfolge. Dies sei bei Eingriffen nach § 40 Abs. 1 Nr. 1 SächsPolG der Fall. Mit dringender Gefahr sei nicht nur zeitliche Nähe zu dem Eintritt der drohenden Störung zu verstehen, sondern auch ein der Gefahrenlage innewohnendes gesteigertes Schadenspotential im Sinne einer erheblichen Gefahr. § 40 Abs. 1 Nr. 1 SächsPolG biete die in Art. 30 Abs. 3 SächsVerf geforderte gesetzliche Grundlage. Offenkundig stelle eine gegenwärtige Gefahr für Bestand und Sicherheit des Bundes oder eines Landes und für Leben, Gesundheit und Freiheit sowie für bedeutende Sach- und Vermögenswerte eine dringende Gefahr für die öffentliche Sicherheit im Sinne von Art. 30 Abs. 3 SächsVerf dar. Sollten im Einzelfall nur unbedeutende Beeinträchtigungen von Gesundheit und Freiheit drohen, gewährleiste der Richtervorbehalt, daß in diesen Fällen ein unverhältnismäßiger Einsatz solcher Mittel unterbleibe.

b) Aber auch wenn die verdeckte Erhebung von Daten in oder aus Wohnungen nicht von Art. 30 Abs. 3 SächsVerf erfaßt werde, sei der Gesetzgeber befugt gewesen, solche Eingriffe in die Unverletzlichkeit der Wohnung zuzulassen. Über die in der Sächsischen Verfassung aufgeführten Gesetzesvorbehalte hinaus stünden die Grundrechte unter dem Vorbehalt der Einheit der Verfassung. Ein nicht ausdrücklich unter Gesetzesvorbehalt stehendes Grundrecht könne deshalb aus überragenden Gesichtspunkten des Gemeinwohls eingeschränkt werden, so wie die in § 40 Abs. 1 SächsPolG geregelten Schranken der Wohnungsfreiheit durch überragende Gesichtspunkte des Gemeinwohls gerechtfertigt seien.

c) Nach Ansicht der Staatsregierung tastet § 40 Abs. 1 SächsPolG auch nicht den Wesensgehalt des Wohnungsgrundrechtes an. Die Substanz des Grundrechtes als Institut, also seine objektive Funktion für die Gesamtheit der Grundrechtsträger bleibe erhalten; es komme nicht zu einer prinzipiellen Preisgabe dieses Grundrechtes.

d) Die Einschränkung des Wohnungsgrundrechts halte auch dem Grundsatz der Verhältnismäßigkeit stand, da die Verhütung dringender Gefahren für die öffentliche Sicherheit bezweckt werde und die Regelung zur Zweckerreichung geeignet und erforderlich sei. Schon wegen des hohen sächlichen und personellen Aufwandes für den verdeckten Einsatz komplizierter technischer Mittel werde dieser sich auf seltene Ausnahmefälle mit herausragendem Gefahrenpotential beschränken. Dieser verdeckte Einsatz technischer Mittel zur Erhebung von Daten in oder aus Wohnungen sei für die polizeiliche Gefahrenabwehr gegenüber bestimmten Erscheinungsformen der Schwerstkriminalität, insbesondere der organisierten Kriminalität unverzichtbar, da in diesem Bereich die herkömmlichen Methoden polizeilicher Aufklärungsarbeit versagten. Die wirkungsvolle Bekämpfung organisierten Verbrechens sei von größter Bedeutung, weil infolge der Tarnung der organisierten Kriminalität beispielsweise als legale wirtschaftliche Betätigung Maßnahmen der Strafverfolgungsbehörden meist erst spät und zu einem Zeitpunkt griffen, in dem die Organisationsstrukturen der betreffenden kriminellen Organisationen bereits in einer ihre Bekämpfung erschwerenden Weise verfestigt seien. Die Bekämpfung der organisierten Kriminalität und anderer Formen der Schwerstkriminalität erfordere die Möglichkeit, bereits im Vorfeld der Strafverfolgung verborgene Verbrechensvorbereitungen zu beobachten und Informationen zum Zwecke der Verhütung von künftigen Straftaten zu beschaffen. In diesen Ausnahmefällen, um die es bei § 40 Abs. 1 Nr. 2 SächsPolG allein gehe, sei zur Erreichung dieses Zweckes der Informationsbeschaffung ein gleich wirksames, jedoch das Grundrecht des Art. 30 Abs. 1 SächsVerf weniger fühlbar beeinträchtigendes Mittel als das vorgesehene nicht erkennbar.

Aus Art. 30 Abs. 3 SächsVerf ergebe sich, daß die Verfassung grundsätzlich einen Eingriff in die Unverletzlichkeit der Wohnung auch zum Schutze von Sach- und Vermögenswerten gestatte. Die Antragsteller gingen von einer unzutreffenden, auf einer statischen und der Sächsischen Verfassung fremden Zuordnung der einzelnen Grundrechte aus, indem sie von vornherein von einem Rangverhältnis zwischen dem Grundrecht der Unverletzlichkeit der Wohnung sowie dem Eigentum und Vermögen ausgingen. Demgegenüber seien die Grundrechte einander im Wege praktischer Konkordanz so zuzuordnen, daß jedes Grundrecht die größtmögliche Wirksamkeit entfalten könne. Das Recht an Eigentum und Vermögen müsse dem Unrecht auch dann nicht weichen, wenn es sich dessen nur um den Preis einer Beeinträchtigung immaterieller höchstpersönlicher Rechtsgüter wie des Rechtes auf Unverletzlichkeit der Wohnung zu erwehren vermöge. § 40 Abs. 1 Nr. 1 SächsPolG habe diese Abwägung in verfassungsrechtlich nicht zu beanstandender Weise vorgenommen, indem er die Befugnisse der Polizei zu einer Beeinträchtigung der Unverletzlichkeit der Wohnung durch genaue, weitreichende tatbestandliche Voraussetzungen soweit eingeschränkt habe, wie dies mit dem gemeinen Interesse an einer vorbeugenden Bekämpfung des Verbrechens vereinbar sei. Indem die endgültige Entscheidung jeweils in das Ermessen des Dienststellenleiters gestellt werde, werde eine besondere Gewähr gegenüber einem Mißbrauch erreicht, zumal die grundsätzlich kumulativ erforderliche gerichtliche Entscheidung nach § 40 Abs. 2 SächsPolG die Beachtung des Verhältnismäßigkeitsgrundsatzes umfassend gewährleiste.

e) Ein Verstoß gegen den Verhältnismäßigkeitsgrundsatz liege auch nicht darin, daß eine verdeckte Erhebung von Daten in oder aus Wohnungen auch gegenüber Unbeteiligten für zulässig erklärt worden sei. Damit werde die Unterscheidung zwischen Störern und Nichtstörern nicht aufgegeben. Der verdeckte Einsatz technischer Mittel zur Aufzeichnung von Bild- und Tonaufnahmen aus Wohnungen komme gegenüber einem Unbeteiligten im Sinne von § 7 SächsPolG insbesondere dann in Betracht, wenn auf andere Weise eine unmittelbar bevorstehende Störung der öffentlichen Sicherheit im Sinne einer ultima ratio nicht verhindert werden könne.

f) Die Unsicherheit der polizeilichen Prognose, wer künftig die öffentliche Sicherheit stören werde, sei kein Argument für die Verfassungswidrigkeit der Norm, da die Polizei die Beweislast dafür trage, von wem eine unmittelbar bevorstehende Störung drohe, und dafür, daß diese auf andere Weise als durch einen Eingriff in die Unverletzlichkeit der Wohnung nicht abgewendet werden könne.

g) § 40 Abs. 1 SächsPolG stehe auch im Einklang mit dem in Art. 33 SächsVerf garantierten Recht auf informationelle Selbstbestimmung. Es sei sichergestellt, daß ein Eingriff in dieses Grundrecht nur zugunsten von Rechtsgütern erfolgen könne, deren Bedeutung einen solchen Eingriff im Lichte des Übermaßverbotes rechtfertige. Das Allgemeininteresse an dem Schutz der Sicherheit des Staates und seiner Bevölkerung überwiege das Recht auf informationelle Selbstbestimmung. dabei sei das Gebot der Normenklarheit beachtet. Der Gesetzgeber müsse nicht alles selbst regeln, sondern nur dafür Sorge tragen, daß die zur Sicherung des Grundrechtes notwendigen rechtlichen Vorkehrungen getroffen werden. Bei den zu regelnden vielgestaltigen Sachverhalten könnten nur geringere Anforderungen an die Bestimmtheit der Vorschrift gestellt werden, weil sonst eine praktikable Regelung unmöglich werde. Eine enumerative Gestaltung der Informationserhebung und -verarbeitung berge die Gefahr in sich, daß das polizeiliche Instrumentarium an den Erfordernissen der einzelnen Lebensverhältnisse vorbeigehe. Die Polizei müsse auf neue Herausforderungen der inneren Sicherheit schnell und angemessen reagieren können. Auch die Aufführung von Regelbeispielen führe nicht zu größerer Klarheit. Zudem werde in dem 3. Abschnitt des Polizeigesetzes das Zweckbindungsgebot mit Aufklärungs-, Auskunfts- und Löschungspflichten unter Beteiligung des Sächsischen Datenschutzbeauftragten sowie durch Weitergabe- und Verwertungsverbote gesichert und dadurch garantiert, daß ein Eingriff in das Recht auf informationelle Selbstbestimmung allein zugunsten der in § 40 Abs. 1 Nr. 1 SächsPolG genannten Rechtsgüter stattfinde.

h) Auch das in Art. 14 Abs. 1 S. 1 und Art. 15 SächsVerf verbürgte allgemeine Persönlichkeitsrecht werde durch § 40 Abs. 1 Nr. 1 SächsPolG nicht verletzt. Nicht jedes in einer Wohnung geführte Gespräch sei dem unantastbaren Bereich privater Lebensgestaltung zuzuordnen, der jedem Zugriff öffentlicher Gewalt schlechthin entzogen sei. Art. 27 Abs. 2 SächsVerf gehe von der grundsätzlichen Zulässigkeit des Abhörens privater Gespräche aus. Mithören und Aufzeichnen privater Gespräche verstoße nicht gegen den Verhältnismäßigkeitsgrundsatz, soweit Gegenstand des abgehörten Gesprächs die Vorbereitung und Durchführung von Handlungen sei, von denen eine Gefahr für eines der in § 40 Abs. 1 Nr. 1 SächsPolG genannten Rechtsgüter ausgehe. Durch § 40 Abs. 3 S. 2 SächsPolG, § 43 Abs. 2 S. 2 SächsPolG und § 49 SächsPolG i. V. m. §§ 18 bis 20 SächsDSG werde die unverzügliche Löschung gesichert und die weitere Verwertung ausgeschlossen, soweit Gespräche betroffen worden sind, die dem absolut geschützten unantastbaren Bereich privater Lebensgestaltung zuzuordnen seien. Die vorübergehende Erfassung solcher Gesprächsinhalte sei als unvermeidliche Folge des zur Aufdeckung von Gefahren für die öffentliche Sicherheit notwendigen Eindringens in die Persönlichkeitssphäre verfassungsrechtlich hinzunehmen. Außerdem sei es Aufgabe der an der jeweiligen Maßnahme beteiligten Polizeibeamten, den Eingriff unverzüglich zu beenden, sobald anzunehmen sei, daß von dem weiteren Eingriff in die Privatsphäre keine Erkenntnisse zu erwarten seien, die für die Erfüllung der polizeilichen Aufgabe erforderlich seien. Insoweit sei die Sachlage wesentlich anders als bei Durchsuchungen, bei denen auch Aufzeichnungen gefunden und gelesen würden, die an sich dem unantastbaren Privatbereich zuzuordnen seien.

i) Auch durch die Heimlichkeit des staatlichen Vorgehens werde nicht gegen das allgemeine Persönlichkeitsrecht verstoßen. Das aus dem Rechtsstaatsprinzip hergeleitete Gebot der Vorhersehbarkeit und Berechenbarkeit staatlichen Handelns vermöge ein Verbot verdeckten Vorgehens nicht zu begründen. Andernfalls sei eine effektive Strafverfolgung in Frage gestellt. Dadurch werde der betroffene Bürger nicht zum bloßen Objekt staatlichen Handelns. Er sei dem staatlichen Zugriff nur vorübergehend schutzlos preisgegeben. Seinem Schutzbedürfnis sei durch § 40 Abs. 4 SächsPolG ausreichend Rechnung getragen, indem sich der Betroffene gegen die mit der heimlichen Abhörmaßnahme verbundenen Beeinträchtigungen zur Wehr setzen könne, sobald dies mit dem Zweck der polizeilichen Maßnahme vereinbar sei.

j) § 40 Abs. 1 Nr. 2 SächsPolG i. V. m. § 36 Abs. 1 SächsPolG verstoße nicht gegen den Bestimmtheitsgrundsatz. Mit dem Tatbestandsmerkmal „den Rechtsfrieden besonders zu stören" werde auf Kriterien wie Ausmaß des drohenden Schadens, Grad der Berührung der öffentlichen Sphäre und mögliche Vorbildwirkung der drohenden Straftaten abgestellt, die auch sonst für die Beurteilung einer Gefahrenlage maßgeblich seien. Die Vorschrift könne auch nicht dahin verstanden werden, daß irgendeine entfernte und abstrakte Gefahr, eine Person werde eine Straftat begehen, zum polizeilichen Eingreifen berechtigte. Auf dringenden Tatverdacht könne nicht abgestellt werden, da dieser mit vorbeugender Bekämpfung von Straftaten nichts zu tun habe; Tatverdacht setze voraus, daß die polizeiliche Gefahrenabwehr bereits zu spät komme. Nach § 40 Abs. 1 Nr. 2 SächsPolG sei die Polizei erst dann zum Eingriff befugt, wenn durch konkrete Tatsachen belegt sei, daß die Begehung einer bestimmten Straftat durch eine bestimmte Person in qualifizierter Weise hinreichend wahrscheinlich sei.

Ein Verstoß gegen den Verhältnismäßigkeitsgrundsatz könne auch nicht darin gesehen werden, daß nicht das Vorliegen einer gegenwärtigen Gefahr zur Voraussetzung gemacht werde. Da § 40 Abs. 1 Nr. 2 SächsPolG gerade die Begehung besonders schwerwiegender Straftaten verhindern wolle, könne auf das zeitliche Kriterium der Gegenwärtigkeit der Gefahr verzichtet werden. So reiche auch für den Begriff der dringenden Gefahr in Artikel 30 Abs. 3 SächsVerf die hinreichende Wahrscheinlichkeit der Schädigung eines wichtigen Rechtsgutes.

Nach Ansicht der Staatsregierung verkennen die Antragsteller die Unterschiede der Regelung in § 40 Abs. 1 Nr. 1 SächsPolG und § 40 Abs. 1 Nr. 2 SächsPolG. § 40 Abs. 1 Nr. 2 SächsPolG sehe als Norm des vorbeugenden Verbrechensschutzes die Inanspruchnahme des Nichtstörers nicht vor, verzichte auf das Merkmal der Gegenwärtigkeit der Gefahr, verlange aber im Einzelfall schwierigere strafrechtliche Wertungen aus prognostischer Sicht, während § 40 Abs. 1 Nr. 1 SächsPolG lediglich auf eine Gefahr für bestimmte Rechtsgüter oder auf eine Gefahr für bedeutende Werte abstelle.

k) Die Regelung in § 40 Abs. 2 S. 4 SächsPolG bei Gefahr im Verzuge sei nicht zu beanstanden. Auch Art. 30 Abs. 2 SächsVerf lasse bei Gefahr im Verzug Durchsuchungen ohne eine richterliche Entscheidung zu. Soweit das Gesetz die Entscheidung über dem Eingriff dem Amtsrichter übertragen habe, um eine vorbeugende und besonders wirksame richterliche Kontrolle sicherzustellen, handele es sich nicht um Rechtsprechung, sondern ihrem materiellen Gehalt nach um eine Verwaltungsentscheidung. Durch Verlagerung der Anordnungskompetenz bei Gefahr im Verzug auf den Dienststellenleiter werde also das Grundrecht auf richterliche Justizgewährung nicht beeinträchtigt, sofern die Anordnung selbst einer richterlichen Überprüfung zugänglich bleibe, was schon nach § 40 Abs. 4 SächsPolG ermöglicht sei.

l) § 40 Abs. 4 SächsPolG verstoße nicht gegen die in Art. 38 SächsVerf enthaltene Rechtsweggarantie. Art. 38 SächsVerf begründe nicht unmittelbar materiell-rechtliche Ansprüche auf Auskunft über die Durchführung verdeckter polizeilicher Maßnahmen. § 40 Abs. 4 SächsPolG treffe in ausreichendem Umfang Vorkehrungen, um dem Betroffenen gegen die in § 40 Abs. 1 SächsPolG vorgesehenen Maßnahmen möglichst bald einen wirksamen gerichtlichen Rechtsschutz zu gewähren. Regelmäßig werde schon bei Anordnung der Maßnahme eine richterliche Prüfung durchgeführt. Im Gegensatz zu dem Gesetz zur Beschränkung des Brief-, Post- und Fernmeldegeheimnisses verwehre das Polizeigesetz dem Betroffenen nicht die Inanspruchnahme gerichtlichen Rechtsschutzes. Wenn ein Betroffener zufällig von einer gegen ihn gerichteten Maßnahme erfahre, könne er immer den Rechtsweg in Anspruch nehmen.

Selbst wenn man entgegen der Rechtsprechung des Bundesverfassungsgerichtes einen grundsätzlichen Anspruch auf Auskunftserteilung über verdeckte polizeiliche Maßnahmen aus Art. 38 SächsVerf herleiten wolle, könne es das überwiegende öffentliche Interesse rechtfertigen, den Rechtsschutzanspruch des Grundrechtsträgers einzuschränken. Die mit der verdeckten Ermittlung verbundene Beschränkung der Rechtsweggarantie sei durch die Aufgabe der Gefahrenabwehr legitimiert. Es seien Fälle denkbar, in denen der Zweck des Eingriffs durch die Auskunftserteilung beeinträchtigt, die Identität von verdeckt operierenden Mitarbeitern der Polizei aufgedeckt oder geheimhaltungsbedürftige Ermittlungsmethoden offengelegt würden. Eine Einschränkung des Schutzbereichs von Art. 38 SächsVerf werde durch die Zielsetzung legitimiert, eine wirksame Gefahrenbekämpfung auch in Bereichen zu ermöglichen, in denen diese sonst nicht gewährleistet wäre, wie z. B. im Bereich des organisierten Verbrechens.

Soweit eine Unterrichtung durch den Polizeivollzugsdienst in dem Fall ausgeschlossen sei, in dem wegen des der Abhörmaßnahme zugrunde liegenden Sachverhaltes ein strafrechtliches Ermittlungsverfahren gegen den Betroffenen eingeleitet worden sei, erhalte der Betroffene infolge des sich anschließenden Strafprozesses die Möglichkeit einer gerichtlichen Überprüfung auch der Maßnahme nach § 40 SächsPolG. Art. 38 SächsVerf garantiere nicht in allen Fällen sofortigen Rechtsschutz, sondern allenfalls Rechtsschutz innerhalb angemessener Zeit, wobei die Angemessenheit der Dauer eines Verfahrens nach den besonderen Umständen des einzelnen Falles zu bemessen sei.

m) § 40 Abs. 4 SächsPolG verstoße auch nicht gegen Art. 83 Abs. 3 S. 2 SächsVerf. Aus der systematischen Stellung dieser Verfassungsnorm folge, daß die Regelung sich nicht auf die Tätigkeit der Polizei beziehe; sie schließe sich nämlich unmittelbar dem Verbot der Bildung eines Geheimdienstes mit polizeilichen Befugnissen an. So habe auch der sächsische Gesetzgeber diese Vorschrift verstanden und in dem nach Art. 83 Abs. 3 S. 3 SächsVerf ergangenen Gesetz nur die Einrichtung und die Befugnisse des Verfassungsschutzes geregelt. Auch aus der Entstehungsgeschichte von Art. 83 Abs. 3 SächsVerf ergebe sich, daß diese Vorschrift nicht die Tätigkeit der Polizei regeln solle. Die Diskussion über die Fassung dieser Norm habe im wesentlichen nur den Einsatz nachrichtendienstlicher Mittel durch den Verfassungsschutz betroffen; nur einzelne Abgeordnete hätten die Vorstellung geäußert, auch die Polizei mit einzubeziehen. Zwei Formulierungsvorschläge, die die Polizei ausdrücklich erwähnt hätten, seien nicht verabschiedet worden.

Zu § 39 Einsatz besonderer Mittel zur Erhebung von Daten

a) Nach Ansicht der Staatsregierung verstößt diese Regelung nicht gegen die Grundsätze der Normenbestimmtheit und Verhältnismäßigkeit. Insoweit bezieht sich die Staatsregierung auf ihre Stellungnahme zu § 40 SächsPolG. Ergänzend weist sie darauf hin, daß die Datenerhebung nur vorbereitenden Charakter habe. Es könne nicht primär auf den Gefahrenabwehrerfolg abgestellt werden, sondern es komme auf die Aufgabenwahrnehmung durch die Polizei an. Es sei zu prüfen, ob die Aufgabenwahrnehmung gefährdet oder erschwert würde, welche Bedeutung den durch die Aufgabenwahrnehmung geschützten Gütern zukomme. In diesem Sinne könne der Einsatz eines verdeckten Ermittlers auch geeignet sein, eine bereits gegenwärtige Gefahr abzuwenden. Wegen der Ungewißheit über den konkreten Eintritt einer Gefahr und Begehung einer Straftat könne es Lagen geben, in denen eine Gefahr über den Zeitraum eines Monats hinweg als „gegenwärtig" eingeschätzt werden müsse.

Soweit nach § 39 Abs. 1 Nr. 2 b SächsPolG die Anordnung des Einsatzes besonderer Mittel einer Gesamtwürdigung der betroffenen Person und der von ihr begangenen Straftaten bedürfe und zu prüfen sei, ob diese Person auch künftig Straftaten von erheblicher Bedeutung begehen werde, sei eine ähnliche

Prognose erforderlich wie für jeden Strafrichter bei einer Entscheidung über die Strafaussetzung zur Bewährung.

b) Auch soweit § 39 Abs. 1 Nr. 3 SächsPolG den Einsatz besonderer Mittel gegen Kontakt- und Begleitpersonen zulasse, sei die Norm nicht zu unbestimmt. Damit werde hinreichend eng und klar der Kreis der Personen bezeichnet, die Ziel eines polizeilichen Eingriffs werden könnten. Wer zu einem Störer in keinerlei Verbindung getreten sei oder zu ihm keine Verbindung habe, die über einen flüchtigen Zufallskontakt hinausgehe, könne nicht Ziel eines solchen Eingriffs werden. Obwohl § 39 Abs. 1 Nr. 3 SächsPolG darauf verzichte, auf die Voraussetzungen von § 7 SächsPolG zu verweisen, werde durch das Tatbestandsmerkmal der zwingenden Erforderlichkeit sichergestellt, daß besondere Mittel zur Erhebung von Daten nur eingesetzt werden, wenn andere Maßnahmen keinen Erfolg versprechen, die Gefahrenlage aber ein Eingreifen dringend erfordere. Insoweit entspreche der Maßstab dem § 7 SächsPolG.

c) Im Bereich polizeilicher Datenerhebung müsse die klare Abgrenzung von Störer und Nichtstörer zunehmend aufgegeben werden. Im Bereich der klassischen polizeilichen Eingriffe konkretisiere die Differenzierung zwischen Störer und Nichtstörer den verfassungsrechtlichen Verhältnismäßigkeitsgrundsatz. In dem Bereich der Ermittlung von Sachverhalten sei aber eine Differenzierung zwischen Störer und Nichtstörer nicht mehr in allen Fällen möglich. Ungewisse Sachlagen, insbesondere Ermittlungen im Vorfeld von Straftaten, erforderten sogenannte Gefahrerforschungs- und Gefahrursachenerforschungseingriffe, ohne daß bei Anordnung der einzelnen Maßnahmen zweifelsfrei festgestellt werden könne, welche Personen als Störer, welche Personen als Nichtstörer zu behandeln seien. Zunehmend stelle daher nicht mehr die polizeiliche Verantwortung des Adressaten, sondern die Erforderlichkeit der Datenerhebung für die Erfüllung der polizeilichen Aufgaben den rechtfertigenden Grund für die Maßnahme dar. Dennoch sei der Gesetzgeber in dem Sächsischen Polizeigesetz im Grundsatz von der herkömmlichen Unterscheidung zwischen Störer und Nichtstörer auch in dem Bereich der polizeilichen Datenerhebung ausgegangen. Es sei verfassungsrechtlich nicht zu beanstanden, hiervon in § 39 Abs. 1 Nr. 3 SächsPolG eine Ausnahme zugelassen zu haben.

Zu § 47 Rasterfahndung

a) Die Staatsregierung meint, die Vorschrift stehe im Einklang mit dem Verhältnismäßigkeitsgrundsatz. Das Ziel, Gefahren für die öffentliche Sicherheit abzuwehren, stehe im Einklang mit der Verfassung. Die Regelung sei auch geeignet, diesen Zweck zu erreichen. Eine effektive Fahndungsarbeit nach potentiellen Tätern könne einer wirksamen Bekämpfung der entsprechenden Gefahren für die öffentliche Sicherheit dienen. Auch insoweit beziehe sich die Frage der Geeignetheit der Maßnahme nicht primär auf den Gefahrenabwehrerfolg, sondern auf die Aufgabenwahrnehmung durch die Polizei, nämlich die Informationsbeschaffung, weil es sich um vorbereitende Akte für die eigentlichen polizeilichen Abwehrmaßnahmen handele. Zwar findet Rasterfahndung meistens in Gemengelagen präventiver und repressiver Polizeiarbeit statt. Aber selbst die Verfolgung von Straftätern habe regelmäßig auch herausragende präventive Bedeutung. Es könne auch ohne konkreten Verdacht einer bereits begangenen Straftat eine rein präventiv begründete Rasterfahndung für die polizeiliche Arbeit notwendig sein, um durch Bestimmung von potentiellen Störern eine Gefahrenabwehr zu ermöglichen.

Die Regelung sei auch deshalb verhältnismäßig, weil der mit der Rasterfahndung zugelassene notwendige Eingriff in das informationelle Selbstbestimmungsrecht einer unbestimmten Vielzahl von Personen nur von geringem Gewicht sei und diese nicht unzumutbar beeinträchtige. Die Rasterfahndung sei nicht nur ein Verdachtsverdichtungsverfahren für die wenigen, für die die bestimmten Suchmerkmale zuträfen oder nicht, sondern auch ein Verdachtsbeseitigungsverfahren für den von der Maßnahme betroffenen Personenkreis. Im übrigen werde der Verhältnismäßigkeitsgrundsatz zum Schutze des Grundrechts der informationellen Selbstbestimmung durch die Verfahrensregelungen gewahrt, wonach die Rasterfahndung nur durch die Dienststellenleiter oder einen von diesen beauftragten Beamten mit Zustimmung des Staatsministeriums des Innern angeordnet werden dürfe und der Sächsische Datenschutzbeauftragte unverzüglich zu unterrichten sei. Außerdem seien die übermittelten sowie die zusätzlich angefallenen Daten zu löschen und die Unterlagen zu vernichten, wenn der Zweck der Rasterfahndung erreicht sei, sofern sie nicht zur Straftatenverfolgung erforderlich seien.

b) Der Verzicht auf einen Richtervorbehalt sei nicht verfassungswidrig. Ein Richtervorbehalt sei außer bei Eingriffen in die Freiheit der Person und die Unverletzlichkeit der Wohnung von Verfassungs wegen nicht geboten. Im Gefahrenabwehrrecht sei der Richtervorbehalt ein Fremdkörper, da der Richter in die unmittelbare Verantwortung für das Verwaltungshandeln einbezogen werde, indem er nicht nur über die Rechtmäßigkeit, sondern auch über die Zweckmäßigkeit des Verwaltungshandelns zu entscheiden habe.

3. Die PDS-Fraktion im Sächsischen Landtag hat mit Schriftsatz vom 22. November 1994 erklärt, Anliegen und Inhalt des Normenkontrollantrages zu teilen. Sie meint, bei der Güterabwägung zwischen Interessen der öffentlichen Sicherheit und Schutz der individuellen Freiheitssphäre seien die indivi-

duellen Freiheitsrechte zu kurz gekommen. Der Gesetzgeber habe Handeln und Entscheidungsgewalt weithin der Exekutive durch undeutliche, nicht hinreichend bestimmte Aufgabenbereiche der Polizei überlassen, insbesondere durch Kumulation verschiedener Ermächtigungen und Häufung unbestimmter Rechtsbegriffe. Das Gesetz sei geprägt von Zweckmäßigkeitserwägungen und der Tendenz, polizeiliches Handeln zu erleichtern durch möglichst geringe Anforderungen an präzise rechtliche Voraussetzungen und umfassende effektive Beschaffung und Nutzung von Daten.

Die PDS-Fraktion meint, es müßten weitere Regelungen des Sächsischen Polizeigesetzes einer verfassungsrechtlichen Prüfung unterzogen werden:

a) Die Definition der Kontakt- und Begleitpersonen in § 36 Abs. 3 SächsPolG i. V. m. § 31 Abs. 1 Nr. 3 SächsPolG und § 42 Abs. 1 SächsPolG.

Nach dieser Definition könne jedermann von offener oder heimlicher Datenerhebung durch die Polizei betroffen sein. Damit werde der Polizei eine im Grunde voraussetzungslose Eingriffsbefugnis gegenüber jedermann gegeben, auch gegenüber unbeteiligten und unverdächtigen Personen. Dies widerspreche dem Verhältnismäßigkeitsgrundsatz, indem der Einsatz schwerwiegender polizeilicher Maßnahmen nahezu voraussetzungslos gegen potentiell Unverdächtige gestattet werde. Die Regelung widerspreche auch der Wesentlichkeitstheorie, da sie statt klar umrissener Eingriffsbefugnisse lediglich „Begriffshülsen" enthalte.

b) § 41 Abs. 3 und 4 SächsPolG sowie § 42 Abs. 2 SächsPolG wegen Verstoßes gegen Art. 83 Abs. 3 SächsVerf.

In Artikel 83 Abs. 3 SächsVerf werde nicht nur das Trennungsgebot zum Ausdruck gebracht, sondern auch das Gebot, polizeiliche und nachrichtendienstliche Mittel und Methoden voneinander zu trennen. Der Einsatz verdeckter Ermittler sowie die längerfristige Observation stellten Mittel und Methoden dar, die ursprünglich nur den geheimen Diensten vorbehalten waren. Da deren Einsatz nicht der richterlichen Kontrolle unterliege, müsse er zumindest der parlamentarischen Nachprüfung unterworfen werden.

c) § 37 SächsPolG Grundregeln zur Erhebung von Daten.

Da in § 1 SächsPolG der Polizei tatbestandlich nicht kontruierte und damit dem verfassungsrechtlichen Gebot der Normenklarheit widersprechende Eingriffsbefugnisse verliehen seien, eröffne § 37 Abs. 1 SächsPolG eine umfassende Datenerhebungsbefugnis. Es mangele an einer Regelung, die genau bestimme, über wen unter welchen Voraussetzungen Daten erhoben werden dürfen. Es verstoße gegen den Verhältnismäßigkeitsgrundsatz, daß verdeckte Datenerhebung schon dann zugelassen werde, wenn die Aufgabenerfüllung „gefährdet" oder nur mit „unverhältnismäßigem Aufwand" möglich wäre. Die gesamte Regelung verstoße gegen das Grundrecht auf informationelle Selbstbestimmung aus Artikel 1 und 2 Grundgesetz.

B.

Der Antrag ist nach Art. 81 Abs. 1 Nr. 2 SächsVerf, § 7 Nr. 2, § 21 Nr. 1 SächsVerfGHG zulässig.

I.

1. Der Rechtsweg zu dem Verfassungsgerichtshof ist nach Art. 81 Abs. 1 Nr. 2 SächsVerf, § 7 Nr. 2 SächsVerfGHG eröffnet. Gegenstand des Verfahrens ist die Vereinbarkeit einzelner Bestimmungen des Sächsischen Polizeigesetzes mit einer Reihe von Grundrechten und Grundsätzen der Sächsischen Verfassung.

2. Soweit die Antragsteller auf eine Unvereinbarkeit von Regelungen des Sächsischen Polizeigesetzes mit Bestimmungen der EMRK abheben, geht es ebenfalls um die Vereinbarkeit mit der Sächsischen Verfassung. Denn bei der Auslegung der Sächsischen Verfassung sind Inhalt und Entwicklungsstand der EMRK zu berücksichtigen, sofern damit keine Einschränkung oder Minderung des sächsischen Grundrechtsschutzes verbunden ist, was bereits Art. 60 EMRK ausschließen würde. Die EMRK besitzt in der deutschen Rechtsordnung auf Grund ihrer innerstaatlichen Anwendung nach Art. 59 Abs. 2 GG zwar nur den Rang eines einfachen Bundesgesetzes. Auf ihre Verletzung kann deshalb auch keine Verfassungsbeschwerde gestützt werden. Aber die EMRK begründet einen inhaltlichen Mindeststandard europäischen Menschenrechtsschutzes und ist von allen Staatsorganen zu beachten. Deshalb sind die Grundrechte und Grundsätze des Grundgesetzes und der Sächsischen Verfassung (Art. 142 GG) im Lichte der EMRK auszulegen (vgl. *P. Kirchhof*, EuGRZ 1994, 25 f.). Allerdings kann der Sächsische Verfassungsgerichtshof nicht wie ein Organ der europäischen Menschenrechtspflege nach der EMRK durch eigene Rechtsprechung Streitfragen zur Interpretation der EMRK klären und damit zu ihrer Entwicklung beitragen. Er ist vielmehr aus den unter D. III. 2. dargelegten Gründen gehalten, seiner Auslegung der Sächsischen Verfassung den Stand europäischen Menschenrechtsschutzes zugrundezulegen, der sich aus dem klaren Wortlaut der EMRK sowie aus der ständigen Rechtsprechung der Europäischen Kommission und der Rechtsprechung des Europäischen Gerichtshofes für Menschenrechte ergibt (vgl. BVerfGE 74, 358, 370). In diesem Sinne versteht der Verfassungsgerichtshof auch das auf die EMRK bezogene Vorbringen der Antragsteller.

II.

1. Die Antragsberechtigung liegt vor. Antragsberechtigt ist nach Art. 81 Abs. 1 Nr. 2 SächsVerf, § 7 Nr. 2 SächsVerfGHG ein Viertel der Mitglieder des Landtages. Als die Antragsteller, 41 von 160 Mitgliedern des 1. Sächsischen Landtages (vgl. § 3 Abs. 1 des Gesetzes über die Wahlen zu Landtagen in der Deutschen Demokratischen Republik v. 22. Juli 1990, GBl. DDR I, S. 960, i. d. F. d. Änderungsgesetzes vom 30. August 1990, GBl. DDR I, S. 1422), den Normenkontrollantrag stellten, erfüllten sie das vorgenannte Quorum.

Der Antrag wurde nicht dadurch unzulässig, daß mit dem Ende des 1. Sächsischen Landtages die Antragsteller ihr Abgeordnetenmandat verloren haben. Bedeutung und Funktion der Antragstellung im Verfahren der abstrakten Normenkontrolle erschöpfen sich darin, den Anstoß zur gerichtlichen Prüfung im objektiven Verfahren zu geben. Ist das Verfahren in Gang gesetzt, so kommt es für dessen weiteren Verlauf nicht mehr auf die Anträge und Anregungen des Antragstellers, sondern ausschließlich auf das objektive Interesse an der Klarstellung der Geltung der zur verfassungsrechtlichen Prüfung gestellten Normen an (Sächsischer Verfassungsgerichtshof, Urteil vom 20. April 1995 – Vf. 18-II-93 – SächsVBl. 1995, 160).

2. Der Antrag ist auch nach § 21 Nr. 1 SächsVerfGHG zulässig, da die Antragsteller ein Landesgesetz wegen seiner förmlichen oder sachlichen Unvereinbarkeit mit der Sächsischen Verfassung für nichtig halten.

C.

Die Regelungen in dem Sächsischen Polizeigesetz über den Gewahrsam und die Datenverarbeitung des Polizeivollzugsdienstes sind entgegen der Ansicht der Antragsteller von der Gesetzgebungskompetenz des sächsischen Gesetzgebers umfaßt. Diese Normen haben, wie sich aus dem Regelungsgehalt und -zusammenhang ergibt, zum Gegenstand, die Effektivität der Polizeiarbeit, insbesondere auf dem Gebiet der vorbeugenden Verbrechensbekämpfung und der organisierten Kriminalität, zu steigern. Der Gesetzgeber des Freistaates Sachsen durfte diese Materie auf Grund der ihm aus der bundesstaatlichen Kompetenzordnung (Art. 70 GG) zustehenden Befugnisse eigenständig regeln. Seine Verbandskompetenz umfaßt das Polizeirecht, jedenfalls soweit nicht die Polizei in ihrer Doppelfunktion an der staatlichen Strafverfolgung mitwirkt. Bei diesem Ergebnis kann dahingestellt bleiben, ob und inwieweit der Verfassungsgerichtshof die Gesetzgebungskompetenz des Freistaates im Verhältnis zu der Gesetzgebungskompetenz des Bundes zu überprüfen hätte, wenn ernsthafte Zweifel an der Verbandskompetenz des Freistaates Sachsen bestünden.

D.

§ 22 Abs. 7 S. 3 SächsPolG ist insoweit verfassungswidrig und gemäß § 23 S. 1 SächsVerfGHG für nichtig zu erklären, als er im Rahmen einer einheitlichen Regelung bei allen in § 22 Abs. 1 Nr. 2, 3 und 4 SächsPolG geregelten Gewahrsamstatbeständen für die richterlich zu bestimmende Dauer des Gewahrsams die Höchstfrist auf 14 Tage bemißt.

I.

§ 22 SächsPolG ermächtigt zu Eingriffen in die Freiheit der Person, die Art. 16 Abs. 1 SächsVerf für unverletzlich erklärt. Schon durch diese Wortwahl hebt die Sächsische Verfassung den besonders hohen Rang der grundrechtlichen Freiheitsverbürgung hervor. Die Freiheit des Menschen ist die Basis seiner allgemeinen Rechtsstellung und der meisten seiner anderen grundrechtlich verbürgten Entfaltungsmöglichkeiten. Dieser hohe Rang wird noch dadurch unterstrichen, daß nach Art. 17 Abs. 1 SächsVerf Freiheitsbeschränkungen nur auf Grund eines förmlichen Gesetzes zulässig und Freiheitsentziehungen im Rahmen des Art. 17 Abs. 2 SächsVerf unter Richtervorbehalt gestellt sind. Zu solcher Freiheitsentziehung ermächtigt die zur Prüfung gestellte Regelung in § 22 SächsPolG. Art. 17 Abs. 2 S. 3 SächsVerf berücksichtigt sogar ausdrücklich die Möglichkeit polizeilichen Gewahrsams.

II.

Entgegen der Ansicht der Antragsteller genügt § 22 Abs. 1 SächsPolG mit seinem in Nr. 1 normierten Tatbestand dem verfassungsrechtlichen Erfordernis hinreichender Bestimmtheit der Ermächtigung.

1. Gemäß Art. 17 Abs. 1 S. 1 SächsVerf dürfen Freiheitsbeschränkungen nur auf Grund eines förmlichen Gesetzes erfolgen. Das Gesetz selbst muß die Eingriffsvoraussetzungen und die mögliche Eingriffstiefe bestimmen. Voraussetzungen und Intensität des Eingriffs dürfen nicht dem Belieben der unter den grundrechtlichen Gesetzesvorbehalt gestellten vollziehenden oder der diese kontrollierenden rechtsprechenden Gewalt überantwortet sein. Ebenso müssen nach dem aus dem Rechtsstaatsprinzip des Art. 1 S. 2 SächsVerf abzuleitenden Gebot der Normenklarheit und -bestimmtheit die gesetzlichen Regelungen so gefaßt sein, daß der Betroffene und der Rechtsanwender die Rechtslage klar erkennen können. Die Notwendigkeit der Auslegung nimmt einer gesetzlichen Vorschrift jedoch noch nicht die Bestimmtheit und Klarheit, die das Rechtsstaatsprinzip von einem Gesetz fordert. Die Anforderungen an die Bestimmtheit erhöhen sich mit der Intensität, mit der auf der

Grundlage der gesetzlichen Regelung in grundrechtlich geschützte Bereiche eingegriffen werden kann. Dies hat aber nicht zur Folge, daß die Norm keine Auslegungsprobleme aufwerfen darf. Der Gesetzgeber ist nicht grundsätzlich gehalten, sich, wo irgend möglich, eng umschriebener Tatbestandsmerkmale zu bedienen; vielmehr kann er weite, generalklauselartige Formulierungen verwenden, insbesondere, wenn es die Eigenart des zu regelnden Sachbereichs und der Normzweck nahelegen, schnell wechselnden Situationen entsprechen zu können. Dem Bestimmtheitserfordernis ist genügt, wenn die Auslegung der Norm mit herkömmlichen juristischen Methoden bewältigt werden kann (vgl. BVerfGE 78, 205, 212 ff. mwN).

2. Der Tatbestand des § 22 Abs. 1 Nr. 1 SächsPolG hält sich in diesem Rahmen. Mit der gesetzlichen Voraussetzung, daß eine polizeiliche Gefahren- oder Störungslage „auf andere Weise" als durch Ingewahrsamnahme „nicht verhindert oder ... nicht beseitigt werden kann", wird das Verfassungsgebot der Verhältnismäßigkeit betont, das darüber hinaus für die polizeiliche Gefahrenabwehr seine allgemeine Regelung in § 3 Abs. 2 SächsPolG gefunden hat. Gewahrsam ist danach nur zulässig, wenn er zur Abwendung einer Störung der öffentlichen Sicherheit oder zu deren Beseitigung geeignet ist und kein milderes, den Betroffenen weniger belastendes Mittel zur Verfügung steht, etwa die Alternative einer Polizeiverfügung mit anschließendem Polizeizwang (§§ 30 ff. SächsPolG).

Die weitere Voraussetzung, daß eine erhebliche Störung der öffentlichen Sicherheit in Frage stehen muß, hat durch Rechtsprechung und Literatur eine hinreichend bestimmte Abgrenzung erhalten. Danach kommt, entsprechend dem polizeirechtlich gesicherten Begriff der erheblichen Gefahr, der Eingriff nur zum Schutze gewichtiger Rechtsgüter in Betracht. Dazu gehören insbesondere die strafrechtlich geschützten und diejenigen, deren Verletzung eine Ordnungswidrigkeit von erheblicher Bedeutung für die Allgemeinheit darstellt. Erheblich ist auch die Störung, die sich durch besondere Intensität oder das besondere Ausmaß des zu erwartenden Schadens auszeichnet.

Klare Konturen hat schließlich die gesetzliche Voraussetzung erhalten, daß es sich um eine *unmittelbar bevorstehende* Störung handeln muß (vgl. BVerfGE 83, 24, 30). Die Rechtsprechung hat den Begriff dahin präzisiert, daß der Eintritt des Schadens sofort oder in allernächster Zukunft und fast mit Gewißheit zu erwarten ist, wobei allerdings eine Anscheinsgefahr genügt.

III.

Dem hohen Rang des geschützten Rechtsguts der Freiheit entspricht es, daß deren Entziehung nur aus wichtigen Gründen erfolgen darf, die entweder dem Wohl der Allgemeinheit oder dem Schutz des Betroffenen dienen. § 22 Abs. 1 SächsPolG hält sich in diesem Rahmen hinreichend gewichtiger Gründe des Gemeinwohls.

1. Zu diesen gewichtigen Gründen gehören solche des materiellen Strafrechts und des Strafverfahrensrechts. In Betracht kommt aber auch ein präventiv-polizeilicher Schutz vor Verletzungen der öffentlichen Sicherheit, die mit hoher Wahrscheinlichkeit zu erwarten sind, insbesondere vor der Begehung von Straftaten (vgl. BVerwGE 45, 51, 56) und Ordnungswidrigkeiten mit erheblicher Bedeutung für die Allgemeinheit. Möglich sind gleichfalls Eingriffe fürsorgerischen Charakters (vgl. BVerfGE 22, 180, 219) – beide unter der Voraussetzung, daß eine gesteigerte Gefahr für besonders schutzwürdige Rechtsgüter in Frage steht.

2. Bei dieser Auslegung von Art. 16 Abs. 1 S. 2 i. V. m. Art. 17 Abs. 1 und 2 SächsVerf berücksichtigt der Verfassungsgerichtshof, daß mit Art. 5 Abs. 1 EMRK inzwischen ein inhaltlicher Mindeststandard europäischen Menschenrechtsschutzes zur abschließenden Bestimmung der Gründe grundrechtsmäßiger Freiheitsentziehung zur Verfügung steht, der bei der Gewichtung der eine Freiheitsentziehung tragenden Gründe nicht außer Betracht bleiben kann. Denn die EMRK ist auf Grund der völkerrechtlichen Verpflichtung der Bundesrepublik Deutschland von allen deutschen Staatsorganen zu beachten; das Bundesverfassungsgericht legt deshalb die Grundrechte und rechtsstaatlichen Grundsätze des Grundgesetzes in ihrem Lichte aus (vgl. BVerfGE 74, 358, 370). Gleiches muß für die Grundrechte und rechtsstaatlichen Grundsätze der Sächsischen Verfassung gelten: Die sächsischen Grundrechte und rechtsstaatlichen Grundsätze sind weitestgehend am Grundgesetz orientiert; zudem dürfen diese Grundrechte keinen minderen Schutz bewirken als die vergleichbaren des Grundgesetzes (Art. 142 GG); und schließlich bekennt sich auch die Sächsische Verfassung mit ihrem Art. 12 zur europäischen Einordnung deutscher Staatsgewalt und damit – auf der ihrer Regelung zugänglichen Ebene – zu dem Grundsatz, Verletzungen des Völkerrechts, insbesondere völkerrechtlicher Verträge nach Möglichkeit zu vermeiden (vgl. auch BVerfGE 58, 1, 34 f.). Der Mindeststandard europäischen Menschenrechtsschutzes steht entgegen der Ansicht der Antragsteller der hier entwickelten Interpretation sächsischer Grundrechte nicht entgegen.

a) Art. 5 Abs. 1 lit. c EMRK sieht u. a. die Zulässigkeit einer Freiheitsentziehung bei begründetem Anlaß zu der Annahme vor, daß sie notwendig ist, um den Betroffenen an der Begehung einer strafbaren Handlung zu hindern. Hinsichtlich der von den Antragsteller vertretenen Auffassung, deshalb sei Gewahrsam bloß wegen der Begehung von Ordnungswidrigkeiten unzulässig, ist von den authentischen Vertragssprachen auszugehen, da sie allein für den Inhalt der völkerrechtlichen Verpflichtung der Bundesrepublik Deutschland wie auch für deren innerstaatliche Umsetzung auf Grund des Vertragsgesetzes maßgeblich sind (vgl. *Seidl-Hohenveldern,* Völkerrecht, 8. Aufl., 1994, Rdn. 368 f.). Die gleichermaßen authentische englische und französische Vertragssprache (Art. 66 Abs. 4 S. 2 EMRK) verwendet hier den Begriff *offence/ infraction,* er ist dem auch möglichen *crime/délit* bewußt vorgezogen worden. *Infraction* wird nicht selten als Oberbegriff für sämtliche Handlungen verwendet, die mit einer über den bloßen Schadensersatz hinausreichenden staatlichen Sanktion bedroht werden, ohne daß es auf ihre Qualifikation als Straftat oder als Ordnungswidrigkeit ankäme (vgl. *Herzog,* AöR Bd. 86 (1961), S. 221 f.). Nach ganz überwiegender Meinung stützt Art. 5 Abs. 1 lit. c EMRK deshalb auch die Freiheitsentziehung zur Verhinderung von Ordnungswidrigkeiten. Die Rechtsprechung der Kommission und des Gerichtshofes steht dem nicht entgegen. Soweit daher durch Polizeigewahrsam neben Straftaten auch Ordnungswidrigkeiten verhütet werden sollen, wie in § 22 Abs. 1 Nrn. 1, 4 PolG, ist dagegen unter dem Aspekt der Berücksichtigung europäischer Menschenrechte im Rahmen der Sächsischen Verfassung nichts einzuwenden.

b) Freiheitsentziehung ist darüber hinaus nach Art. 5 Abs. 1 lit. 2. Alt. EMRK zulässig auch zur Erzwingung der Erfüllung einer durch das Gesetz vorgeschriebenen Verpflichtung (*in order to secure the fullfilment of any obligation prescribed by law/en vue de garantir l'exécution d'une obligation prescrite par loi*). Es muß sich nach der Rechtsprechung des Europäischen Gerichtshofes für Menschenrechte (Urteile Lawless und Engel, vgl. *Frowein/ Peukert,* Art. 5 Rdn. 55) um die Erfüllung einer *spezifischen* und *konkreten* Pflicht handeln, der der Betroffene bislang nicht nachgekommen ist. Es genügt nicht, daß er dazu angehalten werden soll, in irgendeiner Frage seiner allgemeinen Gehorsamspflicht gegenüber dem Gesetz nachzukommen und sich nicht „gewohnheitsmäßig der öffentlichen Moral und den guten Sitten entgegenstehenden Aktivitäten zu widmen" (vgl. EuGRZ 1976, 221, 227 und 1983, 663).

Dagegen hat der Gerichtshof die Pflicht, Wehrdienst zu leisten, als eine im Sinne des Art. 5 Abs. 1 S. 2 lit. b EMRK genügend konkrete gesetzliche Pflicht angesehen (Fall Johansen gegen Norwegen, Decisions and Reports 44, 155). Ebenso bejahte die Kommission die Pflicht, die eigene Identitätsfeststellung zuzulassen, als ausreichend konkret (Application Nr. 10179, Decisions and Reports 50, 111–126; vgl. *Trechsel* in: Macdonald/Matscher/Petzold: The European System for the Protection of Human Rights, 1993, 302). Im Schrifttum werden als weitere Beispiele genannt: Duldung gewisser strafprozessualer Ermittlungshandlungen, Duldung von Vollstreckungsmaßnahmen oder der

Schutzgewahrsam wider Willen des zu Schützenden (vgl. *Frowein/Peukert* Art. 5 Rdn. 56; *Trechsel*, aaO, 205). Die Rechtsprechung der Kommission und des Gerichtshofes steht dieser Sichtweise nicht entgegen. Insbesondere stützt sie keine Beschränkung des Anwendungsbereichs der Vorschrift auf Regelungen im Zusammenhang mit der Rechtspflege (zur polizeilichen Identitätsfeststellung an der Staatsgrenze vgl. Europäische Kommission im Falle Mc Veigh, Decisions and Reports 25, 15; *Frowein/Peukert*, Art. 5 Rdn. 57). Aus der Perspektive des Art. 5 Abs. 1 lit. b 2. Alt. EMRK ergeben sich damit entgegen der Ansicht der Antragsteller keine grundsätzlichen Bedenken gegen einen Gewahrsam aus den Gründen des § 22 Abs. 1 Nrn. 2 und 3 SächsPolG. Das gilt auch für § 22 Abs. 1 Nr. 4 SächsPolG, weil dahinter eine auf Gesetz beruhende und durch Verwaltungsakt konkretisierte Pflicht des Betroffenen steht. Vergleichbares gilt für § 22 Abs. 1 Nr. 1 SächsPolG; denn auch bei einer Störung oder einer Gefahr für die öffentliche Sicherheit geht es um die Abwehr der Verletzung konkreter, von der Rechtsordnung auferlegter Pflichten; sonst wäre insoweit schon ein Polizeiverbot gemäß § 3 SächsPolG nicht von dem rechtsstaatlichen Gesetzesvorbehalt gedeckt.

IV.

Auch die Rechtsfolge mehrtägigen Polizeigewahrsams begegnet keinen grundsätzlichen Bedenken. Die Begrenzung des Polizeigewahrsams auf den Ablauf des auf die Ergreifung folgenden Tages nach Art. 17 Abs. 2 S. 3 SächsVerf bezieht sich wie die entsprechende Regelung in Art. 104 Abs. 2 S. 3 GG nur auf den Fall des ohne richterliche Entscheidung angeordneten Gewahrsams. Der Polizeigewahrsam ist – vollständig von der vorläufigen Festnahme getrennt (Art. 17 Abs. 3 SächsVerf) – als Unterfall sonstiger, nicht auf richterliche Anordnung beruhender Freiheitsentziehungen in die Sächsische Verfassung aufgenommen worden; für alle diese sonstigen Fälle wurde die unverzügliche Einholung richterlicher Entscheidung bestimmt, ohne daß jedoch der richterlich bestätigten Freiheitsentziehung eine bestimmte Höchstfrist gesetzt werden sollte.

V.

§ 22 Abs. 1 SächsPolG ist in seinen Nummern 2, 3 und 4 i. V. m. Abs. 7 SächsPolG mit den aus Art. 1 S. 2 SächsVerf abzuleitenden Grundsätzen der Verhältnismäßigkeit und der Normenbestimmtheit nicht zu vereinbaren, soweit die Höchstfrist des Gewahrsams einheitlich auf zwei Wochen festgelegt ist. Der Gesetzgeber hat insoweit den Einschätzungs-, Wertungs- und Beurteilungsspielraum nicht gewahrt, der ihm bezüglich der Auswirkungen der in dem Gesetz vorgesehenen Maßnahmen in einer ungewissen Zukunft gebührt. Der Verfassungsgerichtshof hat diese Prüfung darauf beschränkt, ob die relevanten Faktoren ausreichend berücksichtigt worden sind und der Gesetzgeber seinen Einschätzungsspielraum in vertretbarer Weise betätigt hat (vgl. BVerfGE 88, 203, 262).

1. Der in § 22 Abs. 1 SächsPolG geregelte Gewahrsam ist insgesamt geeignet, das von dem Gesetzgeber verfolgte Gemeinwohl zu fördern (vgl. BVerfGE 67, 157, 173 ff.). Entgegen der Auffassung der Antragsteller liegt es nicht fern, daß mit der Ingewahrsamnahme auch über eine längere Frist eine unmittelbar bevorstehende erhebliche Störung der öffentlichen Sicherheit abgewendet oder eine bereits eingetretene Störung beseitigt werden kann (§ 22 Abs. 1 Nr. 1 SächsPolG), indem etwa bei für mehrere Tage angesetzten aufruhrähnlichen Krawallen oder im Bereich des politischen Extremismus bei besonderen längerfristigen Aktionen beabsichtigte strafbare Handlungen oder die Fortsetzung bereits begangener Straftaten unterbunden werden können. Das Tatbestandsmerkmal der *unmittelbar bevorstehenden erheblichen Störung* beschränkt die Ingewahrsamnahme nicht auf Fälle der Vorbeugung oder Unterbindung einer unmittelbar anstehenden, aber kurzfristigen erheblichen Störung der öffentlichen Sicherheit. Sonst müßte der weiterhin tatentschlossene Störer nach kurzfristigem Gewahrsam zunächst freigelassen werden, um sogleich erneut in Gewahrsam genommen werden zu können. Eine Störung der öffentlichen Sicherheit kann über viele Tage unmittelbar bevorstehen, wenn sie nur durch Ingewahrsamnahme des Störers verhindert werden kann und mit dessen Freilassung sofort eine erneute Störung der öffentlichen Sicherheit zu erwarten wäre.

2. Gemessen am Maßstab der Erforderlichkeit entspricht nur § 22 Abs. 1 Nr. 1 i. V. m. Abs. 7 SächsPolG dem Grundsatz der Verhältnismäßigkeit und damit der Sächsischen Verfassung.

a) Für sich allein würden alle Varianten von § 22 Abs. 1 SächsPolG dem Maßstab der Erforderlichkeit genügen. Für keine kann der Verfassungsgerichtshof feststellen, der Gesetzgeber habe die relevanten Faktoren verkannt oder seinen Einschätzungsspielraum in nicht vertretbarer Weise genutzt. Für keine der Varianten ist erkennbar, daß ausnahmslos auch ein milderes, die Freiheitsentziehung vermeidendes Mittel zur Gefahrabwehr zur Verfügung stünde. Zudem werden die Polizei und der Richter hinsichtlich des Ob und der Zeitdauer eines möglichen Gewahrsams unter das Gebot des geringsten Eingriffs gestellt, wie es auch in § 3 SächsPolG verankert ist. Deshalb darf nach dem Gesetz der Gewahrsam nur angeordnet werden, wenn auf andere Weise die Störung nicht verhindert oder die Identität nicht festgestellt werden können oder der Gewahrsam zum Schutz der Person erforderlich oder zur Durchsetzung eines Platzverweises unerläßlich ist. Damit verpflichtet das Gesetz die Polizei, vor der Anordnung freiheitsentziehender Maßnahmen alles zu unternehmen, um polizeiliche Mittel mit geringerer Eingriffsintensität zur Abwehr oder Beseitigung einer Störung einzusetzen. Außerdem hat die Polizei die Ingewahrsamnahme auf die kürzeste Zeit zu begrenzen, ggf. zwischenzeitlich darauf hinzuwirken, daß mildere Mittel zur Abwehr einer Störung greifbar werden. § 22 Abs. 7 S. 5 SächsPolG bekräftigt dieses Gebot zusätzlich.

b) Polizei und Richter haben die Höchstdauer des Gewahrsams jeweils im Einzelfall allein nach dem Grundsatz der Verhältnismäßigkeit im Rahmen der Erforderlichkeit und Angemessenheit nach §§ 3 und 22 Abs. 7 S. 3 SächsPolG zu bestimmen. Die in § 22 Abs. 7 S. 2 SächsPolG festgesetzte Frist von 14 Tagen hat bei dieser Entscheidung die Funktion einer absoluten Obergrenze, hindert also weitere Verhältnismäßigkeitserwägungen auch da, wo sachliche Gründe sonst einen längeren Gewahrsam rechtfertigen könnten. Daneben ist mit dieser Höchstfrist eine Wiederholungssperre für den Fall normiert, daß bei demselben Lebenssachverhalt die gesetzlichen Gründe für den Gewahrsam nach Ablauf dieser Frist noch andauern. Die Höchstfrist ist damit auch eine ausdrückliche Vorgabe des Gesetzgebers für die Polizei, sich stets, also auch währen der Dauer des angeordneten Gewahrsams, um die Möglichkeit der Bewältigung der Störung mit anderen Mitteln zu bemühen.

c) Da sich der Gesetzgeber in § 22 Abs. 1 SächsPolG entsprechend dem Bestimmtsheitsgrundsatz entschieden hat, die Eingriffsermächtigung für den polizeilichen Gewahrsam in vier Tatbestandsvarianten aufzufächern, hätte er wegen des verfassungsrechtlichen Bestimmtheitsgebotes bei der Regelung der gesetzlichen Frist für die höchstzulässige Dauer des Gewahrsams ebenfalls differenzieren, also den einzelnen Eingriffsermächtigungen angepaßte Höchstfristen vorsehen müssen. Die Normanwender müssen der Entscheidung des Gesetzgebers für eine pauschale Höchstfrist in bezug auf alle Tatbestandsvarianten die verbindliche Wertung entnehmen, es handele sich im Hinblick auf die zu schützenden Gemeinwohlinteressen um Eingriffsbefugnisse mit jeweils gleichem Gewicht und damit durchweg um Sachverhalte, bei denen sich im einzelnen Anwendungsfall ein Gewahrsam von 14 Tagen als erforderlich und angemessen erweisen könnte. Dabei hat jedoch der Gesetzgeber außer Acht gelassen, daß sich die Tatbestände sowohl in ihren Voraussetzungen als auch nach ihrem Schutzzweck grundlegend unterscheiden. Die Grundsätze der Verhältnismäßigkeit und Bestimmtheit gebieten deshalb, bei der Bestimmung des gesetzlichen Rahmens für die jeweils zulässige Höchstdauer des Gewahrsams zu differenzieren. Fälle des Gewahrsams von so langer Dauer, wie § 22

Abs. 7 S. 3 SächsPolG sie ermöglicht, kommen bei den in § 22 Abs. 1 Nr. 2, 3 und 4 SächsPolG normierten Tatbeständen von vornherein nicht in Betracht. Bei derart unterschiedlichen Tatbestandsvarianten ist die Entscheidung des Gesetzgebers für eine unterschiedslose Höchstdauer des Gewahrsams verfassungsrechtlich nicht mehr vertretbar, obwohl der Gesetzeszweck einer möglichst effektiven Gefahrenabwehr bei der steigenden Bedrohung der öffentlichen Sicherheit verfassungsrechtlich insgesamt nicht beanstandet werden kann. Wegen der engen Verknüpfung durch die einheitliche Höchstfrist für alle Tatbestände des § 22 Abs. 1 SächsPolG war gemäß § 23 S. 2 SächsVerfGHG auch § 22 Abs. 1 Nr. 2 SächsPolG in die Prüfung einzubeziehen.

aa) Keine Bedenken ergeben sich unter dem Gesichtspunkt der Erforderlichkeit gegen die Verfassungsmäßigkeit der gesetzlich bestimmten Höchstfrist gemäß § 22 Abs. 7 PolG für den Gewahrsam nach § 22 Abs. 1 Nr. 1 PolG. Die gesetzgeberische Prognose, daß es künftig Fälle geben könne, die trotz der Anspannung aller polizeilichen Kräfte mit dem Ziel der Anwendung milderer Mittel einen Gewahrsam von 14 Tagen erforderlich machen, um erhebliche Störungen der öffentlichen Sicherheit effektiv abzuwehren, ist verfassungsrechtlich vertretbar und damit nicht zu beanstanden. Der Gesetzgeber konnte berücksichtigen, daß es polizeiliche Lagen geben kann, in denen Polizeikräfte wegen augenblicklich anderweitiger Bindung – unter Umständen auch über die Grenzen eines Landes hinweg – zum Schutze mehrwöchiger Großveranstaltungen mit einem entsprechenden Gefahrenpotential nicht in der ausreichenden Zahl zur Verfügung stehen, die für die Abwehr von Gefahren durch gewaltbereite Gruppen erforderlich ist. Ebenso konnte er eine Höchstfrist von 14 Tagen etwa in der Einschätzung als erforderlich bewerten, daß mehrwöchige Aktionen von Störern mit erheblichem kriminellen Potential wegen ihrer Mobilität, der Möglichkeit einer flächendeckenden Ausbreitung und ihrer ausgefeilten Logistik vielfach nicht mehr mit den gewöhnlichen Mitteln des Polizeizwangs, sondern nur noch durch die Anordnung eines längerfristigen Polizeigewahrsams gegenüber ihren Führungspersonen wirksam beherrscht werden können.

bb) Die Regelung des Schutzgewahrsams in § 22 Abs. 1 Nr. 2 SächsPolG entspricht im wesentlichen § 13 Abs. 1 Nr. 1 des Musterentwurfs eines einheitlichen Polizeigesetzes 1977. Diese Bestimmung wird allgemein dahin verstanden, daß sie grundsätzlich die Ingewahrsamnahme gegen den Willen des Betroffenen nicht zulasse und nur zum Schutz dessen bezwecke, der sich in einem die freie Willensbestimmung ausschließenden Zustande oder sonst in hilfloser Lage befindet (vgl. *Belz*, Polizeigesetz des Freistaates Sachsen, 1992, § 22 Rdn. 8; besonders deutlich insoweit der schon im Wortlaut abweichende § 28 Abs. 1 Nr. 2 BW PolG, vgl. *Wolf/Stephan*, Polizeigesetz für Baden-Württtemberg, 4. Aufl. Rdn. 20 zu § 28). Da der die freie Willensbildung ausschließende Zustand und die hilflose Lage in § 22 Abs. 1 Nr. 2 SächsPolG nur als Regelbeispiele genannt sind („insbesondere"), scheint darüber hinaus nach dem Wortlaut der Norm eine Ingewahrsamnahme zulässig, wenn sich die Person in einer Gefahr für Leib und Leben befindet, aber ihren Willen selbst bilden kann und nicht hilflos ist (vgl. *Honnacker/Beinhofer*, Bay. PolizeiaufgabenG, 16. Aufl., Rdn. 4 zu Art. 17). Der Regelungszusammenhang mit § 22 Abs. 1 Nr. 1 SächsPolG, der im Gegensatz zu Art. 17 Abs. 1 Nr. 2 BayPAG allgemein den Schutz der öffentlichen Sicherheit vor erheblichen Störungen bezweckt, ergibt jedoch, daß in Fällen einer gegenwärtigen Gefahr für Leib oder Leben einer Person die Anordnung von Gewahrsam auch gegen den freien Willen des Betroffenen nur nach § 22 Abs. 1 Nr. 1 SächsPolG und nicht auch nach § 22 Abs. 1 Nr. 2 SächsPolG in Betracht kommt, soweit die Grenzen zulässiger Selbstgefährdung überschritten werden (vgl. BVerfGE 59, 275, 278 f.; *Lorenz* in: Isensee/Kirchhof, Hrsg., Handbuch des Staatsrechts, Bd. VI, § 128 Rdn. 62 f.). Eine andere Auslegung wäre mit dem Selbstbestimmungsrecht des Einzelnen nicht vereinbar.

Dem Verfassungsgerichtshof sind keine Fälle bekannt geworden, in denen für diesen Schutzgewahrsam 14 Tage erforderlich geworden wären. Es ist auch nichts dafür ersichtlich, daß die Polizei ohne diesen Schutzgewahrsam bis zu 14 Tagen ihre Aufgaben des Schutzes der öffentlichen Sicherheit nicht erfüllen könnte. Damit ist die Entscheidung des Gesetzgebers für eine Höchstfrist von 14 Tagen bei diesem Schutzgewahrsam nicht mehr vertretbar.

cc) Auch die gesetzliche Bestimmung einer Höchstfrist von 14 Tagen für die Fälle des Gewahrsams zur Identitätsfeststellung gemäß § 22 Abs. 1 Nr. 3 SächsPolG ist verfassungswidrig.

Der Tatbestand des Gewahrsams zur Feststellung der Identität bezieht sich auf die Standardmaßnahme der Identitätsfeststellung gemäß § 19 SächsPolG und setzt damit deren Zulässigkeit voraus, muß also der Gefahrenabwehr dienen (vgl. *Belz*, Polizeigesetz des Freistaates Sachsen, § 22 Rdn. 9; *Wolf/Stephan*, Rdn. 23 zu § 28 BW PolG). Darüber hinaus erfordert er, daß die Identitätsfeststellung auf andere Weise nicht möglich ist und stellt damit grundsätzlich auch hier sicher, daß ein Eingriff in die persönliche Freiheit nur in Fällen erfolgt, in denen er zur Feststellung der Identität unerläßlich ist (vgl. BVerfG, NVwZ 1992, 767, 768). Dem steht jedoch die vom Gesetzgeber unterschiedslos gesetzte Höchstfrist gegenüber, die auch hier seine Einschätzung belegt, daß Fälle in Betracht kommen, in denen die Ausschöpfung der Höchstfrist als erforderlich – und auch angemessen – erscheinen kann. Dies ist allerdings auch beim Gewahrsam zur Identitätsfeststellung nicht mehr erkennbar.

Dem Verfassungsgerichtshof sind keine Fälle bekannt geworden, in denen insoweit je ein 14-tägiger Gewahrsam erforderlich geworden wäre. Fast alle anderen Bundesländer (§ 33 Abs. 2 BerlASOG, § 18 Abs. 2 BremPolG, § 13 c Abs. 2 HamSOG, § 35 Abs. 2 HessSOG, § 21 S. 2 NdsGefAG, § 16 Abs. 2 SaarPolG, § 40 Abs. 2 SASOG, § 176 d Abs. 3 SHLVwG) begrenzen den Gewahrsam zur Identitätsfeststellung auf wenige Stunden, allenfalls auf das Ende des der Ingewahrsamnahme folgenden Tages (so auch das Bundesgrenzschutz G). Doch auch aus Bayern und Baden-Württemberg, welche allgemein die Höchstfrist auf 14 Tage bestimmt haben, sind keine Fälle bekannt, in denen je ein 14-tägiger Identitätsgewahrsam erforderlich geworden wäre. Es ist also nichts dafür ersichtlich, daß die Polizei ohne einen bis zu 14-tägigen Identitätsgewahrsam ihre Aufgaben des Schutzes der öffentlichen Sicherheit nicht erfüllen könnte. Die gesetzgeberische Wertung, für den Gewahrsam zur Identifizierung sei eine Höchstfrist von 14 Tagen erforderlich, ist nicht mehr vertretbar. Ist eine Person nicht alsbald identifizierbar, dann kommt ein längerfristiger Gewahrsam nur nach speziellen Regeln z. B. des Polizei-, Ausländer-, Asylverfahrens- oder Strafverfahrensrechts in Betracht.

dd) Die Höchstfrist von 14 Tagen für den Gewahrsam zur Durchsetzung eines Platzverweises gemäß § 22 Abs. 1 Nr. 4 SächsPolG ist nicht erforderlich und damit verfassungswidrig. Nach dieser Norm kann die Polizei eine Person in Gewahrsam nehmen, wenn dies unerläßlich ist, um diese Person zur Abwehr einer Gefahr für die öffentliche Sicherheit und Ordnung oder zur Beseitigung einer Störung vorübergehend von einem Ort zu verweisen oder ihr vorübergehend das Betreten eines Ortes zu verbieten. Aus diesem vorübergehenden Charakter des Platzverweises nach § 21 SächsPolG ergibt sich ein normativer Widerspruch zu der gesetzlich bestimmten Höchstfrist von 14 Tagen, die für eine nur vorübergehende Sicherung eines Ortes nicht erforderlich sein kann. Sollte in einem extremen Einzelfall ein längerfristiger Gewahrsam unerläßlich sein, um eine Person zur Abwehr einer Störung für die öffentliche Sicherheit von einem Ort fernzuhalten, kann dies wegen des vorübergehenden Charakters des Platzverweises nicht nach § 22 Abs. 1 Nr. 4 SächsPolG, sondern nur unter den strengeren Voraussetzungen des § 22 Abs. 1 Nr. 1 SächsPolG zulässig sein. Eine andere Auslegung würde unter den weniger strengen Voraussetzungen von § 21 SächsPolG einen Platzverweis ermöglichen, der nur mit einem Gewahrsam durchgesetzt werden könnte, so daß der strenge Maßstab von § 22 Abs. 1 Nr. 1 SächsPolG unterlaufen werden könnte, was nicht dem Regelungsgehalt der Norm entsprechen kann. Die Höchstfrist von 14 Tagen für den Gewahrsam zur Durchsetzung eines Platzverweises wird auch deshalb nicht dem Maßstab der Erforderlichkeit gerecht, weil die totale Freiheitsentziehung durch Gewahrsam grundsätzlich weit über den engen

Zweck der Freiheitsbeschränkung durch den auf einen bestimmten Ort eingegrenzten Platzverweis hinauswirkt. Auch wenn der vorübergehende Charakter des Platzverweises funktional als Gegensatz zu einem Platzverweis auf Dauer zu verstehen ist, zwingt die Struktur von § 22 Abs. 1 SächsPolG, wie oben dargelegt, § 22 Abs. 1 Nr. 4 SächsPolG auf die Durchsetzung eines kurzfristigen Platzverweises zu beschränken.

d) § 22 Abs. 1 Nr. 1 i. V. m. Abs. 7 S. 3 2. Hs. SächsPolG ist schließlich am Verfassungsgebot der Verhältnismäßigkeit i. e. S., dem Prinzip der Angemessenheit, zu prüfen. Sie ist nicht gegeben, wenn die gesetzliche Höchstfristregelung bei Abwägung des zu schützenden Gemeinwohlinteresses mit der möglichen Dauer der Freiheitsentziehung das Maß der von dem Eingriff ausgehenden Belastung des Einzelnen außer Verhältnis zur Bedeutung der Sache und den von ihm hinzunehmenden Einbußen stellt (vgl. BVerfGE 80, 297, 312 mwN). Auch hier ist dem Gesetzgeber der oben (vor a) entwickelte Einschätzungsspielraum hinsichtlich der künftigen Wirkung der Gewahrsamsregelung, insbesondere der künftig unter dem gesetzlichen Tatbestand zu erwartenden Fälle und der Gewichtigkeit der damit berührten Gemeinwohlinteressen zuzubilligen. Insoweit bestehen jedoch gegenüber der gesetzlichen Regelung – entgegen der Auffassung der Antragsteller – keine durchgreifenden Bedenken.

Die Freiheit des Menschen nimmt einen hohen Rang ein (vgl. oben I.). Sie darf nur aus gewichtigen Gründen des Gemeinwohls eingeschränkt werden (vgl. oben III.), die das Freiheitsrecht des einzelnen überwiegen. Je länger ein Gewahrsam dauern soll, desto höhere Anforderungen sind deshalb an die Gewichtigkeit der Störung zu stellen, die mit der Ingewahrsamnahme abgewendet werden soll. Insbesondere bedarf es für den Fall längeren Gewahrsams besonders sorgfältiger Prüfung der tatsächlichen und rechtlichen Voraussetzungen (vgl. auch BayVerfGH, BayVBl. 1990, 689). Dazu verpflichtet auch das Sächsische Polizeigesetz selbst, welches das Angemessenheitsprinzip in § 3 Abs. 3 verankert und damit insoweit für die Einzelfallentscheidung entsprechende Vorsorge getroffen hat.

Es ist jedoch nicht generell von der Hand zu weisen, daß für eine niemals voll zu übersehende Zukunft im Einzelfall die unmittelbar bevorstehende Verletzung elementarer Rechtsgüter wie Leben, Gesundheit, Freiheit oder bedeutende Sach- oder Vermögenswerte anderer in Betracht zu ziehen ist, der nur mit dem Mittel des Gewahrsams unter Ausschöpfung der gesetzlichen Höchstfrist begegnet werden kann. In diesen Fällen braucht der polizeiliche Rechtsgüterschutz schon angesichts der für einige der in Betracht kommenden Rechtsgüter entwickelten grundrechtlichen Schutzpflicht des Staates nicht der Freiheit dessen zu weichen, von dem die unmittelbar bevorstehende Störung ausgeht oder eine bereits herbeigeführte mit an Sicherheit grenzender Wahrscheinlichkeit fortgesetzt werden wird oder dessen Lebensschutz der Gewahrsam dient.

e) § 22 Abs. 1 Nr. 4 SächsPolG verstößt weder gegen Art. 17 Abs. 2 SächsVerf noch gegen Art. 38 SächsVerf. Ein solcher Verstoß könnte erwogen werden, wenn dem Richter für seine Entscheidung nach § 22 Abs. 7 SächsPolG nicht die Befugnis übertragen worden wäre, außer der Wirksamkeit des durchzusetzenden, von der Polizei nach § 21 SächsPolG angeordneten Platzverweises auch dessen Rechtmäßigkeit zu überprüfen. Die besondere richterliche Rechtsschutzgarantie des Art. 17 Abs. 2 SächsVerf verlangt nämlich, daß der Richter selbst die volle Verantwortung für die Zulässigkeit der Freiheitsentziehung zu übernehmen hat (vgl. BVerfGE 83, 24, 32). Um in diesem Sinne einen effektiven Rechtsschutz im Verfahren über die Freiheitsentziehung zu gewährleisten, werden die Fachgerichte über Umfang und Grenzen einer Bindungswirkung an den vorangegangenen Platzverweis zu entscheiden haben.

E.

Die zur verfassungsrechtlichen Prüfung gestellten Vorschriften des dritten Abschnitts des Sächsischen Polizeigesetzes (§§ 35–51 SächsPolG) sind nur teilweise mit der Sächsischen Verfassung vereinbar.

I.

Die Vorschriften des Sächsischen Polizeigesetzes über die Datenverarbeitung des Polizeivollzugsdienstes haben den Ausgleich zwischen den öffentlichen Sicherheitsinteressen und dem Schutz der Individualsphäre vor staatlicher informationeller Überwachung zum Gegenstand. Auch sie sind – wie oben C. bereits ausgeführt – von der Gesetzgebungskompetenz des Freistaates Sachsen erfaßt. Die verfassungsrechtlichen Maßstäbe für diese Vorschriften ergeben sich aus den Art. 1, 14, 33, 38 und 83 Abs. 3 SächsVerf und, soweit die Datenerhebung in oder aus Wohnungen erfolgt (§ 40 SächsPolG), auch aus Art. 30 SächsVerf. Der Schwerpunkt der Prüfung ist dabei das durch Art. 33 SächsVerf garantierte Recht auf informationelle Selbstbestimmung, das eine näher Ausgestaltung des aus Art. 15 und 14 Abs. 1 SächsVerf abgeleiteten allgemeinen Persönlichkeitsrechts enthält. Als solches umfaßt es die aus dem Gedanken der Selbstbestimmung folgende Befugnis des Einzelnen, grundsätzlich selbst zu entscheiden, wann und innerhalb welcher Grenzen er seine persönlichen Lebenssachverhalte offenbart. Die freie Entfaltung der Persönlichkeit setzt unter den Bedingungen der modernen Datenverarbeitung den Schutz des Einzelnen gegen unbegrenzte Erhebung, Speicherung, Verwendung und Weitergabe seiner persönlichen Daten voraus. Jeder hat das Recht, über jede Art der Erhebung, Verwendung und Weitergabe seiner personenbezogenen Daten selbst zu bestimmen. Diese dürfen ohne freiwillige und ausdrückliche Zustimmung der berechtigten Person nicht erhoben, gespeichert, verwendet oder weitergegeben werden, Art. 33 SächsVerf. Jeder behördliche Umgang mit personenbezogenen Daten greift in dieses Grundrecht auf informationelle Selbstbestimmung ein, weshalb sämtliche Phasen der Datenerhebung und -verarbeitung durch den Polizeivollzugsdienst hieran zu messen sind.

Darüber hinaus kommt dem Recht auf informationelle Selbstbestimmung eine objektiv-rechtliche Bedeutung zu. Die Selbstbestimmung des Einzelnen ist zugleich elementare Funktionsbedingung eines auf die Handlungs- und Mitwirkungsfähigkeit aller Menschen gegründeten freiheitlich-demokratischen Gemeinwesens. Mit dem Recht auf informationelle Selbstbestimmung ist danach eine Gesellschaftsordnung und eine diese ermöglichende Rechtsordnung nicht vereinbar, in der die Einzelnen nicht mehr wissen, wer was wann bei welcher Gelegenheit über sie weiß.

Das Recht auf informationelle Selbstbestimmung ist allerdings nicht schrankenlos gewährleistet. Der Einzelne hat kein Recht im Sinne einer absoluten uneinschränkbaren Herrschaft über seine Daten, sondern muß Einschränkungen seines Rechts auf informationelle Selbstbestimmung im überwiegenden Allgemeininteresse hinnehmen. Einschränkungen können dann erforderlich sein, wenn der Einzelne durch sein Verhalten auf andere einwirkt und dadurch die persönliche Sphäre seiner Mitmenschen oder die Belange der Gemeinschaft berührt. Eingriffe in das Recht auf informationelle Selbstbestimmung bedürfen einer gesetzlichen Grundlage (Art. 33 S. 3 SächsVerf), aus der sich die Voraussetzungen und der Umfang der Beschränkung klar und für den Bürger erkennbar ergeben, und die dem Grundsatz der Verhältnismäßigkeit Rechnung trägt. Dabei hat der Gesetzgeber organisatorische und verfahrensmäßige Vorkehrungen zu treffen (vgl. BVerfGE 65, 1, 44).

II.

Der Einsatz besonderer Mittel der Datenerhebung nach § 39 Abs. 1 SächsPolG ist mit der Sächsischen Verfassung unvereinbar, soweit er nach Nr. 2 a zur Verhinderung und vorbeugenden Bekämpfung von Vergehen erfolgt, die sich gegen bedeutende fremde Sach- oder Vermögenswerte richten, aber nicht gewerbs-, gewohnheits-, serien-, bandenmäßig oder sonst organisiert begangen werden.

§ 39 Abs. 1 Nr. 2 b SächsPolG verstößt gegen Art. 33 SächsVerf.

1. Im Grundsatz ist der Einsatz besonderer Mittel der Datenerhebung im Rahmen von § 39 Abs. 1 Nr. 1 SächsPolG verfassungsrechtlich nicht zu beanstanden.

a) Die Vorschrift ist mit dem Grundsatz der Verhältnismäßigkeit vereinbar. Dieser verlangt auch hier, daß die Grundrechtsbeschränkung von hinreichenden Gründen des Gemeinwohls gerechtfertigt wird, das gewählte Mittel zur Erreichung des Zwecks geeignet und erforderlich ist und bei einer Gesamtabwägung zwischen der Schwere des Eingriffs und dem Gewicht der ihn rechtfertigenden Gründe die Grenze des Zumutbaren gewahrt ist (vgl. BVerfGE 78, 77, 85). Diesen Anforderungen genügt § 39 Abs. 1 Nr. 1 SächsPolG.

aa) Der Gesetzgeber durfte im Interesse der inneren Sicherheit des Staates und der zu gewährleistenden Sicherheit der Menschen den Zweck verfolgen, die Effektivität der Gefahrenabwehr und der vorbeugenden Verbrechensbekämpfung durch die Polizei, insbesondere auf dem Gebiet der organisierten Kriminalität, zu steigern. Dies war neben der Anpassung des Polizeirechts an die neuere Rechtsentwicklung auf dem Gebiet des Datenschutzes der legitime Hauptzweck des Gesetzes zur Änderung des Polizeigesetzes.

bb) Der Einsatz besonderer Mittel im Rahmen von § 39 Abs. 1 Nr. 1 SächsPolG ist zur Gefahrenabwehr geeignet und erforderlich. Mit seiner Hilfe kann der erstrebte Erfolg gefördert werden. Dem Gesetzgeber stand kein anderes, gleich wirksames, aber das Grundrecht weniger stark einschränkendes Mittel zu Gebote.

Ein Gesetz ist geeignet, wenn mit seiner Hilfe das vom Gesetzgeber verfolgte Gemeinwohlziel gefördert werden kann; es ist erforderlich, wenn der Gesetzgeber nicht ein anderes, gleich wirksames, aber das Grundrecht nicht oder weniger stark einschränkendes Mittel hätte wählen können. Bei der Beurteilung der Eignung und Erforderlichkeit des gewählten Mittels zur Erreichung der erstrebten Ziele sowie bei der Einschätzung und Prognose der dem Einzelnen oder der Allgemeinheit drohenden Gefahren ist allerdings verfassungsgerichtliche Zurückhaltung geboten. Dem sächsischen Gesetzgeber, der auf dem Gebiet der Gefahrenabwehr Regelungen trifft, kommt angesichts des großen Spektrums drohender Gefahren, zu denen auch die organisierte Kriminalität gehört, ein breiter Beurteilungsspielraum zu, welche Befugnisse er dem Polizeivollzugsdienst zu effizienten Aufgabenerfüllung einräumen will. Die Grenzen dieses Spielraums hat er bei der Beurteilung der Geeignetheit und Erforderlichkeit der besonderen Mittel der Datenerhebung zur Abwehr einer gegenwärtigen Gefahr im Sinne des § 39 Abs. 1 Nr. 1 SächsPolG nicht überschritten.

Die Eignung der besonderen Mittel steht entgegen der Auffassung der Antragsteller nicht deshalb in Frage, weil nicht schon durch ihren Einsatz, sondern erst durch spätere Eingriffsakte der Polizei unmittelbar Gefahren abgewendet und Straftaten verhindert werden können. Jedenfalls trägt die Sammlung von Daten und deren Speicherung dazu bei, der Polizei eine effiziente Gefahrenabwehr schon in diesem Stadium zu ermöglichen. Für die verfassungsrechtliche Eignung reicht es aus, daß die Erreichung des beabsichtigten Zwecks durch den Einsatz des Mittels gefördert wird. Die mit § 39 Abs. 1 Nr. 1 SächsPolG beabsichtigte Förderung der Gefahrenabwehr kann durch sämtliche der in § 36 Abs. 2 SächsPolG genannten besonderen Mittel der Datenerhebung bewirkt werden. Die mit dem Ziel der Gefahrenabwehr eingesetzten Formen der Informationserlangung können dazu beitragen, den zuständigen Behörden im Einzelfall die Kenntnis über die handelnden Personen, insbesondere über das Spektrum und die Häufigkeit ihres bisherigen einschlägigen Verhaltens zu erschließen; damit bieten sie der Polizei hilfreiche Aufschlüsse über das drohende oder bereits vorhandene Gefährdungspotential, was wiederum zur Entscheidungsgrundlage für ein lageangepaßtes Polizeiverhalten beitragen kann.

Entgegen der Auffassung der Antragsteller, gegenwärtige Gefahren könnten durch solche Dauermaßnahmen nicht abgewendet werden, kann es Sachlagen geben, in denen eine Gefahr über einen längeren Zeitraum als gegenwärtig im Sinne des § 39 Abs. 1 Nr. 1 SächsPolG einzuschätzen ist, so daß auch längerfristige Maßnahmen, wie eine Observation nach § 36 Abs. 2 Nr. 1 SächsPolG, zu ihrer Bekämpfung beitragen können.

Erforderlich sind die Regelungen, weil polizeiliche Lagen denkbar sind, in denen zur Beseitigung einer gegenwärtigen Gefahr i. S. des § 39 Abs. 1 Nr. 1 SächsPolG schonendere Maßnahmen als die besonderen Mittel der Datenerhebung nicht zur Verfügung stehen.

cc) § 39 Abs. 1 Nr. 1 SächsPolG verstößt auch nicht gegen das Übermaßverbot. Er ist das Ergebnis einer verfassungsrechtlich nicht zu beanstandenden Gesamtabwägung, bei der der Gesetzgeber sich in den Grenzen der Zumutbarkeit für die Betroffenen gehalten hat.

Die Bestimmungen über die Datenverarbeitung des Polizeivollzugsdienstes (§§ 35–51 SächsPolG) betreffen das Spannungsverhältnis zwischen den Sicherheitsinteressen der Allgemeinheit und dem legitimen Interesse des Einzelnen, von staatlicher Überwachung sowie Erhebung und Verarbeitung seiner Daten möglichst verschont zu bleiben. Die Vorschriften sind Ausdruck des gesetzgeberischen Bemühens, die polizeiliche Datenerhebung und -verarbeitung unter Berücksichtigung und Wahrung dieser entgegengesetzten Belange zu normieren. Soweit die Sicherheitsinteressen der Allgemeinheit und der Schutz der Individualsphäre des Einzelnen, wie unter anderem im Recht auf informationelle Selbstbestimmung seinen Niederschlag gefunden hat, miteinander in Widerstreit treten, sind diese Belange als wechselseitiges Korrektiv anzusehen und gegeneinander abzuwägen.

Die Persönlichkeitsrechte des Einzelnen und die kollidierenden Gemeinwohlbelange sind nach Möglichkeit zu einem vernünftigen und gerechten Ausgleich zu bringen, bei dem die zu wahrenden Belange einander sachgerecht zuzuordnen sind. Läßt sich ein Ausgleich nicht erreichen, so ist unter Berücksichtigung der falltypischen Gestaltung und der besonderen Umstände des Einzelfalles zu entscheiden, welches Interesse zurückzutreten hat (vgl. BVerfGE 35, 202, 225).

Zum Ausgleich von verfassungsrechtlich schutzwürdigen Interessen, die einander widerstreiten, ist primär der Gesetzgeber berufen. Es ist prinzipiell und zuerst Sache der Legislative, unter Würdigung und Einbeziehung sämtlicher Umstände zu entscheiden, welchem der betroffenen Belange sie im Einzelfall den Vorrang geben will. Die öffentlichen Sicherheitsbelange und der Schutz der Persönlichkeitssphäre sind prinzipiell gleichwertig, so daß bei ihrer Abwägung keinem dieser Rechtsträger eine generelle Präferenz zuerkannt werden kann. Deshalb gebührt dem Gesetzgeber bei der Konfliktlösung ein verfassungsgerichtlich nur begrenzt nachprüfbarer Einschätzungs-, Wertungs- und Gestaltungsspielraum.

Der Gesetzgeber eröffnet dem Polizeivollzugsdienst mit § 39 Abs. 1 Nr. 1 SächsPolG in weitem Umfang die Möglichkeit von Informationseingriffen zum Zwecke der Gefahrenabwehr zugunsten von Rechtsgütern, deren Erhaltung so vordringlich ist, daß ihnen gegenüber das Recht auf informationelle Selbstbestimmung zurückzutreten hat. Zu diesen Rechtsgütern gehören der Bestand oder die Sicherheit des Bundes oder eines Landes, das Leben, die Gesundheit und die persönliche Freiheit. Soweit es darum geht, gegenwärtige Gefährdungen dieser Rechtsgüter abzuwehren, kann es gerechtfertigt sein, Eingriffe in die Persönlichkeitssphäre des Einzelnen auch mit so grundrechtsintensiven Überwachungsmethoden wie dem Einsatz besonderer Mittel zuzulassen.

Die Datenerhebung mit besonderen Mitteln im Rahmen des § 39 Abs. 1 Nr. 1 SächsPolG ist verfassungsrechtlich auch nicht zu beanstanden, soweit der Einsatz zugunsten bedeutender fremder Sach- oder Vermögenswerte erfolgt. Dies gilt auch dann, wenn dadurch unter den Voraussetzungen des polizeilichen Notstandes die Möglichkeit einer Datenerhebung gegenüber Unbeteiligten eröffnet wird. Auch Sach- und Vermögenswerte sind Teil der Rechtsordnung und der vom Staat zu gewährleistenden inneren Sicherheit. Eine Bedrohung der inneren Sicherheit kann nicht nur bei einer Gefährdung des Staates, seiner Rechtsordnung und des Funktionierens seiner Organe vorliegen, sondern auch bei einer Gefährdung des friedlichen und freien Zusammenlebens der Menschen, ihres Lebens, ihrer Gesundheit und ihres Eigentums. Allerdings vermögen bedeutende Sach- und Vermögensinteressen nicht von vornherein und stets ein überwiegendes Allgemeininteresse für Eingriffe in das Recht auf informationelle Selbstbestimmung zu begründen. Ihre besondere und überwiegende Schutzbedürftigkeit gewinnen diese Belange in der Regel weniger aus sich selbst heraus oder aus dem Gewicht von Einzeltaten – wie das beispielsweise bei Eingriffen in Leib oder Leben der Fall ist –, sondern aus dem Schaden, welcher dem Gemeinwesen durch Vermögenskriminalität entsteht und damit die Unverbrüchlichkeit der Rechtsordnung in Frage stellt. Die vom Gesetzgeber insoweit getroffene Abwägungsentscheidung, der Gefährdung auch dieser Rechtsgüter vorzubeugen, ist zumindest vertretbar, zumal die Eingriffsschwelle für polizeiliche Informationseingriffe durch deren tatbestandliche Beschränkung auf gegenwärtige Gefahren in einem rechtsstaatlichen Maßstäben genügenden Umfang heraufgesetzt wird. Bei einer gegenwärtigen Gefahr muß der Eintritt des Schadens in allernächster Zeit mit an Sicherheit grenzender Wahrscheinlichkeit zu erwarten sein. Die tatbestandsmäßige Restriktion in § 39 Abs. 1 Nr. 1 SächsPolG auf diese Fallgestaltungen mit besonderer Nähe zum Schadenseintritt trägt dem Verhältnismäßigkeitsgrundsatz in ausreichendem Maße Rechnung.

Die vom Gesetzgeber geschaffene Möglichkeit, die besonderen Maßnahmen der Informationserhebung unter den Voraussetzungen des polizeilichen Notstandes auch gegenüber Unbeteiligten anzuwenden, verstößt entgegen der Ansicht der Antragsteller weder gegen das Übermaßverbot noch gegen die rechtsstaatliche Unschuldsvermutung, und auch nicht gegen das dem Rechtsstaatsprinzip immanente Gebot der Vorhersehbarkeit und Berechenbarkeit staatlichen Handelns. Allerdings markiert die gesetzliche Ermächtigung, gegen unbeteiligte Dritte mit informationellen Eingriffsmaßnahmen vorzugehen, eine Grenzlinie rechtsstaatlichen Polizeirechts. Eine generelle Überwachung von unbeteiligten Personen wäre mit dem freiheitlichen Menschenbild der Sächsischen Verfassung nicht vereinbar. Zu den Bedingungen der Persönlichkeitsentfaltung gehört es, daß dem Einzelnen ein Bereich bleibt, in dem er unbeobachtet sich selbst überlassen ist oder mit Personen seines besonderen Vertrauens ohne Rücksicht auf gesellschaftliche Verhaltenserwartungen und ohne Furcht vor staatlich gelenkter Überwachung verkehren kann.

Indessen läßt § 39 Abs. 1 Nr. 1 SächsPolG den Kernbereich privater Lebensgestaltung eines jeden, der sich innerhalb des Schutzbereichs seiner Grundrechte bewegt und deshalb grundsätzlich darauf vertrauen darf, nicht das Opfer staatlicher Überwachungs- und Informationsmaßnahmen zu werden, unberührt. Die Gefahr einer faktischen und rechtlichen Gleichstellung von Störern und Nichtstörern und damit einer Nivellierung der insoweit bestehenden Unterschiede ist bei den rechtsstaatlichen Vorgaben im Rahmen des § 39 Abs. 1 Nr. 1 SächsPolG ausgeschlossen. Nach dem Wortlaut dieser Bestimmung ist die Heranziehung von anderen als den für eine Gefahr verantwortlichen Personen nur unter den Voraussetzungen des polizeilichen Notstandes (§ 7 SächsPolG) zulässig. Damit unterstreicht § 39 Abs. 1 Nr. 1 SächsPolG auch für seinen Anwendungsbereich diesen Grundsatz und trägt so der Nachrangigkeit der Inanspruchnahme des Nichtstörers gegenüber dem Störer Rechnung. In verfassungsrechtlich nicht zu beanstandender Weise ist der Gesetzgeber bei dieser Regelung davon ausgegangen, daß es Konstellationen geben kann, in denen der Polizeivollzugsdienst zur Abwehr einer gegenwärtigen Gefahr auf die Informationserhebung über Unbeteiligte nicht verzichten kann, weil weder die Inanspruchnahme von Störern noch der Rückgriff auf staatliche Mittel ausreichend ist oder hierdurch ein Schaden herbeigeführt würde, der außer Verhältnis zu dem beabsichtigten Erfolg stünde.

Läßt der Gesetzgeber die Datenerhebung durch den Einsatz besonderer Mittel grundsätzlich zu, so muß er Sicherungen treffen, damit auch die Gesetzesanwendung im Einzelfall am Verhältnismäßigkeitsgrundsatz ausgerichtet ist und unbillige Härten ausgeschlossen bleiben. Die spezielle Zweckrichtung, welche der Gesetzgeber bei der Zulassung der besonderen Mittel der Datenerhebung verfolgt hat – und aus der sich die verfassungsrechtliche Rechtfertigung der Eingriffstatbestände herleitet –, darf nicht zum Einfallstor polizeilicher Allmacht führen.

Eine solche unverhältnismäßige Ausuferung der polizeilichen Eingriffsbefugnisse zu Lasten der Grundrechtssphäre des Einzelnen ist jedoch im Rahmen des § 39 Abs. 1 Nr. 1 SächsPolG nicht zu befürchten, denn die Vorschrift enthält hinreichende Korrektive und Sicherungen auf der Tatbestandsebene zur Einhaltung des Mindesteingriffsgebots im Einzelfall. Eine Begrenzungs- und Korrektivfunktion kommt vor allem dem Tatbestandsmerkmal der Erforderlichkeit zu. Dieses Merkmal ist tauglich, um in verfassungskonformer Weise den Maßstab für die jeweils zulässige Datenerhebung vorzugeben, je nachdem ob sie sich gegen Störer oder andere Personen richtet. Eine darüber hinausgehende tatbestandsmäßige Abschichtung ist von Verfassungs wegen nicht notwendig (vgl. auch BayVerfGH, Entscheidung vom 19. Oktober 1994, DVBl. 1995, 347, 349). Die Eingrenzungsleistung des Tatbestandsmerkmals der Erforderlichkeit wäre indes gering und so vor dem hohen Rang des informationellen Selbstbestimmungsrechts verfassungsrechtlich kaum zu rechtfertigen, wollte man es allein als deklaratorischen Hinweis auf den in jedem Fall zu beachtenden Grundsatz der Verhältnismäßigkeit und dessen Elemente (vgl. § 3 SächsPolG) begreifen. Denn weder das staatliche Interesse an der Bekämpfung und Aufklärung von Straftaten noch ein anderes öffentliches Interesse rechtfertigt von vornherein und ohne weiteres den Zugriff auf das informationelle Selbstbestimmungsrecht. Vielmehr gebietet der mit Art. 33 SächsVerf verbürgte hohe Rang des Rechts auf freie Entfaltung und Achtung der Persönlichkeit, der sich aus der engen Beziehung zur Garantie der Menschenwürde ergibt, daß dem erforderlich erscheinenden Eingriff stets das Schutzgebot des Art. 14 Abs. 1 SächsVerf als Korrektiv entgegengehalten wird. Dem ist durch eine strenge Prüfung der Verhältnismäßigkeit der im Einzelfall beabsichtigten Maßnahme Rechnung zu tragen. Die Datenerhebung mit besonderen Mitteln ist nicht schon statthaft, wenn sie zweckmäßig und nützlich erscheint, sondern nur dann erforderlich und damit zulässig, wenn sie unabweisbar und durch besonders gewichtige Gründe gedeckt ist.

Das Kriterium der Erforderlichkeit bildet auch den Maßstab für die jeweils zulässigen Methoden der Datenerhebung. Heimliche Ermittlungsmethoden sind gegenüber der offenen Datenerhebung stets nachrangig und nur unter besonderen Voraussetzungen zulässig (vgl. § 37 Abs. 5 S. 2 SächsPolG). Die Stärke und Nachhaltigkeit, mit der eine polizeiliche Informationserhebung in das informationelle Selbstbestimmungsrecht eingreift, kann je nachdem, welches der besonderen Mittel der Datenerhebung zum Einsatz gebracht wird, sehr verschieden sein. Ohne daß sich innerhalb der besonderen Mittel der Datenerhebung des § 36 Abs. 1 SächsPolG eine bestimmte Wertigkeitsskala aufstellen ließe, ist jedenfalls das zum Teil unterschiedliche Gewicht des Eingriffs bei Abhör- und Beobachtungsmaßnahmen zu beachten. Wo grundrechtsverträglichere Erhebungsmethoden, wie etwa die längerfristige Observation, zur Informationserlangung ausreichen, gebietet der Grundsatz des geringstmöglichen Eingriffs, auf den Einsatz technischer Mittel zu verzichten. Der Einsatz technischer Datenerhebungsmethoden ist nur dort erforderlich, wo weder der Einsatz der sonstigen besonderen Mittel der Datenerhebung noch andere, im Einzelfall weniger eingriffsintensive Ermittlungsmethoden den gleichen Erfolg versprechen.

Die Einhaltung der Verhältnismäßigkeit beim Einsatz besonderer Mittel wird im Rahmen des § 39 Abs. 1 Nr. 1 SächsPolG auch dadurch gesichert, daß die Anordnung bei Vorliegen der tatbestandlichen Voraussetzungen nicht zwingend vorgeschrieben, sondern in das nach § 3 SächsPolG pflichtgemäß auszuübende Ermessen der zuständigen Behörde gestellt ist. An die Ausübung dieses Ermessens werden dann besonders strenge Anforderungen zu stellen sein, wenn Unbeteiligte von der Überwachung betroffen sind oder wenn der Einsatz zum Schutz von reinen Sach- oder Vermögensinteressen erfolgt.

b) § 39 Abs. 1 Nr. 1 SächsPolG ist unter Zugrundelegung des strengen Bestimmtsheitsmaßstabes, welcher für Eingriffe in das Recht auf informationelle Selbstbestimmung zu gelten hat (vgl. BVerfGE 65, 1, 46), mit den Geboten der Normenklarheit und -bestimmtheit vereinbar.

aa) Es ist verfassungsrechtlich nicht zu beanstanden, daß der Gesetzgeber sich des unbestimmten Rechtsbegriffs der bedeutenden fremden Sach- oder Vermögenswerte bedient hat. Zwar ist dieser Begriff – auch in der Strafrechtswissenschaft – noch nicht hinreichend konkretisiert worden. Dieser Umstand führt jedoch noch nicht zu einem Verstoß gegen den Bestimmtheitsgrundsatz. Eine Vorschrift des materiellen Polizeirechts muß nicht deshalb verfassungswidrig sein, weil sie sich unbestimmter Rechtsbegriffe und generalisierender Ermächtigungsnormen bedient. Wie bereits ausgeführt wurde (D. II. 1.), verfügt der Gesetzgeber, wenn er vor der Frage steht, ob er in einer Vorschrift unbestimmte Rechtsbegriffe verwendet oder sie ins einzelne gehend faßt, über einen Gestaltungsspielraum, wobei nicht zuletzt Erwägungen der Praktikabilität seine Entscheidung beeinflussen dürfen. Unter diesem Gesichtspunkt ist der Gesetzgeber auf dem Gebiet des Polizeirechts grundsätzlich nicht gehindert, Eingriffstatbestände zu schaffen, die im Interesse des umfassenden Rechtsgüterschutzes ein möglichst wirksames und flexibles Einschreiten der Sicherheitsbehörden im Einzelfall ermöglichen sollen. Soweit er auf dem Gebiet der Gefahrenabwehr und vorbeugenden Verhinderung von Straftaten Regelungen trifft, folgt die verfassungsrechtliche Rechtfertigung für die Verwendung unbestimmter Rechtsbegriffe aus der erheblichen Bedrohung des Gemeinwesens durch die vielgestaltigen Formen der Vermögenskriminalität und der daraus folgenden Notwendigkeit, dieser umfassend Einhalt zu gebieten. Die Verwendung unbestimmter Rechtsbegriffe in gesetzlichen Bestimmungen ist jedenfalls dann verfassungsrechtlich unbedenklich, wenn gewährleistet ist, daß ihre Anwendung auf den Einzelfall von den dazu berufenen Gerichten geprüft und dadurch eine nähere Konkretisierung herbeigeführt werden kann.

bb) Es darf jedoch nicht verkannt werden, daß der Einsatz besonderer Mittel der Datenerhebung in der Praxis im wesentlichen heimlich erfolgen wird und dem Betroffenen nach § 39 SächsPolG auch nicht nachträglich bekanntgegeben zu werden braucht, weshalb eine durchgängige gerichtliche Kontrolle in diesem Bereich nicht gewährleistet ist. Dies hat auch zur Folge, daß die Gerichte ihre Konkretisierungsaufgabe in bezug auf die normierten unbestimmten Rechtsbegriffe nicht ausreichend wahrnehmen können. Kann aber in weiten Bereichen heimlichen – und auch geheim bleibenden – staatlichen Handelns die nachträgliche gerichtliche Kontrolle nicht stattfinden, so fällt die Aufgabe der Konkretisierung unbestimmter Rechtsbegriffe im Interesse der Rechtssicherheit grundsätzlich an den Gesetzgeber zurück, der dieses Konkretisierungsdefizit bedenken und durch möglichst klare und transparente Regelungen kompensieren muß. Kann der Gesetzgeber – etwa im Hinblick auf den Regelungsgegenstand – keine vollständige Konkretisierung der Eingriffstatbestände erreichen, ohne die Tatbestände zugleich in ihrer praktischen

Anwendbarkeit einzuschränken, so darf er es unter dem Gesichtspunkt der Bestimmtheit bei der Normierung geeigneter Generalklauseln und unbestimmter Rechtsbegriffe belassen. Er muß dann aber – in einem zweiten Schritt – durch eine geeignete Verfahrensgestaltung dafür sorgen, daß dieses Defizit in der Praxis kompensiert werden kann (vgl. hierzu unten III.).

cc) Nach diesen Grundsätzen durfte der sächsische Gesetzgeber im Interesse der Effizienz polizeilichen Tätigwerdens auf dem Gebiet der vorbeugenden Straftatenbekämpfung auf die Gefährdung bedeutender fremder Sach- oder Vermögenswerte abstellen. Der Begriff, zu dem normativ keine Regelungsalternative besteht, ist unter Bestimmtheitsgesichtspunkten nicht zu beanstanden. Er ist im Lichte des informationellen Selbstbestimmungsrechts zu sehen und vom Rechtsanwender entsprechend auszulegen. Deshalb darf die Eingriffsschwelle für polizeiliches Handeln in diesem Bereich nicht zu niedrig bemessen sein. Gewisse Abstriche im Bereich der Normenklarheit und der Rechtssicherheit, die sich derzeit bei der praktischen Handhabung des Einsatzes besonderer Mittel zum Schutze von Sach- oder Vermögenswerten ergeben, müssen verfassungsrechtlich in Kauf genommen werden, da der Gesetzgeber sonst gezwungen gewesen wäre, entweder unpraktikable Regelungen zu treffen oder aber diese Rechtsgüter vom Anwendungsbereich des § 39 Abs. 1 Nr. 1 SächsPolG auszuschließen. Zudem ist davon auszugehen, daß die Rechtswissenschaft und zumindest partiell auch die Rechtsprechung das derzeitige Bestimmtheitsdefizit auf normativer Ebene alsbald durch eine hinreichende, im Lichte des informationellen Selbstbestimmungsrechts vorzunehmende Begriffskonkretisierung ausgleichen werden.

dd) Aus dem gleichen Grund hält sich § 39 Abs. 1 Nr. 1 SächsPolG auch im Rahmen der Verpflichtung des Gesetzgebers, der für die Grundrechtsverwirklichung maßgebliche Regelungen im wesentlichen selbst zu treffen und diese nicht dem Handeln und der Entscheidungsmacht der Exekutive zu überlassen (vgl. BVerfGE 80, 137, 161; NJW 1991, 1472).

2. § 39 Abs. 1 Nr. 2 a SächsPolG verstößt gegen Art. 33 i. V. m. Art. 2 S. 2 SächsVerf, soweit im Rahmen von Vorfeldermittlungen mit besonderen Mitteln Daten über Personen erhoben werden dürfen, bei denen Tatsachen die Annahme rechtfertigen, daß sie Vergehen begehen werden, die nach Art und Schwere geeignet sind, den Rechtsfrieden dadurch besonders zu stören, daß sie sich, ohne gewerbs-, gewohnheits-, serien-, bandenmäßig oder sonst organisiert begangen zu werden, gegen bedeutende fremde Sach- oder Vermögenswerte richten.

a) Zwar ist die Datenerhebung mit besonderen Mitteln im Vorfeld konkreter Gefahren zur vorbeugenden Bekämpfung von Straftaten von erheblicher Bedeutung, wie sie durch § 39 Abs. 1 Nr. 2 SächsPolG ermöglicht wird, verfassungsrechtlich im Grundsatz unbedenklich. Sog. Vorfeldbefugnisse der Polizei sind nach neueren kriminalistischen Erkenntnissen, wie sie dem Verfassungsgerichtshof von den angehörten Polizeisachverständigen auch in der mündlichen Verhandlung dargelegt worden sind, in der Auseinandersetzung mit moderner Kriminalität unverzichtbar. Die Existenz schwerer, auch organisierter Kriminalität ist eine Erscheinung im gesellschaftlichen und wirtschaftlichen Leben. Weltweit haben sich kriminelle Gruppen eingerichtet, die durch eine besondere Qualität der Organisation ihres kriminellen Handelns sowie durch eine schnelle Anpassung ihrer Strukturen an bestehende Normen gekennzeichnet sind. Es handelt sich dabei um äußerst vielgestaltige, in steter Entwicklung begriffene Erscheinungsformen des Verbrechens, deren Bekämpfung situationsgerechtes flexibles Handeln verlangt.

Die Polizei muß als Widerpart des organisierten Verbrechens ihre Fahndungs- und Beobachtungsmethoden der Langfristigkeit und Weiträumigkeit der gegnerischen Strategien anpassen (vgl. *Denninger*, JA 1987, 131). In diesem Kriminalitätsbereich reichen die herkömmlichen Mittel des Polizeirechts häufig nicht aus. Für eine wirksame Bekämpfung der organisierten Kriminalität mit dem Ziel der vorbeugenden Verbrechensbekämpfung ist eine frühzeitige Informationsbeschaffung und -auswertung entscheidend, die durch operatives Vorgehen in kriminalstrategischer Zielsetzung erfolgt (*Kniesel/Vahle*, DÖV 1989, 566, 568 f.).

Dazu gehört auch, daß die Sicherheitsbehörden in die Organisationen eindringen und bereits die frühe Entstehungsphase von Straftaten, die Zusammenhänge, die Arbeitsweisen mafioser Gebilde und die sie steuernden Personen ergründen müssen. Kriminalitätsbekämpfung durch Vorfeldaktivitäten besteht im Durchleuchten des kriminellen Umfeldes, im Erkennen von verbrechensbegünstigenden Strukturen und in der Festellung sich einnistender Verbrechenslogistik sowie im operativen Vorgehen gegen solche Gebilde, wie etwa der Beseitigung von Tatgelegenheiten und der Auflösung von Organisationen und Szenen. Die Informationsbeschaffung (Datenerhebung) wird dabei häufig mit Eingriffen in das Recht auf informationelle Selbstbestimmung verbunden sein, ohne daß schon zu diesem Zeitpunkt die das herkömmliche Polizeirecht prägenden Grundkategorien wie die Bestimmung der Eingriffsschwelle über den Gefahrenbegriff sowie die Unterscheidung von Störern und Nichtstörern das polizeiliche Handeln bestimmen können (vgl. *Kniesel*, ZRP 1992, 164). Angehörige als kriminell eingestufter Gruppierungen, von denen nach kriminalistischer Erfahrung die Begehung weiterer schwerer Delikte zu erwarten ist, bei denen jedoch die Tatbegehung räumlich und zeitlich noch nicht fixiert werden kann, lassen sich mit den Kategorien des Störerbegriffs alter Prägung nicht durchgängig erfassen (vgl. *Kniesel/Vahle*, DÖV 1989, 569).

Vor diesem Hintergrund ist es verfassungsrechtlich jedenfalls vertretbar und damit vom gesetzgeberischen Gestaltungsermessen gedeckt, den Sicherheitsorganen zur Bekämpfung dieser „Szenen" Befugnisse zu Ermittlungen und Informationseingriffen einzuräumen, die auch das Vorfeld einer konkreten Gefahr nicht ausklammern. Nach der verfassungsmäßigen Ordnung ist die polizeiliche Tätigkeit nicht generell auf die Abwehr konkreter, im Einzelfall bestehender Gefahren beschränkt zulässig (vgl. BVerfGE 30, 1, 29, BVerfG NJW 1996, 114). Informationseingriffe der Sicherheitsbehörden sind deshalb innerhalb bestimmter Kriminalitätsbereiche nicht von vornherein an das Vorliegen einer konkreten Gefahr gebunden, sondern auch vor dem Erreichen dieser Schwelle rechtsstaatlich unbedenklich.

b) Der Einsatz der besonderen Mittel der Datenerhebung auch schon im Vorfeld konkreter Gefahrensituationen ist zur Verhinderung und vorbeugenden Bekämpfung von Straftaten geeignet und erforderlich. Es kann Lagen geben, in denen diese Verfahren der Informationsgewinnung zur vorbeugenden Verbrechensbekämpfung beitragen können und der Polizei keine anderen, ebenso wirksamen, aber für den Betroffenen schonenderen Ermittlungsmethoden zur Verfügung stehen.

Die prinzipielle Geeignetheit und Erforderlichkeit der modernen Überwachungsmethoden wird auch nicht dadurch in Frage gestellt, daß noch nicht absehbar ist, ob hierdurch dauerhaft die Effektivität der Polizeiarbeit bei der vorbeugenden Bekämpfung des organisierten Verbrechens gesteigert wird. Steht hinter ihr die ernsthafte und begründete Erwartung eines Erfolgs, so kann eine solche experimentierende Regelung verfassungsrechtlich nicht beanstandet werden. Bei den komplexen, in ständiger Entwicklung begriffenen Ausprägungen kriminellen Tuns läßt sich angesichts der Vielgestaltigkeit der Erscheinungsformen derzeit keine sichere Prognose über die mittel- und langfristige Effektivität der modernen Techniken zur Informationsgewinnung abgeben, zumal wenn man in Rechnung stellt, daß manche Überwachungsmethoden, wie die längerfristige Observation oder die Einschleusung eines verdeckten Ermittlers in eine kriminelle Szene, ohnehin keine sofortige Wirkung entfalten, sondern erst nach einer gewissen Anlaufzeit Erfolge bringen (vgl. *Albert*, ZRP 1995, 105, 108). Der sächsische Gesetzgeber konnte seiner Entscheidung über die Zulassung besonderer Mittel der Datenerhebung nur die zu dieser Zeit bestehenden Verhältnisse zugrunde legen und durfte aus seiner Sicht von deren Geeignetheit und Erforderlichkeit zur vorbeugenden Verbrechensbekämpfung ausgehen. Gesicherte Erkenntnisse, die über einen längeren Zeitraum auf Bundes- oder Landesebene hätten gewonnen werden können, fehlen noch. Sie zu gewinnen und für eine Optimierung der Eingriffsermächtigungen in diesem Bereich auszuwerten und nutzbar zu machen, muß ihm eine angemessene Zeit zugestanden werden. Effektivitätsmängel und die mit einer gröberen Typisierung und Generalisierung verbundenen Unzuträglichkeiten geben erst dann Anlaß zu verfassungsgerichtlicher Beanstandung, wenn der Gesetzgeber eine spätere Überprüfung und Verbesserung trotz ausreichenden Erfahrungsmaterials für eine sachgerechtere Lösung unterläßt (Sächsischer Verfassungsgerichtshof, Urteil vom 20. April 1995 – Vf. 18-II-93 –, SächsVBl. 1995, 160, 162; vgl. BVerfGE 65, 1, 56). Insoweit entspricht der Experimentierbefugnis eine Evaluationspflicht, die eine Nachbesserung erforderlich machen kann.

c) Die Datenerhebung mit besonderen Mitteln im Vorfeld konkreter Gefahren verstößt jedoch gegen das Übermaßverbot, soweit der Einsatz zur Verhinderung und vorbeugenden Bekämpfung von Vergehen erfolgt, die sich gegen bedeutende fremde Sach- oder Vermögenswerte richten, aber nicht gewerbs-, gewohnheits-, serien-, bandenmäßig oder sonst organisiert begangen werden.

Der Bereich privater Lebensgestaltung, welcher polizeilichen Eingriffen auf dem Gebiet der Informationsvorsorge entzogen ist, läßt sich nicht abstrakt bestimmen, sondern wird von dem mit Verfassungsrang ausgestatteten Grundsatz der Verhältnismäßigkeit determiniert. Auf dem Gebiet der Gefahrenabwehr bemessen sich Maß und Reichweite zulässiger Datenerhebung und -verarbeitung in Abhängigkeit vom jeweiligen Gefährdungsgrad und der Schwere des Grundrechtseingriffs: Je konkreter, das heißt, je klarer und gegenwärtiger die Gefährdung der Rechtsordnung bzw. die Wahrscheinlichkeit eines Schadenseintritts ist, desto mehr und weiterreichende Eingriffsbefugnisse stehen der Polizei und den anderen zur Gefahrenabwehr zuständigen Behörden zu; je nachhaltiger und tiefer in das informationelle Selbstbestimmungsrecht eingegriffen wird, desto höher sind die Anforderungen an den jeweiligen Eingriff. Dem hat der Gesetzgeber bei der Erhebung und Verarbeitung personenbezogener Daten durch eine an Inhalt und Tragweite des informationellen Selbstbestimmungsrechts und dem Grundsatz der Verhältnismäßigkeit ausgerichtete differenzierende Regelung staatlicher Eingriffsmöglichkeiten Rechnung zu tragen. Dabei kann er gehalten sein, auf dem Gebiet der sog. Vorfeldbefugnisse das Interesse an einem umfassenden Rechtsgüterschutz hinter den Individual- und Freiheitsinteressen der Betroffenen zurückzustellen und die staatlichen Handlungsbefugnisse auf den Schutz höchstrangiger Individual- und Allgemeinrechtsgüter zu begrenzen.

aa) Die Regelung des § 39 Abs. 1 Nr. 2 SächsPolG wird dem Gebot, differenzierende, am jeweiligen Gefährdungsgrad ausgerichtete Eingriffstatbestände zu normieren, insoweit nicht gerecht, als dort durch die Bezugnahme auf § 36 Abs. 1 Nr. 2 a SächsPolG der Einsatz besonderer Mittel der Datenerhebung auch im Vorfeld konkreter Gefahren zum Schutz bedeutender fremder Sach- oder Vermögenswerte ermöglicht wird. Zwar stellt es das Ergebnis einer vom Verfassungsgerichtshof nicht zu beanstandenden gesetzgeberischen Abwägung dar, den Rechtsgüterschutz auf dem Gebiet der Abwehr gegenwärtiger Gefahren (§ 39 Abs. 1 Nr. 1 SächsPolG) über den Bereich besonders gewichtiger Rechtsgüter (Leben, Gesundheit oder Freiheit einer Person) hinaus auszudehnen und Informationsgewinnungseingriffe zur Bekämpfung der schweren, den Rechtsfrieden besonders störenden Kriminalität bereits bei der Gefährdung bedeutender Sach- und Vermögenswerte zuzulassen. Die verfassungsrechtlich gebotene Güterabwägung zwischen den öffentlichen Sicherheitsbelangen und dem Grundrecht auf informationelle Selbstbestimmung muß im Hinblick auf den Grundsatz der Verhältnismäßigkeit aber zu einem anderen Ergebnis führen, soweit polizeiliche Eingriffsbefugnisse nicht an das Vorliegen einer konkreten oder gar gegenwärtigen Gefahr anknüpfen, sondern schon unterhalb dieser Schwelle im Vorfeld wirksam werden können, wie dies bei § 39 Abs. 1 Nr. 2 SächsPolG der Fall ist. Der Gesetzgeber hätte dem durch eine nach dem jeweiligen Gefährdungsgrad differenzierende Regelung über die informatorischen Eingriffsbefugnisse Rechnung tragen müssen.

Der Schutz bedeutender Sach- und Vermögensinteressen darf nur insoweit in den Anwendungsbereich polizeilicher Vorfeldbefugnisse aufgenommen werden, als durch die Gefährdung nicht nur Individualinteressen berührt werden, sondern wegen der Begehungsweise, die § 36 Abs. 1 Nr. 2 c SächsPolG umschreibt, zugleich das Gemeinwesen besonders bedroht wird. Sach- und Vermögenswerte sind Bestandteile der von der Polizei zu gewährleistenden öffentlichen Sicherheit (vgl. § 1 Abs. 1 SächsPolG), soweit an ihrem Schutz ein öffentliches Interesse besteht. Das ist immer dann der Fall, wenn ihre Verletzung zugleich gegen Strafrechtsnormen verstößt (vgl. oben II. 1 cc). Dem Schutz von Sach- und Vermögensinteressen kommt im Lichte des informationellen Selbstbestimmungsrechts aus Art. 33 SächsVerf jedoch kein derart überragender Stellenwert zu, daß die Vorverlagerung des polizeilichen Schutzes normativ generell zulässig wäre. Ein generelles staatliches Tätigwerden im Vorfeld konkreter Gefahrensituationen zum Schutz von Sach- oder Vermögenswerten rechtfertigt sich weder aus der objektivrechtlichen Pflicht der Staatsorgane zum Schutz der von der Rechtsordnung gesicherten Individualgüter noch aus dem allgemeinen Sicherheitsbedürfnis der Bevölkerung. Wegen der schweren und oft nicht wiedergutzumachenden Grundrechtsbeeinträchtigungen, die mit einer Informationsgewinnung durch besondere Mittel der Datenerhebung verbunden sind, sind informationelle Eingriffsmaßnahmen unterhalb der Gefahrenschwelle in diesem Bereich nur ausnahmsweise zulässig und bedürfen einer besonderen Rechtfertigung. Die besondere verfassungsrechtliche Rechtfertigung kann außer in dem Gewicht einzelner Rechtsgüter auch in der Bedrohung liegen, welche das Gemeinwesen durch die besondere Art der Tatbegehung i. S. von § 36 Abs. 1 Nr. 2 c SächsPolG erfährt. Die besondere Gefährlichkeit und Präventionsbedürftigkeit dieser Taten ergibt sich dabei weniger aus dem Gewicht der durch die Einzeltaten betroffenen Rechtsgüter als vielmehr aus der Planmäßigkeit der Beeinträchtigung der Rechtsordnung durch organisiertes Vorgehen. Vor allem hieraus legitimiert sich das öffentliche Interesse daran, diese Kriminalität schon vorbeugend zu bekämpfen.

Durch die verfassungsrechtlich gebotene Beschränkung der polizeilichen Vorfeldkompetenzen auf die übrigen Tatbestände des § 36 Abs. 1 Nr. 1 und 2 SächsPolG, gegen die im Hinblick auf das Übermaßverbot keine verfassungsrechtlichen Bedenken bestehen, wird die vorbeugende Verbrechensbekämpfung nicht entscheidend erschwert, denn gegen die relevanten Erscheinungsformen der organisierten Kriminalität kann bereits auf der Grundlage von § 39 Abs. 1 Nr. 2 a SächsPolG i. V. m. § 36 Abs. 1 Nr. 2 c SächsPolG umfassend, also auch soweit es um den Schutz von bedeutenden fremden Sach- oder Vermögensinteressen geht, vorgegangen werden, sofern diese Vergehen im Einzelfall nach Art und Schwere geeignet sind, den Rechtsfrieden besonders zu stören.

bb) Im Rahmen der auch bei § 39 Abs. 1 Nr. 2 SächsPolG zu treffenden Ermesssensentscheidung ist eine einzelfallbezogene Beurteilung erforderlich, die sicherstellt, daß der Einsatz der besonderen Mittel bei reinen Bagatelldelikten unterbleibt. Nur Vergehen, bei denen Rechtsgüter von einigem Gewicht bedroht sind, sind im Einzelfall nach Art und Schwere geeignet, den Rechtsfrieden besonders zu stören. Der Bedeutung des informationellen Selbstbestimmungsrechts ist im Rahmen des § 36 Abs. 1 Nr. 2 c SächsPolG zudem durch eine restriktive Gesetzesanwendung Geltung zu verschaffen, die berücksichtigt, daß Beweistatsachen für die zukünftige Begehung von Einzeltaten noch nicht ohne weiteres die Annahme der Gewerbs-, Gewohnheits-, Serien- oder Bandenmäßigkeit der Tatbegehung zu rechtfertigen vermögen. Schließlich hat stets eine Abwägung der Bedeutung der Tat gegen Art und Eingriffstiefe des im Einzelfall eingesetzten besonderen Mittels zu erfolgen. So kann im Einzelfall bei geringerer Gefährdung der öffentlichen Sicherheit der Einsatz weniger tiefgreifender Fahndungsmethoden, wie etwa eine Observation ohne Aufzeichnung, noch rechtmäßig sein, während beispielsweise der Einsatz technischer Aufzeichnungsgeräte zur vorbeugenden Bekämpfung desselben Delikts schon unverhältnismäßig wäre.

d) Im übrigen ist § 39 Abs. 1 Nr. 2 a SächsPolG entgegen der Auffassung der Antragsteller verfassungsrechtlich nicht zu beanstanden und auch mit den Geboten der Normenklarheit und -bestimmtheit vereinbar.

Entscheidet sich der Gesetzgeber dafür, die Schwelle für polizeiliches Eingriffshandeln dergestalt abzusenken, daß er Informationsgewinnungseingriffe auch im Vorfeld einer konkreten Gefahrensituation zuläßt, so muß er im Hinblick auf den hohen Rang des informationellen Selbstbestimmungsrechts auch dafür Sorge tragen, daß die tatbestandliche Fassung der Befugnisnorm den Sicherheitsbehörden keine Blankoermächtigung erteilt. Soweit im Rahmen der Eingriffsermächtigung eine Prognose über das zukünftige Legalverhalten von Personen zu stellen ist, gebietet der Bestimmtheitsgrundsatz, daß die Eingriffsnorm so gefaßt ist, daß niemand befürchten muß, ohne hinreichende und damit für ihn vorhersehbare Anhaltspunkte und Verdachtsumstände in das Visier der Sicherheitsorgane zu geraten. Das einer Prognoseentscheidung immanente Unsicherheitspotential ist rechtsstaatlich nur hinnehmbar, wenn die Eingriffsvoraussetzungen den Geboten hinreichender Klarheit, Vorhersehbarkeit und Kontrollfähigkeit belastender Maßnahmen genügen.

aa) Diesen rechtsstaatlichen Anforderungen an die Bestimmtheit einer Norm hält § 39 Abs. 1 Nr. 2 a SächsPolG auch stand, soweit er – wie § 39 Abs. 1 Nr. 2 b SächsPolG, § 40 Abs. 1 Nr. 2 SächsPolG und § 47 Abs. 1 Nr. 2 SächsPolG – den unbestimmten Rechtsbegriff der Straftaten von erheblicher Bedeutung (§ 36 Abs. 1 SächsPolG) verwendet.

Der sächsische Gesetzgeber hat sich im Rahmen von § 36 Abs. 1 SächsPolG für einen generalisierenden (offenen) Katalog von Straftaten entschieden und davon abgesehen, die relevanten Straftatbestände von erheblicher Bedeutung in einem geschlossenen Straftatenkatalog enumerativ und abschließend aufzulisten. Straftaten von erheblicher Bedeutung sind danach alle Verbrechen (§ 36 Abs. 1 Nr. 1 SächsPolG) und zahlreiche Vergehen (§ 36 Abs. 1 Nr. 2 SächsPolG), die – zum Teil wiederum durch Verwendung unbestimmter Rechtsbegriffe – nach ihrem Schutzgut bzw. nach den Modalitäten der Tatbegehung umschrieben werden. Mit diesem offenen Katalog sollen, wie auch aus der ersichtlich als Auffangtatbestand konzipierten Nr. 2 c („oder sonst organisiert begangen") deutlich wird, nach dem gesetzgeberischen Willen alle Kriminalitätsbereiche und Begehungsformen erfaßt sein, die für die organisierte Kriminalität bezeichnend sind.

Die gesetzgeberische Entscheidung zugunsten des genannten offenen Straftatenkatalogs ist das Ergebnis einer Abwägung, die rechtsstaatlichen Bestimmtheitsmaßstäben genügt. Die Verwendung des unbestimmten Rechtsbegriffs der Straftaten von erheblicher Bedeutung führt im Anwendungsbereich des § 39 Abs. 1 Nr. 2 a SächsPolG nicht dazu, daß für die von der Regelung Betroffenen nicht mehr vorherzusehen ist, wann eine Überwachung mit den besonderen Mitteln der Datenerhebung zulässig ist. Zwar ist die Konkretisierungs- und damit auch die Begrenzungsleistung des offenen Kataloges des § 36

Abs. 1 SächsPolG, jedenfalls soweit dort nicht an konkrete Straftatbestände angeknüpft wird, eingeschränkt. Die relative Unbestimmtheit, die einem generalisierenden Katalog, wie dem des § 36 Abs. 1 SächsPolG, innewohnt, ist jedoch im Interesse der Effizienz polizeilicher Aufgabenerfüllung bei der Bekämpfung der organisierten Kriminalität verfassungsrechtlich noch hinnehmbar. Bei den Maßnahmen der Informationserhebung kann der Gesetzgeber aufgrund der Vielzahl der möglichen Anwendungsfälle nicht alle Konstellationen absehen, so daß es grundsätzlich rechtsstaatlich gerechtfertigt und vertretbar ist, wenn er sich unbestimmter Rechtsbegriffe bedient. Der Verfassungsgerichtshof verkennt nicht, daß die Handhabungs- und Auslegungsschwierigkeiten, die mit diesem generalisierenden Katalog verbunden sein können, zu Lasten der Rechtssicherheit gehen. Die Abstriche im Bereich der Normbestimmtheit, die mit der Anwendung des Kataloges des § 36 Abs. 1 SächsPolG verbunden sein können, rechtfertigen sich verfassungsrechtlich jedoch – ebenso wie bei § 39 Abs. 1 Nr. 1 SächsPolG – aus dem Regelungsgegenstand und der spezifischen gesetzgeberischen Zielsetzung einer umfassenden und flexiblen vorbeugenden Verbrechensbekämpfung. Der Begriff der Straftaten von erheblicher Bedeutung ist indes in den Polizeigesetzen der Länder etabliert und zudem als Generalklausel ohne Alternative. Soweit der Gesetzgeber zur Umschreibung dieses Begriffs wiederum generalisierende Termini verwendet hat, wie beispielsweise die Formulierung, daß die Vergehen „im Einzelfall nach Art und Schwere geeignet sein müssen, den Rechtsfrieden besonders zu stören", sind diese jedenfalls bestimmbar.

Die Übernahme von Rechtsbegriffen aus dem Strafrecht, wie dies im § 36 Abs. 1 Nr. 2 c SächsPolG geschieht, ist nicht zu beanstanden, weil diese Begriffe durch ihre ständige Anwendung hinreichende rechtsstaatliche Konturen erhalten haben. Auch der Auffangtatbestand, daß Vergehen „sonst organisiert" begangen werden, genügt den verfassungsrechtlichen Bestimmtsheitsanforderungen jedenfalls dann, wenn bei seiner Auslegung berücksichtigt wird, daß der Anwendungsbereich auf Motive und Begehungsweisen beschränkt ist, die den übrigen Modalitäten der Nr. 2 c in ihrem kriminellen Gewicht qualitativ gleichwertig sind. Dies wird insbesondere bei den Begehungsformen der Fall sein, bei denen sich bereits in einem frühen Ermittlungsstadium hinreichend deutlich abzeichnet, daß ein Vergehen unter Ausnutzung geschäftsähnlicher Beziehungen begangen werden soll, aber noch keine hinreichenden Anhaltspunkte für die nach der strafrechtlichen Judikatur und Lehre erforderlichen subjektiven – insbesondere voluntativen – Tatbestandselementen der Gewerbs-, Gewohnheits-, Serien- oder Bandenmäßigkeit vorliegen.

bb) § 39 Abs. 1 Nr. 2 a SächsPolG stellt in rechtsstaatlich unbedenklicher Weise darauf ab, daß Tatsachen – und nicht nur tatsächliche Anhaltspunkte –

die Annahme rechtfertigen müssen, eine Person werde Straftaten von erheblicher Bedeutung begehen. Mit diesem tatbezogenen Ansatz wird in klarer und für den Bürger vorhersehbarer Weise sichergestellt, daß die vom Polizeivollzugsdienst zu treffende Prognoseentscheidung über die zukünftige Begehung bestimmter Straftaten stets nur auf hinreichend sicherer Faktenlage getroffen wird und nicht allein auf polizeilichem Erfahrungswissen und Vermutungen beruhen darf.

3. § 39 Abs. 1 Nr. 2 b SächsPolG ist wegen Verstoßes gegen die mit dem Recht auf informationelle Selbstbestimmung gewährleisteten Grundsätze der Normenklarheit und Normenbestimmtheit verfassungswidrig und nichtig.

a) Nach dieser Vorschrift reicht es für die Zulässigkeit der Datenerhebung mit besonderen Mitteln aus, daß die „Gesamtwürdigung der Person und der von ihr bisher begangenen Straftaten" erwarten läßt, daß sie auch künftig Straftaten von erheblicher Bedeutung i. S. des § 36 Abs. 1 SächsPolG begehen wird.

Das Tatbestandsmerkmal der „Gesamtwürdigung der Person und der von ihr begangenen Straftaten" nimmt Bezug auf die Persönlichkeit des Betroffenen und kennzeichnet im polizeirechtlichen Sprachgebrauch den sog. gefährlichen Intensivtäter. Es ermächtigt in den Polizeigesetzen anderer Bundesländer die Polizei allein zu der polizeilichen Beobachtung bei diesem Personenkreis (vgl. § 25 Abs. 1 Nr. 1 BW PolG, Art. 36 Abs. 1 Nr. 1 BayPAG). Die Ausschreibung zur polizeilichen Beobachtung ist ein typisches Vorfeldinstrument, das aus der in einer bundeseinheitlichen Richtlinie (PDV 384.2) geregelten „beobachtenden Fahndung" hervorgegangen und in den neueren Polizeigesetzen der Länder als Instrument der vorbeugenden Verbrechensbekämpfung vorgesehen ist (vgl. *Bäumler*, in: Lisken/Denninger, Handbuch des Polizeirechts, Kap. J Rdn. 170 ff., 458 ff.). Der Sächsische Gesetzgeber hat dagegen die polizeiliche Beobachtung in den Katalog der besonderen Mittel der Datenerhebung aufgenommen (vgl. § 36 Abs. 2 Nr. 4 SächsPolG) und ermächtigt damit die Polizei zum Einsatz sämtlicher besonderer Mittel der Datenerhebung bereits dann, wenn die Gesamtwürdigung der Person und der von ihr begangenen Straftaten die Begehung weiterer Straftaten erwarten läßt.

b) § 39 Abs. 1 Nr. 2 b SächsPolG ist mit rechtsstaatlichen Grundsätzen nicht vereinbar. Die Vorschrift impliziert in einer für den einzelnen nicht mehr berechenbaren Weise die Gefahr, daß der Polizeivollzugsdienst die gebotene Prognoseentscheidung über die zukünftige Begehung von Straftaten allein anhand von allgemeinem Erfahrungswissen und Alltagstheorien trifft und massive Überwachungsmaßnahmen durchführt, ohne daß dies von der konkreten Tatsachen- oder Indizlage gedeckt wäre. Die normative Gegenüberstellung von § 39 Abs. 1 Nr. 2 b SächsPolG, wo von einer „Gesamtwürdigung" die Rede ist, mit den bei Nr. 2 a verlangten „Tatsachen" kann dahin verstanden und entsprechend angewendet werden, es brauche sich bei den Umständen und Faktoren, welche der Gesamtwürdigung bei den sog. gefährlichen Intensivtätern zugrundezulegen sind, nicht um objektive Fakten oder Beweisanzeichen, sondern nur um subjektive Einschätzungen zu handeln.

Das einer Vorhersage über zukünftige Entwicklungen stets immanente Unsicherheitspotential darf nicht noch dadurch vergrößert werden, daß die Prognose allein aufgrund von polizeilichem Erfahrungswissen und Vermutungen gestellt wird, ohne durch entsprechende Tatsachen oder wenigstens tatsächliche Anhaltspunkte im Sinne von Indizien gedeckt zu sein. Dieses Defizit an Normenklarheit und -bestimmtheit und die daraus folgende Prognoseunsicherheit wiegen umso schwerer als die Vorschrift des § 39 Abs. 1 Nr. 2 b SächsPolG durch die Verweisung auf § 36 Abs. 1 SächsPolG an einen unbestimmten Rechtsbegriff anknüpft, der zumindest derzeit nicht unerhebliche Auslegungsspielräume eröffnet, die zu Lasten der Rechtssicherheit gehen können, und dadurch zu einer Kumulation unbestimmter Gesetzesbegriffe führt.

c) § 39 Abs. 1 Nr. 2 b SächsPolG birgt auch die rechtsstaatswidrige Gefahr der Stigmatisierung des von ihr betroffenen Personenkreises der sog. gefährlichen Intensivtäter in sich. Wenn – wie im Falle des § 39 Abs. 1 Nr. 2 b SächsPolG – die Gefahr der Diskriminierung eines bestimmten Personenkreises zu besorgen ist, dann gehört zum Gebot der Normklarheit und -bestimmtheit auch, daß sich wenigstens für die Zulässigkeit solcher Eingriffe eindeutige Anhaltspunkte über deren Grenzen aus dem Wortlaut des Gesetzes entnehmen lassen. Daran fehlt es im Rahmen des § 39 Abs. 1 Nr. 2 b SächsPolG, denn dieser gestattet nach seinem Wortlaut eine Negativprognose allein auf der Grundlage von Erfahrungswissen und Vermutungen, ohne daß diese wertende Entscheidung durch objektive Umstände irgendwelcher Art, seien es Tatsachen oder wenigstens tatsächliche Anhaltspunkte, untermauert sein müßte.

Wegen der Unvereinbarkeit mit dem verfassungsrechtlichen Bestimmtheitsgrundsatz, die bereits die Verfassungswidrigkeit des § 39 Abs. 1 Nr. 2 b SächsPolG begründet, kann dahinstehen, ob zugleich ein Verstoß gegen das allgemeine Persönlichkeitsrecht (Art. 15 i. V. m. Art. 14 Abs. 1 SächsVerf) darin liegt, daß die Vorschrift keine tatsachengestützte Prognose über die zukünftige Rechtstreue einer Person verlangt, sondern maßgeblich auf früheres deliktisches Tun abgestellt wird. Ebenso braucht nicht entschieden zu werden, ob die Vorschrift mit der verfassungsrechtlich gebotenen Resozialisierungsoffenheit, wie sie in § 51 BZRG ihren Niederschlag gefunden hat, zu vereinbaren ist.

4. Soweit § 39 Abs. 1 Nr. 3 SächsPolG die Datenerhebung auch auf Kontakt- und Begleitpersonen ausdehnt, ist diese Norm bei verfassungskonformer Auslegung mit der Sächsischen Verfassung vereinbar.

a) Die Norm genügt dem Grundsatz der Normklarheit und -bestimmtheit, soweit sie regelt, daß Daten durch den Einsatz besonderer Mittel über Kontakt- und Begleitpersonen der in Nr. 2 a genannten Personen erhoben werden können, wenn die Datenerhebung zur vorbeugenden Bekämpfung dieser Straftaten zwingend erforderlich ist. Kontakt- und Begleitpersonen sind nach § 36 Abs. 3 SächsPolG „Personen, die mit einer Person, bei der tatsächliche Anhaltspunkte die Annahme rechtfertigen, daß diese Person Straftaten begehen wird, in einer Weise in Verbindung stehen, die die Erhebung ihrer personenbezogenen Daten zur vorbeugenden Bekämpfung dieser Straftaten zwingend erfordert". Die Vorschrift erweitert den Kreis derjenigen, die Ziel eines polizeilichen Eingriffs werden können, in unklarer und für den einzelnen nicht mehr vorhersehbarer Weise.

aa) Allerdings genügt bei einer am Grundsatz der Verhältnismäßigkeit orientierten Auslegung der Vorschrift nicht jede Art und Weise der Verbindung zum potentiellen Straftäter den Anforderungen an die Begründung von Überwachungsmaßnahmen gegenüber diesem Personenkreis. Geboten ist vielmehr eine nähere Qualifizierung des Kontakts zwischen dem potentiellen Straftäter und der anderen Person dahingehend, daß entweder nähere persönliche oder geschäftliche Beziehungen zu der eigentlichen Zielperson bestehen müssen oder der Kontakt über einen längeren Zeitraum unterhalten oder aber unter konspirativen Umständen hergestellt oder gepflegt wird; äußerlich flüchtige oder zufällige Alltagskontakte oder Beziehungen reichen hierfür nicht aus.

bb) Die *Erforderlichkeit* der Datenerhebung über Kontakt- und Begleitpersonen von potentiellen Straftätern zur vorbeugenden Verbrechensbekämpfung i. S. des § 39 Abs. 1 Nr. 3 SächsPolG kann nicht bereits damit begründet werden, daß es sich um Personen handelt, die mit potentiellen Straftätern in einer Weise in Verbindung stehen, die die Erhebung der personenbezogenen Daten von Kontakt- und Begleitpersonen zur vorbeugenden Bekämpfung dieser Straftaten zwingend erfordert (vgl. § 36 Abs. 3 SächsPolG). Bei diesem Verständnis geriete die Begriffsdefinition des § 36 Abs. 3 SächsPolG zu einem Zirkelschluß und die Ermächtigung des § 39 Abs. 1 Nr. 3 SächsPolG zu einer nahezu voraussetzungslosen Eingriffsbefugnis gegenüber jedermann. Dies wäre im Hinblick auf den Bestimmtheitsgrundsatz verfassungsrechtlich nicht hinnehmbar (vgl. *Kutscha*, NJ 1994, 545, 548; *Bäumler*, in: Lisken/Denninger, Handbuch des Polizeirechts, Kap. J Rdn. 408). Die Erhebung von Informationen über Kontakt- und Begleitpersonen ist nur insoweit zwingend erforderlich i. S. des § 39 Abs. 1 Nr. 3 SächsPolG, als es um die Aufhellung der in § 36 Abs. 3 SächsPolG in Bezug genommenen – und oben (a) näher präzisierten – Verbindung zu den in § 39 Abs. 1 Nr. 2 a SächsPolG genannten Personen ausschließlich mit dem Ziel der Gewinnung von Hinweisen über die angenommenen Straftaten geht; eine umfassende Ausforschung der Kontakt- und Begleitpersonen allein und um ihrer selbst willen ist verfassungsrechtlich nicht zu rechtfertigen (vgl. insoweit auch die Begriffsdefinition des § 2 Nr. 10 NdsGefAG). Daher hat sich die Datenerhebung über Kontakt- und Begleitpersonen auf die Informationsgewinnung über Art, Gegenstand, Zweck und Ausmaß eben jener Verbindung im Hinblick auf die angenommenen Straftaten zu beschränken.

b) In dieser restriktiven Auslegung steht die Bestimmung des § 39 Abs. 1 Nr. 3 SächsPolG auch mit dem Grundsatz der Verhältnismäßigkeit im Einklang.

Die Datenerhebung *über* Kontakt- und Begleitpersonen kann zur Bekämpfung schwerer – insbesondere organisierter – Kriminalität beitragen. Es kann auch Lagen geben, in denen die Polizei zur effektiven Aufgabenerfüllung nicht darauf verzichten kann, Datenerhebung im sozialen Umfeld potentieller Straftäter zu betreiben. Das Kriterium der zwingenden Erforderlichkeit der Datenerhebung (vgl. § 39 Abs. 1 Nr. 3 SächsPolG und § 36 Abs. 3 SächsPolG) zur vorbeugenden Verbrechensbekämpfung stellt im Lichte der oben vorgenommenen einschränkenden Auslegung ein verfassungsrechtlich ausreichendes Korrektiv zur Begrenzung der Eingriffsermächtigung des § 39 Abs. 1 Nr. 3 SächsPolG dar. Hierin liegt tatbestandsmäßig eine gesetzgeberisch gewollte Steigerung gegenüber der einfachen Erforderlichkeit der Datenerhebung, wie sie im Rahmen anderer Bestimmungen (vgl. § 39 Abs. 1 Nr. 1 SächsPolG bzw. § 47 Abs. 1 SächsPolG) notwendig und ausreichend ist. Die zwingende Erforderlichkeit, verstanden als besondere Subsidiaritätsklausel, welche sich aus der besonderen Nachrangigkeit der Heranziehung von Unbeteiligten – zu denen Kontakt- und Begleitpersonen gehören – rechtfertigt, trägt dem Übermaßverbot in ausreichender Weise Rechnung.

III.

§ 39 SächsPolG ist mit der Sächsischen Verfassung insoweit unvereinbar, als der Gesetzgeber nicht ausdrücklich und hinreichend bestimmt geregelt hat, ob und unter welchen Voraussetzungen Maßnahmen der polizeilichen Datenerhebung in verfassungsrechtlich durch Amts- und Berufsgeheimnisse geschützte Vertrauensverhältnisse eingreifen dürfen.

1. Die polizeiliche Datenerhebung aus verfassungsrechtlich geschützten Vertrauensverhältnissen bedarf einer gesetzlichen Grundlage, die mit hinreichender Bestimmtheit die konkurrierenden verfassungsrechtlichen Rechtspositionen zum Ausgleich bringt. Ermöglichen gesetzliche Regelungen der Exekutive den Eingriff in grundrechtlich geschützte Rechtspositionen, so verpflichten Rechtsstaatsprinzip und Demokratiegebot den Gesetzgeber, die für die Grundrechtsverwirklichung maßgeblichen Regelungen im wesentlichen selbst zu treffen und diese nicht dem Handeln und der Entscheidungsmacht der Exekutive zu überlassen (vgl. BVerfGE 83, 130, 142 mwN). Wie weit der Gesetzgeber die für den fraglichen Lebensbereich erforderlichen Leitlinien selbst bestimmen muß, richtet sich maßgeblich nach dessen Grundrechtsbezug. Eine Pflicht dazu besteht insbesondere, wenn miteinander konkurrierende Grundrechte aufeinandertreffen und deren jeweilige Grenzen fließend und nur schwer auszumachen sind. Werden Grundrechte nach dem Wortlaut der Verfassung vorbehaltlos gewährleistet, so bestimmt eine gesetzliche Regelung notwendigerweise die verfassungsimmanenten Schranken. Auch insoweit ist der Gesetzgeber verpflichtet, die Schranken der widerstreitenden Freiheitsgarantien so weit selbst zu bestimmen, wie sie für die Ausübung der Freiheit wesentlich sind. Die Intensität des Grundrechtsbezugs ist nicht nur dafür maßgeblich, ob überhaupt ein bestimmter Gegenstand gesetzlich geregelt sein muß, sondern auch dafür, wie weit diese Regelung im einzelnen zu gehen hat (vgl. BVerfGE 83, 130, 152 mwN).

2. Die Sächsische Verfassung schützt – je nach Lebensbereich unterschiedlich – durch Grundrechte und institutionelle Gewährleistung eine Vielzahl von Vertrauensverhältnissen, deren Funktionsfähigkeit durch Amts- und Berufsgeheimnisse gewahrt wird und die auch im einfachen Recht Berücksichtigung gefunden haben (vgl. § 53 Abs. 1 Nr. 1–4 StPO, § 53 a StPO, § 97 Abs. 1 Nr. 1–3 StPO, § 383 Abs. 1 Nr. 4–6 ZPO, §§ 102, 399 AO, § 177 RAO, § 43 a BRAO, § 18 b NotO, § 50 WPO, § 35 SGB I, § 43 DRiG, § 203 StGB). Dazu rechnen etwa das Verhältnis zwischen beratenden Berufen und ihren Mandanten (Rechtsanwälten, Notaren, Wirtschaftsprüfern, Steuerberatern, Buchprüfern – Art. 28 SächsVerf), zwischen Heilberufen und ihren Patienten (Ärzten, Krankenschwestern, Hebammen, Heilpraktikern, Drogenberatern, Psychologen – Art. 28 SächsVerf), das Redaktionsgeheimnis von Presse und Rundfunk (Art. 20 Abs. 1 SächsVerf), das Beichtgeheimnis (Art. 19 SächsVerf), das Abgeordnetengeheimnis (Art. 56 Abs. 1, 3 SächsVerf) sowie verschiedene Amtsgeheimnisse.

Das Vertrauen in die Integrität dieser verfassungsrechtlich geschützten Beziehungen ist sowohl für die Ausübung der Grundfreiheiten wie auch für die Funktionsfähigkeit der freiheitlich-demokratischen Rechtsordnung von essentieller Bedeutung. Ein Eingriff in diese Vertrauensverhältnisse ist daher nur zum Schutz mindestens gleichrangiger Rechtsgüter zulässig. Es ist in erster Linie Aufgabe des Gesetzgebers und nicht der Exekutive festzulegen, zugunsten welcher Rechtsgüter in die geschützten Vertrauensbeziehungen eingegriffen werden darf und welchen Begrenzungen dieser Eingriff unterliegt. Nur dann kann der Polizeivollzugsdienst im Rahmen der ihm obliegenden Verhältnismäßigkeitsprüfung auch eine hinreichend bestimmte Mittel-Zweck-Abwägung vornehmen, und nur dann ist für den Bürger vorhersehbar, ob und unter welchen Voraussetzungen er mit einem solchen Eingriff zu rechnen hat.

3. § 39 SächsPolG ermöglicht, ohne Regelungen zu ihrem Schutze vorzusehen, wie sie ansatzweise in § 47 Abs. 1 S. 2 SächsPolG (Rasterfahndung) getroffen sind, die Erhebung von personenbezogenen Daten durch die Polizei aus den bezeichneten Vertrauensverhältnissen. Es ist nicht erkennbar, zugunsten welcher Rechtsgüter in welche Vertrauensverhältnisse und unter welchen Voraussetzungen eingegriffen werden darf und wo die Grenze eines solchen Eingriffs nach § 39 SächsPolG liegen soll. Der bloße Verweis auf die polizeiliche Verhältnismäßigkeitsprüfung reicht nach dem oben Gesagten nicht aus. Die Regelung ist daher verfassungsrechtlich unzulänglich.

Bei einer Neuregelung wird der Gesetzgeber jedenfalls zu berücksichtigen haben, daß selbst bei Vorliegen einer gegenwärtigen Gefahr ein Eingriff in die verfassungsrechtlich geschützten Vertrauensbeziehungen nicht ohne weiteres, sondern nur zum Schutze wichtiger Gemeinschaftsgüter, wie etwa Leben, Gesundheit und Freiheit, zulässig ist. Eingriffe in Vertrauensverhältnisse aus Gründen der Gefahrenvorsorge können allenfalls dann gerechtfertigt sein, wenn sie das einzige Mittel zur Informationsgewinnung darstellen, die Informationsgewinnung dem Schutz dieser hochrangigen Rechtsgüter dient und durch weiteres Zuwarten die begründete Gefahr einer irreversiblen Schädigung dieser Rechtsgüter entsteht. Die verfassungsrechtliche Zulässigkeit hängt im übrigen davon ab, ob es sich um Datenerhebung bei oder über Störer und bei oder über unbeteiligte Dritte handelt. Jedoch findet die polizeiliche Datenerhebung über Kontakt- und Begleitpersonen (§ 39 Abs. 1 Nr. 3 SächsPolG) ihre äußerste Grenze, wenn die Informationen aus Vertrauensverhältnissen erhoben werden, die zu solchen Personen bestehen.

IV.

Der Einsatz besonderer Mittel der Datenerhebung nach § 39 Abs. 1 SächsPolG ist verfassungswidrig, da er dem Schutz des Grundrechtes auf informationelle Selbstbestimmung aus Art. 33 SächsVerf, der durch eine besondere Ausgestaltung des Verfahrens hätte berücksichtigt werden müssen, nicht genügend Rechnung trägt; er verstößt damit auch gegen Art. 38 S. 1 SächsVerf und Art. 83 Abs. 3 S. 2 SächsVerf.

Soweit die Polizei offen in Grundrechtspositionen der Einzelnen eingreift, wird die individuelle Grundrechtsposition durch umfassenden Rechtsschutz aus Art. 38 S. 1 SächsVerf gesichert. Institutionelle Sicherungen bieten zusätzlichen Schutz, wie ihn die Öffentlichkeit der Gerichtsverhandlungen, das Parlament und die Medien gewährleisten können. Soweit die Polizei heimlich in das Grundrecht auf informationelle Selbstbestimmung aus Art. 33 SächsVerf eingreift, können der herkömmliche individuelle und institutionelle Grundrechtsschutz faktisch nicht in gleicher Weise wirksam werden. Daher bedarf es in diesem Rahmen einer besonderen Ausgestaltung des Grundrechtsschutzes durch Verfahren, der den individualrechtlichen wie den strukturellen (Schutz-)Bedürfnissen gerecht werden muß. Dies hat der sächsische Verfassungsgeber berücksichtigt, indem er für den Einsatz nachrichtendienstlicher, also geheimer Mittel in Art. 83 Abs. 3 S. 2 SächsVerf entsprechende Vorgaben normiert hat, die der sächsische Gesetzgeber in dem Polizeigesetz allerdings nicht ausgeführt hat.

1. Die Ausgestaltung des Verfahrens bei den verdeckten Informationserhebungs- und -verarbeitungseingriffen nach § 39 SächsPolG ist unzureichend und verstößt gegen Art. 33 SächsVerf.

a) Damit die Grundrechte ihre Funktion in der sozialen Wirklichkeit erfüllen können, bedarf es nicht nur inhaltlicher Normierungen, sondern auch geeigneter Organisationsformen und Verfahrensregelungen (vgl. *K. Hesse*, Die Bedeutung der Grundrechte, in: Benda/Maihofer/Vogel, Hrsg., Handbuch des Verfassungsrechts, 2. Aufl. 1994, § 5 Rdn. 42 ff.; *H. Goerlich*, Grundrechte als Verfahrensgarantien, Baden-Baden, 1985). Grundrechte beeinflussen nicht nur das materielle Recht, sondern enthalten nach gefestigter Rechtsprechung der Verfassungsgerichte auch Garantien für das Verwaltungsverfahren, soweit dieses für einen effektiven Grundrechtsschutz von Bedeutung ist (vgl. BVerfGE 53, 30, 65). Daher sind bei verdecktem polizeilichen Handeln besondere Anforderungen an den verfahrensmäßigen Schutz der betroffenen Grundrechtsträger zu stellen. Soweit die Polizei offen in die Grundrechtspositionen der Einzelnen eingreift, wird der Grundrechtsschutz vor allem durch die verwaltungsverfahrensrechtlichen Vorkehrungen (vgl. etwa §§ 28, 29, 39 VwVfG) und die Gewährleistung umfassenden Rechtsschutzes (Art. 38 SächsVerf) gesichert. Ergänzt werden die individualbezogenen Sicherungen durch die strukturellen Vorkehrungen der parlamentarischen Kontrolle sowie der Kontrolle durch die Öffentlichkeit. Soweit die Polizei durch Mittel heimlicher Informationserhebung handelt, können die herkömmlichen

Schutzmechanismen ihre Wirksamkeit nicht in gleicher Weise entfalten. Daher bedarf es in diesem Bereich besonderer Vorkehrungen, die ein dem Bereich und seinen Problemen angemessenes Schutzniveau sicherstellen. Dabei wirken die aus dem Gesichtspunkt des Grundrechtsschutzes durch Verfahren zu entwickelnden Sicherungen und die aus dem Demokratieprinzip folgenden strukturellen Vorkehrungen, wie etwa Art. 83 Abs. 3 S. 2 SächsVerf, zusammen. Erst in ihrem Zusammenspiel bewirken sie eine angemessene Sicherung der Rechte Betroffener und der öffentlichen Kontrolle heimlicher Informationstätigkeit der Polizei.

b) Ob und inwieweit verfahrensrechtliche Garantien erforderlich sind, richtet sich zum einen nach der Art und Intensität des Grundrechtseingriffs, zum anderen danach, inwieweit der Grundrechtsschutz durch die nachträgliche Kontrolle der Gerichte gewährleistet ist (vgl. BVerfGE 84, 34, 46).

aa) Prozeduraler Grundrechtsschutz ist jedenfalls dort geboten, wo die Grundrechte ihre materielle Schutzfunktionen nicht hinlänglich erfüllen können, etwa wenn ein Grundrecht keine materiellen Maßstäbe für grundrechtsrelevante staatliche Eingriffe zu liefern vermag und deshalb eine materielle Ergebnisprüfung durch die Gerichte ausfällt (vgl. BVerfGE 90, 60, 96). Wo der Gesetzgeber in komplexen, entwicklungsoffenen Bereichen materielle Eingriffsprogramme und damit die Voraussetzungen für Grundrechtseingriffe im wesentlichen durch unbestimmte Gesetzesbegriffe umschreibt, kommt der Regelung der Organisation und des Verfahrens der Entscheidungsfindung eine eigenständige grundrechtliche Bedeutung zu. Je weniger die Eingriffsvoraussetzungen im Gesetzgebungsprogramm vorentschieden sind, desto mehr sind sie im Verwaltungsverfahren und bei der späteren gerichtlichen Kontrolle zu konkretisieren. In diesen Fällen kommt der rechtzeitigen Beteiligung etwaiger Grundrechtsbetroffener eine erhebliche Bedeutung zu. Insbesondere das Recht auf Anhörung von Grundrechtsbetroffenen gehört grundsätzlich zum Kern eines grundrechtsgemäßen und rechtsstaatlichen Verwaltungsverfahrens. Wo eine gerichtliche Ergebniskontrolle zwar möglich ist, aber regelmäßig erst zu einem Zeitpunkt stattfinden wird, in dem Grundrechtsverletzungen kaum mehr korrigierbar sind, kommt dem Verwaltungsverfahren eine gesteigerte Bedeutung als Grundrechtssicherung zu. Dies muß um so mehr dort gelten, wo eine nachträgliche Kontrolle durch die Gerichte regelmäßig oder doch ganz überwiegend nicht möglich ist, etwa weil die staatliche Maßnahme dem betroffenen Grundrechtsträger rechtlich oder doch zumindest faktisch in aller Regel verborgen bleibt und ihm auch nicht notwendig nachträglich bekannt zu machen ist.

bb) Für den Schutzumfang sind Art und Intensität des Grundrechtseingriffs maßgebend. Bei dem hier zu beurteilenden Tätigkeitsfeld der Polizei ist als gemeinsames Merkmal die für den Vorsorgebereich typische Unbestimmtheit der Eingriffsvoraussetzungen und die Heimlichkeit der Informationserhebung und -verarbeitung zu berücksichtigen. Die Tatbestandsvoraussetzungen lassen sich im Bereich präventiver, nicht über den Gefahrenbegriff eingegrenzter Ermittlungsmaßnahmen oft nur vage, an das Vorliegen von Anhaltspunkten anknüpfende Begriffe umschreiben, die dann auch möglicherweise Unbeteiligte in den Einzugsbereich von erheblichen Grundrechtseingriffen bringen. In dieser Situation kommt dem Grundrechtsschutz durch Verfahren eine gesteigerte Bedeutung zu. Zugleich bleibt der staatliche Eingriff dem von Informationserhebungs- und -verarbeitungsmaßnahmen betroffenen Grundrechtsträger jedenfalls im vorhinein regelmäßig verborgen, sollen die staatlichen Maßnahmen effektiv durchführbar sein. Damit aber fallen die mit staatlichem Eingriffshandeln verbundenen Garantien eines rechtsstaatlichen Verwaltungsverfahrens weitgehend aus. Dies gilt zumal für den Kern grundrechtlich-rechtsstaatlicher Verfahrensgarantien, wie das Recht des Betroffenen, vor Entscheidungen, die seine Grundrechtspositionen betreffen, angehört zu werden. Die betroffenen Bürger müssen an sich rechtzeitig über den Verfahrensstand informiert werden und die Möglichkeit haben, ihre Interessen und ihre Sichtweisen zur Geltung zu bringen, bevor eine Entscheidung getroffen wird (vgl. BVerfGE 84, 59, 72; *Grimm*, NVwZ 1985, 865, 869). Zwar ist das Absehen von einer vorherigen Anhörung, insbesondere bei Gefahr im Verzug, eine gerade für den Sicherheitsbereich stets akzeptierte Ausnahme von diesen Grundsätzen gewesen. Indes kommt hier hinzu, daß auch nachträglich eine gerichtliche Kontrolle mangels Kenntnis des Bürgers von den Informationserhebungsmaßnahmen wegen entgegenstehender öffentlicher Belange regelmäßig entfallen wird.

cc) In dieser Situation können verfassungsrechtliche Garantien, die für offene Verwaltungsverfahren entwickelt worden sind, nicht in gleicher Weise für die hier zu beurteilenden verdeckten Verfahren zur Anwendung kommen. Um so größere Bedeutung kommt dann der Entwicklung von kompensatorischen Verfahrensgestaltungen zu, die geeignet sind, die rechtsstaatlichen Interessen des von einem Eingriff Betroffenen im Verwaltungsverfahren zu repräsentieren und zugleich zur Konkretisierung der unbestimmten Gesetzesbegriffe beizutragen. Da der Betroffene selber am verdeckten Verwaltungsverfahren nicht teilnehmen kann, müssen hier seine grundrechtlich geschützten Interessen, soweit möglich, von unabhängigen Dritten vor der Entscheidung über einen Grundsrechtseingriff zur Geltung gebracht werden können. Diesen sind Verfahrensthema und -gegenstand grundsätzlich mitzuteilen, der Sachverhalt ist grundsätzlich umfassend zu ermitteln und die Entscheidung muß in Auseinandersetzung mit dem repräsentierten Interesse des Betroffenen erfolgen.

dd) Bei der Umsetzung der Verfahrensanforderungen kommt dem Gesetzgeber regelmäßig ein erheblicher Spielraum zu, der sich nur in seltenen Fällen zum Gebot der Vorhaltung eines bestimmten Verfahrensinstruments verdichten wird. Vorgegeben ist dem Gesetzgeber ein bestimmtes Schutzziel und ein bestimmtes Schutzniveau als verfassungsrechtlich gebotenes Minimum, regelmäßig aber nicht das einzelne Mittel und seine Ausgestaltung. Das Verfahren stellt insofern ein Zusammenspiel unterschiedlicher Instrumente dar, die in ihrem Zusammenwirken das verfassungsrechtlich gebotene Schutzniveau garantieren sollen. Sie müssen nur in ihrem Zusammenwirken geeignet sein, das erforderliche verfassungsrechtliche Minimum zu garantieren. Bei der Bestimmung des Schutzniveaus und der Mittel sind selbstverständlich auch die Rechtspositionen Dritter, wie etwa grundrechtliche Schutzansprüche gefährdeter Personen, sei es privater Dritter oder von den am Einsatz beteiligten Polizeibeamten, sowie sonstige öffentliche Interessen zu berücksichtigen. Diese häufig gegenläufigen rechtlich geschützten Interessen sind vor allem vom Gesetzgeber zu einem optimierenden Ausgleich zu bringen.

c) Unter Zugrundelegung dieser Maßstäbe erweist sich die Ausgestaltung des Verfahrens bei den verdeckten Informationserhebungs- und -verarbeitungsmöglichkeiten nach dem Sächsischen Polizeigesetz als unzureichend und ist mit Art. 33 SächsVerf nicht zu vereinbaren. Der Gestaltungsspielraum des Gesetzgebers ist danach begrenzt durch die verfassungsrechtlich gebotene Beachtung der Mindestanforderungen von Verfahrensgarantien zugunsten des Betroffenen, die zugleich der Kompensation materiell nur gering verdichteter Entscheidungsprogramme dienen sollen.

aa) Eine Beteiligung von Eingriffsbetroffenen ist bei den heimlichen Informationseingriffen naturgemäß nicht möglich. Auch angesichts der weitreichenden Eingriffsbefugnisse im Vorfeldbereich von Gefahren mit der Einbeziehung potentieller Nichtstörer und Unbeteiligter ist eine kompensatorische Repräsentation ihrer Interessen im Verwaltungsverfahren nicht vorgesehen. Für den Einsatz besonderer Mittel zur Erhebung von Daten nach § 39 SächsPolG ist zwar bestimmt, daß der Einsatz nur durch den Leiter des Landeskriminalamtes, der Landespolizeidirektion Zentrale Dienste, eines Polizeipräsidiums oder aber durch von diesen beauftragte Beamte angeordnet werden kann (vgl. § 39 Abs. 3 SächsPolG). Durch die Verlagerung der Einsatzentscheidung auf eine höhere Verwaltungsebene (wenn auch unter Delegationsvorbehalt) ist gewährleistet, daß diese Entscheidung von Amtsverwaltern mit größerer Erfahrung und Distanz zum Einzelfall getroffen wird. Dies mag als Kompensation materiell gering verdichteter Entscheidungsprogramme eine ausreichende Verfahrenssicherung darzustellen. Ebenfalls ist die Anordnung schriftlich zu erteilen. Sie ist allerdings – insofern anders als bei der polizeilichen Beobachtung nach § 42 Abs. 2 S. 2 SächsPolG – nicht schriftlich zu begründen, was die Rationalität und Kontrollierbarkeit der Entscheidung begrenzt.

Ungeachtet dessen bleibt die Entscheidung im ausschließlichen Verantwortungsbereich der Polizei, ohne die Interessen der Betroffenen verfahrensmäßig abzusichern. Dies wiegt um so schwerer, als von diesen Informationseingriffen nicht nur Störer und Nichtstörer unter den Voraussetzungen des § 7 SächsPolG betroffen sind, sondern – unter den Voraussetzungen des § 39 Abs. 1 Nr. 2 a SächsPolG – auch Personen, bei denen eine Störereigenschaft (noch) nicht bejaht werden kann, Kontakt- und Begleitpersonen (§ 39 Abs. 1 Nr. 3 SächsPolG), unbeteiligte Dritte (§ 39 Abs. 2 SächsPolG) sowie Träger von Amts- und Berufsgeheimnissen. Dabei ist es dem Gesetzgeber unter Berücksichtigung legitimer Sicherheitsinteressen durchaus nicht unmöglich, hier für eine weitergehende Repräsentation der Rechte der Betroffenen zu sorgen. Ein geradezu klassisches Mittel ist die Bindung von weitreichenden Eingriffsbefugnissen an einen Richtervorbehalt, wie es etwa im Rahmen des § 40 Abs. 2 SächsPolG vorgesehen ist. Bedenken, die aufgrund der derzeitigen Ausgestaltung des Richtervorbehalts – insbesondere wegen der fehlenden Konzentration der Entscheidung auf einen mit den genuin verwaltungsrechtlichen Vorgängen hinreichend vertrauten und entsprechend spezialisierten Richter oder Spruchkörper – hinsichtlich der Effektivität und Zeitgerechtigkeit des Einsatzes dieses Instrumentes laut geworden sind (vgl. auch *Neumann*, Vorsorge und Verhältnismäßigkeit, 1993, S. 187 ff.), kann durch eine geeignete Ausgestaltung dieses Instituts entgegengewirkt werden. Dabei ist der Gesetzgeber nicht gehindert, diesem zur Sicherung des Grundrechtsschutzes ebenso wie zur Effektivierung der Kontrolle der heimlichen Informationserhebung Berichts- und Dokumentationspflichten zu übertragen, die zugleich eine Evaluation des Mittels zur Informationserhebung ermöglichen. Ebensowenig ist der Gesetzgeber gehindert, eine andere Lösung, etwa einen Ministervorbehalt, die Zustimmung durch eine kompetentiell entsprechend ausgestattete, sachnahe Behörde mit hinreichender Unabhängigkeit, wie etwa den Datenschutzbeauftragten oder bestimmte Abteilungen der Staatsanwaltschaft, die auf die Bekämpfung organisierter Kriminalität konzentriert und mit herkömmlicher Eigenverantwortlichkeit versehen sind, vorzusehen.

bb) Die Verfahrensdefizite werden auch nicht dadurch kompensiert, daß den Betroffenen in aller Regel nachträglicher Rechtsschutz offenstehen würde.

Abgesehen davon, daß eine solche Kompensation nicht stets, sondern nur bei Eingriffen geringerer Intensität ausreicht, bleibt der nachträgliche Rechtsschutz im Bereich des § 39 SächsPolG aufgrund der Ausgestaltung der Informationsrechte des Betroffenen praktisch weitgehend ausgeschlossen. Zwar hat der von Erhebungsmaßnahmen Betroffene ein Auskunftsrecht, das im wesentlichen unter den Voraussetzungen des allgemeinen datenschutzrechtlichen Auskunftsanspruches zu gewähren ist (vgl. § 51 SächsPolG i. V. m. § 17 SächsDSG). Dieses Auskunftsrecht umschreibt allerdings den Kern datenschutzrechtlicher Sicherungen zur Verwirklichung einer Gesellschaftsordnung, in der der Bürger ansonsten nicht mehr erfahren könnte, wer was wann und bei welcher Gelegenheit über ihn weiß (vgl. BVerfGE 65, 1, 42 f.). Der datenschutzrechtliche Auskunftsanspruch dient dabei der Information des Bürgers über die zu seiner Person gespeicherten Daten, der Transparenz der Datenerhebung und -verwertung durch die Polizei und ist zugleich wesentliche Voraussetzung für die Geltendmachung weiterer Rechte, wie etwa der datenschutzrechtlichen Löschungsansprüche, aber auch des Rechtsschutzes gegen unerlaubte Datenerhebungsmaßnahmen.

Angesichts der Heimlichkeit der hier zu beurteilenden Erhebungsmaßnahmen ist allerdings ein Auskunftsrecht ohne eine korrespondierende Pflicht der Behörde zur Benachrichtigung über die vorgenommenen Informationseingriffe in seiner Wirksamkeit entscheidend begrenzt. Als Voraussetzung einer wirksamen Geltendmachung des Rechtsschutzes ist in Vorwirkung des Art. 38 SächsVerf grundsätzlich die nachträgliche staatliche Offenlegung des heimlichen Informationseingriffs geboten, um einen dem offenen Grundrechtseingriff entsprechenden Rechtsschutzinitiativeffekt auszulösen (vgl. *M. Deutsch*, Die heimliche Erhebung von Informationen und deren Aufbewahrung durch die Polizei, 1992, S. 24 f.). Eine gesetzliche Verpflichtung, den Betroffenen (nachträglich) von der Überwachung mit besonderen Mitteln der Datenerhebung zu unterrichten, wie sie etwa bei der Erhebung von Daten in oder aus Wohnungen jedenfalls dem Grundsatz nach vorgeschrieben ist (vgl. § 40 Abs. 4 SächsPolG), besteht beim Einsatz besonderer Mittel der Datenerhebung im Rahmen des § 39 SächsPolG nicht. Eine Benachrichtigungspflicht ist lediglich zugunsten von Personen normiert, deren nicht allgemein zugängliche Wohnung von einem verdeckten Ermittler betreten wird (vgl. § 41 Abs. 4 SächsPolG). In dem Verzicht auf die Schaffung einer Unterrichtungsverpflichtung im Rahmen des § 39 SächsPolG liegt eine bewußte gesetzgeberische Entscheidung, wie die Entstehungsgeschichte des Änderungsgesetzes zum Sächsischen Polizeigesetz erhellt. Im Laufe der Beratungen des Innenausschusses zum Entwurf des Gesetzes zur Änderung des Polizeigesetzes (LT-Drs. 1/4095) wurde ein Änderungsantrag der Fraktion Bündnis 90/Grüne, der – in Anlehnung an die strafprozessuale Regelung des § 101 StPO – eine entsprechende Informationspflicht auf dem Gebiet des Gefahrenabwehrrechts in Form eines Abs. 5 zu § 39 SächsPolG vorsah (vgl. Anlage 57 zu LT-Drs. 1/4095), vom Innenausschuß abgelehnt (vgl. Bericht des Innenausschusses zu LT-Drs. 1/4095, S. 19). Dies steht einer analogen Anwendung der Bestimmung des § 40 Abs. 3 SächsPolG im Rahmen des § 39 SächsPolG, wie sie nach der von der Staatsregierung in der mündlichen Verhandlung geäußerten Rechtsauffassung möglich sein soll, entgegen.

cc) Dieses Fehlen einer Unterrichtungsverpflichtung läßt sich nicht durch überwiegende Geheimhaltungsbedürfnisse der Polizei rechtfertigen (a. A. BayVerfGH, Entscheidung vom 19. Oktober 1994, DVBl. 1995, 347, 352 f.). Die unbestreitbar bestehende Pflicht des Staates zum Schutze seiner Bürger legitimiert nicht aus sich heraus schon jede Einschränkung der Rechte der Bürger. Dies gilt zumal für solche fundamentalen Rechte wie den Rechtsschutz des Bürgers gegen staatliche Grundrechtseingriffe. Eine Einschränkung ist daher im Einklang mit der allgemeinen Grundrechtsdogmatik nur dann und insoweit möglich, wie dies zum Schutz anderer gleichgewichtiger verfassungsrechtlicher Schutzgüter erforderlich ist. Von einer Benachrichtigung darf daher nur dann und insoweit abgesehen werden, wie der Zweck eines verfassungsrechtlich legitimen Eingriffs ansonsten beeinträchtigt würde, insbesondere fortdauernde Ermittlungen erschwert oder verdeckt operierende Mitarbeiter der Polizei dadurch aufgedeckt würden. Insofern gibt es keine stets, sondern allenfalls im Einzelfall überwiegenden Geheimhaltungsinteressen. Diesen kann unschwer, wie § 40 Abs. 4 SächsPolG zeigt, durch eine entsprechende gesetzliche Ausgestaltung Rechnung getragen werden. Der Gesetzgeber geht angesichts der Regelungen des § 40 Abs. 4, § 41 Abs. 4 SächsPolG offenbar selbst davon aus, daß Geheimhaltungsinteressen nicht stets, nicht einmal im Regelfall überwiegen. Weshalb dies bei Informationseingriffen nach § 39 SächsPolG anders sein soll, ist nicht ersichtlich.

dd) Zu einem angemessenen Schutzkonzept des Gesetzgebers rechnen auch Löschungspflichten, die der besonderen Situation der heimlichen Informationserhebung Rechnung tragen. Der Gesetzgeber kann die Eingriffsvoraussetzungen in der Regel nicht so differenziert fassen, daß den geschützten Rechtspositionen der Eingriffsbetroffenen stets im vorhinein Rechnung getragen werden kann (vgl. dazu oben II. 1. b). Insofern hat er, insbesondere wenn es sich um Daten handelt, die entweder zum verfassungsrechtlich absolut geschützten Kernbereich des Persönlichkeitsrechts gehören oder die aus anderen Gründen, etwa um dem besonderen verfassungsrechtlichen Rang von Amts- und Berufsgeheimnissen Rechnung zu tragen, nicht verwertet werden dürfen, entsprechende Löschungspflichten und deren institutionelle Kontrolle vorzusehen. Ist eine Bewertung der Daten erst nach dem Eingriff möglich, ist dem verfassungsrechtlichen Schutz dieser Rechtsposition durch die ex post ansetzenden datenschutzrechtlichen Instrumente in gebotenem Umfang Rechnung zu tragen. Solche Pflichten sind ansatzweise in § 39 Abs. 4, § 40 Abs. 3 SächsPolG und dem allgemeinen datenschutzrechtlichen Löschungsgebot des § 19 SächsDSG vorgesehen. Diese Regelungen erweisen sich gegenüber den bereichsspezifischen Gefährdungen allerdings als nicht hinreichend.

ee) Angesichts des hohen Maßes tatbestandlicher Unbestimmtheit der Eingriffsvoraussetzungen (vgl. dazu oben II. 2. d), die gleichwohl zu erheblichen Eingriffen in die Grundrechte von Störern, Nichtstörern sowie Dritten auch im Vorfeldbereich der Gefahrenabwehr ermächtigen, sowie des mehrfach von den Verfahrensbeteiligten in der mündlichen Verhandlung betonten zukunftsgerichteten Charakters des Gesetzes ist es Aufgabe des Gesetzgebers, dessen Anwendung zu beobachten und seine tatbestandlichen Voraussetzungen im Lichte der gewonnenen Erfahrungen – soweit möglich – zu präzisieren. Auch wenn eine Nachbesserungspflicht nicht generell eine fortlaufende Kontrolle der Gesetze durch den Gesetzgeber einschließt (vgl. BVerfGE 88, 203, 310 f.), so ist der Gesetzgeber angesichts der erheblichen Eingriffsmöglichkeiten und deren nur begrenzter individueller und institutioneller Kontrolle gehalten, geeignete Berichts- und Evaluationspflichten vorzusehen, um in angemessenen Zeiträumen prüfen zu können, ob das Eingriffskonzept geeignet, erforderlich und im Lichte der erbrachten Ergebnisse angemessen ist, das mit ihm verfolgte Ziel der Bekämpfung vor allem der organisierten Kriminalität auch zu erreichen.

d) Diesen Anforderungen werden die verfahrensrechtlichen Sicherungen im Rahmen des Eingriffstatbestandes des § 39 SächsPolG nicht gerecht. Sie ergeben angesichts der erheblichen Grundrechtseingriffe und des betroffenen Personenkreises auch in ihrem Zusammenwirken mit den strukturellen Vorkehrungen, die ebenfalls defizitär sind, kein hinreichendes Schutzniveau. Es ist dem Verfassungsgerichtshof allerdings verwehrt, dem Gesetzgeber ein bestimmtes Schutzkonzept vorzugeben. Vielmehr hat der Gesetzgeber unter Abwägung aller grundrechtlichen Interessen das Konzept zu entwickeln, welches sicherstellt, daß auch die Rechte der Betroffenen an einer Repräsentation ihrer Interessen im Verwaltungsverfahren, die Kontrolle auch heimlicher staatlicher Informationseingriffe durch die Betroffenen und die Gerichte in dem gebotenen Umfang ermöglicht werden. Dabei kann der Gesetzgeber nach Art und Intensität des Eingriffs und der Möglichkeit eines nachträglich erreichbaren gerichtlichen Rechtsschutzes sowie den vorhandenen oder einzurichtenden strukturellen Vorkehrungen das Schutzniveau abstufen. Welche Instrumente er dabei wählt, obliegt zu allererst seiner Beurteilung. Er kann den unterschiedlichen Schutzgütern, der Eingriffsintensität und der Wirksamkeit und Zielrichtung möglicher verfahrensrechtlicher Vorkehrungen durch ein differenziertes Schutzkonzept Rechnung tragen. Eine Kumulation verfahrensrechtlicher Instrumente ist, wo sie auf ein identisches Ziel gerichtet sind, nicht geboten, sofern die Vorkehrungen in ihrem Zusammenwirken geeignet sind, ein hinreichendes Schutzniveau zu garantieren. Allein geboten ist, ein den jeweiligen Beeinträchtigungen angemessenes Schutzkonzept vorzusehen.

2. Die Ausgestaltung der Informationsrechte des Betroffenen im Rahmen des § 39 SächsPolG verstößt auch gegen die Rechtsschutzgarantie des Art. 38 SächsVerf.

a) Art. 38 SächsVerf garantiert inhaltsgleich mit Art. 19 Abs. 4 GG den Rechtsweg eines jeden gegenüber Eingriffen der öffentlichen Gewalt in seine Rechte. Der Justizgewährungsanspruch umfaßt allerdings nicht nur das Recht auf formalen Zugang zu den Gerichten, sondern auch den Anspruch des Einzelnen auf Erlangung effektiven Rechtsschutzes. Hierzu gehört, daß dem Betroffenen das Beschreiten des Rechtsweges nicht in unzumutbarer, aus Sachgründen nicht mehr zu rechtfertigenden Weise erschwert werden darf, und daß die faktischen Vorbedingungen zur Erlangung effektiven gerichtlichen Rechtsschutzes gegeben sein müssen. Damit ein Bürger aber tatsächlich Rechtsschutz gemäß Art. 38 SächsVerf erlangen kann, bedarf er der Kenntnis von einer gegen ihn gerichteten staatlichen (Überwachungs-)Maßnahme. Hieran fehlt es regelmäßig – von Fällen zufälliger Kenntniserlangung abgesehen – bei heimlichen behördlichen Eingriffsmaßnahmen, die dem Betroffenen auch nachträglich nicht bekanntgegeben zu werden brauchen. Durch die Geheimhaltung wird ein effektiver, auf Unterbleiben oder Abbruch der Überwachungsmaßnahme oder Feststellung ihrer Rechtswidrigkeit gerichteter Rechtsschutz faktisch erheblich erschwert. Hinsichtlich der Schutzwirkungen des Art. 38 SächsVerf macht es keinen Unterschied, ob die Erschwerung des Gerichtszugangs gesetzgeberisch bezweckt oder aber lediglich als Nebenfolge der Geheimhaltung der Informationseingriffe hingenommen wird; das bewußte und planmäßige Vorenthalten der für den Gerichtszugang notwendigen Kenntnis muß der gezielten Vereitelung des Gerichtszugangs gleichgestellt und als Eingriff in die Rechtsschutzgarantie des Art. 38 SächsVerf angesehen werden (vgl. *Guttenberg*, NJW 1993, 573; vgl. auch *Schenke*, in: Bonner Kommentar, 1982, Art. 19 Abs. 4 GG Rdn. 425 mwN; *Lübbe-Wolff*, DÖV 1980, 594, 599).

b) Allerdings verstößt nicht bereits jeder heimlich durchgeführte und auch nachträglich geheim bleibende Informationseingriff gegen Art. 38 SächsVerf. Die nach ihrem Wortlaut schrankenlose Rechtsschutzgarantie des Art. 38 SächsVerf ist unter dem Gesichtspunkt der praktischen Konkordanz

Einschränkungen zugunsten überragend wichtiger Gemeinschaftsgüter unterworfen. Grundrechtseinschränkungen sind insbesondere dort verfassungsrechtlich hinzunehmen, wo die Geheimhaltung zur Verfolgung anderer, gleichwertiger und mit Verfassungsrang ausgestatteter Ziele erfolgt. In der Rechtsprechung ist anerkannt, daß es verfassungsrechtlich legitimierte staatliche Aufgaben gibt, die zur Erfüllung der auch nachträglichen Geheimhaltung bedürfen, ohne daß dagegen verfassungsrechtliche Bedenken zu erheben wären (vgl. BVerfGE 57, 250, 284; BVerwG NJW 1990, 2765). Eine wirksame Gefahrenabwehr und – auch vorbeugende – Verbrechensbekämpfung, die den Schutz zukünftiger Opfer von Straftaten einschließt, stellt eine wichtige Aufgabe des rechtsstaatlichen Gemeinwesens dar. Die Polizei kann dieser Aufgabe grundsätzlich nur gerecht werden, wenn sie ihr Wissen nicht preiszugeben hat, insbesondere nicht gegenüber potentiellen Straftätern oder anderen Beteiligten. Die Wahrnehmung derartiger Aufgaben würde erheblich erschwert oder in weiten Teilen unmöglich gemacht, wenn ihre Aufdeckung gegenüber dem Bürger uneingeschränkt geboten wäre.

c) Der Gesetzgeber hat im Rahmen des § 39 SächsPolG durch den generellen Verzicht auf eine Benachrichtigungspflicht den Geheimhaltungsbedürfnissen der Polizei in unvertretbarer Weise den Vorrang gegenüber den Individualinteressen des Betroffenen gegeben und dadurch dessen Anspruch auf Erlangung effektiven Grundrechtsschutzes verletzt. Dieses Defizit wird durch die sonstigen Verfahrensrechte, insbesondere durch das allgemeine datenschutzrechtliche Auskunftsrecht (vgl. § 51 SächsPolG i. V. m. § 17 SächsDSG) nicht kompensiert (vgl. oben 1. c bb). Soweit im Einzelfall eine Benachrichtigung des Betroffenen im Hinblick auf überwiegende Geheimhaltungsinteressen nicht in Betracht kommt, kann dem durch eine entsprechende Verfahrensgestaltung, wie sie etwa bei § 40 Abs. 4 SächsPolG verwirklicht wurde, angemessen Rechnung getragen werden.

3. Schließlich ist § 39 SächsPolG auch mit Art. 83 Abs. 3 S. 2 SächsVerf nicht zu vereinbaren, soweit er zur verdeckten Datenerhebung mit technischen Mitteln (§ 36 Abs. 2 Nr. 2 SächsPolG) und zum Einsatz von verdeckten Ermittlern (§ 36 Abs. 2 Nr. 3 SächsPolG) ermächtigt.

Aus dieser Verfassungsbestimmung folgt das an den Gesetzgeber gerichtete Gebot, den Einsatz nachrichtendienstlicher Mittel einer effektiven gerichtlichen oder parlamentarischen Kontrolle zu unterziehen. Entgegen der Auffassung der Staatsregierung ist der Anwendungsbereich des Art. 83 Abs. 3 S. 2 SächsVerf nicht auf die Kontrolle der nachrichtendienstlichen Tätigkeit des Geheimdienstes beschränkt, sondern erfaßt jeden Einsatz nachrichtendienstlicher Mittel durch Behörden des Freistaates, also auch den vollzugspolizeilichen im Rahmen des § 39 SächsPolG.

a) Dieses Ergebnis folgt aus einer Auslegung der Vorschrift im Hinblick auf den darin zum Ausdruck kommenden objektivierten Willen des Verfassungsgebers, wie er sich aus dem Wortlaut der Bestimmung und dem Sinnzusammenhang ergibt, in den diese hineingestellt ist.

aa) Allerdings ergibt sich diese Auslegung nicht bereits zweifelsfrei aus dem Text des Art. 83 Abs. 3 S. 2 SächsVerf und seiner Entstehungsgeschichte. Art. 83 Abs. 3 S. 2 SächsVerf spricht zwar pauschal vom Einsatz nachrichtendienstlicher Mittel, ohne – wie dies Art. 83 Abs. 3 S. 1 SächsVerf tut – tatbestandsmäßig auf eine bestimmte Einsatzbehörde abzustellen. Er läßt damit von seinem Wortlaut eine Auslegung ebenso zu, daß er nach dem Willen des Verfassungsgebers Organisationsvorgaben nicht nur für den Einsatz nachrichtendienstlicher Mittel durch den Geheimdienst, sondern auch für die Polizei enthält, wie die Annahme, daß er sich nur auf die Tätigkeit des Geheimdienstes bezieht.

bb) Auch aus der Entstehungsgeschichte der Bestimmung läßt sich kein sicherer Aufschluß über ihren Regelungsbereich gewinnen. Art. 83 Abs. 3 SächsVerf ist kontrovers debattiert worden und stellt in seiner beschlossenen Fassung einen Kompromiß dar (vgl. *Bartlitz*, in: Kunzmann/Haas/Baumann-Hasske/Barlitz, Die Verfassung des Freistaates Sachsen, 1993, vor Art. 82 Rdn. 4). Zwar bestand in den Verfassungsberatungen zwischen den daran beteiligten Fraktionen weitgehend Einigkeit darüber, daß auch die Polizei nachrichtendienstliche Mittel soll einsetzen können. So betonten Sprecher der CDU- und der SPD-Fraktion am Ende der Beratung des Art. 83 Abs. 3 SächsVerf die Notwendigkeit des Einsatzes nachrichtendienstlicher Mittel zur Verbrechensbekämpfung (9. Klausurtagung Prot. S. 54). Allerdings blieb die Frage der an einen polizeilichen Einsatz zu stellenden gerichtlichen oder parlamentarischen Organisationsvorgaben in den Beratungen des Verfassungs- und Rechtsausschusses zwischen den Fraktionen streitig. Auch die Äußerungen der Fraktionssprecher in der 9. Klausurtagung zu der gefundenen Kompromißformel des Art. 83 Abs. 3 SächsVerf ergeben kein klares Meinungsbild und legen sogar den Schluß nahe, daß lediglich eine Einigung über den Wortlaut der Bestimmung, nicht aber über ihren Inhalt erzielt worden ist (vgl. 9. Klausurtagung Prot. S. 54).

cc) Die systematische Auslegung verdeutlicht jedoch, daß die Kontrollvorgaben des Art. 83 Abs. 3 S. 2 SächsVerf funktional an den Einsatz bestimmter Ermittlungsmethoden und nicht organisatorisch an deren Einsatz durch eine bestimmte Behörde anknüpfen. Der Einsatz nachrichtendienstlicher Mittel unterliegt einer Nachprüfung durch von der Volksvertretung bestellte Organe und Hilfsorgane, „sofern dieser Einsatz nicht der richterlichen Kontrolle unterlegen hat". Unter dieser richterlichen Kontrolle kann der Rechtsweg im Sinne von Art. 38 SächsVerf gemeint sein, der jedem gegen die Rechtsverletzungen durch die öffentliche Hand zusteht, wie auch ein Richtervorbehalt, der eine richterliche Überprüfung von Amts wegen vor dem Einsatz nachrichtendienstlicher Mittel vorschreibt.

Im Gegensatz zu Teilbereichen des materiellen Polizeirechts sind Richtervorbehalte bei der primär informatorischen Tätigkeit der Ämter für Verfassungsschutz in den Verfassungsschutzgesetzen nicht vorgesehen (vgl. *Schachtschneider*, Die Ermittlungstätigkeit der Ämter für Verfassungsschutz und Grundrechte, 1979, S. 261 f.). An ihre Stelle tritt in bestimmten Fällen die parlamentarische Kontrolle (vgl. § 9 Abs. 3 S. 1 Nr. 2 BVerfSchG). Der Rechtsweg zu den Gerichten gegen Eingriffe eines Nachrichtendienstes ist dem Betroffenen faktisch verschlossen, da er von diesen grundsätzlich nichts erfährt. Demgegenüber ist die Polizei traditionell offen aufgetreten, so daß dem Betroffenen der Rechtsweg gegen polizeiliche Eingriffe auch faktisch offenstand. Es würde dem Sinngehalt des Art. 83 Abs. 3 S. 2 SächsVerf widersprechen, wollte man seine inhaltliche Aussage exklusiv auf die Tätigkeit der Ämter für Verfassungsschutz begrenzen, einen Bereich also, in welchem das Primat der richterlichen Kontrolle des Einsatzes nachrichtendienstlicher Mittel nach geltendem Recht überhaupt nicht relevant wird. Das Primat einer richterlichen Kontrolle, das der 2. Halbsatz des Art. 83 Abs. 3 S. 2 SächsVerf statuiert, macht nur dann Sinn, wenn der Anwendungsbereich der Bestimmung nicht auf einen Sachbereich verengt wird, in dem richterliche Kontrolle herkömmlicherweise keine Rolle spielt. Neben dem – selbstverständlichen – Hinweis auf bundesrechtliche Richtervorbehalte wie z. B. § 100 a StPO, die von der Landesverfassung nicht unterlaufen werden sollten, enthält Art. 83 Abs. 3 S. 2 SächsVerf damit auch Organisationsvorgaben für den polizeilichen Einsatz nachrichtendienstlicher Mittel.

dd) Dieses Auslegungsergebnis wird durch eine teleologische Interpretation der Bestimmung bestätigt. Sinn und Zweck des Art. 83 Abs. 3 S. 2 SächsVerf gebieten die richterliche oder parlamentarische Kontrolle nachrichtendienstlicher Mittel unabhängig davon, welche Behörde diese Mittel eingesetzt hat.

Art. 83 Abs. 3 SächsVerf soll die Konsequenz aus den historischen Erfahrungen aus der DDR-Zeit mit dem Staatssicherheitsdienst ziehen und ist von dem Bestreben getragen, die Trennung von Geheimdienst und Polizei auf Landesverfassungsebene festzuschreiben (vgl. dazu auch die Äußerung des Abgeordneten Dr. Kunzmann, 4. Klausurtagung Prot. 22). Die Bestimmung ist normativer Ausdruck des sog. Trennungsgebots. Art. 83 Abs. 3 S. 1 SächsVerf knüpft ersichtlich an das aus dem Polizeibrief der alliierten Militärgouverneure vom 14. 4. 1949 abgeleitete Trennungsgebot an, wonach der Bundesregierung der Aufbau eines Geheimdienstes nur mit der Bedingung erlaubt wurde, daß diese Stelle keine Polizeibefugnisse haben darf (vgl. *v. Mangoldt*, Das Bonner Grundgesetz, 1. Aufl. 1953, Anh. Nr. 1 S. 669). Dem Trennungsgebot wird darüber hinaus üblicherweise der Grundsatz entnommen, daß Polizei und Geheimdienste prinzipiell soweit wie möglich voneinander abzugrenzen sind. Es kann dahinstehen, ob dem Trennungsgebot auf Bundesebene Verfassungsrang zukommt. Denn es war – angesichts entsprechender historischer Erfahrungen mit dem Staatssicherheitsdienst – zentrales Regelungsziel der Beratungen im Verfassungs- und Rechtsausschuß, die Trennung von Geheimdienst und Polizei jedenfalls auf Landesverfassungsebene festzuschreiben.

Art. 83 Abs. 3 S. 1 SächsVerf ist keine Organisationsnorm für die besondere Verwaltungseinheit Geheimdienst, deren Regelungsinhalt sich in dem Verbot der Ausstattung eines solchen Geheimdienstes mit polizeilichen Befugnissen erschöpft. Die Bestimmung enthält als Ausfluß des Trennungsgebots vielmehr prozedurale Vorgaben nicht nur für die Tätigkeit der Geheimdienste, sondern gewissermaßen „spiegelbildlich" auch für die der Polizei. Würde sie anders verstanden, so reduzierte sich die Geltung des verfassungsrechtlichen Trennungsgebots auf eine bloße organisatorische Trennung der verschiedenen Sicherheitsbehörden, und die organisatorische Trennung von Geheimdienst und Polizei drohte durch die Übertragung von entsprechenden – unkontrollierten – geheimdienstlichen Aufgaben und Befugnissen auf die Polizei unterlaufen zu werden. Bei einer Einengung des Anwendungsrahmens auf die Tätigkeit der Geheimdienste würde die gesetzgeberische Zielsetzung, die Sicherheitsbehörden beim besonders persönlichkeitssensiblen Einsatz nachrichtendienstlicher Mittel einer möglichst umfassenden rechtsstaatlichen Kontrolle zu unterziehen, in weiten Bereichen verfehlt. Indem Art. 83 Abs. 3 SächsVerf in Satz 2 systematisch an Satz 1 anschließt, macht er sich dessen inhaltliche Gebote zu eigen mit der Konsequenz, daß auch der vollzugspolizeiliche Einsatz nachrichtendienstlicher Mittel einer richterlichen oder parlamentarischen Kontrolle unterliegt. Die Anwendung des Art. 83 Abs. 3 S. 2 SächsVerf auf die heimliche präventiv-polizeiliche Tätigkeit des Polizeivollzugsdienstes auf dem Gebiet der vorbeugenden Verbrechensbekämpfung trägt auch dem besonderen Kontrollbedürfnis Rechnung, welches sich daraus herleitet, daß hier nachrichtendienstliche Mittel von einer Behörde eingesetzt werden, in deren Händen sich informationelle und exekutive Machtmittel vereinigen.

b) Das Gebot einer effektiven strukturellen Kontrolle geheimdienstlicher Mittel stellt eine Reaktion auf den in diesem Bereich faktisch ausgeschlossenen gerichtlichen Rechtsschutz dar und verstärkt den Schutz der Rechte der von diesen Maßnahmen Betroffenen. Es ist allerdings primär im Hinblick auf die gebotene Legalität dieser Ermittlungsmethoden und nicht im Interesse des prozeduralen Grundrechtsschutzes des Einzelnen statuiert, wie ihn Art. 33 SächsVerf verfolgt. Art. 83 Abs. 3 SächsVerf ist eine Norm des Organisationsrechts, wie es im 7. Abschnitt der Landesverfassung niedergelegt ist und dient damit nicht in erster Linie dem Individualrechtsschutz, sondern der demokratisch gebotenen Transparenz staatlichen Handelns in für Grundrechtsverletzungen besonders anfälligen Bereichen.

c) Art. 83 Abs. 3 S. 2 SächsVerf sieht die Nachprüfung durch von der Volksvertretung bestellte (Hilfs-)Organe des Parlaments als funktionales Äquivalent richterlicher Kontrolle an und betont damit die parlamentarische Verantwortlichkeit für exekutivisches Handeln. Er stellt eine besondere und einzelfallbezogene Ausprägung der Kontrollfunktion des Parlaments dar, die über das allgemeine parlamentarische Kontrollrecht hinausreicht. Die Kontrolle hat zeitnah zum Einsatz zu erfolgen. Soweit sie – z. B. bei Gefahr im Verzug – nicht vor dem Einsatz der Mittel wirksam wird, hat eine unverzügliche nachträgliche Überprüfung zu erfolgen. Entscheidet sich der Gesetzgeber im Rahmen seines aus Art. 83 Abs. 3 S. 3 SächsVerf folgenden Gestaltungsspielraums für eine Nachprüfung durch von der Volksvertretung bestellte Organe und Hilfsorgane, so muß er institutionelle Kontrollmechanismen vorsehen, die eine permanente und einzelfallbezogene parlamentarische Kontrolle des Einsatzes nachrichtendienstlicher Mittel durch diese (Hilfs-)Organe gewährleisten. Außerdem muß er die der richterlichen Unabhängigkeit vergleichbare persönliche und sachliche Unabhängigkeit der (Hilfs-)Organe sicherstellen.

d) Allerdings unterfällt nicht jeder Einsatz besonderer Mittel nach § 36 Abs. 2 SächsPolG dem Verfassungsgebot des Art. 83 Abs. 3 S. 2 SächsVerf, sondern nur der verdeckte Einsatz technischer Mittel zur Anfertigung von Bildaufnahmen und -aufzeichnungen sowie zum Abhören und Aufzeichnen des gesprochenen Wortes nach § 36 Abs. 2 Nr. 2 SächsPolG und der Einsatz eines verdeckten Ermittlers nach § 36 Abs. 2 Nr. 3 SächsPolG.

Der verfassungsrechtliche Begriff der „nachrichtendienstlichen Mittel" i. S. des Art. 83 Abs. 3 S. 2 SächsVerf unterscheidet sich von dem, wie er in den Gesetzen des einfachen Rechts, z. B. in § 5 Abs. 1 S. 1 SächsVSG, verwendet wird. Er umfaßt nicht sämtliche Formen der heimlichen Informationsgewinnung und -sammlung durch die Polizei, sondern nur diejenigen, die von Verfassungs wegen als typische Mittel von Nachrichtendiensten anzusehen sind. Hierzu gehören die Datenerhebung mit technischen Überwachungsmethoden und der Einsatz eines verdeckten Ermittlers, nicht aber die längerfristige Observation (§ 36 Abs. 2 Nr. 1 SächsPolG) und die polizeiliche Beobachtung

(§ 36 Abs. 2 Nr. 4 SächsPolG). Verdeckte Ermittler und verdeckte Ermittlungen mit technischen Mitteln verwischen die Grenze zwischen Polizei und Nachrichtendienst und tangieren damit das verfassungsrechtliche Trennungsgebot; sie sind deshalb als nachrichtendienstliche Mittel i. S. des Art. 83 Abs. 3 S. 2 SächsVerf anzusehen und müssen nach dieser Vorschrift besonders prozeduralen Anforderungen genügen. Demgegenüber sind die polizeiliche Beobachtung und Observation den herkömmlichen polizeilichen Fahndungsmethoden im Bereich der vorbeugenden Verbrechensbekämpfung zuzurechnen und qualitativ von den anderen besonderen Mitteln der Datenerhebung i. S. des § 36 Abs. 2 SächsPolG zu trennen. Zwar wird auch durch polizeiliche Beobachtungs- und Observationsmaßnahmen systematisch in das Recht des Einzelnen eingegriffen, selbst über seine Daten zu bestimmen (Art. 33 S. 1 SächsVerf). Allerdings bleiben diese informationellen Maßnahmen sowohl in bezug auf ihre Eingriffsintensität als auch hinsichtlich des Maßes an Konspiration, welches behördlicherseits dabei aufgewendet wird, deutlich hinter der heimlichen Überwachung mit technischen Geräten oder hinter dem Einsatz eines verdeckten Ermittlers zurück. Dies rechtfertigt es, die Überwachungsmaßnahmen nach § 36 Abs. 2 Nr. 1 und 4 SächsPolG strukturell und nach Herkommen den polizeilichen Befugnissen i. S. des Art. 83 Abs. 3 S. 1 SächsVerf zuzuordnen und sie damit vom Erfordernis einer besonderen richterlichen oder parlamentarischen Legitimation im Einzelfall, wie sie Art. 83 Abs. 3 S. 2 SächsVerf für den Einsatz nachrichtendienstlicher Mittel fordert, auszunehmen.

e) Der sächsische Gesetzgeber hat das sich aus Art. 83 Abs. 3 S. 2 SächsVerf ergebende Gebot einer effektiven fachspezifischen Kontrolle nachrichtendienstlicher Mittel nicht erfüllt. Der Einsatz der besonderen Mittel der Datenerhebung nach § 36 Abs. 2 Nr. 2 und 3 SächsPolG durch den Polizeivollzugsdienst ist deshalb mit den verfassungsrechtlichen Vorgaben des Art. 83 Abs. 3 S. 2 SächsVerf unvereinbar.

Die nach Art. 83 Abs. 3 SächsVerf gebotene rechtsstaatliche Kontrolle findet im Rahmen des § 39 SächsPolG beim verdeckten Einsatz technischer Überwachungs- und Aufzeichnungsmittel und beim Einsatz verdeckter Ermittler nicht statt. § 39 Abs. 3 S. 1 SächsPolG normiert für die Anwendung der als besondere Mittel der Datenerhebung bezeichneten Ermittlungsmethoden lediglich einen – durch Delegationsmöglichkeiten weiter abgeschwächten – Behördenleitervorbehalt (vgl. auch § 41 Abs. 3 SächsPolG). Die Anordnung einer nachrichtendienstlichen Überwachungsmaßnahme durch einen Behördenleiter oder eine von ihm delegierte Person ohne nachfolgende institutionelle Kontrollen stellt indes kein funktionales Äquivalent für die nach Art. 83 Abs. 3 S. 2 SächsVerf vorgeschriebene Nachprüfung dar. Es bedarf auch keiner näheren Darlegung, daß Art. 83 Abs. 3 S. 3 SächsVerf kein funktionales Äquivalent zu richterlicher oder parlamentarischer Kontrolle zuläßt. Dem Gesetzgeber bleibt zwar ein beträchtlicher politischer Regelungs- und Gestaltungsspielraum bei der Entscheidung, für welche der verfassungsrechtlich vorgegebenen rechtsstaatlichen Kontrollmechanismen – richterliche oder parlamentarische Nachprüfung oder eine Mischung aus beiden – er sich in diesem Bereich entscheidet und wie er das Kontrollverfahren im einzelnen ausgestalten will. Der Gesetzgeber muß aber in jedem Fall eine effektive und transparente Kontrolle nachrichtendienstlicher Mittel auch bei ihrem Einsatz durch den Polizeivollzugsdienst gewährleisten.

4. Aus den unter III. und IV. dargelegten Gründen ist auch § 40 SächsPolG mit der Sächsischen Verfassung unvereinbar.

V.

Der unter IV. dargelegte Verstoß des § 39 SächsPolG als Grundnorm für den Einsatz besonderer Mittel zur Erhebung von Daten gegen die Sächsische Verfassung erstreckt sich auch auf § 40 SächsPolG als die Spezialnorm. Hiervon abgesehen ist die verdeckte Erhebung personenbezogener Daten mit besonderen Mitteln in oder aus Wohnungen durch den Polizeivollzugsdienst mit der Sächsischen Verfassung vereinbar, soweit sie zur Abwehr einer gegenwärtigen Gefahr für den Bestand oder die Sicherheit des Bundes oder eines Landes, für Leben, Gesundheit oder Freiheit einer Person oder für bedeutende fremde Sach- oder Vermögenswerte erforderlich ist. Sie ist jedoch mit der Sächsischen Verfassung nicht vereinbar, soweit sie
– in § 40 Abs. 1 Nr. 2 SächsPolG auf das Vorfeld einer konkreten Gefahr erstreckt wird über Personen, wenn Tatsachen die Annahme rechtfertigen, diese wollten eine Straftat von erheblicher Bedeutung (§ 36 Abs. 1 SächsPolG) begehen;
– nicht beschränkt wird auf Wohnungen der für eine Gefahr Verantwortlichen und nicht nur unter den Voraussetzungen des polizeilichen Notstands im Sinne von § 7 SächsPolG erstreckt wird auf Wohnungen der dort genannten Personen.

1. Art. 30 SächsVerf schützt mit der Wohnung umfassend den räumlichen Bereich der Privatsphäre und erstreckt diesen auf jeden nicht allgemein zugänglichen Raum, der Personen als Aufenthaltsstätte dient, also auch auf Geschäfts- und Betriebsräume, Hotelzimmer und Nebenzimmer von Gaststätten (vgl. *Herdegen*, Bonner Kommentar, 17. Lieferung, Art. 13 GG Rdn. 26 ff.). Der verfassungsrechtliche Schutz der Wohnung hängt nicht allein davon ab, ob der Raum tatsächlich und kontinuierlich privat genutzt wird.

Schutzzweck des Grundrechtes auf Unverletzlichkeit der Wohnung ist die Sicherung des Rechts des Einzelnen auf private Lebensgestaltung in gesicherten Räumen, in denen er soll tun und lassen können, was und wie es ihm beliebt, und in denen er von staatlicher Einmischung in Ruhe gelassen sein soll.

2. Staatliche Stellen greifen in das Grundrecht auf Unverletzlichkeit der Wohnung auch dann ein, wenn sie nicht nur körperlich eindringen, sondern mit optischen oder akustischen Hilfsmitteln Vorgänge in der Wohnung überwachen, ausspähen und belauschen (vgl. *Herdegen*, Bonner Kommentar, 17. Lieferung, Art. 13 Rdn. 42). Das Grundrecht schützt vor jeder Art staatlichen Zugriffs auf die Wohnung, der darin private Lebensgestaltung beeinträchtigen kann.

3. a) Die umstrittene Regelung wird nicht von dem Richtervorbehalt in Art. 30 Abs. 2 SächsVerf erfaßt. Die dort dem Wohnungsgrundrecht gesetzten Schranken gelten nicht für die verdeckte Erhebung personenbezogener Daten mit besonderen Mitteln in oder aus Wohnungen. Diese ist nicht vergleichbar mit Durchsuchungen, die offen durch körperliches Eindringen staatlicher Organe in den räumlich geschützten Bereich zum Zwecke der Suche nach Personen und Sachen ausgeführt werden. Demgegenüber ist die verdeckte Erhebung personenbezogener Daten mit besonderen Mitteln in oder aus Wohnungen geprägt durch die Heimlichkeit der Suche nach dem gesprochenen Wort und der Dokumentation von Handlungen.

b) § 40 SächsPolG wird nur teilweise durch den Gesetzesvorbehalt in Art. 30 Abs. 3 SächsVerf gedeckt. Allerdings wird die Datenerhebung nach § 40 Abs. 1 SächsPolG nicht durch die gemäß Art. 30 Abs. 3 1. Alt. SächsVerf ohne Gesetzes- und Richtervorbehalt zugelassenen Eingriffe und Beschränkungen zur Abwehr einer gemeinen Gefahr gedeckt. Unter gemeiner Gefahr sind nur durch Katastrophen oder außer Kontrolle geratene technische Einrichtungen mit hohem Schadenspotential verursachte Gefahren zu verstehen. Die Gefahren, an die § 40 Abs. 1 SächsPolG die Eingriffsbefugnisse koppelt, gehen über diesen Rahmen weit hinaus. Soweit § 40 Abs. 1 SächsPolG dem Polizeivollzugsdienst die verdeckte Erhebung personenbezogener Daten mit besonderen Mitteln in oder aus Wohnungen zur Abwehr einer gegenwärtigen Gefahr für einzeln aufgeführte gewichtige Rechtsgüter gestattet, hält sich die Norm jedoch im Rahmen des Gesetzesvorbehalts in Art. 30 Abs. 3 2. Alt. SächsVerf.

aa) Die Eingriffsermächtigung wird auf die Abwehr einer gegenwärtigen Gefahr beschränkt und damit in temporärer Hinsicht deutlich stärker eingegrenzt, als die in bezug auf die Verhütung dringender Gefahren der Fall ist. Soweit die Verfassung mit der dringenden Gefahr eine qualitative Steigerung des

Gefahrbegriffs in dem Sinne meint, daß Schäden großen Ausmaßes oder für wichtige Rechtsgüter zu befürchten sein müssen, entspricht § 40 Abs. 1 Nr. 1 SächsPolG dem in qualitativer Hinsicht mit der Begrenzung der gefährdeten Rechtsgüter auf den Bestand oder die Sicherheit des Bundes oder eines Landes, auf Leben, Gesundheit oder Freiheit einer Person oder auf bedeutende fremde Sach- oder Vermögenswerte. Soweit in der Norm ein ausdrücklicher Hinweis darauf fehlt, daß nicht jede auch geringfügige gegenwärtige Gefahr diese verdeckte Datenerhebung rechtfertigt, berührt dies nicht deren Bestand vor der Verfassung, da in jedem Einzelfall der Polizeivollzugsdienst, der anordnende Richter oder bei Gefahr im Verzug der amtierende Dienststellenleiter die verdeckte Erhebung personenbezogener Daten mit besonderen Mitteln in oder aus Wohnungen nach dem Grundsatz der Verhältnismäßigkeit an dem Gewicht der zu befürchtenden Schäden für das zu schützende Rechtsgut zu messen hat (§ 3 SächsPolG). Mit dieser Qualifizierung ergeben sich auch keine Bedenken gegen die Einbeziehung von bedeutenden fremden Sach- oder Vermögenswerten in den Kreis der gewichtigen Rechtsgüter, deren erhebliche Gefährdung erst eine dringende Gefahr im Sinne von Art. 30 Abs. 3 SächsVerf darstellen kann.

bb) § 40 Abs. 1 Nr. 1 SächsPolG hält sich auch im Rahmen der Verhütung von Gefahren für die öffentliche Sicherheit und Ordnung im Sinne von Art. 30 Abs. 3 SächsVerf. Damit hat die Sächsische Verfassung einen herkömmlichen fest umrissenen Begriff aus dem allgemeinen Polizeirecht übernommen. Dadurch schützt sie die Gesamtheit der subjektiven Rechtsgüter der Einzelnen wie auch die Belange der Allgemeinheit und die staatlichen Funktionen. Der Schutz vor Gefahren für die öffentliche Sicherheit erfaßt ohne weiteres den Schutz vor Gefahren für den Bestand oder die Sicherheit des Bundes oder eines Landes wie auch für Leben, Gesundheit und Freiheit einer Person. Wie schon zu § 39 Abs. 1 Nr. 1 SächsPolG dargestellt (vgl. oben II. 1. a cc), fällt hierunter auch der Schutz vor Gefahren für bedeutende fremde Sach- oder Vermögenswerte. Auch diese sind Teil der Rechtsordnung und der von dem Staat zu gewährleistenden inneren Sicherheit.

4. § 40 Abs. 1 Nr. 1 SächsPolG ist mit dem Grundsatz der Verhältnismäßigkeit vereinbar.

Die Wertung des Gesetzgebers, die verdeckte Erhebung personenbezogener Daten mit besonderen Mitteln in oder aus Wohnungen sei zur Abwehr gegenwärtiger Gefahren für die angeführten gewichtigen Rechtsgüter geeignet und erforderlich, ist, wie sich aus den Ausführungen zu § 39 Abs. 1 Nr. 1 SächsPolG (oben II. 1. a cc) ergibt, verfassungsrechtlich nicht zu beanstanden. Bei diesen gewichtigen Rechtsgütern durfte der Gesetzgeber davon ausgehen, es könne Lagen geben, in denen neben dem Grundrecht auf informationelle

Selbstbestimmung auch das Grundrecht auf Unverletzlichkeit der Wohnung zu deren Schutz zurückzutreten hat. Dies gilt auch in bezug auf den Schutz bedeutender fremder Sach- und Vermögenswerte, allerdings nur soweit durch Vermögenskriminalität dem Gemeinwesen Schaden droht und damit die Unverbrüchlichkeit der Rechtsordnung in Frage gestellt wird.

5. Die Regelung in § 40 Abs. 1 Nr. 1 SächsPolG über die verdeckte Erhebung personenbezogener Daten mit besonderen Mitteln in oder aus Wohnungen zur Verhütung gegenwärtiger Gefahren verletzt entgegen der Ansicht der Antragsteller auch nicht grundsätzlich unter Verstoß gegen die Menschenwürde den Kern des allgemeinen Persönlichkeitsrechts aus Art. 15 und 14 Abs. 1 SächsVerf.

a) Art. 30 SächsVerf schützt als besondere Ausprägung des aus Art. 15 und 14 Abs. 1 SächsVerf abgeleiteten allgemeinen Persönlichkeitsrechts speziell den räumlich-gegenständlichen Bereich privater Lebensgestaltung. Die besondere Schrankenregelung für das Grundrecht auf Unverletzlichkeit der Wohnung in Art. 30 Abs. 2 und 3 SächsVerf bezieht sich damit nur auf beschränkende Eingriffe in diesen räumlich-gegenständlichen Bereich. Nicht erfaßt wird die von dem Verfassungsgeber nicht vorhergesehene besondere Intensität des Eingriffs in das Grundrecht auf freie Entfaltung der Persönlichkeit, die regelmäßig durch die verdeckte Erhebung personenbezogener Daten mit besonderen Mitteln in oder aus Wohnungen erreicht wird. Damit wird das Freiheitsrecht des Art. 15 SächsVerf in seiner engen Beziehung zu der Garantie der Menschenwürde in Art. 14 Abs. 1 SächsVerf unmittelbar zum Prüfungsmaßstab neben Art. 30 SächsVerf.

b) Die Sächsische Verfassung gewährt dem Einzelnen einen unantastbaren Bereich privater Lebensgestaltung, der der Einwirkung öffentlicher Gewalt entzogen ist. Das in Art. 15 SächsVerf verbürgte Recht auf freie Entfaltung der Persönlichkeit gebietet im Verbund mit Art. 14 Abs. 1 SächsVerf aller staatlichen Gewalt, diesen Kernbereich, die Intimsphäre des Einzelnen, zu achten. Nach dem Gedanken des Art. 37 Abs. 2 SächsVerf darf das Freiheitsrecht aus Art. 15 SächsVerf nicht in seinem Wesensgehalt angetastet werden. Selbst überwiegende Interessen der Allgemeinheit können einen Eingriff in diesen absolut geschützten Bereich privater Lebensgestaltung nicht rechtfertigen; eine Abwägung nach Maßgabe des Verhältnismäßigkeitsgrundsatzes findet nicht statt (vgl. BVerfGE 34, 238, 245).

c) Es gibt Räume innerhalb von Wohnungen, die zu diesem absolut geschützten Bereich privater Lebensführung gehören. Es muß Räume geben, in die sich der Einzelne so zurückziehen kann, daß er unangetastet von jeglicher staatlichen Einmischung seine Vorstellung von Leben nach seinem Belieben verwirklichen kann und in denen er über sein Verhalten keiner staatlichen Stelle Rechenschaft schuldet und von der Obrigkeit völlig in Ruhe gelassen werden muß. In diesem Bereich vermögen auch schwerstwiegende Interessen der Allgemeinheit oder gar Einzelner einen staatlichen Eingriff nicht zu rechtfertigen.

Nicht jede Wohnung, insbesondere nicht in dem weiten Sinne, in dem Art. 30 SächsVerf sie schützt, ist ganz oder teilweise zu dieser absolut geschützten räumlichen Intimsphäre zu rechnen. Dies gilt vor allem für viele Geschäfts- und Betriebsräume sowie Zimmer in Hotels und Gaststätten. Es gibt auch nicht eine abstrakt zu beschreibende Art von privaten Wohnräumen, die grundsätzlich zu diesem intimsten räumlich-gegenständlichen Schutzbereich der freien Entfaltung der Persönlichkeit gehören. Die absolute Schutzwürdigkeit eines Raumes wird von seiner jeweiligen Nutzung bestimmt. Jeder Raum, der nach außen den Anschein absoluter Schutzwürdigkeit weckt, kann in einer Weise genutzt werden, die diesen Schutz nicht verdient. Andererseits kann es sehr wohl Geschäfts- und Betriebsräume geben, die im konkreten Fall zu dem absolut geschützten Bereich gehören.

Angesichts der unterschiedlichen Nutzung ist es dem Gesetzgeber grundsätzlich nicht möglich, diesen absolut geschützten Kernbereich abstrakt zu regeln. Es muß deshalb im konkreten Einzelfall dem Polizeivollzugsdienst, dem anordnenden Richter oder bei Gefahr im Verzug dem amtierenden Dienststellenleiter die schwierige Entscheidung überlassen werden, ob es sich bei der anhand von Tatsachen zu erwartenden Nutzung bestimmter Räume um den absolut geschützten Bereich privater Lebensgestaltung handeln wird oder nicht. Nicht selten wird sich dies erst nachträglich herausstellen. Um dem Schutz des Kernbereichs gleichwohl hinreichend Rechnung zu tragen, muß daher der Gesetzgeber ein unverzügliches und umfassendes Löschungsgebot für alle dabei erhobenen personenbezogenen Daten anordnen. Dieses Löschungsgebot ergibt sich unmittelbar aus dem absolut geschützten Kernbereich des allgemeinen Persönlichkeitsrechts.

6. Es verstößt gegen den Grundsatz der Verhältnismäßigkeit, daß in § 40 Abs. 1 Nr. 1 SächsPolG zwar differenziert wird, *über wen* Daten in oder aus Wohnungen mit besonderen Mitteln verdeckt erhoben werden dürfen, aber nicht eingegrenzt wird, *bei wem* dies gestattet ist.

a) Die Norm befaßt sich nur mit den durch das Grundrecht auf informationelle Selbstbestimmung, nicht aber mit den durch das Grundrecht auf Unverletzlichkeit der Wohnung geschützten Personen. Bei der verdeckten Erhebung personenbezogener Daten mit besonderen Mitteln in oder aus Wohnungen sind vier Personengruppen zu unterscheiden:
1. Verantwortliche für eine Gefahr, *bei denen* in oder aus Wohnungen *über andere* Daten zu erheben sind;

2. Verantwortliche für eine Gefahr, *über die* in oder aus eigenen fremden Wohnungen Daten zu erheben sind;
3. nicht für eine Gefahr Verantwortliche, *über die* in oder aus eigenen oder fremden Wohnungen Daten zu erheben sind;
4. nicht für eine Gefahr Verantwortliche, *bei denen* in oder aus ihren Wohnungen *über andere* Daten zu erheben sind.

b) § 40 Abs. 1 Nr. 1 SächsPolG ermächtigt den Polizeivollzugsdienst ohne jede weitere Einschränkung *bei nicht für eine Gefahr Verantwortlichen* in oder aus deren Wohnungen verdeckt Daten über die für eine Gefahr Verantwortlichen und unter den Voraussetzungen des § 7 SächsPolG über die dort genannten Personen zu erheben. Dies genügt nicht den verfassungsrechtlichen Anforderungen an die besondere Schutzwürdigkeit der Wohnungsinhaber, die in keiner Beziehung für eine Gefahr verantwortlich sind. Eingriffe in die Wohnung als den räumlich-gegenständlichen Schutzbereich privater Lebensgestaltung sind mit dem freiheitlichen Menschenbild der Sächsischen Verfassung nur vereinbar, wenn ein Wohnungsinhaber zu den für eine Gefahr Verantwortlichen zählt oder die Inanspruchnahme einer Wohnung anderer Personen auf die Voraussetzungen des polizeilichen Notstandes (§ 7 SächsPolG) reduziert wird. Insoweit wird ergänzend auf die Darstellung zu § 39 Abs. 1 Nr. 1 SächsPolG verwiesen (oben II. 1. a cc), die auf Verletzungen des Grundrechtes auf Unverletzlichkeit der Wohnung ebenso zutrifft, wie auf die Verletzung des Grundrechtes auf informationelle Selbstbestimmung. Eine gesetzliche Schrankenregelung für das Wohnungsgrundrecht (Art. 30 Abs. 3 SächsVerf) zur Gefahrenabwehr verstößt nur dann nicht gegen das Übermaßverbot, wenn Eingriffe in das Wohnungsgrundrecht einer nicht für eine Gefahr verantwortlichen Person beschränkt werden auf die Extremfälle polizeilichen Notstandes (§ 7 SächsPolG).

7. § 40 Abs. 1 Nr. 2 SächsPolG wird von dem Gesetzesvorbehalt in Art. 30 Abs. 3 SächsVerf deshalb nicht gedeckt, weil auf die Tatbestandsvoraussetzung einer dringenden Gefahr für die verdeckte Erhebung personenbezogener Daten mit besonderen Mitteln in oder aus Wohnungen verzichtet wird. Damit löst sich der Gesetzgeber aus dem überkommenen Polizeirecht, das jeweils das Vorliegen einer Gefahr zur Eingriffsvoraussetzung macht und den Begriff der dringenden Gefahr in Art. 30 Abs. 3 SächsVerf prägt. Wie § 39 Abs. 1 Nr. 2 SächsPolG gegenüber § 39 Abs. 1 Nr. 1 SächsPolG, so räumt § 40 Abs. 1 Nr. 2 SächsPolG gegenüber § 40 Abs. 1 Nr. 1 SächsPolG dem Polizeivollzugsdienst Vorfeldbefugnisse ein, gestattet ihm bereits im Vorfeld einer Gefahr die verdeckte Erhebung personenbezogener Daten mit besonderen Mitteln in oder aus Wohnungen.

a) Zwar müssen nach § 40 Abs. 1 Nr. 2 SächsPolG Tatsachen die Annahme rechtfertigen, daß Personen *eine Straftat* von erheblicher Bedeutung (§ 36 Abs. 1) begehen *wollen*, während nach § 39 Abs. 1 Nr. 2 SächsPolG Tatsachen die Annahme rechtfertigen müssen, daß die Personen *Straftaten* von erheblicher Bedeutung *begehen werden*. Eine systematische Interpretation ergibt entgegen der schriftsätzlich geäußerten Ansicht der Staatsregierung, daß diesem unterschiedlichen Sprachgebrauch keine Bedeutung zukommt. Würde § 40 Abs. 1 Nr. 2 SächsPolG wörtlich verstanden, so daß die Annahme gerechtfertigt sein müsse, die Person müsse die Begehung *einer* Straftat von erheblicher Bedeutung *wollen*, so hieße dies regelmäßig, die Person müsse die Absicht haben, eine konkret bestimmbare Straftat von erheblicher Bedeutung zu begehen. Dann aber wäre eine konkrete Gefahr im Sinne von § 40 Abs. 1 Nr. 1 SächsPolG gegeben und der Verzicht des Gesetzgebers auf diesen als rechtsstaatliche Garantie anerkannten Begriff nicht verständlich. Gerade die verdeckte Erhebung von Daten mit besonderen Mitteln in oder aus Wohnungen wird als ein besonders wichtiges polizeiliches Mittel zur Bekämpfung organisierter Kriminalität genannt. Wie aber schon zu § 39 Abs. 1 Nr. 2 SächsPolG ausgeführt, sind Vorfeldbefugnisse für den Polizeivollzugsdienst erforderlich, um in die Strukturen krimineller Organisationen eindringen und bereits frühe Entstehungsphasen von Straftaten, die Zusammenhänge und die Arbeitsweisen mafioser Gebilde und der sie steuernden Personen ergründen zu können (vgl. oben II. 2 a und b). Dieser Zweck des Polizeigesetzes kann nur erreicht werden, wenn § 40 Abs. 1 Nr. 2 SächsPolG nicht eingeschränkt wird auf den Verdacht gegen Personen, sie hätten die Absicht eine konkret bestimmbare Straftat von erheblicher Bedeutung zu begehen, sondern sich auf den durch Tatsachen erhärteten Verdacht erstreckt, es könnten irgendwann irgendwelche Straftaten von erheblicher Bedeutung begangen werden.

b) Diese Vorfeldbefugnisse für den Polizeivollzugsdienst sind nicht beschränkt auf die *Verhütung dringender Gefahren für die öffentliche Sicherheit* im Sinne von Art. 30 Abs. 3 SächsVerf. Zwar bezieht sich dieser Begriff nicht so sehr auf den Grad der Wahrscheinlichkeit für die Schadenskonkretisierung als vielmehr auf die Qualität des drohenden Schadens. Dennoch verzichtet Art. 30 Abs. 3 SächsVerf nicht auf jede Wahrscheinlichkeit des Schadenseintritts in zeitlicher Hinsicht. Das Bundesverfassungsgericht hat in seiner Entscheidung vom 13. Februar 1964 Beschränkungen für das Grundrecht auf Unverletzlichkeit der Wohnung als zulässig anerkannt, soweit diese dem Zweck dienten, einen Zustand nicht eintreten zu lassen, der seinerseits eine dringende Gefahr für die öffentliche Sicherheit und Ordnung darstellen würde (vgl. BVerfGE 17, 232, 252). Abgesehen davon, daß diese Entscheidung sich auf Geschäfts- und Betriebsräume (der Apotheker) bezieht, die mit Rücksicht auf das überkommene Instrumentarium gewerberechtlicher und gesundheitspolizeilicher Betretungs- und Besichtigungsrechte einen qualitativ geminderten Grundrechtsschutz genießen (vgl. BVerfGE 32, 54, 76), wird damit nicht ganz auf den herkömmlichen polizeirechtlichen Begriff der Gefahr verzichtet, an den Art. 30 Abs. 3 SächsVerf anknüpft. Vielmehr setzt das Bundesverfassungsgericht das Vorliegen einer Gefahr voraus, die stets mit dem unbeaufsichtigten Betrieb einer Apotheke verbunden ist.

c) § 40 Abs. 1 Nr. 2 SächsPolG verzichtet darüber hinaus sogar überhaupt auf das Vorliegen einer Gefahr, also einer hinreichenden Wahrscheinlichkeit für den Eintritt eines Schadens und die Begehung einer Straftat von erheblicher Bedeutung. Selbst wenn Tatsachen die Annahme rechtfertigen müssen, es werde jemand eine Straftat von erheblicher Bedeutung begehen, ist damit noch nicht die Gefahr gefordert, daß solche Straftaten mit hinreichender Wahrscheinlichkeit drohen. Nach § 40 Abs. 1 Nr. 2 SächsPolG genügen zum Beispiel Tatsachen, die die Erwartung rechtfertigen, daß sich eine Organisation bildet, um irgendwelche Vergehen irgendwann zu begehen (etwa Vermögenstransfer ins Ausland zur Steuerhinterziehung), die nach Art und Schwere geeignet sind, den Rechtsfrieden besonders zu stören. Die besondere Störung des Rechtsfriedens ergibt sich bei organisierter Kriminalität bereits aus dem organisierten Zusammenwirken von Personen zum Zwecke der Erzielung finanzieller Gewinne sowie von Macht und Einfluß auf Wirtschaft und Staat durch planmäßige Ausnutzung aller rechtmäßigen und aller rechtswidrigen Möglichkeiten einer freiheitlich-demokratischen Wirtschafts- und Gesellschaftsordnung. Damit ist nach § 40 Abs. 1 Nr. 2 SächsPolG die verdeckte Erhebung personenbezogener Daten mit besonderen Mitteln in oder aus Wohnungen bereits dann zulässig, wenn Tatsachen die Annahme der Bildung einer solchen Organisation rechtfertigen, die sich in einem frühen Stadium ihrer Organisierung gesetzmäßiger Mittel zu bedienen pflegt. In diesem Stadium liegt aber noch keine Gefahr vor. Es kann noch nicht mit hinreichender Wahrscheinlichkeit die Begehung einer Straftat von erheblicher Bedeutung erwartet werden. Ebensowenig kann festgestellt werden, die Datenerhebung sei notwendig, um den Eintritt einer dringenden Gefahr für die öffentliche Sicherheit zu verhüten. Insoweit fehlt jegliche zeitliche Eingrenzung, die der Begriff *Verhütung einer dringenden Gefahr* voraussetzt.

8. § 40 Abs. 2 S. 4 SächsPolG ist mit Art. 30 und 38 SächsVerf vereinbar. Es kann auch in diesem Zusammenhang das Verhältnis zwischen Art. 30 Abs. 2 und 3 SächsVerf dahingestellt bleiben. Selbst wenn für die verdeckte Erhebung personenbezogener Daten mit besonderen Mitteln in oder aus Wohnungen entsprechend Art. 30 Abs. 2 SächsVerf von Verfassungs wegen ein Richtervorbehalt gelten würde, weil diese Eingriffe mindestens so schwer wie-

gen wie Durchsuchungen von Wohnungen, müßte die Gefahr im Verzug von dem Richtervorbehalt abgesehen werden können. Es bestehen verfassungsrechtlich auch keine Bedenken gegen die Bestätigungsfrist von drei Tagen, zumal die Bestätigung stets unverzüglich zu beantragen ist. Die Regelung für Gefahr im Verzug verstößt als solche auch nicht gegen die in Art. 38 SächsVerf gewährleistete Rechtsschutzgarantie. Im Gegensatz zu § 39 SächsPolG ist in § 40 Abs. 4 S. 1 SächsPolG vorgeschrieben, die Betroffenen, also die Personen, bei denen und über die in oder aus Wohnungen verdeckt Daten erhoben worden sind, unverzüglich zu unterrichten, sobald dies ohne Gefährdung des Zwecks erfolgen kann. Zwar wird diese Unterrichtung wegen der Gefährdung des Zwecks der Datenerhebung häufig erst spät erfüllt werden oder gar ganz entfallen. Aber im Gegensatz zu den Fällen des § 39 SächsPolG wird die Kenntniserlangung nicht ganz dem Zufall überlassen und damit grundsätzlich effektiver Rechtsschutz auch faktisch noch gewährleistet.

Die verbleibende Beeinträchtigung effektiven Rechtsschutzes bei Gefahr im Verzug im Sinne von § 40 Abs. 2 SächsPolG kann so lange hingenommen werden, bis der Gesetzgeber den für alle Fälle des Einsatzes besonderer Mittel zur Erhebung von Daten nach § 39 SächsPolG notwendigen Grundrechtsschutz durch Verfahren geregelt haben wird. Der prozedurale Schutz für die verdeckte Erhebung personenbezogener Daten mit besonderen Mitteln in oder aus Wohnungen bei Gefahr im Verzug ist bereits deutlich effektiver ausgestaltet als im Rahmen von § 39 SächsPolG, da der Dienststellenleitervorbehalt keine Delegation zuläßt, unverzüglich die Bestätigung des Richters einzuholen ist, und die Unterrichtung des Betroffenen grundsätzlich zu erfolgen hat. Schließlich ist, wie die Auskunftspersonen berichtet haben, die verdeckte Erhebung personenbezogener Daten mit besonderen Mitteln in oder aus Wohnungen mit einem so erheblichen personellen, technischen und finanziellen Aufwand verbunden, daß auch deshalb ein Unterlaufen des Richtervorbehalts wenig wahrscheinlich ist.

9. § 40 Abs. 3 S. 1 SächsPolG ist mit der Sächsischen Verfassung vereinbar, soweit nicht bereits nach den Ausführungen zu § 39 SächsPolG der Einsatz von verdeckten Ermittlern und V-Leuten (vgl. zu deren Einbeziehung *Belz*, Polizeigesetz des Freistaates Sachsen, 2. Aufl., Rdn. 19 zu § 37) allgemein verfassungswidrig ist. Nach der ersten Alternative von Art. 30 Abs. 3 SächsVerf sind Eingriffe und Beschränkungen in das Grundrecht auf Unverletzlichkeit der Wohnung auch ohne Gesetzes- und Richtervorbehalt zur Abwehr einer Lebensgefahr für einzelne Personen zulässig. Dem Lebensschutz für die bei einem polizeilichen Einsatz tätigen Personen kommt nach der Sächsischen Verfassung Vorrang zu gegenüber dem Grundrecht auf Unverletzlichkeit der Wohnung der Zielperson, gegen die sich der Einsatz richtet.

10. § 40 Abs. 3 S. 2 SächsPolG ist mit Art. 30 Abs. 3 SächsVerf und Art. 33 SächsVerf nur in der Auslegung vereinbar, daß die Ausnahme von der Löschungspflicht auf Daten beschränkt wird, die zur Verfolgung von Straftaten gegen Leben, Gesundheit oder Freiheit einer bei dem Einsatz tätigen Person benötigt werden. Art. 30 Abs. 3 1. Alt. SächsVerf rechtfertigt die verdeckte Erhebung personenbezogener Daten mit besonderen Mitteln in oder aus Wohnungen ohne Gesetzes- und Richtervorbehalt nur zur Abwehr einer gemeinen Gefahr oder einer Lebensgefahr für Einzelne, nicht zu anderen Zwecken. Deshalb dürfen die dabei erhobenen Daten auch nur zu diesen eng begrenzten Zwecken verwertet werden. Dieses Gebot der Zweckbindung ergibt sich nicht nur aus Art. 33 SächsVerf, sondern auch daraus, daß der sonst zum Schutz der Unverletzlichkeit der Wohnung (Art. 30 SächsVerf) erforderliche Richtervorbehalt hier aus übergeordneten Gründen entfällt und deshalb das besondere Mittel „ausschließlich" zum Schutz der bei einem polizeilichen Einsatz tätigen Personen eingesetzt werden darf. Diese Zweckbindung fordert in den Fällen des § 40 Abs. 3 SächsPolG, daß die dabei gewonnenen Daten ausschließlich zu diesen Zwecken verwendet werden und in dessen Konsequenz unverzüglich zu löschen sind, wenn sie zu diesen Zwecken nicht mehr benötigt werden. Nach dem Grundgedanken von Art. 30 Abs. 2 und 3 SächsVerf konnte der Gesetzgeber – außer bei Gefahr im Verzug – keine verdeckte Datenerhebung in oder aus Wohnungen mit besonderen Mitteln ohne Richtervorbehalt anordnen. Wie oben dargestellt, greift die verdeckte Datenerhebung in oder aus Wohnungen mit besonderen Mitteln weit stärker in das Grundrecht auf Unverletzlichkeit der Wohnung ein als offene Durchsuchungen im Sinne von Art. 30 Abs. 2 SächsVerf. Deshalb ist der sächsische Gesetzgeber zu Recht von einem Richtervorbehalt der Sächsischen Verfassung für die verdeckte Datenerhebung in oder aus Wohnungen mit besonderen Mitteln ausgegangen. Der Sonderfall des § 40 Abs. 3 SächsPolG liegt anders als die übrige Datenverarbeitung durch den Polizeivollzugsdienst, bei der wegen der Doppelfunktion des Polizeivollzugsdienstes auch Daten, die bei der Gefahrenabwehr gewonnen werden, grundsätzlich zum Zwecke der Strafverfolgung verwertet werden dürfen, zumal da Strafverfolgung auch der Gefahrenabwehr dient.

VI.

§ 47 Abs. 1 S. 1 Nr. 2 SächsPolG ist bei verfassungskonformer Auslegung mit der Sächsischen Verfassung vereinbar.

1. Die Vorschrift steht im Einklang mit dem Grundsatz der Normenklarheit und -bestimmtheit, soweit sie besagt, daß der Polizeivollzugsdienst von

öffentlichen und nichtöffentlichen Stellen die Übermittlung von personenbezogenen Daten bestimmter Personengruppen aus Dateien zum Zwecke des automatisierten Abgleichs mit anderen Datenbeständen verlangen kann und dies zur Verhinderung von Straftaten von erheblicher Bedeutung (§ 36 Abs. 1 SächsPolG) erforderlich ist.

Unter rechtsstaatlichen Gesichtspunkten bestehen keine grundsätzlichen Bedenken dagegen, den automatisierten Datenabgleich – über die reine Gefahrenabwehr hinaus (vgl. § 37 Abs. 1 S. 1 Nr. 1 SächsPolG) – nach § 47 Abs. 1 S. 1 Nr. 2 SächsPolG auch als Instrument der vorbeugenden Verbrechensbekämpfung einzusetzen. Allerdings muß die Rasterfahndung als Vorfeldinstrument operationalisierbar und ihre Zulässigkeitsschwellen im Hinblick auf das Gebot der Berechenbarkeit und Vorhersehbarkeit staatlichen Handelns hinreichend bestimmt sein. Es ist deshalb eine verfassungskonforme Eingrenzung der Ermächtigung des § 47 Abs. 1 S. 1 Nr. 2 SächsPolG geboten. Die Rasterfahndung ist nur dann zur Verhinderung von Straftaten von erheblicher Bedeutung erforderlich i. S. des § 47 Abs. 1 S. 1 Nr. 2 SächsPolG, wenn zumindest tatsächliche Anhaltspunkte vorliegen, die auf bestimmte Deliktsarten i. S. des § 36 Abs. 1 SächsPolG hindeuten. Die bloße Befürchtung des Polizeivollzugsdienstes, daß Straftaten von erheblicher Bedeutung begangen werden, genügt für die Anordnung der Rasterfahndung nicht; vielmehr muß hierfür ein bestimmter, durch das Vorliegen tatsächlicher Anhaltspunkte belegter Anlaß bestehen (vgl. aber zur sog. verdachtslosen Rasterfahndung nach § 3 Abs. 1 und 2 des Gesetzes zu Art. 10 Grundgesetz – G 10 –, BVerfG NJW 1996, 114).

2. In dieser eingrenzenden Auslegung ist die Bestimmung des § 47 Abs. 1 S. 1 Nr. 2 SächsPolG auch mit dem Grundsatz der Verhältnismäßigkeit vereinbar.

a) Der automatisierte Abgleich personenbezogener Daten ist zur Verhinderung von Straftaten von erheblicher Bedeutung geeignet und erforderlich. Dem Gesetzgeber kommt – wie bereits oben II. 2. a ausgeführt wurde – ein breiter Spielraum bei der Beurteilung zu, welche Befugnisse er dem Polizeivollzugsdienst auf dem Gebiet der vorbeugenden Verbrechensbekämpfung zur effizienten Aufgabenerfüllung einräumen will. Die Grenzen dieses Spielraums hat der Gesetzgeber bei der Beurteilung der Geeignetheit und Erforderlichkeit der Rasterfahndung nicht überschritten. Seine Einschätzung ist zumindest vertretbar.

aa) Mit Hilfe des automatisierten Datenabgleichs kann der erstrebte Gemeinwohlzweck gefördert werden. Entgegen der Auffassung der Antragsteller wird die Eignung der Rasterfahndung zur vorbeugenden Verbrechensbekämpfung nicht dadurch in Frage gestellt, daß Straftaten unmittelbar nicht schon durch die „Rasterung" von Datenbeständen verhindert werden, sondern dies erst durch nachfolgende Eingriffsmaßnahmen der Polizei geschieht, die ihrerseits wiederum gesonderten rechtlichen Anforderungen genügen müssen. Dessen ungeachtet trägt der automatisierte Datenabgleich mit anderen Datenbeständen jedenfalls dazu bei, der Polizei die vorbeugende Bekämpfung von Straftaten zu erleichtern, und hat zumindest insoweit präventive Bedeutung, als die hierdurch gewonnenen Informationen weitere Maßnahmen auf diesem Gebiet ermöglichen und fördern können. Für die verfassungsrechtliche Eignung der Maßnahme reicht dies aus.

Die Eignung des automatisierten Datenabgleichs zur vorbeugenden Bekämpfung von Straftaten wird auch nicht dadurch in Frage gestellt, daß derzeit nicht sicher beurteilt werden kann, ob durch dieses Fahndungsinstrument, das herkömmlicherweise auf dem Gebiet der Strafverfolgung, insbesondere der Terrorismusbekämpfung, eingesetzt wird (vgl. § 98 a StPO), die Effektivität der präventiv-polizeilichen Ermittlungsarbeit mittel- oder gar langfristig erhöht wird. Die auf dem Gebiet der Strafverfolgung hierzu vorliegenden Erfahrungen (vgl. *Raum/Palm*, JZ 1994, 447, 453) sind präventiv-polizeilich jedenfalls nicht uneingeschränkt verwertbar. Angesichts dieser Prognoseungewißheit war der Gesetzgeber nicht gehindert, von der grundsätzlichen Geeignetheit der Rasterfahndung auszugehen und diese – jedenfalls nicht von vornherein untaugliche – Ermittlungsmethode im Rahmen des § 47 Abs. 1 S. 1 Nr. 2 SächsPolG zur Verhinderung von Straftaten zuzulassen. Sollten sich bei der Anwendung in der Praxis Effektivitätsmängel zeigen, geben diese erst dann Anlaß zu verfassungsgerichtlichem Einschreiten, wenn der Gesetzgeber eine spätere Überprüfung und Verbesserung trotz ausreichender Erfahrungen für eine sachgerechtere Lösung unterließe.

bb) Die Regelung über die Rasterfahndung in § 47 Abs. 1 Nr. 2 SächsPolG ist auch erforderlich. Die gesetzgeberische Einschätzung, daß der Polizei in bestimmten Fällen zur Verhinderung von Straftaten von erheblicher Bedeutung kein anderes, gleich wirksames, aber das Grundrecht weniger stark einschränkendes Mittel als die Rasterfahndung zur Verfügung steht, ist vertretbar. Es sind Lagen denkbar, in denen der Polizeivollzugsdienst zur Erfüllung dieser Aufgabe (vgl. § 1 Abs. 1 S. 2 Nr. 2 SächsPolG) auf den automatisierten Datenabgleich nicht verzichten kann, weil er über kein schonenderes, aber ebenso effektives Fahndungsinstrument verfügt. Gerade die Rasterfahndung kann gegenüber den besonderen Mitteln der Datenerhebung des § 36 Abs. 2 SächsPolG das schonendere Mittel sein.

b) § 47 Abs. 1 S. 1 Nr. 2 SächsPolG verstößt auch nicht gegen das Übermaßverbot. Er ist das Ergebnis einer verfassungsrechtlich nicht zu beanstandenden Gesamtabwägung, bei der sich der Gesetzgeber in den Grenzen der Zumutbarkeit für die Betroffenen gehalten hat.

aa) Es ist verfassungsrechtlich nicht zu beanstanden, die Rasterfahndung zur Verhinderung von Straftaten von erheblicher Bedeutung (§ 47 Abs. 1 S. 1 Nr. 2 SächsPolG) bei sämtlichen der in § 36 Abs. 1 SächsPolG normierten Verbrechens- und Vergehenstatbestände zuzulassen. Der mit der „Rasterung" von Daten verbundene Eingriff in das informationelle Selbstbestimmungsrecht des Einzelnen ist nicht sehr gravierend und findet lediglich in Form von automatisierten Vergleichsvorgängen innerhalb einer Datenverarbeitungsanlage statt. Nach Beendigung der Rasterung werden der Polizei nur die Daten der Personen bekannt, auf die die tätertypischen kriminalistischen (positiven oder negativen) Prüfkriterien zutreffen. Soweit der Abgleich bei einzelnen Personen zu Folgeeingriffen Anlaß gibt, sind diese nur unter gesonderten rechtlichen Voraussetzungen zulässig. Ist der Zweck der Maßnahme erreicht oder zeigt sich, daß er nicht erreicht werden kann, sind die übermittelten und die im Zusammenhang mit der Maßnahme zusätzlich angefallenen Daten zu löschen und die Unterlagen zu vernichten, soweit sie nicht zur Verfolgung von Straftaten erforderlich sind (§ 47 Abs. 3 S. 3 SächsPolG).

bb) Der Verfassungsgerichtshof verkennt nicht, daß durch diese Fahndungsmethoden zwangsläufig zahlreiche unbeteiligte Personen betroffen werden, deren in Dateien gespeicherte personenbezogene Daten auf der Grundlage des § 47 Abs. 1 SächsPolG ohne ihr Wissen an den Polizeivollzugsdienst übermittelt und von diesem jedenfalls für eine gewisse Zeit – entgegen der ursprünglichen Zweckbestimmung – verwendet und mit anderen Datenbeständen abgeglichen werden können. Dadurch wird das aus dem Recht auf informationelle Selbstbestimmung abzuleitende Zweckbindungsgebot (vgl. BVerfGE 65, 1, 46) durchbrochen. Außerdem begründet § 47 Abs. 1 S. 1 SächsPolG bei den zur Übermittlung ihrer Datenbestände verpflichteten öffentlichen und nichtöffentlichen Stellen nicht unerhebliche Handlungsermächtigungen und -pflichten.

cc) Entgegen der Ansicht der Antragsteller sind die rechtlich geschützten Belange der von der Rasterfahndung betroffenen Personen und der Dateninhaber, denen hierdurch Übermittlungspflichten auferlegt werden, nicht unverhältnismäßig beeinträchtigt. Den schutzwürdigen Interessen dieser Personen und Stellen kann vielmehr durch eine am Übermaßverbot ausgerichtete restriktive Gesetzesauslegung und -anwendung Rechnung getragen werden. Das Tatbestandsmerkmal der Erforderlichkeit liefert dabei im Rahmen des § 47 SächsPolG den notwendigen, aber verfassungsrechtlich ausreichenden Maßstab, um die Einhaltung des Übermaßverbots bei der Anordnung und Durchführung der Rasterfahndung im Einzelfall sicherzustellen. Von der Polizei dürfen mit Hilfe des automatisierten Datenabgleichs keine Daten erhoben und verarbeitet werden, die sie auf andere Weise nicht erheben dürfte. Insbesondere sind Informationen, deren Weitergabe wegen ihres streng persönlichen Charakters für die Betroffenen unzumutbar ist (vgl. BVerfGE 65, 1, 46), auch ihrer Erhebung und Verarbeitung durch automatisierten Abgleich generell entzogen. Der polizeiliche Abgleich dieser absolut geschützten personenbezogenen Daten ist – gemessen an dem verfassungsrechtlichen Gewicht des Grundrechtsschutzes – nicht erforderlich i. S. des § 47 Abs. 1 S. 1 Nr. 2 SächsPolG und deshalb unzulässig.

dd) Aber auch jenseits des absolut geschützten Bereichs ist das Instrument des maschinellen Datenabgleichs im Hinblick auf das verfassungsrechtliche Zweckbindungsgebot restriktiv zu handhaben. Im Rahmen der nach § 47 Abs. 1 S. 1 SächsPolG vom Polizeivollzugsdienst stets vorzunehmenden Prüfung, ob die Datenübermittlung zum Zwecke des automatisierten Abgleichs für die Verhinderung von Straftaten von erheblicher Bedeutung im Einzelfall erforderlich ist, sind die schutzwürdigen Individualinteressen der Betroffenen und der übermittlungspflichtigen Dateninhaber mit den polizeilichen Ermittlungsinteressen abzuwägen und in die Entscheidung über die Anordnung der Maßnahme und die Art und Weise ihrer Durchführung einzubeziehen; nach der Begrenzungsvorschrift des § 47 Abs. 2 S. 1 SächsPolG ist bereits das Übermittlungsersuchen auf die im Einzelfall erforderlichen Daten zu beschränken. Ein besonderer Stellenwert kommt dabei solchen Informationen zu, die von Dritten unter dem Schutz verfassungsrechtlich garantierter Freiheitsrechte, wie dem der Rundfunk-, Presse- und Informationsfreiheit (Art. 20 SächsVerf) oder der Forschungsfreiheit (Art. 21 SächsVerf) erhoben wurden (vgl. BVerfGE 77, 65, 74). Die Freiheitsrechte dieser Inhaber von Daten, die zugleich nichtöffentlichen Stellen i. S. des § 47 Abs. 1 S. 1 SächsPolG darstellen, sind auch bei der Anordnung und Durchführung der Rasterfahndung zu wahren und unter dem Gesichtspunkt des Übermaßverbots in die Erforderlichkeitsprüfung einzubeziehen.

3. Schließlich ist § 47 SächsPolG auch nicht deswegen verfassungswidrig, weil die Rasterfahndung nicht der richterlichen Anordnung unterliegt. Ein solcher Richtervorbehalt wird von der Sächsischen Verfassung nicht gefordert.

Über die in der Sächsischen Verfassung selbst normierten Fälle hinaus (vgl. Art. 17 und 30 SächsVerf) besteht von Verfassungs wegen für den Gesetzgeber keine Pflicht, Eingriffe in die Individualsphäre des Einzelnen unter Richtervorbehalt zu stellen. Die Richtervorbehalte der Verfassung sind grundsätzlich abschließend geregelt. Die genannten Verfassungsnormen durchbrechen den Grundsatz, daß der Richter die Exekutive erst nachträglich und auf

Anrufung kontrolliert. Primärzuständigkeiten des Richters stellen Abweichungen vom Gewaltenteilungsgrundsatz und Ausnahmen im Recht der Gefahrenabwehr dar. Die Sächsische Verfassung gebietet nicht, diese Ausnahmen über die verfassungsrechtlich ausdrücklich geregelten Fälle hinaus zu verallgemeinern (vgl. auch BayVerfGH, DVBl. 1995, 347, 352). Dem Gesetzgeber stand es somit in Ausübung seines Gestaltungsspielraums frei, im Rahmen des § 47 SächsPolG auf die Normierung eines Richtervorbehalts zu verzichten und sich statt dessen für andere wirksame verfahrensmäßige Grundrechtssicherungen zu entscheiden. Der Verfassungsgerichtshof vermag nicht zu erkennen, daß die im Rahmen des § 47 Abs. 3 SächsPolG verwirklichten verfahrensmäßigen Institute (Dienststellenleitervorbehalt, Zustimmungspflicht des Staatsministeriums des Innern, Unterrichtungspflicht gegenüber dem Sächsischen Datenschutzbeauftragten) gemessen an der Eingriffstiefe der Rasterfahndung unzureichend wären und den gebotenen prozeduralen Grundrechtsschutz in unvertretbarer Weise verkürzen würden. Die getroffene Regelung ist deshalb verfassungsrechtlich nicht zu beanstanden.

VII.

Der Verfassungsgerichtshof hat gemäß § 23 S. 2 SächsVerfGHG die Vorschriften des § 43 Abs. 6 S. 2 SächsPolG und des § 49 S. 1 Nr. 1 und 2 SächsPolG in die Prüfung einbezogen, da sie mit den von den Antragstellern gerügten Vorschriften des dritten Abschnittes des Sächsischen Polizeigesetzes in einem besonders engen inhaltlichen Zusammenhang stehen.

1. § 43 Abs. 6 S. 1 SächsPolG regelt die Nutzung personenbezogener Daten durch den Polizeivollzugsdienst zu Zwecken der Aus- und Fortbildung. Die Bestimmung des § 43 Abs. 6 S. 2 SächsPolG, wonach die Anonymisierung unterbleiben kann, wenn diese nicht mit vertretbarem Aufwand möglich ist oder dem Aus- und Fortbildungszweck entgegensteht und jeweils die berechtigten Interessen des Betroffenen an der Geheimhaltung der Daten nicht offensichtlich überwiegen, ist mit der Sächsischen Verfassung zu vereinbaren. Diese Anonymisierungsregelung ist im Lichte des Rechts auf informationelle Selbstbestimmung aus Art. 33 SächsVerf allerdings verfassungskonform dahingehend auszulegen, daß die berechtigten Interessen des Betroffenen an der Geheimhaltung seiner Daten regelmäßig überwiegen und nur ausnahmsweise aus den in § 43 Abs. 6 S. 2 SächsPolG genannten Gründen zurücktreten müssen. Art. 33 SächsVerf statuiert – wie oben I. ausgeführt – ein grundsätzliches Entscheidungsvorrecht jedes Betroffenen in bezug auf die Nutzung und Verwendung seiner personenbezogenen Daten. Eingriffe in das informationelle Selbstbestimmungsrecht sind danach nur ausnahmsweise im

überwiegenden Allgemeininteresse zulässig (vgl. BVerfGE 65, 1, 44). Allein eine Gesetzesauslegung, die diesem verfassungsrechtlichen Regel-Ausnahme-Verhältnis Rechnung trägt, ist mit dem hohen Rang des Grundrechtes auf informationelle Selbstbestimmung zu vereinbaren. Sie wird auch dem legitimen polizeilichen Interesse an einer praxisnahen Aus- und Fortbildung gerecht, zumal da eine effektive Schulung des Personals regelmäßig auch unter Verwendung anonymisierten Datenmaterials möglich sein wird.

2. Auch die Löschungstatbestände des § 49 S. 1 Nr. 1 und 2 SächsPolG halten bei restriktiver, am Rang des Rechts auf informationelle Selbstbestimmung ausgerichteter Auslegung der verfassungsgerichtlichen Nachprüfung stand.

a) Soweit nach § 49 S. 1 Nr. 1 SächsPolG eine Löschung auch dann unterbleibt, wenn die Daten zur Behebung einer bestehenden Beweisnot unerläßlich sind, genügt verfassungsrechtlich freilich nicht jede Beweisnot der Polizei oder Dritter zur Rechtfertigung der Nichtlöschung personenbezogener Daten. Es muß sich vielmehr – entsprechend § 20 Abs. 4 S. 1 SächsDSG – um eine dringende Beweisnot handeln, deren Behebung von solchem überwiegenden öffentlichen oder privaten Interesse ist, daß demgegenüber das Interesse des Betroffenen an einer Löschung seiner personenbezogenen Daten ausnahmsweise zurückzutreten hat.

b) Soweit § 49 S. 1 Nr. 2 SächsPolG regelt, daß eine Löschung auch dann unterbleibt, wenn die Nutzung der Daten zu wissenschaftlichen Zwecken erforderlich ist, ist die Vorschrift entsprechend dem Rechtsgedanken des § 43 Abs. 6 S. 2 SächsPolG verfassungskonform an der grundsätzlichen Verpflichtung zur Anonymisierung der personenbezogenen Daten zu orientieren. Danach sind die Daten, die im Hinblick auf wissenschaftliche Forschungszwecke von der Löschung ausgeschlossen sind, im Grundsatz zu anonymisieren, außer wenn dies mit vertretbarem Aufwand nicht möglich ist oder dem Forschungszweck zwingend entgegensteht. Die Datennutzung für wissenschaftliche Zwecke hat sich streng in den Grenzen des hierfür Erforderlichen zu halten; ein direkter Personenbezug, wie er durch die individualisierten und nichtanonymisierten Daten des Betroffenen hergestellt wird, gehört hierzu regelmäßig nicht (vgl. BVerfGE 65, 1, 69). Eine verfassungskonforme Auslegung des § 49 S. 1 Nr. 2 SächsPolG im Lichte des Rechts auf informationelle Selbstbestimmung ist geboten, da sich eine entsprechende Verpflichtung weder aus der Vorschrift selbst noch aus der generellen Verweisung auf das Sächsische Datenschutzgesetz (vgl. § 35 SächsPolG) ergibt. Insbesondere greift § 30 Abs. 3 SächsDSG entgegen der Auffassung der Staatsregierung nicht allgemein bei allen polizeilichen personenbezogenen Daten ein, wie sie § 49 SächsPolG zum Gegenstand hat, sondern betrifft gesetzessystematisch nur die speziellen Daten, die bereits für wissenschaftliche Zwecke erhoben oder gespeichert wurden (vgl. § 30 Abs. 1 SächsDSG).

F.

Die unter E. IV. dargestellten Mängel in der Ausgestaltung des Verfahrens führten nicht zur Nichtigkeit der §§ 39 und 40 SächsPolG insgesamt, sondern nur zur Feststellung ihrer Unvereinbarkeit mit Art. 33, 38 und 83 Abs. 3 S. 2 SächsVerf. Andernfalls wäre ab sofort der Polizei die Befugnis zur Datenerhebung mit besonderen Mitteln, insbesondere aus Wohnungen, vollständig entzogen, obwohl solche Regelungen für den Rechtsgüterschutz und die Aufrechterhaltung der öffentliche Sicherheit verfassungsrechtlich erforderlich sind. Ein solcher Zustand wäre von der Verfassung weiter entfernt als der bisherige.

Der Gesetzgeber ist verpflichtet, bis zum Ende der Legislaturperiode des 2. Sächsischen Landtages nach Maßgabe vorstehender Gründe ergänzende Regelungen zu treffen. Für die Übergangszeit gelten §§ 39 und 40 SächsPolG mit den sich aus dem Tenor ergebenden Maßgaben weiter. Im Zusammenwirken dieser verfassungsrechtlichen Vorkehrungen erscheint dem Sächsischen Verfassungsgerichtshof ein ausreichender Schutz des informationellen Selbstbestimmungsrechtes (Art. 33 SächsVerf) unter Berücksichtigung der Rechtsweggarantie (Art. 38 SächsVerf) und weiterer Kontrollerfordernisse (Art. 83 Abs. 3 S. 2 SächsVerf) jedenfalls für die Übergangszeit gewährleistet.

G.

Den Antragstellern sind gemäß § 16 Abs. 3 und 4 SächsVerfGHG i. V. m. § 34 a Abs. 2 und 3 BVerfGG die notwendigen Auslagen zu erstatten, weil sie teilweise obsiegt und zudem durch die Vorbereitung und Durchführung des Verfahrens zur Klärung von Fragen grundsätzlicher Bedeutung beigetragen haben, die von besonderer verfassungsrechtlicher Tragweite sind. Dem Verfassungsgerichtshof erschien es daher billig und angemessen, die Erstattung der Auslagen entsprechend § 34 a Abs. 2 und 3 BVerfGG anzuordnen (vgl. BVerfGE 82, 322, 351). Bei dem Verfahren der abstrakten Normenkontrolle sind die für Verfassungsbeschwerden maßgebenden Erstattungsgrundsätze entsprechend anzuwenden.

Entscheidungen
des Landesverfassungsgerichts
Sachsen-Anhalt

Die amtierenden Richter des Landesverfassungsgerichts für das Land Sachsen-Anhalt

Prof. Jürgen Goydke, Präsident
Burkhard Guntau, Vizepräsident
Dr. Edeltraut Faßhauer
Margit Gärtner
Prof. Dr. Michael Kilian
Erhard Köhler
Dr. Harald Schultze

Stellvertretende Richter

Carola Beuermann
Dietrich Franke
Dietmar Frommhage
Wolfgang Pietzke
Prof. Dr. Stefan Smid
Dr. Peter Willms
Werner Zink

Nr. 1

In Sachsen-Anhalt ist die Verfassungsbeschwerde nur gegen formelle Gesetze, nicht jedoch gegen untergesetzliche Rechtsvorschriften zulässig.

Verfassung des Landes Sachsen-Anhalt Art. 75 Nr. 7, 5

Landesverfassungsgerichtsgesetz § 55

Ausführungsgesetz zur Verwaltungsgerichtsordnung § 10

Urteil vom 22. Februar 1996 – LVG 2/95 –

in dem kommunalen Verfassungsbeschwerdeverfahren wegen § 19 Absatz 2 der Verordnung über die Zuordnung von Gemeinden zu Verwaltungsgemeinschaften vom 23. 3. 1994 (LSA-GVBl, S. 495).

Entscheidungsformel:

Die Verfassungsbeschwerde der Beschwerdeführerin wird als unzulässig verworfen.
Gerichtskosten werden nicht erstattet.
Die Erstattung von Auslagen findet nicht statt.

Tatbestand:

Die Beschwerdeführerin wendet sich mit ihrer Verfassungsbeschwerde gegen die Wirksamkeit des Absatzes 2 des § 19 der Verordnung über die Zuordnung von Gemeinden zu Verwaltungsgemeinschaften
– VwGemVO LSA – vom 23. 3. 1994 (LSA-GVBl 495).

1. Die Beschwerdeführerin ist eine knapp über 230 Einwohner zählende Gemeinde im Altmarkkreis Salzwedel.
Der Landtag von Sachsen-Anhalt beschloß am 24. 5. 1991 (LdTgDrs 1/16/442 B), die von ihm für notwendig gehaltene kommunale Gebietsreform durch freiwillige Zusammenschlüsse von Gemeinden unter 5 000 Einwohnern zu Verwaltungsgemeinschaften zu fördern. Die „untere hauptamtlich verwaltete kommunale Ebene" (Einheitsgemeinde oder Verwaltungsgemeinschaft)

müsse, um ausreichend leistungsfähig zu sein, an sich zehn Kräfte im gehobenen und/höheren Dienst beschäftigen, so daß aus verwaltungsökonomischen Gründen eigentlich eine Größenordnung von 10 000 bis 12 000 Einwohnern erforderlich sei. Da aber auch der Gesichtspunkt der Akzeptanz eine Rolle spiele, erscheine es sinnvoll, Einheiten zu bilden, die jedenfalls nicht weniger als 5 000 Einwohner haben.

Das Gesetz über kommunale Gemeinschaftsarbeit (= Art. I des Gesetzes zur Neuordnung der kommunalen Gemeinschaftsarbeit und zur Anpassung der Bauordnung vom 9. 10. 1992 – LSA-GVBl 730 –), geändert durch Gesetz vom 4. 2. 1994 (LSA-GVBl 164) – GKG LSA –, sieht die Bildung von Verwaltungsgemeinschaften durch öffentlich-rechtliche Vereinbarung vor (§ 3 Abs. 1 GKG LSA). Diese bedürfen der Genehmigung durch die Aufsichtsbehörde (§ 4 Abs. 4 S. 1 GKG LSA). Das Änderungsgesetz vom 4. 2. 1994 (Art. I des Gesetzes, LSA-GVBl 164) ermächtigt das Ministerium des Innern, sofern derartige freiwillige öffentlich-rechtliche Vereinbarungen bis zum 31. 12. 1993 nicht zustande gekommen sind, durch Verordnung aus Gründen des öffentlichen Wohls nach Anhörung der Gemeinden auch gegen deren Willen Verwaltungsgemeinschaften zu bilden (§ 4 a GKG LSA).

Diese Verordnung wurde mit Wirkung vom 31. 3. 1994 erlassen (§ 25 VwGemVO LSA) und ordnete in § 19 Abs. 2 VwGemVO LSA die Gemeinde Mechau der Verwaltungsgemeinschaft Salzwedeler-Land zu.

Die Beschwerdeführerin hat am 31. 5. 1994 im Wege der Normenkontrolle nach § 47 VwGO beim Oberverwaltungsgericht des Landes Sachsen-Anhalt beantragt, § 19 Abs. 1 VwGemVO LSA für nichtig zu erklären. Das Oberverwaltungsgericht hat den Antrag mit Beschluß vom 21. 12. 1994 – 2 K 6/94 – abgelehnt. Gegen diesen Beschluß hat die Beschwerdeführerin beim Bundesverfassungsgericht Verfassungsbeschwerde nach Art. 93 Abs. 1 Nummer 4 b GG, § 91 Satz 2 BVerfGG eingelegt.

Diese hat die 1. Kammer des Bundesverfassungsgerichts mit Beschluß vom 25. 3. 1995 – 2 BvR 400/95 – nicht zur Entscheidung angenommen, da nicht ausgeschlossen werden könne, daß die Beschwerdeführerin gegen § 19 Abs. 2 VwGemVO LSA nach Art. 75 Nr. 7 LVerf LSA in Verbindung mit §§ 2 Nr. 8, 51 LVerfGG LSA Verfassungsbeschwerde zum Landesverfassungsgericht des Landes Sachsen-Anhalt erheben könne. Diese Frage sei bisher durch das Landesverfassungsgericht nicht geklärt. Aus dem Wortlaut der Landesverfassung ergebe sich nicht eindeutig, daß unter dem Begriff „Landesgesetze", deren Überprüfung mit der Landesverfassung dem Landesverfassungsgericht nach Art. 75 Nr. 7 LVerf LSA in Verbindung mit §§ 2 Nr. 8, 51 LVerfGG LSA übertragen ist, nur förmliche Gesetze zu verstehen seien und somit dem Landesverfassungsgericht die Zuständigkeit für die Überprüfung von untergesetzlichen Verordnungen – Gesetzen im materiellen Sinne – fehle. Daher sei es der

Beschwerdeführerin zumutbar, vor Anrufung des Bundesverfassungsgerichts zunächst eine Klärung durch das Landesverfassungsgericht herbeizuführen. Der mit Gründen versehene Beschluß des Bundesverfassungsgerichts wurde der Beschwerdeführerin am 28. 3. 1995 bekanntgegeben. Die Verfassungsbeschwerde ist beim Landesverfassungsgericht am 13. 4. 1995 eingegangen.

2. Die Beschwerdeführerin meint, daß die Jahresfrist, innerhalb deren die Verfassungsbeschwerde nach Inkrafttreten der VwGemVO LSA gemäß §§ 48, 51 Abs. 2 LVerfGG LSA nur eingelegt werden könne, gewahrt sei. Durch die Einleitung des Normenkontrollverfahrens vor dem Oberverwaltungsgericht des Landes Sachsen-Anhalt im Mai 1994 sei die Verjährungsfrist unterbrochen worden.

Die Beschwerdeführerin beantragt,

> für den Fall, daß das Landesverfassungsgericht die Verfassungsbeschwerde für verfristet halte, die Wiedereinsetzung in den vorigen Stand.

Sie sei nach dem Wortlaut der Landesverfassung davon ausgegangen, daß eine Verfassungsbeschwerde gegen Verordnungen zum Landesverfassungsgericht nicht gegeben sei. Auf diese Möglichkeit sei sie erst durch die in ihrer Sache am 24. 3. 1995 ergangene Entscheidung des Bundesverfassungsgerichts hingewiesen worden. Es sei ihr aber innerhalb von 6 Tagen bis zum Ablauf der Jahresfrist nach Inkrafttreten der Verordnung am 31. 3. 1995 nicht möglich gewesen, den nötigen Rechtsrat einzuholen und die Verfassungsbeschwerde umfassend zu begründen.

In der Sache selbst meint die Beschwerdeführerin, § 19 Abs. 2 VwGemVO LSA verletze sie in ihrem Recht auf kommunale Selbstverwaltung aus Art. 2 Abs. 3, 87 Abs. 1 LVerf LSA. So diene die Zuordnung der Beschwerdeführerin zur Verwaltungsgemeinschaft Diesdorf-Dähre nicht den Gründen des öffentlichen Wohls. Der Sachverhalt sei nicht ausreichend ermittelt und die Abwägung der für und gegen den Zusammenschluß sprechenden Gründe nicht in der gebotenen Weise erfolgt. Auch sei das Anhörverfahren fehlerhaft gewesen.

Sie beantragt sinngemäß,

> festzustellen, daß § 19 Abs. 2 der Verordnung über die Zuordnung von Gemeinden zu Verwaltungsgemeinschaften vom 23. 3. 1994 (LSA-GVBl 495) sie in ihrem Recht auf kommunale Selbstverwaltung aus Art. 2 Abs. 3 87 Abs. 1 LVerf LSA verletzt und daher nichtig ist.

3. Der Landtag von Sachsen-Anhalt hat in seiner 29. Sitzung am 26. 10. 1995 beschlossen, keine Stellungnahme abzugeben.

4. Die Landesregierung tritt der Rechtsauffassung der Antragstellerin entgegen. Sie meint, die kommunale Verfassungsbeschwerde könne nur gegen förmliche Gesetze erhoben werden.

Ferner halte sich § 19 Abs. 2 VwGemVO LSA im Rahmen der Ermächtigung des § 4 a GKG LSA. Einziges Kriterium für den Zusammenschluß der Gemeinden sei der Gesichtspunkt des „öffentlichen Wohls". Nach dem Leitbild des in § 76 GO LSA niedergelegten Grundsatzes sollten Gemeinden unter 5 000 Einwohnern keine eigenen Verwaltungen behalten. Davon gebe es zwar Ausnahmen: So seien die kleinsten Gemeinden mit zugestandener eigener Verwaltung Hötensleben mit 3 639 und Wefelsleben mit 3 215 Einwohnern. Wenn dort die Voraussetzungen für eine eigene Verwaltung noch gegeben seien, sei dies bei der deutlich kleineren Antragstellerin mit knapp 230 Einwohnern zu verneinen.

Entscheidungsgründe:

1. Die Verfassungsbeschwerde ist unzulässig, da sie sich gegen eine Rechtsverordnung – § 19 Abs. 2 der Verordnung über die Zuordnung von Gemeinden zu Verwaltungsgemeinschaften – VwGemVO LSA – vom 23. 3. 1994 (LSA-GVBl 495) – richtet. Art. 75 Nr. 7 LVerf LSA läßt die Verfassungsbeschwerde aber nur gegen formelle Gesetze, nicht jedoch gegen untergesetzliche Rechtsvorschriften zu (*Pestalozza* LKV 1994, 11, 14; a. A. *Mahnke* Verfassung des Landes Sachsen-Anhalt, Textausgabe mit Erläuterungen 1993, Art. 75 Rdn. 27, der ohne nähere Begründung die Auffassung vertritt, unter „Landesgesetz" im Sinne des Art. 75 Nr. 7 LVerf LSA seien nicht nur formelle, sondern auch materielle Gesetze zu verstehen). Damit fehlt es an der Zuständigkeit des angerufenen Landesverfassungsgerichts.

1.1 Der Begriff „Gesetz" wird in der Rechtssprache in einem doppelten Sinne verwandt (vgl. *Creifelds* Rechtswörterbuch Stichwort „Gesetz"):
– Zum einen ist hierunter das Gesetz im formellen Sinne zu verstehen, d. h. jeder Beschluß der zur Gesetzgebung zuständigen Organe, der in einem verfassungsmäßig vorgesehenen Gesetzgebungsverfahren ergeht.
– Zum anderen werden hierunter alle allgemeinen Vorschriften verstanden, die rechtsverbindlich die Rechte und Pflichten des Einzelnen oder die Einrichtungen und Zuständigkeiten der Rechtsgemeinschaft selbst begründen, ausgestalten, ändern oder aufheben (Gesetz im materiellen Sinn).

Der konkrete Wortsinn des Art. 75 Nr. 7 LVerf LSA erschließt sich aus dem Zusammenhang mit Art. 75 Nr. 3 LVerf LSA (der abstrakten Normenkontrolle) und Art. 75 Nr. 5 LVerf LSA (der konkreten Normenkontrolle). Die Landesverfassung unterscheidet innerhalb des Art. 75 LVerfG LSA zwischen dem „Landesrecht" und den „Landesgesetzen". Unter „Landesrecht" sind alle Normen des Landes zu verstehen, also Gesetze im formellen Sinn ebenso wie im materiellen Sinn (vgl. zum parallelen Bundesrecht: statt vieler *Jarass/Pieroth* GG, 3. Aufl. 1995, Art. 93 Rdn. 18).

Bei der abstrakten Normenkontrolle ist unter „Landesgesetz" nur das formelle Gesetz gemeint. Dies hängt damit zusammen, daß nur die Verfassungsgerichte das sogenannte Verwerfungsmonopol in bezug auf förmliche Gesetze haben. Die Fachgerichte sind infolge ihrer Bindung an die Verfassung und das Gesetz – Art. 2 Abs. 4 LVerf LSA, Art. 20 Abs. 3 GG – zur Prüfung der Gültigkeit der anzuwendenden Normen verpflichtet. Halten sie Vorschriften, auf die es bei der Entscheidung ankommt, für rechtswidrig, weil sie gegen die Verfassung verstoßen, so dürfen sie sie nicht anwenden. Von diesem Grundsatz macht Art. 100 GG für förmliche Gesetze des Bundes und Art. 75 Nr. 5 LVerf LSA für förmliche Landesgesetze eine Ausnahme. Kommt es nach Auffassung des Fachgerichts auf die Gültigkeit eines formellen Gesetzes an, so hat es das Verfahren auszusetzen und die Entscheidung des Bundes- bzw. Landesverfassungsgerichts einzuholen (daher kommt auch *Mahnke* aaO, Art. 75 Rdn. 16, zu dem Schluß, daß Art. 75 Nr. 5 LVerf LSA sich nur auf die Vorlagepflicht in bezug auf förmliche Gesetze bezieht).

Wenn nun der Verfassungsgesetzgeber in Art. 75 Nr. 7 LVerf LSA bei der hier in Rede stehenden kommunalen Verfassungsbeschwerde den Begriff „Landesgesetz" wählt, ist dieser im engeren Sinn auszulegen, nämlich daß hierunter nur förmliche Gesetze zu verstehen sind. Es sind keine Gründe erkennbar, daß der wortgleiche Begriff „Landesgesetz" in Art. 75 Nr. 7 LVerf LSA anders als in Nr. 5 zu verstehen ist.

1.2 Das Bundesverfassungsgericht legt in ständiger Rechtsprechung den Begriff „Gesetz" in Art. 93 Nr. 4 b GG indessen dahin aus, daß hierunter Gesetze im materiellen Sinn zu verstehen seien (BVerfG, Beschl. v. 24. 6. 1969 – 2 BvR 446/64 –, BVerfGE 26, 228, 236; Beschl. v. 15. 10. 1985 – 2 BvR 1808/82 u. a. –, BVerfGE 71, 25, 34; Beschl. v. 23. 6. 1987 – 2 BvR 826/83 –, BVerfGE 76, 107, 114; ebenso: *Jarass/Pieroth* aaO, Art. 93 Rdn. 56; *Maunz* in Maunz/Dürig/Herzog, GG, Bd. IV Lief. 1–30, 1993, Art. 93 Rdn. 82; *Meyer* in: von Münch GG, Bd. 3, 2. Aufl. 1983, Art. 93 Rdn. 66; *Heinze* BayVBl. 1970, 7, 9; *Schmidt-Bleibtreu* DVBl. 1967, 597, 598).

Beschwerdegegenstand der kommunalen Verfassungsbeschwerde nach Art. 93 Nr. 4 b GG sind danach alle Rechtsnormen des Bundes- und Landesrechts, die Außenwirkung gegenüber Gemeinden haben und ihr Recht auf kommunale Selbstverwaltung (Art. 28 Abs. 2 GG) berühren. Damit können Landesverordnungen im Wege der kommunalen Verfassungsbeschwerde nach Art. 93 Nr. 4 b GG neben der verwaltungsrechtlichen Normenkontrolle durch das Oberverwaltungsgericht nach § 47 VwGO zusätzlich auch durch das Bundesverfassungsgericht überprüft werden.

Die Auslegung des Gesetzesbegriffs in Art. 93 Nr. 4 b GG durch das Bundesverfassungsgericht ist jedoch für das Landesverfassungsgericht für die des Art. 75 Nr. 7 LVerf LSA nicht bindend (so zu Recht für das baden-württembergische Landesrecht StGH Baden-Württemberg, Urt. vom 9. 8. 1977, ESVGH 27, 185, 188) und von der Sache her auch nicht geboten:

Das Bundesverfassungsgericht hat in seiner ersten Entscheidung (BVerfGE 26, 228) die Einbeziehung von Rechtsverordnungen unter den Begriff „Gesetz" in Art. 93 Nr. 4 b GG damit begründet, daß anderenfalls „eine mit dem Sinn des Gesetzes unvereinbare Lücke im Rechtsschutz" entstünde. Dies traf im konkreten Fall deshalb zu, weil das Land, in dem die antragstellende Kommune liegt, von der Ermächtigung des § 47 VwGO, der verwaltungsgerichtlichen Normenkontrolle, keinen Gebrauch gemacht hatte. Ohne die Zulassung der kommunalen Verfassungsbeschwerde hätte die Gemeinde in der Tat keine rechtliche Möglichkeit besessen, gegen die sie in ihrem Recht auf kommunale Selbstverwaltung nach Art. 28 Abs. 2 GG unmittelbar beeinträchtigende Verordnung gerichtlichen Rechtsschutz zu erlangen.

In Sachsen-Anhalt steht den Kommunen aber das Normenkontrollverfahren nach § 47 VwGO zu Verfügung. Dadurch, daß das Oberverwaltungsgericht die Gültigkeit von Rechtsverordnungen im Wege der kommunalen Verfassungsbeschwerde gerade auch im Hinblick auf ihre Verfassungsmäßigkeit zu prüfen hat, genießen die Kommunen ausreichenden Rechtsschutz. Das Rechtsstaatsgebot (Art. 2 Abs. 1 LVerf LSA) erfordert es nicht, daß darüberhinaus auch noch zusätzlich eine verfassungsgerichtliche Kontrolle stattfinden müsse (StGH Baden-Württemberg ESVGH 27, 185, 188).

1.3 Der Landesgesetzgeber hat erkennbar auch keinen „doppelten Rechtsschutz" mit der Einführung des Normenkontrollverfahrens nach § 47 VwGO vor dem Oberverwaltungsgericht neben der kommunalen Verfassungsbeschwerde nach Art. 75 Nr. 7 LVerf LSA vor dem Landesverfassungsgericht gewollt:

So sah das Gesetz zur Ausführung der Verwaltungsgerichtsordnung – AG VwGO LSA – vom 28. 1. 1992 (LSA-GVBl 36) ursprünglich nur die Überprüfung von Satzungsrecht im Wege der Normenkontrolle vor dem Oberverwaltungsgericht vor (§ 10 AG VwGO LSA a. F.).

Mit dem Inkrafttreten der Landesverfassung am 16. 7. 1992 (LSA-GVBl 600) wurde die kommunale Verfassungsbeschwerde zum – noch zu bildenden Landesverfassungsgericht – eingeführt. Mit der Verabschiedung des Landesverfassungsgerichtsgesetzes vom 23. 8. 1993 (LSA-GVBl 441) wurde in § 55 LVerfGG § 10 AG VwGO LSA neu gefaßt und dem Oberverwaltungsgericht nunmehr auch die Zuständigkeit zur Normenkontrolle von Verordnungen nach § 47 VwGO übertragen.

Hätte damit ein weiterer Rechtsweg zum Oberverwaltungsgericht nach § 47 VwGO neben dem zum Landesverfassungsgericht eröffnet werden sollen, dann hätte es nahegelegen, auch die Frage zu klären, ob beide Rechtsschutzmöglichkeiten gleichzeitig in Anspruch genommen werden könnten – was zu divergierenden Entscheidungen in derselben Sache führen könnte –, oder ob die kommunale Verfassungsbeschwerde erst nach Erschöpfung des Rechtsweges im Normenkontrollverfahren nach § 47 VwGO zulässig sein sollte.

So ermächtigt Art. 94 Abs. 2 Satz 2 GG den Bundesgesetzgeber, für die bundesrechtliche Verfassungsbeschwerde vorzusehen, daß sie erst zulässig ist, wenn zuvor der Weg zu den Fachgerichten beschritten worden ist und die zur Verfügung stehenden Rechtsmittel ausgeschöpft worden sind. Damit wird vermieden, daß zeitgleich der Rechtsweg zu den Fachgerichten und zum Bundesverfassungsgericht beschritten werden kann und in derselben Sache voneinander abweichende Entscheidungen ergehen können. Von der Ermächtigung des Grundgesetzes hat der Bundesgesetzgeber in § 90 Abs. 2 BVerfGG Gebrauch gemacht.

Eine entsprechende Ermächtigung sieht die Landesverfassung des Landes Sachsen-Anhalt nicht vor. Hätte der Landesverfassungsgeber neben der verwaltungsgerichtlichen Normenkontrolle zusätzlich auch die verfassungsgerichtliche Überprüfung von Rechtsverordnungen im Wege der kommunalen Verfassungsbeschwerde gewollt, wäre aber eine Art. 94 Abs. 2 Satz 2 GG entsprechende Ermächtigung erforderlich gewesen, um zu verhindern, daß es zu unterschiedlichen Entscheidungen über die Wirksamkeit der Verordnung kommen kann. Aus dem Fehlen einer solchen Vorschrift ist der Schluß zu ziehen, daß auch der Verfassungsgeber den Rechtsweg aufteilen wollte und nur die Überprüfung der Verfassungsmäßigkeit von förmlichen Gesetzes dem Landesverfassungsgericht vorbehält, während die Entscheidung über die Gültigkeit der untergesetzlichen Rechtsvorschriften – und damit von Verordnungen – abschließend dem Oberverwaltungsgericht übertragen ist (*Pestalozza* LKV 1994, 11, 14; auch nach baden-württembergischem Landesverfassungsrecht ist die kommunale Verfassungsbeschwerde nur gegen förmliche Gesetze zulässig, vgl. StGH Baden-Württemberg ESVGH 27, 185).

So weist denn auch die Regierungsbegründung zum Entwurf des Gesetzes über das Landesverfassungsgericht (LT-Drs. 1/1980, S. 40) darauf hin, daß § 56 (= § 55 LVerfGG LSA) eine „Lücke" schließe, die sich daraus ergebe, daß die Verfassungsbeschwerde auf die Überprüfung „formellen Gesetzesrechts" beschränkt sei. In die verwaltungsgerichtliche Normenkontrolle nach § 47

VwGO in Verbindung mit § 10 AG VwG LSA solle daher die Möglichkeit der unmittelbaren Prüfung von Rechtsverordnungen einbezogen werden.

2. Da es schon an der Zuständigkeit des Landesverfassungsgerichts fehlt und aus diesem Grunde die Verfassungsbeschwerde als unzulässig zu verwerfen ist, kommt es auf die weiteren von der Beschwerdeführerin aufgeworfenen Fragen, ob die Antragsfrist nach §§ 51 Abs. 2, 48 LVerfGG LSA eingehalten worden ist, oder ob ein Grund zur Wiedereinsetzung in den vorigen Stand nach § 33 Abs. LVerfGG LSA in Verbindung mit § 60 VwGO gegeben ist, nicht mehr an.

3. Die Entscheidung ergeht gerichtskostenfrei (§ 32 Abs. 1 LVerGG LSA).

Das die Verfassungsbeschwerde in der Sache keinen Erfolg hat, kommt eine Erstattung von Auslagen nicht in Betracht (§§ 32 Abs. 3, 33 Abs. 2 LVerfGG LSA i. V. m. § 154 VwGO).

Nr. 2

1. Die Antragsbefugnis einer Landtagsfraktion im Organstreit wegen Verletzung ihrer Chancengleichheit in der Öffentlichkeit kann sich nur auf ihren parlamentarischen Status gründen.

2. Ein Verstoß gegen das Gebot parteipolitischer Neutralität regierungsamtlicher Öffentlichkeitsarbeit kann die Chancengleichheit der Parteien auch außerhalb der Wahlkampfzeit verletzen, wenn er erheblich ist.

3. Bei einem Verstoß gegen das Gebot parteipolitischer Neutralität regierungsamtlicher Öffentlichkeitsarbeit liegt keine Verletzung der Chancengleichheit der Parteien vor, wenn es sich um einen Vorgang von geringer Intensität handelt, dessen Wiederholung nicht zu erwarten ist.

Grundgesetz, Art. 20, 21, 28, 38

Verfassung des Landes Sachsen-Anhalt, Art. 2, 7, 8, 42, 47, 48, 75

Landesverfassungsgerichtsgesetz §§ 35, 36

Fraktionsgesetz des Landes Sachsen-Anhalt § 1

Urteil vom 22. Februar 1996 – LVG 8/95 –

in dem Organstreitverfahren der CDU-Landtagsfraktion und des Landesverbandes der CDU gegen das Ministerium der Finanzen Sachsen-Anhalt.

Entscheidungsformel:

Der Antrag der Antragstellerin zu 1) wird als unzulässig verworfen, und der Antrag des Antragstellers zu 2) wird als unbegründet abgelehnt.

Die Entscheidung ergeht gerichtskostenfrei.

Die den Antragstellern entstandenen außergerichtlichen Kosten werden nicht erstattet.

Wegen des thematischen Zusammenhanges ist diese Entscheidung in vollem Wortlaut im Anschluß an das Verfahren auf Erlaß einer einstweiligen Anordnung vom 4. Juli 1995 – LVG 8/95 – in derselben Sache unter Nr. 2 in Band 3 (Seite 261) abgedruckt.

Entscheidungen
des Thüringer Verfassungsgerichtshofs

Die amtierenden Richter des Thüringer Verfassungsgerichtshofs

Gunter Becker, Präsident

Hans-Joachim Bauer

Christian Ebeling

Dr. Hans-Joachim Jentsch (bis 5. Juni 1996)

Reinhard Lothholz

Thomas Morneweg

Gertrud Neuwirth

Prof. Dr. Ulrich Rommelfanger

Manfred Scherer (ab 21. Juni 1996)

Prof. Dr. Rudolf Steinberg

Stellvertretende Richter

Dr. Hans-Joachim Strauch

Dr. Hartmut Schwan

Prof. Dr. Erhard Denninger

Dipl.-Ing. Christiane Kretschmer

Renate Hemsteg von Fintel

Rudolf Metz

Manfred Scherer (bis 21. Juni 1996)

Dr. Dieter Lingenberg (ab 6. September 1996)

Prof. Dr. Heribert Hirte

Prof. Dr. Karl-Ulrich Meyn

Nr. 1

Die Mitwirkung am Gesetzgebungsverfahren führt nach § 13 Thür-VerfGHG von Gesetzes wegen zum Ausschluß von der Ausübung des Richteramtes.

Thüringer Verfassungsgerichtshofsgesetz § 13 Abs. 1 Nr. 2

Beschluß vom 12. Januar 1996 – VerfGH 2/95, 4-9/95, 12/95 –

in den Verfahren über die Verfassungsbeschwerden der Gemeinden I. und anderer, des Landkreises S. und der Stadt S. betreffend verschiedene Bestimmungen des Thüringer Neugliederungsgesetzes vom 16. August 1993 (GVBl. S. 545).

Entscheidungsformel:

Die Mitglieder des Verfassungsgerichtshofs Dr. Jentsch und Lothholz sind von der Ausübung des Richteramtes in diesen Verfahren ausgeschlossen.

Gründe:

A.

Die Beschwerdeführerinnen wenden sich im Wege der kommunalen Verfassungsbeschwerde gegen verschiedene Bestimmungen des Gesetzes zur Neugliederung der Landkreise und kreisfreien Städte in Thüringen (Thüringer Neugliederungsgesetz – ThürNGG –) vom 16. August 1993 (GVBl. S. 545), die ihre Eingemeindung in die nächstgelegene kreisfreie Stadt, ihre Zugehörigkeit zu einem bestimmten Landkreis oder die Bestimmung des Sitzes des Landratsamts betreffen.

An dem Gesetzgebungsverfahren sind die derzeitigen Mitglieder des Verfassungsgerichtshofs Dr. Jentsch und Lothholz in unterschiedlicher Funktion beteiligt gewesen.

Herr Dr. Jentsch war als Justizminister nach der Regelung über die Verteilung der Zuständigkeiten der einzelnen Ministerien (Beschluß der Thüringer Landesregierung vom 9. 3. 1993, GVBl. 1993, S. 245) für „Verfassungsfragen" zuständig. Danach wirkt das Justizministerium bei „der gesamten Landesgesetzgebung ... in rechtlicher und gesetzestechnischer Hinsicht" mit. Ferner nimmt der Justizminister als Mitglied der Landesregierung nach Art. 76 Abs. 2 ThürVerf. an der Beschlußfassung über die Einbringung von Gesetzentwürfen teil. In seiner Äußerung vom 29. Dezember 1995 stellt Herr Dr. Jentsch fest, daß er sich zwar nicht mehr an die konkrete Mitwirkung in den fraglichen Gesetzgebungsverfahren erinnern könne, doch spreche angesichts des üblichen Verfahrens „die Wahrscheinlichkeit dafür", daß er „an der Erarbeitung der Gesetzesvorlage und an der Beschlußfassung über die Gesetzesvorlage tatsächlich beteiligt und nicht nur dazu berufen war".

Herr Lothholz hat erklärt, als Landtagsabgeordneter an der Abstimmung im Plenum über das fragliche Gesetz mitgewirkt zu haben. Die Abstimmung fand am 15./16. Juli 1993 statt.

B.

Die Mitglieder des Verfassungsgerichtshofs Dr. Jentsch und Lothholz sind in den im Beschlußrubrum aufgeführten Verfahren gemäß § 13 Abs. 1 Nr. 2 des Gesetzes über den Thüringer Verfassungsgerichtshof (Thüringer Verfassungsgerichtshofgesetz – ThürVerfGHG –) vom 28. Juni 1994 (GVBl. S. 781) von der Ausübung des Richteramtes ausgeschlossen. Dies ergibt sich daraus, daß sie im Gesetzgebungsverfahren mitgewirkt haben und demzufolge im Sinne von § 13 Abs. 1 Nr. 2 ThürVerfGHG in derselben Sache bereits von Amts oder Berufs wegen tätig gewesen sind.

I.

Nach § 13 Abs. 1 Nr. 2 ThürVerfGHG ist ein Mitglied des Verfassungsgerichtshofs von der Ausübung des Richteramtes ausgeschlossen, wenn es in derselben Sache bereits von Amts oder Berufs wegen tätig gewesen ist. Als Tätigkeit in diesem Sinne ist auch die Mitwirkung im Gesetzgebungsverfahren anzusehen.

Anders als das Bundesverfassungsgerichtsgesetz in § 18 Abs. 3 Nr. 1 enthält die im übrigen gleichlautende Bestimmung des § 13 ThürVerfGHG nicht die Regelung, wonach als Tätigkeit im Sinne des Abs. 1 Nr. 2 nicht die Mitwirkung im Gesetzgebungsverfahren gilt. Der Umstand, daß diese Festlegung für Thüringen nicht übernommen worden ist, bedeutet zunächst nur, daß eine ausdrückliche Regelung darüber, ob die Mitwirkung im Gesetzgebungsverfahren dem Begriff der „Tätigkeit in derselben Sache von Amts oder Berufs wegen" unterfällt oder nicht, im Thüringer Verfassungsgerichtshofsgesetz nicht enthalten ist. Mit der Entscheidung, § 18 Abs. 3 Nr. 1 BVerfGG nicht zu übernehmen, ist nicht zugleich die ausdrückliche Festlegung getroffen, daß die

Mitwirkung im Gesetzgebungsverfahren eine Tätigkeit im Sinne von § 13 Abs. 1 Nr. 2 ThürVerfGHG darstellt.

Gleichwohl ergibt sich dieser Regelungsgehalt durch die Auslegung der Vorschrift.

Bereits die Wortinterpretation des § 13 Abs. 1 Nr. 2 ThürVerfGHG legt es nahe, jedenfalls in einem verfassungsgerichtlichen Verfahren, dessen Gegenstand die Verfassungsmäßigkeit einer Norm ist, die Mitwirkung im Gesetzgebungsverfahren als eine „Tätigkeit in derselben Sache von Amts oder Berufs wegen" zu verstehen.

Zwar ist es richtig, daß üblicherweise unter dem Begriff „derselben Sache" das der fraglichen verfassungsgerichtlichen Entscheidung vorgelagerte Verwaltungsverfahren und die diese abschließende Verwaltungsentscheidungen oder das unmittelbar vorausgehende gerichtliche Verfahren und das diese beendende Entscheidung als sog. Ausgangsverfahren gemeint sind (vgl. BVerfG, Beschl. v. 21. 6. 1988, E 78, 331, 336). Es kann aber nichts anderes gelten, wenn es um das „Ausgangsverfahren" eines angefochtenen Gesetzes geht. Angesichts der Bestimmung in § 18 Abs. 3 Nr. 1 BVerfGG liegt es nahe, daß das Bundesverfassungsgericht in dem Beschluß vom 21. 6. 1988, in dem es im übrigen um die frühere richterliche Tätigkeit eines Senatsmitglieds ging, eine Mitwirkung im Gesetzgebungsverfahren nicht in Erwägung zu ziehen braucht.

Dementsprechend hat das Bundesverfassungsgericht die Erstreckung des Begriffs „dieselbe Sache" auf das Gesetzgebungsverfahren in den Fällen, in denen sich das verfassungsgerichtliche Verfahren gegen Gesetze richtet (so auch bei der hier gegebenen Kommunalverfassungsbeschwerde gegen ein Gesetz), sogar als naheliegend bezeichnet (BVerfGE 82, 30, 36). Nur durch die gesetzliche Fiktion des § 18 Abs. 3 Nr. 1 BVerfGG („gilt nicht"), die § 13 ThürVerfGHG gerade nicht kennt, werde der Tätigkeitszusammenhang für rechtlich irrelevant erklärt.

Die Ermittlung dieses Wortsinns der Norm wird nachdrücklich bestätigt durch deren Entstehungsgeschichte. In der Begründung zum Gesetzentwurf der Landesregierung – ThürVerfGHG – (Landtagsdrucksache 1/3205) wird zu § 13 ThürVerfGHG ausgeführt, diese Vorschrift entspreche im wesentlichen § 18 BVerfGG. Die Regelung des § 18 Abs. 3 Nr. 1 BVerfGG sei allerdings nicht übernommen worden; indem auch die frühere Befassung mit der Sache im Gesetzgebungsverfahren einen Ausschlußgrund darstelle, werde die persönliche und sachliche Unabhängigkeit der Mitglieder des Verfassungsgerichtshofs weiter gestärkt. Aus der amtlichen Begründung zum Gesetzentwurf der Landesregierung, dessen § 3 unverändert Gesetz geworden ist, spricht somit ganz eindeutig der Wille des Gesetzgebers, die Mitwirkung im Gesetzgebungsverfahren in Abweichung von § 18 BVerfGG als Ausschlußgrund zu behandeln. Dieses mittels der historisch-genetischen Methode gewonnene Ergebnis wird auch durch andere Auslegungselemente betätigt.

Maßgebend für die Auslegung einer Gesetzesbestimmung ist der in dieser zum Ausdruck kommende objektivierte Wille des Gesetzgebers (BVerfGE 62, 1, 45 – ständ. Rechtsprechung; *Hesse*, Grundzüge des Verfassungsrechts der Bundesrepublik Deutschland, 19. Aufl. 1994, Rdn. 94; *Jarass/Pieroth*, Grundgesetz, 3. Aufl. 1995, Einl. Rdn. 3). Dieser ist mit der rechtlichen Bedeutung des Gesetzes gleichzusetzen (vgl. *Jarass/Pieroth*, aaO) und anhand der herkömmlichen Auslegungsmethoden zu ermitteln. Zulässig sind die Auslegung aus dem Wortlaut der Norm (sprachlich-grammatikalische Auslegung), aus dem Bedeutungszusammenhang, in der sie steht (systematische Auslegung), aus ihrem Zweck (teleologische Auslegung) und aus den Gesetzesmaterialien und der Entstehungsgeschichte (historisch-genetische Auslegung). Dabei gibt die Verfassung keine bestimmte Auslegungsmethode vor (BVerfGE 88, 145, 166 f.). Insbesondere braucht ein Gericht nicht bei der reinen Wortinterpretation haltzumachen, wenn es gilt, den Inhalt einer Gesetzesbestimmung festzustellen (vgl. BVerfGE 35, 263, 279, 88, 145, 167). Allerdings stellt der mögliche Wortsinn die Grenze jeglicher Auslegung dar (BVerfGE 73, 206, 242 ff.). Die Entstehungsgeschichte eines Gesetzes ist vor allem dann für die Konstituierung des Normprogramms bedeutsam, wenn die anderen Auslegungstopoi wenig aussagekräftig sind (*F. Müller*, Juristische Methodik, 6. Aufl. 1995, S. 256, der sich lediglich gegen die Entgegensetzung von objektiver und subjektiver Methode, nicht aber gegen die Verwendung genetischer Elemente bei der Normkonkretisierung wendet, vgl. auch ebd. S. 204 ff., 254 ff.). Hier steht das Ergebnis der historisch-genetischen Methode jedoch nicht im Widerspruch zum Wortlaut, sondern bekräftigt die Wortinterpretation.

Der mit § 13 ThürVerfGHG verfolgte gesetzgeberische Zweck schließlich wird durch das hier vorgeschlagene Verständnis nicht gefährdet, sondern eher gefördert. Das Institut des Ausschlusses vom Richteramt dient dem Ziel, die Richterbank von Richtern freizuhalten, die dem rechtlich zu würdigenden Sachverhalt und den daran Beteiligten nicht mit der erforderlichen Distanz des Unbeteiligten und deshalb am Ausgangsverfahren uninteressierten Dritten gegenüberstehen (BVerfGE 46, 34, 37). Gerade der Beschluß vom 21. 6. 1988 bringt klar zum Ausdruck, daß niemand an einer gerichtlichen Überprüfung einer Entscheidung mitwirken soll, an der er vorher beteiligt war. (BVerfGE 78, 331, 338). Im übrigen wird der Grundsatz der Gewaltenteilung gestärkt, wenn ein Mitglied des Verfassungsgerichtshofs, das im Gesetzgebungsverfahren mitgewirkt hat, von der verfassungsrechtlichen Überprüfung dieses Gesetzes ausgeschlossen ist.

Auch die Abweichung der Thüringischen Regelung in diesem einen Punkte von den Ausschlußregelungen im Bund und in elf Ländern läßt die Annahme eines identischen Regelungsgehalts trotz unterschiedlichen Wortlauts als wenig wahrscheinlich erscheinen.

Über die Zweckmäßigkeit der Thüringer Regelung hat der Verfassungsgerichtshof hier nicht zu befinden. Das Bundesverfassungsgericht hat die möglichen rechtspolitischen Erwägungen für die bundesrechtliche Regelung, insbesondere im Hinblick auf die Eigenart des Gesetzgebungsverfahrens, hervorgehoben (BVerfGE 82, 30, 36 f.). Der Thüringische Landesgesetzgeber hat sich diese Überlegungen offensichtlich nicht zu eigen gemacht. Er hat damit auch etwaige Schwierigkeiten in der Anwendung der Ausschlußregelung wegen des von ihm verfolgten Ziels einer Stärkung der persönlichen und sachlichen Unabhängigkeit der Mitglieder des Verfassungsgerichtshofs in Kauf genommen.

Die Auswirkungen der weiteren Thüringer Ausschlußregelung sind allerdings auch nicht geeignet, die Arbeit des Verfassungsgerichtshofs ernsthaft zu erschweren (zu den – inzwischen weitgehend entfallenen – Gründen für eine restriktive Handhabung der Befangenheitsvorschriften des BVerfGG *Benda/Klein*, Lehrbuch des Verfassungsprozeßrechts, 1991, Rdn. 169; *Wassermann*, NJW 1987, S. 418 f., der sich im wesentlichen mit Fragen der Ablehnung wegen Befangenheit befaßt). Insbesondere die ausgefeilten Vertretungsregelungen des § 8 Abs. 1 ThürVerfGHG tragen dazu bei, daß nicht nur die Beschlußfähigkeit des Gerichtshofs gesichert, sondern auch die sorgfältige Austarierung der verschiedenen Bänke und Kräfte weitgehend erhalten bleibt. Und auch die grundsätzlich in einem Verfassungsgericht erwünschte Mitwirkung erfahrener ehemaliger Politiker (vgl. *Klein*, in: Maunz/Schmidt-Bleibtreu/Klein/Ulsamer/Bethge/Winter, BVerfGG, Stand: Dezember 1993, § 18 Rdn. 7) wird durch die Thüringer Regelung nur für einige Verfahren eingeschränkt, nicht aber generell ausgeschlossen.

II.

Der Verfassungsgerichtshof sieht bei den Mitgliedern *Lothholz* und Dr. *Jentsch* eine Mitwirkung im Sinne des § 13 Abs. 1 Nr. 2 ThürVerfGHG für gegeben. Er hält es für maßgeblich, daß beide in einer förmlichen Weise an der Entstehung des fraglichen Gesetzes beteiligt waren.

Bei dem seinerzeitigen Abgeordneten *Lothholz* stellte dies die Teilnahme an der Abstimmung über das Gesetz im Plenum des Thüringischen Landtages dar. Ob trotz Teilnahme an der Abstimmung ein Fall denkbar ist, in dem die Voraussetzungen ausschlußbegründender Mitwirkung nicht anzunehmen sind, braucht hier nicht entschieden zu werden. Ebensowenig kommt es hier darauf an, ob andere Formen maßgeblicher Mitwirkung ohne oder neben der

Teilnahme an einer Abstimmung im Plenum oder einem Ausschluß in Betracht kommen.

Auch für den seinerzeitigen Justizminister Dr. *Jentsch* ist eine seinen Ausschluß begründende Mitwirkung im Gesetzgebungsverfahren festzustellen. Er war zwar nicht als Landtagsabgeordneter mit dem zur verfassungsgerichtlichen Überprüfung anstehenden Gesetz befaßt. Die erforderliche förmliche Weise der Mitwirkung im Gesetzgebungsverfahren oblag ihm zum einen in seiner Funktion als Mitglied der Landesregierung, das gemäß Nr. 05 des Beschlusses der Thüringer Landesregierung über die Zuständigkeit der einzelnen Ministerien vom 9. März 1993 (GVBl. 1993, 245) für die Prüfung der Verfassungsmäßigkeit der Gesetze und damit auch des hier angefochtenen Gesetzes zuständig war. Der frühere Justizminister hat damit bereits im „Ausgangsverfahren" die Verfassungsmäßigkeit des Gesetzes geprüft und bejaht. Er hat ferner im Kabinett über den Gesetzentwurf der Landesregierung mit beraten und abgestimmt (Art. 76 Abs. 2 ThürVerf.). Beides gebietet es, eine Mitwirkung im Gesetzgebungsverfahren anzunehmen, die als Tätigkeit „in derselben Sache" im Sinne von § 13 Abs. 1 Nr. 2 ThürVerfGHG zu werten ist.

Die Feststellung einer dem § 13 Abs. 1 Nr. 2 ThürVerfGHG entsprechenden Mitwirkung führt kraft Gesetzes zum Ausschluß von der Ausübung des Richteramtes. Mit dieser deklaratorischen Feststellung durch den Verfassungsgerichtshof ist nicht das Vorliegen einer konkreten Befangenheit bejaht, auf das es hier – anders als bei der Befangenheitsregelung des § 14 ThürVerfGHG – nicht ankommt.

Diese Entscheidung ist mit sechs zu drei Stimmen ergangen.

Sondervotum des Richters Bauer

Ich stimme der Ansicht der Mehrheit nicht zu, daß gemäß § 13 Abs. 1 ThürVerfGHG ein Mitglied des Gerichtshofs von der Ausübung des Richteramts ausgeschlossen ist, wenn es in dem Gesetzgebungsverfahren tätig war, welches zu dem im Verfassungsrechtsstreit zu prüfenden Gesetz geführt hat. Die Mehrheitsmeinung legt § 13 Abs. 1 ThürVerfGHG einen Sinn bei, der sich im Wortlaut der Gesetzesnorm nicht finden läßt.

Die Mehrheit erkennt an, daß § 13 ThürVerfGHG selbst nichts zu der ausschließenden Wirkung einer Vortätigkeit im Gesetzgebungsverfahren sagt. Die Mehrheit interpretiert daher ein Schweigen des Gesetzgebers, welches sie in dem Sinne ihrer Entscheidung für „beredt" hält. Sie öffnet sich hierzu den Weg durch eine nicht überzeugende Bestimmung des Inhalts des Begriffs „dieselbe Sache". Die Mehrheit meint: Sei ein Richter ausgeschlossen, wenn er an einer zur verfassungsrechtlichen Prüfung stehenden Entscheidung in einem Verwaltungs- oder Rechtsprechungsverfahren gearbeitet hat, dann könne nichts anderes gelten, wenn es um das Ausgangsverfahren eines verfassungsgerichtlich zu prüfenden Gesetzes, also das gesetzgeberische Verfahren, geht. Damit stellt die Mehrheit die Tätigkeit in einem rechtsförmig geregelten, der „einfachen" Rechtsanwendung dienenden Verfahren der Mitwirkung im Gesetzgebungsverfahren gleich. Diese Gleichbehandlung wird den Besonderheiten des Gesetzgebungsverfahrens nicht gerecht. Schon die formale Überlegung, daß hier Recht gesetzt, dort aber gesetztes Recht angewendet wird, hätte die Mehrheit von der Gleichstellung abhalten müssen. Auch sind inhaltlich die auf dem Weg der Gesetzesentstehung anfallenden Entscheidungen grundlegend verschieden zu dem Ergebnis eines Rechtsanwendungsvorganges. Eine Gerichtsentscheidung nimmt in Anspruch „richtig" zu sein, d. h. den maßgeblichen Sachverhalt wirklichkeitsgemäß festgestellt und das darauf anzuwendende Recht zutreffend erkannt zu haben. Mit diesem objektiven Richtigkeitsanspruch des Verfahrensprodukts verbindet sich der subjektive Anspruch des Rechtsanwenders, nach bestem Wissen und Gewissen entschieden, also nicht geirrt zu haben. Dies rechtfertigt die Annahme seiner institutionellen Befangenheit und den Ausschluß vom Richteramt im verfassungsrechtlichen Verfahren, dessen Gegenstand die Ausgangsentscheidung ist. Der Gesetzesbeschluß ist dagegen Ergebnis einer Vielzahl von Erwägungen, deren Schwerpunkt sich jedenfalls politisch definiert. Der Gesetzgeber handelt tendenziell nicht „richtig" im Sinne der Rechtsanwendung, sondern zweckgerecht und sachangemessen. Die Mitglieder der gesetzgebenden Körperschaften gestalten Recht, das sich in der Zukunft zu bewähren hat, aus ihrer politischen Gestaltungskompetenz heraus. Sie sehen sich häufig nicht in der Lage, eine „reine Lehre" umzusetzen, sondern stehen vor der Notwendigkeit eines möglichst vielseitig annahmefähigen Kompromisses. Dies gilt in gleicher Weise für die Mitglieder der Landesregierung hinsichtlich der durch das Kabinett eingebrachten Gesetzesentwürfe. Auch hier ist der Entwurf typischerweise das Ergebnis eines politischen Konsenses, dessen Zustandekommen das einzelne Kabinettsmitglied nicht befürwortet haben mag, ihm aber gleichwohl aus Gründen der politischen Opportunität zustimmt.

Das Bundesverfassungsgericht bringt diese Sachverhalte in seinem Beschluß vom 4. 5. 1990 (BVerfGE 82, 30, 36) wie folgt zum Ausdruck:

> „... Das Gesetzgebungsverfahren ist in der Demokratie von vornherein auf breite Beteiligung der Öffentlichkeit angelegt, läßt auch dem öffentlichen Austragen von Meinungsverschiedenheiten und Interessengegensätzen bewußt Raum; es will durch einen öffentlichen demokratischen Prozeß der Meinungs- und Willensbildung für eine mit Allgemeinverbindlichkeit ausgestattete normative Regelung, wie das Gesetz

sie darstellt, das Erreichen einer am Gemeinwohl orientierten Entscheidung ermöglichen und fördern ... Diese Eigenart des Gesetzgebungsverfahrens steht seiner Gleichstellung mit einem Gerichts- oder Verwaltungsverfahren entgegen; sie schließt es auch aus, den verfahrensrechtlichen Streit um die Gültigkeit eines Gesetzes, in dem es primär um eine Rechtsfindung für und gegen jedermann geht, wie ein Parteiverfahren anzusehen, in dem Bürger mit dem Gesetzgeber als gegnerischen 'Partei' streite. ..."

In dem diesen Beschluß beigefügten Sondervotum der Richter Böckenförde und Klein wird diese Aussage unterstrichen:

„... Wer im Gesetzgebungsverfahren mitwirkt – sei es von amtswegen im Bereich der Regierung oder des Parlaments, sei es als Sachverständiger in einer parlamentarischen Anhörung oder als Gutachter im Auftrag eines am Gesetzgebungsverfahren Beteiligten – ist, auch wenn er einen individuellen Beitrag leistet, als dem Gemeinwohl verpflichteter Amtsträger oder als unabhängiger Sachverständiger Teil der demokratischen Öffentlichkeit und Allgemeinheit ..."

Diesen grundlegenden Unterschied zwischen der Entscheidung einer Verwaltungsbehörde oder eines Gerichts und der Beschlußfassung im Gesetzgebungsverfahren kann die Mehrheit nicht auf den eben erwähnten Beschluß des Bundesverfassungsgerichts stützen. Sie versäumt zunächst, den Beschluß vom 5. 4. 1990 vor dem Hintergrund des Beschlusses vom 21. 6. 1988 (BVerfGE 78, 332) zu würdigen. Dort (S. 337) ist zu § 18 Abs. 1 Nr. 2 BVerfGG ausgeführt, daß mit „Tätigkeit in derselben Sache" drei Fallgruppen gemeint seien, nämlich (1) die Tätigkeit als Beteiligtenvertreter in sämtlichen Stadien des Ausgangsverfahrens, (2) die Tätigkeit als entscheidender Richter in früheren Rechtszügen; (3) die Tätigkeit als Staatsanwalt im strafrechtlichen Ermittlungsverfahren oder als Beamter in dem der gerichtlichen Entscheidung vorausgehenden Verwaltungsverfahren.

Mit diesen Tätigkeiten vergleicht das Bundesverfassungsgericht im Beschluß vom 5. 4. 1990 die Mitwirkung am Gesetzesbeschluß dergestalt, daß es zunächst zwar eine Gleichbehandlung als naheliegend bezeichnet, von dieser vordergründigen Sicht jedoch aufgrund seiner Analyse des Gesetzgebungsverfahrens im Vergleich zum Gerichts- und Verwaltungsverfahren mit den o. g. Gründen wieder Abstand nimmt und erklärt, das Gesetzgebungsverfahren komme als „Ausgangsverfahren" im Sinne der Entscheidung BVerfGE 78, 331, 336 f) nicht in Betracht (aaO S. 36).

So verstanden, begründet § 18 Abs. 3 Nr. 1 BVerfGG keine Fiktion dahingehend, daß er die an sich durch die Vortätigkeit im Gesetzgebungsverfahren gegebene institutionelle Befangenheit eines Richters als unerheblich und hinnehmbar erklärt. Die Mehrheit bleibt zu sehr an der Oberfläche, wenn sie sich auf den Sprachgebrauch des § 18 Abs. 3 BVerfGG begrenzt. Auch wenn die dort gebrauchte Wendung „gilt nicht" nach der herkömmlichen Gesetzessprache auf die Verwendung des Gestaltungsmittels der Fiktion hinweist, so zeigen doch die überzeugenden Argumente des Bundesverfassungsgerichts betreffend die Andersartigkeit des Gesetzgebungsverfahrens, daß eine Vortätigkeit in einem solchen Verfahren für sich genommen einer Tätigkeit innerhalb der o. g. drei Fallgruppen zu § 18 Abs. 1 Nr. 2 BVerfGG nicht vergleichbar ist. §18 Abs. 3 Nr. 1 BVerfGG fingiert mithin nicht in Abwendung von der Realität einen nicht realen Befund, sondern stellt die Wirklichkeit vielmehr klar, in dem er „die naheliegende Erstreckung" als Argument verwirft. Gerade auf dieses Argument stützt indessen die Mehrheit ihre Entscheidung.

Dem die Gleichbehandlung rechtfertigenden Verständnis der Vortätigkeit im Gesetzgebungsverfahren widersprechen auch gewichtige Stimmen des verfassungsprozessualen Schrifttums. So hätte die Mehrheit Anlaß gehabt, sich auseinanderzusetzen mit den Argumenten von *Bargens* in: Umbach/Clemens, BVerfGG, Rdn. 11 zu § 18, von *Brocker* in: Recht und Politik, 1991, S. 44, 48 und mit den Beiträgen von *Wassermann* in: Vogel/Simon/Podlech (Hrsg.) FS für Martin Hirsch, S. 465, 485; ders. NJW 1987, 418, 419.

Bei dieser Rechtslage kann § 13 ThürVerfGHG nicht im Sinne der Mehrheitsmeinung verstanden werden. Denn das Schweigen des Gesetzes dazu, ob eine Vortätigkeit im „Ausgangs"-Gesetzgebungsverfahren vom Richteramt ausschließt, bedeutet wegen der in BVerfGE 82, 30, 36 f genannten Gründe und wegen der im Schrifttum verbreiteten Ansicht zum klarstellenden Gehalt des § 18 Abs. 3 Nr. 1 BVerfGG bei unbefangener Würdigung des Gesetzeswortlautes des § 13 ThürVerfGHG, daß von einer Regelung abgesehen wurde, weil eine erneute Klarstellung für das Verfahren des Thüringer Verfassungsgerichtshofs entbehrlich sei.

Auch wenn die Mehrheit den Grundsatz bekräftigt, daß der Wortsinn jeglicher Auslegung eine Grenze ziehe, verläßt sie dieses Prinzip, wenn sie zur Ermittlung des Normgehalts des § 13 ThürVerfGHG auf die amtliche Begründung des Regierungsentwurfs des ThürVerfGHG abstellt und von daher ihr tragendes Argument gewinnt. Die historische oder genetische Methode der Ermittlung des Normengehalts ist ein zwar „mit Vorsicht" (BVerfGE 62, 1, 45) zu behandelndes, aber doch auch anerkanntes und bewährtes Mittel der Gesetzesinterpretation, soweit ein mehrdeutiger Wortsinn zu klären ist. Sie wird indessen sehr problematisch und untauglich, wenn die Antwort auf die Frage, warum das Gesetz einen Sachverhalt nicht in sein Regelungsprogramm aufgenommen hat, in der Entstehungsgeschichte gesucht wird und wenn von daher der Normeninhalt entgegen seinem für sich gesehenen klaren und eindeutigen Wortlaut ausgeweitet wird. Hier wird der Normtext verändert durch Rückgriff auf einen „Nicht-Normtext" (vgl. *F. Müller*, Juristische Methode, 6. Aufl. S. 254 f). Dem objektiven Willen des Gesetzes wird ex post der subjektive Wille des Norminterpreten unterlegt mit der Begründung, der Gesetzgeber habe sein Regelungsprogramm im Gesetzeswortlaut nicht vollständig verwirklicht. Dieser Weg der Ausdehnung eines eindeutigen Gesetzeswortlautes wird nicht dadurch legitimiert, daß das Zurückbleiben des Gesetzesbeschlusses hinter dem Regelungsvorhaben sich aus der Entstehungsgeschichte des Gesetzes belegen läßt. Es gehört zu den grundlegenden Themen jeder Gesetzesauslegung, darüber zu befinden, ob die Verwendung eines im Sprachgebrauch eindeutigen Begriffs oder Regelungszusammenhangs im Gesetz das Begriffsverständnis der Gesetzesanwender strikt bindet bzw. in welchen Grenzen die Gesetzesanwender sich von dem Wortlaut entfernen dürfen. Die Bereitschaft zu großzügiger Auswertung des Begriffsinhalts durch die die Norm anwendenden Richter mag den Gesetzgeber entlasten. Sie nimmt diesem aber auch Verantwortung und verlagert diese auf eine Stelle, welche nach der gewaltengeteilten Verfassungsordnung strukturell nicht berufen ist, diese Verantwortung zu tragen (vgl. *Hattenhauer*, Europäische Rechtsgeschichte, 2. Aufl., S. 488). M. E. hat die Mehrheit sich an die Grenze der Gesetzesauslegung nicht gehalten. Sie hätte nicht § 13 ThürVerfGHG über seinen Wortlaut hinaus ausdehnen dürfen, sondern dem Thüringer Landtag die Gelegenheit lassen müssen, den damaligen Gesetzesbeschluß zu § 13 ThürVerfGHG zu prüfen und ggf. durch eine ausdrückliche Regelung des Inhalts zu ergänzen, daß eine Vortätigkeit im Gesetzgebungsverfahren vom Richteramt in einer Sache ausschließt, bei der das damals beschlossene Gesetz zur verfassungsrechtlichen Prüfung steht.

Ein solches Verfahren wäre auch deswegen hilfreich gewesen, weil für die Mitwirkung früherer Abgeordneter und Minister in einem Verfassungsgerichtshof eine Reihe gewichtiger Gründe spricht (vgl. dazu *Geck* in: Isensee/Kirchhof, Handbuch des Staatsrechts, Band II, § 55 Rdn. 33; *Ritterspach* in: FS für Erwin Stein, S. 295). Hätte der Thüringer Landtag vor der Frage gestanden, ob er eine positive Ausschlußregelung in das ThürVerfGHG aufnimmt, dann hätte er diese Argumente mit Sicherheit erörtert. Er hätte auch Gelegenheit gehabt, die Frage zu beantworten, ob es in der Konsequenz des „Willens des Gesetzgebers" liegt, daß zwei Richter mit der von Art. 80 Abs. 3 S. 3 ThürVerf geforderten Mehrheit in den Verfassungsgerichtshof gewählt wurden, welche gerade dann von ihrem Amt ausgeschlossen sind, wenn das Einbringen ihrer Erfahrung für die Entscheidungsfindung des Verfassungsgerichtshofes besonders bedeutsam ist, nämlich bei der Beurteilung der Verfassungswidrigkeit von Beschlüssen der gesetzgebenden Körperschaft Thüringens. Ich meine – freilich aus nachträglicher Sicht, daß dieses Ergebnis ein gewichtiges Argument dagegen ist, aus einem Satz der Begründung des Regierungsentwurfs zum Thüringer Verfassungsgerichtshofgesetz auf das zu schließen, was die gesetzgebende Körperschaft damals beim Beschluß des § 13 ThürVerfGHG gewollt habe.

Sondervotum des Richters Rommelfanger

Ich kann dem Beschluß im Ergebnis nicht zustimmen.

Zutreffend ist die Ausgangsthese des Beschlusses, daß mit der Entscheidung des Thüringer Gesetzgebers, § 18 Abs. 3 Nr. 1 BVerfGG nicht zu übernehmen, „nicht zugleich die ausdrückliche Festlegung getroffen (worden sei), daß die Mitwirkung im Gesetzgebungsverfahren eine Tätigkeit im Sinne von § 13 Abs. 1 Nr. ThürVerfGHG" darstelle. Daß die Mehrheitsmeinung gleichwohl zu diesem Ergebnis kommt, stützt sie darauf, gerade „dieser Regelungsgehalt" ergebe sich durch „eine Auslegung der Vorschrift".

Dieses Ergebnis begegnet aber durchgreifenden Bedenken.

Diese Bedenken sind zum einen *rechtspolitischer* Natur.

Mit dem Ausschluß der beiden Richter wird im Ergebnis für die Mehrheit der am Thüringer Verfassungsgerichtshof anhängigen Verfahren auf die für das Bundesverfassungsgericht und andere Landesverfassungsgerichte „wünschenswerte Beteiligung von Abgeordneten, Ministern und Professoren an der Verfassungsrechtsprechung", (*Geck* in: Handbuch des Staatsrechts Bd. II, § 55 Rdn. 33) verzichtet.

Dieses Ergebnis wäre für die Mehrheitsmeinung vor dem Hintergrund der besonderen Umstände im Zusammenhang mit der Wahl beider Richter zumindest zu hinterfragen gewesen. Beide Richter waren dem Thüringer Landtag bestens bekannt; in einem Fall war die mögliche Wahl zum Thüringer Verfassungsrichter Gegenstand einer Plenardebatte vor Verabschiedung des Thüringer Verfassungsgerichtshofsgesetzes (Pl. Protokoll, 118 Sitzg., S. 9159). In der gesamten Entstehungsgeschichte des Gesetzes ist zu keinem Zeitpunkt ein diesbezüglicher Ausschlußgrund diskutiert worden; der Gesetzgeber hat vielmehr im nachhinein noch das passive Wahlrecht für Thüringer Verfassungsrichter personell erweitert (Wegfall der „Landeskinderklausel" durch Novelle des Verfassungsgerichtshofsgesetzes vom 12. 4. 1995, GVBl. S. 161).

Bei verständiger Würdigung dieser besonderen Umstände ist deshalb m. E. davon auszugehen, daß sich der Thüringer Landtag seiner „besonderen Verantwortung für eine sorgfältige Prognose darüber, ob aus dem engagierten Politiker ein distanzierter Verfassungsrichter werden kann" (*Geck*, aaO, Fn. 42), sowohl bewußt war, als auch für die Gesamtzahl der am Verfassungsgerichtshof anhängigen Verfahren positiv im Sinne des Nichtausschlusses beantworten wollte. Es wäre nicht nur nicht verständlich, sondern widersprüchlich, wenn der gleiche Thüringer Landtag einerseits diese Richter mit mehr als Zwei-Drittel seiner Mitglieder wählt, wissend, daß diese Wahl andererseits vice versa den Verfahrensausschluß eben dieser Richter zur Folge hat (Zur rechtspolitisch erwünschten Beteiligung ehemaliger Abgeordneter und Minister, vgl. nur *Ritter-*

spach in FS für E. Stein, S. 294 f.; *Knöpfle,* Verfassung des Bay. Verfassungsgerichtshofes 1972, S. 64 f.).

Die letztlich durchgreifenden Bedenken sind aber *rechtlicher* Natur. Sie resultieren daraus, daß sich die Mehrheitsmeinung – in den Worten des Bundesverfassungsgerichts – offensichtlich dazu hat „verleiten lassen", die subjektiven „Vorstellungen der gesetzgebenden Instanzen dem objektiven Gesetzesinhalt gleichzusetzen" (BVerfGE 11, 126, 130).

Der Wortlaut des § 13 ThVerfGHG ist indes eindeutig. Ausgeschlossen ist danach, wer „in derselben Sache bereits von Amts oder Berufs wegen tätig gewesen ist". Insoweit ist § 13 Abs. 1 Nr. 2 ThVerfGHG vom Wortlaut identisch mit § 18 Abs. 1 Nr. 2 BVerfGG.

Der Ausschlußtatbestand der Tätigkeit „in derselben Sache" nach § 18 Abs. 1 Nr. 2 BVerfGG erfaßt aber – wie in BVerfGE 78, 331, 337 erläutert – lediglich drei Fallgruppen (Tätigkeit als Beteiligtenvertreter; Tätigkeit als entscheidender Richter in früheren Rechtszügen und Tätigkeit in der Behörde im strafrechtlichen Ermittlungsverfahren oder in dem vorausgegangenen Verwaltungsverfahren), die vorliegend unstreitig nicht gegeben sind.

Die Mehrheit rekurriert für die Auffassung, daß vom Begriff „dieselbe Sache" auch Gesetzgebungsverfahren umfaßt sein können, auf BVerfGE 82, 30 ff. Dort hat das Bundesverfassungsgericht – und insoweit ist der Mehrheit zuzustimmen – ausgeführt, daß die Erstreckung des Begriffs „dieselbe Sache" auf das Gesetzgebungsverfahren „naheliegend" sei (S. 36). Unberücksichtigt bleibt dabei aber, daß der Begriff „dieselbe Sache" sehr restriktiv auszulegen ist (unstr., vgl. nur *Klein* in: Maunz/Schmidt-Bleibtreu, BVerfGG, § 18 Anm. 1.). „Dieselbe Sache" sei – so das Bundesverfassungsgericht – nicht berührt, wenn ein Richter „in seiner früheren amtlichen oder beruflichen Eigenschaft in einem mit dem anhängigen verfassungsgerichtlichen Verfahren in irgendeinem Zusammenhang stehenden Verfahren tätig geworden" (BVerfG 47, 108) sei.

Inwieweit das amtliche Tätigwerden eines in der betreffenden Angelegenheit nicht federführenden Ministers „im Vorfeld" der Gesetzesberatungen und die Mitwirkung eines von insgesamt 89 Abgeordneten beim Gesetzesbeschluß gleichwohl noch restriktiv als „dieselbe Sache" auslegbar ist, kann hier letztlich dahinstehen.

Methodisch zweifelhaft ist jedenfalls der für die Mehrheit entscheidende Schluß, nur durch die gesetzliche Fiktion des § 18 Abs. 3 Nr. 1 BVerfGG („gilt nicht"), die § 13 ThVerfGHG gerade nicht enthält, werde die Mitwirkung im Gesetzgebungsverfahren für rechtlich irrelevant erklärt; die Mitwirkung sei demzufolge dann, wenn diese Fiktion fehle, relevant.

Diese (abzulehnende) Auffassung des Beschlusses geht erkennbar davon aus, daß § 18 Abs. 3 Nr. 1 BVerfGG lediglich eine Ausnahme von einer an sich gegebenen Tätigkeit „in derselben Sache" normiere. Die Mehrheit übersieht die

"Wende" (*von Bargen*) in der Rechtsprechung des Zweiten Senats, der mit seinem Beschluß vom 4. April 1990 (BVerfGE 82, 30 ff.) den § 18 Abs. 3 Nr. 1 BVerfGG „neu gedeutet" hat (*von Bargen* in: Umbach/Clemens [Hrsg.] Bundesverfassungsgerichtsgesetz, § 18 Rdn. 11). Das Bundesverfassungsgericht geht hier davon aus, daß das Gesetzgebungsverfahren, das dem öffentlichen Austragen von Meinungsverschiedenheiten und Interessengegensätzen bewußt Raum lasse, nicht mit einem Gerichts- oder Verwaltungsverfahren gleichgestellt werden könne und deshalb als solches vom Begriff „derselben Sache" i. S. d. § 18 Abs. 1 Nr. 2 BVerfGG ausgenommen sei (BVerfGE 82, 36).

Richtiger Ansicht nach bekräftigt § 18 Abs. 1 Nr. 2 BVerfGG also nur eine ohnehin gegebene Rechtslage, d. h. – und dies ist in der sich dazu äußernden Literatur unbestritten – der Normierung kommt „lediglich die Bedeutung der Klarstellung eines anerkannten Grundsatzes zu" (vgl. nur *Wassermann* in: FS für M. Hirsch S. 485; *Brocker* in: Recht und Politik 1991 S. 48). Dieser Grundsatz lautet: Als Tätigkeit „in derselben Sache" gilt nicht die Mitwirkung im Gesetzgebungsverfahren. Die besondere Erwähnung in § 18 Abs. 3 Nr. 1 BVerfGG ist demnach nur deklaratorischer Natur.

Im Beschluß bleibt dies unberücksichtigt; es wird demgegenüber die Norm des § 13 ThVerfGHG als zumindest interpretationswürdig angesehen. Den entscheidenden Hinweis für die Interpretation der Norm ihrerseits soll – so die Begründung des Beschlusses – die Entstehungsgeschichte liefern, namentlich die Sätze 3 und 4 der amtlichen Begründung zum Gesetzentwurf der Landesregierung, hier zu § 13 (LT-Drs. 1/3205).

Gegen die Verwendung genetischer Elemente bei der Normkonkretisierung ist nichts einzuwenden. Die sich im Beschluß der Mehrheit findende weitergehende gleichrangige Verknüpfung eines Normtextes (§ 13 ThVerfGHG) mit einem „Nicht-Normtext" (*F. Müller*) (hier: amtliche Begründung) im Rahmen der sog. genetischen Auslegung ist dagegen methodisch bedenklich. (Zur Rolle der genetischen und historischen Gesichtspunkte, *F. Müller*, Juristische Methodik, 6. Aufl. S. 205 ff.). Dabei kann dahinstehen, ob die Auffassung der h. M. zutrifft, die davon ausgeht, grammatische, systematische, teleologische und historische Auslegung hätten den „objektivierten Willen" der Norm selbst zum Gegenstand und Ergebnis; der genetische Faktor aus den Gesetzesmaterialien jedoch lediglich den „subjektiven Willen" des Normgebers (vgl. *F. Müller*, aaO, S. 254 f.). Jedenfalls haben die Faktoren der Auslegung, die sich auf sog. Nicht-Normtexte beziehen „zurückzutreten", soll nicht die Entstehungsgeschichte „ungebührlich in den Vordergrund rücken" (BVerfGE 13, 268).

Da es einen einheitlichen und homogenen Willen des Gesetzgebers als Gegenstand des Verstehens bekanntlich nicht gibt, sind nach allgemeiner Auffassung die Gesetzesmaterialien im übrigen „mit Vorsicht" (BVerfGE 62, 45) bzw. „besonderer Vorsicht" (so schon *Bartholomeyczik*, Kunst der Gesetzesauslegung, Frankfurt 1951, S. 53) und nur insofern heranziehbar, „als sie auf einen objektiven Gesetzesinhalt schließen lassen" (BVerfGE 62, 45).

Der mögliche Wortsinn der Norm stellt die unübersteigbare Grenze jeglicher Auslegung dar (BVerfGE 73, 206, 242 ff.). Mit Recht weist deshalb F. Müller darauf hin, daß dann, wenn das Gesetzgebungsmaterial dem Normtext vorgezogen würde, unzulässigerweise „aus einem Nicht-Normtext gegen den Normtext entschieden" würde (F. Müller, aaO, S. 254).

Letztere Entscheidung ist aber das Ergebnis des vorliegenden Beschlusses.

Die scheinbare Gesetzeslücke, das Fehlen eines – im Vergleich zu anderen Verfassungsgerichtshofgesetzen – deklaratorischen Zusatzes im Thüringer Verfassungsgerichtshofgesetz wird von der Mehrheit mittels Rückgriff auf einen Nicht-Normtext konstitutiv zu einem Ausschlußgrund (aus-) gedeutet. Im Konflikt der methodologischen Auslegungselemente untereinander ersetzt so die „Chimäre" (F. Müller aaO, S. 255 f.) des angeblichen Willens des Gesetzgebers den für die beiden fraglichen Fälle letztlich erforderlichen Normsetzungsakt.

Daß im Zeitpunkt der Erarbeitung des Entwurfs des Thüringer Verfassungsgerichtshofsgesetzes möglicherweise beabsichtigt gewesen sein mag, frühere Parlamentarier/Minister auszuschließen, muß vorliegend unberücksichtigt bleiben. Dies gebietet schon der Grundsatz der Gewaltenteilung. Regelungsabsichten des Gesetzgebers, die – in diesem Sinne ebenso BVerfGE 13, 261, 268 – „im Wortlaut des Gesetzes nicht zum Ausdruck kommen", haben „bei der Auslegung der Norm unbeachtet zu bleiben".

Für einen Ausschluß hätte der Gesetzgeber also letztlich positiv formulieren müssen, daß als Tätigkeit i. S. d. § 13 Abs. 1 Nr. 2 ThVerfGHG auch die Mitwirkung im Gesetzgebungsverfahren anzusehen ist. Dies hat der Gesetzgeber indes nicht getan. Eine positive Klarstellung des Gesetzgebers in der einen oder anderen Richtung wäre de lege ferenda hilfreich.

Nr. 2

1. **Ein aufgelöster Landkreis kann durch die Festlegung des Kreissitzes für einen neugebildeten Landkreis nicht in seinem Recht auf kommunale Selbstverwaltung betroffen sein.**

2. **Das Selbstverwaltungsrecht einer Gemeinde erstreckt sich nicht darauf, Sitz einer Kreisverwaltung zu bleiben oder zu werden.***

---

* Nichtamtliche Leitsätze.

Verfassung des Freistaats Thüringen Art. 91 Abs. 1, 2
Thüringer Verfassungsgerichtshofsgesetz § 31 Abs. 2
Thüringer Neugliederungsgesetz § 15 Abs. 3

Urteil vom 23. Mai 1996 – VerfGH 12/95 –

in dem Verfahren über die Verfassungsbeschwerden

1. des Landkreises Stadtroda, vertreten durch den Landrat,
2. der Stadt Stadtroda, vertreten durch den Bürgermeister,

betreffend § 15 Abs. 3 des Gesetzes zur Neugliederung der Landkreise und kreisfreien Städte in Thüringen (Thüringer Neugliederungsgesetz – ThürNGG –) vom 16. August 1993 (GVBl. S. 545).

Entscheidungsformel:
Die Verfassungsbeschwerden werden zurückgewiesen.

Gründe:

A.

Die Beschwerdeführer wenden sich mit ihren Verfassungsbeschwerden gegen die Vorschrift des § 15 Abs. 3 des Gesetzes zur Neugliederung der Landkreise und kreisfreien Städte in Thüringen (Thüringer Neugliederungsgesetz – ThürNGG –) vom 16. August 1993 (GVBl. S. 545), die bestimmt, daß das Landratsamt des neugebildeten Holzlandkreises (heute: Saale-Holzland-Kreis) seinen Sitz in Eisenberg hat.

I.

1. Bis zum Inkrafttreten des Thüringer Neugliederungsgesetzes am 1. Juli 1994 war Stadtroda (Beschwerdeführerin zu 2.) Sitz des Landratsamtes des gleichnamigen Landkreises (Beschwerdeführer zu 1.).

Im Zuge der Neugliederung durch das Thüringer Neugliederungsgesetz wurden die Landkreise Jena, Stadtroda und Eisenberg aufgelöst (§ 15 Abs. 1 ThürNGG). Aus den Gemeinden des Landkreises Jena (ausgenommen eine dem Landkreis Weimar-Land zugeordnete und acht in die Stadt Jena eingemeindete Gemeinden) sowie den Gemeinden der Landkreise Eisenberg und Stadtroda wurde ein neuer Landkreis, der Holzlandkreis, gebildet (§ 15 Abs. 2 ThürNGG).

Im Landesentwicklungsprogramm (Verordnung vom 10. November 1993, GVBl. S. 709) sind das im nordöstlichen Teil des neuen Holzlandkreises gelegene Eisenberg und das innerhalb des Kreises näher bei Jena gelegene Stadtroda als teilfunktionale Mittelzentren ausgewiesen.

2. a) In dem Gesetzentwurf der Landesregierung zum Thüringer Neugliederungsgesetz (Landtagsdrucksache 1/2233) vom 11. Mai 1993 war vorgesehen, daß das Landratsamt des Holzlandkreises seinen Sitz in Stadtroda haben sollte.

Hinsichtlich der Einrichtung des Landratsamtes des neuen Holzlandkreises, so die Gesetzesbegründung, verdiene Stadtroda den Vorzug, obwohl Eisenberg fast doppelt so groß sei. Für Stadtroda sprächen vor allem strukturpolitische Gesichtspunkte, aber auch eine mehr als 400jährige Tradition als Verwaltungszentrum.

Zu diesem Gesetzentwurf und dem ihm vorausgegangenen Kabinettsentwurf hat der Landkreis Stadtroda am 17. März und 16. Juni 1993 in Beschlüssen Stellung genommen.

b) Der Landtag beriet am 14. Mai 1993 in erster Lesung über den Gesetzentwurf. Dieser wurde nach Begründung und Aussprache an den Innenausschuß überwiesen. Der Innenausschuß beschloß am 21. Mai 1993, eine schriftliche Anhörung aller Gebietskörperschaften hierzu vorzunehmen.

Am 3. Juli 1993 hielt der Innenausschuß in einer auswärtigen öffentlichen Sitzung in Eisenberg und Stadtroda eine Aussprache zur Frage des Kreissitzes des Holzlandkreises ab. Dort äußerten sich u. a. die Landräte und Kreistagspräsidenten der Landkreise Stadtroda und Eisenberg sowie die Bürgermeister und Stadtverordnetenvorsteher der Städte Stadtroda und Eisenberg zur Frage des Sitzes des künftigen Landratsamtes.

Die im Rahmen der Anhörung eingegangenen schriftlichen Stellungnahmen wurden in der 61. Sitzung des Innenausschusses vom 9. Juli 1993 vorgetragen und ausgewertet. Der Innenausschuß beriet am 10. Juli 1993 abschließend über den Gesetzentwurf und die dazu vorliegenden Änderungsanträge. Hierbei war man übereingekommen, die Frage des jeweiligen Kreissitzes nicht näher zu erörtern, sondern der Entscheidung des Plenums in der zweiten Lesung des Gesetzentwurfs zu überlassen (Protokoll der 62. Sitzung des Innenausschusses, S. 62). Bezüglich des Sitzes des Landratsamtes des Holzlandkreises entsprach die Beschlußempfehlung des Innenausschusses (Landtagsdrucksache 1/2438 vom 13. Juli 1993) dem Gesetzentwurf der Landesregierung.

c) Nach einem Änderungsantrag dreier Abgeordneter der CDU-Fraktion (Landtagsdrucksache 1/2507 vom 14. Juli 1993) sollte nicht Stadtroda, sondern Eisenberg Sitz des Landratsamtes des Holzlandkreises werden. Dieser

Antrag wurde im wesentlichen damit begründet, daß die Stadt Eisenberg sämtliche Kriterien der Vorlage der Landesregierung erfülle. Eisenberg sei unter den Städten im Holzlandkreis die mit der größten landesplanerischen Zentralität. Hinzu komme – so die Antragsteller –, daß der neue Holzlandkreis Grenzen zum Land Sachsen-Anhalt haben werde und eine Integrationswirkung insoweit nur der Kreisstadt Eisenberg zufallen könne.

Am 15. Juli 1993 behandelte der Landtag das Thüringer Neugliederungsgesetz in zweiter Lesung. Dabei stimmten die Abgeordneten mehrheitlich für den Änderungsantrag, den Kreissitz des neuen Holzlandkreises in Eisenberg einzurichten.

II.

1. Die Beschwerdeführer haben am 7. Februar 1994 beim Bundesverfassungsgericht Verfassungsbeschwerde eingelegt und geltend gemacht, daß § 15 Abs. 3 ThürNGG gegen Art. 28 Abs. 2 Grundgesetz verstoße. Nach der Wahl der Mitglieder des Thüringer Verfassungsgerichtshofs durch den Landtag des Freistaats Thüringen am 16. Juni 1995 hat das Bundesverfassungsgericht dem Bevollmächtigten der Beschwerdeführer mit Schreiben vom 20. Juni 1995 mitgeteilt, daß der Thüringer Verfassungsgerichtshof nunmehr als errichtet angesehen werden könne. Es ließ einen Hinweis auf den Grundsatz der Subsidiarität der Kommunalverfassungsbeschwerde vor dem Bundesverfassungsgericht (§ 91 Abs. 2 BVerfGG) und auf die Jahresfrist zur Erhebung der Kommunalverfassungsbeschwerde vor dem Thüringer Verfassungsgerichtshof folgen, der aber wegen eines technischen Versehens unvollständig übermittelt wurde. Auf dieses Versehen hat das Bundesverfassungsgericht mit einem weiteren Schreiben vom 12. Juli 1995 hingewiesen, das den Bevollmächtigten der Beschwerdeführer per Telefax und postalisch übermittelt worden ist.

2. Die Beschwerdeführer haben daraufhin mit Schriftsatz vom 12. Juli 1995 Verfassungsbeschwerde zum Thüringer Verfassungsgerichtshof erhoben, die am 17. Juli 1995 bei dem Verfassungsgerichtshof eingegangen ist.

Zur Begründung legen sie ihre Verfassungsbeschwerde vom 7. Februar 1994 an das Bundesverfassungsgericht vor, auf die sie verweisen.

Die Verfassungsbeschwerde vom 7. Februar 1994 ist im wesentlichen wie folgt begründet worden: Die Bestimmung des § 15 Abs. 3 ThürNGG sei wegen Verstoßes gegen Art. 28 Abs. 2 GG nichtig.

Beide Verfassungsbeschwerden seien zulässig. Durch die Auflösung des Landkreises Stadtroda und die Bestimmung Eisenbergs zum Kreissitz des neuen Holzlandkreises werde in das kommunale Selbstverwaltungsrecht des Beschwerdeführers zu 1 eingegriffen. Auch die Beschwerdeführerin zu 2 sei beschwerdebefugt. Die Aufhebung des Kreissitzes in Stadtroda greife nachteilig in ihr Selbstverwaltungsrecht ein; die Aufhebung könne und werde sich auf ihre Finanzentwicklung und ihre planungsrechtlichen Möglichkeiten negativ auswirken.

Der Verstoß gegen Art. 28 Abs. 2 GG bestehe zum einen darin, daß das mit dieser Bestimmung verbundene Anhörungsrecht der Selbstverwaltungskörperschaften bei kommunalen Neugliederungsmaßnahmen verletzt worden sei. Der Thüringer Landtag sei in der Frage des Kreissitzes des Holzlandkreises von dem eingehend vorbereiteten Entscheidungsvorschlag der Landesregierung abgewichen, ohne sich mit den dort vorgenommenen Gewichtungen ernsthaft auseinanderzusetzen oder sich neues Informationsmaterial durch eine ergänzende Anhörung zu beschaffen. Die Bestimmung Eisenbergs zum Kreissitz entspreche darüber hinaus nicht dem öffentlichen Wohl. Bei einer sachgerechten Abwägung sprächen die aus dem Demokratiegebot, dem Sozial- und dem Rechtsstaatsprinzip abzuleitenden Folgerungen sowie die historischen Gegebenheiten eindeutig dafür, Stadtroda den Vorzug zu geben. Das Ziel, gleichwertige Lebensverhältnisse herzustellen, werde durch den Abzug des Landratsamtes aus Stadtroda geradezu in sein Gegenteil verkehrt. Damit gehe eine mit dem Übermaßverbot nicht zu vereinbarende Belastung einher. Mit ihren nur ca. 6000 Einwohnern werde die Stadt durch den Verlust des Kreissitzes so erheblich geschwächt, daß ihre Einstufung als (teilfunktionales) Mittelzentrum äußerst gefährdet sei. Hingegen sei der Verlust des Kreissitzes für Eisenberg besser zu verkraften, weil diese Stadt einwohnerstärker und finanzkräftiger sei. Ihre Einstufung als Mittelzentrum mit Teilfunktionen sei auch bei einem Abzug des Landratsamtes nicht gefährdet.

Die Beschwerdeführer beantragen:

1. die Vorschrift des § 15 Abs. 3 des Gesetzes zur Neugliederung der Landkreise und kreisfreien Städte in Thüringen vom 16. August 1993 für nichtig zu erklären,
2. für den Fall, daß die Verfassungsbeschwerden verfristet sein sollten, Wiedereinsetzung in den vorigen Stand zu gewähren.

III.

Zu der Verfassungsbeschwerde haben sich der Präsident des Thüringer Landtags und die Thüringer Landesregierung geäußert.

1. Der Präsident des Thüringer Landtags vertritt die Auffassung, das Gesetzgebungsverfahren weise keine Mängel auf; es sei auf eine Art und Weise durchgeführt worden, die eine ausreichende Kenntnis und ausgewogene Berücksichtigung der für die Entscheidung der Kreissitzfrage im Holzlandkreis maßgebenden Belange und Interessen gewährleistet habe.

2. Die Thüringer Landesregierung hält die Verfassungsbeschwerde für unzulässig, weil sie verspätet eingelegt werden sei und die Beschwerdeführer nicht beschwerdebefugt seien.

Da das Thüringer Neugliederungsgesetz am 1. Juli 1994 in Kraft getreten sei, hätten die Verfassungsbeschwerden nicht erst am 17. Juli 1995 erhoben werden dürfen. Die Jahresfrist sei versäumt. Die Beschwerdeführer könnten sich auch nicht darauf berufen, im Februar 1994 bereits Verfassungsbeschwerde zum Bundesverfassungsgericht eingelegt zu haben. Mit Inkrafttreten des Thüringer Verfassungsgerichtshofgesetzes sei die Zuständigkeit des Bundesverfassungsgerichts entfallen. Eine Verweisung des beim Bundesverfassungsgericht anhängigen Verfahrens an den Thüringer Verfassungsgerichtshof komme nicht in Betracht.

Die Beschwerdebefugnis fehle den Beschwerdeführern, weil die Bestimmung des Kreissitzes nicht in ihr Selbstverwaltungsrecht eingreife. Dies sei vom Sächsischen Verfassungsgerichtshof und vom Brandenburgischen Landesverfassungsgericht bereits entschieden worden. Für eine Gemeinde sei es sicherlich von wesentlicher Bedeutung, ob sie Kreissitz sei oder nicht. Mit ihrem Selbstverwaltungsrecht habe dies aber nichts zu tun; Personal-, Finanz-, Verwaltungs- und Planungshoheit der Gemeinde würden hierdurch nicht berührt. Auch ein ehemaliger Landkreis werde durch die Bestimmung des Kreissitzes nach einer Neugliederung nicht in seinem eigenen Wirkungskreis betroffen; jedenfalls gelte dies dann, wenn der ehemalige Landkreis sich wie hier ausschließlich gegen die Festlegung des neuen Kreissitzes wende. Wegen der Unzulässigkeit der Verfassungsbeschwerden sei eine Stellungnahme zu den Einwendungen der Beschwerdeführer gegen die Entscheidung des Gesetzgebers selbst nicht erforderlich. Gleichwohl sei darauf hinzuweisen, daß die Bildung des Holzlandkreises im wesentlichen außer Streit gestanden habe, während die Frage des Kreissitzes von Beginn an zwischen Stadtroda und Eisenberg umstritten gewesen sei und beide Städte sich durchgehend darum bemüht hätten, diesen zu erhalten. Wenn auch im Gesetzentwurf der Landesregierung Stadtroda für den Kreissitz vorgesehen gewesen sei, sei die Entscheidung des Plenums des Landtags am 15. Juli 1993 für Eisenberg gleichwohl keine Überraschungsentscheidung.

IV.

Hinsichtlich des weiteren Vorbringens und des Sachverhalts im einzelnen wird auf den Inhalt der Schriftsätze mit ihren Anlagen und die Gesetzgebungsmaterialien Bezug genommen.

B.

Die kommunalen Verfassungsbeschwerden nach Art. 80 Abs. 1 Nr. 2 der Verfassung des Freistaates Thüringen (ThürVerf), §§ 11 Nr. 2, 31 Abs. 2 Thüringer Verfassungsgerichtshofgesetz (ThürVerfGHG) des Beschwerdeführers zu 1. und der Beschwerdeführerin zu 2. sind jedenfalls wegen fehlender Beschwerdebefugnis unzulässig.

I.

1. Die Unzulässigkeit beider Verfassungsbeschwerden rührt nicht bereits daraus, daß von den Beschwerdeführern möglicherweise keine ordnungsgemäße Verletzungsrüge erhoben worden ist (vgl. § 32 ThürVerfGHG). Ob die von den Beschwerdeführern eingereichten Schriftsätze diesem Erfordernis genügen, kann offenbleiben, denn jedenfalls in der mündlichen Verhandlung des Verfassungsgerichtshofs vom 23. Februar 1996 ist eindeutig erkennbar geworden, daß die Beschwerdeführer geltend machen, das ThürNGG verletze das Recht auf kommunale Selbstverwaltung.

2. Der Verfassungsgerichtshof kann es offenlassen, ob Art. 91 ThürVerf auch in diesem Fall als Prüfungsmaßstab heranzuziehen ist, in dem das zu überprüfende Thüringer Neugliederungsgesetz (ThürNGG) vor der Verabschiedung der Thüringer Verfassung erlassen worden ist.

Denn auch wenn Art. 91 ThürVerf als Prüfungsmaßstab nicht unmittelbar herangezogen werden könnte, war in Thüringen die kommunale Selbstverwaltungsgarantie auch vor dem Inkrafttreten der Thüringer Verfassung in dem Umfange verfassungsrechtlich verbürgt, in dem sie in Art. 28 Abs. 2 GG für alle Bundesländer gewährleistet ist. Dies ergibt sich auch aus der einfachgesetzlichen Ausgestaltung der kommunalen Selbstverwaltungsgarantie im Hinblick auf die kommunale Neugliederung und die Bestimmung des Kreissitzes in §§ 9, 92 und 89 Thüringer Kommunalordnung vom 16. August 1993 (GVBl. S. 501), die vor der Thüringer Verfassung in Kraft getreten ist.

Zwar kann der Thüringer Verfassungsgerichtshof die Thüringer Landesgesetze nicht unmittelbar an Art. 28 Abs. 2 GG messen, doch kommt eine verfassungsgerichtliche Kontrolle der gemeindeutschen, auch in Thüringen geltenden Garantie der kommunalen Selbstverwaltungsgarantie jedenfalls in dem Ausmaße in Betracht, in dem Art. 28 Abs. 2 GG insoweit eine Mindestgarantie darstellt.

Da hinsichtlich der Bestimmung des Kreissitzes Art. 91 ThürVerf keine weitergehende Garantie enthält als Art. 28 Abs. 2 GG, sind die Kontrollmaßstäbe dieselben, ganz gleich ob sie Art. 91 ThürVerf oder – mittelbar – Art. 28 Abs. 2 GG entnommen werden.

3. Dahinstehen konnte wegen fehlender Beschwerdebefugnis auch die Frage der fristgemäßen Einlegung der Verfassungsbeschwerden. Diese ist deshalb zweifelhaft, da im Zeitpunkt des Eingangs der Verfassungsbeschwerden am 17. Juli 1995 beim Thüringer Verfassungsgerichtshof die Jahresfrist nach § 33 Abs. 3 ThürVerfGHG bereits überschritten war.

Der Verfassungsgerichtshof sah in diesem Zusammenhang weder eine Veranlassung, die besonderen Umstände des Falles zu würdigen – insbesondere die Einlegung der Kommunalverfassungsbeschwerden beim Bundesverfassungsgericht nach Art. 93 Abs. 1 Nr. 4 b GG – noch die Frage zu erörtern, ob der Thüringer Verfassungsgerichtshof zum Zeitpunkt des Ablaufs der Frist des § 33 Abs. 3 ThürVerfGHG trotz fehlender Vereidigung seiner Richter bereits als errichtet angesehen werden muß.

Wegen der fehlenden Beschwerdebefugnis beider Beschwerdeführer erübrigte es sich auch, über den Antrag des Verfahrensbevollmächtigten der Beschwerdeführer auf Wiedereinsetzung in den vorigen Stand zu entscheiden.

II.

Der Beschwerdeführer zu 1. ist nicht beschwerdebefugt.

1. Er ist zwar insoweit aktiv legitimiert, als er trotz Auflösung die Rechtmäßigkeit der im Zuge der Neugliederung erfolgten Änderung des Kreissitzes rügen kann. Das Vorbringen des Beschwerdeführers zu 1. ist aber nicht geeignet, eine Verletzung seines kommunalen Selbstverwaltungsrechts zu begründen. Hiernach ist erforderlich, aber auch ausreichend, daß die Möglichkeit eines Eingriffs in den Schutz- bzw. Gewährleistungsbereich des Art. 91 Abs. 2 ThürVerf dargetan wird (zu Art. 28 Abs. 2 GG, BVerfGE 76, 107, 117).

2. Die Möglichkeit eines Eingriffs in den Schutzbereich ihrer kommunalen Selbstverwaltungsgarantie ist von dem Beschwerdeführer zu 1. nicht nachvollziehbar vorgetragen worden.

a) Dies folgt bereits daraus, daß die Bestimmung des (neuen) Kreissitzes des Holzlandkreises zu einem Zeitpunkt erfolgte, als der Beschwerdeführer zu 1. nicht mehr existent war. Wenngleich die Auflösung der alten und die Bildung der neuen Landkreise im Zeitpunkt des Inkrafttretens des Gesetzes am 1. Juli 1994 gleichzeitig erfolgt sind, ergibt sich doch aus dem Gesetz eindeutig eine Abfolge dahingehend, daß zunächst der Beschwerdeführer zu 1. sowie die Landkreise Jena und Eisenberg aufgelöst werden und anschließend der Holzlandkreis unter Zuordnung der Stadt Eisenberg als Kreissitz gebildet wird. Die Existenz des Beschwerdeführers zu 1. und diejenige des Holzlandkreises mit seinem (neuen) Kreissitz haben sich zeitlich nicht überschnitten, sondern sind einander nachgefolgt. Es gilt auch hier der Grundsatz, daß ein aufgelöster

Landkreis durch die Festlegung des Kreissitzes für einen neugebildeten Landkreis schon im Hinblick auf die zeitliche Abfolge nicht betroffen sein kann (vgl. LVerfG Brandenburg, Urteil vom 20. 10. 1994 – VfGBbg 1/93*; LVerfG Sachsen-Anhalt, SächsVBl. 1994, 238; VerfGH Rheinland-Pfalz, DVBl. 1971, 497, 498).

Die Beschwerdebefugnis ergibt sich auch nicht daraus, daß die umstrittene Kreissitzbestimmung im Zuge einer kommunalen Neugliederung erfolgt ist.

Für derartige Fälle wird zwar die Auffassung vertreten, daß der aufgelöste Kreis in seinem Selbstverwaltungsrecht verletzt sein könne, wenn die Bestimmung des Kreissitzes sich auf die Festlegung des Kreisgebietes des neugebildeten Kreises auswirkt und der aufgelöste Kreis sich gegen den Zuschnitt des neuen Kreises wendet (vgl. SächsVerfGH, SächsVBl. 1994, 232, 234 unter Hinweis auf StGH Baden-Württemberg ESVGH 23, 1, 20 f; LVerfG Brandenburg, LVerfGE 2, 183, 190).

Ob dem zu folgen ist, braucht hier nicht näher erörtert zu werden, denn der Beschwerdeführer zu 1. wendet sich ausdrücklich nicht gegen den Zuschnitt des neuen Holzlandkreises. Sein Antrag zielt einzig auf die Nichtigerklärung von § 15 Abs. 3 ThürNGG, der Eisenberg zum Kreissitz bestimmt.

Dieses Petitum deckt sich sowohl mit den Ausführungen des Verfahrensbevollmächtigten in der mündlichen Verhandlung als auch mit den verabschiedeten Beschlußvorschlägen des Kreistages des Beschwerdeführers zu 1. vom 17. März 1993 und 16. Juni 1993. Innerhalb des „Alt-Landkreises" Stadtroda hat erkennbar nicht der künftige Gebietszuschnitt die Diskussion bestimmt, sondern die Konkurrenzsituation zwischen den Städten Stadtroda und anfänglich Hermsdorf, später Eisenberg. Der Gebietszuschnitt als solcher, hervorgegangen aus einer Fusion der Kreisgebiete des Landkreises Eisenberg, des Landkreises Stadtroda und des überwiegenden Teil des Landkreises Jena, stand von Anfang an außer Streit. Er wurde vom Kreistag des Beschwerdeführers zu 1. als „funktional und sinnvoll" (Beschluß vom 16. 6. 1993) bezeichnet.

Es ist nicht ersichtlich, daß die Wahl des Kreissitzes den Zuschnitt des neuen Landkreises beeinflußt hat; im Fall der Entscheidung für einen Kreissitz Stadtroda in der (entscheidenden) Landtagssitzung vom 15. Juli 1993 wäre dieser Zuschnitt auch nicht anders ausgefallen als beim gesetzlich festgelegten Kreissitz Eisenberg.

b) Eine mögliche Rechtsverletzung des Beschwerdeführers zu 1. ergibt sich schließlich auch nicht aus einer etwaigen Verletzung von Anhörungsvorschriften.

---

* LVerfGE 2, 183 ff.

Die Thüringer Verfassung räumt einem aufzulösenden Landkreis kein Recht ein, bei der Bestimmung des Kreissitzes des neugebildeten Landkreises gehört zu werden. Dies gilt jedenfalls insoweit, als hier die Wahl des Kreissitzes den Zuschnitt des neuen Landkreises nicht beeinflußt hat (für diesen Fall StGH Baden-Württemberg aaO, SächsVGH aaO, S. 234). Die Anhörungsrechte des Art. 92, Abs. 3 ThürVerf werden lediglich für die gesetzliche Änderung des Kreisgebietes und die Auflösung eines Landkreises gewährt. Ein sich möglicherweise aus allgemeinen Grundsätzen ergebendes Anhörungsrecht bei Eingriffen in die kommunale Selbstverwaltungsgarantie kommt hier deshalb nicht in Betracht, weil diese – wie ausgeführt – nicht berührt sein kann.

III.

Auch die Beschwerdeführerin zu 2. ist nicht beschwerdebefugt.

Bereits nach dem Vortrag der Beschwerdeführerin zu 2. kann die durch § 15 Abs. 3 ThürNGG erfolgte Bestimmung der Stadt Eisenberg zum Verwaltungssitz des Holzlandkreises sie nicht in ihrem Selbstverwaltungsrecht verletzen.

1. Das Selbstverwaltungsrecht einer Gemeinde erstreckt sich nicht darauf, Sitz einer Kreisverwaltung zu bleiben oder zu werden.

Das Recht auf kommunale Selbstverwaltung als Mindestgarantie gewährleistet den Gemeinden das Recht, in eigener Verantwortung alle Angelegenheiten der örtlichen Gemeinschaft im Rahmen der Gesetze zu regeln. Ihnen ist damit ein Aufgabenbereich zur eigenverantwortlichen Regelung zugeordnet, der die örtlichen Angelegenheiten, also diejenigen Bedürfnisse und Interessen umfaßt, die in der örtlichen Gemeinschaft wurzeln oder auf sie einen spezifischen Bezug haben, die mithin den Gemeindeeinwohnern gerade als solchen gemeinsam sind, indem sie das Zusammenleben und -wohnen der Menschen in der politischen Gemeinde betreffen (vgl. BVerfGE 79, 127, 151 f). Daraus ergibt sich neben dem Satzungsrecht, der Personal-, Finanz- und Planungshoheit auch die Organisationshoheit als Recht der Gemeinde zur Organisation ihrer Verwaltung, zur Einrichtung von Behörden und zur Schaffung öffentlicher Einrichtungen für ihre Einwohner.

Zur Organisationshoheit gehört indessen nicht die Frage, ob eine kreisangehörige Gemeinde Sitz der Kreisverwaltung ist oder nicht (vgl. dazu nur BayVerfGH, BayVBl. 1976, 205, 206; SächsVGH, SächsVBl. 1994, 232, 234). Denn die gemeindliche Organisationshoheit wird durch die Entscheidung des Gesetzgebers, eine andere Gemeinde zum Sitz des Landratsamtes zu machen, nicht berührt. Diese Entscheidung betrifft allenfalls die Organisation und Verwaltung des Landkreises, nicht aber diejenige der Sitzgemeinde oder einer Gemeinde, die nicht zur Sitzgemeinde erklärt wird (vgl. neben BayVerfGH, aaO und SächsVerfGH, aaO; LVerfG Sachsen-Anhalt, SächsVBl. 1994, 236; LVerfG Brandenburg, LVerfGE 2, 183, 188). Dadurch, daß eine Gemeinde nicht zum Kreissitz bestimmt wird, erleidet sie keine Einbuße in ihrem Status als kommunale Selbstverwaltungskörperschaft. Der Bestand an gemeindlichen Selbstverwaltungsaufgaben hängt nicht davon ab, ob eine Gemeinde Kreissitz ist.

Der Verfassungsgerichtshof verkennt dabei nicht, daß die Entscheidung über die Zuordnung des Kreissitzes nicht unerhebliche Auswirkungen auf das politische, gesellschaftliche, wirtschaftliche und kulturelle Leben der jeweiligen Gemeinde haben und das Vorhandensein staatlicher Behörden für das Wachstum der Gemeinde und für ihre wirtschaftliche, verkehrsmäßige und soziologische Struktur von Bedeutung sein kann (vgl. LVerfG Brandenburg, SächsVerfGH und BayVerfGH jeweils aaO).

In allen diesen Fällen handelt es sich aber nicht um direkte Folgen des rechtlichen Inhalts der „Vergabeentscheidung", hier also des § 15 Abs. 3 ThürNGG, sondern um mittelbare Folgen auf tatsächlicher Ebene, die die Gemeinde nur „reflexartig" betreffen (vgl. LVerfG Brandenburg, LVerfGE 2, 183, 188 und SächsVerfGH, aaO; S. 234; zu der notwendigen Differenzierung zwischen einer beabsichtigten und einer lediglich zufälligen Nebenwirkung/Begünstigung, s. *Bachof*, Gedächtnisschrift für W. Jellinek, 1955, S. 287, 299).

2. Die Beschwerdebefugnis der Beschwerdeführerin zu 2. läßt sich auch nicht aus der Verletzung eines Anhörungsrechts herleiten.

Außerhalb von Gebiets- oder Bestandsänderungen besteht nach allgemeiner Auffassung kein subjektives Recht einer Gemeinde auf Anhörung. Etwas anderes gilt bei Änderungen des Gemeindegebiets; vielfach wird insoweit angenommen, ein Anhörungsverfahren sei Bestandteil der Selbstverwaltungsgarantie auch dort, wo nicht ausdrücklich diese Garantie auf Anhörung erstreckt wird. Wenngleich sich in Art. 92 Abs. 2 ThürVerf eine solche ausdrückliche Erstreckung findet, beschränkt sie sich ausdrücklich aber auf Änderungen des Gemeindegebiets. Außerhalb von Gebietsänderungen bleibt es beim genannten Grundsatz (so auch LVerfG Brandenburg, LVerfGE 2, 183, 189).

Von der Erhebung einer Gebühr hat der Verfassungsgerichtshof nach § 28 Abs. 2 ThürVerfGHG abgesehen.

Sachregister

Abgeordnetenhaus von Berlin
s. Berlin (Abgeordnetenhaus)
Abgeordneter
s. a. Parlament
  Aktenvorlage an – 182
  Aktenvorlage im Wege einstweiliger
    Anordnung 109
  Bindung an Gesetz und Recht 302
  Fraktionsbeitritt 195
  und Fraktionsbildung 295
  fraktionsloser – 200
  und Fraktion, Untersagung der
    Rechtsausübung 195
  Gewissensunterwerfung 302
  Informationsanspruch und
    Datenschutz 188
  Mandat und Abgeordnetenrechte 198
  Namensoffenlegung gegenüber – 188
  Status 6, 200
  Wahlvorschläge eines einzelnen
    Abgeordneten 6
Ablösung einer Verfassung 143, 148
Abstimmung
  und Entschließungsfreiheit 146
Abstimmungsfragen
  Reihenfolge 39
Abstimmungsfreiheit 38
Abstimmungsprüfung
  Volksabstimmung Berlin/
    Brandenburg 37
Ärzte
  Kommunalwahlrecht und
    Inkompatibilität 91
Aktenvorlage
  und Datenschutz 185
  gegenüber Abgeordneten 182
Allgemeinheit
  Sicherheitsinteressen 347
Amt und Mandat
  Inkompatibilität 93
Amtsgeheimnisse
  Schutz 365

Annexverwaltungen
  der Verfassungsorgane 220
Ausgestaltungsvorbehalt
  und Einschränkungsermächtigung 95, 106
Auskunftsanspruch
  präparatorischer 174
Auskunftsrecht
  datentschutzrechtliches 372
Ausländerrecht
  Ausreisepflicht und fehlende
    Duldung 66
Auslagenerstattung
  im Organstreitverfahren 167
  Verfassungsbeschwerde 169
Auslegung
  und Bestimmtheitserfordernis 333, 334
  einfachen Rechts durch
    Fachgerichte 205
  einfachen Rechts durch
    Verfassungsgericht 51
  Grenzen einer – 97
  der Landesverfassung schlechthin 163
  Methoden, Grenzen der – 416, 421
  von Prozeßhandlungen,
    Willenserklärungen 52
  Wiedereinsetzungsvorschriften 244
Ausschuß des Parlaments
  s. Parlamentsausschuß
Baden-Württemberg
  Identitätsgewahrsam 342
Baugeschehen
  und körperliche Unversehrtheit 41
Bayern
  Identitätsgewahrsam 342
Bayern (Landtag)
  Hausrecht, Polizeigewalt 19
  Präsidiumswahl 10
Bedingte Gesetze 258
Begleitpersonen
  Datenerhebung zur vorbeugenden
    Bekämpfung 363, 364

Behörde
  Ministerium als – 182
Berlin
  Berliner öffentliche Gewalt 49, 73
  Fusionsbestrebungen Berlin/
    Brandenburg 121
  Haushaltsstrukturgesetz 1996 79
  Identitätsgewahrsam 342
  Staatsvertrag mit Brandenburg
    (Neugliederungsvertrag) 33
  Werbung für Fusion Berlin/
    Brandenburg 30
Berlin (Abgeordnetenhaus)
  Autonomie 8
  Begriff 18
  d'Hondtsches Höchstzahlverfahren und
    Präsidiumssitze 7
  Fraktionen und parlamentarische
    Willensbildung 7
  Gemeinschaftliche Ausübung der
    Mitgliedschaft im 7
  Hausrecht und Polizeigewalt des
    Präsidenten 18
  Status des Abgeordneten 6
  Verwaltungsorganisation 8
Berlin (Landesverfassung)
  Abgeordnetenstatus 6
  Abstimmungsfreiheit 38
  Fraktionen und parlamentarische
    Willensbildung 7
  Fusion Berlin/Brandenburg 32
  Gleichbehandlungsgrundsatz 25
  und inhaltsgleiche Grundrechte 23, 43,
    49, 51
  Inkompatibilitätsvorschriften 107
  Inkrafttreten neuer VvB 29.11.1995 und
    Grundlage von Verfassungs-
    beschwerdeverfahren 23
  Ne bis in idem 25
  Recht auf freie Wahl 38
  Rechtliches Gehör 50, 69
  Rückwirkungsverbot 24
  Soziale Grundsicherung,
    Staatszielaufnahme 64
  Volksvertretung und Grundsatz
    egalitärer Repräsentanz 6
  Wahlvorschläge des einzelnen
    Abgeordneten 6
  Wohnraum, Recht hierauf 63

Berufsgeheimnisse
  Schutz 365
Bestimmtheitserfordernis
  Eingriffe in das Recht auf informationelle
    Selbstbestimmung 351
Bezeichnungsgebot
  Verfassungsbeschwerde 53, 73
Brandenburg
  Fusionsbestrebungen Berlin/
    Brandenburg 121
  Geschichtliche Entwicklung 122
  Landes-Altenpflegeheim-
    Bauprogramm 113
  Neugliederungsgesetz zur Fusion Berlin/
    Brandenburg 114
  Staatsvertrag mit Berlin
    (Neugliederungsvertrag) 33
Brandenburg (Landesverfassung)
  Abgeordnetenstatus 200
  Auslagenerstattung 169
  und Auslegung einer Verfassung
    schlechthin 163
  Datenschutz 187
  Faires Verfahren vor Gericht 178
  Fraktionen, Stellung 195
  Fusion Berlin/Brandenburg 32
  Gleichheit der Wahl 92
  Kommunalwahlrecht und
    Inkompatibilität 86
Brandenburg (Landtag)
  und Mitwirkung am
    Neugliederungsgesetz 131, 148
Brandenburg (Landesverfassung)
  Rechtliches Gehör 177
  Richtervorlage 90
  Verfassungsgeschichte 147
  als Vollverfassung, als geschlossenes
    System 95, 103
Bremen (Landesverfassung)
  Petitionsausschuß,
    Petitionsinformationsrechte 211, 217
Bremen (Bürgerschaft)
  Petitionsausschuß,
    Petitionsinformationsrechte 211, 217
  Zusammensetzung des Vorstands 10
Bund
  Regelung des Gebietsbestandes der
    Länder 129
Bund und Gliedstaaten
  Staatsfundamentalnormen 93

Sachregister

Bundesfreundliches Verhalten
  als Bundesverfassungsrechtliches
    Prinzip 127
Bundesländer
  Landesrecht, Befugnis zur Setzung 129
  Landesverfassungsgerichtliche
    Überprüfung von
    Staatsverträgen 127
  und Primat bundesfreundlichen
    Verhaltens 127
  und Regelung des Gebietsbestandes 129
  Stellung verfassunggebender Gewalt
    von 141
  Verfassungsordnung im Werden
    begriffener 158
Bundesländer und Bund
  Staatsfundamentalnormen 93
Bundesrecht
  Hausrecht, Polizeigewalt im
    Parlament 18
  Inkrafttreten 256
  und Landesrecht 102
  Landesverfassungsrechtliche
    Überprüfung von Grundrechts-
    verletzungen aufgrund des 52, 172,
    243
  Prüfungsbefugnis des VerfGH
    Berlin 23, 43
  Verjährungsgesetz vom 26.3.1993 24
Bundestag
  Inkompatibilitätsvorschriften 100
  Wahl des Vizepräsidenten 6, 10
Bundesverfassung
  s. Grundgesetz
Bundesverfassungsgericht
  Auslegungsgrenzen 97
  Berufungsurteil und veränderte rechtliche
    Beurteilung 178
  Bund und Gliedstaaten, getrennte
    Verfassungsräume 93
  Bundesländer-Neugliederung 130, 141
  Bundestagsabgeordneter, Stellung 195
  Dieselbe Sache, Auslegung durch
    das – 415
  und Europäische MRK 335
  Gesetzesbegriff 405
  Grundrechtsvorschriften und
    Landesverfassungen 52
  Informationelles
    Selbstbestimmungsrecht 186

  und Inkompatibilitätsregelungen von
    Bundesländern 96, 102
  Inkompatibilitätsvorschriften und
    kommunale Ebene 109
  Inkrafttreten eines Gesetzes 256
  Körperliche Unversehrtheit und
    Schutzpflichten des Staates 44
  Kommunale
    Verfassungsbeschwerde 405
  Öffentlichkeitsarbeit und
    parteigreifendes Einwirken,
    Abgrenzung 276
  Parteien und verfassungsprozessuale
    Organstellung 164
  Parteien und Volksabstimmung 165
  Richtervorlage 237
  Selbstorganisation des Parlaments 9
  Verfassungsbeschwerde, klar
    unbegründete 157
  Völkerrechtliche Verträge,
    Beachtung 335
  Vorlage an das dort Wahlfreiheit 38
  Wohnungsrecht, Beschränkungen 388
Bußgeldbescheid
  Versäumung der Einspruchsfrist 244
Chancengleichheit
  Gewährleistungsanspruch politischer
    Parteien 29
Datenabgleich
  für den Polizeivollzugsdienst 392
  und Rasterfahndung 394
Datenerhebung
  Datenerhebung zur vorbeugenden
    Bekämpfung 363, 364
  Einsatz besonderer Mittel 348
  mittels Nachrichtendienstes 380
  und Prognose der
    Straftatenerwartung 361
  und Schutz der Wohnung 382
  und verfassungsrechtlich geschützte
    Vertrauensverhältnisse 364, 365
Datennutzung
  für Aus- und Fortbildungszwecke,
    wissenschaftliche Zwecke 397
Datenrecht
  Auskunftsanspruch,
    datenschutzrechtlicher 372
  Erforderlichkeit einer
    Datenerhebung 351
  Löschung erhobener Daten 397

und Rasterfahndung 394
Datenschutz
und Aktenvorlagerecht eines
  Abgeordneten 185
Datenverarbeitung
durch Polizeivollzugsdienst 344
DDR, ehemalige
Kommunalwahlgesetz 1990 und
  Inkompatibilitätsfragen 97
Staatspraxis als
  Verfolgungshindernis 24
Staatssicherheitsdienst 378
Demokratie
und Einschränkung des passiven
  Wahlrechts 88
und Grundrechtsverwirklichung 365
Legitimationsgrundlage 276
und Volkssouveränität 148
D'Hondtsches Höchstzahlverfahren
Sitze im Präsidium des
  Abgeordnetenhauses 7
Dieselbe Sache 415
Dringende Gefahr
als Eingriffsvoraussetzung 387
Eigentümerinteresse
und Lärmschutzinteressen, Kollision 46
Eigentumsrecht
Landesverfassungsrechtliche
  Überprüfung 172
Einigungsvertrag
und Neugliederung Berlin/
  Brandenburg 121
Einstweilige Anordnung
Aktenvorlage an einen
  Abgeordneten 109
Außerkraftsetzung gesetzlicher
  Vorschrift 81
Folgenabwägung 197, 198
Gebot wirkungsvollen
  Rechtsschutzes 76
Hauptsachenvorwegnahme 193
Hauptsacheverfahren, von vornherein
  aussichtsloses 32
Hauptsacheverfahren, offener
  Ausgang 81
Organstreitverfahren 111, 194
Strenge Voraussetzungen 32, 81, 111, 197
Einstweilige Verfügung
Rechtliches Gehör 70, 201

Elektrizitätsversorgung 174
Erforderlichkeit
Methoden der Datenerhebung 351
Ermächtigungen an den Landesverfassungsgeber
und Grundrechtsbeschränkung 106
Europäische MRK
und Auslegung der sächsischen
  Verfassung 331
Freiheitsentziehung 335, 336
und Grundgesetz 335
Exekutivbefugnisse
und Parlamentskontrolle 185
Exekutive
und Petitionen an das Parlament 219
Existenzminimum 64
Fachgerichte
Bindung an Verfassung und Gesetz 405
und Subsidiarität der
  Verfassungsbeschwerde 173, 205
Faires Gerichtsverfahren 178
Feststellungsbegehren
im Organstreitverfahren 111
Fraktionen
Abgeordnetenbeitritt, Austritt 195
Chancengleichheit, Status formaler 296
Hungerstreik und Fraktionsräume 12
und Kontrollgremien-Besetzung 297
Mißbräuchliche Nutzung von
  Fraktionsräumen 18
Mitwirkungs- und Beteiligungsrechte 8
und parlamentarische Willensbildung 7
und Parlamentsarbeit 196, 199
und Parlamentsmandat 200
Untersagung der Ausübung der Rechte
  eines Abgeordneten durch 195
Verfassungsrechtliche
  Grundlagen 195, 295
Freiheitsentziehung
und Europäische MRK 335
Freiheitsverbürgung
Eingriffsvoraussetzungen 333
Frist
Fristversäumnis und
  Wiedereinsetzung 267
Verfassungsbeschwerde 49, 74, 151
Gefahr
Dringende Gefahr als
  Eingriffsvoraussetzung 387

Sachregister

Gefahrenabwehr
 Identitätsfeststellung 341
 und Informationseingriffe 355
 Mitteleinsatz 346
 Polizeiliche Datenerhebung,
  Datenspeicherung 346, 347
 und Wahrung der Geheimhaltung von
  Eingriffen 376
Geheimdienst und Polizei
 Trennung 378
Geheimhaltungsinteresse
 und Aktenvorlagerecht eines
  Abgeordneten 185, 186
Gemeinden
 Inkompatibilitätsvorschriften 100
 Kommunales Selbstverwaltungsrecht
  s. dort
 Verfassungsbeschwerden wegen
  Verletzung des Selbstverwaltungs-
  rechts 254
 Zusammenschlüsse zu
  Verwaltungsgemeinschaften 401
Gemeindevertretung
 und Personalangelegenheiten 108
Gemeinwohl
 und Freiheitsentzug 335
 und Persönlichkeitsrecht 348
Gemeinwohl und Gesetz 346
Gerichtliche Entscheidungen
 Abweichung von herrschender
  Spruchpraxis 60, 61
 und Gebot wirkungsvollen
  Rechtsschutzes 76
 Rechtliches Gehör 205
 Richtervorlage
  Normenkontrollverfahren (konkretes)
  Überraschungsentscheidungen 61
 Verfassungsgerichtliche Überprüfung
  einer Zivilrechtsentscheidung 54, 175
 und verfassungsrechtliche
  Überprüfung 44
Gerichtsverfahren
 faires 178
Geschäftsordnung
 des Parlaments 6
Gesetz
 Auslegung des Gesetzesbegriffs durch das
  BVerfG 405
 Begriff 404

und einstweilige Anordnung auf
 vorläufige Außerkraftsetzung 81
 Erlaß eines bedingten Gesetzes 258
 und Förderung des
  Gemeinwohlziels 346
 Normklarheit, Normbestimmtheit 363
 Satzungsrecht, an verfassungswidriges
  Gesetz anknüpfendes 238
Gesetzesinkrafttreten
 Zeitpunkt 256
Gesetzesvorbehalt
 Wirkung 187
Gesetzgebungsverfahren
 und Ausschluß vom Richteramt 414
 und Entscheidung einer
  Verwaltungsbehörde/Gericht 420
Gewahrsam
 und Europäische MRK 336, 337
 Höchstfristregelung 341
 Identitätsfeststellung 341
 Verhältnismäßigkeit des
  polizeilichen 337, 340
Gewaltenteilung
 und Einschränkung des passiven
  Wahlrechts 88
 Kommunalverwaltung und Mitwirkung
  kommunaler Vertretung 94
 und parlamentarische Kontrolle 184,
  185
 und Petitionsrecht 219
 Richtervorbehalt 396
Gleichbehandlungsgrundsatz
 Parlamentsmitglieder 6, 9
 und Straftaten in der früheren DDR 25
 Willkürverbot 61
Gliedstaaten
 s. einzelne Bundesländer
Grundgesetz
 Ermächtigung der Länder zur
  Vereinigung 33
 und Europäische MRK 335
 Inkompatibilitätsregelungen für
  Angehörige des öffentlichen
  Dienstes 93
 und Inkompatibilitätsregelungen von
  Bundesländern 96
 und Landesverfassungen, Grundsatz
  getrennter Verfassungsräume 103
 und Landesverfassungen 142
 und Landesverfassungsbeschwerde 49

und Landesverfassungen, Grundsatz
    getrennter Verfassungsräume 95
  Richtervorlage 237
  Sozialstaatsprinzip 64
Grundrechte
  und Europäische MRK 335
  und Gesetzesvorbehalt 187
  Landesverfassungsgerichtsbarkeit und
    bundesrechtlich gewährleistete – 23, 43
  Materieller Gehalt, Möglichkeit
    mehrfacher Garantie 52
  Verwirklichung 365
Grundrechtseingriffe
  verfahrensrechtliche Garantien bei
    verdeckten Verfahren 368
Grundrechtsverletzung
  und Subsidiarität einer
    Verfassungsbeschwerde 205
Hamburg
  Identitätsgewahrsam 342
Hauptsacheverfahren
  und Subsidiarität einer
    Verfassungsbeschwerde 206
Haushaltsstrukturgesetz
  und vorläufige Anordnung 79
Hausrecht
  im Abgeordnetenhaus 18
Hausverbot
  und Fraktionsräume 17
Heimliche Informationserlangung
  verfahrensrechtliche Garantien 370
Hessen
  Identitätsgewahrsam 342
Hessen (Landesverfassung)
  Rechtliches Gehör 243
  Rechtsweggarantie 245
  Richtervorlage 237
Hessen (Landtag)
  Präsident, Vizepräsidentenwahl 10
Hungerstreik
  und Fraktionsräume 12
Identitätsfeststellung
  und polizeilicher Gewahrsam 341
Informationelle Selbstbestimmung
  Bestimmtheitsmaßstab für Eingriffe in
    das Recht der 351
  und Einsatz besonderer polizeilicher
    Mittel 358, 359
  Grundrechtsschutz bei polizeilichen
    Eingriffen 367

Informationelles
  Selbstbestimmungsrecht 186
  und polizeiliche Datenverarbeitung 344
  und Rasterfahndung 394
Informationseingriffe, heimliche
  verfahrensrechtliche Garantien 370
Informationserhebung
  durch Einsatz besonderer Mittel 349
Ingewahrsamnahme
  aufgrund Polizeirechts 334
Inkompatibilität
  Kommunalwahlrecht 86
  Landesverfassungsrechtliche
    Ermächtigung 107
  und Parteienstaatsproblematik 99
  Landesrecht und Art 137 Abs 1 GG 93
Inkrafttreten eines Gesetzes 256, 257
Jugendrecht und Sozialhilferecht 224
Jugoslawien
  Rückkehr 66, 71
Justizgewährungsanspruch
  und heimliche
    Überwachungsmaßnahmen 375
Körperliche Unversehrtheit
  Schutzpflichten des Staates 44
  und Verfassung von Berlin 43
Kommunale Selbstverwaltung
  aufgelöster Landkreis, Festlegung des
    Kreissitzes für neugebildeten
    Landkreis 426
Kommunale Verfassungsbeschwerde
  Beschwerdebefugnis 432
  Beschwerdegegenstand 405
Kommunalverwaltung
  und Mitwirkung kommunaler
    Vertretung 94
Kommunalwahlrecht
  Inkompatibilitätsvorschriften 86
Kontaktperson
  Datenerhebung zur vorbeugenden
    Bekämpfung 363
Kreisvertretung
  und Personalangelegenheiten 108
Kriminalität
  und polizeiliche Vorfeldbefugnisse 354
Ländervereinigung
  Bundesverfassungsrechtliche
    Ermächtigung 33

Sachregister

Lärmbekämpfung
und Grundrecht körperlicher
Unversehrtheit 44
Lärmschutz
und Eigentümerinteressen, Kollision 46
Landesrecht
Befugnis zur Setzung 129
Inkrafttreten 256
und Landesgesetze 405
und Staatsvertrag 127
Landesverfassungen
s. einzelne Bundesländer
s. Verfassungsbeschwerde (nach
Bundesländern aufgegliedert)
Landesverfassungsrecht
Einschränkungsermächtigung 106
Landesverfassungsgerichtsbarkeit
in den einzelnen Bundesländern
s. einzelne Bundesländer
und Auslegung einer Verfassung
schlechthin 163
Begriff des LVG 262
und gliedstaatliche Staatsverträge 127
zur Abgrenzung zulässiger
Öffentlichkeitsarbeit und
verfassungswidriger Werbung 279
Landkreise
als Gemeinden 100
Verfassungsbeschwerden wegen
Verletzung des
Selbstverwaltungsrechts 254
Landtage, Bürgerschaften
s. einzelne Bundesländer
Mandat
und Abgeordnetenrechte 198
und Fraktion 200
Mandat und Amt
Inkompatibilität 93
Mecklenburg-Vorpommern
Einführung der
Verfassungsgerichtsbarkeit 250
Personalvertretungsgesetz 250
Mecklenburg-Vorpommern (Landesverfassung)
Inkompatibilitätsvorschriften 107
Selbstverwaltungsrecht der Gemeinden,
Landkreise 254
Meinungsbildung
Grundsatz der staatsfreien – 33

Ministeriale Verwaltungen 220
Ministerium
als Behörde 182
Mißbrauch
von Fraktionsräumen zu einem
Hungerstreik 18
Nachrichtendienst
Mittel 380
parlamentarische Kontrolle 376
als polizeiliches Mittel 377
Namensoffenlegung
und parlamentarische Kontrolle 188
Ne bis in idem 25
Neue Verfassung
Vorgabenfreiheit 140
Neugliederungsvertrag
Berlin/Brandenburg 33, 38
und Wahlrechtsregelungen 153
Neutralitätspflicht der Staatsorgane 33
Neutralitätspflicht des Staates 281
Niedersachsen (Landtag)
Präsident, Vizepräsidentenwahl 10
Niedersachsen
Identitätsgewahrsam 342
Niedersachsen (Landesverfassung)
Inkompatibilitätsvorschriften 107
Nordrhein-Westfalen (Landesverfassung)
Inkompatibilität 101
Inkompatibilitätsvorschriften 107
Nordrhein-Westfalen (Landtag)
Präsidiumswahl 11
Normenkontrollverfahren (abstraktes)
Antragsteller, Verlust des
Abgeordnetenmandats 332
Landesgesetz 405
Neugliederungsgesetz zur Fusion Berlin/
Brandenburg 126, 157
Rechtsschutzbedürfnis 128
und Überprüfung von
Staatsverträgen 128
und verfassungsrechtliche
Überprüfung 407
Normenkontrollverfahren (konkretes)
Entscheidungserheblichkeit der
Vorlagefrage, Anforderungen an die
Darlegungspflicht 231
Voraussetzungen 90
Obdachlosigkeit
und Recht auf Wohnraum 63

Observation 380, 381
  polizeiliche 347
Öffentlich-rechtliche Tätigkeit
  und Petitionsinformierungsrecht des
    Parlaments 222
  Verlagerung auf privatrechtliche
    Organisationen 223
Öffentliche Aufgaben
  Wahrnehmung 224
Öffentliche Geheimhaltungsinteressen 112
Öffentliche Sicherheit und Ordnung
  Polizeirecht 384
Öffentliche Sicherheit
  Präventiv-polizeilicher Schutz 335
  Sach- und Vermögensinteressen,
    Schutz 357
Öffentliche Sicherheitsbelange
  und Schutz der
    Persönlichkeitssphäre 348
Öffentliche Sicherheit
  Störung als polizeiliche
    Eingriffsvoraussetzung 334
Öffentliche Verwaltung
  Privatrechtlich handelnde Stiftung
    bürgerlichen Rechts als Träger 224
Öffentlicher Dienst
  Inkompatibilitätsregelungen 93
Öffentliches Geheimhaltungsinteresse
  und Aktenvorlage an Abgeordneten 184
Öffentlichkeit
  und parlamentarische
    Willensbildung 17
Öffentlichkeitsarbeit
  und Fusion Berlin/Brandenburg 160
  Grenzüberschreitungen und
    Verfassungsverstoß 281
  und Vorbereitung einer
    Volksabstimmung 26, 30
  und Wahlkampf 33
  Wahlwerbung, reine 282
  Wahlwerbung, unzulässige 275
Opposition
  Chancengleichheit,
    Rechtsbetroffenheit 166
  und Öffentlichkeitsarbeit der
    Regierung 279
  Repräsentationsfunktionen und
    politische Chancengleichheit 11

Ordnungswidrigkeiten
  und Freiheitsentziehung 335, 336
  und präventiv-polizeilicher Schutz 335
Organisation
  des Parlaments 8
Organisationsrecht 380
Organisierte Kriminalität
  und Polizeirecht 346
  und verdeckte Ermittlungen in/aus
    Wohnungen 388
  Vorgehensweise 358
Organstreitverfahren
  Abgeordnetenstatus, Verletzung 195
  Aktenvorlage an Abgeordneten 182
  Auslagenerstattung 167, 189
  Beteiligte 194, 274
  Beteiligtenfähigkeit und Antragsbefugnis
    politischer Parteien 159
  Chancengleichheit politischer
    Parteien 28, 29
  Einstweilige Anordnung 194
  Feststellungsbegehren 111
  Fraktionen als Beteiligte 195
  und objektibe Fragen des
    Verfassungsrechts 163
  und Verfassungsbeschwerde,
    Verhältnis 157
  Verfassungsrechtliches
    Rechtsverhältnis 17
Pacta sunt servanda
  Gliedstaatenverträge 128
Parlament
  Abgeordneter s. dort
  und Abgeordnetenstellung 6
  Amt und Mandat 93
  Arbeitsteilung, Arbeitsverlagerung 196
  Autonomie 10
  Chancengleichheit, Status formaler 296
  und Fraktionen 7
  Fraktionen, Bedeutung 196
  Geschäftsordnung 6, 10
  Gleichberechtigung der
    Abgeordneten 6, 9, 10
  und Grundsatz egalitärer
    Repräsentation 6
  Hausrecht, Polizeigewalt 18
  Hilfsorganisationen und
    Kontrollfunktionen 297
  Kontrolle nachrichtendienstlicher
    Mittel 376

Sachregister

Kontrollfunktion und Aktenvorlage an
  Abgeordneten 184
Kontrollfunktionen 296
Petitionsinformierungsrecht 217
und Petitionsrecht 218
Repräsentationsfunktionen und
  politische Chancengleichheit 11
und Selbstorganisation 9
und Teilhabe des Abgeordneten 6
Willensbildung und Meinungsaustausch
  mit der Öffentlichkeit 17
Parlamentarische Kontrollkommission 297, 298
Parlamentsausschuß
Entsendungsrecht der Fraktionen 299
Parteien
Chancengleichheit und Vorbereitung
  einer Volksabstimmung 29
und Öffentlichkeitsarbeit einer
  Regierung 164
Organstreitverfahren,
  Beteiligtenfähigkeit und
  Antragsbefugnis 159
und verfassungsrechtlicher Status 164
Vertretung 275
und Volksabstimmung 165
und Wahlen 164
Wahlrecht und Chancengleichheit 277
Parteiendemokratie
und Fraktionen 196
Parteienstaat
und Inkompatibilitätsregelungen 99
Persönlichkeitsentfaltung
und Datenschutz 186
Persönlichkeitsrecht
und Datenverarbeitung 344
und kollidierende
  Gemeinwohlbelange 348
und verdeckte Erhebung
  personenbezogener Daten 385
Personalangelegenheiten
und Gemeindevertretung 108
Petitionsinformationsrecht
des Parlaments 211, 217
Polizei und Geheimdienst
Trennung 378
Polizeigewalt
im Abgeordnetenhaus 18

Polizeirecht
Anpassung an neuere
  Rechtsentwicklung 346
Beobachtung, polizeiliche 381
und Datenverarbeitung 344
Gesetzgebungskompetenz 332
Gewahrsam aufgrund des 335
und informationelle
  Selbstbestimmung 367
Ingewahrsamnahme 334
Kontrolle nachrichtendienstlicher
  Mittel 376
und Nachrichtendienst 381
Nutzung personenbezogener Daten für
  Aus- und Fortbildungswesen 396
Observation 347
Öffentliche Sicherheit und
  Ordnung 384
Präventiv-polizeilicher Schutz 335
Prognose der Straftatenerwartung 361,
  362
Störung öffentlicher Sicherheit 334
Übermittlung personenbezogener Daten
  zum Zwecke des Datenabgleichs 392
verdecktes polizeiliches Handeln 367
Verhältnismäßigkeit und polizeiliche
  Gefahrenabwehr 334
Vorfeldbefugnisse 354
Polizeirechtlicher Notstand
Heranziehung Dritter 350
Postzustellungsurkunde
als öffentliche Urkunde 244
Prävention
und automatisierter Datenabgleich 393
Gefährdung bedeutender fremder Sach-
  und Vermögenswerte 353
und polizeilicher Schutz 335
Private Lebensgestaltung
und polizeiliche
  Informationsvorsorge 356
und Schutz der Wohnung 385
Privatrechtliche Organisationen
Verlagerung öffentlicher
  Verwaltungstätigkeit auf 223
Prozeßhandlungen
Auslegung 52
Räumlichkeiten des Parlaments
Hausrecht, Polizeigewalt 18, 19

Rasterfahndung 366, 392
Rechtliches Gehör
und Begründung einer
Landesverfassungsbeschwerde 50, 69
Einstweilige Verfügung 70, 201
Gerichtliche Verpflichtung aufgrund 70
und Grundrechtseingriffe in verdeckten
Verfahren 369
Überraschungsentscheidungen 61
Vorläufiger Rechtsschutz 70
und Wiedereinsetzungsverlangen 244
und Zeugenvernehmung 60
Zivilrechtssachen 54, 177
Rechtsgrundsätze
überpositive 137
Rechtsgüterschutz
und Einschreiten der
Sicherheitsbehörden 352
Rechtsmittelgericht
und Verfassungsbeschwerde,
Abgrenzung 44
Rechtsschutz
Gebot eines wirkungsvollen 76
Rechtsschutzbedürfnis
und Normenkontrollverfahren 128
Rechtsstaatsprinzip
Bestimmtheitserfordernis 359
und Einschränkung des passiven
Wahlrechts 88
und Grundrechtsverwirklichung 365
Landesrecht, Befugnis zur Setzung 129
Rechtsverordnung
und Verfassungsbeschwerde 404, 406
Rechtswegerschöpfung
und Hauptsacheverfahren 70
und schwerer/unabwendbarer
Nachteil 206
und Subsidiarität der
Verfassungsbeschwerde 205
und Verfassungsbeschwerde 173
Verfassungsbeschwerde,
bundesrechtliche 407
Rechtsweggarantie
Grundrechtsverstoß 245
und heimliche
Überwachungsmaßnahmen 375
Regierung
Öffentlichkeitsarbeit 277
Reichstagsgebäude
Hausrecht, Polizeigewalt 18

Richteramt
Ausschluß wegen Mitwirkung im
Gesetzgebungsverfahren 414
Richterliche Kontrolle
nachrichtendienstlicher Mittel 378
Richterliche Rechtsschutzgarantie 344
Richtervorbehalt
und Rasterfahndung 395
Richtervorlage
s. Normenkontrollverfahren (konkretes)
Rückwirkungsverbot
und Straftaten in der früheren DDR 24
Saarland
Identitätsgewahrsam 342
Sachsen
Polizeigesetz,
Gesetzgebungskompetenz 332
Polizeigesetz, verfassungsrechtliche
Überprüfung 303
Sachsen (Landesverfassung)
Europäische Menschenrechtskonvention
und Auslegung der 331
Freiheitsentziehung 333
Freiheitsverbürgung 333
Informationelle Selbstbestimmung 344
Rechtsstaatsprinzip 333
Rechtsweggarantie 375
Richterliche Rechtsschutzgarantie 344
Richtervorbehalt 395
Schutz privater Lebensgestaltung 385
Vertrauensverhältnisse, geschützte 365
Wohnungsschutz 382
Sachsen (Landtag)
Präsident, Vizepräsidentenwahl 11
Sachsen-Anhalt
Gebietsreform 401
Identitätsgewahrsam 342
Sachsen-Anhalt (Landesverfassung)
Inkompatibilitätsvorschriften 107
Verfassungsbeschwerde nur gegen
formelles Gesetz 404
Sachsen-Anhalt (Landtag)
Präsident, Vizepräsidentenwahl 11
Satzung
Satzungsprüfung eines
Versorgungswerkes 237
Verfassungswidrigkeit zugrundeliegender
gesetzlicher Regelung 238
Satzungsrecht
und Normenkontrollverfahren 406

Sachregister

Schleswig-Holstein
  Identitätsgewahrsam 342
Schutzgewahrsam 340
Souveränität
  und Neugliederung Berlin/
    Brandenburg 136, 147
Soziale Grundsicherung
  und Verfassung 64
Sozialhilferecht und Jugendrecht 224
Sozialstaatsprinzip
  Bedeutung 64
Staat und Gesellschaft 196
Staat und Verfassung 144
Staats- und Verfassungsablösung 144
Staatsfundamentalnormen
  im Bund, in den Bundesländern 93
Staatsorgane
  und Gesetzgebungsverfahren 165
  und Neutralitätspflicht 33
  und Wahlkampf 26, 30
  und Wahlkampfeingriff 276
Staatssicherheitsdienst
  der ehemaligen DDR 378
Staatsvertrag
  und Landesrecht 127
  und Landesverfassungs-
    gerichtsbarkeit 127
Staatsvolk
  und Totalrevision einer Verfassung 137, 148
Staatsziel
  als Verfassungsinhalt 64
Stiftungen des bürgerlichen Rechts
  und Petitionsinformierungsrecht des
    Parlaments 217
Störerinanspruchnahme 350
Störung öffentlicher Sicherheit
  polizeirechtliche
    Eingriffsvoraussetzung 334
Strafklage
  Verbot der Wiederholung
    verbrauchter 24
Strafrecht
  und Freiheitsentziehung 335
  und präventiv-polizeilicher Schutz 335
  und Rasterfahndung 392
  Rechtsbegriff des bedeutenden Sach- und
    Vermögenswertes 352
  Straftatbestände und polizeiliche
    Informationserhebung 359

Straftatenerwartung,
  prognostizierte 361
und verdeckte Ermittlungen in/aus
  Wohnungen 388
Subjektives Recht
  und Verfassungsbeschwerde 63, 64
Subsidiarität
  der Verfassungsbeschwerde 173, 205, 206
Südweststaat
  Bildung 130, 141
Technische Überwachungsmethoden
  Nachrichtendienst 380
  rechtsstaatliche Kontrolle 381
Terminanberaumung
  und Gebot wirkungsvollen
    Rechtsschutzes 78
Thüringen
  Neugliederungsgesetz 427
Thüringen (Landtag)
  Präsident, Vizepräsidentenwahl 11
Übermaßverbot
  und Datenverarbeitung des
    Polizeivollzugsdienstes 347
Überraschungsentscheidungen
  im Zivilrecht 61
Unterlagen
  Anspruch eines Abgeordneten auf
    Vorlage von 183
Verdeckte Ermittler
  Nachrichtendienst 380
Verdeckte Informationserhebung
  verfahrensrechtliche Garantien 370
Verfahrensrecht
  Vorläufiges Rechtsschutzverfahren und
    Verletzung verfahrensrechtlicher
    Grundrechte 70
Verfassung und Staat 144
Verfassunggebende Gewalt
  eines Bundeslandes 141
Verfassungsablösung 143, 148
Verfassungsbeschwerde (Berlin)
  Auslegung einfachen Rechts 51
  Bezeichnungsgebot 53, 69
  Bundesrecht, Anwendung 52
  und bundesverfassungsrechtlich
    gewährleistete Grundrechte 23, 43
  Frist 49, 74
  Gesetzesvollzug und
    Verfassungsbeschwerde 81

Grundgesetzverletzung, ausdrücklich hierauf abgestellte 49, 69
Inhaltsgleiche Grundrechte 23, 43, 49, 51
und Inkrafttreten neuer VvB 29. 11. 1995 23
Maßnahme der öffentlichen Gewalt des Landes Berlin als Voraussetzung einer – 48
und Prüfungsmaßstab bei gerichtlichen Entscheidungen 45, 51
Rechtswegerschöpfung 70
Subjektives Recht, Fehlen eines rügefähigen 63
Verbürgtes Recht aufgrund VvB als Voraussetzung einer 48, 63, 69, 73
und Verweisung auf die Hauptsache 44
Zivilgerichtliche Entscheidungen, Prüfungsmaßstäbe 54
Verfassungsbeschwerde (Brandenburg)
Bundesverfassungsrecht, verletztes 172
Frist 151
als Jedermann-Rechtsbehelf 166
oder Organstreitverfahren 157
Rechtswegerschöpfung 205
Subsidiarität 205, 206
Rechtswegerschöpfung 172
Wiedereinsetzung in den vorigen Stand 150
Zivilgerichtliche Entscheidungen, Prüfungsmaßstäbe 176
Verfassungsbeschwerde (Bund)
Mindesterfordernisse und Fristeinhaltung 49
Vorläufiges Rechtsschutzverfahren und Verletzung verfahrensrechtlicher Grundrechte 70
Verfassungsgesetz
und Begründung neuer verfassungsgebender Gewalt 137, 158
Verfassungsorgane
und Annexverwaltungen 220
Verfassungsrechtsfragen
und Organstreitverfahren 163
Verfassungsrechtliches Rechtsverhältnis
und Organstreitverfahren 17
Verfassungswidrigkeit
und Erlaß einer einstweiligen Anordnung 32

einer gesetzlichen Regelung und daran anknüpfendes Satzungsrecht 238
Verfolgungshindernis
Staatspraxis der DDR als gesetzliches 24
Verhältnismäßigkeit
Datenerhebung 350
Datenerhebung, polizeiliche 346
und polizeiliche Gefahrenabwehr 334
Polizeilicher Gewahrsam 337, 340
Schutz privater Lebensgestaltung 385
verdeckte Erhebung personenbezogener Daten 384
Verjährung
Fristberechnung bei Verfolgungshindernis aufgrund der Staatspraxis früherer DDR 24
Verjährungsgesetz vom 26. 3. 1993
als Bundesgesetz 24
Vermögenskriminalität
und Datenerhebung mittels besonderer Mittel 349
Verschlußsachen 188
Versorgungswerk
Satzungsprüfung 237
Vertrauensverhältnisse
Eingriffsvoraussetzungen 366
Verfassungsrechtlicher Schutz 365
Vertretung
Landesverband einer Partei 275
Verwaltung
Annexverwaltung 220
ministerialfreie – 220
Verwaltungsgerichtsbarkeit
und Gebot wirkungsvollen Rechtsschutzes 76
Verwaltungsverfahren
und Grundrechtseingriffe in verdeckten Verfahren 368
Vizepräsident des Parlaments
Wahl 6
Völkerrechtliche Verträge
Beachtung 335
Volksabstimmung
Chancengleichheit politischer Parteien 28, 29
und Entschließungsfreiheit der Abstimmenden 146
und Parteienstellung 165
und Reihenfolge von Abstimmungsfragen 39

Volkssouveränität
und Neugliederungsgesetz zur Fusion
Berlin/Brandenburg 136, 147, 158
Volksvertretung
s. Parlament
Länderparlamente, Bundesverfassung
als – 218
Vorläufiger Rechtsschutz
Rechtliches Gehör 70
und Rechtswegerschöpfung 70
und Verfassungsbeschwerde 43
Vorlage an das Bundesverfassungsgericht
durch Landesverfassungsgericht 243
Staatsverträge zwischen Bundesländern,
landesverfassungsrechtliche
Überprüfung und 129, 141
Wählbarkeit
Landesverfassungsrechtlicher Grundsatz
und Art 137 I GG 104
Wahlfreiheit
und Abstimmungsfreiheit 38
Wahlgleichheit 92
Wahlkampf
und beschränkte Öffentlichkeitsarbeit des
Staates 33
und regierungsamtliche
Öffentlichkeitsarbeit 278
Wahlprüfung
und Abstimmungsprüfung 37
Wahlrecht
Chancengleichheit 277
Kommunalwahlrecht und
Inkompatibilität 86

und Neugliederungsvertrag Berlin/
Brandenburg 153
Parteienstellung im
Organstreitverfahren 164
Viziepräsidentenwahl 6
Wählbarkeit, Durchbrechung des
Prinzips freier 94
Wahlbewerber und Wahlausübung 91
zu Landtagen,
Kommunalvertretungen 100
Wahlwerbung
Öffentlichkeitsarbeit des Staates und
unzulässige 275
Wehrdienst
und Europäische MRK 336
Wiedereinsetzung
und rechtliches Gehör 244
Verfassungsbeschwerde 150, 249, 266
Willensbildung
Grundsatz einer staatsfreien – 33
Willkürverbot
Zivilrechtssachen 178, 54
Wohnraum
Recht auf 63
Wohnung
Datenerhebung und Schutz der 382
Zeugenvernehmung
Berufungsinstanz 57, 60
Zivilgerichte
und verfassungsrechtliche
Überprüfung 54, 175
Zustellungsnachweis 244, 245

Gesetzesregister

Bundesrecht

Abgabenordnung vom 16. 3. 1976 (BGBl. I S. 613) - AO -	§ 52 § 102 § 399	Nr. 1 (HB) Nr. 2 (S) Nr. 2 (S)
Bundesrechtsanwaltsordnung vom 1. 8. 1959 (BGBl. I S. 565) - BRAO -	§ 43 a	Nr. 2 (S)
Bundessozialhilfegesetz i. d. F. der Bekanntmachung vom 23. 3. 1994 (BGBl. I S. 646) - BSHG -	§ 10 § 93	Nr. 1 (HB) Nr. 1 (HB)
Gesetz über das Bundesverfassungsgericht i. d. F. der Bekanntmachung vom 11. 8. 1993 (BGBl. I S. 1473) - BVerfGG -	§ 93 Abs. 3	Nr. 1 (MV)
Gesetz über die Zusammenarbeit des Bundes und der Länder in Angelegenheiten des Verfassungsschutzes vom 27. 9. 1950 (BGBl. I S. 682) - BVerfSchG -	§ 9 Abs. 3 Satz 1	Nr. 2 (S)
Bundeszentralregistergesetz i. d. F. der Bekanntmachung vom 22. 7. 1976 (BGBl. I S. 2005) - BZRG -	§ 51	Nr. 2 (S)
Deutsches Richtergesetz i. d. F. der Bekanntmachung vom 19. 4. 1972 (BGBl. I S. 713) - DRiG -	§ 43	Nr. 2 (S)
Grundgesetz für die Bundesrepublik Deutschland vom 23. 5. 1949 (BGBl. S. 1) - GG -	Art. 29 Art. 29 Abs. 3 Art. 118 a Art. 1 Abs. 1 Art. 2 Abs. 1 Art. 14 Art. 20 Abs. 2 Art. 21 Art. 28 Abs. 1 Art. 100 Abs. 1	Nr. 5 (B) Nr. 6 (B) Nr. 5 (B) Nr. 10 (Bbg.) Nr. 10 (Bbg.) Nr. 8 (Bbg.) Nr. 3 (Bbg.) Nr. 6 (Bbg.) Nr. 3 (Bbg.) Nr. 1, 3 (Bbg.)

	Art. 118 Satz 2	Nr. 3 (Bbg.)
	Art. 118 a	Nr. 3 (Bbg.)
	Art. 137 Abs. 1	Nr. 1 (Bbg.)
	Art. 4	Nr. 1 (HB)
	Art. 17	Nr. 1 (HB)
	Art. 140	Nr. 1 (HB)
	Art. 20 Abs. 1, 2	Nr. 2 (MV)
	Art. 21 Abs. 1	Nr. 2 (MV)
	Art. 38 Abs. 1	Nr. 2 (MV)
	Art. 59 Abs. 2	Nr. 1 (MV)
	Art. 82 Abs. 2 Satz 1	Nr. 1 (MV)
	Art. 92	Nr. 1 (MV)
	Art. 101 Abs. 1	Nr. 1 (MV)
	Art. 28 Abs. 2	Nr. 2 (Thür)
Gesetz zur Neuordnung des Kinder- und Jugendhilferechts vom 26. 6. 1990 (BGBl. S. 1163) - Kinder- und Jugendhilfegesetz - KJHG -	§ 4 § 77	Nr. 1 (HB) Nr. 1 (HB)
Gesetz über Ordnungswidrigkeiten i. d. F. der Bekanntmachung vom 19. 2. 1987 (BGBl. I S. 602) - OWiG -	§ 74 Abs. 2, 5	Nr. 2 (He)
Gesetz über die politischen Parteien (Parteiengesetz) i. d. F. der Bekanntmachung vom 3. 3. 1989 (BGBl. I S. 327) - ParteiG -	§ 10 Abs. 5 Satz 4	Nr. 11 (Bbg.)
Gesetz über die politischen Parteien (Parteiengesetz) i. d. F. der Bekanntmachung vom 31. 1. 1994 (BGBl. I S. 149) - ParteiG -	§ 11 Abs. 3 Satz 2	Nr. 2 (MV)
Sozialgesetzbuch - Allgemeiner Teil - vom 11. 12. 1975 (BGBl. I S. 3015) - SGB I -	§ 17	Nr. 1 (HB)
Strafprozeßordnung i. d. F. der Bekanntmachung vom 7. 4. 1987 (BGBl. I S. 1074, ber. S. 1319) - StPO -	§ 53 Abs. 1 § 53 a § 97 Abs. 1 § 98 a § 100 a § 101 § 235	Nr. 2 (S) Nr. 2 (S) Nr. 2 (S) Nr. 2 (S) Nr. 2 (S) Nr. 2 (S) Nr. 2 (He)
Verwaltungsgerichtsordnung vom 21. 1. 1960 (BGBl. I S. 17) - VwGO -	§ 60	Nr. 1 (MV)
Zivilprozeßordnung i. d. F. der Bekanntmachung vom 12. 9. 1950 (BGBl. I S. 533) - ZPO -	§ 139 § 520 Abs. 2	Nr. 9 (Bbg.) Nr. 9 (Bbg.)

Zweites Neugliederungsgesetz vom 4. 5. 1951 (BGBl. I S. 284)	§ 13 § 14	Nr. 3 (Bbg.) Nr. 3 (Bbg.)

Landesrecht

Berlin

Geschäftsordnung des Abgeordnetenhauses von Berlin i. d. F. der Bekanntmachung vom 24. 1. 1984 (GVBl. S. 401) - GOAVB -	§ 12 Abs. 1	Nr. 1 (B)
Gesetz über die Rechtsstellung der Fraktionen des Abgeordnetenhauses von Berlin vom 8. 12. 1993 (GVBl. S. 591) - Fraktionsgesetz - FraktG -	§ 2 Abs. 3	Nr. 2 (B)
Verordnung zur Bekämpfung des Lärms i. d. F. vom 6. 7. 1994 (GVBl. S. 231) - Lärmverordnung - LärmVO -	§ 8 Abs. 1	Nr. 7 (B)
Gesetz zu dem Staatsvertrag der Länder Berlin und Brandenburg über die Bildung eines gemeinsamen Bundeslandes (Neugliederungs-Vertrag) und zu dem Staatsvertrag zur Regelung der Volksabstimmungen in den Ländern Berlin und Brandenburg über den Neugliederungs-Vertrag vom 18. 7. 1995 (GVBl. S. 490)		Nr. 5, 6 (B)
Gesetz über den Verfassungsgerichtshof vom 8. 11. 1990 (GVBl. S. 2246/GVABl. S. 510) - VerfGHG -	§ 31 § 37 Abs. 1 § 49 Abs. 1 § 51	Nr. 13 (B) Nr. 2, 4 (B) Nr. 8, 11 (B) Nr. 8 (B)
Verfassung von Berlin vom 1. 9. 1950 (VOBl. I S. 433) - VvB 1950 -	Art. 2 Abs. 2 Art. 6 Art. 25 Abs. 3 Art. 26 Art. 27 Art. 37 Art. 62 Art. 66	Nr. 6 (B) Nr. 3, 9 (B) Nr. 2 (B) Nr. 6 (B) Nr. 2 (B) Nr. 2 (B) Nr. 9, 11 (B) Nr. 3 (B)
Verfassung von Berlin vom 23. 11. 1995 (GVBl. S. 779) - VvB -	Art. 6 Art. 8 Abs. 1 Art. 15 Abs. 4 Satz 1 Art. 22 Abs. 1 Art. 28 Abs. 1 Art. 38 Abs. 4 Art. 40 Abs. 2 Art. 45 Satz 2 Art. 97 Abs. 1 Art. 101 Abs. 1	Nr. 10 (B) Nr. 7 (B) Nr. 12 (B) Nr. 10 (B) Nr. 10 (B) Nr. 1 (B) Nr. 1 (B) Nr. 1 (B) Nr. 5 (B) Nr. 5 (B)

Brandenburg

Verfassung des Landes Brandenburg vom 20. 8. 1992 (GVBl. I S. 298) - LV-	Art. 2 Abs. 1, 2, 4, 5	Nr. 3 (Bbg.)
	Art. 2 Abs. 2 Satz 5	Nr. 10 (Bbg.)
	Art. 9	Nr. 4 (Bbg.)
	Art. 11	Nr. 10 (Bbg.)
	Art. 12 Abs. 1	Nr. 5, 9 (Bbg.)
	Art. 20 Abs. 3 Satz 2	Nr. 5, 6 (Bbg.)
	Art. 22 Abs. 1, 2	Nr. 1 (Bbg.)
	Art. 22 Abs. 3 Satz 1	Nr. 3 (Bbg.)
	Art. 22 Abs. 3 Satz 3	Nr. 5 (Bbg.)
	Art. 41 Abs. 1	Nr. 8 (Bbg.)
	Art. 52 Abs. 3	Nr. 9, 12 (Bbg.)
	Art. 52 Abs. 4	Nr. 9, 12 (Bbg.)
	Art. 55 Abs. 2	Nr. 6 (Bbg.)
	Art. 56 Abs. 2	Nr. 11 (Bbg.)
	Art. 56 Abs. 3	Nr. 7, 10, 11 (Bbg.)
	Art. 56 Abs. 3 Satz 4	Nr. 2 (Bbg.)
	Art. 56 Abs. 4	Nr. 10, 11 (Bbg.)
	Art. 67 Abs. 1	Nr. 11 (Bbg.)
	Art. 70 Abs. 2	Nr. 3 (Bbg.)
	Art. 70 Abs. 2 Satz 3	Nr. 11 (Bbg.)
	Art. 79	Nr. 3 (Bbg.)
	Art. 91 Abs. 2	Nr. 3 (Bbg.)
	Art. 94 Satz 1	Nr. 3 (Bbg.)
	Art. 113 Nr. 1	Nr. 2, 6, 10, 11 (Bbg.)
	Art. 113 Nr. 2	Nr. 3 (Bbg.)
	Art. 113 Nr. 3	Nr. 1 (Bbg.)
	Art. 115	Nr. 3 (Bbg.)
	Art. 116 (a.F.)	Nr. 3 (Bbg.)
	Art. 116 (n.F.)	Nr. 3, 5 (Bbg.)
Fraktionsgesetz vom 29. 3. 1994 (GVBl. I S. 86) - FraktG -	§ 2 Abs. 2 Nr. 5	Nr. 11 (Bbg.)
Art. 1 der Kommunalverfassung des Landes Brandenburg vom 15. 10. 1993 (GVBl. I S. 398) - Gemeindeordnung - GO -	§ 43 Abs. 1	Nr. 1 (Bbg.)
Geschäftsordnung des Landtags vom 11. 10. 1994 (GVBl. I S. 414)	§ 80 Abs. 2	Nr. 11 (Bbg.)
Kommunalwahlgesetz vom 22. 4. 1993 (GVBl. I S. 273) - KWahlG -	§ 12 Abs. 1 Nr. 1, 3	Nr. 1 (Bbg.)
	§ 12 Abs. 4 a.F.	Nr. 1 (Bbg.)
Art. 2 der Kommunalverfassung des Landes Brandenburg vom 15. 10. 1993 (GVBl. I S. 398, 433) - Landkreisordnung - LKrO -	§ 28 Abs. 1	Nr. 1 (Bbg.)

Staatsvertrag der Länder Berlin und Brandenburg über die Bildung eines gemeinsamen Bundeslandes vom 27. 4. 1995 (GVBl. I S. 150 ff.) - Neugliederungsvertrag -	Art. 1 Art. 3 Art. 7 Art. 8 Art. 9 Art. 21 Art. 58	Nr. 3 (Bbg.) Nr. 3 (Bbg.) Nr. 3 (Bbg.) Nr. 3 (Bbg.) Nr. 3 (Bbg.) Nr. 3 (Bbg.) Nr. 3 (Bbg.)
Staatsvertrag zur Regelung der Volksabstimmung in den Ländern Berlin und Brandenburg über den Neugliederungsvertrag vom 27. 4. 1995 (GVBl. I S. 150 ff.)	Art. 4 Art. 11 Art. 23	Nr. 3 (Bbg.) Nr. 3 (Bbg.) Nr. 3 (Bbg.)
Gesetz zu den Staatsverträgen über die Neugliederung der Länder Brandenburg und Berlin vom 27. 6. 1995 (GVBl. I S. 150) - Neugliederungsvertragsgesetz -	Art. 1 Art. 2 Nr. 1 a Art. 4 Nr. 2 Satz 2	Nr. 3, 5 (Bbg.) Nr. 5 (Bbg.) Nr. 3 (Bbg.)
Gesetz über das Verfassungsgericht des Landes Brandenburg vom 8. 7. 1993 (GVBl. I S. 322) - VerfGGBbg -	§ 12 Nr. 1 § 30 Abs. 1 § 32 Abs. 1, 7 § 32 Abs. 7 Satz 2 § 35 §§ 35 ff. § 36 Abs. 1 § 38 Abs. 1 § 39 § 42 Abs. 1 § 45 Abs. 1 § 45 Abs. 2 § 46 § 47 Abs. 1, 2	Nr. 6, 10, 11 (Bbg.) Nr. 2, 11 (Bbg.) Nr. 7 (Bbg.) Nr. 10 (Bbg.) Nr. 6 (Bbg.) Nr. 10, 11 (Bbg.) Nr. 11 (Bbg.) Nr. 2, 6 (Bbg.) Nr. 3 (Bbg.) Nr. 1 (Bbg.) Nr. 8 (Bbg.) Nr. 8, 12 (Bbg.) Nr. 8 (Bbg.) Nr. 4 (Bbg.)

Bremen

Landesverfassung der Freien Hansestadt Bremen vom 21. 10. 1947 (BremGBl. 1947, S. 251; SaBremR 100-a-1) - BremLV - LV -	Art. 82 Art. 105 Abs. 5 Art. 140	Nr. 11 (Bbg.) Nr. 1 (HB) Nr. 1 (HB)
Gesetz über die Behandlung von Petitionen durch die Bremische Bürgerschaft vom 26. 3. 1991 (BremGBl. S. 131; SaBremR 1100-d-1) - PetG -	§ 1 § 4	Nr. 1 (HB) Nr. 1 (HB)

Hessen

Verfassung des Landes Hessen vom 1. 12. 1946 (GVBl. 1946 S. 229) - HV -	Art. 2 Abs. 3 Art. 3 Art. 133	Nr. 2 (He) Nr. 2 (He) Nr. 1 (He)

Gesetz über den Staatsgerichtshof vom 12. 12. 1947 (GVBl. 1948 S. 3) - StGHG a.F. -	§ 41 Abs. 3 § 42 Abs. 2	Nr. 1 (He) Nr. 1 (He)
Gesetz über den Staatsgerichtshof vom 30. 11. 1994 (GVBl. 1994 S. 684) - StGHG -	§ 24 Abs. 1 § 43 Abs. 2	Nr. 2 (He) Nr. 2 (He)
Gesetz über die Berufsvertretungen, die Berufsausübung, die Weiterbildung und die Berufsgerichtsbarkeit der Ärzte, Zahnärzte, Tierärzte und Apotheker i. d. F. vom 24. 4. 1986 (GVBl. 1986 I S. 122, ber. S. 267) - HeilberufsG -	§ 5 Abs. 2 Satz 1	Nr. 1 (He)

Mecklenburg-Vorpommern

Personalvertretungsgesetz für das Land Mecklenburg-Vorpommern vom 24. 2. 1993 (GVOBl. S. 125) - PersVG -		Nr. 1 (MV)
Gesetz über die Verabschiedung und das Inkrafttreten der Verfassung von Mecklenburg-Vorpommern vom 23. 5. 1993 (GVOBl. S. 371)	§ 1 Abs. 1 § 2 § 3 Satz 1, 2 § 6	Nr. 1 (MV) Nr. 1 (MV) Nr. 1 (MV) Nr. 1 (MV)
Verfassung des Landes Mecklenburg-Vorpommern vom 23. 5. 1993 (GVOBl. S. 371, 372) - LV -	Art. 3 Abs. 1, 3, 4 Art. 27 Abs. 1 Satz 2 Art. 28 Abs. 1 Satz 1 Art. 52 Abs. 1 Art. 53 Abs. 1 Nr. 1 Art. 58 Abs. 3	Nr. 2 (MV) Nr. 1 (MV) Nr. 1 (MV) Nr. 1 (MV) Nr. 2 (MV) Nr. 1 (MV)
Gesetz zur Einführung der Verfassungsgerichtsbarkeit in Mecklenburg-Vorpommern vom 19. 7. 1994 (GVOBl. S. 734)	Art. 1 Art. 2 Art. 4 Abs. 1, 2	Nr. 1 (MV) Nr. 1 (MV) Nr. 1 (MV)
Gesetz über das Landesverfassungsgericht Mecklenburg-Vorpommern vom 19. 7. 1994 (GVOBl. S. 734, 736) - LVerfGG -	§ 11 Abs. 1 Nr. 1 § 11 Abs. 1 Nr. 10 § 12 Abs. 1 § 13 § 13 § 19 Abs. 1 Satz 1 § 19 Abs. 2 § 32 § 33 Abs. 2 § 36 Abs. 3 § 52 § 65	Nr. 2 (MV) Nr. 1 (MV) Nr. 1 (MV) Nr. 1 (MV) Nr. 1 (MV) Nr. 1 (MV) Nr. 1 (MV) Nr. 1, 2 (MV) Nr. 1, 2 (MV) Nr. 2 (MV) Nr. 1 (MV) Nr. 1 (MV)
Gesetz über die Prüfung der Wahl zum Landtag des Landes Mecklenburg-Vorpommern vom 1. 2. 1994 (GVOBl. S. 131) - WPrG -	§ 16	Nr. 1 (MV)

Sachsen-Anhalt

Verfassung des Landes Sachsen-Anhalt g vom 16. 7. 1992 (LSA-GVBl. 1993 S. 441) – LVerf-LSA –	Art. 75 Nr. 5, 7	Nr. 1 (LSA)
Gesetz über das Landesverfassungsgericht – Landesverfassungsgerichtsgesetz – vom 23. 8. 1993 (LSA-GVBl. 1993 S. 441) – LVerfGG-LSA –	§ 55	Nr. 1 (LSA)
Gesetz zur Ausführung der Verwaltungsgerichtsordnung vom 28. 1. 1992 (LSA-GVBl. 1993 S. 36) – AG VwGO LSA –	§ 10	Nr. 1 (LSA)

Sachsen

Gesetz über den Verfassungsgerichtshof des Freistaates Sachsen vom 18. 2. 1993 (GVBl. S. 177, ber. in GVBl. S. 495) - SächsVerfGHG -	§ 7 Nr. 2 § 18 Abs. 3 § 20 Abs. 1 § 21 Nr. 1	Nr. 2 (S) Nr. 1 (S) Nr. 1 (S) Nr. 2 (S)
Gesetz über den Verfassungsschutz im Freistaat Sachsen vom 16. 10. 1992 (GVBl. S. 459) - SächsVSG -	§ 5 Abs. 1 Satz 1 § 16 Abs. 2, 4	Nr. 2 (S) Nr. 1 (S)
Gesetz zum Schutz der informationellen Selbstbestimmung im Freistaat Sachsen vom 11. 12. 1991 (GVBl. S. 401) - SächsDSG -	§§ 17-20 § 30	Nr. 2 (S) Nr. 2 (S)
Polizeigesetz des Freistaates Sachsen vom 30. 7. 1991 (GVBl. S. 291) - SächsPolG -	§§ 7, 21, 22, 36, 39, 40, 43, 47, 49	Nr. 2 (S)
Verfassung des Freistaates Sachsen vom 27. 5. 1992 (GVBl. S. 243) - SächsVerf -	Art. 1 Art. 14 Art. 15 Art. 16 Art. 17 Art. 30 Art. 33 Art. 38 Art. 39 Abs. 3 Art. 40 Satz 2 Art. 46 Abs. 2 Art. 81 Abs. 1 Nr. 2 Art. 83 Abs. 3	Nr. 2 (S) Nr. 2 (S) Nr. 2 (S) Nr. 2 (S) Nr. 2 (S) Nr. 2 (S) Nr. 2 (S) Nr. 2 (S) Nr. 1 (S) Nr. 1 (S) Nr. 1 (S) Nr. 2 (S) Nr. 2 (S)

Thüringen

Verfassung des Freistaats Thüringen vom 25. 10. 1993 (GVBl. S. 625)	Art. 91 Abs. 1, 2	Nr. 2 (Thür)

Gesetz über den Thüringer Verfassungsgerichtshof vom 28. 6. 1994 - ThürVerfGHG -	§ 13 Abs. 1 Nr. 2 § 31 Abs. 2	Nr. 1 (Thür) Nr. 2 (Thür)
Gesetz zur Neugliederung der Landkreise und kreisfreien Städte in Thüringen vom 16. 8. 1993 - ThürNGG -	§ 15 Abs. 3	Nr. 2 (Thür)

Europäisches Recht

Europäische Konvention zum Schutze der Menschenrechte und Grundfreiheiten vom 4. 11. 1950 (BGBl. II S. 685) - EMRK -	Art. 5 Abs. 1 lit. b, c	Nr. 2 (S)

Zwischenstaatliches Recht und Vertragsgesetze

Vertrag zwischen der Bundesrepublik Deutschland und der Deutschen Demokratischen Republik über die Herstellung der Einheit Deutschlands - Einigungsvertrag - vom 31. 8. 1990 (BGBl. II S. 889)	Art. 5	Nr. 3 (Bbg.)